鼠疫斗士

伍连德自传

上

伍连德◎著

程光胜　马学博◎译　　王丽凤◎校

湖南教育出版社　博集天卷 CS-BOOKY

图书在版编目（CIP）数据

鼠疫斗士：伍连德自传 / 伍连德著；程光胜，马学博
译 . -- 长沙：湖南教育出版社，2020.7
ISBN 978-7-5539-7579-5

Ⅰ . ①鼠… Ⅱ . ①伍… ②程… ③马… Ⅲ . ①伍连
德（1879-1960）－自传 Ⅳ . ① K826.2

中国版本图书馆 CIP 数据核字（2020）第 102751 号

书　　名	鼠疫斗士：伍连德自传	
	SHUYI DOUSHI: WU LIANDE ZIZHUAN	
作　　者	伍连德	
译　　者	程光胜　马学博	
校　　者	王丽凤	
责任编辑	朱　微　曹卓卓　周　晔　张　洵	
责任校对	刘　源　张　征	
出版发行	湖南教育出版社（长沙市韶山北路 443 号）	
网　　址	www.bakclass.com	
微 信 号	贝壳导学	
电子邮箱	hnjycbs@sina.com	
客服电话	0731-85486979	
经　　销	新华书店	
印　　刷	北京天宇万达印刷有限公司	
开　　本	700×1000　16 开	
印　　张	52	
字　　数	652 000	
版　　次	2020 年 7 月第 1 版	
印　　次	2020 年 7 月第 1 次印刷	
书　　号	ISBN 978-7-5539-7579-5	
定　　价	108.00 元（全二册）	

若有质量问题，请致电质量监督电话：010-59096394
团购电话：010-59320018

作者谨以本书纪念并呈献给：

施肇基（Saoke Alfred Sze）阁下
原中国驻英国公使（伦敦）及中国驻美国大使（华盛顿哥伦比亚特区）

威廉·内皮尔·肖爵士（Sir William Napier Shaw）
文学硕士、理科博士、英国皇家学会会员
剑桥大学依曼纽学院原高级导师和伦敦国家气象局原局长

作者 1956 年最后一次访问剑桥时留影，时年 77 年，身着医学博士服。

原书在扉页作者署名之下所列荣衔有：文学硕士，医学博士（英国剑桥大学），公共卫生学硕士（美国约翰·霍普金斯大学），医学进士（北京），理科博士（上海圣约翰大学），法学博士（香港大学），医学博士（东京帝国大学），中央学会发起人，苏联微生物学会外籍会员，中华民国历届总统特聘侍医，等等。

WU LIEN-TEH

PLAGUE FIGHTER

The Autobiography of a Modern Chinese Physician

本书英文版封面

鼠疫斗士：伍连德自传

Plague Fighter: The Autobiography of a Modern Chinese Physician

CONTENTS

目录 总录

鼠疫斗士：伍连德自传

Plague Fighter: The Autobiography of a Modern Chinese Physician

CONTENTS 上册目录

鼠疫斗士：伍连德自传

Plague Fighter: The Autobiography of a Modern Chinese Physician

何丙郁序

王丽凤女士邀请我替伍连德博士的自传 *Plague Fighter: The Autobiography of a Modern Chinese Physician* 的中文版作序，让我回想起 60 多年前在我的大学时代，伍连德博士就曾鼓励我多多写作。假如我没有受到他的影响，大概不会有这篇拙作向读者们献丑了。

伍玉玲博士在《伍连德博士——鼠疫斗士》纪念画册（*Memories of the Plague Fighter Dr. Wu Lien-Teh*）一书的序文中，已经提及我是在 1941 年由伍博士的胞弟伍德安先生介绍而认识他。我进大学前，曾在一所英文中学做临时教员。伍博士的两位公子——长生和长员先后在我所教的班念书。他的长女玉玲、次女玉珍也先后和我一起考进同一所大学，当时他的三千金玉珠还年幼。伍博士是我申请升学的推荐人。当我汇报已被录取并获得奖学金时，他主动对我说，假如我有需要，他乐意给我经济上的支援。虽然我没有在这方面向他求助，但我心里是充满感激的。我到他的诊所看病时，他不收诊金和医药费，并多次留我在他家与其家人共进晚餐。如此一来，我对伍博士后期的情况多少有些了解。有些是亲眼所见的，有些是从他的儿女

何丙郁（Ho Peng-Yoke），澳籍华人，英国剑桥李约瑟研究所荣休所长，台湾"中研院"院士、澳大利亚人文科学院院士、国际欧亚科学院院士，中国科学院自然科学史研究所、北京科技大学和西北大学名誉教授。

处听来的。那么王女士给我的这份差事，看来是义不容辞了。

可是，由我来写序谈何容易。伍博士的这部自传内容这么丰富，后来又有作者爱女玉玲的一部《伍连德博士——鼠疫斗士》纪念画册和亚洲新闻台的大型专题纪录片《伍连德博士传》，海峡两岸和东南亚地区也有不少文章谈及伍博士在医学上对社会的贡献。我无意重复已经载述的事情浪费纸张，也觉得来自伍博士家里的情报应该让他的家里人做主。我就考虑是否可以讲一些我亲身经历的事情。例如伍博士曾于 1947 至 1948 学年莅临行将转型为大学的新加坡莱佛士学院（Raffles College）讲演，本书中述及的厦门大学前校长，德高望重、八十高龄的林文庆医师也前往捧场。伍博士的故妻黄淑琼是林文庆夫人的妹妹，而伍、林两位都是获取英女皇奖学金而赴英国留学的当代著名人物。伍博士介绍我与林医师认识，足见伍博士提拔后进的良苦用心。这件小事与伍博士的伟大作为相比实在微不足道，因此我决定从我本人的科技史专业立场，提供一些比较新鲜的话题以向王女士交差。

人所共知，伍博士的专业与科技史无关。虽然他和王吉民合写的《中国医史》是一部经典巨著，可是我从来没有听人说过伍博士是一名医学史专家。这是可以理解的。伍博士是中国医学史研究的开创者，首先把中国医学的历史作为学术研究的对象，其贡献不能和医学史的钻研者相提并论。在我主管英国剑桥李约瑟研究所的时期，曾遇到一些对伍博士在医学上的贡献产生兴趣的研究人员，他们在国际学术刊物上发表过论文。无论如何，伍博士和王吉民合写的《中国医史》是最早一部世界性的中国医学史著作，体现了作者们对中国医学史的兴趣。

伍博士更不是一个中国科学史专家，但是很少人知道他曾做过一件对中国科技史的研究有很大贡献的事，也许连他本人在世时也没有料到这件事的影响。我应该比其他任何人更清楚这件事，让我从头说起。

1953 年我开始协助剑桥大学的李约瑟博士编写他的一套原名《中国科学技术史》兼有中译名《中国的科学与文明》（*Science and Civilisation in China*）的中国科技史系列著述。李约瑟是 20 世纪享誉国际的中国科学史权威人物。我曾经向伍博士提过我随李约瑟从事这项工作，岂料这引起了他对中国科学史和李约瑟的关注。伍博士很怀念他的母校剑桥大学，虽然他跟李约瑟尚未谋面，但他们两人曾师从同一老师学习生物化学。这位老师是 1929 年诺贝尔奖得主霍普金斯爵士（Sir Frederick Gowland Hopkins，1861—1947），以研究维生素而举世闻名。虽然他们两人彼此相隔二三十年，李约瑟可以算是伍博士的同门师弟。伍博士在他的晚年几乎每年都访问剑桥，尤其是他的公子长生在剑桥念法科的时期。大约在 1957 年前往剑桥的后期，他访问过李约瑟，谈及他的自传和探询李约瑟的工作情况。这次的访问对李约瑟后来的工作发展有莫大的作用，这是一件从来很少人注意的事情。

原来李约瑟尽量使用属于他在剑桥大学职位的特殊权力，做超出自己生物化学单位范畴的研究，并且除讲课外，不承担生物化学单位的一切其他任务。但他所属的单位不允许使用本身的资源以资助任何与生物化学无关的研究项目，也不会为任何人向大学争取经费以资助与生物化学无关的研究项目。伍博士会见他的时候，李约瑟已经无法从中国方面获得资助以续聘他的助手王铃了。为鼓励他的师弟对中国科学史的研究，伍博士回家后就亲自向新加坡有"树胶大王"美誉的李光前博士和号称"虎标万金油王"的胡文虎求助。长生后来告诉我说他陪同父亲往见后者，仅替李约瑟募得一百大元。1960 年 1 月伍博士不幸与世长辞。同年，我接到李约瑟来信说他收到由伍博士向李光前博士申请的一大笔资助。钱的数目是10 000英镑，当时足够在剑桥购买一座条件较好的房屋。这一大笔钱不仅对李约瑟的研究工作有很大的帮助，而且启发了他向海外华人筹款的设想，于是成立了由巴素（Victor Purcell）博士主持的一个"（《中国科学技术史》）项目之友（Friends of the Project）"小组。巴素从前在香港任华民政务官，熟识香港华人情况。可是不久他就病逝，这个小组的活动也停顿了。1968年剑桥成立了一个东亚科学史信托会（East Asia History of Science Trust）。1980年代这个信托会开始向外筹款，以建立李约瑟研究所和资助该研究所的日常开支和学术研究活动。主要筹款对象是海外华人，而新加坡就成为这个研究所的重要资助来源。新加坡援助李约瑟研究所的人士全都和李光前博士有密切关系。我怀疑，当年若非伍博士往见李光前博士，剑桥今天是否会有一个享誉国际科学史界的李约瑟研究所呢？

李约瑟研究所也为伍博士后人所关注。1996年7月29日，国立新加坡大学举行伍玉玲博士《伍连德博士——鼠疫斗士》纪念画册的出版仪式。作者托我替她转送三册她的著作给剑桥，分送依曼纽学院（Emmanuel College）、剑桥大学和李约瑟研究所的三个图书馆。2000年5月23日，伍长生陪同他的两位姐姐——玉玲和玉珍莅临李约瑟研究所，看到昔日伍博士赠予李约瑟的几部书，深为感动。我难得有了机会邀请这几位稀客到剑桥大学俱乐部的河景餐厅共进午餐，平时以他们的热情都不会让我有机会做东的。

我有一件想知道但无法证实的关于我个人的事情。当年我在新加坡大学服务的时期，李光前博士任大学校监。他对我特别友善，多次约我在他的华侨银行共进午餐，也关注我在大学的任务。后来无论我在新加坡以外任何地方任职，他和他创立的李氏基金会对我都是有求必应。李博士对我的关怀不可能是因为我是他一个姨甥女的博士论文导师，更不可能是因为我先后是他的千金的大学同学和同事，大概是他对我的中国科学史研究大感兴趣。可是我从来没有跟他提及我和李约瑟的事情。我猜想伍博士往见他的时候早已把我的事情告诉他了。无论如何，聊表感谢之余，2003 年我曾在伦敦和纽约两地同时出版了一部收入剑桥李约瑟研究所系列丛书的《中国数学上的占术》（*Chinese Mathematical Astrology*）作为对这两位已故前辈的纪念，并将他们对我的情谊铭记于此。

伍连德博士自传的英文原版面世刚好超越半个世纪了。如今以中译本作再版，俾便更广大的读者们更易于认识伍博士这位伟大的近代中国医学先驱者的生平事迹。我谨引用古人的一句话"时哉！时哉！"来向读者推荐这部新书。

2010 年 10 月 26 日

鼠疫斗士：伍连德自传

Plague Fighter: The Autobiography of a Modern Chinese Physician

伍玉玲序

1995 年我依据先父的自传，以他遗留下的 300 多张珍贵的历史照片编写了《伍连德博士——鼠疫斗士》纪念画册，让各界人士了解先父的生平事迹，也通过照片洞悉当时的情况。

事隔 15 年，我非常欣喜地接到中国科学院自然科学史研究所要求翻译和出版先父自传的中文版的来函。希望中文版在中国出版后，让人们对先父为之献身的祖国医疗防疫事业有更深一层的理解。

在 *Plague Fighter*：*The Autobiography of a Modern Chinese Physician* 一书的中文版面世之际，我不禁回想起先父曾在 1958 年 1 月写信给在上海的王吉民教授，表达他希望回国访问之意，得到了积极的回应。同年 2 月又致函在北京的林宗扬教授，告知他自传的英文版将于春天出版，并已通知剑桥出版商将该书分别寄赠周恩来总理、中华人民共和国卫生部、中华医学会、林宗扬和王吉民教授。他的自传在出版 50 年后能以中文全译本奉献给国内读者，可堪告慰先父于九泉。

从 1950 年开始，先父用了 7 年工夫撰写讲述自己一生经历的传记。1910 年末东北暴发鼠疫，他采取一系列防疫措施，及时控制了鼠疫，拯救了千万人的生命，也避免了一场世界性的灾难。传记内容不但记载了他传奇的一生，也融入了他的情感和精神。

伍玉玲（1926—2012），新加坡籍华人，教育家。伍连德之长女。

先父毕生著作等身，这部英文回忆录是先父的遗作，也是他极重视的作品。英文版自传长达660页，翻译工作可谓工程浩大。我谨代表家人向程光胜教授、马学博先生和王丽凤女士道谢，感激他们的耐心与执着，使先父的自传能以不同版本面世，让更多人能够阅读。同时，我也要感谢马伯英教授、张圣芬女士、黄贤强教授以及陈剑虹先生在翻译过程中所提供的协助，让中文版更顺利地完成。

我还要向韩启德副委员长致谢，感谢他一直以来对有关纪念先父活动的支持。

我也衷心地感谢剑桥李约瑟研究所荣休所长何丙郁教授为此中文版欣然挥毫，道出先父生前鲜为人知的轶事。

最后，我真诚地感谢所有关注先父一生事迹并不断弘扬他为国家为事业奋斗的崇高精神的人们，赞佩他们所表现的不懈努力和深厚热忱。

2010 年 12 月 15 日

鼠疫斗士：伍连德自传

Plague Fighter: The Autobiography of a Modern Chinese Physician

译者前言

　　整整 100 年前，清代最末一年，在东三省的奉天（今沈阳），曾经举行过一次名为"万国鼠疫研究会"的国际医学学术会议。包括中国在内的 11 个国家的 33 位医师和学者，就鼠疫的方方面面展开了相当深入的研讨，会期前后共 26 天，耗资高达十万两库平银。这是有史以来第一次在中国领土上召开，并由中国科学家主持的国际学术会议。它由清政府批准召开，外务部右丞施肇基坐镇，东三省总督锡良尽地主之谊，而会议的主持人，就是本书的作者伍连德博士。

　　这次对中国来说"破天荒"的会议，缘于当年在中国北方荡平的一场严重的瘟疫——肺鼠疫。这场瘟疫既与千百万生命的安危攸关，又影响到中国的国家主权，因而得到了当时中央政府的高度重视。经历了许多动人心魄的日日夜夜之后，在不到半年的时间里，这场致 6 万余人死亡的灾难终于得以平息。这是人类与疾病斗争的历史上惊天动地的一幕，其总导演，正是伍连德。他临危受命，以高度的爱国热忱和审慎的科学态度，采取了一系列现代医学和防疫手段，凭借超人的智慧与耐性，有效地化解了许多因为民众的愚昧落后和官场腐败造成的阻力，成功地组织了一场有万千民众参与的防疫战斗。他亲自在疫区做了首例尸体解剖，推广简便廉价的"伍氏口罩"，第一次实施大规模火葬，组织和培养了大批防疫人员，也借此为中国奠定了现代防疫事业的基础。百年前那场瘟疫与偕其而至的国际会议，让伍连德成为当时的世界性新闻人物。他后来被国际联盟卫生组织授予"鼠疫专家"称号，1935 年成为诺贝尔生理学或医学奖的第一位中国候选人。

然而，长时间以来，伍连德的名字，已几乎被国人遗忘。"文革"过后，在"尊重知识、尊重人才"的倡导之下，受医学史研究和国际学术交流的推动，特别是 21 世纪初经历过"非典"后，这位"鼠疫斗士"才逐渐被人们重新"发现"。今天，我们在"百度"网站上搜索"伍连德"三字，瞬间即出现 10 万多篇相关网页！本书的问世，无疑将为广大读者提供有益的参考。

伍连德，字星联，祖籍中国广东新宁（今台山），1879 年 3 月 10 日出生于英属海峡殖民地槟榔屿。17 岁获得英女皇奖学金赴剑桥大学学习。在做研究期间，相继在英国圣玛丽医院、英国利物浦热带病学院、德国哈勒大学卫生学院、法国巴斯德研究所研究学习，曾师从诺贝尔生理学或医学奖获得者梅奇尼可夫和霍普金斯。他负笈欧洲 7 年，成为第一位获得剑桥大学医学博士学位的华人。1903 年返回槟榔屿行医并积极参与当地禁止鸦片等革新活动，与林文庆（林可胜之父）、宋旺相一起被称为"海峡华人三杰"。1908 年伍连德归国服务，出任天津陆军医学堂副校长职。平息 1911 年鼠疫后，他成为东三省防疫事务总处的总医官，利用其声望积极促成并参与了北京协和医学院及协和医院的创建，继而创办了北京中央医院（今北京大学人民医院）、哈尔滨医学专门学校（今哈尔滨医科大学前身），又先后兴办检疫院所、医院、研究所、医学校 20 余处。1930 年，在他的积极倡导下，中国政府从列强手中收回了海关检疫主权并由其出任国家海港检疫管理总处首任处长。他是中华医学会主要创建者之一，《中华医学杂志》第一任主编。1937 年日寇全面侵华，伍连德返回槟榔屿开诊所，于 1960 年 1 月 21 日去世。

伍氏晚年接受好友、著名科学史家李约瑟的建议，花费了数年时间用英文撰写了自传 *Plague Fighter：The Autobiography of a Modern Chinese Physician*，1959 年由剑桥大学出版社出版。书中翔实地叙述了他的人生经历。作为受中华传统美德熏陶的第二代华人，他依靠天资和勤奋获得到英国求学的机会。学成回国服务 30 年中逐步成长为一位杰出的医学家，为国家和科学事业作出了不可磨灭的贡献。该书在回顾和总结自己近 80 年的人生历程的同时，以一位海外华人的视角，描绘了 19 世纪末至 20 世纪中叶世界、南洋和中国社会生活各层面。有历史的概述，学术研究的心得，为人处世的思考，又穿插着世界各地的风土人情和名人逸闻等，令不同背景的读者都会有身临其境之感，字里行间既透着一位爱国科学家的赤诚，也不乏宝贵的历史资料。例如作者明确述及孙中山肝癌的病因是华支睾吸虫（*Clonorchis sinensis*）的寄生，据笔者广泛查阅各种文献，即属前所未闻者。

吾生也晚，识见也狭，在微生物学界服务半个世纪，于 1980 年代始渐知伍氏其人其事。好在笔者对学科历史之兴趣未曾稍减，因感佩其为人与功绩，即悉心搜寻有关资料。除在京城着力求索外，还曾南至广州之中山图书馆，东抵上海徐家汇的藏书楼和南京的中国第二历史档案馆，北及冰城之伍氏纪念馆。21 世纪初，我在陈垣著作目录中发现老先生年轻时撰有《奉天万国鼠疫研究会始末》一书，苦苦寻求数年，终于在中国社科院历史所老先生之长孙陈智超先生处亲睹那本早已泛黄的古籍。在拜托国内外朋友广为查询当年会议的英文报告未果之时，这本著作成为我了解当年国际鼠疫会议的重要信息来源。在此期间，又承预防医科院高守一院士惠借伍玉玲教授编著之《伍连德博士——鼠疫斗士》纪念画册，对伍博士的印象则愈益深刻。2003 年，"非典"肆虐，作为科学普及工作者，我深感公众防疫知识的贫乏，正遇《中国教育报》记者索稿，便撰写了一篇长文，介绍了伍连德当年在东北防疫的情况，并发了些感慨。

此后，逃过"非典"之劫的礼露女士来访，她说是伍博士的防疫理念挽救了她的生命，希望我详细介绍伍连德。从此，在她的奔走努力下，一批"发现伍连德"的志愿者集结起来，形成了一个"伍迷"网。他们南飞新加坡拜访伍博士的女儿，北上哈尔滨追寻伍博士当年的足迹，在京城中打响了"保卫伍连德故居"之战。随后有《国士无双伍连德》一书问世。2007年，现任新加坡新传媒集团马来语及淡米尔（泰米尔）语电视频道董事经理的王丽凤女士被礼露领来寒舍，见面礼便是我梦寐多时的近 700 页伍连德自传英文复印件。丽凤告知拍摄《伍连德博士传》电视纪录片的计划，要求协助。一年后，纪录片在北京播出。三年多来，我们在伍连德精神的感召下友谊日深。

2010 年暑期之前，王丽凤女士衔伍玉玲教授之命发来电邮，要求我和哈尔滨医科大学的马学博先生承担翻译伍氏自传的任务，并希望能在"万国鼠疫研究会"召开一百周年之际与广大读者见面。冥冥之中，好像有某种力量在吸引着我，不顾老迈之躯，决心领受这光荣而艰巨的任务。王丽凤女士深得伍玉玲教授信任与倚重，熟知当地风土人情和伍博士生平。有她为后盾，又有伍连德研究专家马学博先生欣然同意合作，我的信心就更强了。译文在我们三人间传阅修订不下十次，务求不辱使命。半年多来，三人通过电邮、电话讨论不断。除常规的繁重译校流程之外，学博先生排除了很多东北地理历史查索之疑难，丽凤女士解决了不少南洋人名地名和习惯用语的翻译问题，此皆我力所不能逮者也。

原书有 24 章，每章篇幅很长，为便于读者浏览，我们根据具体内容，将每章分为若干节，拟设了各节标题。原书列于书后附录的《会议出席者名单》改附于上册第 2 章后。

原书是伍氏写给英文读者阅读的，译本是译给中文读者阅读的，行文上有中西之差异，地域上有马来与中国大陆之隔，而清末民初是因中西碰撞、新旧更替的社会文化急剧变迁而导致中文词汇日新月异的时期，于今又有百年之流变，因此，译者在用词方面不得不顾及方方面面，不能简单地套用现有通行译法。比如，对于 Queen's Scholarship，我和学博先生依大陆现有通行译法，一致认为应译为"女王奖学金"，而丽凤女士校稿时坚持改为"英女皇奖学金"。经过多次的"拉锯战"，最终我们遵从了她的"固执"，因为这毕竟是伍博士写的书，要说南洋华人的"话"。

此外，中国大员锡良在万国鼠疫研究会上宣读的《摄政王谕》和开幕词、闭幕词等原本应是中文。伍氏原著引用的是由该会议编辑委员会（多为外国人）编辑、1912 年在马尼拉出版的英文《万国鼠疫研究会报告》（*Report of The International Plague Conference*）。为尽可能如实还原历史，译者未据英文翻译，直接采用了陈垣撰《奉天万国鼠疫研究会始末》（1911 年光华医社发行）一书中据当时报刊所辑录的中文发言记录稿。

本书前面数章采用了第三人称，这也许是作者为了能够更加客观地叙述鼠疫防治和研究，而后面的篇章则完全按常例使用第一人称，这是需要特别加以说明的。

本书英文原版由作者暮年身居海外完成，限于各方面的条件，前尘往事八十载，古今中外数千年，忆述与评论或有不确之处在所难免，译校者有选择地做了一些必要的简单注释。凡属译者的说明、质疑和更正文字，或列于脚注，或在正文中置于方括号内，以与作者的原有注释相区别。

书中涉及大量人名、地名，译稿中一般遵循现有通用规则。中国旧地名均注明现名，个别未查出英文拼写之汉语地名者，用音译并标注原文。人名中，凡在中国近代史文献中有通用汉名者，采用其汉名。中国人或华人姓名之英文拼写难以准确还原为汉语者，采用音译并附原文，如 Tsang Woo-Huan，表示为：臧伍璜（Tsang Woo-Huan 音译）。

译校者接受伍玉玲女士的建议，在汉译本中增加了若干插图，这些插图除个别特别注明者外，大部分由伍玉玲女士提供，少数取自伍连德的论文。万国鼠疫研究会到会者合影取自陈智超先生珍藏的原版照片，使附图更为清晰。

译校者水平有限，欢迎广大读者批评指正。

程光胜

2011 年 1 月 21 日（伍博士忌日）

于北京回龙观四为斋

鼠疫斗士：伍连德自传

Plague Fighter: The Autobiography of a Modern Chinese Physician

原　序

　　这部回忆录与通常的传记颇不相同，在前4章中呈现给读者的是对满洲鼠疫情况的记述，正是通过那个事件，作者的名字首次引起全世界的关注。主要因为该事件，作者得以在中国这样一个保守的古老国家中长年累月地开展防疫、卫生、医学和社会福利工作，并参与其他社会活动，而所遇到的困难比预料更少。

　　应该指出，本自传涉及相当广泛的领域，居留在许多国家的有关人士，曾与作者有所交往或曾与闻其工作。因此本书不仅述及东西方诸国，特别是英国、美国、中国、日本、印度、巴基斯坦和马来亚等地的科学和医学工作者，还包含政治、教育、宗教和社会生活等方面的内容。

　　书中提及之诸多男女人士可能已经辞世，但是，作者将铭记过去70年中，自己事业初创和取得成功过程中，提供过直接或间接帮助的人们。

　　从大清王朝末期、民国初创直到国民党政权的崩溃，作者将他最美好的岁月奉献给了旧中国，许多人对此依然记忆犹新。希望强盛的新中国人民政府领导这个伟大国家日益繁荣昌盛。中国在长达四五千年的历史中，曾经历过无数兴衰，方在这个不断动荡的世界中争得今天的地位。

　　本书之写作历时七年有余，作者得到了中国、英国和美国朋友，特别是槟城同乡和尊贵的朋友林宗衔先生的大力支持和鼓励，谨向他们表达衷心的感谢。

作者也向皇家学会会员、剑桥冈维尔－凯斯学院（Gonville and Caius College）导师、现代中国－西方科学思想研究的领导者李约瑟博士深表谢意，感谢他提出建议并与作者共同审阅了自传全部清样。

编制索引（见英文原著）需要知悉中国过去和现代的应用汉语，作者忠实的朋友、现今居住在新加坡的陈维龙先生提供了帮助，作者对他谨表谢意。

伍连德
马来亚怡保波士打路 12 号，1958 年

　　来访者进入小城，即可感受居民中惶恐不安、大祸临头的气氛。到处都有人交头接耳议论。人们谈论着高热、咳血和突然的死亡，谈论着路旁和旷野被人遗弃的尸体，还有不请自来的穿着制服的白人在那里调查这些死者的病因。

第 *1* 章

黑死病

急赴疫区

1910 年 12 月 24 日，一个严寒的下午，北满哈尔滨火车总站上，到达一位年轻的中国医师。他的身高只有 5 英尺 5 英寸［1 英尺等于 12 英寸，1 英寸等于 2.54 厘米］，就是从中国南方人的标准来看，也不算高大。随他而来的是他的助手，一位瘦削的广东人。医师右手提着一架英国造的贝克（Beck）牌袖珍型显微镜以及从事细菌学工作所必需的物品；他的助手则提着一个藤箱，里面装满了各种染色剂、载玻片、盖玻片、盛着酒精的小瓶子、试管、白金接种环、针头、解剖钳、剪子等为开展实验室检查工作所必需的工具。另一个较小的藤篮里装有三打盛有琼脂培养基的试管，这些试管都用棉花塞住管口，直立在篮子里。这些培养基是常见细菌，特别是黑死病细菌生长所必不可少的。

这位医师就是伍连德，他的助手是林家瑞。此前，这位医师已在天津

1910 年的哈尔滨火车站

的陆军军医学堂任帮办 3 年，而他的助手是从该校 40 多位高年级学生中挑选出来的。在接到外务部（当年外交部的称谓）的命令后两天，他们于 12 月 21 日离开北京，经 3 日方抵达。他们第一天在长城东端的山海关过夜，接着在东三省或称满洲的首府奉天投宿第二夜。"满洲"之名，比东三省更为外国人熟知。

海关监督，即由俄国人控制的铁路附属地内中国的最高行政长官，派遣了一位下属来接待这两位来客。忙乱与兴奋之余，这位官员尽其所能照看他们车中的行李——除了两个箱子，还有应对此处寒冬必不可少的两条厚厚的被褥。车站里的搬运夫都是俄国人，他们身着厚重的羊皮外套和棉裤，足蹬坚硬笔挺长及膝盖的毡靴。要搬运这四件沉重的行李，需要两个人抬。尽管这些行李异常沉重，但对这些高大健硕的搬运夫来说却轻而易举。他们用简单的铁钩子熟练地将行李挂到系于双肩的皮带上即可搬运。室外的空气极其寒冷，寒暑表显示为零下 25～35 摄氏度，然而干燥、清新。该车站有两个候车厅，一个供头等和二等车厢乘客候车，另一个供三等车厢乘客候车。从户外进入候车室，就像从冰窖进入了火炉。俄国人认为，要想保持室内温暖，就应采用 8 英尺高的大火炉，里面还要塞满 10

到 15 块长达 1 俄尺 [阿尔申俄尺，约等于 0.71 米] 或 2 英尺的大木桩。

　　车站正门外停着一辆由两匹蒙古小马拉着的俄式敞篷四轮马车，车轮是硬胶皮的，它正在等候这一行来客。他们乘车经过一座跨越铁道的高桥，来到市镇里叫做埠头的商业区。早已为这两位来客预留了房间的旅馆，紧挨着铁道，店主是一位俄籍犹太妇女。她的店伙计是一位来自山东的身材高大的男子，忙里忙外，在旅馆里无所不干。伺候客人洗过热水澡后，便享以美味的俄式晚餐，餐桌上有罗宋汤（卷心菜、胡萝卜加上西红柿和肥牛肉块一齐烹煮，并用数量随意的酸牛奶调味）、俄式牛肉条（腰条肉、新鲜奶油及洋葱煎制）、大块的俄式面包"列巴"和新鲜奶油。用过难忘的晚餐，躺在厚实松软的床垫上，在暖融融的房间里，伍博士和他的助手很快便进入梦乡。待到他们一觉醒来，已经是第二天清晨 8 点多钟。

　　在当地，不管俄国人还是中国人，都不在 12 月 25 日庆祝圣诞节。因为俄国人依然只认从老式的儒略历，它比世界公用的格里历要晚整整 13 天；而中国人当然只恪守孔夫子的历法 [指中国的农历]，只有等到 1 月 31 日，他们才去庆祝新年。于是这两位来访者只得去用简单的早点。除了黑面包，就是俄式咖啡（随意用新鲜热牛奶稀释的味道醇厚的咖啡精）。走出旅馆，他们在街上看不到任何为烘托节日喜庆气氛而装饰的房舍，商店全都照常开门营业。只见大小玻璃窗上，都被厚厚的一层冰覆盖。他们扬手招来一辆马车，乘车来到了道台衙门。这座中国海关监督的办公院落，也在哈尔滨的埠头，距来客住处不过半英里 [1 英里约等于 1.609 千米] 之遥。马车进入东辕门，西边则是单向出口。入门后是一个大四合院，里面有马夫正在训练十几匹矮种马。就像绝大多数中国官衙建筑一样，道台衙门的平面设计千篇一律：正面大门面朝正南，有门吏看守；各种办事机构以及官吏属员们的生活用房分列两旁；一道正门通向处理政事

哈尔滨的吉林铁路交涉局

或是接待显要客人的正堂，后院则是官员及其家属的私宅。

来访者于9点整到达门房，出示了他们的名片。外务部早有电报送达道台，通知他伍博士即将到达。尽管道台已有准备，但是他不会在9点就开始办公，来客只得又等了半个钟头，道台大人才在花厅接见他们。道台姓于［名驷兴］，身材细高，身高5英尺8英寸。他是江苏人，说的官话带有上海口音。他只读过中文经典，因擅长此道，科举考试中得举人。他既不懂英语，也不懂俄语，因此他发现自己很难适应这个新环境，也无法从容地与俄国人交涉。俄国人掌握了这里所有权力，控制着具有战略意义的东清铁路北段和它在军事、政治和经济诸多方面的利益。日本人同样垂涎富饶的满洲，他们在1904—1905年的日俄战争中打败俄国人以后，攫取了该铁路从大连到长春的南段，距离北边的哈尔滨150英里。

日俄两国之间，为了争夺更多的权益和控制这个辽阔而刚刚向世界开放的地区，彼此明争暗斗接连不断。对中国人来说，满洲叫做东三省，包括奉天、吉林和黑龙江。我们只要想到满洲的面积是德国、法国和瑞士三国面积的总和，而且占据着世界上有名的大河——黑龙江的南半部，包括该河的最大支流松花江，就不难理解为什么这两国会在这里恶斗不止。而且，满洲盛产小麦、大豆和高粱，矿产有煤炭、铁矿和黄金，储量巨大。和平与稳定的政策就能使这些财富得到开发，不但有益于本地区，而且可以惠及全世界，然而这一潜力巨大的地区却被它的合法主人清朝权贵可悲地弃之不顾。从 1644 年以后，满洲人推翻了明王朝，在中国建立了清朝，满足于吸食民脂民膏。足足有 3 个世纪，他们享受着古代中国统治者的奢靡生活，饱食终日，不思进取，让他们的龙兴之地豺狼当道，暗无天日，变成了掠夺成性的日、俄两个国家争夺蹂躏的对象。

尽管于道台对当代行政管理以及地方情势仅有一点粗浅了解，但由于在京的当权官僚大力推荐，还是被委派了 3 个官职，执掌这个国家极其重要的一隅。这 3 个官职是：

1. 吉林省辖境内全部滨江地区的行政长官。

2. 海关监督，负责关务及本地与外国海关税务司密切合作。海关税务司由一位外国人担任。当时是一位友好而且博学的英国人海因斯·沃森（Haines Watson）。

3. 北京外务部直接领导下的地区外事机构长官。

因为伍博士是外务部直接任命的，他与道台大人的关系应该是密切的，扑灭瘟疫的工作也应该配合默契。但是道台提供的有关这方面的信息模糊不清，少得可怜，因而使人颇为失望。就他所知，在傅家甸报告了某些神秘而可怕的病例，症状是高热、咳嗽、咳血，然后死亡，几天之内皮

1910 年的傅家甸

肤变成紫色。傅家甸是哈尔滨附近一个有 24 000 居民的小城，人口密集，地势低洼，完全在中国当局的管辖范围之内。

在北满的边境市镇满洲里毗邻的俄国境内，农民之中显然早有孤立的病例发生。患者多为捕捉一种大型蒙古旱獭的猎户。这种啮齿动物的厚密毛皮是种畅销品，经过适当染色即可仿制成西方女士穿着的黑貂皮。许多猎户是来自山东省的移民，他们身强力壮，吃苦耐劳，不怕北满冬天的严寒，能在辽阔的大草原上逗留数日。他们仅以冰冻的熟肉包子维生，需要时加热后伴以酽茶即能果腹。当地气候极为干旱，他们便将茶水盛于金属容器中随身携带。猎人们出征猎获到 20 多条毛皮，即可满载而归，回到满洲里。他们投宿在拥挤不堪的地窖子小客栈里，尽快将这些生毛皮出售给定期前来收货的商贩。如果瘟疫暴发，特别是以肺部感染的形式出现，不难想象，在湿热的室内空气中，感染极易迅速传播给小客栈里所有的人。

当 9 月间报告最早的咳嗽与咳血的少数病例开始增加时，满洲里的居民十分恐慌，争相购买火车票，沿着俄国人经营的单线东清铁路逃回东部或南部。哈尔滨和满洲里相距 530 英里，途经高山平原，病倒的和发热的病人在沿途车站就近下了火车，于是鼠疫便在未被感染的人中传播。1910 年 11 月的第 1 周哈尔滨最初报道病例时，鼠疫已经至少猖獗了 6 周，疫情趋缓，却依旧在发展。在傅家甸，有一条由俄国城区穿过铁路干线直通到此的大路。不少中国劳工出现高热、咳血，于是他们被转移到镇中心一座宽大的两层楼房里，过去这个楼房是个公共浴室。两位西医——姚医师（姚乾初）和孙医师（孙保璐），他们是天津北洋医学堂毕业生，受东三省总督锡良派遣，由奉天来此专司防疫工作。他们除了将病人送进鼠疫病院，还负责报销丧葬费用。但防疫机构却仍未按部就班地有效运转。每日报告的病例和死亡的数字在缓慢但持续地上升，从 11 月 1 日的 2 个病例增加到 12 月中旬的 8 至 10 个。一直找不到令人满意的治疗方法，尽管有些游方郎中或中医声称能够治疗，却没有真正的鼠疫病患能够幸免于死。

于道台提议，伍博士应首先进行以下各项工作：

1. 正式拜访俄国铁路当局的最高长官霍尔瓦特（Horwat）将军以及当地外国领事。

2. 巡视中国辖区以及其诸多医院。会见傅家甸的地方长官和当地警官以便获得更多信息。

3. 访问俄国医院，看望那里的俄国同事。

4. 向道台本人和北京中央政府提供建议。

他将要承担的任务是为防疫活动尽量提供充足的经费，以促使严重的传染病尽快结束。显然，道台是一位乐观自信的人。

实地调查

伍博士仔细考虑了总体形势后，决定先召集全城的中国同事。他和他的助手登上了一辆由山东大汉驾驭的俄式四轮马车。这位车夫身披羊皮长大衣，头戴旱獭皮帽子，活像他的俄罗斯同行。他们的马车跨过了铁道干线，又驶过长达数百码［1 码约等于 0.914 米］的几百节车厢，这些车厢满载着一袋又一袋刚从附近农村征购来的大豆。此地确实是世界上最重要的谷物集散中心之一，也许要比美国或加拿大那些大粮仓更加广阔，更为生机勃勃。美洲的粮仓只产小麦，而满洲出产的大豆则营养更丰富而且籽粒更为饱满。成千上万麻袋粮食堆放在空地上，有的用帆布盖上，有的则没有盖。这是因为在这个季节有冰雪，却绝不下雨。这里既有砖石砌成的永久性货栈，也有临时的木板棚。显然都盛满着大地的馈赠：毛皮、肉类、谷物、木材，还有大豆，等着运往南边的长春、奉天，以及日本人控制下的大连港，或是沿着俄国人的铁道向东运往海参崴港。劳工都是俄国人或是中国北方人。管理者主要是俄国人，另外还有铁路当局主办的俄中商业学校的年轻中国毕业生参与其中。

　　四轮马车从这个广达数千英亩［1 英亩约等于 4 047 平方米］的繁忙货场转向傅家甸的主要街道。一路上，两边是数以百计的不甚雅观的木头房屋，屋顶盖着白铁皮或木板。然而，这些简陋的店铺里，中俄两国的商品琳琅满目，供当地居民所需。在哈尔滨城里的俄国城区，有不少美轮美奂的办公楼和极为气派的砖砌大楼。与之相比，傅家甸看起来实在寒碜，犹如贫民窟。但是必须记住，俄国城区是从 1900 年义和团事件之后才开始起步的，仅仅是获取了大笔赔款的俄国在这片地界上一个额外的产物。当时在傅家甸甚至连卵石路也没有，都是土路。冬天冰冻 5 英尺，可通载重大车；而在阴雨连绵的夏天，路面泥泞，行人无法举步。幸好土路两边，有宽至 2 英尺的木板人行道。在它下面，则是下水道。

　　来访者进入小城，即可感受居民中惶恐不安、大祸临头的气氛。到处都有人交头接耳议论。人们谈论着高热、咳血和突然的死亡，谈论着路旁和旷野被人遗弃的尸体，还有不请自来的穿着制服的白人在那里调查这些死者的病因。马车最后停在一幢大平房前，房顶上竖着一块长方形的白色标牌，写着两个黑色大字："商会"。下车后，姚医师（姚乾初）和孙医师（孙保璐）正在门口迎候。姚医师是年长其3岁的伍博士的广东同乡，不过他来自新会农村而非新宁；孙医师则更年轻，来自福建省会福州。他们两位毕业于天津的北洋医学堂。该学堂由伦敦传道会的马根济医师（Dr. J. Kenneth Mackenzie）创建，因为他治愈了声名显赫的总督李鸿章的爱女，李就把医学堂作为谢礼送给了他，只是后来它被法国政府推荐的一群法国医师所控制。不过整个医学堂仍由位于天津的直隶省政府支持，从杭州、广州、福州和天津等地招收学生，使用英语讲授四年医学课程。姚医师蓄着浓浓的胡须，这在他那个年龄段的中国人中很是少见，但是他为人友好，颇善言辞。孙医师是他的助手，白皙无须，身材颇高，他说的官话有着浓重的福州口音。主客谈话掺杂着中文和英文，专业术语都特意使用英语。

据姚医师说，毫无疑问，流行的是发生在肺部的瘟疫，从上个月起就开始在当地居民中传播。开始每天发现一两个病例，然后病例缓慢增加，偶尔间歇。但是到了当天，即12月25日，却报告了10人死亡。也许还更多，因为这个小小的机构，当时只有2位医师、5位由这2位医师临时培训的看护，无力逐一检查每个病例，于是只有请未经医学训练的警察来帮忙。一旦有人家来报告，他们就将病人迁移到鼠疫病房。这个病房其实就是临时征用的公共浴室，并未采取任何隔离措施。在大街上，不时可见死尸。显然这是在夜间丢弃的，为的是免于让警察来家里调查和对房舍强行消毒。凡是在大街上收集的尸体，都用未经刨光的薄木板钉成的廉价棺材装殓，运到公共墓地埋葬。政府承担棺材、运费和丧葬开销。要是一个家庭成员死去，允许家属独自安排死者的葬礼。所有的医务人员，包括医师、助手，还有杂役、消毒工和掘墓人都要求戴防护口罩：它或用现成的线织布片

傅家甸出现第一个鼠疫病例的住宅

包以黑纱布制成，刚好遮住口鼻；或用一块外科手术用纱布衬上棉花盖住脸的下部。但是，通常戴防护口罩的方法都不对，没有遮住呼吸道入口，而只是挂在颈上，因而这些戴口罩的人依旧完全暴露在感染之中。

又询问了一些事情后，伍博士请姚医师带他去见掌管傅家甸所有民政事务的地方官章大人［滨江厅分防同知章绍洙］。衙门就在附近，这群医务人员步行即可到达。但是为了体面，他们还是坐着敞篷四轮马车前往，并递上名片。客人被领进一间昏暗、杂乱的接待室里，这里立马显露出中国的古老落后：墙壁已多年没有粉刷过，结满了蜘蛛网；椅子虽然时髦并配上了咔叽布彩色椅垫，但显然无人经常打扫灰尘。章大人终于出场了，他身穿一件肮脏肥大的长衫，给人一种效率不高或不足为信的印象。即使一些简单问题，他也回答得吞吞吐吐，模棱两可。他显然是吸鸦片的，如被检举，立刻就会被罢官。事实上，在他派人去请在几步路外的警务长后不到几分钟，他就开始显得局促不安。而这位穿着制服的警务长倒是给医师们提供了不少有关瘟疫流行的信息。章大人和警务长

1911 年哈尔滨鼠疫流行时的第一时疫病院

都一再声称，为了扑灭瘟疫，他们该做的全都做了，如果医师们还有什么建议，他们也愿意考虑。伍博士向他们说明了他前来调查的使命，特别恳请警务长能带他去找个合适的病人，以便仔细检查一番。然后这一行医生怀着十分沮丧的心情告辞了。显然，他们从这些民政官员那里得不到什么帮助，因为这些人对于瘟疫的危险，不是一无所知，就是知之甚少。而他们的无知将会带来严重的麻烦，导致这种传染病进一步向南部蔓延。

叙述到此，应提及那位林姓学生，他虽然还没有毕业，却是个很称职的同伴。因为他能用中文随时记下谈话要点，特别是许多人物、地方的名称。每当遇到技术事务要向不懂英文的官员解释时，他做得比他的上司还要好，因为他的这个上司是位海外华人，运用汉语不大熟练。而且，伍博士已经获准使用政府专线，用英文发电报或是报告给他的直接上司施肇基阁下（他在外务部位居右丞高位）。有时候有紧急电报或报告要发给行省官员，也必须翻译成中文。此时，由伍博士用英文起草电报稿，然后由林家瑞立刻准确地译成通顺的中文，并即时发出。在每个衙门里确实都有许多办事员和秘书，但是因为他们不懂英文而于事甚少助益，更遑论让一个外行来迅速而准确地处理医学报告了。

施大人（Alfred Sze，这个名字为世界所熟知）出生于江苏省一个官宦世家。他先是学习本国语，不久后又掌握了英语，进入美国康奈尔大学并获得硕士学位。回国以后，他参加了1905年以大学士端方和戴鸿慈为首的国家使团前往欧美考察宪政改革。考察团一行途经槟榔屿时，施大人第一次与伍博士相见。因为他才华出众，很快就开始在外务部任参赞。1907年，他被擢升为哈尔滨道台和设在哈尔滨的吉林铁路交涉局总办。事实上他是1910年到任的

伍连德的助手林家瑞
（1889—1967）

于道台的前任。假如他仍然在哈尔滨任道台，伍博士的事情就将会好办多了，而与当地官场的关系也将更为融洽。然而，从另一方面说，那样或许又不会得到北京方面如此强有力的支持。而这种支持，在处置紧急事务的关头非同小可。施大人身为外务部右丞，他得到满人上司外务部尚书、大学士那桐的有力支持，这使伍博士在遥远的哈尔滨得以顺利工作。

正是施大人首先举荐伍博士前来调查瘟疫，然后又让他担任扑灭覆盖满洲到山东广大地域鼠疫的庞大的防疫组织的首领。因为施大人具有周游世界的丰富经历，到过世界许多地方，熟悉先进国家的现代化制度，这使他得以预见可能的外交后果：如果中国未能使用科学方法及时将猖獗一时的鼠疫扑灭，虎视眈眈的日、俄两个邻国就会对中国施加政治压力。主要因为这个原因，他说服大学士那桐认识其严重性，促使他物色合适人选前往那不安宁的地方。伍博士被认为是最佳人选，这不仅因为他在英国剑桥大学获得了医学博士学位，他还在英国、德国和法国从事过细菌学研究。除了英语，他还能讲德语和法语。虽然在京城的清朝权贵和当权的上层官

外务部右丞施肇基
（1877—1958）

僚因循守旧，对西方国家在科学和医学方面的长足进步一无所知，但是他们无法忘记不久前（1900 年）不幸的义和团暴动造成的后果，清政府颜面尽失。施大人的鼎力推荐有了结果，他奉命向天津发电报，召当时正在天津陆军军医学堂任帮办的伍博士赴京晋见。后来听说，有人举荐过另一位医师谢天宝博士，他曾在美国丹佛受教育，时为清政府海军部医官。但是他不愿远离北京，放弃了报效祖国的大好机会。伍博士和他的助手做好了必要的准备，并预订了旅途中投宿处，在接受命令 48 小时内，便各带一位随从，沿着 3 条铁路，即中国的京奉铁路、日辖南满铁路、俄辖东清铁路，前往北方目的地。

代表外务部的施大人和负责瘟疫调查的医官伍博士已经当面商定，做到相互自由交换报告，必要时可用英语，以便及时沟通，避免不必要的延误。不难看出，从一开始北京高层对这位几乎没有经验、英语比母语更流利的人已经有所迁就。正是由于事先的妥协，伍博士才得以更清晰地表达他的观点，解释他的行动，并解决执行公务过程中遇到的困难。

12 月 27 日早晨，伍博士得到了一次解剖尸体的机会。有电话通知当局，在傅家甸一位嫁给中国人的日本女客栈主人，出现咳嗽、咳血等症状后，当夜死去。伍博士和他的助手携带内置急诊必需器械和仪器的出诊箱，立刻驱车前往小城贫民区的一幢小房子。只见一具身着廉价棉质和服的女尸躺在污秽的榻榻米上，木地板高出地面足有两英尺。室内阴暗，不甚清洁，但尚有清水以供勉强完成尸体解剖。切除胸软骨部分后，他们将粗大的注射器的针头插进右心房，吸出足够的血液，放在两个琼脂试管里培养细菌，以便制成涂片用显微镜观察。然后又切开肺脏和脾脏的表面，伸进白金接种环，挑取这些器官里的物质进行必要的培养和涂片观察。将感染的肺、脾和肝各取出 2 英寸 ×2 英寸大小的组织块放进盛有 10% 福尔马林液体的瓶子里。因为需要保密，每道操作都尽快做完。脏器复位以后，他们缝合了皮肤，将其穿戴整齐，并用政府提供的棺材装殓，以待安葬。

正是在如此不寻常而又不可思议的条件下，在傅家甸，也许是整个满洲，第一例肺鼠疫患者尸体解剖就这样完成了。众人十分高兴地回到驻地，由于还没有安置合适的实验室，他们只得在暂时从商会借来的一间房子里工作。用吕氏染色剂简单染色后，再用高倍显微镜观察。所有取自血液、心、肺、肝和脾的标本里都呈现成群的鼠疫杆菌（*Bacillus pestis*），它们呈现特有的两头着色的卵圆形。在琼脂试管里的细菌培养后，进一步证实了是鼠疫。将这些培养物放在室温下 3 天后，出现了状如针头的半透明菌落。挑取其中一个菌落涂片观察，再度显示了鼠疫杆菌的特征。从心脏、血液和脾脏取出的培养物十分纯净，表明未受其他杂菌污染，但是肺培养物显示轻度污染。他们立刻向当地官府和朝廷通报了这一发现。道台大人、章大人和警务长，虽然都是外行，但都被请来在显微镜下观看，试图令其信服神秘死亡的真实原因。当然，欲使缺少近代医学和科学基础知识的他们相信这些，并非易事。

防疫计划的形成

当务之急，显系制定相应政策并依此组建适当的防疫组织。鉴于当地条件普遍落后，该组织应该尽可能简单，但是其工作效率须足以应对猖獗的疫情，直至将它全部扑灭。为此，伍博士给他在北京的上司发电报，概括地提出以下建议：

1. 傅家甸存在肺鼠疫流行，已经被临床和细菌学检验充分证实。

2. 该传染病几乎完全由人到人传播。目前老鼠感染的问题可以排除，因此当前扑灭瘟疫的所有努力应集中在流动人群和居民中。

3. 西伯利亚边境满洲里和哈尔滨之间的铁路交通必须严格管制，并邀请俄国当局与中国政府在实施有关措施中进行合作。

4. 开放的道路和冰冻的河流也助长了鼠疫的传播，因此必须派人沿途巡视与检查。

5. 傅家甸当地官员应提供更多房舍，供急性患者用做医院。建立隔离营，收容成千的接触者，包括曾经暴露在感染之中的鼠疫患者家庭成员。鼓励当地警务系统更充分地合作。

6. 为应对需求的增长，须从南方招募更多的医师和助手。

7. 当地道台应为防疫活动提供足够的经费。

8. （华北）京奉铁路沿线的卫生状况必须密切关注，一旦有鼠疫病例出现，必须采取严格的防疫措施，包括建立鼠疫医院和隔离营。

9. 寻求与日本南满铁路当局合作。

姚医师和孙医师在该镇北部租得一座骡马大车店用做消毒站。他们在那里贮备了大量的硫黄、数百瓶石炭酸［苯酚的俗称］。这些药品购自遍布南北满的日本药房，这些药房向当地居民提供价廉的日常化工用品、玻璃器皿、药棉和各类专卖药品。像旧式学堂的许多毕业生一样，姚医师和他的助手在对付室内感染，例如麻疹和猩红热时，更看重消毒剂的效果。比如将硫黄放在罐子里燃烧，产生的烟雾可以杀灭空气中飘浮的病菌；将石炭酸配成 1∶40 的稀释溶液，装在简便的日本制喷雾器中喷洒后，使不通风的房间充满了被称为石炭酸的令人爽快的气味。然而病房里不经常打扫的地板上，尘土里积聚着不少病菌，医务人员却很少理会。这些卫生消毒措施尽管在扑灭传染病时不甚有效，但是对于失去一个或更多亲人的家庭来说，却有心理上的安抚作用。这种安抚作用甚至在先进的欧美国家都得到认可，所以不难理解，疾病流行时，缺少教育的亚洲人民为何对此十分信赖，尽管这种信赖并无多少依据。

第一个消毒所（左）；伍博士的第一个实验室（右）：1911年1月，作者正在他的第一个鼠疫实验室工作。该实验室只是一间泥草房，双层玻璃窗，以一个烧木块的大火炉取暖。没有恒温箱，鼠疫杆菌培养物在室温下生长。没有自来水，但是有电灯为显微镜提供照明。

伍博士满意的是这个消毒所的一间房子。它位于院门旁边，被用做实验室。在这间房子里，他安放好了他的显微镜、载玻片、染色剂和培养物等。伍博士不曾料想，这里已经有一个年轻的日本医师捷足先登了。他略通中国话，自称受南满铁路派遣前来调查鼠疫，如果需要，愿助一臂之力。但是他终日坚守岗位，下班回家才离开。他只要求捉老鼠给他，并按照教科书所述进行检查。伍博士向他解释道，当前纯系人与人之间的传染，家鼠并不介入，不起作用。但是徒费口舌，不易令其信服。两周以后，发生了北洋医学堂首席教授梅聂（Gérald Mesny）在哈尔滨因鼠疫而死亡的轰动事件。那位日本人便不知去向了。

当伍博士料定有关这次瘟疫的某些重要情况已经上达北京高层时，便在12月31日前去正式拜会俄国铁路管理局总办霍尔瓦特将军。他的漂亮办公室设在哈尔滨新城的一幢高大石结构的三层楼房里。伍博士身穿天蓝色的大礼服，笔直坚挺的硬领，紧腿裤塞在长筒皮靴中，这种装束当时在俄国官员中很流行。霍尔瓦特将军身高达6英尺2英寸，身居高位，却谦恭有礼，抖动着的灰白色胡须上方，双目慈祥而睿智。其时年当在50以上，俨然一派直率的军人气质。伴随在其身边的，是位面部无须，温文儒雅的中国人。他的身材与伍博士相仿，名叫朱玉清。朱先生是将军的翻译，时年约35，苏州人，精通俄语、汉语、英语和法语。在座的还有出生于波兰的雅显斯基（Iasienski）博士，时为铁路医务处主管，精通俄语和法语，偶尔也说英语；冈察洛夫（Kokcharoff）先生，哈尔滨俄国防疫局局长，非医学出身；铁路医院的高级医官博古奇（Boguchi）医师。伍博士在此后执行公务时，与他们时有往还。

交谈主要用英语和俄语，朱先生口译。略事寒暄以后，伍博士说明了北京外务部赋予的使命：首先调查疫情，然后提出控制和扑灭日渐猖獗的瘟疫的措施。当谈及他在傅家甸所完成的第一例尸体解剖，并从细菌学上证实为肺鼠疫时，这些俄国人表现得很有兴趣。雅显斯基博士则要求观看标本和培养物。

这些俄国人中主要是霍尔瓦特将军发言，他强调了事情的紧迫性，并表示十分高兴看到中国城中来了像伍博士这样训练有素的专家。但是他忧虑的是，为抗击如此严重的疫情，需要更多中国医师和甚为庞大的卫生防疫队伍。将军说，为应对紧急情况，要准备设立更多的医院和隔离营，要督促中国的负责官员认识采用现代防治方法的重要性。但当提及拟向铁路当局商借一些货车车厢，以收容数百个曾经与家庭内鼠疫患者密切接触而需隔离的人员，并希望能有所遮蔽时，将军却犹豫不决。不过他答应将征询于职员，允诺在他的权限之内将给予实质性帮助，并保证尽其所能。将军主动提供了铁路区域内中俄居民中出现的鼠疫病例信息，并声明如疫情进一步恶化，将一定采取严格措施。他还表示欢迎伍博士访问俄国医院，雅显斯基和博古奇亦无不赞成。然后伍博士便告辞。

当天下午（公历新年前夕），伍博士逐一对俄国、日本、英国、美国和法国领事进行了礼节性拜访，但只在一处受到礼遇，承诺协助和合作。日本和俄国的总领事对此显然过分政治化了，声称需对中国的防疫团队加以了解。英国领事斯莱（H. E. Sly）先生，中等身材，圆润光洁的面庞，乌黑的眼睛，蓄着当时在演员中流行的分头。尽管伍博士是英国女王陛下的臣民（他出生在海峡殖民地①的槟榔屿），并以不俗的资质担负重大使命，领事大人却毫不理睬，既不友好，也不信任。他绝不通融，目空一切，对中国官吏办事的能力极尽嘲讽之能事。法国副领事本是当地一个商人，担任的只是一个荣誉虚衔。令副领事感兴趣的，仅仅是伍博士告知他曾在著名科学家埃米尔·鲁（Emile Roux）和伊利亚·梅奇尼科夫（Elie Metchnikoff）领导的巴黎巴斯德研究所做过研究生。

唯一对他友好的是领事顾临（Roger S. Greene）先生②，一位哈佛毕业生，在哈尔滨管理美国侨民事务已有两年。他又高又瘦，前额突出，两

---

① 海峡殖民地（Straits Settlements），是英国在 1826—1946 年间对位于马来半岛的三个重要港口和马来群岛各殖民地的管理建制。最初由新加坡、槟城和马六甲（麻六甲）三个英属港口组成。——译者注

② 顾临（Roger Sherman Greene，1881—1947），美国人，1909 年 3 月任哈尔滨领事。辛亥革命时任驻汉口总领事。1925—1927 年间任中华教育文化基金董事会美籍董事。1928—1938 年任中华医学基金会驻华代表和协和医学院代理校长。——译者注

眼深陷，上唇蓄短髭，待人彬彬有礼，有教养且富同情心。他说深知中国面临的危险和困难，但若采取恰当的组织并有决心，则没有理由怀疑中方不能够成功。这对于面临力难胜任之重任，肩负极大责任的伍博士来说，不啻是友善的鼓励和祝愿。伍博士对此深表谢意，还特别感谢他邀请博士方便时再次来访。不久顾临领事被擢升为驻汉口总领事，亲眼见到了1911年底辛亥革命的爆发。后来，他辞去了美国外交官职务，因为洛克菲勒基金会任命他为中华医学基金会驻华代表，监督北京协和医学院及其医院的建设（直到1920年）。

鼠疫导致中国城区和铁路沿线死亡的人数不断增加的报告，令身负重责的医师们越来越担忧，于是伍博士前去拜访哈夫金博士（Dr. P. Haffkine）负责的俄国传染病医院。这位年轻的医师毕业于基辅大学，时年28岁。他是犹太人，洁白无须，健谈。他的叔叔哈夫金医师是位著名的人物，曾在印度，特别是孟买研究过腺鼠疫，首次研制出如今普遍使用的哈夫金疫苗（这种疫苗是灭活的鼠疫杆菌，保存在稀释石炭酸溶液里）。哈夫金医师身穿医院的白色工作服，头戴雪白的棉布帽，但是不像中国医师在自己医院里那样戴着防护口罩。伍博士先换上了同样的白色工作服和帽子，然后随着哈夫金医师进入传染病房。

这确实令人尴尬！伍博士是在视察前按需要戴上口罩（这样会被视为胆怯或者缺乏医生的职业勇气），抑或听天由命随着漫不经心的哈夫金医师走进病房呢？然而此时已不容犹豫，收容鼠疫患者的病房已大门洞开。伍博士数了里面的病人，共8人，每人占有一张单独的铁床。8个病人中，6个中国人，2个俄国人。所有的病历上都记有高热和心动过速。所有的病人都显得病情严重，有的在轻咳，有的明显呼吸困难，痉挛，咳出粉红色的血痰。哈夫金医师检查了两个病人的胸部和背部，他低着头，却没有面对着病人的呼吸。轮到伍博士检查时，他伸直手臂尽量抻长双耳听诊器的管路，只从背部听诊肺部，并扬起头以避开病人。在病房里的 10 分钟，让他紧张万分。感谢上苍，严峻考验终告结束，这些人终于离开了空气污浊的房间，开始呼吸室外的新鲜空气。和蔼的哈夫金医师对客人的不安报之以微笑，并说他和他的同事对他叔父的疫苗之神奇功效极有信心，无须其他保护措施。但是这种信心很快就被证明显然是空中楼阁，他的医院里就有太多的同事死于鼠疫，10 天后法国医师梅聂前来病房作类似访问而酿成的惨剧即是证据。在本章的后半部分，对此事还有更详尽的叙述。

尽管铁路区域人口比傅家甸更多（100 000∶24 000），但并不特别拥挤，而且绝大多数俄国人是政府雇员，居住得相当舒适。搭乘单线铁路（东清铁路）列车到来的感染者，绝大多数立刻进入哈尔滨的中国城，而少数在俄国城区过夜的，通常也都住在中国境内的小客栈里。在那里，若干人躺在同一条炕上。这种炕是矩形的砖砌结构，其宽度占据整个房间，从室外添加木块烧火取暖。那里没有单独的床铺，坐卧、梳洗和用餐都在炕上。不难理解，他们共用一个大炕，在肺鼠疫流行的时候，从染病者的肺里直接咳出带有危险细菌的飞沫是主要的传播方式。不言而喻，一个病人可能传染与他同一个炕上的其他人。换言之，环境越是拥挤，感染的危险就越大，特别是寒冬腊月，门窗紧闭，室内空气湿热而且不流通。上述情形可以说从西北部的满洲里到北京，南至山东，无不如此。所以，在 1910 年到 1911 年的那个冬天，只要鼠疫病人与朋友或亲属逗留或住宿在一起，就会有被感染的病例。传染的严重程度取决于原发的病人数量和他们家庭的规模。

俄国人在对抗鼠疫方面有不少优势，比如他们有高大的建筑、开阔的木材货场、榨油作坊等，还有许多平时用来储藏大豆和面粉的空荡的仓库，以及敞篷或封闭的货运列车车厢。他们也拥有设备精良、技术力量雄厚的医院。相对而言，这些优势中国当局实际上一点也没有。在拥挤而低洼的傅家甸，唯有肮脏的小客栈、备有大车停放场所的大车店、学校、几座兵营和两个戏园。这些有限的资源，后来都被征用作为防疫局的下属机构、消毒站和临时隔离营。直到铁路局终于答应出借 120 个货车车厢，用于隔离大量接触者（包括鼠疫病例家属，以及曾与病人同住或共餐的人），中国医务人员的处境方稍有缓解。随后，官员们和公众的态度又令他们举步维艰。前者似乎对事态的严重性熟视无睹，后者则处之泰然或听天由命。这样的态度，令那些前来尽力帮助他们的人感到沮丧。这就需要有振聋发聩的悲剧事件来使他们猛醒。正当此时，发生了梅聂医师的意外身亡。

货车车厢隔离所

　　黑死病（现已查明，此次它的造访与欧洲中世纪的那次非常相似，当时欧洲共有数百万人丧生）持续地向北京进逼，加之每天从满洲来的日趋严重的疫情报告令京城更加惶恐不安。列强驻京外交使团，他们既是多个国家组成的团体，又各为自己的国家争利，此时便开始向由守旧王爷和无能的亲贵子弟控制的清王朝中央政府施压。迫于压力，北京政府向各级医院和医疗机构紧急告谕，征调医师和训练有素的护理人员作为志愿者，前去哈尔滨协助伍博士扑灭危险的传染病。社会响应十分踊跃，纷纷许诺鼎力相助，其中包括天津的陆军军医学堂（伍博士以往 3 年曾任该校帮办）、天津的北洋医学堂和由传教士创建于 1906 年的北京协和医学堂。还有许多来自济南府、芝罘［今属烟台市］、保定府、吉林、长春、奉天府、阿什河［今属阿城区］以及其他许多城镇的传教士医师，皆志愿前往。

梅聂之死与简易口罩的推广

　　首先到达哈尔滨的是法国医师梅聂。他以前是一位军医，时任北洋医学堂的首席教授。两年前（1908 年），他曾在天津附近的煤矿城市唐山参与腺鼠疫流行的防治。在前往哈尔滨途经奉天时，梅聂医师谒见了东三省总督锡良，要求总督大人任命他统管防疫事务，取代中国医师伍博士。但是总督拒绝了他的要求，建议他先去考察情况，然后再提出自己的建议。也许他在学堂身居教授领导之高位，对"土著"中国人一贯颐指气使，又凭借当年他带领一队中国学生和助手在唐山防治腺鼠疫的短暂经历，自视甚高。总之，他在 1 月 2 日到达哈尔滨，下榻于火车总站对面的格兰德旅馆（Grand Hotel）时，心中颇为不悦。

伍博士对法国教授的心情一无所知，他作为同事，前往旅馆探望。伍博士发现他独处房中，心事重重。过去他们同住天津，只是一般的同行，如今身处严重疫区之中心，理应开诚布公交换意见，亲密合作，应战共同的敌人。伍博士向他介绍了自己的经验以及到哈尔滨以来先后采取的措施，并且指出，因为这次暴发的是单纯的肺鼠疫，他们主要应该集中精力严格隔离鼠疫患者，将他们与不咳嗽的疑似者分开，制订适当限制接触者的规划；医务人员除按细菌学的常规操作外，应戴上由软棉和纱布制成的口罩，给人群接种哈夫金疫苗并注射耶尔森血清。但是梅聂医师对来客的议论不感兴趣，宁愿凭借当年他在唐山取得的经验。在唐山，老鼠确实对疫情的蔓延流行起了主要作用，如同在印度、越南和香港一样。他说他本人的意见比一个新手所言更可靠，并决心让中国政府接受他更成熟的意见。梅聂医师当时已四十三岁，而伍博士年方三十。

伍博士坐在带垫子的大扶手椅上，试图用微笑化解分歧。这位法国人却激动起来，在燥热的房间里不停踱步。他突然不再隐忍：面对伍博士怒扬双臂，双眼圆瞪地吼道："你，你这个中国佬，胆敢嘲笑我，顶撞你的前辈？"尽管见解相左，但这场出人意料的动怒和对一位医界同仁的粗暴无礼，岂非令人匪夷所思？为了不使局面僵化，伍博士于是说道："对不起，梅聂医师，我这本意友好的谈话，不料竟引起如此不愉快。我别无选择，只得向北京的施大人禀报。"伍博士离开房间，下了楼，步行回到相距不过数码的住所——大都会旅馆（Metropole）。在安静的房间里，他起草了一份电报，述说了事件的全部经过，并提出了辞呈——因为无法与如此固执己见的人共事。过了一天，又过了一夜。争执发生38小时后，伍博士收到来自北京的官方电报，宣布撤销对梅聂医师的派出指令，并责成伍博士继续勉力工作，无须介意此次不愉快。官方对伍博士的支持再次得到了证实，他加倍努力设法控制鼠疫。传染病医院此时已经人满为患。患者死亡数字扶摇直上，甚至有一次在 24 小时内报告了 50 位病人死亡。但是，在更多的医师和护理人员践诺到来以前，无法期待形势能显著好转。

出乎意料的是，法国医师梅聂感染上了瘟疫，并已送到哈尔滨新城俄国鼠疫医院的消息不胫而走。询问医院当局得知，1 月 5 日梅聂医师接到撤销他的工作任命的电报后，他立刻去鼠疫医院拜访哈夫金医师，要求检查几位病人。就像伍博士来访时一样，梅聂在进入传染病房之前，穿上了白工作服，戴上了白帽子和一双橡胶手套，但是没有戴口罩。在病房里，他和哈夫金医师一样，接连检查了 4 个病人，面对病人前胸和后背叩诊与听诊。进一步问诊后，梅聂医师便离开医院回到了旅馆。以后几天中，他显然走访过几位欧洲朋友和熟人，并前往几家著名大商场购物。1 月 8 日，即访问医院后 3 天，梅聂医师开始感觉不适，轻微寒战、剧烈头痛和发热，整夜坐立不安。第二天清晨，出现咳嗽并伴有痰液。哈夫金医师接到他的电话，立刻怀疑是肺鼠疫。他马上命令将病人送进俄国医院的观察室，发现其高热达 101 华氏度（约 38.3 摄氏度），脉搏加快，咳嗽越来越频繁，并伴随着带粉红色血丝的痰液。细菌学检查明白无误地检出了鼠疫杆菌。在随后的 24 小时内，连续两次注射剂量分别为 230 毫升和 180 毫升的抗鼠疫血清，但收效不大。不断涌出的痰中出现更多的血块，用美蓝简单染色后，在显微镜下可见血中出现大量细胞两端着色的杆菌。病人迅速衰竭，体温升至 103 华氏度（39.4 摄氏度），脉搏每分钟 140 次，呼吸每分钟 40 次。接着病人面部呈现典型的紫色，不久意识丧失，于 1 月 11 日，正好是他访问该医院 6 天后死亡。

梅聂医师令人震惊的死讯引起了广泛的反响。首先是俄国防疫局的卫生队封闭了大旅社的整个3层楼房，从梅聂医师的卧室里搬出了病人的衣物和文件并将其焚毁，他可能用过的所有房间均用硫黄和石炭酸消毒，并在48小时内禁止任何人进入。与此同时，在哈尔滨的总领事和各国领事将这个不幸的消息用电报通报本国政府，而当地俄文和中文报纸详细地（并非完全准确）报道了这位著名病人的患病始末。恐慌遍及各处，也许这是两个月以来，各界公众终于第一次认识到，在他们中肆虐的恐怖瘟疫究竟有多么凶恶。他们终于省悟，连位居天津北洋医学堂资深教授的医学界头面人物亦难逃鼠疫之魔掌，其他人当更无安全可言了。他们终于明白，如要确保自身无恙，阖家平安，便应该听从那些负责防疫者的警告。正是这些惶恐公众态度的转变，使工作进展不小，并为其后抗击鼠疫的成功作出了贡献。一方面，梅聂去世的直接后果之一是造成某些行动难以开展。伍博士领导的中国医务人员，以及许多新近来自南方的助手，均被逐出离格兰德旅馆一个街区的大都会旅馆。旅店管理者决心不再允许任何"遭瘟的"（在俄国人中，任何与平抑鼠疫有关的医务人士都被冠以这个尊号）入住。换言之，"遭瘟的"现在成了不可接触者，要敬而远之！另一方面，法国医师逝世产生的结果，是在俄国传染病院的管理和组织中出现了某些值得肯定的改变。其中之一是戴棉纱口罩这个简单易行的措施得到落实。在医院职员中，特别是哈夫金医师及其助手，可以看到他们整日戴着这种棉口罩。既然该种传染病已被确诊为鼠疫肺炎，而且会直接通过病人咳嗽喷出的飞沫传染给飞沫可及处之健康接触者，对于任何与这种病人为邻的明智的人，戴上口罩保护自己，显然是必要的预防措施。否则每吐出的一口痰中大量存在的病菌，将被带进健康人的咽喉，并由此进入与其相邻的肺部。

也许慌乱之中，居民们反应过度了，在大街上几乎人人都戴上了这样或那样的口罩，虽然不是所有人戴口罩的方法都正确。有的人把口罩松弛地挂于耳上；有的人套于颈上，犹如护身符，而正应刻意保护的鼻孔和口腔却依旧暴露在外。尽管如此，中国防疫组织推荐的简单的纱布口罩很快便推广开来。许多志愿者在家中赶制出数千个。

推荐使用的口罩，用成卷的 3 英尺外科手术用的、宽度适中的洁白纱布制作。两边各剪两刀，分成各长 1 英尺的 3 条缚带，保留中间部分不再剪切，折叠面

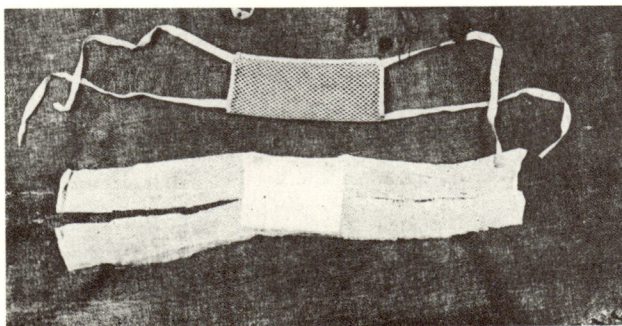

伍连德设计的口罩（那剑波提供）

积为 6 英寸 × 4 英寸大小，裹住消毒药棉。戴用时，上边的两条分别绕过耳朵上面，系于脑后；中间的两条分别绕过耳朵下面，系于脑后；最下面的两条向上绕，系于头顶（后来的口罩的形式只有两对缚带，都是系于脑后）。这种简易口罩是软的，可以调整，戴在脸上，与面部和脖子紧贴。在病房值班时，戴上 1 个小时甚至更长时间，也没有不适的感觉。

同时，防疫机构向各级医务人员下达了指示，说明用口罩防护纯系防止病菌进入呼吸道的物理学效应，因而不要在口罩上使用任何灭菌剂。但是有些过分热心的职员，为了更加安全，又在棉花上洒了几滴来苏尔，甚至是未经稀释的石炭酸，致使嘴角和鼻尖被烧灼。在 1910 年至 1911 年疫情猖獗时，防护口罩被证明最有用，不仅被用于急性鼠疫病院，还被用于隔离营和停在铁道上的观察车上。当时每天都有数百名疑似者和接触者接

受检查，他们有的已被感染并咳出带菌的痰沫。这些检查者中有一位或许没有口罩防护，或是没有规范使用，这就导致了年轻的医师杰克逊（Jackson A.），即沈阳的苏格兰长老会传道团的司督阁（Dugald Christie）医师的助手于1911年1月受到感染而丧生。防疫组织完善之后，便准备了数千个标准的口罩，从总医官到夜间执勤的士兵随时取用。一个无法避免的后果是导致有关商品，比如药棉、手术纱布、石炭酸、生硫黄、玻璃器皿和其他医院必需品价格上涨。于是药品经销者——其中绝大多数是日本人，趁机大发横财。

至此，应该述及盼望已久的，已经到达并且数量达到足以应对疫情的增援医师及其助手了。只是到这个时候，防疫工作才真正开展起来。

现按他们的到达次序简要介绍如下：

1910 年

12 月 24 日，伍博士及其助手林家瑞医师。

1911 年

元月 2 日，梅聂医师，于元月 11 日病故。

元月 4 日，梁医师、雷医师和司徒医师，他们原是梅聂医师的下属。后者去世后，均由伍博士领导。

元月 6 日，北京协和医学院的吉陛（Gibb）医师和方医师及其率领的陆军军医学堂 10 位高年级学生。

元月 18 日，北京协和医学院的格雷厄姆·阿斯普兰（Graham Aspland）医师和斯滕豪斯（Stenhouse）医师及其率领的 3 名学生。

元月 26 日，来自不同单位共计 14 位医师组成的分队。

元月 28 日，侯医师及随同而来的陆军军医学堂的 10 位高年级学生。

推行防疫措施

在伍博士的领导下，举行了一系列的会议，会议作出了如下决定：

1. 将傅家甸分成4区。每一区由一位高级医官负责，带领足够的助手对区内房屋逐一进行检查；将发现的所有鼠疫患者送到新的鼠疫医院，将其家属及其他接触者置于隔离营或送往借自俄国铁路局的车厢内加以隔离；施行房舍消毒；每日向主管医官呈交疫情报告。

2. 为保证更好地控制疫情，尽量将例行检查和疫情呈报工作交由受过系统训练的医务人员来完成，以取代未经专业训练的警察。被替换的警务人员则返回原岗位。

3. 从长春调来1 160名中国步兵，以加强有关规则的严格执行，特别注意人群的流动。（这些士兵到达后，驻扎在俄国人开办的一个大面粉磨坊里。他们分成小组日夜驻守在适当地点，阻止陌生人由外部进入或惊慌失措的病人及接触者出走南方。此步兵团队的指挥官定期参加医务会议，并归总医官调遣。）

4. 征召600名警察成立一支警务分队，接受防疫工作的训练，并按照医官的命令驻守各地。（这一团队的工作后来证明在处理民事方面极为有效。）

可供使用的建筑物，例如关闭的学校、撤空的客栈和大车店等，一律租用，并尽可能改造为4个部分：办公区、消毒站、医务人员宿舍和接触者的隔离营。其中的第四区由孙医师负责，在下面将作简要描述。办公区和消毒站都位于原来的男童小学校里，北边的正房是高级医官的办公室，朝南有一排面向外部的玻璃窗，并辟有隔离窗口，用于接收信件和信使送来的报告等。这些信件和报告须先浸泡在杀菌溶液里，晾干后再由侍役送达医官。紧邻办公室是起居休息室，内设茶点供下班休息者享用。南边一排厢房用做消毒室。下班后，所有的医务人员和学生从后门进入消毒室，须经 1:40 的石炭酸水溶液喷洒衣服，然后进入更衣室，脱下工作服、帽子、口罩和手套，同时也脱掉长筒靴和外衣。进入另一个房间时，脱去内衣，在裸体状态进入浴室，用柔性抗菌剂擦拭和漱口清喉。为强化热水澡的作用，最好加入来苏尔或石炭酸；全身浸泡在清水中，擦干后再穿好衣服。所有受污染的衣服浸入 1:3 000 的升汞溶液里或者用福尔马林烟熏。包括卫生警察、担架员和运尸车夫等低级员工，也都作类似处置。

各分区的居民都要求在右臂佩戴政府分发的臂章，分为白、红、黄、蓝 4 色，代表 4 个分区。佩戴某色臂章者，可在它所代表的分区内自由行动，如进入另一分区，须经特别许可。同样的规则适用于城外军事封锁线，未经防疫局特许不得进出城区。因为有近 1 200 名士兵在城外，600 名警察在城内日夜执勤，逃避监管几乎是不可能的。每个分区设 1 名首席医官、2 名助理医官、4 名医学堂学生、58 名卫生杂役（包括消毒员、逐屋搜索队、担架搬运工、联络员、马车夫和掘墓人）和 26 名警察。每个分区配备有 12 辆大车和 16 副担架用来运送患者和尸体。如此复杂的人力安排要求上级领导严格监督，疏漏之处在所难免。例如过分注重医务人员的个人消毒，后来证明造成了人浮于事。但是在危机开始时的关键时刻它是有作用的。因为当时人人紧张，需要格外注意并激励众人恪尽职守。总的说来，严格刻板的规矩虽然复杂但运行良好，开始实行的第一个月内，鼠疫死者总人数已达 3 413 人，最严峻的一天死亡 183 人，恰好 30 天后，即 1911 年 3 月 1 日，下降为 0。此确为科学组织之胜利也！

俄国当局热忱合作，可由铁路局建立的防疫局医务总监博古奇医师递

员工消毒室

交的报告中证明。该医师的报告中记载的第一个鼠疫病例于 10 月 12 日在
边境城市满洲里登记。疫情沿着铁路线逐步传播开来，哈尔滨的第一个病
例出现在 10 月 27 日，于是决定采取以下措施：

1. 建立鼠疫患者营房和隔离观察室。

2. 为加强卫生管理，将城区分成 8 个区。

3. 从俄国征召并任命足够数量的医务官员。

4. 提供足够数量的车辆以保城镇清洁。

5. 任命卫生官员，开设讲座，并散发用俄文和中文书写的普及读物。

著名的 D. 扎博洛特内教授（Prof. D. Zabolotny）从圣彼得堡到达后，
又增加了一些措施：

1. 针对居民的健康状况，加强对公共卫生的关注。

2. 建立地区鼠疫防控中心以便及早发现和隔离鼠疫病人。

3. 改善最贫穷阶层的居住条件。

4. 为务工者和失业者设立居留地和食棚。

5. 建立哨卡，检查所有进入城区者。

6. 对房舍和衣物仔细消毒。

在这场防控鼠疫的战役中，梅聂医师的过早逝世帮助了伍博士及其医务团队。此后，地方官员开始与他们密切合作，特别是于道台将他宽敞的道台衙门众多院落中的一座慷慨让出，用做高级医师的住所。极有权势的吉林巡抚陈昭常（伍博士的广东同乡）带领一大队随员，包括即将就任的新道台黄宝森（Huang Paoshun 音译，北洋医学堂的毕业生）、医务局主任钟穆生医师和秘书长廖仲恺（辛亥革命后他出任广东省省长）都来哈尔滨视察。在会见时，巡抚大人说这些医师不远千里冒着极大的生命危险，从南方前来扑灭肆虐地方的瘟疫。他命令所有属下官吏和地方乡绅务须按医务人员的指示行事。巡抚还说，倘若诸君齐心合力，共同对敌，秩序和安乐将很快恢复。最后，巡抚大人表示深信两个月内，新年将临，苦难亦将结束。难以置信的是，他的预言真的实现了。

伴随着焦虑，在举步维艰和持续期待中，整整1个月过去了。医师们和员工们依旧难见丝毫好转的迹象。每日鼠疫死亡率持续上升，从40人增加到60人。然后维持稳定一两天，积聚的凶焰又突然爆发，瞬即超越百人大关，迅速上升达到1天死亡183人。负责医官在4个分区依旧定期巡视原有的鼠疫医院和新建的秩序较好的医院。最先建成的医院原为浴室，内部条件当然远非理想，其中收治了1 000多个病人，尸体在数小时至数日内移出。这个有名的鼠疫医院用厚木板建造得极为坚固，是傅家甸最引人瞩目的建筑，在完成了它的使命之后，被付之一炬。

较新的医院原为带有开阔大院落的大型客栈，备有木制的单人床，条件尚可，但此间病人死亡率并未降低，同样是百分之百。有报告称，甚至在其中的陪护人员亦大部分被感染——尽管已告诫他们注意卫生防护。后来得知，这些陪护者经常夜间潜入病房盗窃垂死患者的衣服和钱财，很可能未戴

哈尔滨防疫处

口罩。俄国铁路局慷慨借出的 120 节货车车厢，一字排列在空旷的地面，它们离中国城区仅 1 英里之遥。每节车厢均安装有燃烧木材的巨大的铸铁火炉供暖，用于收容大量接触者。起初接触者人数不过百，但不久即超过了 1 000。早晚有人给他们测量脉搏和体温，只要发现发热，立即在车厢中隔离。而确诊染病者，病情便会迅速恶化并发展成咳嗽和咳血。在细菌学检验确定为患鼠疫者后，即被转送至鼠疫医院。入院后可能一两天内即死亡。

在此恐怖之地，令人沮丧和压抑的时刻，出现了一件令人庆幸的事情。这就是两位让人尊敬的医务助手竟对如此可怕的瘟疫具有超凡的免疫力。他们是顾喜诰和贾凤石，年龄分别为 43 岁和 28 岁。在傅家甸瘟疫流行之前，顾喜诰原是一位民间草药医生。当浴室被征用后，他自愿来此做坐堂医师。他仅有的配药助手贾凤石，也参与照料病人。这两位勇敢的人，在傅家甸这个鼠疫传染严重的医院里自始至终坚守了 3 个月。他们从一开始就不戴防护口罩，参加防疫组织后，伍博士曾命令他们和其他专业医务人员一样采取保护措施。当上级医官在场时，他们也不厌其烦地照章

佩戴口罩，但在履行职责时，却只将口罩挂在颈上，并未遮住呼吸道的入口。似乎有神灵保佑他们，同处一个医院的同事们相继染病死去，顾、贾两人却安然无恙，毫无顾忌地继续他们危险的工作。1911年4月召开的万国鼠疫研究会上，他们两位被当做天然免疫的例证。在这次鼠疫的大流行中，另外一个例证是一位家住开原的刘姓女士，她的情况将在下文中详述。

火葬的决策

与当前抗击鼠疫战役的进展紧密相关的一个重要因素是果断处理尸体。当局已准备妥善埋葬全部死者。大街上收集的尸体均用棺木装殓，用马车运往城北公共墓地安葬。后来因为死亡率激增，决定不用棺木而直接掩埋。但在6周以上的时间内，事实上无论棺材还是无棺尸体均未埋葬。然而，对专门承担此项工作的人员，却无可厚非。因为满洲的隆冬，即12月到来年3月，冻土通常深达5至7英尺，挖掘墓穴极为困难。于是粗陋的棺材和裸露的尸体绵延至少长1英里，暴露在白雪覆盖的地面上，任凭风雪吹打。少数棺木钉固，但多数棺盖虚掩，甚至敞开。棺内恐怖的内容暴露无遗，有人的胳膊或腿以骇人的姿势伸出来，令人毛骨悚然。有些裸尸实际呈坐姿，此乃冬季极度严寒天气下，一两小时内即被冻僵之故。倘若某濒死病人被强行赶出客栈或收容所，则其将本能地蜷缩成团，竭力维持些微体温，终将冻僵成死前姿态。

1月间，伍博士前往巡视墓地，目睹成排的棺木和死尸，凄惨景象令其震惊不已。这种状况构成了对公共卫生的严重威胁，必须立即采取断然行动加以解决。唯一可行的解决办法是集中火化。然而，某些几乎无法克服的困难却横亘在他面前。集中火化在当地未有先例。尤其是中国人对祖先的崇拜近乎宗教信仰，守护先人陵墓是孝道的标志之一。如此集中火化，会被看做对人性的亵渎。为了避免公众的抗拒，似乎非得到一道上谕别无他途。作为第一步，须争取当地官吏和头面人物的许可。为此，伍博士邀请那些敢于直面如此惨象的官员，与他们一同驱车身临其境共睹成堆的棺材和死尸。

堆积于墓地的棺材

　　果然不虚此行。地方所有的领导者，一致同意支持博士奏请朝廷允许火化这些鼠疫死者尸体。在上奏的电报里，伍博士列举了种种状况，诸如多达 2 000 具鼠疫尸体未被埋葬而暴露旷野，事实上不可能招募到足够的劳工挖掘必需的墓穴，没有人愿意在冻土上从事如此艰难的劳作；野鼠噬咬被感染的尸体并随之携带鼠疫的危险；未掩埋尸体之惨状令医务人员感到沮丧，从而失去信心；等等。以上述现状为依据，奏文陈述了所有有关方面，包括当差官员和普通民众濒临的与日俱增的危险。在他的陈情电文最后，伍博士作出保证，如蒙恩准火化，2 000 具尸体 3 天内即可处理完毕。地方官员、士绅领袖与商会亦以类似的请愿书上呈吉林巡抚。众人十分焦急地等候朝廷许可，因为这不仅在中国，也许在世界历史上，都是破天荒之举。首日与次日音信杳然，直至第三日午后，方得外务部电报，通知伍博士奏请已获恩准，可依计行事。

伍连德前往火化场途中留影（左）；焚烧堆积棺材的现场（右）

1 月 30 日，伍博士派医务同仁全绍清①医师雇用了 200 名工人，于次日清晨开始前往收集棺木和尸体，并将其按 100 具为一堆叠放，共计 22 堆。与此同时，在现场安置了多套灭火用机械水泵和消防水管。1 月 31 日下午 2 时，一些高级医官和少数特邀的地方官员与军官，在现场观看这有史以来首次集中火化感染者的尸体。开始是将煤油泼在尸堆上，当发觉此法颇为缓慢时，某些胆大的工人即自告奋勇要求登上堆顶将成桶的煤油向下浇洒，当即得到首肯。在泼煤油结束前 1 小时，每一堆上都分别放置了

---

① 全绍清（1884—1951）字希伯，河北宛平人。毕业于天津医学堂，后留学美国。历任驻藏大臣衙门医官、北洋医学堂教员、陆军军医官、陆军军医学校校长、中央防疫处处长等。——译者注

石蜡。一声令下，由近及远，火被点燃。须臾间，棺材着火，噼啪作响，烈焰腾空，黑烟滚滚。照片记录下了这一历史场景。不久高耸的火堆逐渐坍塌，落在被高温融化变得松软的地面上。在场诸君无不兴奋异常，值此付出的努力进入高潮之际，聊感慰藉。众人深感在艰苦战斗中，此刻以伟大的历史性创举成就了功劳卓著的一天。

观摩人群于黄昏时分离去，22 个火堆依然燃烧着。火葬劳工接获命令，务须于次日清晨返回现场，用坚硬的扫帚将火堆处的余烬清扫干净。若干小堆或需再度进行较小规模的焚化。第二次焚化用了木柴和几桶原油，几小时内即告结束。骨灰被集中投入几个新挖的大坑掩埋。如同施了魔法，排成长达 1 英里的令人恐怖的尸体在一两天内即行消失。此时又在这松软的土地上，另外挖了几个 20 英尺见方，深 10 英尺的大坑，以备容纳此后的棺木和尸体。从此以后，鼠疫死者即可直接在坑中火化。

俄国防疫局的成员也前来观摩这次由中国医务人员推动的历史性进步，此后他们自己也用同样的办法处理死者。博古奇医师后来报告说，他们"决定开始将他们管辖地区所有鼠疫死者，包括不久前死去的和已经掩埋的一律火化。2 月份即火化了 1 416 具尸体，包括 1 002 具从墓中掘出的。火化场则是利用了砖窑或专门在冻土地上爆破的洞穴"。其他地区于是立即纷纷仿效，并且一致声称此举因能令生者受到实惠而极易推行。将尸体在露天焚尸场上简便地焚化后，即无须担心即将到来的春天，因噬咬受感染尸体而带菌的老鼠引起新的危机。长春（位于由北部哈尔滨至南部奉天铁路的中间）防疫局的负责人黄医师报告说，在他的辖区内，共计火化 4 643 具、埋葬 1 175 具鼠疫死者尸体。

荡平疫氛

抗击鼠疫的战斗此时发生了明显的好转。开始火化鼠疫死者尸体的 1月31日，正值中国农历新年之初。小城24 000名居民，几乎死去四分之一。为振奋生者，防疫局散发传单，号召民众新年祈福之际，在室内，而非室外燃放鞭炮。按照中国的古老风俗，燃放鞭炮有两种效果：其一是持续的声响引来好运；其二是驱除暗藏于阴暗角落的鬼魅。瘟神为祸已逾3月之久，招致许多家庭受灾，物质财富受损的程度，无法估量，因而希望众人在家中燃放鞭炮，让那些带来灾难的幽灵随烟而逝。然而，从科学的立场视之，此乃公众之科学实验，燃放鞭炮无异于一次广泛的硫黄消毒，对于令人闻之胆寒的傅家甸，那些空气中充满病菌的"闹鬼"住宅，至少起到了有益的作用。

不可思议的是，千百次祈祷终获灵验。在一个十分凑巧的日子——1月31日，死亡数字开始下降，并在整个2月间持续减少，并无反复。死亡数字逐日减少的佳讯，给众人带来新的希望，因而在欢庆新年时，出于自我安慰而兴高采烈，能够像往常一样，尽情享受这一年中唯一的假日。新年照例持续了15天，无论手艺人或劳工，以及他们的家人，都可以饱餐与痛饮。似乎应验了西方谚语（至少含义相似）所说的那样："为了明天，且让我们饱餐与尽情欢乐吧，我们还要活下去！"

3月1日，记录了最后一个鼠疫病例，不过其他地方的疫情或多或少还延续了月余。我们无须事无巨细地将1910—1911年冬天满洲这场当代黑死病的情形全部列出，以免令读者感到过于烦琐了。在此仅需提及两本著作，特别有兴趣的读者将从中获悉全部详情：

1. 1912 年马尼拉印刷局出版的《奉天国际鼠疫会议报告》。

2. 1926 年国联在日内瓦出版的由伍连德撰写的《肺鼠疫论述》
（*A Treatise on Pneumonic Plague*）。

为使读者对此次疫情有更清楚的了解，自当述及该次瘟疫流行全貌中的某些特点。尤其在 1910 年之前的 3 年，对蒙古旱獭毛皮的商业需求出现增长与此之关联。满洲两个边境市镇，即与蒙古邻接的海拉尔和与西伯利亚邻接的满洲里曾经是繁荣的贸易中心。1910 年深秋，当鼠疫病例首先出现时，最初的患者便是从事该种皮毛交易的猎人和商人。有理由相信，早在 9 月初，已有报告称出现咳血的患者，只是官方没有深究。至 10 月中旬，肺鼠疫肯定已经侵入满洲里。实际上，俄国当局已在 10 月 12 日登记了第一个病例，并经随后的细菌学检查加以证实。至 11 月 12 日，已经发现 158 例患者和 72 具尸体。在满洲里，首次采用铁路上的列车车厢隔离接触者，被隔离者多达 3 000 人。此法效果极佳，鼠疫在当地的流行于 11 月 28 日即告终止，自开始至终结仅流行一个半月。满洲里提供的官方数据如下：

中国病人 284 ［人］，死亡 284 ［人］。

俄国病人 10 ［人］，死亡 9 ［人］。存活者为 3 岁幼童，其双亲死亡。

当时满洲里共有居民 9 000 人，其中 294 人被确诊为病人，收集到 342 具尸体。因此，鼠疫病例可能高达 636 例，病死者占当地人口的 7 %。

疫情从满洲里向西回流至西伯利亚，该处最早的病例在夏末出现，再向东沿着铁路传播到满洲其他地方。齐齐哈尔（黑龙江省的省会）在 12 月 4 日遭袭，由此处往北传向处于齐齐哈尔和大黑河（瑷珲）铁路线中间的墨尔根［今嫩江市］。哈尔滨是交通枢纽，迅即成为疫区中心。由此沿铁道再往东，鼠疫传到横道河子，但不曾到达绥芬河，亦未进入俄国海军大港海参崴。又向南携带着死亡的播散者，袭击美丽的小镇双城堡（距哈尔滨南面30英里）、吉林市（吉林省的省会）、奉天城（满洲的首府）和山海关（长城的东端）、大连（日本人占领的海港）、天津（直隶省的出海口）、北京（清政府的都城），直至济南（山东省的省会）。以西伯利亚边境的满洲里作为起点，直至南部之济南，南北绵延长达1 700英里的诸多地方，构成了由铁路、旱路和海路连接的疫区。由9月到次年4月前后历时7个月。以下是死亡人数的记录（单位：人）：

黑龙江省	15 295
吉林省（包括哈尔滨）	27 476
奉天省（首府为奉天城）	5 259
旅顺和大连	76
从奉天到天津、北京沿途	1 693
从北京到汉口沿途	173
从北京经过直隶，山东到长江边上的浦口沿途	928
山东省	1 562
总　计	52 462

如果计入漏报的死者，1910—1911年黑死病死亡总人数至少达60 000人。俄国当局报告其病死者为476人。

以下记录的日期颇耐人寻味，写明了某日某地成为疫区：

城市名称	感染日期	附 注
满洲里	1910 年 10 月 12 日	邻接西伯利亚的边境城市
齐齐哈尔	1910 年 12 月 4 日	黑龙江省省会
吉林市	1911 年 1 月 16 日	沿铁路线距长春 80 英里
哈尔滨	1910 年 10 月 27 日	疫区的感染中心
双城堡	1911 年 1 月 5 日	几乎全部是满人的居民区
宽城子	1910 年 12 月 14 日	俄踞东清铁路南端
长 春	1911 年 1 月 2 日	日踞南满铁路北端
奉天（盛京）	1911 年 1 月 2 日	满洲首府
新民府	1911 年 1 月 14 日	南满产粮中心
永平府	1911 年 1 月 15 日	在直隶省
锦州府	1911 年 1 月 14 日	在奉天省
天 津	1911 年 1 月 15 日	在直隶省
北 京	1911 年 1 月 12 日	首都，四条交通干线交会处
济南府	1911 年 2 月 1 日	山东省省会
芝 罘	1911 年 1 月 21 日	山东省的海港

以下拟略述数宗涉及以上数据的有关事宜：

1. 鼠疫倾向于沿最快的旅行路线蔓延。

2. 疫情传播路线精确地与新年期间农民从北方返回南方家中的路线一致。农历新年正值公历 1 月 30 日。

3. 小镇双城堡沿铁路距哈尔滨南仅 30 英里。该地报告第 1 例鼠疫患者为 1 月 5 日，为哈尔滨出现第 1 病例 7 周后。一旦在该地出现，其毒力超凡，短短 2 月内，致使人口不足 6 万的小镇有 1 500 人（包括 500 名妇女）丧生。

4. 瘟疫显然放过了在它途中经过的某些市镇，比如牛庄［今营口］、秦皇岛，这是华北的两个主要不冻港。

5. 北京和天津只记录到数个病例，然而鼠疫的入侵引起了极大的恐慌。

哈尔滨的疫情势焰日渐消退后，包括医生和新闻记者在内的访问者前来亲自查看，其中有颇有名气的伦敦《泰晤士报》驻京记者乔治·莫里循博士（Dr. George E. Morrison）和美联社代表弗勒利克（G. Froelick）。他们的报道发表在英美报纸上。为使公众了解疫情以及自开始到最终消灭的过程中中国医生的艰苦努力，这些报道贡献良多。

典型病例详述

以下是数则典型病例详述：

1. 许世铭医师，男性，26 岁。自始至终由学者悉心研究的第一批病例之一。1911 年 1 月和 2 月，他在傅家甸负责新装备的鼠疫病房。在医院值班时，他认真使用棉纱口罩，接诊病人时亦极小心谨慎。2 月 3 日，他和其他同事及 3 名随从一起在首席医官的办公室里，仆役递给他一杯茶，就像招待其他客人一样。因为茶水颇凉，他责备了仆役。这位脸部正呈现潮红的染病者，转过身来回应说，新鲜热水尚未烧好。或许正是在此瞬间，仆役口中喷出了带菌飞沫。后来检查这位仆役的脉搏每分钟高达 120 次，呼吸每分钟 24 次，体温 102 华氏度［约 38.9 摄氏度］，咳嗽带有淡红色的痰。他于当晚死于鼠疫，并经细菌学检查证实。

许医师照常工作到 2 月 6 日，伍博士被请到他的卧室来探视。当时他的脉搏为每分钟 116 次，呼吸每分钟 24 次，体温 101 华氏度［约 38.3 摄氏度］；既不咳嗽也无痰，但头疼、胸闷。显然，他感染了鼠疫。伍博士将病人迁入自己那紧邻实验室的起居室，以便随时照料。近晚时病人体温升至 102.5 华氏度［约 39.2 摄氏度］，脉搏每分钟 124 次，呼吸每分钟 24 次，于是为其注射了 100 毫升抗鼠疫血清。病人小便浑浊，但未检出白蛋白，至此时仍无确切的肺部症状。此时出现咳嗽并伴有不带血的痰液，但痰中未检出鼠疫杆菌。2 月 7 日，病人病情加剧，一夜不眠，周身疼痛，并出现血痰，显微镜下可见痰中有许多鼠疫杆菌；在其左肩胛骨角处可听到水泡音和啰音。同时，病人表现出明显的呼吸急促，脉搏每分钟 140 次，呼吸每分钟 44 次，体温 103 华氏度［约 39.4 摄氏度］。注射 200 毫升巴斯德抗鼠疫血清后，病人整夜未眠，有时神志不清。2 月 8 日晨病人意识丧失，8 时死亡。尽管注射了 300 毫升血清，从症状出现到病人死亡不过两天。

许医师的病程从一开始，便由伍博士亲自做了详细的记录。许医师本是一位小心谨慎、敬业的医师，他之所以被感染，极可能是他偶然暴露在患病的仆役面前，当时正处于传染期的仆役恰好面向着他。其时共坐同一办公室里的其他人却得以幸免。许医师的尸体在一个单独的坑中火化，他的骨灰被运往其故乡福州。

2. 梅聂医师，具有历史意义的病例，在前面的叙述中已经述及。他和许医师都接种了得自巴黎巴斯德研究所的哈夫金疫苗，但和其他若干病例一样，并未生效。

3. 杰克逊医师（据他的上司、苏格兰长老会传教团的司督阁医师留下的笔记），两月前刚从苏格兰来到奉天的教会医院。早在 1 月间，他即负责京奉铁路北段奉天和山海关之间的防疫工作。他的责任就是监管数百名乘坐拥挤的三等车厢旅行的劳工和农民，然后在车站附近的小客栈中安置其住宿，并派人看守以防他们逃跑。这些小客栈是安置他们的最佳选择，但低矮、黑暗且肮脏，并不适合这些人居住。日复一日，每天有若干被管制者死亡。这些小客栈由于缺乏合适的隔离设施，绝大多数人均被感染。1月23日夜间，即这批人回到奉天城的第8天，100多名受监管者冲出营地逃逸。他们逃后无法追踪，但这种逃亡显然扩散了感染。一个星期以后，奉天城报告的死亡人数突然剧增。

同一天，有报告称杰克逊医师感染了肺鼠疫，出现了发热、咳出含有鼠疫杆菌的血痰、脉搏加速、呼吸困难、神志不清等典型症状，最后死亡。杰克逊医师曾经注射过两年前由开滦矿务局的安德鲁医师制备的预防疫苗。他于1月25日在众人哀悼中死去。

4. 奉天省开原县的刘女士，27岁。由司督阁医师报道的这个病例特别令人感兴趣。因为她显然是一位健康的接触者，竟在15日内（从1月30日至2月14日）感染12人且全部死亡，她自己却安然无恙。现将此特别病例简述如下：

1月30日，与其同处一宅的夫兄刘某染病，由刘女士看护。2月3日刘某死亡。

2月5日，刘女士之丈夫及其三哥在装殓尸骨时均染病，其丈夫鼻孔出血，由刘女士护理并于2月6日送入鼠疫医院。两位染病者于2月8日死亡。

2月9日，刘女士在丈夫死去后与关女士同住一屋。关染病后由刘护理，死去。同日刘女士前往孙先生家中，该处还有一位来客傅先生居住。两人同时得病，傅先生回家后感染了家中的3个成员。此5人全部死于鼠疫。傅所在村庄此前未被感染。

2月10日，刘女士惊恐万状，从城墙下的水沟中逃往城外。2月12日，她被邀请住在潘先生家里。

　　2 月 14 日，潘先生和他家中另一成员出现相同的高热症状，随后均死亡。为逃避当局的强行隔离，她再度逃走，一连数天躲藏在附近马厩的稻草堆里。

　　2 月 15 日，刘女士被人找到，被带往医院并检查了她的痰液。在严密监护中度过一周，她从未出现任何病症，最后让她出院。

　　显然，刘女士是一个罕见的肺鼠疫带菌者，传染了十多人，而她自己却未染病。

　　5. 有关傅家甸的中医顾医师和他的助手贾凤石的故事，前文已经叙及。此二人被雇用在鼠疫医院工作的两个多月内，至少亲手护理过 1 500 名病人。整个工作期间，他们居住在医院主楼后一间小屋里，并无任何特别防护。他们昼夜连续暴露在鼠疫病菌之中，忠于职守，从未离开。直到疫情消失，鼠疫医院被付之一炬时才离去。他们的经历确实是天然免疫的罕见实例。当年 4 月在奉天城召开的国际会议上，他们受到各类专家的极大关注。他们的血清经过反复测试，但未见异常。1912 年，东三省防疫事务总处成立［开始称"东三省北境防疫事务总处"，即通常所说的"北满防疫事务总处"，后改名为"东三省防疫事务总处"］，顾、贾二人受到褒奖，成

中医顾喜诰（中）和贾凤石（左）与防疫人员合影

为研究者的人体实验志愿者。

6. 傅家甸的学校、旅店、戏园、妓院和其他公共场所受到了严格的卫生督查。在地处该镇偏僻角落的一座罗马天主教堂中，发现有个不大的院落中住着男女老少300多人的群体。虽然该处负责人，一位法国神父曾经得到指令，要他将疑似病人上报防疫局，但他从未执行。遇有病死者，就在夜间将尸体秘密运出掩埋。外国神父声称享有治外法权，拒不服从命令，结果两周以来，估计有100人死亡。到月底，这300人中竟有243人死于鼠疫。此时为挽救幸存者，势必强行干预，于是将他们安置到另一院落并予以特别照顾。在教堂的院子里，防疫医师发现了多达27具棺木。显然由于患病者太多，秘密埋葬已不可能，致使未掩埋的棺木越聚越多。在此期间，法国神父和本地神父依然定期举行礼拜仪式，并毫不介意地与咳嗽者或濒临死亡的病人坐在一起。这两位神父终于因相同的感染而死亡。他们的尸体和那27具被藏匿的棺木一并运往墓地，由一位英国传教士医师司祭，在一个专门挖掘的坑中火化。这一事件表明，与鼠疫抗争的医务人员，不但要与由于无知与未受教育而形成的宿命论斗争，还要和宗教盲从较量。

7. 病死者的尸体被一起火化了。在鼠疫大流行期间，由于北京朝廷已经批准，这些卫生防疫措施未受到公开反对。

8. 在哈尔滨，由于学校首先被关闭，学童被送回各自家中，所以全城并无很多年轻人被感染。此时发现有些病人前往拥挤的娱乐场所以求舒解病痛，因而封闭了戏园。在诸如戏园等娱乐场所究竟有多少人被感染，难以查清。在妓院里，当时有600名妓女，只发现2例被感染者，并被移送医院。至于嫖客，实际上发现了10例死于此间或彼间房屋中，此类人宁可死在妓院中，而不愿在客栈中被人丢出来。

9. 至于参与防疫的医师、卫生助手和其他与此次抗疫斗争有联系者中的死亡人数,下列表格是颇耐人寻味的:

工作人员类别	从业人数/人	死于鼠疫的人数/人	百分比/%
有从业资格的医师	20	1	5.0
医学堂学生	29	1	3.5
中 医	9	4	44.4
警 官	31	2	6.5
警 察	688	30	4.4
卫生警察	206	11	5.3
骑 警	80	5	6.2
消防队员	20	5	25.0
辅助劳工	550	102	18.5
厨 师	60	4	6.7
救护车司机	150	69	45.0
士 兵	1 100	63	5.7
总 计	2 943	297	平均10.0

上表很能说明一些问题:死亡人数最多的从业者是当地中医、救护车司机和辅助劳工(包括医院杂役、在居民区逐屋检查的巡视员和掩埋尸体的劳工)。这些人经常与患者和病死者密切接触又不曾接受过有效的专门训练。中医对肺鼠疫的病因普遍认识不正确,诊察时,通常面对着不断咳嗽的病人。尽管接连不断的感染实例已经让他们见识了疫情的可怕,需要采取极为谨慎的预防措施,但他们还是不戴任何防护口罩。在长春一个有10万人的地区,西医很少。在鼠疫大流行中,中医的生意特别兴隆。其

后果是登记在案的 31 位执业中医中，17 人死于鼠疫（约占 54%）。

受过近代训练的医务人员在这场鼠疫大流行中取得了令人满意的业绩，而朝廷对他们的关怀大大促进了全中国科学化的医学实践。从此，无论地方官员或是士绅无不与他们同心同德，精诚合作——至少在建立现代化医院和防治鼠疫的各种机构时是这样的。直接的结果，便是 1911 年 4 月 3 日到 28 日在奉天城举行了万国鼠疫研究会议。随后，第二年又成立了东三省防疫事务总处以及其他医疗和研究机构，在下章中将加以叙述。

　　会期日近，众人愈益紧张兴奋，充分的证据表明，众人尽力要使会议成功。那座无人使用的大宅院，内部分成几个院落并有游廊连通，如今被粉刷一新，更新了家具，变成了一座现代化宾馆。

第2章

万国鼠疫研究会议

会议之缘起与筹备

查阅过中国历史典籍之后，1911 年 4 月在奉天城举行的鼠疫会议，应认为是这个古老国家以人类卫生为主题召开的第一次国际科学会议。古代中国确曾召开过一次国际会议，尽管会议目的迥然不同。那是割据在今日中原一带各个封建诸侯国经过一系列小规模战争后，于公元前 546 年（即公元前 551 年孔子诞生后 5 年），由秦、楚、齐和晋等当时的大国在宋国宫廷举行的一次列国会议。经过反复会商后，签订了一项条约，签约国一致同意致力和平，各自停止扩军备战。这个远在 2 500 年前签订的条约，或许可与 1899 年的海牙公约类比。那是由俄国沙皇尼古拉二世召集的限制军备会议的成果。但是，如同 1899 年之前与之后，在世界不同地方，为了类似目的曾签订的许多条约一样，一旦某个野心勃勃的国家以为时机有利，就会将其撕毁，掠夺弱小和疏于防备的邻国以自肥。

　　然而，究竟是谁首先提议在奉天召开一次鼠疫会议，已经无法认定。在瘟疫流行时，当时在外务部任右丞的施肇基先生与英国驻北京公使馆的医生道格拉斯·格雷（Douglas Gray）博士，以及美国公使过从甚密。在1911年整个2月内，哈尔滨及其周围地区的鼠疫流行的势焰持续下降，至3月1日实现零死亡。几天之后，伍博士收到来自施先生的一封电报，告知："朝廷决定于4月初在奉天举行一次万国鼠疫研究会议。请尽速准备前往奉天，将一应事务转托合适助手。你已被委任负责整个大会组织工作。本人将在当月中旬到达。至要者诸事务必办妥。遇事可向总督大人和外事官员请教。有12个国家与会。一流专家可能来自俄国、美国、日本和德国。细菌学家北里先生可能莅临。勿吝开支。阿尔弗雷德·施（签字）。"

　　此真乃出人意料之举！显然，外务部已与北京的外交使团商定，向其本国政府发出电报邀请，要求他们派遣鼠疫专家出席奉天会议。于是伍博士用了一整天和一个晚上的时间与他在哈尔滨同事中的骨干商议，最后决定在他离开的日子里，指定全绍清医师代理防疫局总医官。全医师出生在北京，在他志愿来哈尔滨工作之前，是天津北洋医学堂的教习。他是1月31日负责火化2 200具鼠疫死者尸体工作的医师，并最先被派往边境城镇满洲里调查当地旱獭贸易及其与鼠疫最初暴发的关系。他还设法找到当地猎人，捕获了十几只旱獭以供即将召开的会议进行实验和展览。在此时刻，为使得中国对会议作出贡献，事无巨细都应做好。

　　离开哈尔滨以前，伍博士向同事和学生们发表了一个简短的讲话。他首先感谢他们在过去3个月里的精诚合作和服务，以致疫情得以迅速扑灭。他提醒大家，这个成功全仗刻苦工作、不怕牺牲（他嘱咐诸位不可忘记许世铭医师恪尽职守以身殉职的光辉事例）和严守纪律，而且他们优秀的工作成绩理所当然将成为其他医务工作者的榜样。伍博士还向他的俄国同行扎博洛特内教授、雅显斯基、博古奇和哈夫金诸位医师道别。又特别拜会了霍尔瓦特将军，因为将军在整个扑灭鼠疫的战斗中给予慷慨援助，尤其是在疫情暴发的紧急关头，借予 120 节车厢。他还向美国驻哈尔滨的领事顾临道别，在扑灭鼠疫战斗的初始阶段他曾经对伍博士所遇到的困难表示关切和理解。

奉天府位于哈尔滨以南 300 英里处，快车 12 小时即可到达。旅途的前半程先至长春，这段是沙俄控制的东清铁路。当时旅客须在宽城子的俄国车站下车，乘俄式马车前行近 2 英里至由日本控制的长春车站，然后乘坐日辖南满铁路客车继续前行到达奉天。不久以后，双方主管部门达成协议，将两条轨距不同的铁路在同一车站同一个站台之两端连接起来。如此安排节省了时间，减少了麻烦，方便了旅客和货物运输。俄日两国铁路当局对伍博士优待有加，提供了免费的头等车票。

中国人和日本人都保留了奉天（Fengtien）这个中国地名，而 Mukden（盛京，满文音"谋克敦"）多限于西方人使用。南满火车到达奉天站时，伍博士已疲惫不堪，但东三省总督和奉天省财务主管的代表在车站的热烈欢迎与问候，立刻使伍博士感到振奋。他随即与英文秘书徐世明先生握手相见（这位徐先生的英文姓氏与因鼠疫牺牲的那位医师的拼写一样，但使用的汉字却全然不同）。在以后的岁月中，伍博士与奉天省高级官员之间的交谈，由他任翻译。徐先生是广东人，因而与伍博士乡音雷同。他是一位和蔼的人，笑容可掬，乐于助人。他身材不高，微胖，整日坚守在办公桌前，虽已年过四十，但晚上跳舞却精神抖擞。

从日本辖区的火车站到围以城墙的中国城，距离超过 2 英里，但是双驾马车载着一行人顷刻即到。稍事休息后，伍博士即下榻于一所德国人经营的旅馆，洗过热水澡后享用了一顿美味大餐。这顿美餐由旅馆主妇，一位德国军曹的妻子监督一位中国北方厨师烹调。这座不大的建筑，是人口高达 60 余万的满洲首府唯一的由西方人经营的旅馆。这位德特林（Dei-tring）先生像其他定居中国的德国人一样，当镇压义和团运动时，他曾在德皇威廉二世的远征军中服役。他已学会中国官话，并决定在奉天经商。因为他为人简朴随和，在中国官员中颇受青睐。

伍博士由秘书徐先生处得知以下情况：

1. 计划召开的会议会址设在外城东南角的小河沿。

2. 参加会议的外国客人、专家和经办会议的主要成员下榻于主会场邻近的小楼里。

3. 一切安排应满足一家小型头等饭店所需。因而要为将近一百位客人准备好弹簧床、被褥、枕头、家具，以及用于一日三餐的刀叉、桌布、足够的酒杯和瓷器等，事先雇用必不可少的住房仆役和餐厅侍者备用。德特林夫人将主管一切餐饮事务。

4. 预定至少要持续 20 日的会议将从 4 月 3 日开始，只有 3 周时间可用于准备。

5. 此次会议或许是主办国第一次召开国际会议，需招待来自东西方的国家代表同处一堂，提供食宿，以及举行科学会议所必需的设施与器具。

中国作为一次当代会议的东道主，确实正在经受首次考验！

总督锡良和钦差施肇基

次日清晨，伍博士对东三省的两位最高长官，即总督锡良和财务总管韩［国钧］大人作礼节性拜访。前者是一位仁慈而博学的满洲首脑，熟读经史，长于诗词。他年约58岁，中等身材，风度优雅端庄。他的目光友善，浓须长髯，说话嗓音动听，操自然纯正的北京腔。由于在官场里地位显赫和高贵的满洲血统，总督大人在他的广大领地内颇受敬畏，但实际上他的天性开明与简朴。在与伍博士熟悉后，这位大人物有两次向他吐露了某些隐情。有一次，他说："教授，我应该告诉你：3个月前，当法国医师梅聂去哈尔滨途经此地时，曾来过我的衙门，坚决要求给他一个高于你的职位。据他说，你太年轻，又无经验，应该有个外国人指导你。当时，我并不知道你如此能干，但我对他的态度不以为然，要他先去哈尔滨了解情况。如今我为当时的坚定感到欣慰。"第二次他谈个人的健康，他用右手掌挡住口部和鼻子，特别轻声地向我透露了一个天大的秘密："大夫，你知道吗？在我居住的官邸中，尽管更衣室内当代设备卫生洁具一应俱全，但我如实告诉你，每天清晨起床后，我宁愿在官邸的空地上找个僻静角落，把一夜排泄物向野地里一泄为快。"

整个4月间，鼠疫会议在反复推敲、详细审议中进行，其间总督大人两次邀请施肇基（高级专员）和伍博士（会议主席）前往其官邸，亲自了解会

1913年隆冬，作者不畏严寒，在北满旷野用一架老式照相机拍照

议的进展。会议结束时，总督向各位出席代表赠送一件亲历此历史性时刻的纪念品——一枚形如弗洛林金币的纪念章，它用采自北满的天然纯金制成。直到今天，欧美许多国家，一些尚健在的代表依然珍藏着这枚40多年前的珍贵徽章。即使他们已经故去，他们的子孙依然可能把这件传家宝向朋友们展示。1935年出版的伍博士的著作《鼠疫概论》（*A Handbook of Plague*）第34页，有此纪念章的照片。

奉天省主管全省财政的韩国钧大人是江苏人。过去几个世纪，江苏出了不少高官显宦、著名学者。他是位年过六旬的老人，来奉天就职前，已在他省为官多年。他留着白色短须，像多数地方官员一样，脑后拖着一条辫子。在批拨为推动扑

万国鼠疫研究会纪念章之正反面

灭鼠疫战斗所需经费时，他表现得非常慷慨大方，数额高达500万元。韩大人和锡良总督在官场中合作良好，然而如同朝廷的大多数高级官吏一样，任期不会超过5年。因此政策的连续性难以维持，自然会使工作受损。

会议筹备期间，3月22日施肇基大人到达奉天，他以国际鼠疫会议高级专员的头衔负责会议非学术方面的事务。他时年仅34岁，却已历任高官。他身材颀长，高5英尺9英寸，但已微显驼背，双手颤抖，像本国的许多老学究一样。如前所述，施大人在美国接受大学教育，获康奈尔大学的文学硕士学位，其英语流利，更像在英格兰受过教育。他出身书香门第，饱读诗书，中文写作一如英文，表达流畅。几乎每一个早晨，人们都会看到他在早餐之前，用兔毫毛笔蘸上中国黑色墨水书写汉字。施大人经

常责备伍博士少有学习书写中国文字的热情。（他们是终生不渝的朋友，时至 1954 年的 8 月正在准备写作本书时，两位古稀老人，一位 76 岁，一位 73 岁，依然彼此书信往来。）读者切勿忘记，满洲王朝时代的一切公文必须使用古老典雅的文言，书写必须用一丝不苟的呆板楷书，迥异民国时期。在民国时期，中文文书或信件直接使用口语。较之英语，犹如以乔叟时代粗俗然而生动的行文风格代替了近代作家赫胥黎（T. H. Huxley）、威尔斯（H. G. Wells）和阿诺德·贝内特（Arnold Bennett）的流畅散文。

即使在当时，施肇基显然已是众望所归的出色人物，与第二次世界大战前的安东尼·艾登难分伯仲。艾登相貌堂堂，衣冠楚楚，频繁出席日内瓦的国联会议，与会者视其为前程远大者。施肇基也是英俊男子，他那微躬的身姿竟常被视为中国学者特有的高雅姿态，众人皆预料其日后必然飞黄腾达。盖此实非空穴来风。1912 年 1 月清帝逊位后，已故总理唐绍仪组阁，他出任民国第一届内阁交通总长。此后又被任命为驻伦敦和华盛顿的使节，直至 1946 年在美国首都最后息影。彼时他年仅 34 岁，已在清政府身居高位，深孚众望。他处事追求并厉行高效率，犹如干练的美国行政官员。他事必躬亲，从花园的细节布置到餐厅、卧室的家具色调亦亲自一一过问，从不推诿给他那众多的僚属。出洋留学时他已剪除发辫。荣幸的是，归国后他和其他英美归国留学生一样，并未再蓄留那无用之累赘。

会期日近，众人愈益紧张兴奋，充分的证据表明，众人尽力要使会议成功。那座无人使用的大宅院，内部分成几个院落并有游廊连通，如今被粉刷一新，更新了家具，变成了一座现代化宾馆。由大小花园和独立庭院分隔为多处卧室，每间卧室配备有舒适的家具、电灯、自来水和铸铁煤炉（因为 4 月间奉天依然寒冷），并准备了足够的私人浴室和卫生间。在前院正厅，悬挂着与会代表的国旗。会场居中安放铺有绿色桌布的长方形大会议桌，绕桌安放了足够的椅子，供与会主要代表就座，后排亦为秘书和助手们备有座椅。这个大厅足可同时容纳 150 人，装有多个大型煤炉供暖。

第二进宽敞庭院的一侧是代表的主要休息室，起居休闲设施一应俱全。在另一边，则是一所宽大的餐厅，可同时为约一百人供应一日三餐。英式午后茶不限于下午 4 时整，其他时间亦照常供应。任何人

会议接待室

只需摇铃召唤，训练有素的侍者随即应声侍候。室内接待由德特林夫妇负责，所有与会代表相信一切皆出自中国政府的盛情。

有些代表，尤其是日本、英国和美国代表，均自行安排其居停。5 位日本正式代表由众多助手和技术人员随侍，他们宁愿投宿名为大和饭店的南满铁路宾馆。该宾馆当时颇有名气，一切按照美国饭店的经营风格运行。尽管这使他们每次前往会场均需驱车至少 3 英里，但事实显然是日本客人自有其为本国之考虑。当然，在任何场合，他们依旧热衷免费的饭食。三位英国代表接受城内同胞的盛情，住在城里，他们亦发现在会场就餐更为方便。两位美国代表，斯特朗（R. P. Strong）和奥斯卡·蒂格（Oscar

会场外景

Teague），均为马尼拉科学署的常驻成员。他们随身携带了细菌学检测仪器，要求为其提供一些设备，在奉天城里某个僻静的角落从事研究。他们在会议开幕前半个月到达了奉天城，是首批来到小河沿的客人。如前所述，伍博士早已保存有他亲自从傅家甸病例中获得的细菌培养物，并已享有一间单独的房间从事科学研究工作。考虑到可能会需要旱獭供实验和验证之用，因此美国客人入住一周内，即给他们提供了这种实验动物。俄国代表共有六位，由著名的扎博洛特内教授领队，其中有两位女医生。他们均入住会议提供的住地，人们均觉彼等颇为友善和长于交际。

客人之中，为会议带来最强不和谐音者，当属日本人。自1904—1905年日俄战争中战胜俄国后，日本政府仿效德皇威廉二世，处处显示武力，恃强凌弱。他们通过策划南满的一系列政治举措已经表明，他们已将包括整个奉天省在内的这片土地视为禁脔。经数日之谋划与调配，派出以著名的北里教授（如今已经年迈，他是世界公认的鼠疫杆菌的发现者）为首的庞大代表团赴会作为第一步，企图压服中国医生接受日本人作为领导者。中国科学毋庸置疑正处于十字路口，中国代表必须当仁不让，不落人后。

　　随着万国鼠疫会议开幕日益临近，为完成所有的准备工作，正作最后之冲刺。4月2日，即开幕日之前夜，正值星期天，然而全体人员，无论医师或普通工作人员，均忙碌到会议召开前一分钟。总督传达了我国朝廷的欢迎词，由外务部高级文书臧伍璜（Tsang Woo-Huan）将文言汉语翻译为通用英语；施大人以朝廷钦差身份在会上的讲话，则由他亲自起草中英文讲稿，并由已被内定为大会主席的伍博士对该讲稿作最后之润色。来自北京的传教士阿斯普兰博士被任命为会议之医学秘书，他过去3个月中曾作为紧急援助人员在防疫团队中始终忠诚服务，工作中与中国医生相处和谐；来自北京的中国海关副专员罗尔瑜（C. H. Lauru）先生被聘为会议的总务秘书和正式法语翻译，他经常戴着单片眼镜；伍德海（H. G. W. Woodhead）先生，一位年轻、前途远大的英国新闻记者，他前来中国寻觅他的首份工作，被施大人聘用为正式速记员。因为伍德海在会议中表现出色，又将翌年出版的会议报告编辑得非常完美，以至于此后被其他会议争相聘请。后来他历任英文报纸《北京每日新闻》（*Beijing Daily News*）和《京津时报》（*Beijing & Tianjin Times*）主编，并终于控制了《京津时报》，不过他曾借助新闻界施加过许多舆论影响力。后文还会谈到他。

　　所有代表及其随员助手此时已全部到达［名单附于本章之末］。同时，大会指定了4位俄国代表、8位中国代表作为会议委员，还指定了7位大会秘书（其中由阿斯普兰博士任医学秘书，海关官员罗尔瑜先生任总务秘书和大会翻译）。

会议开幕

意义重大的日子终于到来了！这一天是满洲和华北春天常见的一个艳阳天。上午 10 时整，东三省总督锡良和钦差大臣施肇基在众多僚属与随从簇拥下，身着官服鱼贯进入宽敞的会议厅。两位大人与代表、委员及其他来宾一一握手，其中包括外交使团的一些成员。

行文至此，将出席 1911 年 4 月 3 日开幕式的首要人物略加介绍不无意义。总督大人是首位东道主，他身着清廷高级官员的绣袍（长礼服），外覆中间有五个纽扣的半身外套——马褂；头戴帽沿坚挺的丝质官帽，帽顶借一根四英寸长的碧玉管为基座镶着一颗深红色珊瑚珠（顶子），朝后连缀着一根鲜艳的孔雀翎；足蹬丝质官靴。

施大人是钦差，身着用薄皮缝制的春季官礼服，上身套以幼兔皮缝制的海军蓝缎马褂。其官帽上的珊瑚顶子颜色较总督的稍淡，表明他的官阶比后者稍低。其他官员穿着大同小异的袍服，只是帽上所缀顶子颜色有别，从浅蓝、深蓝到三种浓淡不同的红色，其材质亦不同，分铜质、水晶、碧玉和珊瑚等，以此分别表明其官阶。还有不少的官员思想更为进步，他们身着便服，以显示追求时尚紧跟时代步伐。

伍博士身穿在伦敦定制的锦缎镶边的大礼服，暗条纹的西裤。他面部洁净，戴着近视眼镜。北里教授与伍博士身高相仿，但更胖，已是年逾六十的老者，白发短髭，亦戴近视眼镜，同样身着大礼服。他在与会的科学家之中最负盛名。1894 年香港流行鼠疫时，是他首先描述了由他发现的鼠疫杆菌。扎博洛特内教授是一位典型的老派学者，衣着简朴，为人谦和、少修边幅，对日常琐事漫不经心，但在本职工作中表现热情而杰出，待朋友和助手同样热心诚恳。他身着轻便的海军蓝制服，头戴老式宽边高顶礼帽，甚至在集体摄影时亦未脱下。斯特朗博士抵达中国时，面部修饰光洁，但在奉天的临时实验室里进行鼠疫实验时，他决定不再修脸，以防出现伤口而可能被感染。长出胡须令他（可能还有斯特朗夫人）高兴，以致后来他被哈佛大学聘任为热带病学教授时，依然留有美髯。奥斯卡·蒂格博士在马尼拉时即已蓄着海军官员惯有的浓须，以后他终生保持着这般尊容，数年后他在一次事故中早逝。首席医官马丁尼（Erich Martini）短发如雪，尖须，身着德国海军制服，胸前佩戴成排勋章。布罗凯（C. Broquet）博士穿着正式的晚礼服，系白色领结，一如法国第三共和国的普通官员。加莱奥蒂（Gino Galeotti）教授像许多意大利人一样，肤色黝黑，留短须。两位日本教授柴山（Shibayama）和藤浪（Fujinami）有典型日本教授的外貌，身材细长，不很强壮，谈吐慢条斯理。后来这两位教授早逝而未得天年。年轻的哈夫金医师未满 30 岁，但已谢顶。法勒（R. Farrar）博士面部光洁无须，纯粹的剑桥绅士作风——开朗、友好、幽默。司督阁医师蓄有精心修整的胡须，可以说在所有的客人中，他穿戴最为整洁，虽然身为传教士，却极易被误认为英国贵族。阿斯普兰博士嗓音悦耳，五官与举止非常像大英帝国驻印度的前任总督凯德尔斯顿的寇松子爵（Viscount Curzon of Kurdleston）。阿瑟·斯坦利（Arthur Stanley）博士，身材修长、敦实，永远精力充沛，为人随和，在他上海的豪华办公室里亦复如此。道格拉斯·格雷博士在北京英国使馆行医达 20 年（后被提升为公使）。他是爱丁堡的医学博士，有着英国北部人的乐观性格，说话带有苏格兰腔。他工作努力且有条不紊，能操流利的中国官话。他除了公职，还在北京内城外经营一家为穷人服务的慈善医院。

来宾就座停当，总督起立，用双手捧着写在明黄色丝绢上的皇帝上谕与双目齐平，并开始宣读。总督朗读完毕，中文秘书臧伍璜立即上前，站立其后并朗读：

三月初四日奉监国摄政王谕：奉天开办鼠疫研究会，现届开会之日，各国政府各派专员莅奉，共襄会务，欣慰良深。本监国摄政王，于此次疫事，极为注意。现经各医学专家到会研究学理，暨一切防疗之法，必能多所发明，为将来减除疫患，实世界仁慈之事，本民生无量之幸福也。不胜厚望。①

总督锡良随后开始他的讲演。这篇开幕词在那时竟出自一位旧式保守型的高官之口，确实不同凡响，精彩无比，即使40多年过后在此将其复述，或许依然对我们有所教益。

东三省疫病流行，我大皇帝轸念民生，敦请各友邦共举名医来奉，设会研究。乃承各友邦盛意，重劳诸君子远道贲临。本大臣得以亲炙道范，曷胜庆幸。以诸君子宿学硕望，又重以热心研究，此数星期内，必能卓著成效，发明新理。将来以研究之心得，为实地之措施，固不仅中国人民之福，亦环球各国人民之福也。夫中国研求医理之书，溯厥源流，历代以来，颇多发明之处。施治内外各科疾病，亦未尝无效。惟鼠疫为中国近世纪前所未有，一切防卫疗治之法，自当求诸西欧。但恃内国陈方，断难收效。且医术与各科学并重，医术共文化俱新，并辔以驰，斯臻美备。物质科学，既为敝国所不可少，各国明哲所发明最新最精之医理，吾民又焉可阙焉不讲？近来欧洲医界之发明，颇有竿头日进之势，盖自前英皇爱德华

---

① 据陈垣撰《奉天万国鼠疫研究会始末》，1911 年光华医社发行。——译者注

第七，于西历一千八百九十四年，在英京万国研究卫生会演说之后，始获此效。其于传染病一层，曾有果可防范，何蕲不为之名论。本大臣服膺是语有年，中国医术卫生，近亦渐知研究，将来之力求进步，并对于卫生上之若何注重，全国人士，当全力一致行之。此次研究事竣，倘使已减之疫灰，不幸而有复燃之日，一切防卫上，获此度之经验，及负海内众重望之诸君子研究，后当愈有把握，决非此次之仓促设备者可比。所惜者，三省人民之毙于是疫者，已四万余人，更有各友邦热心救世之医学名家，助我三省官绅辛苦治疫，踊跃捐躯。本大臣言之，辄增悼痛。诸君子皆医界泰斗，环球共仰，此次惠然远临，宜伸欢迎之意。惟敝国开会研究，以奉省为滥觞。一切设备供给，恐未尽周妥，诸君子尚幸谅之。①

钦差施肇基先生随后发表英语演说，下面是其中之一部分：

先生们：过去五个月中，华北，特别是满洲，被一种极为凶险的致命瘟疫所蹂躏，其传染力之强，死亡率之高，前所未有。天花、霍乱、腺鼠疫及其他类似传染病无疑死亡率都很高，而肺鼠疫和败血性鼠疫比它们更可怕。我相信其死亡率几乎是100%，尽管这不够精确，却是现实……造成这场瘟疫流行的气候条件极端恶劣，冬季气温降到了零下40摄氏度。在这严寒天气下，几乎没有人可能在户外停留片刻……这场瘟疫突出显示了这样一个事实：它主要沿着铁路交通线逐次在城镇中传播……在蒙古和南满的牛庄曾发生过瘟疫，但并未向远处传播，而此次之毒性却前所未闻……我们民族在新年期间欢庆传统节日，每个中国人都会尽其所能力争回家与家人团聚度岁。成千上万的劳工们如果不坐火车，就会徒步旅行，穿越整个满洲大地……在铁路沿线，曾实施强制检疫措施，但可能为时已

① 据陈垣撰《奉天万国鼠疫研究会始末》，1911 年光华医社发行。——译者注

晚。此次获得的经验有望使我们在未来于事先采取强制措施。在本次会议上，诸位将会听到被约请来参与扑灭鼠疫的各国医师的介绍。他们将述及如何隔离接触者和疑似者，如何管理鼠疫感染者的隔离医院。我们还欢迎诸位对此类主题提出有益的批评。

中国人民并不像某些东方民族那样具有种族偏见，然而他们十分厌恶那些对他们家庭生活进行非正当干涉或侵犯的人。因此，那种显然非常残忍的工作，例如快速且强制将鼠疫病人与他们的家属拆散，把某位家庭成员送进鼠疫医院又把其他成员送进隔离营，这对我们而言实在是项艰巨的任务。

我们邀请诸位前来研讨工作，但并不希望诸位拘泥于某些细节，同时我们也意识到有关这次疫情的医学和科学诸多问题将会受到诸位充分关注，我不揣冒昧斗胆请求诸位特别对以下诸点进行深入探讨：

1. 鼠疫的起源和传播方式及处理流行的方法。

2. 它是否与满洲地方性疫源地有关？倘若如此，应对它的最佳方法是什么？

3. 是否肺鼠疫细菌之毒性比腺鼠疫细菌的毒性更高？换言之，为何就我们所知，一种在显微镜下外形相同、细菌学实验反应也相同的细菌，在此间能造成肺鼠疫或败血性鼠疫大流行，而在印度或其他地方仅引发腺鼠疫，肺鼠疫仅偶尔发生呢？

4. 据我们掌握的医学证据，这次流行纯系人与人的传染，而没有家鼠受感染之证据。为何如此？

5. 肺鼠疫和腺鼠疫的差异，取决于何种外界环境？

6. 空气传染是否可能，或仅依赖接触性传染？

7. 是否这种鼠疫杆菌可以在人体外存活数月？倘若如此，须处于何种条件下？这是我们要考虑的重要问题，因为这意味着来年冬天还可能再次暴发。

8. 如果可能，为防止再次暴发，我们应该采取什么方法？

9. 在如此不正常的疫情条件下，贸易能在何种范围内进行，例如收入不菲的大豆贸易和皮毛的大量出口？

10. 你是否赞同按照成体系的计划，在城乡建立全民预防接种机制？

11. 你是否认为烧毁鼠疫感染者的房屋是可取的做法，或者只需对这些房屋进行消毒即可？

12. 疫苗和血清用于预防和治疗鼠疫病人的可靠性究竟有多高？

在我结束我的讲话以前，请允许我向诸位介绍将要担任大会主席的伍连德博士。伍博士在过去 3 个月曾生活在鼠疫最为猖獗的地区，研究了疫情的诸多方面。他曾在英国杰出地完成学业，又在法国和德国实验室工作过。我们责成他认真对待所获得的每一位与会代表的意见。另外我们还任命格雷厄姆·阿斯普兰博士出任大会的医学秘书，他在疫情最猖獗时刻在傅家甸工作，曾为我们提供了极有价值的帮助。

最后，我深信，诸位逗留此地时，敝国政府为诸君作出之食宿安排，定能让诸位感到舒适满意。

俄国代表团团长扎博洛特内教授随后起立发表了如下讲话：

阁下，受与会诸同行代表之请，对阁下热情洋溢的欢迎词表达深切谢忱。我们代表着立于文明世界的 11 个国家，接受大清政府的邀请，前来帮助揭示此危害全球人类的鼠疫问题。在我们被派遣来华期间，各自所属国家之政府表达了他们的同情之意，并衷心希望我们的切磋，将有助于贵国采取更为有效之措施，以防止这种可怕的瘟疫卷土重来。我们之中有流行病学家，也有大部分工作时间都从事细菌学研究的学者，但面对这种广泛传播的肺炎性鼠疫和败血性鼠疫，我们都缺少经验。经验所及，类似的疫情从未遇见。但过去 6 个月中所目睹之事实，让我们有充分理由相信，按照现已完善的预防感染规章制度，将能够用于应对今后可能出现的另一次疫情。尽管我们多么期望不再发生，但我们必须承认这种可能性还是存在的，只是无法预料何时发生。

我们赞赏大清政府应对这一危急形势所采取的开明政策。阁下和阁下忠于职守的僚属全心全意致力于拯救被鼠疫蹂躏的人民所进行的工作，也是值得钦佩的。与瘟疫抗争的医师以及其团队，其中既有中国人也有外国人，表现出的勇气和才能博得了普遍的赞誉，我们相信，科学的医务工作之实际效用，正如在此次抗击鼠疫的工作中所显示的那样，将会使我们的医师职业在贵国声誉大增，并召唤贵国那些青年精英为其效力。

我们衷心感谢阁下为使我们舒适与会而做的诸多安排，从而使我们得以在最愉快的环境中工作，能够在这融洽的会议进程中作出更多贡献。我们不仅欣赏阁下之情意，由总督大人代为宣读的皇帝陛下和贵国政府的致辞，令我们印象深刻，我们趁此机会，对他们表示谢忱。

报告和研讨

次日（4 月 4 日）上午，主要议程是伍连德博士作主席报告。该报告一部分内容如下：

正如钦差大人阁下所指出的，这种肺鼠疫是突然出现在我们面前的，尽管我们全力抗争，至今死亡人数已达 46 000 人。看来此种类型的鼠疫实际上在满洲并非新的疾病。多年来，尤其在近十年来，在西伯利亚、蒙古和满洲的俄国人和中国人中间偶有发生。有记录表明，17世纪时它曾肆虐一时，然而就可能收集之确切资料判断，这是长期存在的肺炎特定变型的首次大规模暴发。诸君可能知道，1899年曾经袭击过牛庄的这种传染病，其特征主要为腺鼠疫，而在1908年又出现于唐山，导致800余人丧生。我们感谢俄国医师首先提供了有关肺鼠疫流行的确切信息，而完整的研究报告将由我们博学的俄国同行在会上宣读。我暂时搁置此话题，现在仅述及此次疫情中所能得到之些许发现。

某种啮齿动物，学名为 *Arctomys bobac*（蒙古旱獭），英语中称为 marmot（旱獭），俄语称 ТАРАБАГАН，汉语称旱獭。蒙古和满洲西北部的居民已经在相当时间内深信这种动物与这种类型的鼠疫关系密切。根据派驻满洲里实验站的中国医疗队全绍清医师报告，他所收集的宝贵信息，说明当地居民早已熟知在人类和动物中间流行的这种传染病。我敢于相信，这位医生从捕猎旱獭的猎人处获取到的某些信息，对我们了解此种鼠疫具有重要的意义。

在自然界有许多巧合，也许科学家要比其他阶层人士遇到得更多。但是谁能想到，健康的旱獭喜好晒太阳，并发出"扑——帕，扑——帕"的叫声：在汉语中的意思是"不用害怕"或"没有危险"（"不怕，不怕"）；而有病的旱獭则不出声。根据我们的理解，当旱獭不再发出让人安心的"不怕，不怕"的叫声时，就意味着确实有了真正的危险。旱獭中的疾病被我们假定为鼠疫先兆，其症状是步态踉跄不稳；被人追赶时，既不能跑动，也不能发声。捕后检查，可见其体征是淋巴腺体［淋巴结］肿大。有经验的猎人一旦觉察到这些体征，即会警觉地丢下猎物远走高飞。然而，过去几年，欧美市场对旱獭毛皮的需求格外旺盛，于是各处流浪的山东移民便闯进了这些旱獭的栖息地，不加区分地猎取这种动物，且因当地食物稀少，他们经常剥皮割肉煮熟并食用这些鲜旱獭。前几年即曾有一些山东移民死亡，但是其人数还不足以引起注意。每年8月至10月中旬是猎取旱獭的季节。大约在去年10月的第3周，据说足有万名此种猎人带着旱獭毛皮聚集在满洲里和海拉尔等待出售，然后回到南方过冬……

蒙古旱獭，简称旱獭。它的栖息地十分辽阔，遍及蒙古高原和中亚的平原与沙质荒野。现在人们知道它能将鼠疫传播给人类，因此引起了人们的注意，于是我们对它的习性有更多的了解。我们知道它冬眠并在春天苏醒，此时又肥又壮，年轻的个体开始寻找新窝以便繁殖。它们新掘的洞穴经常穿过"旧洞"，前个季节死于该处的个体可能感染新来者。而在露天死去的个体则可能被鸟类等动物全部吞食，但旱獭似乎通常是自己爬进洞中等死。没有经验的猎人常会挖出洞里的旱獭，这样他们就比当地的蒙古人遭遇着更大的危险。蒙古人则通常在露天猎取或是在洞穴旁设置绊络罟捕，因而接触或捕捉的都是健康旱獭。尽管危险显而易见，我们却未能统计有多少猎人死于大草原。但是猎人们在晚秋聚集于贸易场所，他们挤进十分简陋的旅店或客栈，生旱獭皮随处堆积，可以见到20至40个猎人吃住于一间狭小且通风极差的房屋里，这样的环境当然极适合流行病的发生。

随后，伍博士从开始发现疫情起，概略描述了瘟疫传播的路线，并言及受到感染的各城镇的主要特征。然后继续说道：

看来有两个因素对中国城镇（傅家甸）的鼠疫流行时毒力增强起着主要作用：第一个因素是恶劣的气候，当时温度计记录是零下30摄氏度，如此严寒阻止了人们走出户外；另一个是低矮、黑暗、肮脏而且过于拥挤的房屋，这正是大多数人的居所。但是，值得指出的是，两层楼房，空间充裕，依然受到了严重感染。特别是有一栋房屋，那是一家瓷器店，坐落在傅家甸的主要街道上，其中包括店主住有8人，无一人属于穷苦的劳工，然而他们一个接一个死于鼠疫，最后因为全部死亡，竟无人前来认领财产。

全家死于鼠疫的瓷器店

关于这个话题，我愿就双城堡的疫情特点略加说明。该城位于铁路线上，北距哈尔滨30英里。就我已知的中国市镇而言，未见有如双城堡与傅家甸这两个城差别之大者。傅家甸的房屋全部拥挤地建在一个低洼的沼泽平地上，街道狭窄，居民主要是劳工。而双城堡则是一个精心规划的小镇，街道宽阔，彼此垂直交叉，有的街道宽80~100英尺。该镇以宽大的院落，精美的建筑著称，有为数众多的旅店、榨油作坊、酿酒烧锅和当铺等，每座建筑都带有大面积的空地。当地居民中生活富裕者至少过半，而几乎没有穷人，大多数居民以大家庭在此定居数十年。而这与傅家甸形成了鲜明对照，在那里大部分是靠体力劳动糊口因而浪迹四方者。双城堡有一半居民为满人，许多是富裕的地主，也有富甲一方的商人。他们的居所干净卫生，生活习惯讲究。然而在这个有6万居民的小镇上，在7周内死去了1 500人。我举出这个例子是要说明，除了贫困和肮脏，可能还有其他原因导致如此可怕的死亡率。在傅家甸5 000名死者中，只有100名是妇女；而在双城堡，1 500名死者之中竟有500名妇女。事实上，在傅家甸生活的妇女很少，而在双城堡则大部分妇女居留家中，这种状况可以部分地解释这种巨大的差别。

在开始阶段，鼠疫之流行让我们在多方面依赖防治腺鼠疫时所掌握的资料，然而我们在傅家甸的经验，令我们修正了起初对疫苗和血清疗效的期望。也许另一个事实更值得注意，这就是在中国行政当局领导下，除大量居民中心外，仅奉天一地即检验过13 000只家鼠，却未查出任何鼠疫痕迹。当时疫情极为紧急而助手有限，我被大量日常工作缠身，未能就这一专题收集更多的有价值的事实。对此我深感遗憾。

还有两个有意义的问题，可能对未来抗击传染病流行关系重大，却似乎被我们忽略。其一是铁路上的空车厢，平均每节可以容纳20人，在紧急情况下，可以用做隔离营的一个小隔离单元。这种车厢能使我们的医务人员及早确诊疑似者并易于进行内部之消毒，车厢内安装一个铸铁炉即可取暖，打开车厢的滑动门即可以通入新鲜空气。在缺少固定建筑物时，如果能得到这种空车厢，即可用于有效隔离。

第二是对鼠疫病死者，采取集中火化之措施。特别是在冬季，土地深度冻结时尤为必要。为此，必要时可用炸药炸开一个20英尺见方、10英尺深的大坑，一次可以容纳500具尸体。如果尸体已用棺材装殓，则制作棺材之木材即足以完成火化；如果没有棺材，每具尸体就需要4块木头（每块2英尺长、4英尺宽），同时每100具尸体还要添加10加仑［1加仑

（英）约等于 4.546 升]煤油。一旦尸堆点燃，即火焰熊熊，持续不灭，因为坑之四壁封闭使热量不易散失。我们在傅家甸的火化示范，后来为其他地方所仿效，结果令人满意，而当地百姓并无怨言。朝廷空前恩准对瘟疫死者进行集体火化，并且正式许可为获得知识而进行尸体解剖，在中国近代医学发展史中是两个标志性的事件。这一事件彰显了朝廷出于崇高的人道主义动机，情愿将古老的偏见搁置一边，并不惜付出金钱，全力以赴。同时还证明科学能够拯救生命，并免除民族之灾难。

主席讲话以后，会议即正式进行。会议一共举行过 23 次。其中有 3 次，伍连德博士邀请日本的北里教授代替他主持，这是考虑到北里教授在世界细菌学研究领域的崇高地位。这一谦恭之举对漫长的会议得以顺利进行贡献良多。在 22 次专业议程中，5 次用于病理学和细菌学研究，5 次专门研究流行病学，2 次探讨临床资料，4 次研究防治措施，2 次检讨疫情对商业贸易的影响，其余 4 次则是讨论有关决议。实际上，所有宣读的论文都言简意赅，会上很少有人表现不耐烦，或抱怨言不及义。绝大多数论文由中、俄、美、日、英代表提交，但是其他代表在讨论时也很活跃。

现将会议不同时间宣读的重要论文的内容加以总结。4 月 5 日，由政府前期派往满洲里调查鼠疫暴发起源的中国代表全绍清医师发言。据他说，这个城市通常有 5 000 名俄国人和 2 000 名中国人，但由于当时旱獭毛皮贸易兴旺，1910 年年底中国居民增至 1 万。肺鼠疫的第一个病例出现在 10 月 12 日，患病人数持续增长至 12 月 25 日，其中有 392 个患者死亡记录在案。早在 1905 年，俄国医师已经观察到了这种疾病，但是病例数目很少，而且分布零散。能够猎捕旱獭的辽阔草原幅员达 15 000 平方英里[1 平方英里约等于 2.59 平方千米]，包括连接满洲、西伯利亚和蒙古的地区。猎人们生活艰苦，不曾记得听过有谁在狩猎中死亡，只是带着旱獭皮聚集在村庄时，才听说他们之中有人被感染。在回答其他代表的问题时，全医师称，未能在这群猎人中收集到有关腺鼠疫的证据。

日本的柴山教授说，他成功地将从哈尔滨分离的一个菌株，接种进了在奉天附近捕捉的一种黄鼠（*Spermophilus citillus*）体内，使它感染了典型的鼠疫。英国的道格拉斯·格雷医师宣读了一篇有关华北鼠疫传播的论文，还出示了一张该区域的地图。他引述保定府传教士医师刘易斯的话说，在他的一位病人的痰液中见到了鼠疫杆菌。格雷医师强调了铁路在疫情传播方面所起的作用，而华北的河流在冬天是封冻的，大多没有航运交通，对疫情的传播作用甚微。日本的笠井博士简述了南满的疫情。因为得知回家过年的劳工大多沿着铁路线去往大连，再转往芝罘，因而疫情监控较易放松，拥挤的小客栈便成了感染的温床。笠井博士提供的表格，列举了不同地方的第一个病例，还有南满 18 个城镇的估计死亡人数，总计 5 864 人。

俄国的扎博洛特内教授和他的同事进行的实验引起代表们的关注。这些实验表明，肺鼠疫只在人与人之间传染。这种传播只存在三种可能的途径：1．通过呼吸排出的颗粒；2．通过飞沫悬滴即小颗粒黏膜的感染，鼠疫杆菌在黏膜上可存活数周；3．通过痰液本身。他的结论是：1．1898年后由细菌学方法证实腺鼠疫和肺鼠疫是蒙古和满洲的地方病；2．肺鼠疫流行于秋冬两季；3．疫情暴发主要由于不卫生的居住环境和过度拥挤；4．关于蒙古旱獭与鼠疫的关系，应从细菌学方面进行研究。美国的斯特朗博士支持扎博洛特内教授关于飞沫悬浮物传染的观点，并说他检查过的 25 位病人中，24 个病例的原发感染部位是支气管。他注意到仅有 1 例扁桃体坏死，但这可能是继发性的。

4 月 6 日，扎博洛特内教授宣读了一篇论文，是关于从哈尔滨鼠疫流行期间分离的鼠疫杆菌菌株特征的研究结果。柴山教授也提交一篇论文,系有关肺鼠疫杆菌的细菌学研究。他根据琼脂平板和豚鼠实验证实,咳嗽病人对其周围健康人群有致命危险。他先用琼脂平板培养细菌,然后在小白鼠身上接种予以证实。德国的马丁尼博士热衷于凝集实验。意大利的加莱奥蒂医师谈及毒素的产生,特别是以核蛋白形式出现的毒素。据他说,这种毒素可以导致出现我们在鼠疫病人身上观察到的各种症状和现象。事实上,纯净的毒素可以从鼠疫杆菌菌体中分离出来。

4月7日,开滦矿务局的医官安德鲁医师描述了华北鼠类的种群以及跳蚤感染。据称,从1909年6月到1910年9月,他在产煤重镇唐山检查了3 000只老鼠以及栖居其身上的跳蚤,只发现了两个种——大家鼠(*Mus decumanus*)和印鼠客蚤(*Xenopsylla cheopis*),不存在其他种。他声称,一次鼠疫暴发之前,必须有3个先决条件,即感染源、足够数量的易感鼠类以及足够数量的栖居于鼠身的跳蚤。他制作了一张图,表明在秋季数月里,印鼠客蚤数量呈季节性激增。北京的一位传教士医生希尔(R. A. P. Hill)博士向大会提交了一张图表,说明瘟疫盛行时,温度对病死率曲线的影响。他指出,虽然在奉天、吉林和长春这些中心城市也曾就这种影响做过研究,但结果表明,这种影响并不明显。这些图表的某种相似性,说明可能存在某种从一处慢慢移向另一处的气候因素。当日下午,扎博洛特内、柴山、斯特朗、马丁尼和加莱奥蒂等几位细菌学家讨论了鼠疫杆菌的凝集现象、毒素、毒力和致病性。伍博士谈及一件事:近1 200名士兵从长春调来,派出136人在被隔离的铁道线上的车厢执行戒严,其中有41人于3周内死于该处。

此次会后,正值周末,4月8日和9日休会两天。4月10日复会,法国的布罗凯医师介绍了一种保存鼠疫感染之鲜器官标本的方法,即把器官浸泡在含有 20% 甘油的蒸馏水里，再向其中加入 2% 的碳酸钙（白垩）。然后，斯特朗博士宣读他那被期待已久的关于呼吸传染性的论文。这篇论文主要依据他在鼠疫医院附近建立的有特殊装备的实验室里完成的实验。斯特朗博士说，他研究的目的是：1. 探明进入空气传播的鼠疫杆菌是来自病人的正常呼吸还是呼吸困难时呼出的气体？2. 是否病菌是肺鼠疫病人中度咳嗽发作时传播的？这种咳嗽本身并不会咳出肉眼可见痰液的飞沫颗粒。咳嗽时，肉眼可见之痰中微滴或大颗粒向外喷出并黏附在面向鼠疫病人的培养皿中琼脂培养基表面，这些病人在受试后 24 或 48 小时后全部死于鼠疫感染。实验分 12 个系列，共使用 78 个培养皿。结果表明，其中 39 例病人在培养皿前并未咳嗽，仅有 1 个培养皿中有鼠疫杆菌生长；而另外 39 个培养皿面对咳嗽病人，则有 15 个生长出有鼠疫杆菌特征的细菌。在某些培养皿中，病人仅仅对其表面咳嗽过一声，就培养出了上百个菌落。在另一系列的实验里，将一些豚鼠体毛剃去，然后放在已被感染但不咳嗽的病人呼吸所及的 2 英寸距离之内，结果全部豚鼠存活。斯特朗和蒂格医师从上述实验中得出的结论是：1. 肺鼠疫初起的病人，正常呼吸或呼吸困难时，通常口中并不排出鼠疫杆菌；2. 当这些病人咳嗽时，即使没有肉眼能看得见的痰液，也会有大量的鼠疫杆菌喷出口外，感染周围的人。由此可见，医师、护士和其他仆役面临的危险是显而易见的。

至于鼠疫病死者尸体的感染性，扎博洛特内教授声称，在冬天，即使尸体埋入地下半年后，仍可从中检出活的鼠疫杆菌。所以在冬天，穴居动物，如旱獭和黄鼠等可能被鼠疫尸体感染。至于鼠疫杆菌的存活力，伍博士谈及他在少有的机会中进行的实验：他将接种有鼠疫杆菌的琼脂试管和含有病人咳出之痰液的灭菌试管，同时放在他的办公室窗户上的双层玻璃中间多日，当时室外温度为零下 30 摄氏度，结果这些细菌的毒性并

1911 年 4 月在奉天召开的万国鼠疫研究会议出席者合影

参加会议的各国医学代表合影，会议主席为伍连德博士
（前排右 4），副主席为北里柴三郎教授（前排右 5）

不受影响。

4 月 11 日，讨论集中于抗肺鼠疫预防疫苗。斯特朗博士力主采用毒性

适当弱化的培养物，而不用哈夫金疫苗制备方法中几乎一致使用毒力灭活的培养物。加莱奥蒂教授则推荐他采用的从活体培养物中获得的核蛋白粉末。中国的方擎医师在防疫局创造了给该局 439 位员工全部接种哈夫金疫苗（用灭活培养物制备）的纪录。在 18 位被接种的医师中有 1 位感染鼠疫死亡，29 位被接种的医学堂学生中 1 人死亡，308 位被接种的军人中 1 人死亡，11 位被接种的仆役中 1 人死亡。这些接受实验的人从被接种到死亡的时间间隔分别是 18 天、8 天、10 天和 32 天。但是我们不应忘记，确定实际受到感染的时间是很困难的。关于血清治疗的讨论，哈夫金医师宣读的论文，简要论述了他在俄国鼠疫医院的工作经验，情况并不十分令人鼓舞。马丁尼医师提供的研究结果，是他用患实验性鼠疫的动物，特别是鼠类和豚鼠进行血清治疗获得的，但其效果令人失望。在讨论过程中看出，得自巴黎、喀琅施塔得、西贡、日本和德国的所有的血清制品都被试用过，但只要病菌已侵入肺部，则全无效用。

4 月 12 日，继续讨论预防接种。日本的委任代表笠井博士称，他曾为 2 832 人（包括 1 749 个日本人，1 075 个中国人和 8 个别国人）接种，其中只有 8 人感染鼠疫，都是中国人。在此 8 人中 1 人为腺鼠疫。俄国的博古奇医师称，他的团队曾给 8 685 人接种，其中 2 560 人接种 2 次，每次 2.5 毫升。他们之中，1 600 名是中国人，其中 7 人死于鼠疫。曾负责哈尔滨俄国鼠疫医院的哈夫金医师称，他曾给 132 人接种，其中 22 人感染了鼠疫，这些染病者中 13 人接种 1 次，8 人 2 次，1 人 3 次。13 名遇难者中，12 人在接种 2 周后染病；1 人在接种后 6 天染病。哈夫金医师补充称，在鼠疫医院的当值雇员中，有 3 人染病，他们全未经接种。斯特朗博士发表了一篇详尽的论文——《鼠疫病理解剖学》，依据是在奉天鼠疫医院进行的 25 例系统解剖。所有解剖材料都是新鲜的，即少有不是在死后短时间内完成的。基于这些调查结果，斯特朗博士的结论是：流行的肺鼠疫由吸入病菌引起，初始感染部分是支气管，病原体由此侵入肺组织，然后侵入血液造成菌血症。其他器官，诸如淋巴结、扁桃体、脾脏、心脏、肝脏、肾脏和血管的病变都是继发性的。在所有的病例中，食道都正常，因此排除了肠道发生初始感染的可能性。

次日（4月13日），日本的藤浪教授宣读了一篇论文，以对26个人、两头驴和一条狗的尸体观察为据，论及肺鼠疫的病理解剖。标本全都保存，并在会上展览供代表们参观。总的说来，除3例动物外，其观察结果与斯特朗是一致的。他还检查了1例腺鼠疫尸体。第3篇关于尸体解剖的论文由俄国的库列查医师发表。他在哈尔滨解剖了28具尸体，根据他的观察，他倾向于认为，肺鼠疫进入体内的途径是通过扁桃体和上呼吸道，然后病菌进入血液，继发性地导致实质病变。与会代表对这三篇论文表达的观点进行了热烈的讨论。

下午，全绍清和希尔医师宣读了"临床资料"。后者引述了在北京他的医院中一个非肺炎性鼠疫的病例，症状只有腹泻和呕吐；鼠疫杆菌是在心脏的血液中生长。法国代表沙巴内医师（Dr. Chabaneix）提及一个案例，这是北京的一位医学生，他不经意间感染了他的同学，于是就给他注射了大剂量耶尔森血清，但是血清仅仅延长了他的病程，出现症状后第5天死亡。

4月14日的议程主要是继续讨论肺鼠疫的临床方面。俄国的博古奇医师谈及，鼠疫流行时，哈尔滨的俄国人居住区有10 114人受到医学观察，其中有180名中国人和2名俄国人染病，他们被安置在最多能容纳12名病人的铁路车厢中。阿斯普兰博士陈述了他自己的切身经历：工作时他感到浑身发冷，体温达到102华氏度［约38.9摄氏度］，此时他感到非常悲伤。直到次日清晨，有人告知他，绝大多数肺鼠疫患者并不经历发冷过程，他不久就痊愈了。他开始染病时脉搏快而弱，不似伤寒初期症状。他认为疫情在某些地方会自然地消退，并强调贸易货物并没有传染性。博古奇医师谈及他的下属，一位俄国女医师列别杰娃的死亡。她显然是在俄国城区寻找病人的工作中劳累过度，那里一天内竟找出 11 个鼠疫病人和 4 具尸体需要她处理。（可将这一案例与年轻的英国医师杰克逊进行比较，他在奉天一带监护坐火车旅行的劳工，劳累得病，于 1911 年 1 月 25 日死去。）

道格拉斯·格雷开列了一个更重要的、感染源已被追踪清楚的疫区地名表：

哈尔滨和奉天：许多开放性病人由满洲里到达。

呼兰府：12 月 18 日，一批共 8 名劳工自傅家甸（穿过封冻的松花江）到达，传染了两所房屋中的同住者，导致他们全部死亡。

阿什河：有位商人由铁路自 30 英里外的哈尔滨到达阿什河。12 月 24 日开始在一个小客栈中出现感染。

长春：12 月 28 日，一位张姓商人从北边回到家中，感染了他的亲人。

吉林市：1 月 17 日，一位张姓车夫，自长春经两日到达，感染了其他人后，他在一个客栈中死亡。

法库门：1 月 19 日，一位当地人由奉天返回家中，两天后死去。

辽阳：2 月 6 日晚 7 点，一位劳工到达辽阳城南的立山（今属鞍山）车站。8 点住进一所中国客栈，应店主之邀与 6 位客人共进晚餐。用餐时，这位来自北边的客人开始咳嗽，饭后各自散去。此时他已传染给他人，他自己死于凌晨 1 点。

永平府：一位劳工乘火车自哈尔滨到达永平府。1 月 3 日在旅途中发病，5 日死于家中。

天津：一位商人从奉天到达天津奥地利租界，在 1 月 13 日死于鼠疫。

陪其回家的工人是导致此百万人口大城市 100 余人死亡的最初病源。

开原：1 月 26 日，一位士兵从南满的昌图到达一家客栈，被发现有典型的咳嗽与血痰病症并被送到医院，次日死亡。几天之后，旅馆里除店主逃走外全部死去，显然店主是带菌者，他传染了邻村，并造成更多人死亡。

北京：一位商人自哈尔滨来此收房租，死于鼠疫。从这个病人开始，导致一系列感染。所幸在这个中国首都疫情仅局部暴发，死亡 39 人。

在其他城市，如大连、芝罘、济南府和山东、直隶两省的城镇的全部感染都是因为回家过年的劳工造成的。

访问大连、旅顺

4 月 15 日星期六早晨，所有的代表、委任代表、秘书和与会的官员离开奉天，应南满铁路株式会社主席中村先生和总督大岛子爵的邀请，前往大连旅顺作周末观光旅游。一列由多节最现代化客车车厢组成，并配备有餐车的专车，载着这群客人南下。专车配有长毛绒的坐垫、亚麻布的白床单等种种美国火车上才有的方便舒适的设施。该列车装备有美国宾夕法尼亚州制造的巨大蒸汽引擎，车头装着铮亮的铜钟，叮当作响地驶出熙熙攘攘的车站。一路上，每当进站或出站，即闻响亮钟声，令人想起在美国旅行的情境。午后不久，专车到达人头攒动的大连。大连是满洲唯一的不冻港，它的许多码头、货栈、船坞和宽阔的马路，都是俄国人从 1898 年开始营建的。1904 年起为应对激增的大豆、油料和煤铁运输，由日本人将港口进行了改造和扩大。

50 多位客人被安排下榻于大和旅馆最上等的客房。该宾馆按美国的最新标准建造并管理。下午大部分时间用于观光，然而并无多少可看，不外是城市突然繁荣而出现的那些常见的鄙俗之物。当晚中村先生在旅馆的足可容纳五六百人的大厅内，举行了一个欧式宴会。宴会中彼此礼貌交谈，尽量表现出热忱。大连大街上设有百货杂陈的夜市，有些不觉劳累的客人则前往购买书籍和廉价纪念品。

次日为星期天，客人分乘约 30 辆摩托车来到星星浦海滨。在那长满针叶树的小山山顶，日本人建有一座亭台式餐馆，其中有不少房间面向视野开阔的北直隶湾［渤海湾］，可供客人选用。客人进入前要求脱鞋，这样即使身着笔挺西装，仍可舒服地端坐或斜倚在地面的草垫上。入乡随俗的客人将礼服换成简单的和服。为适应时令，和服内絮有薄棉。在大厅开始正式午餐之前，侍者用藤制托盘奉上小盅绿茶，客人们则试着用英语、日语，或双语兼用寒暄。供应的是严格规范的日式料理，各式菜肴安放在矮桌上，供客人随意取用。草垫上放置着有可调整靠背的无腿椅子，就餐者就座时即靠在椅子上。第一道菜是萨希米（刺身，即生鱼片）。这是传统的日本美食，它是将粉红色鲷鱼肉生切成的薄片，洒以姜末，蘸以日本酱油就可食用。随后的几道菜是烟熏鲭鱼、鸡胸烩竹笋等，最后是盛于带盖大碗中的荞麦面条。餐桌上只备一双筷子，未备调羹，因而汤类也只能直接送入口中。餐后，众人寻得自己乘坐过的摩托车，驶向一小时车程外的旅顺口。该处有一队包括一些军医在内的当地日本医师，奉派迎接客人并介绍当地的风景名胜，特别是一座俄国军队建造的城堡。该城堡在被日军以损失40 000名士兵的代价经长期围困后得以攻陷。

客人们在大和旅馆专为他们临时准备的场所稍事休息，等候总督府里举行的盛大宴会开场。扫兴的是，瓢泼大雨不期而至，美丽花园中安排的装饰全被毁坏。于是只得修改原定计划，日本艺妓的歌舞表演改在室内，因而气氛颇感逼仄。然而，宾主依然是兴高采烈，人尽其欢。返回大连的时间到来时，众人恋恋不舍。4月17日，周一早7时，一行乘火车回到奉天城。

返回沈阳继续研讨

当日早10时，会议再度进行，首先宣读了由大岛子爵发来的电报，对荣幸邀请到访的客人遭遇恶劣天气表示遗憾。复电以类似的友好措辞，立刻草就发送。当日，东清铁路高级医官雅显斯基博士宣读了一篇关于1897年到1910年满洲抗击鼠疫进展的论文。这篇令人感兴趣的论文指出，该次疫情以1899年营口有限程度暴发的腺鼠疫流行为开始，造成1 370人死亡。虽然那次以腺鼠疫为主，但也有一些肺鼠疫病例。在1901年和1902年，盖州和营口出现过一些病例，翌年在营口又有更多记录。1905年，孤立的病例出现在西伯利亚的边境周围，包括满洲里在内的乡村。以后几乎每年，在满洲里、扎赉诺尔和海拉尔都有更多疫情上报。然后则是1910—1911年的此次大流行。由于很难执行严格的检疫手段，他们决定采取一种如今称之为"监控"的新方法，即清晨和傍晚对接触者测体温，如发热便将他们隔离。

全绍清医师述及一事。在傅家甸那个声名狼藉的鼠疫医院被奉令焚毁之前一日，对曾在该医院服务的两位当地中医顾喜诰、贾凤石和他们的4位助手进行了细菌学检查，也进行了咽拭子的培养，结果都是鼠疫杆菌阴性。伍博士声明，许多受感染的房子都用石炭酸、硫黄熏蒸和其他药剂进行了消毒，然后将门封闭。但后来有人设法爬了进去并死在该处。不过没有证据证明他们是在该处被传染。而中医顾大夫被雇用在鼠疫医院工作了两个月，却活了下来。他把这归功于在鼠疫暴发的初期，当他给病人针灸时，意外地刺到自己，接触了病人的血，这样或许自己获得了免疫力。这枚引人注目的针灸用针被代表们传观。

4月18日，皮特里（G. F. Petrie）医师当众宣布，由于施大人的关怀，他已经有幸得到了12只活的旱獭。它们是从满洲里附近的地洞里捕捉到的，用快车运到奉天城，专供他计数这些动物身上的跳蚤。逐一计数的结果是：2、2、2、3、0、2、2、5、2、0、12和3只。一共清查出了35只跳蚤，平均每只旱獭身上有3只跳蚤（应当记住，这些旱獭已经在它们的箱子里乘火车旅行多日，它们身上的跳蚤可能已远走高飞了。1911年下半年，伍博士和他的同事在蒙古对捕获的旱獭进行过及时检查，发现数目相当大。有的平均一只旱獭身上的跳蚤数高达50只）。这些旱獭身上的跳蚤标本，由伦敦的查理·罗斯查尔德（Charles Rothchild）沿袭俄国生物学家西朗提叶夫博士（Dr. Silantiev）的方法，鉴定为角叶蚤属之一种，定种名为 *Ceratophyllus silantiewi*。斯特朗和蒂格两位医师随后略述了他们对6只旱獭所做的接种实验结果，观察取自死亡动物的器官标本，证明出现了急型和亚急型症状。这些在紧邻会议召开地某处完成的非凡实验之所以得以完成，是因为会议东道主提供了鲜活的旱獭标本以及各种必需的设备。如果考虑到这是在远离西方世界的地方，诚为颇大的成就。中国的王医师通报了在满洲首府奉天城暴发的疫情，有据可查的死亡病例共1 697例，包括4位医师。捕捉或收集了30 000只老鼠，并进行了鼠疫检验，结果全部为阴性。仿效傅家甸的做法，奉天城也出版了一种通报鼠疫疫情的报纸，每日登载有关疫情的重要新闻，让公众得知实情。毫无疑问，这种面向居民的出版物，颇能令其相信其中言论，而不为流言所动。

4月19日整天讨论抗击鼠疫流行的措施。中国医师方擎谈及中国医务人员采取的个人防护手段，大力推荐简便而价廉的三尾棉纱口罩。已经证明这种口罩对那些曾亲身经历鼠疫暴发全过程的人们保护自己的生命十分有效。除了口罩，斯特朗博士和北里教授还推荐使用玻璃眼镜或护目镜。沙巴内医师编制了一个检疫和隔离营的计划，而阿斯普兰博士介绍了情况紧急又无固定房舍时，用铁路车厢暂做隔离室的方法。中国医务人员的经验表明，在监督许多疑似者时，找到脉搏柔弱且快速的人比测量体温更有效。英国的皮特里医师质疑在病人迁出之后，将其房屋焚毁或是消毒是否有必要。

4月20日继续讨论抗击鼠疫流行的措施。上海公共租界的总医官斯坦利博士曾述及在该重要港口采取的检疫措施。安德鲁医师指出了各地方当局政策上的失误：他们不仅宣称秦皇岛这样未受感染的港口受到了感染，还赞同山东的芝罘（烟台）等已被感染的港口当局宣布其对秦皇岛并无危险。不同的地方当局在疫情来临时采取的这些应对策略，说明他们惶恐不安到了进退失据的地步。其他发言者，如司督阁、格雷、法勒、阿斯普兰和北里等讨论了海上、铁路和内河检疫的诸多事宜以及尸体的处理。后者在中国的社会生活中关系重大。当天下午，讨论的主题是诸多货物，如大豆、小麦、面粉、动物皮毛和煤炭等这些宝贵商品的贸易。达成的一致意见是，因为当前的疫情绝大部分在人群中传播，不影响鼠类种群，因而不提倡过分限制商品的流通。

4月21日的议程简短而且单一：只讨论预防接种。伍博士此番以中国的首席代表而非会议主席之身份发言，他宣布中国政府花费高达10万元之巨款已从不同渠道购得各种疫苗。但中国医师反馈的报告使他怀疑这些疫苗拯救生命的效能。按照这些经验，在未来的疫情中，他怀疑这些疫苗分发出去是否能起很好的作用。然后他引证了发生在他的下属中的两个案例，以便阐明这个问题。第一例是一位医学堂的刘姓学生，他戴着棉纱口罩作为唯一的防护工具工作了一个月，安然无事。1月2日，疫苗运到，他接种了，8天后死亡。第二例是一位受人欢迎的年轻许姓医师，他在1月4日接种疫苗，到22日，即接种后的第18天病倒。不过其他20人，和许医师一样在同一天接种了同样的疫苗，全都平安无事。伍博士不解差异为何如此巨大，他怀疑上述两例感染或许因接种后的阴性期天然抵抗力降低所致。

访问哈尔滨

当天会议结束前，主席通知与会诸君：吉林省、哈尔滨的道台衙门4位官员郭道台、谭某、于某和宋某，以及东清铁路总办霍尔瓦特将军联合邀请所有的代表、委任代表以及会议的全体工作人员在周末访问哈尔滨。南满铁路和东清铁路当局提供的专车将在晚上启程。下次会议将在4月24日举行。

晚饭后，所有的近百位客人，登上两个铁路当局提供的最好车厢，离开奉天城。快车行驶6小时，于凌晨2时到达长春。一行人等前往另一车站换车。日本火车在标准的窄轨距铁道上运行，轻便而快速，但似乎有些颠簸。因为是夜间旅行，无法见到那一望无际异常丰饶的田野。4月22日星期六上午9时，火车准时到达哈尔滨新城的火车站。一大群中国和俄国官员，以及地方绅士相约前来迎接客人。因为鼠疫会议之详情已在中文和俄文报纸上发表，当地民众对会议耳熟能详，甚至能辨认会议主要人物的面孔。于道台在这里会见了他的老朋友伍博士，不过现在他屈居更有经验的郭道台之下。郭道台是一位矮胖的人，颜面光洁。谭道台则是位身材高大，会说英语的广东人，能和当地外国领事们直接交谈而无需译员，这在当年的道台中很少见。宋先生是一个蓄须的旧式学究，办理中国公文的专家，雅好吟诗作赋以及绘画。霍尔瓦特将军身着紧身的奶油色的外套，深蓝色裤子，军中高官之仪态毕现。其他俄国官员均着戎装，佩戴肩章，显示出他们的官阶和专业的不同。地位仅次于霍尔瓦特将军的是阿法纳谢夫将军，身材甚矮，蓄有精心修剪的灰色胡须。所有客人被安排下榻于哈尔滨新城中的两座最大的旅馆：格兰德旅馆和大都会旅馆。两位旅馆经理尽早觅得机会，向伍博士谦卑地表达了他们先前对他和他的下属们不恭的歉意，说 3 个月前他们只是奉命行事。如今诸如此类的不快早已置之脑后，对于此番来客将尽其所能，盛情款待。

于是中国的官员们、当地的商人和俄国铁路当局无不争相召开招待会，举行午宴或晚餐，不一而足。在饮宴中，需要太多的答谢，于是决定以后根据按字母顺序排列的参加会议国家名单，由各国的高级代表以会议的名义轮流致辞。这一皆大欢喜的安排，免除了某些人的辛劳。在中式和俄式的宴会上，饭菜不但风味绝佳而且丰盛无比。中式宴会通常在道台衙门的正厅中举行，每张铺有白色桌布的方桌有 8 人就座。每人一双筷子、一个调羹、一个碟子和一块纸餐巾，一只小酒盅盛葡萄酒，一只平底无脚玻璃杯用于盛白兰地。在长达一两个小时的宴会中，碟子很少更换。虽然餐桌的布置明显简化，所有菜肴却一览无遗，至少提供了 20 道菜。餐桌上先放好 4 个冷盘和 4 个热盘，随后则是 12 道佳肴，有鸡肉鲜蘑炖鱼翅、鸡丝燕窝汤、蚝油鸡块、小型鲍鱼、北京烤鸭、蛙卵（哈士蟆）、四川松蘑、杭州竹笋、山东鸡片、时令松花江鳇鱼和龙眼干，等等。无须说，这些精选的佳肴令客人大快朵颐。每次用餐完毕，每人面前都堆积着骨头和残渣。至于饮料，则是中国黄酒（产自浙江省的绍兴），它犹如日本的清酒、德国的莱茵河白葡萄酒或法国的波尔多红葡萄酒，这些酒不浓烈，无须担心酒醉，尤其是饱餐之后。

在霍尔瓦特和阿法纳谢夫两位将军主持下，俄式宴会在哈尔滨新城铁路俱乐部举行。宴会有众多的地方官员、各国的学者和商人应邀出席，颇为正式与隆重。包括女士们在内的约200位客人，在宴会厅门前受到两位将军的欢迎。在大厅的另一端，安放着约20英尺长、4英尺宽的长餐桌，摆了100多只盘子，盛放着精美绝伦的俄式点心，诸如黑鱼子酱、大马哈鱼子酱、熏制白鲟鱼、烧鲑鱼、生鲱鱼、什锦色拉、土豆色拉、满洲锦鸡、蒸乳猪、海参崴海蟹（实际上只是将长达2英尺的蟹腿切成小段供食用；而蟹的躯体太小，且不可食用）和各式新鲜果品等。客人到齐，霍尔瓦特将军致欢迎词，然后邀请他们品尝放在餐桌上的俄式点心。每人从放在桌上两边的餐具中取出盘子、刀、叉，按自己所好取用食品，然后坐在空位子上享用，如可能就与人交谈数语。俄式点心用过，胃中该已装满，难再进食。然而正在此时刻，客人们又被请到另一端一个大房间里，房内一张长桌上各种酒肴已备好。每个座位前放置着写有入座者姓名的桌签。幸运的是，只有四种菜肴，即清炖肉汤、煎鱼、俄式奶油炒牛肉丝和最可口的冰淇淋，最后是不加牛奶的咖啡。东道主敬酒，而答谢则由公推的客人代表回应。时过午夜，在饮过无数杯烈性的、在俄国缺之而不成席的伏特加酒后，少有人不觉疲劳紧张。1911年4月22日俄国朋友在东清铁路俱乐部安排的宴会，令许多今日依旧健在的当年的客人仍然念念不忘。

客人们在4月22日和23日逗留哈尔滨期间，医生们访问了中国和俄国城区的鼠疫医院和实验室。在傅家甸，面对那大批以前住满鼠疫患者而如今已人去楼空的房屋，还有那当年曾层层叠叠堆积着棺木最后被付之一炬的 5 个大型焚尸坑，令某些容易伤感的代表露出特别的关心。几条狭窄的小巷，当时医务和卫生巡视员曾逡巡其间排查病人，如今依然故我，但不论官员或民众都已从中吸取了深刻的教训，并正在为一个新的傅家甸绘制他们的蓝图。高岗上的新城与低洼平坦的中国城之间的一大片政府用地上，将出现宽阔的街道，砖瓦房屋，还会拥有一所现代最新式的诊所、一座医院、一个隔离站。所有来访者众口一词：那些过去几个月里曾令中国蒙受屈辱的标志即将一去不复返了！

愉快的一行代表于 4 月 23 日晚乘车自哈尔滨返回，在长春换车后经南满铁路准时到达奉天城，洗漱完毕后即准备参加 4 月 24 日上午 10 时开始的第 18 项议程。然而这次会议仅为形式，事实上休会到次日上午 10 时。

尾声

剩下的 5 项议程将安排讨论并起草中国政府所要求的临时性报告。4 月 28 日，报告草拟完毕以待 11 国代表团的领队签字。当天上午，各国以国名的字母顺序签署。文件共提供了 45 条结论，其主要部分记载在本书的附录里。会议闭幕式在星期五下午 4 时于同一大厅中举行。约 4 周前，即 4 月 3 日，开幕式也是在这里举行的。像以前一样，高朋满座，来宾众多。中国官员们礼袍宽大、顶戴夺目。军人身着戎装，外国领事着大礼服，其他宾客各自身着自己民族的服装。

东三省总督锡良一如既往，端庄威严但彬彬有礼，用以下讲话开始了闭幕式：

溯自本会开始集议，于今四星期矣。兹届研究事竣，本大臣复与诸君会集，举行闭会礼。何幸如之。回忆四星期间，诸君悉心研究，不遗余力，各出其专门之学，为世界造福，而吾国先受其惠。岂特本大臣之欣感莫能名状，即吾民之歌功颂德，亦当永矢弗谖矣。诸君子孜孜不倦，惟学是图，济人利物之宗旨，本大臣尤所服膺动容。夫天下为一家，四海皆兄弟之语，曩以为未必能征之事实，而不期竟能见诸今日，岂非快事。至此番疫气流行问题中，固尚有深奥难明，未经发蕴者，诸君此后，谅当从容研究。光被来兹，以为人生幸福。是则本大臣所厚望者焉。诸君去此，惟愿福星庇佑，归道平安。①

荷兰代表赫韦斯（F. H. Hehewerth）博士随后走上讲台，用法文发表演说，译文如下：

我不胜荣幸，今日受命代表万国鼠疫研究会议代表讲话，并将本会议之临时报告呈递大清国政府代表。当贵国突遭匿迹多年之凶恶肺鼠疫流行荼毒之时，贵国政府不仅竭尽全力扑灭瘟疫，而且理念构思非凡，邀请各国政府派遣代表前来奉天研究此疾病。此举为贵国寻得增强自身实力之途径，而世界上最杰出科学家数年科学研究所获得之经验和成果，遵从人类友谊与博爱之法则，抗击此无情残暴之疾病。在大约四个星期的时间里，我们在奉天城探讨了疾病发作之方式以及抵御此致病生物的方法，其危害似已消除，但贵国与全人类任何时刻必须警惕其重新肆虐。为了详尽无遗地研究提交给我们的问题，我们不仅借助了以往之经验，亦借助了经历过此次鼠疫流行的中国和他国医生所获得的有关新

---

① 据陈垣撰《奉天万国鼠疫研究会始末》，1911年光华医社发行。——译者注

鲜经验。

我们这些研究成果，业已表述于临时报告中，将在此呈交给你们。诸位从中可知悉我们的结论和若干决议。我希望并相信，如果中国再次遭遇像此次这样让我们前来研究的鼠疫流行，定能从此次会议之决议中受到启发，即使未能完全扑灭其暴发，至少能与其他国家一样，可在肇起之初将其控制。在表达此希望的同时，阁下，我将我们的工作总结交给您，请尊贵的钦差转交给令我们有幸应召前来的贵国政府。恳请阁下惠予接纳，并向贵国政府转达我们的谢忱，感谢在奉天城给予我们的盛情款待和无微不至的关心。你们所提供的便利，令我们得以顺利完成使命，请允许我把令此次会议取得成功的主要功劳归功于您。

钦差大人施肇基发表的答词如下：

兹于鼠疫研究会毕，举行闭会礼。诸君将研究已得之成效，录交使者，转呈本国政府，曷胜忻慰。方诸君从事研究时，使者虽未与列同堂，然自到会以来，居处周旋，时相与共。一切研究事宜，诸君如何殚心竭虑，使者知之最稔。兹于会毕，敬为诸君述之。此次会议效果，其中尚须研究者甚多。必待各种理解尽能发明，而后问题中至难解决之处，方能悉宣其蕴。譬如行远，断非一蹴可跻，必备历艰辛，而后始能达其极点。医学亦犹是也。使者专就此次疫气所以发生之原因及疗治之方法而言，其研究已非易事，我国政府亦深知之。至其余诸端，若细菌之如何损害，疫气之如何流行，以及此症由人传人如何可免之法，既承诸君指示明晰，实足为将来借鉴之资，本国政府自必酌量采用。至研究事类，编纂匪易。将来汇集成帙，公布行世，方能见此会成效之大获其益者，岂仅我中国而已。盖肺瘟流行之学，医家向无专书。其有裨于世界各国，无待赘言。诸君想亦抱此希望也。将来设遇肺瘟发见，苟能借此新理，以为抗制，则微特我国政府此次邀请友邦赴会之举，为不可泯。即诸君之鸿业厚惠，亦将垂诸无穷焉。此次各省办理防疫，均能及时尽力，迅扫厉氛，为诸君所推许。使者亦深为我国国民庆幸。在诸君同堂追究，共著勤劳，本无先后之分。惟如北里博士及其同仁，勇于维持；司、杜两博士，自抵奉后，精心考察；萨博士则声望素著，历练最深，于会务亦至有裨，想均为诸君所共认者也。总之此次追求肺疫大会，不独在中国为创举，即在环球列国，亦为非常之事业。使者遭逢此会，参与其事，并得与诸君相识，何幸如之。兹于词毕，再申一言，为凡莅此会襄助会务诸君声谢。伍医官为本会会长，韩罗获诸君分掌书记，以及襄理各员，莫不各尽其职，今一并声谢。①

由大部分时间担任会议主席的伍连德博士发表闭幕讲话。他说：

请允许我用几句话来结束本次会议。会议议程中之全部发言均无一遗漏。尽管所持观点各不相同，但均从科学研究之意义上充分表达，发言者之间总是保持着友善关系。这只能归功于每位与会者都抱有会议能取得巨大成功的愿望，诸位在全部研讨过程中之专注，令我感激不尽。我热切地希望，今后的研究能将那些当前看来尚不明了的问题加以澄清。最后，请允许我借此机会，为诸君始终如一的盛情，以及在我担任主席期间的关照表示感谢。

星期六，4月29日，代表们沿京奉铁路离开奉天城前往北京（中国首都），长达300英里的路程途经锦州（粮食集散地）、山海关（万里长城的东端）、秦皇岛〔主要由开滦矿务局建成的海港，美国前总统赫伯特·胡佛（Herbert Hoover）曾被雇用为开滦的工程师，从此开始了他个人的发迹史〕和天津（华北的最大商港）。首都北京美丽而且古迹众多，

---

① 据陈垣撰《奉天万国鼠疫研究会始末》，1911年光华医社发行。——译者注

在马可波罗时代被称做"汗八里"，24 小时后到达。列车驶过了厚厚的外城墙，停在前门火车站。在此下车后，一行未进前门而去往其东边的水关，进入水关内新建的六国饭店（Hotel des Wagon-lits）。该饭店建成于义和团运动后两年的 1902 年。多数客人下榻于此，另一些人分别被他们国家的公使馆邀请前去做客。还有的则被他们的同胞邀请去同住，例如司督阁医师被他的苏格兰同乡道格拉斯·格雷请进了饭店后面使馆区的家中小住。

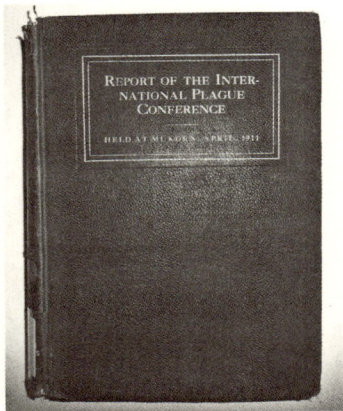

1912 年在马尼拉出版的
《万国鼠疫研究会会议录》

外务部作为承办接待的主要东道主，拟订了完善的接待计划。其中包括由摄政王载沣（醇亲王）以少年皇帝的名义，赏赐在外务部新建成的法式大厅里举行宴会和舞会，参观孔庙、雍和宫、帝国艺术博物馆、紫禁城、颐和园（挪用本来用于创建帝国海军的款项建成的）。① 个别活动则是组织参观在康熙年间由耶稣会神父们创建的古观象台、前门的丝绸店、烤鸭店、清真羊肉餐馆、隆福寺、京剧戏园（日本客人尤为喜好）、王府井的莫里循图书馆以及其他名胜古迹。参观令客人们心花怒放。这座古都令人感兴趣的地方在在皆是，不论游客喜好如何，都令他们在游览时毫无倦意。

在此，著者仅介绍一次盛大宴会，应邀者皆可称之为北京外交界之精英。宴会后的舞会上，至少有 12 个国家的来宾互结舞伴尽情欢乐，这或

---

① 此处所说参观各处，恐作者记忆有误，如据所见文献，清末在北京并未建立博物馆。民国初年曾在国子监成立国立历史博物馆筹备处，这里所指"帝国艺术博物馆"可能系作者记忆之误，疑指国子监。——译者注

许可以说是首次东方和西方的真正交融。与会者彼此平等相待，欢宴一堂。身着艳丽民族服装的中国和日本的东方女士，与西装革履的西方男性朋友结伴，而众多出洋受教于西方诸国的中国男士，则身着色彩斑斓的丝织长袍大方地和美丽的西方女士结伴，在最现代乐曲的伴奏下，翩翩起舞。这支中国乐队曾由时任职于海关代理总税务司的罗伯特·布雷顿爵士（Sir Robert Bredon，汉名裴式楷）训练。这是一次令人难忘的活动，它为在良好气氛中开展国际交往开了先例，这种方式此后延续了许多年。

宴会颇不寻常之处在于典型的中国菜肴，如燕窝汤、山东酱鸡片、豆腐配以5种蔬菜、肉皮冻等，它们和标准的欧洲美食，如烤鸡和油炸土豆片、红烧鲑鱼、黄瓜色拉、冰淇淋等交替上场。用餐则完全按欧式风格，使用的标准餐盘和刀叉均印有外务部的徽记。宴会主席位置由大学士那桐入座，因为他是举办奉天会议的决策人，其他代表则按照英文字母次序就座。这次宴会，外交官员们的座位在医学界人士之后。

对于此前从未来过东方的代表来说，目睹这坐落在满植百年古老松柏的宽阔庭院里的美丽宫殿和其中的艺术陈设，他们心中燃起了极大的热情。他们一定会感到，尽管中国在近代科学方面是落后了，但它的艺术、文化和美食在地球上确是举世无双的。这些来到首都的兴趣盎然的外国客人，是那些倾慕中国古老文化和中国民众生活方式的后继来访者的先驱。

附 奉天万国鼠疫会议（1911年4月3日）代表名录：

美国

斯特朗（R. P. Strong）

热带病学教授，马尼拉科学署生物实验室主任。

奥斯卡·蒂格（Oscar Teague）

马尼拉科学署生物实验室助理。

奥匈帝国

尤金·沃雷尔（Eugene Worell）

奥匈帝国海军医师。

法国

布罗凯（C. Broquet）

法国陆军医生，前印度支那巴斯德研究所主任助理上尉。

德国

埃里切·马丁尼（Erich Martini）

德意志帝国海军首席医师，隶属于内务部。

英国

雷金纳德·法勒（Reginald Farrar）

伦敦地方政府巡视员。

皮特里（G. F. Petrie）

利斯特预防医学研究所，印度1905—1907鼠疫研究委员会成员，东英格兰鼠疫调查团主管细菌学家。

道格拉斯·格雷（G. Douglas Gray）

英国驻北京公使馆医师。

意大利

吉诺·加莱奥蒂（Gino Galeotti）

意大利皇家那不勒斯大学实验病理学教授。

迪·久拉（di Giura）

意大利海军医师，意大利驻北京公使馆医师。

埃内斯塔·西尼奥雷利（Ernesto Signorelli）

意大利皇家那不勒斯大学实验病理学实验室助理。

日本

北里柴三郎（S. kitasato）

英国皇家学会会员，东京帝国传染病研究院院长，普鲁士皇家教授。

藤浪鉴（Akira Fujinami）

京都帝国大学传染病病理解剖学教授。

柴山五郎（G. Shibayama）

东京帝国传染病研究所临床医学部主任。

宇山道作（M. uyama）

日本陆军首席医师。

下濑谦太郎（K. Shimose）

日本陆军医师，日本驻北京公使馆医师，中佐。

墨西哥

冈萨雷斯·法贝拉（O. Gonzales Fabela）

国立医学院细菌学教授，墨西哥最高卫生委员会和病理研究所细菌学家。

荷兰

赫韦斯（F. H. Hehewerth）

荷属印度（印度尼西亚）陆军医师，上尉。

俄国

扎博洛特内（D. Zabolotny）

圣彼得堡医学研究所细菌学教授，圣彼得堡帝国实验医学研究所梅毒实验室主任，俄国调查中国鼠疫委员会主任。

兹拉塔格罗夫（S. T. Zlatogoroff）

圣彼得堡医学研究所细菌实验室主任助理，俄国调查中国鼠疫委员会成员。

库列查（Koulecha）

圣彼得堡圣玛丽－马德琳市立医院示教解剖员。

帕得列夫斯基（L. Padlevski）

莫斯科帝国大学病理学研究所助理，细菌学研究所主任助理。

玛丽·索拉吉维斯卡雅（Marie Ssouragewskaya）

圣彼得堡血清诊断研究所助理。

安娜·特乔厄林娜（Anna Tchourlina）

圣彼得堡高等女子医学校细菌学与卫生学实验室助理。

中国

伍连德（Wu lien-Teh）

文学硕士，医学博士（剑桥），哈尔滨防疫局总医官，天津陆军军医学堂帮办。

全绍清（Ch'uan Shao-Ching）

四品官员，天津北洋医学堂医学治疗学和法医学教授。

方擎（Fang Chin）

医学博士（中国），天津北洋陆军军医学堂细菌学教授。

王恩绍（Wang Y. S.）

卫生医院主管医师，奉天防疫局会办。

希尔（R. A. P. Hill）

医学学士（剑桥），公共卫生学博士（伦敦），北京协和医学院讲师。

格雷厄姆·阿斯普兰（W. H. Graham Aspland）

医学博士，英国皇家外科医师学会会员，北京协和医学院讲师。

杜格尔·克里斯蒂（Dugald Christie，司督阁）

英国皇家内科医师学会会员，英国皇家外科医师学会会员，奉天施医院院长，东三省政府医学顾问。

阿瑟·斯坦利（Arthur Stanley）

医学博士（伦敦），公共卫生学博士，上海工部局卫生官员。

保罗·B. 哈夫金（Paul B. Haffkine）

哈尔滨俄国鼠疫医院院长。

　　他请博士留在北京，并任命他担任卫生部门主管，负责管理全国的卫生和医院事务。但是，即使在那个时期，伍博士的兴趣所在是推进科学化的医学和研究，而不是官场的升迁，于是礼貌地婉拒了王爷的抬举，表白自己宁愿继续满洲的防控鼠疫工作。

第3章

肺鼠疫研究基础

朝廷觐见与新的任命

　　1911 年 5 月初，在北京为向万国鼠疫研究会的代表们表示敬意而举行的各种庆典和招待会结束后不久，伍博士受到为年仅 7 岁的少年宣统皇帝代理政务的醇亲王①特别召见。为适应这次格外恩宠的高规格召见，前一天伍博士被特别授予中国军队相当于少校的军衔（蓝色顶戴），并凭此资格第一次跪拜于紫禁城内御座前，回答摄政王殿下之几番垂询，承蒙殿下嘉奖与勉励。在本书的另外篇章中，作者将对此次召见和其他宫廷礼仪作

---

　　① 指载沣。他于 1891 年 1 月袭爵，为第二代醇亲王。1901 年，他曾带领一个外交使团去柏林为德国公使在义和团事件中被杀一事道歉。1908 年初被擢升大学士，同年任摄政王摄政。他是 1908 年至 1912 年中国的实际统治者。然而他未能顺应改变中的政治态势和协调不同政治势力集团的利益争夺，1911 年 10 月的共和派的武装起义使清王朝走向覆灭，这位摄政王隐居天津。——作者原注

更多叙述。

　　会议代表各自离京以后，伍博士受东三省总督锡良和外务部右丞施大人的联名推荐，被任命为外务部的医官，以便他能与北京最高官方直接接洽。某日，施大人亲自引领他前往晋见时任民政大臣、监管国家医药卫生事务的肃亲王。王爷当时圣眷甚隆，他的支持相当重要。一般而言，这位王爷的视界极为开阔，在当时满洲亲贵中，或许可以说是最有教养的，他还密切关注着当代世界情势。后来，命运驱使他竟挽救了当年狂热反清的年轻革命党人汪精卫①的性命。肃亲

清政府授予协参领军衔后留影

王显然器重伍博士的人品。他请博士留在北京，并任命他担任卫生部门主管，负责管理全国的卫生和医院事务。但是，即使在那个时期，伍博士的兴趣所在是推进科学化的医学和研究，而不是官场的升迁，于是礼貌地婉拒了王爷的抬举，表白自己宁愿继续满洲的防控鼠疫工作。

　　通过陆军部和外务部的妥善安排，保留了伍博士陆军军医学堂帮办的职务，而且他被正式安排调往从事防治鼠疫的专门工作，并继续收到每月 300 两银子（约等于 45 英镑）的常例薪水。他在天津家中小住数日后，于 1911 年 5 月的第二周，由军医学堂的新毕业生曾普（Tseng Pu）医师陪同乘车前往哈尔滨。而以前的助手林家瑞则留在天津继续完

---

　　① 生于 1884 年，卒于 1944 年，原为革命领袖和国民党左翼分子。深受中华民国缔造者孙中山的信任并起草了孙的遗嘱。1929 年被国民党放逐。中日战争时期，1939 年与日本人谈判单独媾和，并堕落为南京伪国民政府的主席。最后死于日本。——作者原注

成他的学业。

到达哈尔滨后，伍博士被海因斯·沃森邀请住在他那临近主要办公室的官邸中，那里离总火车站近在咫尺。沃森是英国人，当时任职于中国海关分支机构——哈尔滨海关税务司。沃森先生是单身，又是海关总税务司弗朗西斯·安格联爵士（Sir Francis Aglen）的密友，在爵士婚礼中他曾为男傧相。他与伍博士相处时，曾花费很多时间商讨有关建立拟议中的北满防疫事务管理处的途径和方法，而这个机构的常年经费要从该地区海关税项下拨付。沃森为人老练而务实，对中国的现代化需求和渴望深表同感。因此，在3天之内，他和伍博士便完成了一份包含详细预算的备忘录。该预算总计关银60 000两（约相当于90 000万银元或78 000卢布），总医院建于哈尔滨，分院设于满洲里、拉哈苏苏［今黑龙江省同江市］、三姓［今黑龙江省依兰市］和大黑河。这个方案首先须呈交外务部，并经北京外交使团批准。因为在1901年义和团事件赔款时间内，从中国海关税收中的任何拨款必须事先获得其同意。

呈文完成后，伍博士此时得以空闲，用来审视满洲全面的鼠疫态势，并草拟了详细规划，以逐步扩大防疫处的规模，以及在未来几年中系统研究有关鼠疫的问题。他考虑到以下诸项：

1. 探寻中国和其他地方以前暴发的肺鼠疫。

2. 进一步调查天然或人工生境中的蒙古旱獭和相关的旱獭对鼠疫和其他疾病的易感性。了解它们是否像家鼠一样，也罹患地方性鼠疫。倘若如此，这些疾病如何传播？肺鼠疫是否为其种群中常见的疾病？如有必要，则计划与俄国同行合作进行野外调查。

3. 鼠疫的发源地在何处？是否在云南（如辛普森所言），或是北部纬度更高的地区？

4. 假如发生另一次肺鼠疫大暴发，应定点对该种疾病做更细致的研究，如果可能，须通过尸体剖检和组织学检查，查明在缺乏卫生措施和毫无组织的地区暴发的鼠疫自行消退的原因。

5. 通过实验和病理学研究，设法进一步探明鼠疫杆菌进入人体的方式和扩散方式等有争议的肺鼠疫问题。

6. 对各种类型的旱獭进行含鼠疫病原菌的气雾剂吸入实验，查明它们对肺鼠疫的易感性如何。如果在野外发现了野生的患病或死亡的蒙古旱獭，则需查明它们是否为肺部疾病所致，在这种情况下，是否能由一只旱獭传染给另一只而蔓延？气候，特别是冬眠期间是否影响传染？

7. 是否可能制造出一种比哈夫金所采用的疫苗更纯净、更有效的抗鼠疫疫苗，这特别是鉴于该疫苗抗肺鼠疫相当不成功。

8. 建造一座专门收治肺鼠疫病人的模范病房，避免其中工作人员的意外感染。

9. 在满洲的其他地方，如内蒙和南满调查鼠疫，以便发现是否还存在其他地方性疫源地。

10. 引用法律和法规保护蒙古旱獭皮毛贸易中的猎人和皮毛商人。

11. 搜集数据，准备编写关于肺鼠疫的专著。

12. 筹建哈尔滨的鼠疫博物馆和图书馆，这些设施专门收藏有关肺炎变异类型，陈列满洲和其他地方的野生啮齿动物的标本；收藏鼠疫死者的器官、改进的捕获旱獭的装置、防护用具、书籍杂志以及相关文献，甚至可圈养活体蒙古旱獭，以供研究其自然环境中的习性。

1911 年 5 月初，伍博士独自乘火车前往满洲里，于 5 月 6 日到达。这个古老国家最西北的角落，有居民 6 500 人（5 000 名俄国人，1 500 名中国人），还有 4 000 名俄国士兵。小城坐落在海拔 2 000 多英尺的高原上，空气干燥而清新。此时正值当地的早春时节，使人回想起多年前在瑞士避暑胜地卢塞恩和因特拉肯。在那里，他首次品尝到瑞士的蛋糕卷和醇厚而新鲜的奶油，饮用着掺有鲜美山地牛奶的咖啡。如今在满洲里，却享用着略带甜味的俄罗斯黑面包、绝佳的奶油，以及不限量并随意添加西伯利亚热牛奶的咖啡精。眼前同样是高海拔的稀薄空气，当然没有那在列车上服务的温柔瑞士女郎。在这里只有衣衫不整的俄国农妇和剽悍的山东移民男子，他们似乎相安无事且时有互不伤害的通婚。

伍博士在这个安静的边境小镇停留了3天，他亲自询问了猎取旱獭的情形，同时收集了为该季度末进行科学考察所需要的信息。他访问了那些脏乱不堪的地窨子客栈，将那里与室内长度相等的通长大炕拍摄下照片，猎人们白天在大炕上吃饭和消遣，晚上则在此睡觉。这些信息作为《东三省防疫事务管理处报告大全书》第1册的一部分，发表在1913年10月出版的《英国卫生学杂志》（*British Journal of Hygiene*）上。

不久之后，伍博士奉召赴北京，事关建立防疫处的拨款问题。此时风闻外贝加尔地区的沙拉森内附近有大量蒙古旱獭死亡，中国政府十分担

满洲里的一些客栈，右侧可见一所地窨子客栈之入口（左）；满洲里一所地窨子客栈，图示下层铺位，必须卧在上层铺位上方能拍摄此照片（右）

心，不知已采取的全部对策是否足以抵御动物中的疫情传播到人群中。在满洲的中国当局已拨款在主要居民点建立鼠疫防治医院，并指示伍博士为这些医院配备资历相当的医务官。无论是总督本人，或他在全满洲的下属，无不怀着极大的兴趣关注着拟议中的科学考察。

中俄联合考察

7月15日伍博士到达哈尔滨后，即前往拜访了扎博洛特内教授。当时他正在城里一个俄国实验室里研究某些有关鼠疫的问题，在向伍博士展示了他的标本后，告知了他最新获得的结果。扎博洛特内教授还邀请他的中国同行一起乘坐由俄属东清铁路提供的专车前往满洲里，伍博士当然非常高兴地接受了邀请。这是历史上第一次中俄两国科学家的联合考察。扎博洛特内教授由他的一位女同事楚里林娜和伊萨耶夫两位医师陪伴，跟随伍博士的是医学学士陈祀邦和医师曾普二人。

7月21日，一行到达满洲里。中国人决定在此设点作为考察基地，俄国人则在国境线那边距此处121俄里［1俄里约等于1.067千米］的博尔贾（Boraja）设立他们的总部。在满洲里，中国人另有自己的宿舍和包括实验室和实验动物养殖场的工作场所。7月22日，伍博士和陈医师一同乘车到博尔贾，并和俄国同事在车厢里相处了整整一周。其间，他们访问了奇堂斯克（Tschintansk）、阿拉布尔斯克（Alabulsk）和邻近的西伯利亚乡村，中俄科学家同吃同住，亲密无间地在一起工作。在此期间，他们并未发现患病或死亡的蒙古旱獭。

7月29日，中国人回到了他们在满洲里的基地，而扎博洛特内教授和

1911 年 7 月 22 日至 29 日，中俄联合考察队在博尔贾（西伯利亚），图中
是供考察队使用的两节火车车厢（左）；在满洲里测量旱獭的肛温（右）

他的女助手则乘火车去圣彼得堡，留下伊萨耶夫一人在基地。因为下雨，
这群中国人直到 8 月 6 日都无法继续调查，于是伍、陈和曾 3 人乘坐双驾
马车启程前往蒙古，途中有 10 名骑马侍卫在一名军士带领下随行。8 月 7
日，他们到达查尔巴达（Charbada），在此休整了 2 天。8 月 9 日，一行到
达克尔罗尼（Kerloni），并在该地过夜。由于前面已无路可行，便返回满
洲里，然后继续朝西南方，沿着宽阔却水浅的克鲁伦河前行。克鲁伦河通
过呼伦湖后称为额尔古纳河，再向前就是著名的黑龙江了。这支队伍然后
向南，通过东部的嵯岗，再行 2 日到达呼伦湖。队员们在此处昼夜遭受到
巨蚊的袭扰，这种蚊子似乎是伊蚊（*stegomyia*）的变种。8 月 11 日，他们
在克尔罗尼宿营，这里是蒙古族人在河边的聚居地。

这一行人原定经由达赉湖（呼伦湖）前往西伯利亚的阿巴尕推
（Abagaitui）探访，但向导认为不可能，因为那将要穿越一个没有水的山
区，于是决定返回满洲里，并于 8 月 14 日回到满洲里。从此日至 25 日，
他们住在帐篷里，白天做实验，晚上则宿于空气清爽干净的空地上。后来
当傍晚凉意渐浓时，便决定撤离营地离开满洲里。他们于 9 月 30 日启程

离开。这次科学考察的经历十分激动人心，虽然关于鼠疫的观点尚难确认，考察结果多少有些否定，但获得了不少极有价值的信息，并被汇入了以后的研究报告中。

在此期间的观察结果可总结如下：

1. 在 1910 年以前的 5 年里，偶有鼠疫病例；1905 年，在扎赉诺尔有 14 例腺鼠疫，在满洲里有 4 例腺鼠疫；1906 年，在阿巴尕推有 15 例肺鼠疫，满洲里有 2 例肺鼠疫；1907 年，满洲里有一例从外贝加尔地区传入的腺鼠疫；1908 年，在边境线上蒙古人群里有一些肺鼠疫病例；1909 年无。然后是 1910 年的大流行。1911 年秋天，外贝加尔地区的沙拉森内共发现 5 例腺鼠疫病人。

2. 1911 年秋天，中俄两国科学家曾仔细搜索过患病的或死亡的蒙古旱獭，但一无所获。

3. 1911 年，两国政府颁布命令禁止猎取蒙古旱獭——中国在 2 月，俄国在 8 月公布。

4. 对满洲里的小客栈曾进行了系统的调查，特别是其结构、容积、不同气候条件下的室内温度和室内湿度等。

5. 辑录了满洲里动物皮毛贸易的统计数字。收集的原皮主要采自狐狸、山羊、紫貂、绵羊、松鼠和蒙古旱獭，后者［旱獭原皮］的产量在 1908 年为210 224张，1909 年为19 181张，1910 年为242 458张，1911 年为10 673张，1912 年为55 196张。数百万张原皮竟避开中国海关的检查，通过马兹耶夫斯卡雅口岸，沿着陆路交通线直运欧洲。

6. 扎博洛特内教授依据用鼠疫杆菌哈尔滨菌株进行的实验结果，作出如下结论：毛驴和狗易感，但不会死亡；猪可受感染而且死亡。鸟类有免疫力，而常用的实验动物极易感染并死亡。用 18 只猴子做实验，只有 2

105

只注射过大剂量抗鼠疫血清者存活。

7. 伍博士曾观察过一只蒙古旱獭的器官。它于 1911 年 6 月 11 日被伊萨耶夫医师在田野中捕捉到，捕获后很快死亡。其脾脏和淋巴结可见明显的鼠疫病症，并且肺脏出血。将来自这些器官的标本经培养后，成功地引起另一只健康旱獭感染腺炎性鼠疫。

8. 实地观察了在满洲里捕捉的蒙古旱獭，得出以下几点结果：

（1）身体结实，四肢短小。

（2）尾巴蓬松、较短，约为身长之半。

（3）头阔而短，无颊囊。

（4）眼大而圆。

（5）耳小，略呈圆形。

（6）5 个脚趾中，第一趾退化，仅存扁平的趾甲；其余四趾均有长而尖锐之爪。

（7）成年个体身长，除去尾巴约为 15～18 英寸。

（8）成年个体体重约为 9～12 磅 [1 磅约等于 0.454 千克]。

（9）体毛长度中等，但质地纤细。毛色因一年中不同季节而变。春天为浅灰棕色，晚秋则为红棕色。从 10 月至次年 4 月冬眠，几乎沉睡不醒，穴外温度在零下 30 摄氏度至零下 40 摄氏度之间变化。

9. 蒙古旱獭身上采集到两种吸血的节肢动物。一种是角叶蚤类，学名为 Ceratophyllus silantievi；还有一种是扁虱，学名为扇头蜱（Rhipicephalus）。前者可叮咬人。当宿主被捕捉时该寄生虫数量很多，但随着时间延长，随后便会离去。

10. 曾对 27 只蒙古旱獭中早晚各测量其肛温，清晨最高，体温为 99.6 华氏度至 102.2 华氏度；晚上最低，为 95 华氏度至 100.1 华氏度。

11. 有 4 个旱獭穴一端与另一穴相通，对其冬眠处所专门进行了考察。其中之一于 1911 年 3 月被掘开，捕获的动物被送往当年 4 月在奉天举行的万国鼠疫研究会。当时大地封冻深度超过 6 英尺，而旱獭仍在冬眠。

以上述观察结果为基础写成了《旱獭（蒙古旱獭）与鼠疫关系之调查》的长篇论文。伍博士于 1911 年 8 月在伦敦举行的国际医学会议上宣读了此论文，并发表在 1913 年伦敦出版的《柳叶刀》杂志上。

旱獭及 1911 年 3 月(冬季)掘开的旱獭洞穴（一部分已回填）

1914 年底，美国密苏里大学兽医系毕业的弗兰克·赫什伯格博士（Dr. Frank C. Hershberger）被黑龙江省政府雇用为兽医，以协助东三省防疫事务总处研究在牛马群中流行的一种特殊瘟疫。在西伯利亚，俄国人长期以来称此疾病为"西伯利亚瘟病"，而中国人将其简称为"马瘟"。通过对受感染动物的尸体剖检观察和细菌学检验，迅即查明此种马瘟系炭疽病，该病能大规模流行，甚至能由于不慎触摸动物而感染人。在此地区数量极多之大型马蝇，似乎可通过叮咬马匹传播这种疾病。已经能够从美国和俄国实验室得到该病的预防疫苗和马血清，因而一般而言，一旦发现疫情，可有效地控制其暴发。赫什伯格在防疫处工作了两年，对有关北满动物疾病的知识贡献良多。

1914 年冬，来自朝鲜边境之抚松、临江和集安等地城镇的报告称有病死者，中国、日本和俄国当局都予以关注。其症状不像肺鼠疫，但防疫机构派出中国专家前往现场，不久即报告称该传染病为传染性极强的斑疹伤寒（*Typhus exanthematicus*），由体虱为媒介在人与人之间传播。

1916 年 5 月，美国哥伦比亚大学毕业的文学硕士、理科硕士和哲学博士弗雷德里克·埃伯松（Frederick Eberson）被聘为东三省防疫事务总处的细菌学家，并在新建成的设备齐全的实验室中开始他的鼠疫研究。他曾在波士顿担任汉斯·津瑟（Hans Zinsser）教授的助手。埃伯松先生是一位由美国实验室培养的年轻科学家，思想敏锐而机智，天性随和且善与人共事。他善于用简洁的言辞表达甚至是头绪纷繁的思想。他在满洲逗留了一年，与伍博士在奉天和天津临时性野外实验室里共同工作。第二年（1917—1918），埃伯松先生在美国继续从事他的鼠疫调查研究，并获得 1 000 美元的津贴支持其工作。在他晚年成为医学博士后，出版了一本引起广泛兴趣的著作——《好斗的细菌：对人类的挑战》（*Microbes Militant：A Challenge to Man*）。该书分别于 1941 年初版和 1948 年再版。

在奉天进行了最初的实验，部分实验在教会医学堂完成。这些实验是要揭示旱獭接触和咬噬鼠疫死者尸体在感染传播中的作用。此度使用的实验动物是一种奉天城外野地常见的黄鼠，与一般的地松鼠和美国花金鼠不同，经常在坟地地下掘洞。其体形与家鼠大小相符，但这种动物相当凶猛，一旦受到惊扰，便会充分利用它的长且尖的牙齿和锋利的爪。不过这种动物很易捕捉，只要往鼠洞中灌水，在其钻出洞外逃生时即可生擒。小心喂养，它们可以生存很长时间。

第一组实验是吸入实验。在吸入鼠疫杆菌后 3 至 7 日内，12 只实验动物中有 8 只死于典型的肺鼠疫（死亡率 66.7%）。在接触实验中则为 3 只死亡 7 只存活（死亡率 30%）。所有动物暴露于直接或间接感染环境中，有一半死去（死亡率50％）。

第二组实验是后来进行的，为保证更正常的条件，将没有遮掩的笼子作为（动物）接触的场所。仔细的检查已经表明，这些黄鼠身上跳蚤非常少。而根据所引发的鼠疫类型，容易辨认是否出现昆虫导致的传播。

总结实验所得结果，可断然表明，如同人与人之间的传播一样，受鼠疫感染的黄鼠可以轻易地通过呼吸传播鼠疫。那些适合在人群中传播的条件对于这些动物绝对没有区别。密切接触和潮湿的环境似乎适合动物与动物之间的迅速传播。7只黄鼠吸入鼠疫杆菌后，在4至7日内有5只表现为急性肺鼠疫和败血症（71％）。9只与受感染的黄鼠接触的动物，在1~4日内死亡，死亡率为77％。解剖发现死亡动物的病变与在人体，特别是在肺脏内所见相似；未见有腋窝和腹股沟淋巴结受病损的证据；气管和支气管的炎症呈现明显的规律性。细菌学检查证实肺脏和脾脏中存在大量鼠疫杆菌。最令人感兴趣的事实是，在黄鼠中可能存在慢性鼠疫。它们能够身患明显的鼠疫而生存9~12天，并有能力传染其他同类，从流行病学立场上看，这是一个极为重要的事实。

该组实验也证明，黄鼠可以通过咬噬鼠疫动物尸体来传播此病。它们是肉食动物，一旦死亡，其同类即刻将其吃掉。解剖发现饲喂尸体后的动物，其胃部即发生显著改变，黏膜严重发炎。组织切片显示该部位有鼠疫杆菌的广泛浸入。上述这些用黄鼠进行的实验，特别是有关通过接触引起的肺部鼠疫感染，可能是首次报道。这些饲喂实验令人特别感兴趣，因为许多研究者，包括斯特朗先生，以前均否认借此方式传播鼠疫的可能性。

我们的实验结果可以总结如下：

1. 52.6％的黄鼠感染，吸入与接触感染一致，出现肺炎性鼠疫，并在4~6日内死亡。

2. 罹患肺鼠疫的黄鼠在其病程早期具有传染性，而这些被感染的动物发病会有一个短暂的潜伏期。

3. 肺鼠疫可以轻易地传染给黄鼠，而这些感染肺炎性鼠疫的动物，随后又能通过呼吸途径，传播同一类型的鼠疫。

4. 呼吸道感染或直接皮下接种少量培养物即很容易在黄鼠中引发败血性鼠疫。

5. 黄鼠可以通过食道途径罹患鼠疫，并通过咬噬感染鼠疫而病死动物的尸体传播该疾病。在这些病例的受损部分观察到的组织学外观具有特征性。

以上研究结果发表在 1917 年 7 月 19 日出版的《英国卫生学杂志》上。该杂志的编辑纳托尔（G. H. F. Nuttal）教授在该论文加有一则有关从黄鼠身体上收集的体外寄生虫的按语："有单独 1 只跳蚤被罗斯查尔德（N. C. Rothchild）鉴定为角叶蚤属的 *Ceratophyllus famulus*，还有数种扁虱被发现是血蜱属（*Haemaphysalis*），与 1909 年发现的康氏血蜱（*H. koningsbergeri*）极为相似。"

还有 3 篇论文由埃伯松单独署名在不同时间发表，顺便在此一提：

1.《鼠疫的毒素和毒性》（《美国传染病杂志》，1917 年）

2.《论鼠疫蛋白质毒素之本质》（《中华医学杂志》，1917 年）

3.《系统鼠疫感染的主动免疫》（《美国实验医学杂志》，1917 年）

根据这些研究工作可以得出以下结论：

1. 用由鼠疫杆菌取得的蛋白质毒素处理家兔，可在接种鼠疫杆菌的那部分动物中确认全身性的抵抗力。

2. 将全部处理动物之数量均考虑在内，显示受免疫保护的至少达到受处理动物的 75%，如降低攻击细菌之剂量，提供的保护效果明显提高。

3. 同时采用静脉注射和腹膜注射投予蛋白质毒素，似乎比单独使用其中任一种方法更有效，虽然对家兔进行腹膜注射可以产生对常规投予鼠疫杆菌的强大的抵抗力。

4. 在这些实验中明确表现出可能确定的免疫力，至少须在处理后 1 个月。

5. 每隔两三周进行多次注射，会提高用活的强毒性鼠疫病菌接种的动物的抵抗力。

6. 鼠疫杆菌似乎是一种类似于蛋白质毒素的特殊有毒物质的携带者，尽管与蛋白质毒素并非同一物质，但是它能在动物体内诱导产生对微生物的某种专一的抗性，而这种微生物正是被用于制造这种毒物的。

病理学和病理组织学

解剖学和生理学是医科学生关于健康人体的知识基础，而病理学和病理组织学这对姊妹学科，可以被认为是研究病人所必需的。因此，一旦出现比较罕见的肺鼠疫疫情，当然应该对尽可能多的死者进行尸体剖检，如果可能，还应收集各种器官标本，以便进行显微镜下的研究。1910—1911年第一次满洲鼠疫流行时，训练有素的医务工作者甚少，设备齐全的实验室更无从谈起，但那些工作人员竟能尽力收集到许多供后来进行研究的材料，真令人难以想象。

1920—1921 年满洲鼠疫流行时，已有较大的设施，东三省防疫处已经成立 8 年，并在哈尔滨设立了总部。已经建立了一个现代化却并非过于奢华的实验室，受过相当训练的从事预防和研究工作的队伍亦已基本形成。这种改变，我们能够从不断推出成部的著作，以及危机来临时组织起快速而有序的应对等表现中作出评估。

伍博士在剑桥就学的后期，曾师从伍德海德（G. Sims Woodhead）教授学习病理学，随斯特兰奇韦·皮格（Strangeways Pigg）先生学习病理组织学，这两位老师都是当时英国公认的一流学科专家。他们都是热心的师长，对学生循循善诱，但是学生中有些欠教养的人竟用皮格先生欠雅的姓氏开玩笑。虽然皮格先生自己的名字被学生们当做取笑的话题，下嫁给他的迷人的年轻夫人却全不理会。这位夫人给他带来了丰厚的嫁妆，使他得以在大学工作时期敞开家门，接待朋友和那些调皮的学生们。

伍德海德教授毕业于爱丁堡，曾在柏林受业于著名的微尔和（Rudolph Virchow）。伍德海德教授是一位伟大的戒酒倡导者，并在大学生中劝导人们戒绝酒精。伍博士感激他在早年对自己的影响，成了一位坚贞的戒酒宣传家，从大学三年级加入英国戒酒医学联盟后，55 年来坚持不渝。

在肺鼠疫的病理组织学方面有些未解决的问题，在俄国、日本和美国 3 国的学者中观点出现分歧。伍博士首先想到的便是剑桥的老朋友和教授，期待他们能合作解决那些问题。机会不期而至，新创建的中华民国政府特派他前往海牙参加 1913 年的第二次禁毒会议。会议甫毕，伍博士立刻跨过英吉利海峡，乘火车直驱剑桥。在这里，他和伍德海德教授以及纳托尔（时任微生物学"奎克教授"①，同时还编辑《英国卫生学杂志》）共度了一个月。伍德海德和伍博士坦率地交换看法，后来又将带来的几块肺鼠疫器官进行了充分的检查，他们制成了切片，染色后在显微镜下仔细进行了观察。这次合作的成果以题为《某些肺鼠疫病灶组织学检查之笔记》的论文，发表在 1914 年的《英国病理学和细菌学杂志》上。论文正

---

① 剑桥大学以 Quick 命名的高级教授职位。富有的咖啡批发商奎克（Frederick James Quick，1836—1902）死后将大部分财产捐赠给母校用于研究植物和动物的生物学。校方决定设立该职位，捐款主要用于资助研究原生动物学。纳托尔 1906 年成为该职位的第一位人选。——译者注

文后附有 12 页由该实验室的画师所绘之彩图。两位作者扼要指出：

我们的材料取自满洲鼠疫流行期间死于肺鼠疫的病人。开始时，心脏和肝脏的受损部位引起我们注意，认为尤其需要研究，但后来我们决定把拥有的材料全部详加检查。现将检查结果按肺脏、胸腺、心肌、肝脏、脾脏和肾脏次第描述如下。显然，在鼠疫中我们至少要检查两种类型的肺炎，根据详尽的文献研究和供检验的材料，我们深信，甚至这种分型也要加以修订。

在肺部，表面没有纤维蛋白的痕迹，显示纤维性胸膜炎症状，只有一层从它粘连的纤维性组织脱落的，或本来即存在于胸膜表面的内皮细胞……胸膜深层的淋巴管和淋巴间隙膨大并含液体，或含有深棕色或黑色的色素颗粒。血管极度充血……在肺脏深部，肺泡成片萎缩，其特征甚至比在胸膜上表现得更清楚。此处可见大量卡他性色素细胞而血管极度充血。红细胞从充血的血管逸出到萎缩的肺泡间隙……白细胞单独或连同红细胞在肺泡间隙中弥散，但与大叶肺炎中常见之肺充血性肝样化症状不同，未出现淋巴与白细胞或红细胞一起形成特征性的纤维化凝集物。这一病理过程应包含极度充血、组织萎缩、上皮的轻度增生和伴随明显的水肿而发生的变性……大的支气管出现的现象令人感兴趣。被覆上皮几乎无处存留，显然是由于从基底膜快速脱离所致，而基底膜发生肿胀和均质化，呈透明状……支气管上的黏膜因支气管周围肌肉的收缩而发生重叠……而基底膜下的某些部位发生某些轻度的细胞聚集。在支气管的管壁上的淋巴间隙和大型细胞中所含的色素显然通过肺泡而侵入……在支气管周围的淋巴间隙里含有大量蛋清样液体。这种相同的液体由于与支气管邻接的肺泡壁重度增厚而不断增加……

在支气管中，鼠疫杆菌有时会在上皮的表面形成有规则的一层，可见由黏液覆盖且近乎纯培养。通常可在近表处发现它们，但也随处可见，它们似乎能穿过细胞而下达基底膜，而基底膜就成了处于支气管表面和内壁深层结缔组织之间的一道明显壁垒……在肺泡周围的淋巴间隙里也可以见到鼠疫杆菌，显然它们是由细胞负载着，其中有些细胞也含有色素……在肺动脉的较大分支内，有许多坚固的含有许多透明的单核细胞的血栓充斥其中……在血管滋养管亦可见鼠疫杆菌。它们当然在血管里要比在其他地方更多，也许支气管的分泌物以及某些肺泡除外，特别是含有凝固的白蛋白和细胞的肺泡中……在血管中，吞噬细胞，特别是那些单核的，容纳了大量的鼠疫杆菌，但是在萎缩和卡他性部位的肺泡上皮，看来只有少许吸收鼠疫杆菌的能力。

我们检查的支气管腺稍微肿大，充血，但无出血或任何其他急性改变。显微镜下所见改变有某些特征，诸如网状结构和腺样增生的网状组织的肿胀区段存在一定数量的鼠疫杆菌……

在我们处置的心肌片段上，心脏表面的结缔组织轻度水肿，并散见于心脏壁基质的肌纤维间。随处可见液泡和肌肉纤维内部积液的汇集，但未找到脂肪粒或脂肪球……

肝脏最显著的变化似乎表现为慢性静脉充血。极度扩张的中央静脉充满了血液，其中可见凝结成块状的纤维蛋白。成束的肝细胞（肝小叶）的外周部分与中心区变成碎片的肝细胞表现出明显的反差。从照片上看来是急性充血性萎缩而非慢性充血。实质性细胞的空泡化的病理改变在其他急性感染性发热中亦能见到。毛细血管极度扩张，其中充满鼠疫杆菌。

注意到脾脏有急性充血，在浆状组织深红色背景下凸显出马尔比基小体。腺样组织的网状结构凸显，组成网状的索状组织肿胀而使网孔撑大。鼠疫杆菌通常并不多，自然不会像肝脏那样集中在血管内凝块里。最令人感兴趣的特征是，血窦中的许多上皮细胞肿胀形成空泡。鼠疫杆菌显然从大血管的内腔进入柔软肿大的内膜中。血窦的血凝块中可见含有细菌的巨型细胞。

肾脏呈现的是肾小囊与小动脉变厚。马尔比基小体显著增大。肾小球囊内壁的细胞核可清晰染色，并可观察到鼠疫杆菌黏附于内壁表皮上，该处之细胞大多肿胀和成为空泡。肾小球囊内壁的内皮细胞极度扩张，细胞质混浊膨胀，且细胞核染色困难。结缔组织和聚集成丛的肾小球中空泡化显著。

一般性评述

这些标本的组织学考察结果看来令人特别感兴趣，因为它提供了存在特急性败血症病征的证据。姑以肺脏而论，其损伤远较预料轻微，而肺炎是该病主要或首要的因素。显然该种肺炎属于小叶型，而且与肺炎双球菌（*Diplococcus pneumoniae*）所致之肺炎在实质上区别甚大。肺脏组织的大部分发生水肿，且表现出某种急性支气管炎，这很可能是由大量鼠疫杆菌造成的。与其同时出现的还有萎缩型和卡他型肺炎，随后鼠疫杆菌进入淋巴结，以至于肺泡壁上之毛细血管，从而发生败血症的病情。所获得的由上呼吸道——扁桃体和咽等进入的大量感染性物质，对确定败血症的特征具有首要意义，我们确认了由肺部感染导致的败血症或菌血症。居住在通风很差，为抵御严寒又密闭门窗，且生火取暖的房屋中的病人，实际上生活在极为适宜培育高危传染病病菌的保温箱中。在这样的环境中，败血症便迅速发展，尽管有一定比例的病例最初感染的部位可能是肺，但后期出现浊音区、啰音区、水肿、痰液中有大量鼠疫杆菌等后期症状，似乎表明在相当比例的经过临床检查的病人中，出现继发性肺炎……虽然鼠疫杆菌可能在不同的部位繁殖，然而病人死后或濒临死亡时在血管中繁殖特别旺盛，正如通过对损伤部位观察所指出的那样，有证据表明，当病人尚存活时，必然有细菌大量增殖，从而产生此类毒性败血症。

1920—1921 年满洲第二次肺鼠疫大流行，给中国科学家提供了诸多机会，得以扩充我们关于这一颇为神秘而致命的瘟疫的知识。在此之前，蔡尔兹（Childs）和阿尔布雷克特（Albrecht）与岗（Ghon）分别根据 20 具和 3 具肺鼠疫病例发表的尸检所见，是在印度连续的腺鼠疫流行中所遇孤立的例证。直到 1910—1911 年的满洲鼠疫流行时，才对纯粹的肺鼠疫病例进行全面研究。如第 2 章所述，有斯特朗和蒂格在奉天进行过 25 例系统解剖、藤浪在奉天解剖了 29 具（包括 3 具动物的）尸体，而库列查报道在哈尔滨完成过 28 具尸体解剖。满洲经过 10 年无鼠疫之间歇后，第二次鼠疫流行于 1920 年 10 月在海拉尔开始，至 1921 年 5 月在哈尔滨结束，不过在更东部，如海参崴（东距哈尔滨 488 英里）最后 1 例报告于 1921 年 10 月末。此次，我们的中国医务人员与两位俄国同仁一起，在海拉尔（西距哈尔滨 467 英里）解剖了 16 具尸体。在哈尔滨，幸有先进设备，我们得以连续完成 43 例寻得之尸体解剖，其中有 34 具经证实为肺炎病例，其他 9 具乃鼠疫流行期间收容进传染病医院者，或自街道收集之尸体。检验后，许多器官标本保存在凯瑟林防腐液（Kaiserling Solution）中，并被分送至欧洲、美国和日本的有关机构。

叙述到此，论及隆冬季节鼠疫病例尸体剖检之某些技术要点或许不无用处。待检尸体由两位仆役以木制担架抬入。室内仅 4 人：3 名医师和 1 名助手。除佩戴经改进的双尾棉纱口罩外，还戴着护目镜，然而从寒冷处入内时，护目镜之玻片上常有冷凝水而甚不方便，故有时弃之不用。除全副常用装备外，另着高腰靴。除主刀者在橡胶手套上另覆以长的厚手套外，其他人均戴中型橡胶手套。戴好第一副手套后，将工作服的袖口依手腕扎紧，再戴上长手套，恰当地紧系于前臂，如此而使手指及腕际受到双重保护。为尽量避免意外，仅一人操刀，并取出器官，其他人则提供手术盘、溶液，涂布培养皿和培养细菌。解剖完成后，尸体用事先被浓甲酚浸泡过的大块布包裹，并将颈部、胸部、双臂、骨盆部位绑定。最后置于担架上，运往医院内特备之焚尸坑中焚化成骨灰。所有的工具、手套、手术盘等均由解剖室之仆役装入一个大桶中，并将其煮沸消毒。

尸体剖检的分类

1920—1921 年在哈尔滨检验的 34 具尸体中，19 具有明显的肺炎和胸膜炎症状，5 具有轻度肺炎但无胸膜炎，而第 3 组的 9 具尸体则未见肺炎。最后 1 具非常特殊，系来自死于鼠疫的母亲腹中的足月胎儿。34 具尸体可作如下归类：

A 组：出现大面积肺炎和胸膜炎症状者 19 具；

B 组：轻度肺炎但无胸膜炎者 5 具；

C 组：既无肺炎亦无胸膜炎者 9 具；

D 组：特例，待产胎儿 1 具。

除 1 例外，每具尸体的病历均无法得到，例外者为收拾于街道之 25 岁的男性无名尸体（PM39），此前他被作为疑似鼠疫病例收进医院。他不咳嗽亦无痰，仅高热和脉搏微弱。死后不久即行尸体剖检，表明其一般的变化与 C 组相同，只是其气管取样涂片中有更多鼠疫杆菌。肉眼检查的结

117

果得出的结论是：除确认的肺炎病例在呼吸道中多少有明显的病变外，有不少病例其肺部并无肺炎所特有的炎症改变，在其咽、喉和气管处亦仅有轻微反应。换言之，尽管鼠疫杆菌进入 C 组病人体内的途径与 A、B 组同为呼吸道，并最终导致鼠疫败血症，但在 34 个病例中至少有 9 个（26.5%）未见明显的肺部受损。因此，笼统地用"肺炎鼠疫（Pneumonic Plague）"或"鼠疫肺炎（Plague Pneumonia）"这样的名词来表示此类传染病并不确切，应该用肺鼠疫（Pulmonary Plague）这一术语取代之，以包容这种疾病的全部特征。

在流行极盛时期，由伴有传染性的咳嗽和痰液的肺炎鼠疫转化为无咳嗽和无传染性飞沫的严格意义上的肺鼠疫，可能是由于鼠疫杆菌毒性的增强，从而造成疫情的停止以至结束。因为主要的传播手段，即传染性极强的飞沫不存在了。由此亦可解释为何在1910—1911 年 和 1920—1921 年两次流行中，某些并无卫生人员救援的偏远地区疫情突然暴发，又突然自行消失的情况。这个理论不可思议却言之成理。1925 年 5 月 4 日在华盛顿举行的美国和加拿大第18 次医学年会上，伍博

伍连德博士在建成于 1920 年的哈尔滨新实验室中，内有蒸汽供暖设备和由自流井提供的自来水。在此工作，冬夏皆宜。

士投送了一篇陈述此理论的论文——《野生啮齿动物和人类中肺部之鼠疫病损的意义》。

1921 年，伍博士与京都帝国大学病理学系系主任藤浪鉴教授合作，继续研究当年收集到的鼠疫病损器官，并以《1921 年满洲鼠疫流行期间的病理组织学研究》为题，附以 5 幅彩色图片和 7 张显微照片发表。论文报告了在以下器官中的发现：咽喉、气管、支气管、扁桃体、悬雍垂和舌头、食道和胃、子宫、卵巢和输卵管、睾丸、胎盘和脐带、大脑、胰腺、肾上腺、胸腺、肾脏、心脏、脾脏、肝脏、肺脏、细支气管和胸膜，以及各种淋巴结（肠系膜、宫颈和支气管等部位的）。

他们总结的结论如下：肺炎鼠疫造成的最重要的组织改变出现在支气管的淋巴结附近。这些组织改变和在肺炎病变部位鼠疫杆菌的大量增加一起，乃是肺炎鼠疫之特征。鼠疫杆菌不仅存在于肺泡中，而且存在于组织间隙中，特别是存在于淋巴管、支气管、血管和胸膜下层邻近的空间。在这些淋巴管中，鼠疫杆菌通常可呈最密集的团块……看来淋巴管为鼠疫杆菌的增殖提供了最适宜的培养基，同时又作为便利的通道使鼠疫杆菌得以继续进入组织的其他部位。对肺部的检查表明，支气管周围的肺泡内滋生出小面积肺炎鼠疫。鼠疫杆菌在支气管周围和淋巴管周围，以及它们的间隙处繁殖，是小叶肺炎感染的最重要的原因。支气管周围和支气管肺炎部位在扩展过程彼此连接，于是扩散而浸润遍及肺之大部……肠系膜、子宫颈和支气管等部位的淋巴结的研究表明，它们是持续感染最严重的部位。扁桃体仅受轻微感染，发现仅少量鼠疫杆菌聚积，且主要是存在于表面。我们的研究确定无疑地表明，致病因子直接被吸进呼吸道而导致肺部的明显病变，并非某些俄国和美国观察者所深信的通过扁桃体发生的继发性病变。还注意到，取自被鼠疫感染的母亲腹中的胎儿的若干器官，尸检时并未发现明显的组织学改变，虽然尸检后可以由其中得到鼠疫杆菌。这也许是因为没有足够的时间发展病理改变。

蒙古旱獭：一种天然鼠疫的历史调查

蒙古旱獭，或称"塔尔巴干"，似乎从古至今当地猎人早已知晓。马可波罗在他的游记中曾提及这种动物："鞑靼人完全靠肉和奶，以及某种小动物为生，这种动物颇像兔子，我们的百姓称它为'法老之鼠'，在夏季，可以发现它们大量生活在草原上。"

1718—1722 年曾在这里旅行过的贝尔（Bell，1691—1780）和同时期的一位耶稣会神父杜哈德（du Halde）都留下了对这种动物的描述。前者写道："色楞格河附近的这些群山里，有一种数量极多的动物，叫做旱獭，体色棕灰，四肢如獾，大小亦相仿。它们在山坡掘出深洞，据说在冬天它们长时间藏在洞中甚至不进食。然而在这个季节，它们坐卧于洞边，保持高度警觉，危险临近时，便立起后腿，发出尖叫并立刻逃回洞中。"杜哈德也有过相似的描述，并提及这种动物大量被捕捉。〔《中国史》（*History of China*）第 4 卷第 30 页〕

外贝加尔地区和蒙古当地居民习惯地将旱獭当做瘟疫根源。他们深信，从远古时代起，就有一种神秘的疾病存在于这些动物中，以季节性暴发为特征，还认为如果人类扰乱了它们的宁静，它们就会将这种疾病传给人类。但是任何可以获得的证据都仅仅是传言，并未对该病进行过刻意调查。1910—1911 年的瘟疫流行后不久，有位俄国医师发现了一些生病的蒙古旱獭，但是他的信息并不能明确到足以给出确定的结论。中国防疫处的职员们不得不等待了 10 年，才得到合适机会访问西伯利亚，终于在这些蒙古旱獭中追溯到鼠疫的起源。同时，他们还抓住时机，设法通过逐步追踪研究其自然栖息地、形态学、野生和笼养条件下体表栖息的寄生虫，获得了更多的知识，特别是在实验室里研究了它们对鼠疫的易感性。这些科学家对健康的蒙古旱獭个体及其生存方

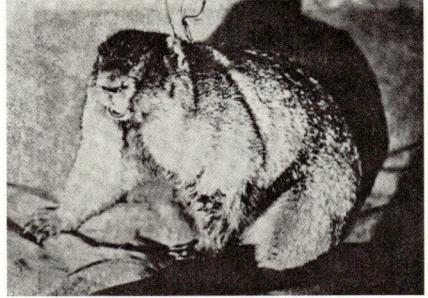

蒙古旱獭，鼠疫宿主动物（摄于北满）

式得以充分了解。他们发现一种特别的跳蚤能叮咬人类、豚鼠和其他啮齿动物。还进一步查明，旱獭对于鼠疫具有易感性，不仅通过一般在老鼠中常见之由皮肤和皮下途径感染，还能在居住场所，如同人类在居室中发生肺炎鼠疫一样发生疾病，也会发热、咳嗽、咳出带血痰液并突然死亡。

中国医师掌握了这一事实，得以继续揭示有关肺炎鼠疫的许多问题，并且确认在这种疾病中，肺直接经由下呼吸道受到感染，并非前人所见之鼠疫杆菌先由咽部进入，通过血流继发性达到肺部。1923 年，早已准备就绪的研究小组，终于有机会在哈尔滨的实验室中对自然感染的蒙古旱獭进行研究了。刚接获消息不久，一支防疫工作者小队即被派往外贝加尔地区，而那里的俄国同行合作者亦已整装待发。这种联合行动很快便查明，西伯利亚地区旱獭所分布的某些地区确曾暴发疫情。除了来自野外寻得之患病或死去个体的器官得到的培养物以外，这些科学家还进行了综合性的组织学检查，充分证实在旱獭中存在天然鼠疫的看法。包括伍博士、关任民和伯力士（R. Pollitzer）在内的中国考察队，以及由苏克涅夫博士（Dr. Sukneff，一位敏锐、友好、经验丰富的野外工作者）带领的俄国工作

者功不可没，理应载入史册。调查地点是一个名叫索克图（Soktui）的村庄，该处离俄国铁路线 15 英里，离中国边陲小镇满洲里 30 英里。时间段是 1923 年 6 月 6 日到 23 日。

吸入实验

1922—1923 年冬，在哈尔滨实验室中继续进行吸入实验。令 6 只冬眠中的蒙古旱獭吸入浓度次第增加的鼠疫杆菌气雾，然后将其置于无供暖的室内，其中有 3 只正处于完全冬眠状态。无论是禁锢在封闭的箱子中或捆扎在木板上，喷雾的效果相同。第 1 只醒后，连续 37 天发热后死亡，尸检表明肺部呈现慢性鼠疫的所有症状：结节状脓肿，脾脏肿大，肝部白斑并多处出血，气管内有带脓痰液；另有 3 只分别在吸入鼠疫杆菌 59 天、21 天和 41 天后在持续冬眠中死亡，器官分泌物的涂片和培养物全部为阳性；第 5 和第 6 只在春天临近，天气渐暖时吸入病菌，所得结果与先前夏天的实验结果并无不同：肺部发炎和气管含带血泡沫。总之，这些冬天的吸入实验中，实验动物的病程显著延长，死亡日期最短者为感染后 21 天，最长者为 59 天。更为特别的是，这些动物受到日常照料，因而并非处于正常的冬眠条件中。

另有 2 只冬眠中的动物，直接通过鼻腔感染病菌。1 只在 7 日内死亡，颈部淋巴结肿大，气管多见带血泡沫，两肺叶多处出血并现肺炎色斑，脾脏肿大和腹膜充血，细菌学检测呈阳性。另 1 只存活了 86 天，尸检中未显任何鼠疫痕迹，怀疑是使用的菌株毒性有问题。（哈拉诺尔，1922）

2 只动物在左眼结膜表面接种病菌。其中 1 只可见轻微的局部反应，在接种后第 17 日死亡，大部分器官只呈现微弱的反应，但其脾脏变软且

122

布满许多大小如豆之白色结节，涂片和培养物及动物实验均呈阳性。该组实验的第 2 只旱獭在结膜接种后 3 个月死亡，未见病理学改变。

还观察了接触传染的结果。4 只（3 只处于冬眠中）动物用于吸入实验。2 只死亡，1 只死于 62 天内，始终未苏醒；另 1 只存活 108 天，将其唤醒数小时后令其进食受鼠疫感染同伴的尸体，5 日内死亡，证明为新近受鼠疫感染。另外 2 只健康动物立即置于刚移走 2 具刚死亡的人类鼠疫尸体（1923 年 3 月）而未经任何处理的木箱内，均存活。

外寄生物

1911 年 8 月至 9 月，伍博士首次赴蒙古，即检查了许多刚捕获的旱獭，发现它们身上寄生的跳蚤数量差别极大。在某一个体身上，捕捉的数量最高可达 94 只，少见低于 5 只者，平均数多于 10 只。1923 年 5 月至 6 月，伍博士和他的助手又在满洲里、哈尔滨、哈拉诺尔和索科图再度进行关于跳蚤的研究。根据观察得出的结论是：蒙古旱獭身上寄生的跳蚤数量在春天要少于秋天。看来这一事实意义重大，因为西伯利亚人患鼠疫通常是在夏末和秋初谷物收获的季节。在旱獭的尸体上还找到其他体外寄生虫，如虱子、扁虱等，甚至能在剥离数日之皮毛上找到。如前所述，旱獭身上寄生的跳蚤，属于角叶蚤属，其学名为 *Ceratophyllus silantievi*；虱子属于吸虱属（*Polyplax*）；扁虱属于扇头蜱属（*Rhipicephalus*）。

蒙古旱獭体表之跳蚤已一再证实能叮咬人类，并像鼠身上之跳蚤一样传播鼠疫。30 多次实验均未能证实扁虱会叮咬人类。但一只蒙古旱獭身上饥饿的虱子在 5 分钟后就会叮咬人类。中国防疫处叶墨医师

（Dr. R. Jettmar）进行过多次实验，根据结果得出的结论是：通常蒙古旱獭感染的虱子尽管可以摄入大量鼠疫杆菌，并成群地由直肠排泄出来，但显然它们自身并不发病，因此在其彼此间或由动物向人类传播鼠疫过程中似乎并无重要作用。李元白博士是一位在日本学成的细菌学家，后来在中国防疫处工作。他调查了蒙古旱獭的体内寄生虫，发现一种蛔虫与人体内寄生的相似，只是其雌性个体的尾部尖端为乳头状。收集到的其他肠内寄生虫还有毛滴虫、六鞭虫以及与人体内大肠变形虫相似之唇鞭毛虫等。当蒙古旱獭有时出现腹泻时，则可观察到某种鞭毛虫——肠滴虫。还观察到某种胞囊与人芽囊原虫（*Blastocystes hominis*）相似。

结论与著述

1925—1926年，伍博士和叶墨在《东三省防疫事务总处报告大全书》第五册发表了题为《旱獭及斯土儿鼠肺疫病理的系统研究》的论文，尽管以往曾对体型大小不一的旱獭进行过许多实验，也对尸检有所描述，但自忖尚未进行过组织学改变的系统研究。为填补此项缺陷，在后来的两年中开始了较充分的系列实验，并取得了结果。这些观察可分为以下两类：

1. 吸入鼠疫杆菌的动物，自然地死于鼠疫的，或出现明确的临床症状后，在病程末期被杀死的。

2. 吸入鼠疫杆菌后尚未出现明显症状前，在不同的时间段被杀死的。

在这些实验中，使用了感染鼠疫动物体内的肺部乳状液体。在每一个实验中，将该液体倾入一个英国卫生部监制的塑料喷雾器中，以便及时使用。实验动物关在一个前室小后室大的特制木箱中，其前室可防止大滴喷雾液触及动物，又有足够空间防止动物咬住喷嘴。采用之技术可通过喷嘴使每只动物接受 1 毫升雾化乳状液。喷雾时间恰为 1 分钟，不过实验发现，动物暴露在雾化乳状液中时间的长短，似乎并不影响病程或病理改变的特征。体大年老的蒙古旱獭似乎死于原发性肺炎鼠疫，而体小年幼者则感染肺鼠疫。特别关注到扁桃体和咽喉处发现的损伤的性质。找出旱獭和黄鼠感染后的不同阶段各器官的细微病变颇费时间，然而我们终于根据这些调查结果，得出了以下结论：

1. 对取自 20 只蒙古旱獭和 9 只黄鼠的 4 000 多个组织切片进行系统研究，从组织学所见表明，鼠疫杆菌入侵下呼吸道未受损管壁，进而使其他器官被广泛浸润，以致最后死亡。

2. 通常在支气管和气管－支气管上的淋巴结上存在原发性肿大。鼻咽部及与其相连接的食道并没有任何原发性的损伤。

3. 在对病程早期即被杀死的动物的研究中，发现鼠疫感染显然是通过以下两条途径开始出现在肺泡区的。

（1）较常见的方式：吸入的含菌雾滴通过上皮细胞之间的间隙进入肺泡壁上的淋巴区，并沿此途径使支气管腺体产生最初的病变。

（2）较少见的方式：肺组织中某些萎陷的部位被脓细胞浸润并有大量鼠疫杆菌充塞。这样的病灶体积增长导致肝样化，最后引发小叶肺炎。

4. 在原发性肺炎鼠疫的病例中，肺区的肝样化可以认为开始于肺泡间隙，是雾滴中鼠疫杆菌最初定植造成的。在进一步恶化的肺鼠疫病例中，继发性的病灶可能在胸膜下面。

5. 最后出现菌血症显然由发病初期穿过肺部静脉薄壁入侵的鼠疫杆菌所引起。

通过这些严密的实验，作者得以更有把握地认为，感染鼠疫肺炎并非起自咽喉或气管，而必须是深部呼吸道受到侵害。

1928 年，伍博士在美国卫生杂志上发表了题为《野生啮齿类中鼠疫之延续》的论文。文中述及地松鼠、各种南非的野生啮齿类、南俄的啮齿类、高山旱獭以及蒙古旱獭等的各种反应，对蒙古旱獭给予了特别的关注，设计了新的改良装置以便获得更精确的结果。完成这类吸入实验的方案即延续了两个冬天：

1. 1926—1927 年冬天，尽量对实验动物不予照料，待其自然死亡。

2. 1927—1928 年冬天，受感染的动物在规定的时间内被杀死，以便精细研究病菌如何在动物体内存活。

冬眠中受感染的 14 只蒙古旱獭，发现 1 只于 2 天后死亡，未显示鼠疫症状；6 只死于感染后 5 ~ 19 天，呈现明确的鼠疫菌血症；3 只死于感染后 22 ~ 60 天，无鼠疫症状；2 只死于感染后 28 ~ 48 天，分别显示残留的鼠疫症状；另有 2 只分别死于感染后 88 天和 130 天，即冬眠正常结束前数日，呈现局部症状和鼠疫菌血症症状。我们注意到所得之结果如此截然不同，也许这和旱獭正常生活时期曾出现的情况相矛盾。其中 4 只显然并非死于鼠疫：1 只显示支气管 - 肺炎病灶；2 只出现胸膜瘀点，可能由于某种肺部病变所致；第 4 只在接种后 2 天死亡，出现急性肠炎。在这几只动物中，均未在感染部位或腹股沟淋巴结观察到任何宏观改变。另 2 只死于残留鼠疫的动物几乎未见病理学改变，只是有 1 只有干酪性腺体，另 1 只则在肺泡里有细胞渗出物而已。在冬眠中明确死于鼠疫的 6 只动物中，只有 1 只接种后似乎一直处于持续冬眠中；4 只时睡时醒；而最后 1 只则在 6 天患病期间始终处于苏醒状态。

上述结果可总结如下：

1. 存在具菌血症的啮齿类鼠疫是野生或笼养啮齿类中该种疾病传播

必不可少之条件。

2．慢性鼠疫（就其严格的意义而言）对病菌的保存无重要作用。

3．除急性和亚急性鼠疫外，显示菌血症的带菌者有可能加以干预而阻止病情发展，但其作用尚未充分肯定。

4．某些野生啮齿类在冬眠期易受自然鼠疫感染，冬眠并不阻碍疾病的持续，反而成为保存该病菌及其物种必不可少的一环。

5．为免干扰主题，正文中未述及动物之迁徙。然而在下述两种情形下，它可能是重要的。

（1）健康动物迁徙进入一个鼠疫感染的地区；

（2）健康动物和携带着被感染跳蚤的动物进入某未感染的区域。

有证据表明，在第一种情况下，可能激发任何动物地方病流行，而在第二种情况下，则无论病菌在其起源地之命运如何，它又将获得死灰复燃的机会。

1928 年，伍博士和伯力士医师在《东三省防疫事务总处报告大全书》上发表了第 2 篇简报，题为《专以西伯利亚旱獭之研究论野生啮齿动物中鼠疫的延续》。在该论文中，伍博士和伯力士报道了他们对 20 只蒙古旱獭进行的进一步实验，报告了鼠疫不同感染阶段引起改变的宏观和微观研究所获得的结果。

这些后来进行的实验中获得的结果可扼要总结如下：

1．1927—1928 年冬天（以异常暖和的气候为特征）与 1926—1927 年一样，有相当数量受感染的冬眠中的蒙古旱獭死于鼠疫。

2．以 1 只死于接种后第 3 天的动物获得的经验，使我们认为鼠疫杆菌可能在感染的相当早期即以渐进的方式逐步侵入了该动物全身各系统。

3．某些动物显示从感染过程中复原的征候。这种情况在自然条件下可能比实验室里更多发生。

4. 还有一种颇为独特的潜伏型鼠疫，其强毒性鼠疫杆菌既在接种部位，又可在淋巴结区，或在此两处均可存活。显然这是将疾病由一个季节带进下一季节的主要方法。这也可以解释为何在冬眠啮齿类中鼠疫得以持续不断之谜。

从上述内容可见，东三省防疫事务总处集聚的同仁，在其成立后的第1个10年里，或多或少地承担了研究纲要列举的课题。正如本章开始所言，他们的工作为更详尽地认识鼠疫有关问题，尤其是从肺炎的角度来看，填平了某些前进中的崎岖。医务工作者、官员、商人、学校师生和劳工对这种疾病了解得越多，对疫情的控制也必然更有效。一个效果是以猎取旱獭和收集皮毛为职业的那些人都愿意接受预防鼠疫的免疫接种，更加甘愿服从为保护他们的生命而制定的规章制度。甚至那些原先由他们自己的政府管辖的俄国人、布里亚特人和蒙古人也渐渐能听从我们的劝告，并且惊喜地发现，由于形势逐渐好转，他们可以年复一年地继续辛勤地劳动，获取经济报偿，而远离危及自身及其家庭的灾害。结果自 1910—1911年和 1920—1921 年两个多事的时期后，不曾再有鼠疫严重流行，也不再蒙受生命财产的无端损失了。

我们的研究人员，因而也有了更多的时间专心从事写作和有关历史研究，并在随后的几年里，出版了若干册价值非凡的专著。可以列出其中几种如下：

1. 《肺鼠疫论述》，1926 年由国联出版。

2. 《鼠疫手册》，政府出版社，1932 年。

3. 《中国医史》，王吉民与伍连德合著，上海水星出版社，1932 年和1936 年两次出版。

4．《东三省防疫事务总处报告大全书》，共 7 册，1913 年到 1930 年间出版。

5．《华北鼠疫状况之研究》，1929 年，《中华医学杂志》特刊"主要研究淋巴腺鼠疫"。

6．《古今世界肺鼠疫流行之记录》。

7．《全世界已知和疑似鼠疫感染的野生啮齿类名录》，修订至 1932 年。本名录有助于在研究野生啮齿类中的鼠疫时开阔视野。现在这种鼠疫被归类为森林鼠疫（Sylvatic Plague）。

8．《野生啮齿类鼠疫实用知识》，国联出版，1925 年。

9．《结核病和鼠疫的共存，对实验豚鼠进行混合感染的研究》，叶墨，1926 年。作者的结论是：鼠疫杆菌并不侵入奶酪样结核组织，且在结核性的上皮组织里为数不多；小型的结核和鼠疫导致的坏死可能融为一体；当鼠疫杆菌与结核杆菌混合时，出现各种不同形式的退化；在体外，两者似乎彼此互不相害。

尽管北满和蒙古的肺鼠疫疫区维持平静，在家鼠和黄鼠大量存在的南满通辽地区腺鼠疫却周期性地时有发生。1928 年到 1930 年这段时间，南京的卫生署和我们的东三省防疫事务总处曾派遣考察队前往疫区调查研究，如有可能则将其扑灭。我们的报告发表在 1929 年 6 月出版的《中华医学杂志》特刊上。科学家们得出的结论有：

1．该地区存在的腺鼠疫与家鼠密切相关，其身上主要寄生的跳蚤是印鼠客蚤。仓鼠身上的二齿新蚤（Neopsylla bidentatiformis）可能对传染鼠疫作用甚小。用磨碎的人体体表的人蚤（Pulex irritans）和从刚病故的鼠疫死者衣服被褥中捕捉到的温带臭虫（Cimex lectularius）进行接种实验，得到阳性结果。

2. 人类病例与在印度、福建和香港的极为相似。

东三省防疫事务总处的工作队在通辽工作之数月间，受到各级官员既礼貌又有实效的帮助，上自年轻的张学良将军（他应队长之请，在24小时内支付了31 000元巨款）、索洮铁路主管，直到下级警官无不如此。南满铁路株式会社的金井医师也惠予协助，并出借了急需之棚屋。

在结束本章前，引述1946年沈阳暴发的原发性肺鼠疫报告可能令人感兴趣。这篇由铁（T. H. Tieh）、兰道尔（E. Landauer）、宫川（F. Miyagawa）、小林（G. Kobayashi）和冈安（G. Okayashi）撰写的报告发表在《美国传染病杂志》（1948年1—2月）上，述及39个病例，其中有3例康复。这个由有经验的中国医师领导下的国际团队，当时正逢俄国［苏联］军队撤回国内，曾遇到颇多困难，然而他们竟能提供如此清晰的报告，实堪嘉许。39位病人中，有28份成功培养出鼠疫杆菌。显然，第一位病人来自南满的白城子，曾乘坐途经俄军占领的四平街的火车。在沈阳某王姓家中停留，并于2月27日死亡。其他病例迅速紧随而至，均显示肺鼠疫的症状。尽可能多的病人都被收入医院并受到适当照料，共有25位中国病人和14位日本病人。最后的5位病人服用了当时不易得到的磺胺嘧啶。据说此5位病人中，有2位服药太迟而未见效，其他3位则完全康复。

另一篇战后的文章，题为《论非结核性肺病》，1947年发表在美国国家结核病协会第43届年会会刊中，作者是旧金山的胡珀［医学研究］基金会的迈耶（K. F. Meyer）等。他们称在实验性鼠疫中磺胺药物未证实有效。他们深信新抗菌药物链霉素才是已知鼠疫感染最有效之治疗剂。这真是一个好消息。如果在满洲再次暴发严重的鼠疫，无论肺鼠疫还是腺鼠疫，显然这种抗生素可以广泛用于拯救宝贵的生命。

　　在阿什河，有60余暴徒占领了隔离站，放出两个接触者，并追打负责人。但即使存在此类挑衅事件，并且一位宝贵的医师死于鼠疫，他们依然忠于职守，并未集体辞职。我们这些同事的纪律实堪嘉许。

第4章

三次肺鼠疫流行的比较

专辟本章，用于或详或简地描述 1910 年到 1921 年间出现在满洲和华北的三次肺鼠疫流行，或许是颇有意义之举。这三次大流行系指：

1. 1910 年至 1911 年东三省的第一次暴发；

2. 1917 年至 1918 年山西的暴发；

3. 1920 年至 1921 年东三省的第二次暴发。

本书作者与上述第一、三两次关涉颇深。唯独第二次仅有部分介入，因为扑灭工作的组织过于混乱，管理当局太涣散，从而导致无从协调措施和系统观察之缺如。

1910—1911 年在东三省的第一次暴发

本书之前 3 章所述，主要为该次流行之详情。是疫本骤起于西伯利亚荒漠地区，然延及满洲与华北居民集聚地和城镇时，即招致巨大损害。而一旦中央政府意识到形势之严重，于开展防疫之各阶段，采纳训练有素之医务行政官员的建议，运用诸般科学措施，终于成功将疫情置于控制之下。医疗组织实乃仓促开始，且面对保守如中国之种种障碍，然而其措施，诸如尸体解剖和疫死者之集体火葬等，一经取得北京朝廷之鼎力支持，依然证明其为民谋利之能力。值此时期，朝廷旨意借不断下达、毋庸分说之"上谕"饬令地方，其声威远强大于实现共和后之政府。疫情荡平后不久，在满洲首府举行的万国鼠疫研究会，更提升了中国在科学界之地位，并间接地增强其政治影响。会议进行了近 1 个月的细致研讨，证明这古老的国家，时机到来时，亦将为造福人类的科学知识作出更大贡献。自1911 年至 1950 年期间，已建成的各种研究机构陆续出版了诸多有价值的报告和科学论文，表明了医学和其他近代知识分支学科的进展，它们预示着全中国从北京、广州到云南一个崭新时代的黎明即将到来。

1917—1918 年在山西的暴发

　　近代侵袭中国的第二次鼠疫大流行，其特征主要是肺炎性的，或更正确地说是肺部病变。为扑灭此次流行，金钱花费巨大，特别是后期动员了相当多的医疗和防疫人员，然而死亡人数竟达 16 000 人，且此次流行延续到 1918 年仲夏才告结束。当时既无相关报告发表，亦极少甚至根本无人进行研究以图探明其起源及直接原因。直到 1929 年 6 月，才有由伍连德博士编辑之题为《华北鼠疫状况之研究》的《中华医学杂志》特刊出版。此类非正常之现象，当引以为戒。尽管民国政府当时表现得相当重视并关注该次疫情，然而三令五申的训示和法规并未显示当年政府所具有的力度与效能。为应对如此严重之形势，被派往现场的管理机构过于繁多，而他们各为其主，政出多门，观点和计划亦无法达成一致。山西和内蒙古是边远且闭塞之地，地方官员素养欠佳，对当代预防医学的进步一无所知，因而并未督促乡村民众支持医务人员为防疫而采取的必要措施。结果他们非但不合作，而且防疫工作者遭到反对，甚至生命受到威胁。村民们某夜竟纵火焚烧他们居住的火车车厢，幸好医师们及时设法逃脱而未丧命。当时负责全国卫生事务之内务部曾派出一支经验不多的医师队伍前往现场，曾发起建立东三省防疫事务总处的外交部，亦派遣伍博士和多位经验丰富的医师前往支援。山西省省长阎锡山除命令省内医师参加防疫工作外，还要求当地传教士医师参加。然而并未采取决定性的步骤，即像 1910—1911 年在满洲鼠疫流行期间那样，指定一位高资历的医官统揽一切。彼时几乎一无所有，然医师们各司其职，凭借知识和当局之信任，在不太长的时期内将疫情扑灭。

现将这次疫情的有关特点稍加陈述。据非正式发表的报告，1917—1918 年暴发的鼠疫源自内蒙。在该地区曾周期性地出现一种"冬瘟"，此疾病类似伴有发热、咳嗽、血痰和突然死亡的肺鼠疫。仔细调查表明，1917 年 12 月底前后，在内蒙的扒子扑隆［今内蒙古自治区乌拉特前旗境内乌梁素海西岸的新安镇］附近曾报告过此种肺炎病例。该地位于黄河北岸，由包头城骑马 3 天可达。这个重要的集市肯定是在 11 月受到由鼠疫发源地东逃的惊恐难民的侵袭。11 月 23 日，疫情到达萨拉齐，并由此沿交通线继续传播。然后袭击归化城［今呼和浩特市的一部分］，再沿交通要道进入丰镇和历史名城大同府。在大同可以看到自汉代（约为公元 1 世纪）① 开始建造的巨大而令人惊叹的早期佛教石刻造像洞窟。感染主要由

---

① 石窟始凿于北魏兴安二年（公元 453 年）——译者注

两类人群传播：

    1. 由蒙古运输大量羊毛到铁路转运起点站丰镇的车夫；

    2. 由绥远城内回山西老家过年的商人。

当时旅行，不外是乘马车沿适宜路线行进，或是步行、骑马或骑驴。此类交通持续且稳定，流量每天数百人。因此疫情缓慢但持续不断地向东传播，估计其速度约为每天 20 至 30 英里。1 月 3 日蔓延到居民为 20 万至 30 万的归化城和有居民 9 000 人的丰镇。

1918 年 1 月 3 日伍博士到达丰镇，此日前夕，两位美国志愿者，即保定府的弗兰克·刘易斯博士（Dr. Frank Lewis）和北京洛克菲勒基金会的埃克费尔特博士（Dr. Ekfelt）已经到达，正准备前往 200 英里外之萨拉齐，然后去归化城。但是他们未能开展工作，因为当地官员否认当地存在瘟疫，不准这两位医师检查任何病人，而且拒绝阻断从包头疫区向东的交通。结果这两位热情而能干的志愿者只得决定在丰镇加入伍博士的团队。伍博士尽快适时地开始部署防疫工作，向地方当局除提出建立防疫医院和隔离所的建议外，还建议采取三项措施：

    1. 在某些地点设卡，阻断自西而来的交通；

    2. 限制售票，控制旅客流动，只向经过医学检查的人售票，医务人员在旅客列车上随行；

    3. 在大同府、张家口和南口的驻站医师往来游动监督铁路交通。

然而，负责当局决定铁路全部停运旅客，迫使铁路旅客离开较易控制疫情的铁路沿线而四散各地。这个错误正好造成疫情通过向南的道路传入山西省。

1 月 8 日于丰镇车站检查到第一个确诊病例。第二例是 1 月 10 日检查到的一位旅途中的商人。他于 4 天前由归化城回家，发病后 2 天死去。伍

135

博士和埃克费尔特博士赶往死者家中，这位受过训练的病理学家埃克费尔特便匆忙剖开死者腹部，取出已肿大之脾脏，留下尸体便即刻离去。假如埃克费尔特博士曾在中国停留过较长时间，若理解中国人处于失去亲人时刻的感情，就应该在部分尸检后更注意整理好被切割过的尸体，离去前将创口缝合，并将死者衣服穿妥。美国医师轻率之举，结果酿成为一系列悲剧事故，其中之一是狂怒的父亲邀集多人试图杀害这位医师。这位老人是个接触者，应送往观察站并限制其行动，然而他竟煽动邻居们闯入设于火车车厢内的几位高级医师之住地纵火，幸好无人伤亡。但在相当长的时期，当地居民对这些"无人性的"西方医师依旧抱有恶感。这一事件后，伍博士辗转反侧数日，最终决定请求中央政府解除他所承担的职责，准许他重返哈尔滨新建的实验室。于是自1918年1月31日起，伍博士与山西疫情的关系即行结束。然而通过留驻原地工作的某些下属，继续关注防疫活动进程。此后，前几章多次提及之追踪1910—1911年满洲疫情来源之全绍清医师，被任命全权负责防疫工作，直至该次疫情结束。全医师为本书作者提供了最多的信息。

为简明起见，现逐一按地区叙述第二次鼠疫流行：

1. 绥远，包括归化城：疫情首先入侵此区域，然后侵袭五原、包头、萨拉齐、土默特、托克托、武川、东胜等。该次暴发于5月15日前后被扑灭，共有1 100人丧生。

2. 察哈尔省，其主要城市为丰镇：南部与山西相邻被长城分隔，察哈尔实际不属于山西省。该区域疫情之暴发，士兵在传播中的作用甚大，然幸好该地区人烟稀少，因而患者亦相对较少。北京协和医学院的迪勒博士（Dr. Dilley）负责该地区之防疫，疫情于3月底趋于结束，损失人数约200名。

3. 晋北：山西省被长城分为两部分——小部为晋北而大部为晋南。该地区之城市多有较高之城垣，用以抵御外部入侵。这些城市与邻近之农村贸易频繁，而这些农村经常是鼠疫的温床。该区最大的城市为大同府，有居民两万余，有记录的病例 134 个。

4. 晋南：省会太原府位于此地区，有人口 50 万。开明的省长阎锡山亲自监督防疫工作的运行。他十分相信近代防疫手段之效率，并始终要求其下属仿效。他的主要幕僚有负责警务之南桂馨以及医学顾问、约翰·霍普金斯大学毕业生扬格（C. W. Young）等。扬格是协和医学院的高级教授，可阅读汉文和讲汉语。他们配备有随时可用之电报和电话，以便传递消息和下达命令。其中一项创新是任命"委员"或督察专员，派往各个小地区，协助当地县长和地方官员开展防疫工作。然而他们未敢火化尸体，回避了这种不合时宜的激进措施；此处亦未烧毁被感染之建筑物。在此防疫期间省城共有 13 位执业医师、15 位外籍助手、4 位中医助手和 8 位受过训练的护士。

上述 4 个地区病例之估计数如下：

地区	男性病人/人	女性病人/人	未定性别者/人	总数/人
1	440	361	299	1 100
2	104	68	30	202
3	601	291	526	1 418
4	530	256	197	983

5. 直隶省：该省与山西接壤，当时驻北京之外国使团也在该省境内，故都城的居民自然感到极大的恐惧。此外，全国之主要铁路系统也以此处为起点。幸运的是，只有 3 月 16 日报告之两个疑似病例，嗣后

证明均非鼠疫。但有两个相隔甚远之病例记录，一例远至蚌埠，另一例在南京。

6. 安徽省：2月5日在津浦铁路重要之凤阳站检查到一个年轻病人。根据科克伦医师（Dr. T. Cochrane）的命令，采取了强有力的措施。直到2月19日后，再未检查到病例。然而依然在山东省发现从凤阳输入的鼠疫病例，以后又传入南京。

7. 山东省：从2月9日开始，在省城济南即发现孤立的病例，并持续到3月中旬。

8. 南京：后来是中华民国的现代化首都，位于长江南岸，对岸是津浦铁路的终点浦口。它已经暴露于来自凤阳的疫情中，2月25日检查到首个病例，随后直到3月底又查出另外20个。未采取完全停运北来列车的方法，而是代之以监控旅客。此措施较严格阻断运输更令人满意，因为此举可使防疫当局得以在旅客中检查出可能的病例。而完全停运将可能迫使旅客循其他路途，如陆路或众多的河道旅行。果真如此，甚至偏僻之小村庄亦可能遭殃，尤其是那些缺少防疫组织或有训练的医师的地方。这种将大多数训练有素的医务人员限制在首都和大城市而让分散的农村承载鼠疫之攻击，也许令这些城市获得了相对的免疫力，结果1917—1918年鼠疫流行死亡总人数得以减少。

由此可作出以下结论性说明：

1. 1917—1918年的疫情在以农村为主的广大地域暴发，几乎未收集到有关统计数据。

2. 合理估计的死亡人数大约为16 000人。未获得有关腺鼠疫病例的确切信息，但有与满洲肺鼠疫可比较的败血症病例之报告。此类病人在显示肺炎症状前即已死亡。

3. 与 1910—1911 年的疫情比较，此次流行中女性死亡比例相当高，这是因为满洲流行主要侵袭流动人群，而此次山西之暴发，则主要侵袭农村居民家庭。

4. 医疗与防疫人员的死亡率较低，仅有 8 位以草药治病之乡村医生和 2 位殡葬工死于鼠疫。在这 16 000 个估测的病例中，只有 1 位 63 岁之老妇人病愈。此例可与 1911 年哈尔滨之情况相比较，那时 1 个 14 口之家仅 2 人幸存：1 位 71 岁的妇女和 1 个 2 岁的幼儿。

1920—1921 年在东三省的第二次暴发

幸亏有了1912年即已建成之东三省防疫事务总处，在哈尔滨和其他较小城镇，设立了在其属下之医院和实验室，并配备有训练有素的医师和包括许多女护士在内的辅助人员，因而可怕的疫情第二次突然来袭时，并未使有关管理人员惊慌失措。他们凭借来自以往8年的观察和研究而获得的知识，在不同阶段以自己的信心和力量从容应对。中国人在开始时期即已启动，不似前次落后于日本人和俄国人，甚至还在预防和医疗方面帮助了他们的俄国同行，回报了他们10年前的帮助。也许这是第一次将广泛的防疫运动和在危险的瘟疫流行中开展研究工作组织在一起，在预防和治疗中携手前进，并能在疫区现场收集精确的统计数据。为便于阅读，以下按合适的标题加以叙述：

暴发与流行进程概况

1. 地理环境

外贝加尔地区是位于满洲以北一片广袤的土地，东部由额尔古纳河与中国相隔，西部为伊尔库茨克地区的湖泊及山脉。该区域最重要的城市是赤塔（首府）、斯列坚斯克、涅尔琴斯克（尼布楚）、恰克图和博尔贾。在博尔贾周围100英里的地区是起伏的群山，蒙古旱獭便在这里栖息。俄国人和布里亚特人发现这些动物的肉可供食用，经常猎捕获取肉类和油脂，后者还用于擦皮靴。最先报道的腺鼠疫病例往往是在此类捕捉并食用蒙古旱獭的人群中。无论何处肺炎鼠疫发生流行，幅员363 000平方英里，人口2 200万的满洲，即首当其冲。满洲由奉天省（首府在奉天城，或称盛京）、吉林省（首府在吉林城）和黑龙江省（省会在齐齐哈尔）三个省组成。黑龙江省紧邻外贝加尔地区，小城满洲里距边境不过数英里。满洲此三个部分西部均与蒙古大省相接。海拉尔周围的农村，多属蒙古人领地，该处亦为蒙古旱獭出没之地。因而满洲里和海拉尔是满洲两大旱獭皮毛集散地，一当鼠疫从地方性流行区域来袭，首先报告的就是这两个城市。在满洲农村地区只有通常的商道和马车道，没有碎石路。中东铁路的起点是海参崴（属东西伯利亚的滨海省），由绥芬河进入满洲，在中国境内长886英里，经过吉林和黑龙江到达满洲里站离开满洲。在满洲最大城市哈尔滨有一支线，向南150英里到达吉林省的长春，然后与南满铁路在此连接，南下436英里到大连。满洲的主要港口是大连和牛庄（营口），两处定期航班前往芝罘、龙口、青岛和威海卫（均属山东省）、天津（属直隶省）、上海、广州、香港以及朝鲜和日本的各个港口。在西伯利亚或满洲出现任何瘟疫暴发时，考虑到这些资料是重要的。

2. 疫情概述

1910—1911年鼠疫大流行后，10年间满洲未发生过鼠疫，然而这段时期内，几乎每年在西伯利亚和蒙古的不同地区都有零星的病例报道。

例如：

1911 年，比瑟姆斯基（Bissemsky）记录的沙拉森内出现 5 例腺鼠疫；

1912 年，哈夫金报道的赤塔 3 例肺炎鼠疫；

1913 年，关于吉尔吉斯草原数例腺鼠疫的报告；

1914 年，中国的防疫处记录的外贝加尔地区 16 例腺鼠疫（13 例死亡）；

1917 年，中国人记录之蒙古兴安镇腺鼠疫病例，导致山西鼠疫暴发，死亡 16 000 人；

1919 年，中国人报告的依基耶夫斯卡雅腺鼠疫死亡之 2 个病例。

1920 年 8 月，在阿巴尕推（Abagaitui，离边境线 5 英里）出现 6 例腺鼠疫（5 例死亡），在达乌利亚（Dauria，离边境线 40 英里）出现 3 例，在凯拉斯图（Kailastu，离边境线 50 英里）出现 3 例。

1920 年 10 月，在离满洲里 117 英里的海拉尔，一名看守铁路桥的俄国人特雷尔金（Tarelkin）之妻死于腺鼠疫。她的 5 个儿子有 3 个受感染并死亡，她的丈夫同样发生腺肿，但在医院中康复。当伍博士访问该地区时考察了详情，也诊断了这些病人。与这家俄国人生活在同一院落中的 3 名中国士兵，亦患该病死亡。因为病人和外边的工人的自由交往，使病菌感染遍及全城，而隔离病人的打算却遭到士兵的反对。伍博士一行人在海拉尔逗留期间，真实地看到腺鼠疫通过败血症逐步演化成肺炎型鼠疫的过程。主要是因为当地工人日夜杂居于通风不良的小客栈，随地吐痰造成的。不论是在这里还是以后在扎赉诺尔，常见同住一户的 4 至 8 人，甚至更多人在数日内死于鼠疫。12 月 12 日，警察局郎局长这位称职的警官与邓医官在驱车途中，受到士兵拦截，被打得头破血流。尽管有这种骚乱事件发生，海拉尔的记录亦完善，此地一共报告了 52 个病例。在一所大型客栈中，有 9 位接触者在接受观察，但被士兵们放出，于是他们就沿铁路线逃往各地。其中有两人逃至 100 英里外的扎赉诺尔煤矿，在拥挤的地窖子居所感染了其他人，于是揭开了 1920—1921 年满洲的鼠疫大流行的序幕。由于士兵们的放纵，在扎赉诺尔地区的 4 000 名煤矿矿工中有 1 000 人死于鼠疫。

扎赉诺尔处于潜伏期的病人，西逃 20 英里到达满洲里，造成了 1 141 人死亡，包括 334 个俄国人。这些接触者逃向齐齐哈尔，使 1 734 人丧生；而在哈尔滨共有 3 125 人罹难。中东铁路沿线的其他城镇也受到了不同程度的传染。幸亏哈尔滨采取了严格的措施，管制日常的客运交通，将每天每次列车售出的三等车票限制为 50 张，来往列车厢一律进行医学监管。在长春（位于哈尔滨南 150 英里），三等客车旅客一律进行 5 日隔离，疫情在该地被阻挡。结果在长春一共仅有 77 个病例，而在沈阳只有 4 例。但是 1910—1911 年鼠疫流行期间，这两个城市的死亡人数至少达 5 000 人。从 2 月 1 日开始，满洲里和哈尔滨之间的日常客运交通被暂时中止。不过沿途 584 英里的交通线上，藏在运货车里或由陆路从疫区出逃者仍被漏检。此外，在每一列客车上加挂一节卫生车，有助于医务人员的工作，使他们得以查寻出混于健康人群中的个别带病旅客。由于城区面积大且处于交通枢纽，1921 年的哈尔滨与 1910 年时一样，很快成为疫区中心。但是由于早有准备，医师们从没有失去对全局的控制。尽管出现士兵和居民的无理干扰，他们依然成功地将疫情的传播降低到了可能的最低点。在长春以南满洲地区极少出现鼠疫病例；在公主岭，仅从南满铁路的旅客中查出 4 人；在首府奉天为 4 人，而在铁路枢纽沟帮子也仅有 18 个病例（全部来自同一个家庭）。

在直隶南部和桑园［今属河北省吴桥县］只出现了有限暴发，损失近 200 人。死者中包括我们的临时同事余树芳医师，相信他是被两个来自天津的漏检病人感染（在 1 月 22 日）。山东的海港芝罘的感染来自海参崴，这些将在后面不同的段落里叙述。从哈尔滨开始，疫情在 2 月中旬向东传播，袭击了俄国铁路沿线的绝大多数车站，最后到达了海参崴，第一个病例于 4 月 9 日报告。鼠疫在这个具有战略意义的繁忙海港肆虐了整个夏天，直到 10 月才结束，共有 520 人罹难。1920—1921 年鼠疫流行一共导致 9 300 人死亡，包括大约 600 名俄国人。

对 1910—1911 年和 1920—1921 年两次鼠疫大流行的肇起与消失进行比较，是一项有意义的研究。在 1910—1911 年的流行中，8 月前后确诊第一个病例，然后 11 月哈尔滨出现第一个病例，而最后一例在来年 4 月初。奉天的疫情则持续到 5 月中旬。当时海参崴平安无事，而在南边的直隶省和山东省许多城镇，包括北京、天津、济南府、德州等城市损失惨重。在 1920—1921 年的疫情中，最初的零星病例也是在 8 月出现，分散在西伯利亚的不同地方，如阿巴尕推、达乌利亚和凯拉斯图等地。到 10 月，腺鼠疫出现在海拉尔，一位经常去满洲里的俄国妇女全家都感染了鼠疫，5 个儿子只有 2 个幸免。在 11 月和 12 月，疫情几乎只局限于海拉尔。无法无天的士兵袭击了警官后，1 月初扎赉诺尔也开始受到感染，并迅速蔓延。齐齐哈尔在 1 月 18 日报道了第一个病例，随后病例数持续增长。朝相反方向的邻近市镇也紧接着被感染。1 月 22 日，哈尔滨由中国医师确诊了第一个病例，是来自扎赉诺尔的一位外逃矿工。4 月 3 日哈尔滨死亡人数达到最高峰。满洲的最后一个病例记录是在临近 5 月底，海参崴的最后一个病例是在 10 月，因此应该说满洲第二次鼠疫大流行整整一年才告结束。奇怪的是，有两个繁忙的城市，即唐山（离天津 80 英里的一座煤城）和营口（南满的一个大海港）不论是在 1911 年还是在 1921 年，却全无疫情光顾，而这两座城市曾是由香港传入的最早病例引起腺鼠疫的中心。

3. 各受感染地区的数据（1920—1921）

（1）海拉尔：俄国人和中国的山东移民在这儿毗邻而居，还能看到许多住蒙古包的蒙古牧羊人。在这令人瞩目的现场，伍博士和他的有经验的助手到达伊始即报告了疑似鼠疫病例，并列举了特雷尔金系列感染。这个家庭的感染者除43岁的父亲外全部死亡，这位父亲的左鼠蹊部腺肿亦已化脓，后痊愈。由于士兵们的放纵而使他们近20人死亡，他们的首领受到了上级将军的惩处。谢医师和陈医师曾在乡村解剖过一具尸体，未发现腺肿，但显微镜检查发现在血液和脾脏中满布了鼠疫杆菌。

伍连德博士（左起第3人）与中国非医务成员在海拉尔

（2）扎赉诺尔：此煤矿小城有6 000名矿工——2 000名俄国人和4 000名中国人。前者居于宽敞的寓所，后者则大多宿于半地下的窝棚内，每个窝棚的面积约为20英尺×60英尺，居住60至80人。这些半地下窝棚用煤渣砖砌墙，泥土地。入口处为10余级阶梯，进入下面是5英尺宽的通道，两边是长炕——用砖和泥垒成的高出地面2英尺的中空结构。在冬天，由向室外开出的炕洞加入自产的煤取暖。炕上面有4英尺高，炕边沿是一条横亘全屋的木方，可用来坐卧、睡觉和吃饭。棚顶上一至两处木梁空当处装有玻璃天窗，因而这种地下居室无法得到阳光或通风。在冬天，维持温暖无需很多燃料，然而因为密闭，一旦某处流行病暴发，窝棚就成为可怕的鼠疫温床。矿工们的工资通常比哈尔滨的多一倍。在附近村庄里，设有妓院、赌场，而大烟馆和茶馆等环立其间，可以想象，这群人并非容易驾驭之辈。

1921 年东三省鼠疫流行时之惨状（左为扎赉诺尔，右为哈尔滨）

1 月 2 日，某位矿工的患病朋友从海拉尔到此，17 人同住一室。1 月 18 日，17 个住宿者全部死亡。其他工棚里居住的 160 人，被一个原发感染者传染了 42 人。另外还有 3 名医院仆役死去。俄国管理当局大为恐慌，急忙求助于我们的防疫处，后者立即派出了 5 名医师和足够的助手。医师们禁止接触者继续留在被感染的工棚里，将他们按 6 至 8 人一组转移到空置的车厢内，在受到特殊训练的警察监督下，严令他们白天必须晒太阳。追寻扎赉诺尔疫情的快速传播的原因，有以下几个因素：

①拥挤的工棚，更恶劣的是出现患病者时同住者拒绝上报。在发现一具尸体时，早已有若干人被感染。更有外逃者，将疾病传播到四面八方。

②染病者或接触者从被监禁的地方逃出。他们经常一再回到已感染的住所。

③矿工们的无知和不守法，反对任何预防措施。

④疫情流行之初期，俄国人错误地将所有接触者禁闭在已发现病人的工棚里，等到第2天才打开门锁去找寻更多的病人。难以想象竟有如此愚蠢的隔离方法！

1921 年伍连德博士（前排左 3）与其防疫队员在扎赍诺尔

死亡人数迅速上升。在第3周，据报一天有30人死亡；到第4周则升至40人。至2月10日，登记的死者为491人。伍博士2月11日到达时，一切工作都已停顿，死者处处可见。居民们已惊恐万状，因而较易听从劝告。一天早晨从一所房屋中抬出 11 具尸体，他们的朋友依然坚持入内收集遗留的钱物。死者则在附近一个旧砖窑里全部火化。当疫情最猖獗的时候，曾考虑过劝告全矿区民众集中在一个封闭院子内露天生活一周的可能性。因为在露天之下可预防进一步传染，疫情或将自动地消失。但是气候实在过于严寒，无人能经受如此处境。不过这种预防方法应该可以在热带和亚热带国家采用，因为那里的气候适宜这种措施。从 2 月 10 日起，当地疫情逐渐消退，但仍有来自满洲里的新感染。5 月 19 日记录了扎赉诺尔最后一个鼠疫死者，在 6 000 居民中，死亡人数 1 017 人（除 4 个俄国人、1 个日本人外，均为中国人）。在 1920—1921 年之鼠疫大流行中，扎赉诺尔肯定是所有流行地区受到最严重袭击之地。在防疫人员中，有 8 名士兵、1 名俄国和 2 名中国的卫生杂役死于鼠疫。

1921 年伍连德博士（前排右 1）与俄国同事在满洲里

（3）满洲里：此地的第一个鼠疫病例于 1 月 12 日报告，随后缓慢地扩散，直到当月月底共记录 36 个病例。由于当时俄国的政治形势，地方当局没有经费，中国的防疫处由此负起责任。整个 2 月死亡人数达到最高点，至少有 475 人。到 3 月份减至 318 人，4 月份为 164 人。5 月 22 日为 0 人。在满洲里的总死亡人数为 1 141 人，其中 334 人是俄国人。俄国的医务人员有 5 名医师、6 名护士和 15 名卫生杂役。中国防疫处的全部人员只有 3 名医师和 4 名护士。俄方有 3 名护士（包括 1 名妇女）、15 名卫生杂役和 1 名警察死于鼠疫；中方无人死亡。俄国的卫生杂役未经训练，在病人和死者面前漫不经心不戴口罩；他们整日抽烟，无节制地狂饮伏特加，许多人是无谓的牺牲，这是段悲惨的故事。

（4）齐齐哈尔（卜奎）：此处为黑龙江省政府所在地，该地有第一座现代化医院，那是第一次鼠疫流行后由伍博士设计的。当第二次鼠疫流行暴发并威胁到该城时，省长孙烈臣打电报约见伍博士，并准备采纳他建议应采取的相应措施。在当时提出建议并非易事，那座现代化医院自建成起就由一位台湾毕业的受过训练的医师负责，全省的医疗服务已历 10 年。但疫情正变得越来越严峻，在 4 个月里，死亡人数达到 1 728 人（1 390 个男性，338 个女性）。伍博士义无反顾地接受了省长的要求，并提出了一些可立即施行的措施，这些措施也得到各位有关人士的首肯。由于采取了有效措施，疫情很快被遏制。

（5）哈尔滨：与前次 1910—1911 年鼠疫流行时一样，哈尔滨是防疫组织的大本营，一切指示和报告均由此发出。10 年来，这个城市的面积和人口均有增加。截至 1920 年，人口已达 30 万，其中包括 10 万名俄国人、4 000 名日本人以及 2 000 名其他国家的人。这座城市此时已有 50 座面粉厂、20 家榨油厂、10 家酿酒烧锅和几家啤酒厂。海拉尔的疫情甫露

1921年伍连德博士（着黑色大衣者）在
哈尔滨与在隔离车厢工作的医务人员合影

扩散之端，伍博士即于12月19日召集重要中国官员、商界及各行业之代
表，在医院召开会议，组成本地区鼠疫防治委员会。12月21日，又成立
了由海关税务司任主席的国际委员会，委员们包括所有的外国领事、高级
中国官员、铁路局总办、行业组织成员、商界领袖和中俄两国医官。该委
员会在12月21日至第二年5月23日，共举行过18次会议，然后即宣告
解散，防疫事务亦告结束。

　　哈尔滨的第一个确诊病例于1月22日登记。中国医院的鼠疫病房可
以收容110个病人，病人入院后罕见有存活2天以上者。有60节车厢停
靠在接近哈尔滨的3个主要区域——新城、埠头和傅家甸的应急支线上，
这些车厢包括1节卫生车、1节餐车和1节供应车，其余则用于收容大量
接触者。由下列附表可见，提供了同时接纳1 000人以上的床位。

　　1921年隔离车厢收容病人的统计：

月份	收容总数/人	转送医院数/人	鼠疫/人	非鼠疫/人	鼠疫百分比/%
2 月	547	47	34	13	6.2
3 月	911	118	92	26	10.1
4 月	485	57	47	10	9.7
5 月	78	5	5	0	6.4
总计（4 个月）	2 021	227	178	49	8.1 [8.8]

这项工作是由查普林克医师（Dr. Chapplick，俄国人）领导，与一位中国医师共同完成的。维持该隔离中心十分重要，哈尔滨防疫运动的成败取决于其管理效率的高低。它也对事态的发展趋向起到有益的引导作用。在此隔离中心，每日早晚为居住者测体温，一旦发现有发热者，特别是脉搏变快者，则必须立刻隔离，如果必要，则送往医院的疑似病房。有时某些人的体温只是暂时升高，则仍被送回车厢。但更常见的是，发热者随后即咳嗽，吐出粉红色痰液并死亡。从发热到开始咳嗽的 24 个小时极为重要，因为在此阶段，尚未出现具高传染性的飞沫，其他接触者经过该病人身边，无须担心被感染。然而，由于未被注意或在夜间，病人开始出现咳嗽却仍未被转移，则同处一节车厢的同伴即处于被传染的极度危险中。在疫情流行的整 4 个月被收容的 2 021 人中，仅 8.8% 的鼠疫病例由隔离车厢中转出。这表明查普林克医师及其同事的工作应受到各方赞扬。在扎赉诺尔，未坚持如此严格的限制，使 655 位接触者中出现 144 个鼠疫病例并死亡，约占 22%。

哈尔滨的中国城一共分成了五个区，每区均有警察队、看护、检查员、卫生仆役和消毒队。一旦发现病人，即被送往医院进行细菌学检查加以确诊。街道上发现的来历不明的尸体则用车运往停尸处，全部无人认领的尸体在停尸场火化。有时在街道上收集的尸体中，还有些家道殷实和受过教育的上流人士，亲友们因惧怕自己被送往隔离车厢而并未在病人未死亡前报告。的确，在中国防治鼠疫的一个最大困难，正在于居民的这种消极反抗，人活着时不报告，人死后便弃之街衢。如果公众和当局开始时便能合作，疫情就将更易控制。这种惧怕隔离的现象在华北和华南均很常见，甚至日本亦复如此。只有对广大群众普及教育，才可能取得良好效果。

在鼠疫医院病死者共 1 312 人，在医院围墙边的两个大坑中火化。每个大坑长 12 英尺、宽 12 英尺、深 10 英尺。入院的 1 461 名病人之中，有 1 312 人被证实确实是鼠疫患者，全部死亡并被火化。其余不是鼠疫病人，系患其他疾病，如咯血、流感、支气管炎、卡他热，等等。由于死人太多，毫不奇怪会有谣言四起。例如说防疫机构收容病人"有进无出"，所以，在医院的大院子里一定有不可告人之事。因此我们的工作虽然一般而言是有效的，但也非一帆风顺。从 3 月 11 日防疫组织总部出版的《周报》的文章中，我们可以一睹端倪：

上一周是令我们防疫同仁非常焦虑的时期。怀疑和偏见集中于反对我们的一些措施，如将病人移送医院，隔离接触者，普遍巡查客栈和其他感染源，关闭戏园和低级妓院，再以限制铁路交通相配合等。同时我们又无法治愈鼠疫病人，导致诋毁我们工作的谣言大量流传，有时甚至对我们的同事的身体施加暴力……在阿什河，有 60 余暴徒占领了隔离站，放出两个接触者，并追打负责人。但即使存在此类挑衅事件，并且一位宝贵的医师死于鼠疫，他们依然忠于职守，并未集体辞职。我们这些同事的纪律实堪嘉许。

为消除这些邪恶的流言蜚语，我们印发了数千张传单，出版了一份每天发行的报纸，详细报道病人和死亡的消息，登载来自其他疫区的报告，以及讨论鼠疫及卫生方面的文章。我们的同事们尽可能为公众举办讲座，并回答听众提出的问题。全体同仁抱着乐观的态度工作着。公众最初拒绝服从规定，期望侥幸躲避感染，但我们多方面的努力终于取得成功。自 4 月 10 日起死亡人数开始持续下降，至 5 月 15 日达到零点。此次哈尔滨之疫情持续四个月，在此 30 万人口的城市造成了 3 125 人死亡。而上次 1910—1911 年的疫情暴发，使当时 7 万人口中死亡 7 000 人以上。事实上疫情的严重侵袭被防止，未向满洲其他人口众多的城市和华北蔓延。整个南满死亡人数低于 400 人，而上次 1910—1911 年其数目是 35 000 人。在铁路沿线共雇用了 11 名俄国医师、40 名看护、60 名卫生警察和 125 名仆役。中国的防疫处专门负责控制傅家甸，共有 8 名医师、14 名男护士、50 名卫生警察、20 名医院杂役和 42 名卫生助手。上述人员中，俄国医师希尼金、中国医师苑德懋、1 名俄国看护、5 名中国医院杂役在鼠疫病房中被感染而死亡，还有 1 名警官染病死亡。另有 7 名殡葬仆役和 18 名在公共墓地的雇工也死于鼠疫。

在那段悲惨时期，遇到过许多插曲，其中亦不乏幽默，现略加涉及：

①猖狂诋毁防疫处工作的，是那些地方庸医。他们屡屡欺骗公众，声称他们能治愈鼠疫。每当发热并咳嗽的病人前来求诊时，他们总是说预后良好并将脉礼装入腰包。如果疾病不是传染病，病人当会康复，于是这个庸医便名声大震，如果适值真正的鼠疫患者求诊，则病人和庸医通常都会双双死于非命。仅在傅家甸一地，旧式执业中医中即有 7 人死亡。其中有一位自命为当地"医学研究学会"副会长，他惊恐万状的妻子为了使家人逃避隔离，竟将他的尸体弃之街衢。

②当时，任何人只要能读点古医书，即可挂牌行医，因而不乏庸医。一个颇有影响的团体，曾设法说服了道尹（城市的行政长官），由政府出资 4 000 元，设立了一所鼠疫病房，采用中医治疗法。这所病房于 4 月 1

日开张，由 12 位中医负责，每位月薪资 100 元。应其所请，我们将 10 位已确诊的病人于 4 月 1 日至 4 日送去医治，结果全部死亡。4 月 5 日收到这些贵人的来信，央求我们不要再送病人，因为他们发现肺炎鼠疫是不治之症。5 天内 4 000 元即无影无踪了。

③巡查队有时也会出错。某男子被送进医院，因为其脉搏较快，并吐出一些红色的东西。到医院后才知道他曾吃过海棠果，所以吐出红色痰液。结果这位疑似者被放走，他临走时高声感谢大夫救命之恩。

④绝大多数体力劳动者易于轻信谎言，对于卫生亦非常无知。某日，高级医官陈医师偶遇一位驾驭俄式马车的中国车夫。此人年轻而乐观。他告诉医师，昨日他愉快地运送一位客人，在路上被警察拦阻，并问他要把尸体运往何处，这位 15 分钟前还活着的乘客竟因鼠疫死在他的车上。这位车夫还主动道出了自己的看法，他本人不相信那些流言蜚语，例如医师在井内或食物中投毒等，因为根据他个人的经验，这些大夫对穷人都很好，并且在医院里为他们精心治疗。

⑤10 年前，在疫情发展达到顶峰的 1 月底，中国旧历新年恰好是 1 月 31 日。那时遍地燃放的鞭炮，似乎对扑灭该城的鼠疫显示了神奇的威力。1921 年，疫情在 1 月中开始，在农历新年时，却没有使用多少鞭炮来遏制瘟疫的毒力了。

⑥许多中国人相信吸鸦片可以抵御鼠疫，于是在鼠疫流行期间某些不吸鸦片者受到诱惑而去一试。在扎赉诺尔，一个日本妇女公开经营了一家鸦片烟馆，在疫情猖獗时，她的生意甚为兴旺。某日在密室中找到三具尸体，从而有了充分的理由禁止她这罪恶的交易，而在平常时日，这样处理则需要她的领事馆出面参与。

⑦负责哈尔滨防疫事务的陈医师，曾经这样描述中国的鼠疫患者：

"我愿意强调中国劳动者突出的坚毅品格。他把自己塑造成一位完美的病人，他是一位坚定的宿命论者，能忍受任何灾难而全不介意。他眼看着他身旁的同伴死去却毫无怨言，完全知道自己也难逃同样的命运。在这冷漠的氛围中，他处之泰然。"

（6）长春：这是一个重要的粮食集散地，是中东铁路的南端和南满铁路的北端。此处还是当时属于中国的长 77 英里的吉林至长春的铁路的起点。1911 年，长春是受鼠疫危害最严重的城市之一，有超过 5 000 居民死亡。得益于过去的痛苦经验，中国、俄国和日本三方之行政当局此番精诚合作，结果在整个流行期间，只有 77 个鼠疫死亡病例。第一位被派往组织防疫工作的中国医师，是曾在东京北里研究所学习过的余树芳医师。他出色地完成北方的工作后，于 3 月 24 日在山东省的桑园死于鼠疫。

（7）绥芬河：位于满洲东部国境线上，地处群山环绕的美丽平原的中心。此处死亡人数少于 20 人。

（8）其他受传染的地区：受鼠疫影响的其他地区，只需稍加叙述。除了上述诸城市外，吉林省和黑龙江省的大多数城市只以微小的死亡率躲过灾难。甚至连人口众多如奉天这样的大城市，亦仅有 4 个死亡病例，而前一次则是 5 000 人死亡。俄国最东端的海港海参崴，疫情由他们自己控制，但直到 10 月间才得以解除，共死亡 506 人。疫情还向南扩展至山东省的桑园和芝罘。后者出现第一个病例是在 5 月 4 日，由海参崴驶来之轮船带入。青岛的疫情也来自由俄国海港出发之轮船，但是仅有两个死亡病例记录。

4. 防疫工作经费概算

在中国开展的任何防疫工作，在启动之初，均由某负责机构作出精确经费预算，并说明所需总款项的理由，即使是严重的鼠疫流行，也需说明花费是否适当。

（1）1920—1921 年防疫活动的预算：

拨款数额/元	资金来源	拨款单位	应用地区
300 000	广东海关盈余	内政部	山东省桑园地区
170 000	南满铁路	日本当局	南满铁路沿线
20 000	沈阳市政府	奉天省长	奉天
80 000	中国海关	内政部	长春地区
200 000	中东铁路	铁路当局	中东铁路沿线
100 000	哈尔滨城市	市政府	哈尔滨地区
50 000	满洲里	当地政府	满洲里
40 000	扎赉诺尔煤矿	煤矿当局	扎赉诺尔

总计约为 960 000 元。

（2）东三省防疫事务总处总办收到当地海关 150 000 元，用于在北满防疫。本防疫处仅花费此款项中约 38 000 元，总办提供的账目如下：

款项来源	金额/元	支出	金额/元
海关	150 000.00	哈尔滨道尹	60 000.00
黑龙江省省长	1 000.00	黑龙江省省长	20 000.00
杂项收入	518.00	吉林省省长	20 000.00
		防疫处	37 717.85
		结余留存哈尔滨海关	13 800.65
总计	151 518.00		151 518.00 [15 518.50]

这样，整个流行期间支出的全部经费达到 1 111 518.50 元。

5. 1921 年有关哈尔滨地区鼠疫的统计数据

（1）死亡人数（单位：人）

月份	鼠疫医院	傅家甸	铁路附属地	总计
1 月（22 日出现首个病例）	2	0	0	2
2 月	98	110	47	255
3 月	597	480	396	1 473
4 月	609	426	296	1 331
5 月（24 日出现最后 1 个病例）	6	55	3	64
总计	1 312	1 071	742	3 125

（2）入住鼠疫医院的病人总数（单位：人）

月份	来自铁路附属地	来自傅家甸	来自隔离车厢	来自其他地方	总数
1 月	0	2	0	0	2
2 月	22	57	47	0	126
3 月	120	367	118	37	642
4 月	133	386 [356]	57	117	663
5 月	9	13	5	1	28
总计	284	795	227	155	1 461

（3）死于鼠疫的住院人数（单位：人）

月份	来自铁路附属地	来自傅家甸	来自隔离车厢	来自其他地方	总数
1 月	0	2	0	0	2
2 月	20	44	34	0	98
3 月	116	357	92	32	597
4 月	129	330	47	103	609
5 月	1	0	5	0	6
总计	266	733	178	135	1 312

（4）隔离车厢人数（单位：人）

月份	车厢中之接触者	移送鼠疫医院者	确诊鼠疫病例
1 月	0	0	0
2 月	547	47	34
3 月	911	118	92
4 月	485	57	47
5 月	78	5	5
总数	2 021	227	178

（5）被感染城市距满洲里的铁路里程数（单位：英里）

至阿巴尕推	向西	5
至达乌利亚	向西	40
至博尔贾	向西	80
至扎赉诺尔	向东	18
至海拉尔	向东	117
至齐齐哈尔	向东	415
至哈尔滨	向东	584
至长春	向东南	730
至吉林	向东南	807
至奉天	向东南	920
至大连	向东南	1 061
至海参崴	向东	1 072
至山海关	向东南	1 181
至天津	向东南	1 357
至德州	向东南	1 470
至桑园	向东南	1 510

6. 1920—1921 年的鼠疫流行期间的多方面研究

流行性：抓住暴发流行的机会，详细调查研究了传染发生期间的各个方面。我们可以回想 1910 年冬季突然暴发的鼠疫疫情，肆虐 6 个月后至次年 4 月被扑灭。那次流行在满洲和华北造成约 60 000 人死亡。当时除进行过某些临床观察外，医护人员专注于预防和扑灭疫情的紧迫工作，很少甚至根本没有机会从事实验研究。1912 年，中国政府建立了东三省防疫事务总处作为常设机构以抵御任何可能再度发生的流行病，并且从此担负着该地区的流行病预防重责。在公共卫生管理，以及其属下多所医院的日常医疗工作方面，该机构的官员也承担着责任。1920—1921 年的疫情暴发时，他们早已严阵以待，承蒙行政当局和商界人士合作，得以从容应对。这种准备和合作，带来的部分结果，便是将疫情限制在北满和东西伯利亚，在该地区仅有 8 500 人丧生，而该地区 10 年内人口已从 2 000 万增至 2 200 万。这个成绩还由于另一原因，即此时正好财政状况亦甚有利，先前用于在愚昧民众中进行教育和宣传的经费，如今更有效地用于临床和科学研究之观察，从而增进了我们对致命传染病的认识。

这些研究工作可历数如下：

（1）鼠疫患者痰液的实验

①直接暴露于直射日光和经过漫射的白昼光下。

②暴露于人工制冷的环境中。

③暴露于木材和棉纱上。

④痰液与泥土的实验。

⑤杀菌剂对痰液的影响。液体杀菌剂的作用；消石灰和石灰乳的作用。

⑥鼠疫患者痰液的喂饲实验。

⑦使用鼠疫患者痰液在结膜中进行的接种实验。

（2）鼠疫病房中施行的实验

①咳嗽实验。

②鼠疫患者住过的房屋之传染性和消毒。

③鼠疫患者和尸体之衣物和钱币检验。

④鼠疫患者尿液的动物实验。

⑤接触者与带菌者观察。

⑥防护口罩实验。

（3）混合感染实验：具芽孢的鼠疫杆菌与绿脓杆菌（*B. pyocyaneus*）；疫苗与肾上腺素。

（4）非易感动物实验。

（5）结果总结。

以上实验结果的完整分析发表在 1918 年到 1922 年的《东三省防疫事务总处报告大全书》的第 3 册中。该书中已充分报告，故此处仅从普及知识的立场论述某些更有意义和容易理解之内容。在所有场合，须记录温度和气压，以便对环境之冷热与湿度都有数据可查。

有关日光和散射白昼光线实验共进行 36 次。首先令鼠疫患者对着灭过菌的多个培养皿咳嗽和吐痰，将其打开置于各种露天环境，阳光直接照射半小时至 10 小时；另一系列盛有鼠疫患者痰液则暴露在散射的白昼光线下，如放在有人住的房子的窗台上；其他含有痰液的培养皿则置于冰窖中；还有一些放在土壤中或与泥土混合。这些实验的结果，可作以下结论：存在于受感染者痰液中的鼠疫杆菌，较之其在试管中更具抵抗力，当冬天气温为零下 3 摄氏度时，直接暴露在阳光下 9 小时内可被杀死。还得知变干的鼠疫患者痰液中的鼠疫杆菌在任何环境中均不能被完全杀死。在阳光下暴露后的培养皿中接近变干的痰液，有 40％可成功培养出鼠疫杆菌，而吐在木材或棉纱上的，有 60％可以培养出鼠疫杆菌。

实验得知，有关常用的杀菌剂，即使采用高于通常推荐的浓度，均未获得预期效果。例如浓度为 1：10 的石炭酸水溶液，需要 5 分钟才能抑制鼠疫杆菌的生长。浓酒精（甲基化酒精）在防治鼠疫工作中，是为双手和手套灭菌最安全的杀菌剂。完全杀灭痰液中鼠疫杆菌所需之消毒剂和杀菌剂最低浓度如下表所示：

杀菌剂	最低浓度	灭菌所需的最短时间/分钟
石炭酸	1：50	5
升汞溶液	1：500	20
升汞溶液	1：1 000	30
来苏尔水溶液	1：50	20
甲基化酒精	不稀释	4
酚类消毒液	1：50	30 分钟后仍未灭菌
高锰酸钾	1：50	30
过氧化氢	1：3	30
Izal 消毒液	1：50	30
安替佛民	1：10	30
甲基化烧酒	1：2	30

　　进行了几次将鼠疫患者痰液混入日常食物中饲喂实验动物的实验。采用了 2 只豚鼠和 2 只家兔，只有 1 只豚鼠和 1 只家兔死亡，但解剖学和细菌学检验均未见鼠疫之症状。在鼠疫病房中，当病人咳嗽时我们进行了系列实验。让病人自然地手持培养皿，按两种方法进行实验：（1）将培养皿的琼脂表面与病人呼吸方向处于一条线位置；（2）琼脂表面正对病人的口腔前部，两者相距半英尺至 6 英尺不等。结果相距 2 英尺的培养皿显示阳性结果，相距分别为 3 英尺至 5 英尺者结果未肯定。为检测鼠疫患者居住过的房间的传染效果，我们得到一个意外机会，此时恰遇我们同事苑德懋医师染病，他于 2 月 17 日至 20 日一直住在新医院大楼并在该地死亡。苑医师不幸病故，使得他的同事能在病人死后第一时间立即对他住的房间进行检测，以查明其传染性。该房间有蒸汽式暖气设备，室内温度维持在 17 摄氏度。实验共使用了 12 只豚鼠，每 2 只置于一只马口铁制桶中，桶放

在房间（大小为 12 英尺 × 20 英尺，有一扇关闭的大窗户）的木地板上，放置的时间从半个小时到 4 小时不等。从抬走尸体后，除在指定的时刻取出豚鼠外，房内没有任何扰动，房门紧闭。此次有 4 只暴露于房间中的豚鼠死亡，尸检器官和细菌培养均证明为肺鼠疫阳性结果。3 月 2 日用 8 只豚鼠继续进行了类似实验（其中 1 只患病 15 天后死亡，细菌培养呈阳性）；在 4 月 5 日至 9 日，又用 4 只豚鼠进行实验（1 只显现肺部感染鼠疫）。3 月间，在扎赉诺尔将 10 只幼兔放置在离地面 1 英尺至 8 英尺的高处（全部存活）。于是我们得出的结论是：暴露时间从半小时至 96 小时的总共 55 只动物中，其中有 5 只死于鼠疫（2 只暴露了半小时，1 只 1 小时，1 只 4 小时，第 5 只则暴露了 96 个小时）。因此，病人住过的房间，即使地板上遍布痰液，似乎并不特别危险。苑医师死亡的房间似乎更具传染性，这是因为室内保持恒温，且有蒸汽暖气设备。但是也不应忘记，实验多次表明，豚鼠较之人类更不易发生呼吸道鼠疫感染，这或许是因为它们的鼻腔中有着丰富的成束纤毛。对鼠疫病人和尸体的衣物和钱币的观察结果均为阴性。将一些家兔和豚鼠与刚从尸体上脱下之衣物一起放于新棺材中，其检查结果亦为阴性。试图由病死者身上取出的纸币和硬币培养鼠疫杆菌亦告失败，但有记录表明，确实有某些曾盗窃病人衣物和钱财的仆役感染鼠疫的案例。应当记住，在绝大多数这类案例中，被盗窃者并非死人，而是濒临死亡者，这些人不停地咳嗽，此时之感染力最强。

对接触者和鼠疫带菌者的观察

大量接触者来来往往，给我们提供了线索，假如确认的话便是带菌者。为此从 2 月 2 日至 4 月 2 日两个月中，我们进行了 53 次检查，其中 50 次检查痰液，3 次检查扁桃体，结果表明除 2 次外均为负结果。在 2 个阳性结果中，一次证明痰液中有鼠疫杆菌，另一次病菌被藏在扁桃体中，但都未呈现鼠疫的任何临床症状。

1. 1号张姓接触者：27岁，汽车司机。被发现时与其他18人同宿于某拥挤客栈，其中1人同日（2月2日）死于易感染鼠疫之环境。医务人员前往客栈检查尸体时，除张某外其他接触者均无异样。张某自诉头疼，体温略高于正常，但脉搏并未增快，主要是受到惊吓而不像患重病，痰液检查正常。因为对死者的脾脏穿刺取样已证实为鼠疫，故张某与其他接触者一起被送入隔离医院。在整个留院观察期间他再未发热，且自我感觉良好。2月2日他的痰液涂片亦未见鼠疫杆菌，痰液培养物亦正常，但镜检发现类似鼠疫杆菌之细菌。将五分之一的斜面培养物注入豚鼠腹膜腔中，该动物于18小时后死于典型的鼠疫，由腹膜和脾脏取样得到的纯培养物亦予以确认。2月6日又将张某痰液和扁桃体拭子接种至新鲜琼脂培养基上，均出现典型的培养物。2月7日，张某出逃而未能被继续观察。然而，不可否认自2月2日至7日处于观察中的全部时间内，张某身体良好，两次取出的痰液均为刻意咳出的。18位接触者中，某王姓出人预料地于2月6日晚，即距在客栈与病人最后接触5日后死亡。肺鼠疫的潜伏期为3至5日，很可能王某受带菌者张某的传染，而后者体内潜藏着鼠疫杆菌至少6天。其余17位接触者身体一直健康，被顺利解除观察。

2. 2号张姓接触者：30岁，工人。为3月4日受检查的4位接触者之一。其痰液明显正常，但是在其涂片上，可见有类似鼠疫杆菌的细菌混杂在口腔常见之球菌等之中。细菌培养物不能确定，但将五分之一的斜面培养物皮下接种豚鼠后，该动物于18小时内死亡。从动物心脏、脾脏和肺脏之涂片上，未检出鼠疫杆菌，但心脏和脾脏的培养物中有可疑的细菌。3月8日，1只豚鼠接受了1：5斜面琼脂培养物腹膜接种，次日即死于鼠疫。3月9日和13日，又用张某痰液和扁桃体拭子进行了两次实验，但再未得到鼠疫细菌培养物。3月18日实验表明，张某的血清与按1：50稀释之鼠疫杆菌并未发生凝集反应。这些是肺炎鼠疫流行时存在健康带菌者的正面证据。在今后之疫情暴发时，有必要通过对痰液和扁桃体的细菌学检验，阐明带菌者在接触者中所占百分比，是否会高于我们在此有限的研究中所提供的数据。

混合感染实验

在研究杀菌剂对含鼠疫杆菌痰液作用的实验中，我们有时注意到琼脂斜面培养物被非鼠疫杆菌产生的芽孢的杂菌污染。分离出两种此类细菌，一种是枯草芽孢杆菌（*B. subtilis*），另一种是迄今未知的奇怪的杆菌。于是将它送给北京协和医院的细菌学家陈医师（Dr. Edgar Tsen）。陈医师报告说这种待鉴定之杆菌似不属于通常认为非致病的生芽孢好氧细菌，认为它是一个未报道过的新种。它被命名为BH，并将它与毒性甚大的鼠疫杆菌混合进行了一些动物实验。在第一组实验中，将混合物经腹膜接种在3只豚鼠体内，结果1只在接种15个小时后死亡，显微镜检查与细菌培养均未见阳性结果；另2只存活时间特别长，分别为50和144个小时，从它们的腹膜渗出物中回收到鼠疫杆菌和BH两种细菌。第二组实验中，2只豚鼠接受了枯草芽孢杆菌和BH混合物接种，它们存活时间也特别长，分别为72小时和120小时，其心脏血液培养后证明是无菌的，但在其他器官中回收到这两种细菌。第三组实验中，1只蒙古旱獭和13只家兔接受了BH和绿脓杆菌（*B. pyocyaneus*）一同培养的混合物接种，2只家兔在接种后存活了一个月，尸检表明发生了鼠疫引起的慢性改变；另有3只分别在长达9天至29天的时期内死去，涂片和培养都表明有鼠疫及其他细菌。

根据以上实验获得了以下结论：

1．在被处理的 13 只动物（家兔）身上，5 只在接种后至死亡经过了漫长的间隔；

2．不同的器官里出现慢性鼠疫引起的慢性改变；

3．检出极少量鼠疫杆菌，但是心肌培养则通常是无菌的；

4．这种毒力的明显减弱，可能是绿脓杆菌的影响，也可能由于鼠疫杆菌本身毒性变弱。

后来，在特异青霉（*Penicillium notatum*）与球菌菌落一起生长的培养基上产生过伟大发现，还有其他抗生素的发现。考虑到这一点，我们在此理应提及这些在 1921 年进行的，涉及鼠疫杆菌与其他常见非致病菌共同培养的实验。

非易感动物的实验

多年前即已知悉，猪、牛和各种禽类对鼠疫有强抗病性，而人与豚鼠、家兔和家鼠等小型实验动物则极易感染。1921 年曾进行过感染鼠疫实验，即对两头小猪、三只鸡、三只鸭子进行过皮下注射接种鼠疫杆菌。为两头猪和几只鸡接种的大剂量细菌，是由新近死亡病人取样经琼脂培养基培养后的全部培养物。两周后这些动物安然无恙，于是再从系列号为 No. 27 的尸体内取出鲜血并为每只动物各注射 2 毫升。三只鸭子则均以第三次转接之斜面培养物接种，该菌种系取自一位最近的鼠疫病人。所有实验动物中均未观察到应出现的反应。在第二次接种后 5 日，两头猪出现大小如核桃之局部脓肿，穿刺所得绿色脓液经检查，亦为阴性结果。两头猪经年接受观察，始终无恙。猪和鸡体表之肿块亦逐渐消失。美味的小家禽如鸡与鸭皆能成功地抵御巨大剂量之鼠疫材料，而号称万物之灵之人类，一旦用注射针头取 1 滴鼠疫细菌培养物刺入体内，三五天内必将倒下。此乃自然界咄咄怪事也！

1921 年这些实验的结果可总结如下：

1. 鼠疫杆菌存在于鼠疫病人痰液中，虽然它在试管中具有较强的抵抗力，但在冬季气温为零下 3 摄氏度的阳光直接照射下，9 小时内即被杀死。诸如湿度等其他条件与此无关。

2. 仅使病人的痰液变干，不足以杀死鼠疫杆菌。直接暴露于阳光下，仍有 40％的实验中显示病菌依然生长，暴露在木材或纱布上之病菌则有 60％的实验显示仍可生长。

3. 无论杀菌剂或消毒剂，即使其浓度高于推荐量，亦不足以杀死鼠疫杆菌。

4. 曾居住过因肺鼠疫而死亡病人之房间，并未显示特别危险。一幢有水暖设备并且窗户密不透风的现代建筑，较之当地通风良好的老式房屋似乎更危险。

5. 必须对诸如地板、墙壁等被广泛污染之处进行消毒。室内空气进行烟熏杀菌之效果仍然存疑。

6. 衣物作为肺鼠疫之传染途径不应忽视。

7. 1921 年鼠疫大流行中，已经证实存在鼠疫带菌者。

8. 用棉花和纱布制成的防护口罩，只要佩戴适当，是个人预防通过呼吸感染之最佳手段。经常并直接与病人接触者，不但应戴口罩，还须装备呼吸面罩，这是一种露出眼睛的兜帽。还要在面前缝一层光滑的绸布作为附加防护，因为咳嗽病人的感染危险最大。

9. 发现猪和鸟类对高毒性的新鲜鼠疫材料非易感。

　　某日晚上，演出之后，阿叔背着我回家，我用双手搂着他的脖子，他用双手托着我的大腿。在拥挤的人群中，我感觉有只粗大的手在解我的金脚环。我因害怕而不敢出声。回家发现小偷已将贵重的金饰盗走。从此以后，我决心永不再佩戴任何饰物，并且在以后一直如此，甚至婚礼时也不佩戴任何种类的戒指。

第5章
童年和学生时代

槟榔屿

东南亚马来半岛西北角，有一个面积不大的四边形岛屿，15 英里长，8 英里宽，面积 108 平方英里，人们通常称之槟榔屿。但 1786 年，弗兰西斯·莱特（Francis Light）船长以英国东印度公司的名义首次占领该岛屿时，该岛被称为威尔士王子岛，这是为了表示对当时的皇储、后来的英国国王乔治四世的敬意。

此时，荷兰已经将古老的马六甲作为要塞，牢固地将半岛西海岸沿线占领，并虎视眈眈地觊觎着任何可能到手的新的猎物，以便将荷兰的政治和经济影响扩张到整个东印度群岛。因为巴达维亚［现称雅加达］和马六甲已被荷兰人攫取，迫使东印度公司寻求属于自己的港口，供来往于印度的加尔各答和中国的广州之间的商船作为商埠。当指令到达吉打港商埠之前，莱特船长已经在劝诱马六甲苏丹。当时苏丹正为暹罗从北部、荷兰从南部的可能入侵担心，便将槟榔屿这个荒无人烟的小岛割让给大英帝国，换到数百支毛瑟枪和每年 6 000 元的补偿金。

莱特船长被授权在这个由他管辖的新属地自由开发，他生活于斯，且在 1794 年死亡并埋葬于斯。1800 年，与该岛隔海相对的陆地上一块条形的海岸亦并入原先槟榔屿，被命名为维尔斯里省，以表示对英国的印度总督的敬意。自 1805 年至 1830 年，这两块属地被正式划归为英属印度的第四大管区。马六甲被英国从荷兰手中夺得后，和新建立的新加坡一起于 1826 年受槟榔屿管辖，并在 1830 年命名为海峡殖民地。政府经过改组，由副总督任首脑。由于新加坡重大的战略地位，1836 年新加坡终于成为政府所在地。1867 年，殖民地公署便全面控制了海峡殖民地。至 1948 年，槟榔屿和马六甲被并入了马来亚联合邦，而新加坡则依旧是皇家的直辖殖民地。

然而，槟榔屿这个悬挂着东印度公司旗帜的货船小码头能逐渐发展为大英帝国一个繁忙的大港口，并非一帆风顺。因为莱特船长这位受过训练而淳朴的海军军官，在和那些驻守在马德拉斯和加尔各答的上司交往中有欠谨慎，也不善外交手腕，结果便是经常的摩擦和扯皮，而该岛的发展不得不延缓或朝令夕改。但是莱特船长坚守岗位，直到 1794 年 10 月因恶性疟疾复发而过早死去。在遗嘱中，他谈及如何与马丁娜·罗泽莱斯（Martina Rozells），一位在吉打出生的葡萄牙女士同居之事。她为他生育了 5 个孩子，长子名叫威廉（William），在英国受教育，并成长为一名有出息的军人。在整个半岛战争期间，他任惠灵顿公爵（Duke of Wellington）的机要秘书，后来去澳大利亚探险，建立了南澳大利亚首府阿德莱德城。

槟榔屿图书馆至今仍收藏着一些彩色油画，描绘莱特船长在 1786 年就任总督当日监督升起英国国旗的情景。然而，充分的证据表明，在莱特船长和其他欧洲人来到这里之前很久，已有其他著名人物到访过这些港口。例如在公元 4 世纪，中国高僧法显从中原出发，穿过戈壁沙漠和兴都库什山脉到达印度。他居留印度研习和收集佛经多年后，乘帆船从加尔各答附近的胡格里河（Hoogly）出发向南航行时，曾两次在马来半岛的西北部的某岛登岸取淡水，这个小岛据说就是槟榔屿。

在 7 世纪，正是唐朝兴盛时期，当时有学问的高僧以去外国游学为时尚。其中有位名叫义净（I-Ching）者，曾由海路从中国前往印度。在他留下的游记里，有一个港口中文名称为槟榔城。他还述及曾在该地品尝过当地盛产的坚果。毫无疑问，义净在当时中国方言里指的是槟榔屿（槟榔岛）。还应指出，称做槟榔屿，不仅因为该岛盛产槟榔，还因为这个岛屿的形状与槟榔颇为相似。

15 世纪的前半叶（1405—1433），中国有位名叫郑和的高级宦官，他出生于云南。遵照明朝永乐皇帝命令，为建立与该地区各国的政治经济联系，他在南部诸海洋中连续航行过 7 次。这位著名的宦官留下了他每次访问马来半岛各地的大量记录，其中即包括槟榔屿和马六甲。他的旅行范围远达爪哇、锡兰［今斯里兰卡］和马达加斯加。因为他作为上天之子，即皇帝的代表，在各地受到了隆重的接待，甚至被当做半神半人的角色。直到今天，在南洋许多华人长期聚居地，依然有为纪念他而建立的庙宇，他被世代华侨尊称为"三宝公"。

近代还有另一位杰出的中国人到过槟榔屿，这就是孙逸仙博士，后来他成为中华民国的第一任大总统。在他早年的奋斗和流放生涯中，他数次在槟榔屿、新加坡和马来亚的其他地方居留。他在这些地方觅得许多朋友和知音。他终于在1911年成功地推翻了清王朝，主要是由于他受到华侨在物质上和道义上坚定而持久的支持。

今天（1950年）槟榔屿约有40万人口，已发展为马来亚颇具规模的中心城市，也是马来亚的一个商业重镇。但是它的知名度并非来自其商业上的重要性——在这方面它远逊于半岛南端的新加坡，而是由于它那众多的美景，因此赢得一个骄人之雅号——马来美园。那铺满晶莹闪光沙粒的仙境般的海滨，岸边那流苏密布的椰子树，还有那海拔高达2500英尺、热带植物葱郁的槟榔山兀立眼前——许多猿猴、飞狐和种类繁多的鸟类均以此地为家。所有这些，都令来自全世界的游客们赞不绝口。在山坡上建有登山缆车，因而劳累的人们要想躲避山下酷暑，不用一个小时即可登上顶峰，享受习习凉风，俯瞰乔治市宽阔的海湾。在那里，一艘艘现代化的豪华远洋游轮，与那饱经风浪而变得斑驳破旧的木帆船，鳞次栉比地锚泊着。假如某人有更多的闲暇，他还可以在著名的山岩旅馆（Crag Hotel）或散布于山顶的其他宾馆过夜，每当金乌沉入浩瀚的印度洋后，即可观赏到城中闪烁的灯光此起彼伏。

对于那些游兴颇浓的观光者，另一个景点不可不去，那便是隐藏于山脚下的佛教寺院极乐寺。寺内花坛、宝塔、佛堂、巨大的佛像、宁静的鱼塘和装饰着传统中国龙的绿色琉璃瓦屋檐……这一切组成了一幅无与伦比美丽而极富艺术成就的图画。这个声名远扬的佛教寺院，不但是旅游者的必游之地，也是虔诚信徒顶礼膜拜的圣地。它离市区6英里，有一条修筑得甚好的漂亮公路直达，途中经过许多椰子种植园，最后可到亚依淡（Ayer Itam，黑水村）。槟城的道路确实得到了所有游人的赞赏。不论当地居民，还是外来游客，都把乘车兜风当做一件赏心乐事（如今汽车已完全取代了往日颇为恬适的人力车和敞篷马车）。在凉爽的傍晚，穿过两旁风凰木和紫檀树的林荫大道，或者沿着蜿蜒 40 余英里的环岛公路，时而绕过海滩，时而登上陡坡，通过一个又一个小渔村，可以见到晾晒在木柱上的渔网，还有那被拖上沙滩的当地舢板（当地人称为 prauws）。

乔治城是该岛上的主要居民聚居地，位于该岛的东部海角上。华人称它为"埠"，意为"市镇"，用马来语说就是 Tanjong，而"槟榔屿"则泛指岛上的任何地方。乔治城的街道大多数是笔直的，规划得体。居民主要是华人和马来人，后者大多住在乡下，还有印度人、亚欧混血人和欧洲人（大多是英国人）等种族。后者人数虽然最少，但把持着当地政界高位，包括当地的议员和警察局局长。欧洲银行和商贸公司自然也由白人充当首脑，然而职员则几乎全为亚洲人。体力劳动者均为华人和印度人，而马来人大多以捕鱼为生。在过去的 100 年中，槟榔屿的人口增长了大约 4 倍，而人口的种族构成则几乎没有改变，只是马来人的主导地位已经被华人所接替。

家世

早在 19 世纪的 50 年代初，一位 16 岁的来自广东省新宁县（今台山）的年轻广东移民，要在这个人口密集的地方落脚谋生。他的名字叫伍祺学。按照中国人的习俗，他首先要有一个诨名，大家都喊他"阿金"。当他健壮地成长起来又生意兴隆后，人们就改称他"大金"。阿金离开中国时，身穿一身便服，宽大的短上衣，一条短裤，用料是华南移民喜爱的那种发亮的黑色丝绸。他随身所携的只有一领草席和一个棉枕头而已，但是他信心十足，满怀希望。在他的故乡，村里的朋友告诉他南洋或南海之富足，说在那里终年温暖，大有发财机遇。村里的其他人都前往加利福尼亚或澳洲的金矿，收入颇丰，而在南洋，还有其他可能性。阿金是家里第四个男孩。他的长兄为责任所系，留在家里继承父业，支撑门户；还有三个姊妹留在家里，在一小块田中种甘薯，她们后来嫁给了邻村的农民，一生过着简朴的生活；阿金的二哥和三哥则前往加利福尼亚，为修筑铁路出力，并未去淘金地碰运气，他们收入微薄，很少寄钱回家；五弟是最小的男孩，他决定前往澳洲试试运气，结果运气不佳，直到 50 岁还要求助阿金为他提供回家旅费，他在家中和一位村妇结婚并安居一生。因此，维持这个由双亲、五个兄弟、三个姐妹组成的大家庭，实际上主要依靠第四个儿子阿金。至于他如何苦苦撑持这个大家庭，可以叙述如后。

阿金身体健壮，心灵手巧。在槟榔屿他开始在一个金匠店中当学徒，最初是学习为当地中国的和马来的儿童制作金锁或银锁，手艺熟练后，就开始设计并制作了成百种手镯和脚镯。这些饰品在当地的妇女和女孩中流行起来。富人要求用足赤金叶制作，自然付钱也多，但对于普通的顾客，只需在银器上镀金，在外表上看来与纯金的相同即可。那些并不在意含金量的人都用合金制作的饰物。

戴在手腕上的手镯，通常表面平滑且是实心的，戴在脚踝上的则较大而轻，并且是空心的，表面刻有纹饰，两端膨大并足够柔软，套在脚踝上可上下移动。金匠制作的其他首饰包括笔直如钉的金簪，长约 3 至 4 英寸，5 枚组成 1 套，在将长发挽成蝴蝶状后，即可用它固定成发髻；耳环或耳坠，是穿过耳朵下端的小孔悬挂于双耳的；梨形的或圆形的胸针，马来语叫做 krosangs，是用于将马来妇女的短上衣可巴亚（kebaya）的边角连接起来的。还有种类不可胜数的指环，有的为素面，有的则镶着品质与价格各异的钻石。首饰工匠越是有本领，他越能制造出更多种类的黄金首饰，因而便能受到当地妇女的青睐，让她们解开钱袋。

应当指出的是，虽然马来半岛的土著人口源自马来人种，只是最北部留有暹罗族的血缘，但通过与逐渐在该地区定居的中国男性相互通婚，种族之混杂已经发生。亚齐族穆斯林进入这个国家前，绝大多数当地居民接受了印度征服者的信仰。而宗教观念通常是自由的，他们先是与印度人，后来又与中国移民一起生活并通婚。后来穆斯林统治了这个国家，马来人与中国人和印度人的通婚几乎没有了。然而种族融合和相互容忍的某些秉性已经根深蒂固，所以在当地出生的中国人，血统并不如其祖先那样纯粹，而且他们变更了他们的民族服饰，以适合温暖的气候。妇女也接受了当地马来服装可巴亚上衣和纱笼。她们的发型也依从马来妇女的流行样式，挽成蝴蝶结状，马来语叫做 sang-goey，还做了改造，在发髻上插上了镶有钻石的金簪。

新风尚所致，金匠阿金应接不暇于那些豪门富户。他制作的金饰品供不应求，不久他便经营起自己的店铺，并雇用了几位经他自己培训的工匠。生意兴隆以后，阿金开始寻觅内助。有人介绍了林道启 16 岁的女儿。林先生是位木匠，也是个小的承包商，来自阿金故乡的邻县广东新会县，早已在槟榔屿定居。林先生的妻子出生于槟榔屿，娘家姓郭，她的父母是客家人——这是坚毅勤奋又富于冒险精神的中华民族的一支。他们没有自己定居的省份，遍布全中国，通称为客家人。事实上，在马来亚的锡矿山里，最成功的可以说就是客家人。他们似乎具有与生俱来的才干，能够探寻到并开发出富矿。另一些人，虽没有如此幸运，却也能靠那些曾经人山人海但后来被废弃的尾矿勉强维持生活。

现将林道启的家庭略加介绍。在他 58 年的生涯中，他并不比他同辈的伙伴更得志，但在他身后留下的两代人——他的儿孙辈，却为伍、林两个家族增添了声望。1840 年，中国出生的林先生和槟榔屿出生的郭小姐在乔治城举行了一个由朋友们参加的简单婚礼。一年后，第一个孩子——取名为林彩繁的女儿呱呱落地。中国家庭总是希望头生孩子是男孩，因而女孩的到来颇不受欢迎。这个女婴的取名便不甚招人高兴："彩繁"意味着"招惹烦恼"，借以表达了双亲共同的失望。然而，这个不受欢迎的彩繁一生，证明父母的忧虑毫无根据，命中注定她承担着维持这个家庭生计的重担，供养几个兄弟姊妹以及她自己子女的教育和生活。事实上，彩繁未出嫁前的大部分时间内，6 个兄弟和 2 个妹妹都主要由她负责照料。当她 16 岁时，和时年 32 岁的金匠伍金（阿金）结婚后，一共生了 15 个孩子，但只有 11 个长大成人。详见后述。

林彩繁出生后，林郭夫妇又有 6 个男孩出世。开始是一对双胞胎，名叫国祯和国祥，三男名国裕，四男名国礼，五男名国湖，六男，即最小的六经。六经长大后很富有，但其貌不扬，因为出天花而终生面部布满麻点。另外还有 2 个女儿。前 5 个男孩出落得聪明和漂亮，在槟榔屿受过一些教育后，便被陆续送到中国福州，因为当时中国政府需要懂英语的年轻人，以便培养他们成为海军军官。彩繁作为长女，又有幸福的婚姻，她为两个最大的弟弟提供了足够的旅费。她在有生之年看到了自己的慷慨大方得到了报偿，两个弟弟都在他们各自的事业上有所成就。长男国祯后来回到了槟榔屿，以政府译员为职业，他迎娶了一位福州富裕茶商的女儿为妻，最后荣膺槟榔屿最高法院的首席翻译官。二男国祥继续在中国海军里服役，1884 年在福州曾与法国人交战，1894 年在悲惨的中日甲午海战中，他的船被日舰击沉，但是他被人救起。1896 年，管带林国祥被清政府派往英国购买新船。为了重建中国海军，他在纽卡斯尔的埃尔西克（Elswick）监督造船。他在那里停留了近三年。①

她的另外四个弟弟中，三弟国裕在 1894 年中日甲午战争中被炮弹击中牺牲；四弟国礼回到家乡以锡矿工的身份定居于马来亚的霹雳州；五弟国湖留福州担任海军军官；小弟六经被人取了一个英国式的绰号"Looking"，在任职政府翻译官长达 20 年后，在马来亚的怡保市退休，他在该处锡矿赚得了大笔财富。六经舅舅以精明的手段在房地产市场上投资，直到今天，他那价值高达百万美元的钢筋混凝土大楼依然矗立在近打河（Kinta River）畔。这座大楼白天用做饭店、宾馆和婚宴场所，晚上则是广受欢迎的夜总会。这位舅舅在许多方面表现得颇为反常，在他最后 40 年中，他大量吸鸦片，甚至还在他的同胞中提倡吸鸦片。在本书后面关于麻醉毒品的章节中，还将做更多叙述。

这六个男孩的母亲是很幸运的，儿孙辈称她嬷或是阿婆（祖母）。1879 年她死于广州，享年 64 岁。她的灵柩由长女彩繁出资海运到槟榔屿，安葬在广东义园的一个土丘上。这片墓地原为伍、林两个家族所置，但后来也有外姓占用。绝大多数中国人都非常重视逝去双亲最后安息茔地的选择，为此，风水之说在中国长盛不衰。许多富裕家庭通常会花费大笔金钱

---

① 正是在这个时候（1897 年），伍连德是剑桥大学的一年级学生。他见到了舅舅，并在假期中与他共同度过了许多快乐时光。他还碰巧结识了林国祥管带的一些亲密同事。其中有程璧光管带，程在民国初年曾位居海军部总长，后来又任广东省省长，最后不幸在广州被政敌谋杀。第二位军官是谭学衡将军，他成了伍博士的终生好友，后来他被提拔为海军将军，成了袁世凯大总统的亲信。伍连德在纽卡斯尔时还认识了教授乔治·菲利普森（George Hare Philipson），教授当时任相距甚近之杜伦大学医学系的系主任。菲利普森教授是睿智和风雅理想的结合者，仪表堂堂，有其职业风度，对他的学生和病人富有魅力。在英国医学界的其他领袖人物中，人们经常见到这种高贵的品质，诸如克利福德·奥尔伯特爵士（Sir Clifford Allbutt，剑桥大学钦定医学教授）、亚历山大·麦卡莱斯特教授（Prof. Alexander Macalister，剑桥大学解剖学教授）、威廉·奥斯勒爵士（Sir William Osler，麦吉尔大学、霍普金斯大学以及牛津大学教授）、唐纳德·麦卡莱斯特爵士（Sir Donald Macalister，剑桥大学圣约翰学院资深导师）、医学总会会长沃勒特·奇德尔（Walter Cheadle，伦敦圣玛丽医院资深医师）等人。——作者原注

请风水先生寻找万年吉壤，再向经管茔地的机关定购。然后他们就把棺木寄放在坟场附设的"阴宅"中数月或数年，待黄道吉日到来后才正式安葬。有时这个黄道吉日永远未能到来，由于曾经富裕的家庭财源耗尽，他们的亲戚们就会强烈要求管理机关当局允许将死者草草埋葬。自从新中国成立后，地方政府便指令所有死亡者必须在一定期间内埋葬，否则遗体就要在城市或地区的火葬场火化。

伍连德博士的双亲：父亲伍祺学，晚年时人称伍金伯（金伯伯），1832—1916，享年84岁；母亲林彩繁，1844—1908，享年64岁，一生养育了11个孩子

伍、林两家的坟地位于槟榔屿的埃尔斯金山上。当初最大的坟墓属于第一位当地出生的林姓祖母，现在被至少有20座小一些的坟墓环绕着，其中埋葬着她故去的儿孙。这位林姓祖母坟墓覆盖着从汕头运来的雕刻精美的灰色石灰岩，两侧是顶部雕有石狮的花岗岩。林彩繁和她的丈夫伍祺

学的合葬墓也荣幸地饰有两个高达 16 英尺雕刻精美的华表，其上铭刻着他们一位儿子的显赫地位，这位儿子曾为大清和民国政府服务近 30 年（1907—1937）。

1903 年伍氏家庭三代合影。年轻的伍连德（后排最右边）刚由英国回家。五兄弟站立于父母身后，三个小孙子相随在侧。除伍连德外，所有男性均留有辫子。

伍、林两家联姻起始于 1857 年，至今养育有以下子女：

1. 长子连胜享年 72 岁（1859—1931）
2. 长女月霞享年 88 岁（1862—1950）
3. 二子连兴享年 57 岁（1868—1925）

4. 二女月桂享年 38 岁（1869—1907）

5. 三子连发享年 84 岁（1871—1955）

6. 三女月清 1958 年依然健在，时年 85 岁（1873—）

7. 四女月明享年 46 岁（1876—1922）

8. 四子连德 1955 年 76 岁（1879—）

9. 五女月柳死于 1954 年 3 月，享年 74 岁（1880—1954）

10. 六女月心，1955 年时她 72 岁（1883—）

11. 五子德安死于 1951 年，享年 62 岁（1889—1951）

伍宅坐落在中华街上，离观音古寺不过一箭之遥。广东人称其观音庙，而在福建则称做佛祖庵。阿金多年租住这所房屋并经营他的金匠生意。他用整个第一层开设店铺，经营金器贸易；二层为他那人丁越来越兴旺的家庭所占。生于 1859 年的长子被送到华南新宁农村老家，年仅 10 岁便学习中文和继承家族传统，因此他须接受严格的训练，届时去继承父亲成为家长。长女月霞留在家中帮助母亲做家务，照看年幼的弟妹。虽然她从未进过学校，但她依然成长为精明能干的女人。年轻的弟妹上学后，一个接一个证明能够独立之前，对她总是百依百顺的。但总的说来，女孩们对大姐更为尊敬，她们更多地从她那里学会家务、做饭和裁衣，这三项是每个马来亚华人妇女居家的必要条件（sine qua nons）。二男连兴 1868 年出生，在槟城大英义学就读时即已显露他在中文和英文方面的禀赋。二女月桂 11 岁时即能帮助大姐操持家务，因为她天性良善，与弟妹们相处融洽。三男连发比其他孩子更为文静，未强求其进入英语学校而仅学中文。这一决定对他以后的前途影响很大。三女月清颇有一些学者气质，有机会接受了基本中文教育，这对她后来陪同相当富有的丈夫——一位客家书生在 1900 年义和团起事后前往北京大有帮助。她作为一位交通局秘书的体面的夫人，在北京城内生活了多年。四女月明没有上学，性格温顺善良，长大以后成了一个能干的家庭主妇。她在 22 岁时嫁给一位游手好闲的麻脸丈夫，不久即破产，以至于晚年要依靠一子一女。

童年

我是家中第四个男孩，排行第八。我出生于星期一黎明之前。此日为光绪五年二月十八日，换算为西方的格里历，是 1879 年的 3 月 10 日。当我开始懂事后，我的姐姐和店员告诉我，我呱呱落地时，正是皓月当空，那是阴历一年的第二次月盈的十八日，时间是凌晨 3 时。遮月的云朵四散，黑夜天空中的月亮分外皎洁。显然分娩过程十分顺畅，未留下后遗症。一位马来助产妇（毕丹）在连续 4 星期中承担照料母婴之职责，洗衣服和看护我们。她的职责之一是用一个名叫 tungku 的至少 3 磅重之卵形铸铁块，加热后置于产妇下腹部，1 日 3 次，以助子宫体积复原。助产妇这一个月的职责，赚得共计 30 元的报酬。多年以后当我在医院中行将结束学生生活时，回想起这些原始技术，认识到妇女分娩时经受的疼痛与苦难，第一胎尤为深重。显然这种疼痛会随着多次生产经历而变得感觉迟钝和可以忍受，但是在出现受到现代科学训练的助产士前，每一个婴儿的降生必然充满风险。

在当时，婴儿通常以母乳喂养。母亲就像在我出生前哺育其他孩子一样，用乳汁哺育了我整整一年。在我缓慢而稳步的成长过程中，先是在光滑的地板上爬行，继而蹒跚学步，跌倒了又爬起来，终于在楼上的几位姐姐和楼下多位友善的店员的扶持下走得更稳。我开始观察周围的世界，与人谈话并开始思考。虽然如今 70 多年过去了，我依然清晰记得童年时发生的一些事情，包括比我年长的人们告诉我的那些事情。我在很小的时候就被带到街道上，并看到我家大门前匆匆流动的城市生活：穿着短衣短裤的中国人拉着的双轮黄包车、手推车、牛车，小型马拉的四轮出租马车。那里有各种商店，有些出售衣物，有些则出售食品，而另一些则出售水果和五彩缤纷的糖果。这里除了中国人，还有印度人。他们中有一些人在腰部缠上一小块布；有些则身穿五颜六色的纱笼，或者配上紧身的上衣。他们的妇女们经常在手腕或脚踝处佩戴金银环饰，宽厚的耳垂部坠着沉重的耳环，另外少数人则在鼻孔处穿着挂着彩色小石子的环。在街道上几乎看不见马来人，他们极少在城中经营商店或从事贸易活动。后来我曾见到一些由人驾驶的供出租或运输的交通工具，它们属于富裕的华人所有。大多数马来人以捕鱼为生，他们居住在海边渔村。印度人只在同胞中行商，他们有自己的货币兑换，并在那里展示金银钱币和装在玻璃盒中的兑换券，如同普通商品。槟城街道中，牛干冬街（Chulia Street，"干冬"，马来语"牛栏"之义）的一端整整一个街区居住着的皆为皮肤黝黑的印度人，头部寸发不留，身缠一块白布，脚穿皮凉鞋。我经常看到他们整日盘腿坐在他们的商店里，埋头于许多大型本册中（后来我才知道是账册），当时我曾怀疑他们如何能经商。有人告诉我，这些人都是来自印度南部的雀替尔族人（chettiars），是放贷人。我甚至在那样幼稚的年龄时，就受到警告绝不可落入他们手中。

　　除了商店，还有美观清洁的房屋，这些是富人的私宅。我偶尔进入这些房屋内，发现它们的结构和陈设大同小异。时光流逝并未改变它们，即使到今天，它们依旧基本保持我儿时的状况。前厅和房屋其他部分被一扇木雕屏风分隔。屏风之前安放着神龛，上面安放着一些泥塑或木雕的源自中国神庙中的神像。其中无疑受万民、特别为妇女景仰的是观音，通常是一尊雕刻精细的中国陶瓷像，或站或坐在莲花底座上，怀中还抱着一个天真的孩子。男子则多半崇拜三位战神：关公、张飞和赵云。在许多房屋中，我们都能看到神龛的木屏上悬挂着此三人的画像。在客厅的两侧，挨墙摆着 8 张红木椅，并配有茶几。这些或为本色，或镶嵌着珍珠母贝。前厅后面为起居室，居家的妇女们日常在此活动而不会被客人窥伺。这里也是全家用餐处。在大厅中央，摆放着长达 15 至 20 英尺的长桌，用途多样，诸如举行婚宴或寿宴，可容纳众多客人。穿过起居室则是厨房、盥洗室和浴室，而全部卧室均在楼上。

在父亲所开金店的店员中，有父亲的一位贫苦的本家兄弟。他比父亲小 5 岁，孩子们都叫他阿叔或小叔。父亲和阿叔一起在新宁农村中度过童年，这两位同姓兄弟中，兄长坚持学习，获得了相当的传统知识，而弟弟则安于家中平淡鄙俗的生活。父亲在槟榔屿发达后，便召唤他渡过"七海"来试试运气。"七海"是当时中国海南部的俗称。阿叔年龄太大，很难学习经商或手艺，而他的文化程度又无法胜任财务管理，因此便被请来照看孩子，做点比较轻松的杂务。于是 40 岁的阿叔和 6 岁的我成了忠实的朋友，直到今天我依然记得，他个子不高，圆脸，嘴上留有一撮小髭。他将 3 尺长的发辫盘于头顶，而不像当时绅士将发辫直垂后背。每逢节日，我经常在早晨陪他去市场探听日常生活用品的用途和价格。晚上我们就去椰脚街（Pitt Street）观音庙前看露天戏。这些戏剧由某些人为还愿而出资请戏班为人们免费演出。根据出资者的中国原籍，分别用粤语、潮州话或闽南话演出。在某些节日，比如在 7 月"安魂"节［盂兰盆会］，据说此时阎罗王将亡灵释放，允许他们返回阳间；再如 9 月上旬，为纪念九太子［貔貅］的日子，信徒们奉献大笔金钱，请民众免费观看连续演出，时间长达 1 周甚至更久。某日晚上，演出之后，阿叔背着我回家，我用双手搂着他的脖子，他用双手托着我的大腿。在拥挤的人群中，我感觉有只粗大的手在解我的金脚环。我因害怕而不敢出声。回家发现小偷已将贵重的金饰盗走。从此以后，我决心永不再佩戴任何饰物，并且在以后一直如此，甚至婚礼时也不佩戴任何种类的戒指。

椰脚街的观音庙是槟城被占领后不久建成的。令我幼时印象深刻的，是香客很多，男女老少都来此点着红色蜡烛和线香，下跪祈求健康和财富。为确认祈祷是否灵验，或是观音菩萨应允或拒绝了他们的请求，他们采用了一对月牙形的小木块，一面平一面圆，仿佛是一粒巨大的咖啡豆的两瓣，将这对木块轻轻上抛，并让它们落在神像面前的地板上。神的决定由木块落在地上的状态显示：如果一个圆面朝上，另一个朝下，就表明神应允；如果两个木块朝上面的情形相同，则遭到神的拒绝。如此瞬间作出的决定，事关钱财、婚姻与祈求者日常生活的事务。祈求者获得的是快乐还是灾难，婚姻前景是顺利还是坎坷，仅靠抛掷这两块木头，在坚硬的地面上连续剧烈撞击来决定，而那神像则总是端坐不动，面带慈祥而神秘的笑容，这真令我不胜诧异。这让我们想起了古代罗马人的习俗，他们在祭神的家禽内脏中竟能读出上天的旨意。于是历史的进程完全是由罗马祭司或预言家们的手是否颤抖来主宰。

另一种占卜问卦的形式是求签。在佛像前摇动一个内装竹签的竹筒，直到某根竹签掉出。然后将竹签递给执事僧人，僧人他将竹签换成相应编号的黄纸笺。纸笺上写着神谕文字，它通常是一个谶语，解读其隐含的意义，则须求诸专于此道者之如簧巧舌。

某座寺庙进香者之多少，即其知名度，主要取决于求神问卦的灵验程度。椰脚街的观音庙在这方面据说是最可信的，因此它的信众非常多。在观音诞辰日，这里挤满了数千进香者，无数点燃的香烛所产生的浓烟，使人几乎窒息。寺庙一直保持着甚佳之名声，招来了暗中嫉妒者，庙中僧人之间也发生争执。最后当地华人社区的头领们——他们受华人大会的授权，决定出面干预，并接手了寺庙的管理权，使寺庙的经营为整个社区造福。信徒们大量的捐款和在庙中出售各种物品所得，现在均用于公共需求与社会福利。

我至今仍清楚地记得的另一童年趣事，是中国新年和一年中顺序到来的其他节日。按规矩，中国的劳工和工匠在整个一年的工作中是没有歇息的，只规定在新年期间停工整整两星期。假日一般从旧年结束前两天开始，他们光顾商店置办新衣和食品，特别是猪肉以及从中国进口的形形色色的美味，例如烟熏腊肠、腊鸭、鲍鱼、鱿鱼（墨鱼或章鱼）、白果、菱角、海参以及其他价格不菲的美味食品。此外，他们还要准备祭神用品，因为在过去一年中神保佑他们和他们的家庭平安，也祈祷上天在来年继续保佑他们。

新年前夕，除售卖与欢庆新年有关必需商品和食品的商店外，其余都将闭上门板，门前悬挂起长红色丝带。所有房屋要进行彻底扫除，主要墙壁要粉刷，无论木质或水泥地板要用水擦洗。许多地方也许一年中仅有这一次扫除。一两英尺长的红纸条上写上各路神仙（天上的、家庭的，甚至厨房的）的汉语名字，分别贴在相应地方的墙上。长达10英尺，甚至更长的甘蔗连带着青叶（象征年年兴旺）装饰在门前。在神龛前，供着各色水果，有西瓜、进口的橙子、菠萝和柚子。西瓜子、糕点和甜食装在玻璃容器中，摆放在客厅中央的大桌子上，以供来访亲友随时食用。在大年除夕夜到来之前，处处充满着忙碌和兴奋。蓦然间，一切都妥帖了，所有工作均告就绪。男女老少都尽量穿上了新衣，暂停睡眠，静候子夜开始的新年到来。中国人认为在此时刻全家所有成员，无论贫富贵贱，均必须在家中团聚，不应在公共场所相会或在旅馆中守岁。午夜钟声一经敲响，立刻全城鞭炮齐鸣，声响震天。在这些日子里，人们真是心情欢畅，尽情庆祝。那时马来亚不像战后这样，并无紧急状态，因此并不禁止人们燃放鞭炮烟花，人们可以随意尽兴，只要他们的钱包容许。

烟花爆竹声之余音尚留耳边，三两成群的流浪艺人登场了。他们或吹笛，或用一根尺状木条敲击平钹，如果有第三人，则吹笙合着节拍伴奏。这些人并非正规的艺术家，只是想趁此众人欢乐且友善的时刻，联合起来赚点"红包"。红包（angpow）是福建方言，它在欢庆中国新年以及诸如寿庆或婚礼等喜庆时刻，从过去到今天，都有着重要作用。红包就是以现金作礼物，通常是一块银子外加几枚铜钱，表示"同心"，外包红纸——红色对中国人而言是喜庆幸运的颜色，每逢喜庆之日，将其分送给适当的人，特别是孩子们。这个风俗传布如此之广，以至于在马来亚的各种族中风行，并被作为该地区的英语惯用语表示年终奖励或对忠诚服务者的特别犒赏。

曙光初露，孩子们便穿上最好的丝质新衣，戴上他们最珍贵的首饰。男孩们将头发分成小撮在头顶上编成辫子，并用红色线结扎；女孩子梳理并美化秀发后，还要戴上柔软的可以调整的头饰，金头饰上饰有诸如传说中的"八仙"等。全家黎明即起，父母、祖母和其他长辈要把价值不等的红包发给孩子们。在当时（1885—1895）的槟榔屿，游乐场与康沃利斯城堡（Fort Cornwallis）紧邻，在春节最初5天，那里是孩子们和那些照看他们的仆人的天堂。在那里汇集许多游商小贩，他们叫卖新鲜水果、加香料的露酒、冰糕、杯装果冻、热面条、麦芽糖稀，还有各种酸的、甜的和加有调料的零食点心，令孩子们垂涎欲滴。众多孩子们围绕着这些小贩，许多孩子手上有钱却又难以确定想买之物，小贩们自然满载而归。还处处可见一种形似轮盘的游戏。游戏器具的结构是：一根可以旋转的棒子，一端悬挂着一根指针，垂直指向下面一块被画成不同格子的圆板。游戏者交费后，拨动指针使其旋转，当指针停下指向某个格子时，格子里的几块糕点或甜品就属其所有。当然，如同绝大多数此类游戏一样，胜算的概率总是不利于投注者的。孩子们虽然极少能得到物有所值的结果，但孩子得其一时之快乐。细心的母亲往往把孩子们的红包留在家里，只让其带上足够的零用钱，若非如此，则所有的红包都将流进那些小贩们的口袋。

新年的开始5天，孩子们要去给长辈拜年，以表示对他们的尊敬。男子在他们的祠堂里相聚，互致问候，然后坐在桌边赌博以消磨时间，有时赌注颇巨。妇女们则愿意留在家里照看子女与准备饭菜，偶尔也花钱去戏园。当时未有电影，只有中国戏剧，每天演出两场，每场三四个小时。剧情则是描绘历史名人或英雄。在主要节目中，有时难免有插科打诨或滑稽剧穿插其中，但不会有今天某些西方影片里常见之血肉横飞场景。

手艺人或劳工在劳累后得以喘息，每人都按自己的意愿享受假日。大多数人借乐器放松，或玩小注的赌博。有一条不成文的规矩，或至少是在警察局与公众之间有此君子协定，即在新年的最初几天，只要不发生暴力行为，也没有人聚赌设局，小注的游戏则受到当局许可或默认。当然，人人酒足饭饱，这对许多人也许是一年中唯一的一次。因为错过了今年的假期，或许就得等下一个新年，况且，他们这些远涉重洋数千英里，久别父母妻儿的人，又怎么可能尽情欢乐。

新年假日第八天，子夜带着又一次庆祝高潮来到了。这是新年祝福活动的又一个高潮。流浪艺人再次登门，演奏音乐讨些犒赏。这次的节目是感恩，为过去受到保佑而感谢上苍，同时祈祷未来之庇佑。在此种场合，八仙桌子上摆满了各色供品，有烤乳猪、鸡鸭和时鲜果品，紧靠大门内离地3英尺高处摆放着3小杯黄酒和3小杯清茶，每位家庭成员都须在此向上天祈祷。

　　正月十五日到来，当地方言叫做 chap-go-meh，这是新年欢庆之尾声。这个节日是为未婚少女而设的。此前多时，各家的女孩都在准备漂亮的衣着和稀见的首饰，以便在元宵夜炫耀一番。要是某家有自己的马车（彼时尚无汽车）当然很好，如果没有，以数倍往常之价雇来一辆尽可能收拾一新的四轮印度式小车使用一夜，也属差强人意。夕阳西下，激动人心的时刻到来了，待字闺中的女孩获准离开家庭的约束，乘车通过灯火通明的大街，让异性一睹芳容和品头论足。这是一年中仅有的一夜，体面家庭的女孩得以外出，随意游览而不必担心责难。马车往往会在海滨或河边停留片刻，让姑娘们试试运气，看看在这个年头结束前是否有机会喜结良缘。她们用碎瓦片或扁平的卵石向水面削掷，做"打水漂"的游戏。如果碎片在水面跳起一次或两次，则预示前景乐观；如果碎片直落水底，就意味姑娘须静候。

　　还应提及与此有关的是，此时当地出生之华人女孩，多已经接受了严守伊斯兰教律的马来原住民的服饰和起居习惯。因为早年到来的中国移民并未携带家眷，因而多与当地马来或泰国妇女结婚。他们的女儿也都按她们自己的方式养育。可是，尽管他们允许这些女孩儿接受当地的服装、发式和某些风俗，但中国人坚守自己的生活准则，即饮食习惯和文化。所以男孩子和部分女孩都须上学，继承着源自孔老夫子时代的民族习惯和传统。

　　"正月十五"是庆祝活动之最后一天。女孩们已经出去见识过，也被别人一睹芳容。已经见到中意男青年，但并未定主意者，还须等待来自父母和媒人的消息。如有必要，前期的正式谈判即可开始。

　　此时大多数人已准备次日复工，一年中的最大且最长的假期已经结束。未来 12 个月中再难遇此良辰。小学生们找出课本，掸去灰尘，削好铅笔，静候复课和认真学习，也许还要被严厉的老师打手心。

启蒙

1886 年的中国新年假期过去不久，我上学的日子终于到来了。二哥连兴时年 18 岁，已经是最高年级的学生，即将离校寻找就业机会。他已经在这个北部殖民地最好的大英义学受过教育，我自然要步其后尘。我首先被领到地处大街且离我家不远的观音庙去叩拜（生活发生重大变化时必做之事），然后被带到负责学籍的办事员面前。这位办事员的中文名字叫甘阴吉（Kam Im-Keat）。这位先生大约 45 岁，操英语和福建方言，近视眼镜挂在他的鼻尖，颇有些玩世不恭的样子。

在学校的花名册上登记我的姓名时出现了麻烦。用汉字写某个中国人的姓名，只有一种写法，然而要把它读出声来，则可能有一打读法，因为中国语言中方言太多。我的名字可以写成 Ng Leen-Tuck（意思是五种德行合于一身），而按官话发音则是 Wu Lien-Teh，可是用我自己的广东方言，应写成 Ng Leen-Tuck，用福建方言来拼写，即正好是这位办事员的乡音，成了 Gnoh Lean-Teik。因此我在学校注册的姓是 Gnoh，这位办事员先生又折中地把我的名字写成了 Lean-Tuck。真要感谢甘阴吉先生，我的姓名竟拼写为 Gnoh Lean-Tuck 了。这个名字始终伴随着我的求学生涯，在剑桥大学和伦敦医院，后来当我有资格做医师，我的名字出现在官方注册簿上时同样是 G. L. Tuck。在我的欧洲老朋友中间，我就被称做 Tuck，我的儿子 Fred 如今（1954 年）也正在剑桥的依曼纽学院读书，人们都喊他老 Tuck 的儿子。1908 年我到天津陆军军医学堂任职时，发现我的姓名采用官话翻译最方便，此后我签名就写作 Wu Lien-Teh。

现将槟城大英义学
(Penang Free School) 略加介
绍。1786 年弗兰西斯·莱特
在槟榔屿建立殖民地后，当
地牧师哈钦斯（Rev. R. S.
Hutchings）与某些人商酌后，
于 1815 年向州长申请建立一
所公立学校，并就其管理提

槟城大英义学

出了一些建议。经州长批准后，即开始筹集经费，并在 1816 年至 1824 年
间募集到 10 867 英镑。除由政府赠予邻近今日圣公会教堂，当时称做教堂
广场的土地外，还允诺每月拨款 200 英镑作为办学经费。办学伊始，即确
定"必须小心谨慎，不得干涉家长们反对基督教的偏见"。因此所有儿童，
不论其种族和宗教信仰，均可自由入学。所以这所 Free School 并非不收学
费，而是指思想信仰自由。1816 年 10 月 21 日，新校舍尚在建设中，一所
对所有男孩开放的全日制学校，在情人巷（Love Lane）一所房屋中开学
了。1817 年该校有 49 名学生，到 1830 年，学生数增至 90 名，1845 年为
173 名，1860 年为 296 名，1880 年为 573 名，1900 年为 798 名，至 1906
年则为 837 名。新校舍一再增建，最后不得不将高年级迁往新的大楼。这
座宏伟的新建筑占据着青草巷（Green Lane）中一大块地方，离市中心 3
英里。此大楼可容纳 1 300 名二年级学生，并配备着近代教学设备，有可
开展各项体育运动的大操场。此时教堂广场的学校原址改为赫金斯小学
堂，用于纪念学校的创始人，并附设有命名为维斯特兰和弗兰西斯·莱特
的学校。这些初级学堂为高年级的大英义学提供生源，该高年级的课程是
从标准课本第六级（Standard Ⅵ）开始，现在则称为二年级（Form Ⅱ）。

1886 年我入学时，大英义学共约有 500 个全日制学生，大多数学生每月缴纳一元钱，当然还有为数不少的穷困学生学杂费全部免除。父亲给我两分钱吃午饭。学校校长名叫乔治·格里芬（George Griffin），和他的前任约翰·克拉克（John Clark）一样，都在伦敦的切尔西（Chelsea）圣马可学校（St. Mark's School）受过教育。他是一位高大魁梧躯体笔直的男子，短短的灰头发修剪成士兵发型，胡须浓密。他经常穿着一身容易浆洗的白色军人操练服，挺立的领子，贴身的是一件普通的衬衣。在当年，这样的服装花 24 元即可买到一打。每套服装洗烫一次仅为 5 分钱（1 先令）。格里芬先生的军人风度令我们印象深刻，每天必来几个教室，而那皮靴踏在光滑木地板上颇为沉重的脚步声，会让我们提前知道他的到来。我们的教室一字排开建在从观音庙到红毛学前（Farquhar Street）地区，街的尽头就是新建的赫金斯小学堂。这里是各自独立的楼房，每楼容纳 2 至 3 个班级，每幢楼用砖座支撑，高出地面 3 英尺，再由水泥走廊将楼房彼此相连。卫生间只是相当原始的公共厕所，房顶盖着当地出产的瓦片，而脚下是沥青水泥地面，散发着浓烈难闻的石油和消毒剂气味。

整个运动场内，既无合适的游戏场地，也没有任何体育组织。我们逐渐长大，越来越喜好运动，就要自己想办法。我们用破损的书架制作自己的板球拍，从当地欧洲人俱乐部雇用的淡米尔球童处以一角钱一个的价格收购废弃的网球。为了打网球，或者说我们自己所认为的网球，我们还利用了我们的写字板。写字板在当时是小学生必备的学习用具，因为它能反复利用，特别是演算数学题时更为方便，因而比用纸张更节约。我们就是这样接受了网球和板球的第一次培训。尽管不甚完美，但不少男孩由此而精通了这些运动。假如那时已经引进当代羽毛球运动，无疑会得到普及，许多学校中将会产生世界冠军，像以后那样，为马来亚带来荣誉和国际声誉。足球需要更广阔的空间，通常都在空旷场地练习。后来的校长威廉·哈格里夫斯先生（Mr. W. Hargreaves）对此颇为重视，星期天或是其他时间只要没有正式比赛，他会允许孩子们在运动场练球，因为他曾经是当地欧洲人板球俱乐部的足球队长。

在格里芬先生领导下还有两位英语教师，在低年级还有中国人、淡米尔人和马来人辅助他们。绝大多数课程相应的基础课程，低年级或多或少用马来语讲授。通常是每教一个新英文单词，便将相应马来语单词用罗马化拼写，同时让孩子们用英语、马来语和汉语反复读出这个词。低年级课本由当地印刷，但更高年级的课本则来自印度的马德拉斯或英国。到我们入校时，这一早期的教学体系已经放弃了。不再借助马来语对课文作一般讲解，在年轻学童最易于接受知识的年龄直接用英语讲授。结果在槟榔屿，特别是在马来联邦，成长起来的不止一代当地出生的华人能够流利地讲英语而不懂马来语，但后者却准备作为未来的官方语言。看来有多条理由认为，在初级小学校里应该坚持原来的政策，教授英语的同时附带教授罗马化拼写的马来语，这样所有未来的公民不仅能略通马来语言，还能理解马来民族的思想和心理。荷兰政府看来在几个世纪前建立统治之初即已理解这一点之重要性，因此在培养它的未来公民时采用了易于理解的罗马化拼写方式，而未用扎威（jawi）拼写系统。也许荷兰人并未预料到1950年他们会将政权交给印度尼西亚人民，但是至少使这个国家的统一和独立有了较充分的准备。这当然要比马来联邦更明智，他们曾经希望采用英明的政策，通过把英文与罗马化的马来语结合起来学习，使三个主要民族——马来人、华人和印度人彼此更加了解，这个自治政府便将建立在更稳固和更长久的基础上，就能像已经立国数百年的瑞士联邦那样。

格里芬先生任小学校长20年（1871—1891）。在此期间，教授给男童的知识过于浅显，曾令槟榔屿的人们颇为不满。因为 1885 年设立了一种高级奖学金（后来称英女皇奖学金），使整个海峡殖民地有培养前途的孩子能前往英国深造，但是只有受到较好培养的新加坡学生入选。于是大英义学的管理委员会决定聘请一位受过大学教育的人出任校长，这样，都柏林三一学院的文学硕士、英国莱瑟黑德（Leatherhead）圣约翰学院的助理学监威廉·哈格里夫斯先生便上任了。

情况立见好转，教学的重点转向户外运动并且更多地学习英国文学、历史、地理和数学。新校长成功引进了某种难以言传的精神，这种精神是优秀的英国公立学校的特色，于是孩子们常常受到一些新词的赞扬，例如"团队精神（esprit de corps）""行为正大光明""完美的绅士""这不公平"等诸如此类的惯用语，表达出希望每个少年应具备的良好品质。

1890 年到 1895 年前后，用功的男孩的学校生活是愉快的，尽管他们还颇不通世故。我在家里没有专用于学习或睡眠的房间，店铺后面有个空间让我放一张桌子和一把椅子就很满足。通常我用的是全家吃饭用的餐桌和随便找到的空余凳子。那时晚上还没有电灯和气灯，一盏大型煤油灯挂在天花板下供全家共用。如果我的学习超过了熄灯时间（通常是晚上 10 点），我便点着一盏简陋的椰油灯照明。这种灯是一个口径约 4 英寸的陶制浅碟，内盛椰子油，油上漂着一根灯芯。椰油灯所发出的光线微弱且摇曳不定。数年中，夜夜在这种环境下自学。令人不解的是，我的视力尽管需要借助近视眼镜，但 70 多年一直保持稳定。

如同这个殖民地，乃至全世界任何学校一样，在大英义学也有欺凌男童的情况，但《汤姆·布朗的求学时代》一书中所描述的那种极度恶作剧或高年级学生残暴欺压低年级学生的事件并不存在。这主要因为我们都是走读学生而没有寄宿学生。

哈格里夫斯在槟榔屿任校长 13 年，与大英义学的私人合同期满后，他接受了一个可享受退休金的公职，担任瓜拉江萨（Kuala Kangsar）马来学院院长。这所建立在霹雳州苏丹州府的学院，供马来亚酋长和地方贵族子女接受较高之教育。我童年时代能在大英义学遇上这位校长，是件幸事。1893 年我升入最高年级（Standard Ⅶ），开始受到他的影响。那年我已有 13 岁，但仍然是班级里最年幼的。哈格里夫斯校长因此昵称我为 ba-by，而且特别过问我学业的进步。大约有 20 名优异的学生被选拔出来，在特别班学习，以便辅导他们参加每年在新加坡举行的政府与英女皇奖学金的选拔考试。哈格里夫斯亲自教英语、文学和历史。他特别注意孩子们的语音，强调英语之所以重要，是不得不使用这种语言说话。尽管哈格里夫斯在都柏林取得学位，但他是一个地道的英格兰人，因此他要我们尽量学习他的同胞的优秀品质。他很少使用教鞭，但对那些狂妄自大、不诚实或欺侮弱小的学生则十分严厉。他每天授课 3 小时，其余时间则用于校务或监督其他班级，包括与高低年级学生谈心，了解他们的家庭、愿望、抱负和体育活动。

哈格里夫斯先生身材高而体瘦，胡须颇密且已显花白，浅褐色头发日见稀疏。他走路的步态与众不同，头前倾而用脚尖着地。这与格里芬先生专用后跟正好相反。他步行时双臂前后摆动，像受检阅的士兵，举手投足无不像运动员。他常常谈起在莱瑟黑德度过的岁月和在英国受业时的师长，以及后来经他教导的许多出色学生。他的声音悦耳犹如音乐，童年时无疑是唱诗班中的佼佼者。因为我们中的大多数人认为英国人刻板而不易亲近，冷漠而势利，他便以友善的方法亲近我们。他的妻子天性和蔼，来自兰开夏（Lancashire）郡一个富裕家庭，善于绘画。她描绘当地风景和人物的油画和水彩画，备受众人赞赏。夫妻二人相敬如宾。天气好时，人

193

们常见两夫妇驾驭着由一匹白色小马拉着的黑色敞篷马车，沿拥挤的海滨广场而行。他们只有一个孩子，名叫托尼。托尼先在印度军队中服役，退役后成为伦敦城中的股票经纪人。

荣获英女皇奖学金

哈格里夫斯在学校中曾得到几位英国人的帮助。这些人中，我记得有W. 汉米尔顿（W. Hamilton，后来成为校长）、艾克瑟尔（J. M. W. Eckersall，优秀的数学教师，教我们初等和高等数学以及化学）、霍金斯父子（Hawkins, Sr. & Jn.，小霍金斯同样精通印度语和马来语）、斯塔尔（H. Starr，一位爱尔兰耶稣会修士）和 R. 巴特勒（R. Butler）先生，其余助手、教师皆为中国人（我记得其中两位是黄财福和郭天进，后一位是位高明的数学家）、马来人和淡米尔人。亚欧混血儿通常坚持进入他们早先建立的圣方济各·沙勿略学院（St. Xavier's Institution）。该校坐落在较远的红毛学前。在哈格里夫斯先生关怀下，我们槟城大英义学获得 1893 年两个英女皇奖学金名额中的一个，获奖者名为洪木火。第二年又有大英义学的孩子辜立亭获此殊荣。再过一年（1895 年），我位居第二，本应属于两名中，但我未达规定年龄，只好再等下一年的竞争。但到 1896 年，我以足够高的分数成为唯一的获奖者，必须独自前往英国。

可以在此谈谈该奖学金的来历，以及为获此宝贵奖学金而进行的竞争。1885 年，海峡殖民地的总督塞西尔·克莱门蒂·史密斯爵士（Sir Cecil Clementi Smith）建议设立此英女皇奖学金，每位学生每年 200 英镑，共 4 年，外加往来伦敦的旅费。设立此奖学金的目的是：

1. 帮助学业优异的男童有机会去英国深造。

2. 鼓励一定数量的男童留校，并接受确实有用的教育。

海峡殖民地的任何一所学校均可提名奖学金候选人，但往返新加坡应试之费用由提名学校担负。在最后确定中选者时，还须考虑申请者在校的历年记录、性格和天赋。事实上，应选者除个别人外，都表现极佳，由此足见其选拔过程之高标准和授奖决定之极度慎重。

幸运的是，来自槟榔屿的孩子们得到中国富商的大力帮助，他们为土生土长的子弟取得的成绩骄傲，乐于为这些离家的孩子作出奉献。在该地经营鸦片和酒坊者，多为来自槟榔屿的商人。他们在公开竞争中打败新加坡对手获得了专卖权。当孩子们在新加坡应试时，他们在牛车水街（Teluk Ayer）的办公室楼上的起居室里，为这些小客人安排住宿，鼓励他们用心应考，为他们准备可口的饭食，令人大有宾至如归的感觉。应考少年在宠爱的氛围中度过了 7 至 10 天。这些孩子看到过熟土（加工好供吸用的鸦片）如何在大锅中炼制，以及如何分装进小袋或金属小管。他们还闻到酿酒作坊内浓烈的烧酒气味。不过他们从未想过要去尝试它们。唯有那些富商的名字令我们终生难忘：谢增煜（Cheah Cheng-Eok）、谢德泰（Cheah Teik-Thye）、谢自友（Cheah Choo-Yew）、谢琦意（Cheah Ke-Eee）、林克全（Lim Khek-Chuan）、陈谦福（Tan Kheam-Hock）、何长远（Ho Tiang-Wan）、颜五美（Gan Ngoh-Bee）和邱汉炎（Khoo Hun-Yeam）。

试卷由剑桥大学的考试管理会发下，候选者答卷则海运送回。当时尚无航空邮政，按今天的标准，邮船速度也不快。一般要等 4 个月，因此须用电报通知这两位成功的优胜者。当 1896 年 5 月我们得知好消息时，我的亲戚朋友们真是高兴万分。我一共参加过 4 次考试：1893 年我 14 岁，名列第八；1894 年获第五名，获政府颁发的奖金 50 元；第三次在 1895

年，我虽位居第二，但年龄太小，不能领取奖学金，不过得到政府180元奖金；最后一次考试在1896年，我夺得第一，必须独自乘船前往英国，因为另一个候选者未达到奖学金的分数线。

我为我的家庭赢得了非凡的荣耀，然而某些冒失且顽固的远亲却来劝我父母，要我留在本岛，求得一个政府职位即可。因为如果我脱离了家庭的影响，很可能会失去自己的社会身份并丢掉那宝贵的辫子。更有甚者，我也许会在英国娶一位英国姑娘，再也不顾自己的老家和祖先了。然而家中有一人特别支持我去英国，这便是二哥连兴。他年长我10岁，当时正在槟城地方法院任副翻译官。他全然不理睬那些无知的亲戚的游说，坚持要看到我成为一名医师。他认为，已经出色地得到一份丰厚的奖学金，则应该允许我前往英国求学以从事一项高尚的职业。

在哈格里夫斯校长的英明领导下，槟城大英义学声名鹊起。来自马来亚各邦，甚至来自遥远的新加坡的优秀学童，慕名来到殖民地北部继续他们的学业，希望赢得英女皇奖学金。自1885年创立奖学金至1910年暂停，一共资助了45位年轻学子。到1939年则共资助了88名学生。其中有21位出自槟城大英义学，11位来自罗马天主教的圣方济各学院，1位来自槟城卫理公会的英中学堂。在哈格里夫斯任职期间，他亲手培养过9名获此殊荣的学生。因此，他为继任者提供了良好的发展基础。在哈格里夫斯校长离校以后，由来自牛津基布尔学院（Keble College）的文学硕士皮霍恩（R. H. Pinhorn）先生继任，并在大英义学主政长达21年（1904—1925）。事实证明他是哈格里夫斯的称职继任者。他不但继承了英国公立学校的传统，在1924年英女皇奖学金恢复以后，又培育出了3名获奖者。另一位杰出的校长是在第二次世界大战以前任命的来自伦敦的文学学士和理学学士阿诺德（L. M. Arnold）。他接受过我的建议，在讲授动物学时，用解剖真正的动物取代并不可靠的挂图。这几位当地有名的教育家都已故去，他们健在时，经常被人调侃：老校长眇一目，皮霍恩跛一腿，阿诺德则失一肾。据我亲见亲闻，确实如此。三位校长中，哈格里夫斯享年最长，1915 年他们退休后，他们夫妇在位于西肯辛顿的朗瑞吉大街上的家中度过了 20 多年。后来，我作为中国政府和国联的代表前往欧洲参加医学或其他会议，使我得便探望这几位敬爱的老人。我今日之学术成就，大部分应归功于他们。凡遇此机会，我即尽可能邀请他们前往附近安静的餐馆用餐，然后再请他们看戏。遗憾的是，他们夫妇俩从不喜好中国餐，尽管许多英国朋友都爱好中国佳肴。我仍记得和他们一同观看由埃德加·华莱士（Edgar Wallace）的恐怖小说改编的歌剧《冒名顶替》（*The Ringer*），所有演员的表演都非常出色。

远赴英伦

按照 1896 年颁布的新规章，英女皇奖学金获得者必须进入英国的大学学习，而不能仅仅在某个教育机构或工程学院学习。我便想到剑桥，于是哈格里夫斯先生将我介绍给他的朋友、槟城的首席行政长官威尔金森先生（Mr. R. J. Wilkinson）。后者很不像通常白皙的英国人，他肤色黝黑，长着浓密的黑色小胡子。他是位学者型官员，是包罗万象的《马来语-英语综合大字典》的编纂者。这部字典出版多年后仍被认为是权威性著作，堪与赫伯特·贾尔斯（Herbert Giles）编撰的多卷本《中英大字典》媲美。他为人颇为冷漠与严肃，说话慢条斯理但不失友善。威尔金森先生建议我选择剑桥大学中某个较小、花费不大的学院，比如依曼纽学院，而不要选择他本人和富有的学生就读的三一学院。这样我可以得到学院里导师更多的关照，也不会结交那些花天酒地的朋友。他说，如果我愿意接受他的建议，他可以立刻写信给该学院领导，并申报我的名字请求批准。我还须通过一次入学考试和学院本身设置的考试，即通常所谓的"小考"。根据我过去的学业成绩，他毫不怀疑我会顺利通过。他警告我不要企图找捷径，不然会带来无穷的麻烦。他又说，新的学习生活总的来说将会顺心和趣味盎然。据他说，要在医学上取得高学位，绝非易事，但是只要我热爱这种职业，功夫将会不负有心人。他确信我会好好学习。当年，本地政府中的高级职位都被欧洲人占据，亚裔人升迁的途径只能是从医、当律师或从事工程技术工作。

我认真听取了威尔金森这位当地有影响人物的教导。他平易近人，对下属和善慈祥。很难想象，不幸的命运竟会降临于他身上，使他在海峡殖民地的民政官员的位置上下台。他本人是混血儿，父亲是英国人，母亲是土耳其人。但是他在海峡殖民地的民政系统里官运亨通，很快被提拔而登上殖民当局最高职位。恰好在1914—1918年的第一次世界大战爆发前夕，他升任海峡殖民地代理总督。不幸的是，他的夫人是德国人。因为欧战爆发，英国反德情绪高涨，迫使当时英国海军大臣巴顿堡亲王，即今天蒙巴顿伯爵的父亲，辞去大臣职位。这一事态延及新加坡，威尔金森被迫辞职，随后即从政界提前退休了。

我决定向依曼纽学院提出申请，而全部有关旅行手续则由新加坡教育部办理。他们为我买好了半岛和东方（P. & O.）公司的"北京"号（Pekin，总吨位为3 957吨）轮船的船票。这艘船将在8月7日停靠槟榔屿，并在8月11日到达科伦坡。当时P. & O.公司有一艘穿梭于香港和科伦坡之间的小船，前往欧洲的旅客则需换乘定期航行于澳洲诸港口和伦敦之间

更快速的海船。我们乘坐的是"巴拉拉特"号（Ballarat，总吨位为 4 752
吨）。它在科伦坡迎接我们，然后在 8 月 12 日，载着我们和我们的行李经
过印度洋、红海、苏伊士运河、地中海，穿过直布罗陀海峡进入大西洋，
再北上比斯开湾，穿过英吉利海峡，进入泰晤士河口。9 月 7 日，我们在
伦敦的繁忙码头登岸。

时过境迁，早年的往事都已淡忘。然而 60 多年前，年幼无知而又孑
然一身的我第一次独自远航的经历，却深深地印在我的脑海里。直到今
日，我甚至还记得某些在船舱中为我们服务的来自伦敦的乘务员的面孔。
"北京"号和"巴拉拉特"号都是燃煤产生蒸汽作动力的。当停靠在一些
港口时，由当地工人轮番背负沉重的煤篓攀登舷梯，将这些肮脏但必不可
少的燃料运上船来。运煤上船时，旅客则被劝告登岸，或留在关闭的船舱
和休息室里。也许正因为如此，P. & O. 公司和英属印度的船只均被漆成
黑色，而上层甲板和烟囱则被漆成单调的土黄色，唯有客舱、餐厅和旅客
休息室的内部被漆为白色。

在"北京"号上，二等舱里照料我们的服务员生长在印度南部葡萄牙
殖民地果阿，他们世代信奉天主教。水手们则是穆斯林，他们身着束以红
腰带的蓝色长袍。在"巴拉拉特"号船上，一等舱和二等舱的乘务员都是
英国人，多操伦敦土话。船上的所有职员，包括水手长、木工、电工，以
及其他技术人员，无一不是英国人。随处可见秩序和效率。甲板一尘不
染，每天旅客起床前，工作人员已经用砂子和椰子壳将它擦洗干净。早茶
送到每间客舱，然后是全套英式早餐：麦片粥、鱼、熏猪肉、鸡蛋、面包
和橘酱，以及茶、咖啡和可可。在热带地区航行时，在 11 时整供应冰激
凌或牛肉汁。午餐是在中午 12 时半，下午 4 时半有茶和糕点，7 时用晚
餐。在头等舱用餐，必须穿晚礼服；在二等舱则只需身着常服并在硬领上

结领带即可。船上的食品充足，但对我辈东方人，则饭菜显得单调和欠可口，然而一切都新鲜和干净。在这 31 天的远航中，我通过观察别人学到许多东西。船停靠意大利港口布林迪西时，会通知那些准备乘火车穿过欧洲大陆去伦敦的客人下船，在这里我平生中第一次品尝到美味的葡萄。

船舶进入直布罗陀海峡前，我决定剪去我那累赘的辫子。因为在船上有些旅客和小孩拿它取乐。我付给理发师 5 先令剪掉长发，把它保存在一个纸盒中，后来我在英国将它寄给了我的母亲。在剪去辫子的开始几天，我感到茫然若失，犹如我头颅的一部分丢失了。因为从褪褓中在头顶留下一小撮头发开始，这条辫子几乎是我身体的一部分而不可分离了。从孩提时代起，长辈们就教育我们说这是一个真正中国人的标志。

9 月初，我在后来称为艾伯特码头的地方登陆。接待我的是我们学校的副校长艾克瑟尔先生，他负责教我初等数学和化学。他的家境不富裕，他和全家住在刘易舍姆一所小房屋中。但对我来说，能找到一间房间便心满意足了。我还发现，寒冷季节临近后，在床上睡觉时要想保暖，身上得用白床单包着毯子盖住，再也不能像我在热带习惯的那样，床上无需任何被盖。有人领我前往繁忙的泰晤士河观光，那里停满了好几百艘大小不一的船舶，它们来自世界的各个角落。我看到大小船舶进进出出，那是只有在这个当今世界最大的海港才会有的。我还参观了附近的格林尼治天文台和海军博物馆。在博物馆里陈列着许多文物，包括霍雷肖·纳尔逊（Horatio Nelson）和他的情妇汉密尔顿（Hamilton）女公爵的遗物，还有为这个古老国家建立海上霸权和建成大不列颠王国立有功勋的战舰模型，以及所有著名的英国海军将领和船长的画像，甚至还有他们曾经穿着去战斗并战死时的制服。这些文物给我很深的印象，让我回忆起那些曾经在中学历史课本中读过的人物和事件。

　　首途剑桥，眼前那碧绿的草地美景远比与人闲谈更令我感兴趣。我们穿越平坦低洼的田野，未见任何山峦与丘陵。英格兰的这一地区似乎人口本就不多。乘火车前往剑桥，沿途所见，实在乏善可陈，既无高耸的教堂尖顶，亦无引人注意的学院建筑。

第 *6* 章
剑桥和圣玛丽医院岁月

剑桥印象

9 月初，我到达伦敦南部的刘易舍姆。艾克瑟尔先生亲切地领着我沿伦敦的地区铁路，从格林尼治前往利物浦大街车站，途经一段幽暗而烟雾腾腾的铁路（通常人们把这段肮脏的烧煤驱动的铁路称之为"地道"，当时尚不知"电气化"为何物），最后到达为英国东部服务的那个喧闹的大车站。这座巨大的全覆盖火车站，昼夜车水马龙令我震惊，从东海岸各个城镇而来的无数铁路线汇集于此。铁路管理者、警卫和站长均身着黑色长袍式外套，头戴威严的尖顶硬壳帽。但照看行李的普通搬运工则只穿短上衣和戴尖顶帽。我的钢制旅行箱和其他旅客的笨重行李一起放在一辆矮轮手推车上，从列车尾部的行李车上给运送过来。凡须前往沿线的剑桥或附近城镇者，均被引导到一个专门站台，那里正有一列快车等候着。我在这里与艾克瑟尔先生告别。他要乘半岛和东方（P. & O.）公司的下一班轮船回槟榔屿，并在槟城大英义学继续他的教学工作，而我却要在未来几年中独自面对一切。

从利物浦大街到剑桥的三等车票在那时的票价为 4 先令 7.5 便士，57 英里路程需运行 2 小时。为我搬运行李的那位满脸笑容的搬运工得到我 6 便士的酬谢。在车厢里，我得知权贵们乘头等车旅行，他们的跟班和仆从乘二等车，而大学生和一般先生们则只配乘三等车了。三等车车厢数量确实不少，每个车厢分隔成若干小间，每间内设两列铺有软垫的 8 个座位，乘客们相向而坐。有的小间有"吸烟间"标志，专门收容吸烟者。吸烟者多用烟斗，1896 年时卷烟尚未如今日之普及。女士们多选择"非吸烟间"，彼时妇女吸烟尚被视为不雅。不少男子亦宁愿与女士们同处"非吸烟间"中。喜好新鲜空气彼时已成风尚，甚至在寒冷的冬天，某些乘客仍坚持敞开窗户。坚持开窗和关窗的人们之间无声的争斗屡见不鲜，如果妇女在场，最终的结局往往为她们左右。无论结局如何，那些未达愿望者只好另择他处。吸烟间的窗户通常是关闭的，似乎吸烟和密闭的氛围有着某种关联。我留居英国初期即发现一般英国男女旅行时不与他人搭讪，只有他或她赏脸递给你一张报纸时，才有机会交谈数语。当然谈的多为天气，而英国的 10 月天气，既潮湿又寒冷。

首途剑桥，眼前那碧绿的草地美景远比与人闲谈更令我感兴趣。我们穿越平坦低洼的田野，未见任何山峦与丘陵。英格兰的这一地区似乎人口本就不多。乘火车前往剑桥，沿途所见，实在乏善可陈，既无高耸的教堂尖顶，亦无引人注意的学院建筑。火车站亦仅为一个加顶棚的长站台，火车由此进进出出。后来我才得知，这个特别站台主要为英国大东铁路公司使用，干线后面还有一个属于大北铁路公司所有的更小的站台。火车到达时，并无搬运工趋前照料旅客，因为秋季学期（Michaelmas Term）还要

10 天后才开始，此时几乎不会有大学生到来。当时汽车和机动公交车尚未问世，只有为英国所特有的有轨马拉车或双座马车（hansom）供人乘用。后一种交通工具真令我喜出望外。这是一种颇为高大的双轮马车，前部有双门，并备有高梯，供体格健壮的乘客攀登入内，内部设两个座位。驭者高踞车后，挥舞马鞭，靠越过车顶系于马腰的绳索驾驭着一匹辕马。这些马车的出现令我脑海中浮现出童年印象，我在槟榔屿上学时，也曾看到过这类马车，那是属于一位年迈的苏格兰医师布朗（W. C. Brown）博士个人的。他退休以后曾任伦敦皇家热带病学会荣誉秘书。我下车后，有好几辆此种马车停在车站外。为我搬运行李的搬运工大喊一声："Cab！"立即驶来一辆。我费力爬进车厢，搬运工将我的旅行箱放在我身边，我付给他一先令小费，马车启动了。车夫揭开顶棚一条缝问我："去哪儿？"我答道："依曼纽学院。"他立刻明白目的地。

我因激动和好奇而怦然心动，前方一切尽收眼底。马车直下站台路，右转入丘陵路，迎面左侧是座现代的罗马天主教堂，塔楼高达 216 英尺。随后经摄政大街，往前至圣安德鲁斯大街，进入该城的商业中心。此时，映入眼帘的是左侧一大片开阔地和高大的树木，周围被铁栏杆围着，中央是唐宁学院（Downing College，建于 1800 年）修建不久的大楼。建立这座学院，主要为学习医学和法律的穷学生提供帮助。后来菲茨威廉·霍尔（Fitzwilliam Hall）收容了那些找不到学院就读的人们（因而被称做"无校可读者"），于是在剑桥的大学生中，唐宁学院的学生被看成了灰姑娘。距离唐宁学院大门不到 200 码，在圣安德鲁斯大街右侧，即可看到高大整齐的依曼纽学院大楼正面，它被一长列诱人的花坛簇拥着。进入正门是片方形草地，围着草地的是中央面对大街的小教堂、左边的餐厅，以及供作教室、办公室和教职工及大学生宿舍之建筑。依曼纽，学生们简称 Emma，是

1584 年由沃尔特·迈尔德梅爵士（Sir Walter Mildmay）创建的。爵士是一个富有的清教徒团体的领袖，而他本人还是距此一个街区的西德尼大街上剑桥大学基督学院的成员。出自依曼纽学院的约翰·哈佛（John Harvard，1607—1638）后来移居美国，事业有成并在 1636 年于麻省波士顿附近的小镇剑桥创建了美国最早的大学。他最初的捐赠是 780 英镑和 260 本书。

剑桥大学依曼纽学院，伍连德博士
曾作为大学生和研究生就读于此

到达门房我方得知，高级导师、皇家学会会员威廉·内皮尔·肖先生（Mr. William Napier Shaw）正在依曼纽住宅楼他的家里等候我。这是一座最近建成的红砖建筑，靠近学院后围墙。我对这求学殿堂的第一印象非常适意。它有古老的历史和艺术本色，一切都显得优雅与整洁。我先沿着卵石小路穿过前院，再顺着回廊穿过拱门进入左边的天鹅池，右侧是一个网球场。这里邻近的新建红砖建筑，是公费学生和贫困生的寄宿舍。依曼纽住宅楼位于左边，有自己的围栏和花园。一按门铃，便出来一位风度娴雅身着黑衣围着白围裙的女仆。她领我进入书房，并通报道："先生，德先生来了。"我于是看到一位气宇不凡，身材高大，年约五十，微显弓背的绅士。他的头发微红，已显稀疏，蓄着相同颜色的长须。身着黑色晨制服、方格裤。亚麻布衬衣圆形袖口笔挺，在低翻领上系着布满小点的领带，并结在一个环状金夹上。肖先生尽量使我不觉拘束，问及从槟榔屿到伦敦如此漫长的海上航途是否愉快，但愿我没有晕船，还说他得知我在学校的成绩，希望我在剑桥一如既往。谈话临结束时，他告知我已在依曼纽大街 9 号古尔丁（Goulding）小姐处觅得一处临时住所，她将会照看我的生活起居，同时又告诫我遇事要从容对待。

学院后院一座三层楼房有一小门直通我的新住所。当时每个学生，无论寄宿在学院中，还是自寻住所，都应有一间起居室和一间卧室。院外的住处家具齐全，而学院里的套间（除非在旅馆中）一般只出租无家具的房间，不过新来客人通常会廉价接收原房客的全部沉重的家具和室内陈设。

安顿下来后，我便开始准备 10 月初学校的预考，即小考了。在新学科中，要选修杰文（Jevon）的逻辑学或帕莱（Paley）的基督行迹，而这两门课程此前我闻所未闻。后一门课程为急需的学生准备了一本近 100 页的简短提要。于是我选了帕莱的课程，在随后 10 天中，我便尽力死记硬背那本提要，以便考试来临时，能够回答所有问题。

如今已成为剑桥一分子的我，稍有闲暇，我便试图对这座小城和学校有所了解。剑桥位于英格兰东部剑桥郡的芬恩区，地势低洼，空气湿润。市镇里有座市政厅，同时也是谷物交易市场，定期由剑桥大学租用以举行期末考试。如果没有那 19 所男子学院和 2 所女子学院的古老而美丽的建筑，这座小镇可能不会如此知名。另外，这些位于英王大道和特兰平顿大街沿途的学院，无一不拥有美丽的花园，狭窄蜿蜒的剑河在其间流淌，这就是被人们称为"后院"的地方。行文至此，将剑桥与更古老却更小的牛津大学作一比较，别有兴味。牛津大学在称为伊西斯（Isis）的一条大河边，这条河可直通泰晤士河。牛津最古老的学院是三一学院，该院创建于 1249 年；剑桥则是圣彼得学院（"小酒馆"）最古老，创建于 1284 年。牛津最大的学院是贝利奥尔（Balliol）；而在剑桥是三一学院。剑桥的两座女子学院中，格顿（Girton）学院建于 1869 年，纽那姆（Newnham）建于 1871 年；而在牛津的 5 所女子学院里，最古老的是玛格丽特·霍尔女士（Lady Margaret Hall）学院，建于 1878 年。在居民人数方面，剑桥总是超过牛津，1952 年分别为 10 000 人（包括 1 000 名女性）和 7 000 人。我在此就读时，女生可以听课，参加形形色色的考试，但是并不授予她们学位。第一次世界大战结束后不久的 1920 年，牛津将所有的学位向女生开放；剑桥则在 1921 年也极不情愿地照办了，但只授予女生非正式的学位资格证书。学法律的学生和怀有进入议会或内阁抱负的那些学生通常会加入学会联合会，这个组织拥有藏书丰富的图书馆，并为其成员提供价格合理而讲究的膳食。最令我倾倒的两座教堂，第一座是建于 1130 年的古代圆形教堂（或圣墓教堂），第二座是圣玛丽英女皇教堂（或大学教堂）。当年最杰出的牧师都会在每学期被邀请到这两座教堂来作晨间布道。我曾不时回想起 1896—1899 年我在此就读时，里彭的博伊德·卡佩特主教（Bishop Boyd Carpenter of Ripon）在那庄严的地方显示出的非凡口才。此地的书店总是挤满了大学的老师和学生。我还记得新开张的皮蒂·柯里（Petty Curry）公司举行的大型促销活动，每本书按出厂价优惠 25％。书商们的减价战那时持续不断，直到采取净价图书制度并得以坚持下去后方告终结。然而，这家公司却独占鳌头，并在后来的 60 年里，成为大文具经销商和著名出版公司。

　　每周逢星期六举办集市，颇具规模。广场布满小摊，出售农副产品，还有廉价书、厨具。那儿有两家最有名的杂货店——惠布利和利普顿，后者比前者更被新到者关心，因为价格稍便宜。店铺过去是，如今也是，在星期四而不是星期六关门休息，这在绝大多数英国殖民地已成惯例。实际上在这个大学城里，星期六乃是生意最忙的日子。那时没有机动车辆，在剑桥狭窄的街道上可以畅行无阻，甚至可以遍游周六集市广场每个角落。最近，1953 年我又一次访问剑桥，我发现私家车、超长公共汽车以及无数的自行车，充塞在每条大街上。旧时的规章是许可自行车停靠在邮政局、学院大楼和商店等建筑墙边，显然无助于缓解繁忙的交通。环保主义者也许过激，市政当局也要与时俱进，但也不可忘记，1896 年以来，剑桥的人口已经增加一倍多了。

清苦的第一学年

随着 10 月初的临近，越来越多的大学生到校，有一年级新生，也有二、三年级的。我也从依曼纽大街迁进附近的伯爵街固定住所。我的起居室在前面而卧室紧接其后。因为没有专用浴室，每天早晨，房东安德鲁斯太太或她的女仆萨拉便会在我卧室中放进一个圆形白铁澡盆，我起床时便注入冷水和热水。女房东的丈夫有一辆双轮马车载客，以贴补家用。然而夫妻两人都贪杯，经常大声争吵，确实使我无法静心学习。我还需自备早餐和午餐，前者通常是面包、黄油、果酱以及茶和牛奶，偶尔还有麦片粥；后者不过是冷火腿肉、肉饼和土豆。学院的晚餐则必须在学院餐厅里享用，每人须穿上黑色的依曼纽短袍。日落以后学生们则各守身份，没有学士学位者，在大街上必须戴帽子并着袍服，否则就可能被巡视的学监拦截和盘问。学监由两位被学生称做"哈巴狗"的凶狠随从陪同,他们先记下该学生的姓名和所属学院,然后罚款 6 先令 8 便士。如果重犯,就可能遭"禁闭",即在规定期限内禁止天黑后外出。更为严重的犯规,诸如午夜后未回宿舍,被人在不应该去的地方发现,或被人发现与身份不明的妇女在一起等,则将被勒令停止该学期学业,甚至从大学除名。如遇小过失,例如未参加例行的小教堂晨课,就会被系主任唤来当面予以警告。第一次世界大战结束后,这一套不受欢迎的学院清规戒律已被废除,我们熟悉的小教堂中央拱顶下那口大钟现在也很少使用了。幸运的是,我并非基督教徒,没有义务参加这些活动,清晨几个小时可用于学习。

当时,每学期的第一期《剑桥评论》(*Cambridge Review*,周刊)都刊载着在校大学生、硕士研究生以及更高学历的学生的完整名单,并列出其所在学院及住所的地址。还有一张创刊于 1889 年的学生报纸,名叫 *Granta*,其知名度直逼伦敦之《重拳》(*Punch*),刊载着幽默的素描和卡通画,以及对学校领导机智的批评。这份报纸存在了 50 多年,是份有声有色的学生报纸。它更多地被那些业余爱好者所喜好,并且由于追求的目的复杂多样而使编辑时常失之于言论偏颇,为此曾招来种种是非,不止一次因歪曲事实而被勒令停刊(最后在 1953 年停刊)。然而不管它有多少错误,对那些当日尚未成才的艺术家和幽默大师而言,*Granta* 是一个实习园地,那些人后来得以声名远扬。

1896 年的秋季学期开始不久,学生们在各自的导师指导下,前去接受学院内或学院间的课程。其中相当一部分学生都被分派到唐宁街右侧剑桥大学的讲堂和实验室里,不久他们就占据了唐宁学院院内一大片空闲地方。此时剑桥开始从世界各地吸引优秀的学生和研究工作者,尤其在生理学、物理学和人类学等学科更为积极。作为学习科学和医学的学生,为获得自然科学的荣誉学位，我选修了4门课程：化学、动物学、人体解剖学和生理学。在这里有一个名词 Tripos（三足凳），专指荣誉学位考试。其典故出自剑桥15世纪举行这种学位考试时监考人坐的三足凳子。在牛津，三足凳就称为 schools 了。为了通过第一次医学考试，除了化学和动物学外，我还另选了初等物理和植物学的课程。当年在槟榔屿那个小实验室里，在艾克瑟尔先生的指导下，我在化学课的理论和实验方面都已受过一些训练，如今我在剑桥这宽大实验室里，颇觉轻松。当时该实验室由两位皇家学会的会员掌管：一位是雷因（G. E. Liveing）教授，他个子矮小，灰色胡须，戴着厚厚的眼镜；另一位是芬顿（H. J. Fenton）讲师，他则身材高大，黑黑的头发中分两边。在化学实验室里我找到了第一位终生的朋友莱德沃德（H. D. Ledward）。他是曼彻斯特一个生意兴隆的纺织厂厂主的次子。开始时，莱德沃德在用硫酸和锌制造氢气的实验中遇到了麻烦，我帮助他放置好玻璃器皿，只是这举手之劳，从此开始了我们长达50年的亲密交往，直到1938年他离开人世。在实验室里我还结交了其他朋友，如化学实验室的努恩（L. Noon）和加德纳·梅德温（Gardner Medwin），生理实验室的埃利奥特（T. R. Elliot）。他们都是三一学院的学生。前两位过世较早，他们在我取得学士学位后也毕业并获得了学位。埃利奥特后来成为卓越的生理学家，因研究肾上腺而成为皇家学会会员，后来在伦敦领导大学学院医院的一个医疗单位，并担任威康基金会的董事。

在动物学课程中，皇家学会会员亚当·塞奇威克（Adam Sedgwick）是我的首席授课人。还有主管课堂演示的格兰哈姆·克尔（Graham Kerr），他的卷发乌黑，留有精心修饰的军人胡须。植物学方面，我们有基督学院的皇家学会的会员苏厄德（A. C. Seward），他后来升任该学院院长。塞奇威克和克尔两位老师对我这位来自热带地区的学生特别感兴趣。

克尔曾是爱丁堡大学的林文庆博士的同学，林文庆是早我 10 年来自新加坡的英女皇奖学金获得者。我纤细的手指能在解剖时轻易地固定和移动蚯蚓的卵巢，这令两位老师都很满意，他们因此鼓励我延长动物学的学习。我的物理学成绩欠佳，也许是因为我不喜欢数学，但是那些一般性考查中必须进行的简单实验，我尚可应付。1897 年 6 月，我通过第一次职业医学士考试时曾遇到过些许困难，所以当我的名字（Tuck Gnoh Lean）出现在及格者名单上时，真是扬扬得意。

用英文拼写我的姓名，此时遇到不曾预料之误用。除在上一章中所述拼写错误外，我的姓 Gnoh，在入学后被放到次要位置，竟被"德"（Tuck）所取代。实际上"德"字是父母取名时名字的一部分，与"连"字是不可分割的。这两个字大致相当于西方孩子受洗时的教名。我那时太年轻，并未注意到这个错误的重要性，因而亦未进行更正。于是我就成了 Tuck，在剑桥和伦敦的那些日子，便一直被人称做 Tuck。这个错误的出现是可以解释的，因为给我注册的人和那些教授们都是欧洲人，自然将姓放在姓名的后边，想当然地以为这就是我的姓，却根本忘记了中国人和欧洲人在生活习惯的许多方面都是相反的。他们更愿意称我为 Tuck，或许因为这是个广为人知的名字。幸亏当时学院里还没有哪个调皮的人把我称做"塔克修士"（Friar Tuck）。

我不知道一位英女皇奖学金获得者在到达伦敦或是爱丁堡后，这每年 200 英镑在第一年该如何花费，因为我是这所大学接受的英女皇奖学金获得者中第一个理科学生，因而亦无先例可循。我发现我必须十分注意自己的每一项开支。我的奖学金从 1896 年 10 月开始，在每季度提前发放。我净得 49 英镑 10 先令，而不是整 50 英镑。这是因为本国政府扣除了 10 先令个人所得税。我每年有 160 英镑个人收入可免税，因此应纳税收入是 40

英镑，税率为 5%，每年应交税 2 英镑，每季度为 10 先令。当然我可以请我父亲每年从槟榔屿再汇给我 50 英镑，但是我决心自力更生，试着靠这 198 英镑在剑桥度过一整年的求学生活。我只花了 2 英镑 10 先令购买二手的学生帽和长袍，而买新的须花 4 英镑。我的服装都找那些无名小裁缝制作，买书则在 Heffer's，只参加十分必要的俱乐部，不进餐馆和剧院，只食用简单的食品，购物必定付现款。这种窘况，只有后来成为我在伦敦最尊敬朋友的肖先生了解。在他给代表海峡殖民地政府驻伦敦的英联邦代办提供的年度报告里，对此表达了适当的同情。后来从 1904 年开始，奖学金从难以维持生活的 200 英镑提高到了每年 250 英镑，并可享受免费医疗。应该记住，能够做到这样，在很大程度上是由于这位心地善良的科学家和他精力充沛的妻子萨拉·肖（Sarah Shaw）持久的努力。从此这些在英国的学子得以免除担忧与贫困而安心完成学业。这项奖学金一直维持着，1927 年后，这笔津贴又提升到最高限度为每年 500 英镑。

我在剑桥就读的第一年，结识了来自新加坡的年轻华人律师黄添筹和槟榔屿富有的鸦片种植商谢尘越的儿子谢达道。他们来剑桥只是短暂访问，出手阔绰。当时在剑桥还有另一位像我一样的华人，名叫安东尼·阿罗（Antony Ahlo），其实他姓李，在三一大厅学院的法学院就读，当时这个学院几乎全部与法律有关。阿罗来自夏威夷群岛，祖上是客家人，都是些富有的百货店主。阿罗除了前往课堂听课外，其他时间似乎都在弹奏他的曼陀铃，他的弹奏十分出色。我们在剑桥分手后，1908—1910 年清王朝的最后几年中，我们在北京重逢，当时我们两人都在清政府里任职。我在剑桥认识的另一位亚裔学生是赛裕（Saiyut，音译），他出身于众多暹罗王族之一，学习机械工程课程。当时这里已有 20 多位来自印度和 2 位来自锡兰［今斯里兰卡］的学生。印度学生大多学习法律和数学，其中有一位名叫帕兰杰佩（R. P. Paranjpye），他后来在该学科中很有名气，两年后他轻而易举地获得数学荣誉学位考试甲等第一名（在剑桥称为 Senior Wrangler），而且不久就被遴选为该学院的教师。后来在 1927 年，我有幸又与这位数学天才重逢，那是在孟买，他已经荣任当地一家大型教育机构的领导人。看来绝大多数印度学生在剑桥都表现不俗，归国后都在官场觅得高位。剑桥大学的印度毕业生中，最著名的当然是现任印度总理贾瓦哈拉尔·尼赫鲁（Jawaharlal Nehru），他是大律师莫提拉尔·尼赫鲁（Motilal Nehru）的儿子。他走出哈罗公学后于 1905 年进入剑桥三一学院。在为印度独立的奋斗过程中，他的名字总是和圣雄甘地联系在一起。

当今某些东方新建的大学中一些高年级学生过分作弄新生，每当我从报刊上读到有关消息时，脑海中就会回想到 1896 年秋天那些甚为孤寂的日子。那时各个学院中出现了一些破衣烂衫的新生，这种毫无"新"之可言的模样，要不是自己所为，就是那些喜好恶作剧的高年级同学造成的。确实偶尔有人会登上学院的墙头，甚至攀上教堂塔的尖顶那样的高大建筑，在神圣的建筑物顶端展示英国国旗以表现血气方刚的年轻人无穷的旺盛精力，但是这种旺盛的青春活力绝不应该向那些无助的新生宣泄。在牛津和剑桥，则几乎没有听到过这种暴虐残忍的行为。我在依曼纽学院经历的唯一一次恶作剧（如果这也可以称为恶作剧的话），发生在第一学期第二个月的一个星期天。那天清晨我收到一张三年级学生唐纳德·霍尔（Donald G. Hall）用铅笔写的便条，约我在 9 时去邻近的院子里与他共进早餐。我准时赴约，那里早已安放着供 4 人使用的桌椅，但并无一人在场。一直等到 11 时，我的苏格兰东道主才匆匆从他的卧室赶来，他自称就是霍尔，是学医的同学。不久后，又有一位来自英吉利海峡群岛的 3 年级学生凯里（Carey）来到。他刚爬上了嘎嘎作响的破旧楼梯，身后又跟来了一位脸色红润的运动员，此人身高 6 英尺 4 英寸，自称安德鲁·鲍尔弗（Andrew Balfour），是爱丁堡大学医学博士，国际知名的橄榄球运动员，现正在剑桥进修高级医学课程。此时我已饥肠辘辘，坐下与这三位资格远高于我的医学学长一起用餐。他们告诉我这在英文里叫做"早午合餐"（brunch），即把早餐和午餐并作一顿。这通常是在星期日，为适应安息日学院生活而作的安排。他们在开始时婉转提醒我是"新生"后，便款待我一顿丰盛的大餐：有加盐的苏格兰燕麦粥、大块的剑桥香肠、油煎腊肉，最后是大家一起在壁炉前品尝各自烘烤的奶油吐司。

安德鲁·鲍尔弗在剑桥取得了文学硕士学位，后来在喀土穆的苏丹医学院任院长，最后位居伦敦卫生和热带病研究所所长，并被封为初级勋位爵士（knight bachelor）。唐纳德·霍尔毕业时获医学学士学位，后在剑桥获得博士学位，在英国海边旅游胜地布赖斯通行医，最后任布赖斯通总医院的主任医师。1935 年他和妻子作环球旅游，曾在槟榔屿访问过我。我有幸向他们表达了华人的好客传统，带领他们在这美丽的岛屿上观光。当时他已经 60 多岁了，临别时，霍尔说他们夫妇从未享用过比在我家里品尝到的中国佳肴更美味的大餐。他还提起了 40 多年前他和他的同学在剑桥跟一个年轻的华人学生玩弄的小花招。提起这件往事，我们都开心地笑了。那次出名的"早午餐"聚会中最后一位是康拉德·凯里（Conrad Carey），他和我同一年进入了圣玛丽医院。当我任戴维·利斯（David Lees）博士的秘书时，他在沃尔特·奇德尔（Walter Cheadle）博士领导下工作。我在 1903 年通过医学学士的最后考试的第二年，他也通过了考试。

在美国男女同校的大学校园里，校园生活中的恶作剧屡见不鲜，在剑桥则不曾有过类似情况。剑桥的两个女子学院格顿和纽那姆与男子学院相距很远，闯进女生宿舍对女生闹恶作剧的情况绝不会发生。开展的任何社交活动，仅限于在一般朋友家中举行露天茶会或是聚餐。因为女生只被允许听课和参加大学考试而不能获得学位，通常理科教室前两排座位为那些女生们保留着。我上学第一年，并不知道自己是近视眼，因而没有戴眼镜。每当去听植物学、动物学和化学等讲课时，我只好在紧接前两排之后找个座位，于是男生们经常用力跺脚起哄。然而女生们似乎并不介意我和她们挨得那么近。事实上我在剑桥的 3 年里，与她们很少或没有什么瓜葛。至于体育，我曾想做一名学院赛艇的舵手，但我的视力不好，而且大多数的午后时间都被实验室的工作占用，所以没有如愿。我打网球水平一般，第一学年后就放弃了。中学时，我是个不赖的足球左前锋，进大学后却无能为力了。我不参加社团会议，我当时认为那更应该是学法律的或未来的从政者，而不是学科学的人的事。在以后的岁月中，我为这早年的疏忽深感后悔，因为受过在公共场合发表讲演的适当训练，在生活和社交活动中都是有必要的。多数美国高校似乎比英国校园更注重公众演说。在日常的业务活动中，在公共行政事务中，在国际扶轮社，以及诸如发表讲演或参加法院的审讯活动，都非常需要卓越的口才和对听众的影响力。在我后来的生活中，我在讲台上或课堂上所表现的演说能力，是通过参加英国各地教堂，特别是在剑桥的圣玛丽英女皇教堂和赫勒伯恩圣殿（1940 年被纳粹德国炸毁）的活动学习到的，我曾有幸聆听著名演说家，例如洛克菲勒基金会主席乔治·文森特（George Vincent）、华盛顿的美国公共卫生部的爱德华·弗朗西斯（Edward Francis）等的演说。我愿向未来的父母们提个忠告，你们的孩子在从事任何一种职业培训时，都需要学习有关向公众发表演说的课程。

对大多数海外留学生而言，第一学期往往是最孤独的，第二学期是交朋友的最佳时期，第三学期（包括"五月周"和赛艇比赛）则是最快乐的时期。尽管天气恶劣，而且每天下午实验室里大都有事，我还是要抽时间在茶室会见朋友，有时是在依曼纽学院里，有时就去其他地方比如三一学院、基督学院、圣约翰学院、卡尤斯学院，等等。作为答谢，我就在"寒舍"款待他们。英国的学院生活的确使我这样的年轻人眼界大开，在家乡槟城，我很少与英国男人或女人平等相处，因而从未真正了解英国文化以及他们的家庭生活。我发现这些人都开朗、友好，举止毫不做作，完全没有种族偏见。我是靠着我自己的成绩与品格被他们接受的，通过观察和交往，我很快就学会了他们那种淳朴而谦恭的生活作风。

如果说有某些令我感到窘困的情况，那就是某些过分虔诚的教徒对非基督教徒所表现的相当不宽容的态度。幸运的是，此类误入歧途，本意也许并不坏的人极少，否则日子还真不好过。我在佛教和道教的氛围中长大，古老东方的各种仪式平日常见，并未想过其深层之意义，也从未想过干预别人信仰。我们只是相信上天，祈求最后进入天堂。但某些自以为是的人坚持认为他们的信仰是唯一正途，任何不持与其相同信仰者则注定要永远堕入地狱，所以这些人认为必须尽可能拯救我们。因此，甚至我这样十几岁的人在学院中也会遇到某些人，他们虽然有教养，也受过良好的艺术和经典的教育，唯独在宗教问题上心胸极其狭隘。当我应邀前往他们家中饮茶，或与他们一起沿后院散步时，他们就警告我有堕入地狱的危险，除非我忏悔并受洗。而我则思想单纯，认为只要我品行端正，不伤害他人，在剑桥刻苦攻读，我便无愧于送我前来学习的政府和哺育我成长的父母，其他事情则是他们自己的事。凭借伟大的中国哲学家孔夫子教导的这套简单的生活哲学，在那些过分热心的朋友看来，竟是对真正的宗教的歪曲。最后注定的结局，便是我开始弃绝他们的说教，并且婉拒去他们家中饮茶的邀请。我宁愿断绝与他们交往与拒绝他们的盛情，绝不愿再忍受那永无休止的关于我那错误道路悲惨结局的说教。正如已说过的，幸好这样的人只是个别的。我的大多数朋友都尊重我的个人信仰，从未试图在这方面对我施加影响。与此同时，在英国的整整 6 年里，给我深刻印象的是基督教在现实生活中的作用，基督徒家庭教育的正直和清廉，培养了人民卓越的爱国主义精神，在全世界商业竞争中所取得的成就中，我们都能看到这种精神。

　　光阴似箭，六月来临，我和一年级其他医学生一同参加了第一次职业医学士考试，考试科目有化学、物理学、动物学和植物学的理论和实验操作。试卷由其他大学的主考老师出题，考试结果贴在剑桥大学理事会大楼前的布告栏里。我和我的朋友莱德沃德的名字都列于通过考试学生的名单

用 1898 年剑桥 "五月周" 聚会时伍连德
拍摄的河上风光制成的 1900 年贺年卡

里。为了庆祝我们的成功，我们在三一学院订购了特制的蛋糕和茶。莱德沃德还告诉我，他的三个妹妹梅布尔、克拉拉和玛丽将在"五月周"来剑桥，并希望我去会见她们。这当然挺好，自从我们在化学实验室因为制氢气而第一次结识以来，已成为好朋友了。我们两人都不抽烟不喝酒，他的津贴远比我多，但他从未有过任何"出格"行为，和我一样刻苦学习，这表明他在剑桥品行端正，我能与他的家人结识自然很好。

在"五月周"期间（通常延至 6 月初），校园中游人如织，盛况空前。在此期间，花园，包括那些僻静的研究工作区都向公众开放。鲜花怒放，草地和庭院尽展风姿。此时剑桥最美丽的地方，也许就是"后院"。那里是一个丰富多彩的开放园地，有古树和私人的游乐场，它介于剑河和英女皇大道之间，与该两处地方几乎成一直线，由英女皇学院、国王学院、三一学院、三一大厅学院和圣约翰学院共有。这 5 个学院都有自己的桥，其中最有名的是建于 1826 年的圣约翰学院的叹息桥，是按意大利威尼斯城中连接大公宫和监狱的那座同名桥仿造的。有趣的是，威尼斯那座桥又是按中国南方苏州的一座更古老的桥仿造的，在马可·波罗的游记中即有记述。它们都沿河而筑，小河沿岸垂柳依依。在这些学院范围内，随处可见平底船和小赛艇，里面坐着悠闲的大学生，他们和姊妹们或情人，或者两者兼而有之，正在那里享受美好时光。国王大道沿途的古老建筑物中，独具一格的是建于 15 世纪的大学图书馆。这座建筑如今大部分已经改建成巨大的有中央塔的现代化建筑了，建筑用地是由克莱尔学院和国王学院两方提供的，而建筑经费主要是 1934 年洛克菲勒基金会支付的。

在依曼纽学院，高低年级的大学生都一起忙于装饰餐厅，处处张灯结彩，还从硕士生宿舍和研究员的花园中借来盆花。学生们获准在这庄严的大厅里举办舞会，一年仅此一次。大厅内沿着墙壁，悬挂着学院创始人和学术大师的画像。19个男子学院和2个女子学院各有自己的男女主持人。男子学院邀请的大多是女客人；而女子学院邀请的客人主要是年轻的兄弟或较亲密的男性朋友。借助这罕有的集会，常常会萌生出非常牢固的友情，甚至结成终身伴侣。男人的舞会礼服为黑色燕尾服白领结，以及有黑色蝴蝶结装饰的短外套。这套服装在60年后亦鲜有改变，或许亚麻硬领稍低了，变成了蝴蝶形，或是成为翻领了，不过也使颈部活动更加自如和透气了。须知那是1897年，只有煤气灯而没有电风扇或空调，妇女们只得优雅地挥动着她们的扇子。女士们当时的服装既笨重又过长，适合翩翩起舞的只是旧式的华尔兹和波尔卡。至于踢踏舞、狐步舞、探戈，那些超现代的舞蹈，如癫狂的伦巴、激动的查尔斯顿黑人舞和吉特巴舞则尚未发明。此一时，彼一时，穿着笨重且过长服装远难胜任现代这无拘无束的动作。大学教师和其他高级员工也来同乐，然而他们并未完全放弃矜持犹如今日。值此狂欢之际，学院的规矩被置之脑后，还备有丰盛的晚餐和种类繁多的诱人美酒，众人无不尽情欢乐，毫无倦意，直至凌晨。每个学院无不如此，而且越大的学院，助兴者越多，尽管参加者之多少并不必然决定人们兴高采烈的程度。

学年随着六月份的狂欢而宣告结束。校中各色人等，包括高级教师均打道回府。校园顿觉空空如也，无人再着校服戴制帽。小镇仿佛又成了典型的集市中心。每到下午，街上即有报童叫卖声："买《剑桥每日新闻》啦！买《剑桥每日新闻》啦！"然而此时其销量与开学期间已不可同日而语。只有像我这样来自海外无法回家的学生，以及某些印度学生，经校方允准而留在校园里。幸运的是通过第一次考试的一年级医科学生，可以参加有关伤口包扎的特别讲习班。这个讲习班7月开始，8月底结束，是由阿登布鲁克医院（Addenbrook's Hospital）的两位外科医生主持。其中一位是格里菲斯（J. S. Griffiths），身材不高，仅5英尺2英寸，是一位留着胡须的威尔士人。他成日穿着晨礼服，为人颇显粗鲁，但是个高明的手术专家。另一位是道顿（E. Doughton），个子高大，温文尔雅，善于言谈，对每一位学生都十分友善，他甚至在七八月也穿着那入时的灰色双排扣大衣。我们跟随这两位差别十分明显的先生学习外科的第一课。这两位老师在技术上精益求精，不放过任何细节，即使显然简单的工作也一丝不苟。在下午我们则去参加药物化学讲座和配药，教师是位于国王大道的最有名的佩克父子配药公司的经理佩克先生（Mr. Peck）。长假结束时，我们就按对每个医学生的要求，取得了包扎和配药两个额外科目的结业证书。

时光荏苒，一年所余时日已然不多了。我的用度颇感拮据，医学课程费用甚高，尚需缴纳化学、植物学和动物学等系中实验室工作之费用，此外还有学院的保证金、学杂费，以及学习包扎和药物学的额外开销。不过凭借精打细算，购物，特别是买书和添置衣物上从不赊账，一年来入可敷出，无任何欠债。事实上我积攒了足够的钱，定制了一身学校制服诺福克套装。这身服装当年非常流行，除下方通常的两个口袋外，还在两侧另开了口袋。套装以结实的褐色英格兰花呢缝制，耗资4基尼，我穿了十几年。后来我又在我的服饰中添加了一条肥大的灰色法兰绒裤子。在暑期长假中，我留在剑桥，闲暇时游览于各学院中。国王学院的小礼拜堂、小巧玲珑的内维尔庭院、雷恩图书馆、三一学院的新庭院、迷人的圣约翰学院的正门等，其情景都珍藏于我记忆宝库之中。打开耶稣学院奇特的大门走进的是一条窄巷而不是通向大街，甚至还有一条从艺术学校通往彭布罗克大街的自由学校路（Free School Lane），令我想起可爱的故乡槟榔屿。我经常光顾贸易广场的星期六集市，因为那里的廉价书吸引着我，在那些书中逡巡流连并选购已经变成我的一个嗜好。而在夏秋两季，后院景色极佳，真令人百游不厌。

顺利的大学二年级

　　新学年的秋季学期到来了，又有一批两千多名的新生入学。现在轮到他们来寻求建议与窍门了，而有些糊涂的学生会撕破制服长袍，故意弄脏他们的学士帽，冒充高年级学生，然而这些小伎俩毫无作用，他们的外表和举止中总会流露出他们的真实身份。二年级的学生有义务去指点他们，而最合适的时机是他们出去上课时。如果他们愿意，就可以请他们去喝茶，于是便开始相识了。从海峡殖民地来了两位英女皇奖学金的新获得者，一位是在彭布罗克学院学习历史的扎尔兹曼（F. Salzmann），另一位是在基督学院学医的印度人霍伊辛顿（R. Hoisington）。前一位三年后获得二级荣誉学位，回国后是一位当地法官的私人秘书；后者不幸于第二年患肺结核病，被遣送回国并在 1899 年去世。我第一年在依曼纽学院内外结交的朋友，此时友情更深了。我记得第一个朋友是学法律的塞缪尔·波特（Samuel L. Porter）。他在 1905 年获律师资格，1938 年被封为男爵，晋升为高等法院法官。1949 年我重访剑桥时，曾最后一次相会。我们在高级人员专用餐桌上共进早餐和午餐，都带着自己那份定量配给的食糖和黄油。看到一位年逾七旬的杰出英国法官，年薪 6 000 英镑，在学院自己房间内进餐时，还需每次带着自己那份少得可怜的食糖和黄油定量，真有点滑稽，但这是英国推行民主公平的真实写照。那时还有一位朋友韦斯特·沃森（C. W. West Watson），他是伯肯黑德学院（Birkenhead School）的入院学者（Entrance Scholar），在古代经典和神学荣誉学位考试中获得第一名，后被任命为我们学院的牧师和院长，以后他在新西兰被擢升为克赖斯特彻奇（Christchurch）市的主教，最后于 1940 年成为该领地的大主教。他死于 1953 年。遗憾的是，他 1906—1909 年在学院工作时与当时的学院院长威廉·乔纳（William Chawner）不和。乔纳院长在某些宗教事务上是所谓"异教徒"的领袖人物，然而在其他方面，这位依曼纽学院的院长是位非常友善的人。他常邀请我去他的住所共进早餐，显然因为我来自海外举目无亲。此外，我还与一位同年级的同学韦利·科恩（Waley Cohen）颇为相知。他来自一个非常富裕的犹太家庭。他是基金会资助的学生，在前院占有一大套房间。如果没有款待朋友一起喝茶或享用便餐时，他大部分时间在那里演奏他的大提琴。第二学年结束时，科恩便去环游世界，因而没有完成学业。但后来他成了壳牌运输和商贸公司的首领，并被授以爵位。他于 1953 年 75 岁时去世。

学校为二年级医学生已编订好一套新的课堂讲授和实验操作的教学方案。因为我们要准备自然科学荣誉学位考试，还要通过第二次医学士（M. B.）考试，所以必须去听初级和高级人体解剖学和生理学课程，并做实验。亚历山大·麦卡莱斯特教授（Prof. Alexander Macalister）是医学博士、皇家学会会员，生于苏格兰。他讲课极为生动有趣，手中不时摆弄的那套人骨标本在我们眼前竟像活了一样，让我全神贯注，毫无倦意。辅助他工作的是巴克利·史密斯博士（Dr. Barclay Smith），他是人体解剖学高级讲师，颇有艺术天赋。他总是在讲课前用彩色粉笔在黑板上画好图。上课时间一到，他便由侧门走上讲台，时间准确到 1 分钟之内。他滔滔不绝地讲授那枯燥的内容 50 分钟而绝不看任何教案。麦卡莱斯特身材矮小，不太像位教授，蓄有红色山羊胡须，黑色双排扣的长礼服上套以博士袍。史密斯博士则身材颇为高大，灰白胡须；当他要特别强调某一点时，他总是习惯于把头转向那一边。我们的第三位老师是达克沃斯（W. L. H. Duckworth），他是耶稣学院的院士，有时会来讲授人类学课程。他又高又瘦，身高至少 6 英尺 3 英寸，浅色胡子。后来我和他通信多年。达克沃斯后来被选为耶稣学院的院长，退休后于 1956 年以 86 岁高龄逝世。1954 年时，他和妻子分别是 84 岁和 90 岁，仍住在剑桥。按照规定，选修解剖学的学生在上完课后即刻可以前往教室楼的顶层，在那里有一位胖胖的牧师打扮的实习教师（肯普逊）指导我们，他教我们如何解剖人体的各个部分。而那些保存在福尔马林溶液中的尸体，其动脉血管中都已注入了红色液体。整个人体要花 4 个学期才能解剖完：开始是上肢，然后是下肢，再是躯干，最后是头部和颈部。我们采用的教科书，理论方面是格雷（Gray）的多卷本或麦卡莱斯特的简写本《解剖学》，而解剖实习则采用坎宁安（Cunningham）的两卷本《实用解剖学》。

每隔一天的早晨，我们去听迈克尔·福斯特（Michael Foster）教授的生理学课。和教解剖学的麦卡莱斯特教授正相反，福斯特是位迟钝且不善言辞的老师，然而由于他在该学科的领先地位和很有价值的贡献，他和伯登·桑德森（Burdon Sanderson）、谢灵顿（C. S. Sherrington）和爱德华·谢弗（Edward A. S. Schafer）等，都是英国生理学界名声最响的人物，甚至今天依然如此。正因如此，福斯特教授在剑桥助手如云，如兰利（J. N. Langley）、哈登（A. C. Haddon）、刘易斯·肖尔（Lewis Shore）、哈迪·巴克罗夫特（Hardy Barcroft）、安德森（H. K. Anderson，后任卡尤斯学院院长）、亚历山大·希尔（Alexander Hill，后来执掌唐宁学院）、亨利·戴尔（Henry Dale），等等。最后一位亨利·戴尔在医学科学方面达到登峰造极的地位。在学习生理学课程的过程中，我有幸能与这些出类拔萃的老师和前辈交往。我们依曼纽学院后来又起用一位新当选的院士，艾尔弗雷德·艾豪茨博士（Dr. Alfred Eicholz）出任医科学生的学监。他是位矮个子，言谈彬彬有礼，对生理学比解剖学更精通。然而他没有继续指导，1899 年辞去教职，成为卫生部的督察官。他于 1933 年逝世，而他的遗孀逝世于 1953 年，夫妇二人留下一笔可观的遗产给学院。我的第二学年远比第一学年顺利得多。尽管我要准备 4 项课程的荣誉学位考试，而这些课程都有实习课，但我对这 4 门课程极有兴趣，从未缺席过一堂课，包括示范课。星期天我常去马丁里大街的托里斯代尔（Torrisdale）与麦卡莱斯特教授家人一起饮茶。教授家里有老教授及其夫人、两个儿子和两个女儿。教授的大儿子后来成为著名的埃及考古学家，但是受严重的慢性风湿折磨而死于 1950 年；次子休·麦卡莱斯特（G. Hugh Macalister）是医学博士，1918 年至 1930 年出任新加坡英王爱德华七世医学校的校长；他的长女爱迪斯在 1895 年下嫁一位远房表兄唐纳德·麦卡莱斯特博士。这位表兄表现不俗，在 1877 年获剑桥数学学位考试第一名（Senior Wrangler），1884 年获得医学博士学位，后来被选为圣约翰学院的院士和高级导师。这对夫妇在老麦卡莱斯特教授住宅旁建立了自己的新居，取名 Barrmore。唐纳德于 1908 年被封为高级巴思爵士（Knight Commander of the Bath），1930 年被封为准男爵。从 1904 年到 1929 年，他任医学总会会长。从 1907 年至他 1929 年退休任格拉斯哥大学校长，1933 年逝世。老教授的次女杰西终身未嫁。我在剑桥的第二和第三年，是这两个麦卡莱斯特家，尤其是老教授家的常客，我了解了许多英国人的传统和德行。我还受老人的熏陶，钟情于形态解剖学和人类学。在这两个学科中，他确实名不虚传。在那几年中，我还认识了守寡的惠布利夫人（Mrs. Whibley），她是小镇数一数二的食品杂货店的店主。老人当时已经 70 岁，只要我登门，她立刻用她那诱人的抹黄油烤饼和茶点款待。在这些体面人家，每家都有两三位女仆，她们穿着整洁的黑色连衣裙，并围有浆洗过的雪白围裙，随时准备伺候客人。我有时不禁设想，是否今天的年轻大学生也能有像我那时一样的好日子，而更可能的是，他们彼此都要盼望何时被邀请到私人家中去，或许还像在美国通常那样，饭后还要帮着主人清洗杯子和碟子！

圣诞节即将来临，三一学院的好友莱德沃德邀请我去曼彻斯特附近柴郡的鲍登，在他家里小住一周。他父亲是60多岁的孤身老人，从事着他那繁忙的商务，将他在曼彻斯特的大工厂中生产出的棉纺织品销售给东方一些国家。他的长子哈罗德，未婚，是那些工厂的总经理。我的挚友名达文波特（Davenport），排行第二。三个姐妹均未出阁。他们快乐富足的生活对我很有吸引力。尽管他们一家都是信奉国教教义的虔诚教徒，但他们从未在言行上使我这个不信教者感到尴尬。事实上，他们曾耐心劝我随他们全家去教堂，使我得以有机会从享受牧师简单的服务中获得快乐。圣诞节的早晨，我们每人在早餐桌上得到一个小包。在这个节日到来前，我事先准备了一些价廉的中国小物品分赠给我的朋友们，他们似乎都十分乐于接受这些礼物。早餐以后，我们在这个乡村里散步一小时，访问了邻居们的农庄。那里没有剧院和影院，于是我们就彼此述说自己家乡的风土人情。如此之个人交往是多么好啊，不但可以让我们的思想更加开放，还有助于消除那些浅薄的书籍散布的偏见和误导。莱德沃德一家人后来还将我介绍给他们当地的朋友，比如吉布斯一家。吉布斯的一位女儿莉莲，在达文波特毕业后嫁给了他，后来他在花园城市莱奇沃斯（Letchworth）定居开业行医时，莉莲是他的贤内助。我的朋友还带我去曼彻斯特和利物浦，带我去参观过几个棉纺厂，以及利物浦的巨大码头——那里停泊着开往纽约的华丽轮船。

寒冷潮湿的天气随第二学期一同到来。入乡随俗，我也学会了穿上厚毛衣、厚棉袜子，外面是冬季套装。如遇刮风下雪，再添一件大衣。如去听课，有时还须按要求穿上校服。晚上独处起居室中，尽管有煤火，要保暖亦颇不容易，最不好受的是临睡时更换薄睡衣。我的卧室紧连起居间，按卫生机构的建议，应打开一扇窗户，因此整个夜晚都觉寒冷，尽管有时在床上靠一个盛热水的瓶子颇感舒适。早晨起床真是痛苦的经历，总是期待着女房东安德鲁斯太太那声叫喊："热水来啦，先生!"因为这表示可以洗热水浴了，尽管这只是放在门外。以后的岁月中，我曾出访过其他寒带国家，我不禁惊讶我们的英国朋友，他们为何如此长期地沿袭古代陈规，采用如此浪费、不经济而且低效的煤火取暖。在美国的城市里，人们取暖借助装于地下室的锅炉，用管道将热风送进所有的房间。在更大的建筑物里，美国人早已采取了集中供热的方法，这不但意味着无处不温暖，且清洁与省时。在哈尔滨和一些俄国城市里，人们建造高达七英尺的砖砌火炉，在三四间房间里筑成火墙。在整个冬天，用添加木材和劣质煤即可维持室温不变。而绝大多数英国百姓，穿着厚衣，依然难免种种感冒或伤风的不断侵扰，而俄国人，特别是那些时髦的女士们，冬天在他们的住宅里活动自如，而在户外走动时，也只是穿上较厚的或毛皮衣服，在单鞋外加一双套鞋而已。英国人中间流行的伤风感冒、风湿性关节炎等疾病，除了自然气候外，是否也部分地与他们住在保暖不足的房屋中有关呢？我的两位朋友，内皮尔·肖（他是我在学院中的导师，后来是伦敦的国家气象局的领导）和唐纳德·麦卡莱斯特（Donald Macalister，约翰学院的高级导师，后任医学总会会长）经常受感冒和支气管炎折磨。如果把他们住处的老式火炉换成蒸汽加热，或许他们的健康状况会更好些。这两位先生依然健在，年逾古稀。

书归正传，现在叙述我的学业。在生理课中，我喜好用青蛙做一些简单实验，也热衷于解剖人类尸体的各个部分。虽然我是中度近视（屈光度为 –300°），但戴眼镜后我能做最复杂的解剖，毫不费力地辨认最细微的神经。由我们的医学士（M. B.）办公室领导的示范教师特别宽容和耐心，对提问题也不厌其烦。我对高等化学和高等动物学也深感兴趣，这是另外两门荣誉学位考试必需的课程。我甚至想过，是否有可能将来专门从事这方面研究，在这个热门学科，查尔斯·达尔文（Charles Darwin）、阿尔弗雷德·华莱士（Alfred Wallace）、哈登，以及其他剑桥的科学家校友，曾经作出过那样光辉的业绩。确实有无数的机遇在等待那些为了知识进步和人类幸福而工作的人们。

剑桥大学评议会大楼，
伍连德在此被授予学位

1898 年 6 月，我发现我会有更多的闲暇，因为只剩下学院中的竞争而再无大学考试需要通过了。于是我决定在评议会全体会议召开那天去评议会大楼亲眼看看当年各主要学位的授予仪式。我随着一、二年级生，进入楼上的廊柱大厅里，在那里我看到了接连不断进行的仪式，并且可以尽情地欢呼。仪式由学校的副校长主持，两位学监及其他办事人员协助。每个独立的学院由各自的院长和指导青年学子攻读学士学位（B. A.）的导师所代表。除了来访者，出席者均在台下，身着配有各色披肩的学位服。诸如医学博士、法学博士、神学博士和理学博士等都是猩红色的长袍，再根据不同学科而披以五颜六色的垂布。文艺硕士身穿黑色长袍，半长的衣袖，鲜明的黑白相间垂布。而等待接受文科学士学位的数百名学生，在他们的白色蝶形领带上，连缀着一对形同围嘴的饰物，披在黑色长袍和制服上的垂布是用白色兔皮制作的。首先登场的是为数不多的接受高等级学位的人，他们由院长或是导师介绍给端坐着的副校长。随后是通过了各种荣誉学位考试的学生，他们接受的是与近代大学相适应的各种荣誉。这些由四位或更少的人组成的学生小组由导师引领，每人握着副校长的一根手指。诸如三一学院、圣约翰学院、基督学院、卡尤斯学院和依曼纽学院这些较大的学院，来的学生最多。轮到宣布数学组时，当年数学荣誉学位考试甲等第一名获得者（这是数学上的最高荣誉）由他的导师带到副校长的面前，副校长握住他的双手，用拉丁语向他说了几句话，这时全场的激动情绪达到最高潮。然后榜上有名的其他人按学位高低列队入场，直至入场完毕。在这全场欢声雷动的时刻，一个长达3英尺的大木匙，从天花板上缓缓降下，恰好落在跪于副校长膝下的该学生面前。木匙上镌刻着这人所在学院的纹章和他获得学位的纪年。因为这个非正式的仪式传自遥远的年代，因此最后获得数学荣誉考试第一名的人就被称做"大木匙"，通常他都会将这个天赐的荣誉纪念品珍藏，视同与数学荣誉学位考试一等合格者称号一样重要。那一年获得此项殊荣的是印度孟买的 R. P. 帕兰杰佩先生，这是第一次也是唯一一次由印度人享此殊荣。后来这个称号被废除了。从 1913 年起，数学荣誉考试就并入其他科目的同等考试中，而现在获此荣誉者分成一、二和三等按字母顺序排列。

复活节学期即将结束前，我发现依曼纽学院颁布的奖励名单中，我作为自然科学奖学金获得者而名列其中，每年为 40 英镑。这令我感到惊喜。这笔英女皇奖学金之外追加的经费对我确实大有裨益，我将有能力对学院内外一些朋友对我的热情款待作些答谢了。当年初夏，莱德沃德一家又邀请我与他们一起共度长假中的部分时光。这一次是在约克郡名叫英格丽顿的村庄中一座他们新承租的宽敞别墅。这位三一学院的朋友对我如此非同一般的关切，使我大有宾至如归之感。他们家中的二女儿克拉拉也确实令我迷恋，似乎她亦对我的感情有所回应。然而，我们之间的差异非常巨大，她出自英国富商家庭，我只是一个初出茅庐的外国穷学生，正在为取得医师资格艰苦奋斗。我决定以后再考虑。

暑假剩下的时间，我参加了由皇家学会会员亚历山大·希尔博士领导的组织学实习班，在生理学实验室里度过了假期。尽管希尔博士当时已是唐宁学院的院长，他仍不遗余力地教学生，他教大家用石蜡包埋组织，用切片机切片并用各种标准染料染色，以便在显微镜下观察。我发现这些工作极令我着迷，这为我以后怀着更大兴趣跟随西姆斯·伍德海德教授学习病理学和细菌学铺平了道路。

通过医学士考试

我的第三学年从 1898 年 10 月开始。这时我已自命为高年级的大学生，终于在学院的古老庭院里的底层觅得一套房间，面对着池塘和红砖寄宿舍，又花了一笔力所能及的费用从前脚搬出的房客那里接收了笨重的家具、地毯、碗碟餐具，我只买了新的床单、枕头和毯子。有一位满脸胡须的勤杂工在清早为我擦鞋，晚餐时则在餐厅侍候；另有一位女仆（英语称 bedder）管理内务，除日常打扫外，她在早上给我准备热水，为我准备早餐、午餐和茶。女仆通常都是心地善良的老妇人，只是她们爱唠叨，她有说不完的故事给你讲，如有机会，她便会向你表功而不管真假，她会告诉你在这同一层楼里以前她曾服侍过的大学生如何受到她的保护，使他们在一年级时免除了因为恶作剧和淘气而受到的惩处。有时她还会向你介绍其他楼层的老姐妹，那些老太太们也会谈起她们的英雄事迹。经过她们之手，那些开始一窍不通的新生，最后竟成了严厉的学监或饱学的教授，有些人甚至成了教堂里受人尊敬的显要人物。这些老妇人的陈年旧事简直可以写出一部厚书。有了这位老妇人的帮助，这时我可以款待我的朋友来"用早茶"、享用午餐或饮下午茶，并且可以在学院厨房里选购那些收费合理的饭菜。大学生活如今成了惬意的事情，不再仅仅是苦读和听课了。事实上，临近第三学期结束前我将要离开时，尽管我的学位已经到手，依旧深有惜别之感。

艾豪茨博士离开剑桥任公务员后，依曼纽学院为理科学生任命了一位新导师，他是医学博士弗雷德里克·高兰·霍普金斯（Frederick Gowland Hopkins，1861—1947），来自伦敦中心区的盖伊医院（Guy's Hospital）。他的头颅异常巨大，并略显狭，足见其智力过人。他身材不高，却显颀长，在大多数学生眼中，他有些头重脚轻，但他一直健硕并得享高寿。当时，霍普金斯作为新兴的生物化学领域的研究工作者正逐渐崭露头角，剑桥大学以该学科的高级讲师身份聘请了他。因为薪水颇少，我们依曼纽学院就又再增加了津贴。他的部分职责就是指导学生学习生理学和解剖学。霍普金斯在生理学方面学问精深，但却几乎把解剖学全部忘记了。所以为我们这些高年级学生讲课时，常感困窘并且毫不掩饰，但是我们大多数同学对他的专长更感兴趣，要求他多讲他熟悉的内容。解剖学完全可以从教科书上和解剖室里面学到，如果必要，我们还可以彼此互帮互学。所以老师不必为准备那颇不喜欢的课程而烦恼，将大部分课时放心地用来讲授他宠爱的生物化学，而那些人体解剖中的肌肉、血管和神经则或多或少让我们自己去应付了。不久以后，霍普金斯终于成功地取得了剑桥大学评议会的信任，说服他们建立了第一流的生物化学系，他自任教授，并成立了一个称职的助手班子。科学界的各个学科初出茅庐的生物化学家纷纷投奔到霍普金斯旗下，从此剑桥学派声名远扬。我们感谢霍普金斯及其同事这些饱学勤奋之士的许多发现。他天性谦逊，操伦敦口音，使生物化学在欧美成为最前沿的学科。他为此获得了最高奖赏：皇家学会会长、功勋奖章获得者、诺贝尔生理学或医学奖，以及其他许多荣誉学位。后来成为爵士的霍普金斯所享有的一切荣誉确实是名归实至，他对增进人类幸福贡献良多。在其他方面的学术成就中，他在肌肉能量的来源、组织的氧化作用等方面，使人们的概念发生了革命性改变，他还在有关维生素、生理学和营养学的知识方面确定了许多重要的事实。他于 1947 年逝世，享年 86 岁。

在我们第三学年的秋季学期结束时，举行了关键性的第二次医学士考试。我们当中雄心勃勃的同学都和四年级生一起试试运气。非常幸运，我名列通过者名单中。这样我便能将剩下的两个学期系统学习动物学和化学，同时还学习生理学和解剖学的理论和形态学内容。在这些课程中，尤其在后两门学科，我受到老师们的额外关怀。他们督促我必须

弗雷德里克·高兰·霍普金斯（1861—1947），
1929 年诺贝尔生理学或医学奖获得者

参加第二级荣誉学位考试，以便取得将来的奖学金。每周三个下午我自愿在解剖室里当示范教师的助手，这样教授既无须另请助手，我又温习了功课，为学年结束时参加严格的考试做准备。

五月末，我们在不同的大楼里参加荣誉学位考试的笔试，而实习考查则在公共实验室里进行。所有的考生自然都担心他们的命运，我也紧捧着书本直到最后时刻，以免忘记各学科中的每个细节，这种临时抱佛脚的做法真是愚蠢，此后为此付出了代价。

因为考试者一般是要了解我们已经知道了什么，并非指望我们的答案天衣无缝，也不会去计较那些细枝末节。我们三个好朋友——努恩、莱德沃德和我，全都名列一等，而天分最高的埃利奥特却不走运，临考前他被急性阑尾炎袭击而不得不在地区医院动手术，因此他的考试推迟了一年。但是他笑到了最后，因为在第一、二两部分荣誉考试中，他都是第一名，于是他在去伦敦的圣巴塞洛缪医院工作以前，即被选为克莱尔学院的教员。最后他担任了剑桥大学学院医院医疗部的教授和主任。

1899 年 6 月举行评议会全体会议，我们前去参加授予文科学士学位的典礼，这样的典礼我们在一年前都亲眼看见过了。大学评议会大楼内挤满了毕业生与来宾，为的是亲临现场目睹自己的亲戚朋友登上中心讲台领受学位。像去年一样，女生可以参加并通过她们的课程考试，但这种努力并不能获得学位。由于我通过了依曼纽学院的最后考试，我被确定为基金会

资助的学者，获得津贴 60 英镑。好运又一次眷顾了我困窘的钱袋，使我
能够享受一点超出日常消费的奢侈。

实习医师

第三个暑期长假从 7 月开始，我再度留校。全部时间均用于在西姆斯·
伍德海德教授和他的高级助手斯特兰奇韦·皮格（Strangeways Pigg）先生
指导下的病理学系工作。除了学习基础细菌学及其实习外，还在阿登布鲁
克医院参与了一些尸检工作，观看斯特兰奇韦先生（结婚以后，他就不愿
再用他那易被人作弄的姓了）制备整体和显微标本的精巧技术。我们在病
理学实验室中的两个月课程，似乎更像游戏，每当 4 点的钟声响起，我们
就有热茶喝，不过不用杯碟，而是用那些实验室常用的在烤箱里灭过菌的
硬质玻璃量筒和烧杯，它们全都在实验室的烘干炉里经过消毒。在整个夏
天，我获准保留依曼纽学院中的那个套间。当最后离开学院的日子到来，
我必须前往伦敦参加帕丁顿的圣玛丽医院举行的考试，争夺两个大学奖学
金名额中的一个，此时我深感依依不舍。这种大学奖学金，每份 150 英
镑，面向来自不列颠群岛的所有取得文科学士学位的人，但只有两个名
额。考试内容主要是解剖学和生理学，再加上一篇英文作文。为得到这笔
奖学金，确有一番颇为激烈的竞争，因为这笔经费可提供 3 年内全部学
费，以及被接受进入医院时在医院的费用。考试后一周公布结果，来自威
尔士某大学学院的托马斯（A. H. Thomas）和剑桥的伍连德两人为成功者。

于是我带着可以缴纳未来 3 年中全部培训费的这份新奖学金，以及可
领取一年的英女皇奖学金，迈进了圣玛丽医院，我竟是这个医院中的第一

伦敦圣玛丽医院

个中国学生，因此我必须有优秀的表现。1899 年的圣玛丽医院尚未享有她 20 年后那些世界性的声誉，后来阿尔姆罗斯·赖特（Almroth Wright），亚历山大·弗莱明（Alexander Fleming）和莫兰勋爵（Lord Moran，他是温斯顿·丘吉尔爵士的私人医师）在细菌学、青霉素和医学方面取得了很高的学术地位。不过，在这些名人出现之前，在圣玛丽医院曾出现过一些著名人物使圣玛丽医院扬名。其中有外科医生埃德蒙·欧文（Edmund Owen）、赫伯特·佩奇（Herbert Page）和奥古斯塔斯·佩珀（Augustus Pepper），内科医生威廉·布罗德本特爵士（Sir William Broadbent）、沃尔特·奇德尔和戴维·利斯，生理学家奥古斯塔斯·瓦勒（Augustus Waller），解剖学家欧内斯特·莱恩（Earnest Lane），病理学家和细菌学家普利姆（H. G. Plimmer）、佩因（Pain）和波因顿（Poynton），政府毒物学专家阿瑟·勒夫（Arthur Luff）、威廉·威尔科克斯爵士（Sir William Wilcox）和伯纳德·斯皮尔斯布吕爵士（Sir Bernard Spilsbury）。

我首先在帕丁顿的布鲁姆费尔德大街 148 号找到了一个住处，女房东靠看手相贴补家用。后来我和年轻的不动产经纪人弗兰克·尼克松（Frank Nixon）成为朋友，我们两人每周花一个基尼在庄园地 21 号（21 Manor Place）合租了一处不大的房间。此处面对着帕丁顿公园，我们有各自的卧室，共用起居室、浴室和厨房，我们在厨房中准备早餐和热晚饭。

我和尼克松共同在这些房间内度过了两年多时间，后来我在中国又和他保持了 20 年的联系。他只受过公立中等学校教育，每周从他的房地产雇主处领得 25 先令薪金。就靠这有限的收入，他要开支自己的膳食和住宿，以及日常穿戴。他身着普通的黑色礼服大衣和一条灰色裤子，内穿自己洗的带硬领和可替换袖口的白亚麻衬衫。他的父母是不信国教的中产阶级，住在米德兰（Midlands）。他的哥哥克里斯托弗是一位电气工程师，住在伍尔弗汉普顿。他娶了一位出生在广州有一半中国血统的漂亮夫人。我和尼克松一家在海边共度过两次假期，相处极为愉快。

在伦敦市中心生活，弗兰克·尼克松设法将日常开支维持在适当水平。中饭我们通常不在一起，他在城里，我在医院附近某处用餐，但是我们都绝不光顾像 Lyons 或 Aerated 等著名点心店。那里的牛排布丁要花 6 便士，面包和黄油要 2 便士，一杯热茶要 3 便士。我们乐于享受当时那偶一为之的"奢侈"，身旁站着穿戴整齐的女侍者，不像今天，每位顾客要自己排队取盘子和餐具，然后依次前移到食品柜台，挑选那价格颇高的份菜，最后还需在那喧闹的餐厅里找个无人的角落坐下用餐。周六下午，我们通常是去公园，如海德公园、肯星顿公园等。尼克松来伦敦比我更早，他是个理想的伙伴，他精打细算的生活方式也很称我的意，因为我们都必须谨慎花钱。冬天几个月中，我们采用精致的煤气壁炉，这在当时是个新发明。虽然为此我们必须多花些取暖费用，但它十分方便，室内空气更清洁，还能自己烤面包和泡茶。星期天我们则去乡村廉价旅游，偶尔也去摄政公园里那个著名的动物园。这个动物园是由一些热衷科学研究的个人组成的团体创建和经营的。该团体往日由新加坡的开拓者斯坦福德·莱佛士（Stamford Raffles）领导，他为了充实动物园，曾从东方引进了数百头野生动物。人们可以在宽阔的野地里徜徉，观赏嬉戏或进食中的各种动物，并享用平价的美餐。令我享用不尽的源泉是艺术画廊，特别是位于查灵十字街（Charing Cross）国家美术馆的国家画廊，以及华莱士收藏中心，那里收藏着珍贵的古画，还有位于布卢姆斯伯里的大英博物馆（包括一个巨大的图书馆和许多艺术收藏品，其中的中国馆是最著名的）、自然史博物馆、维多利亚和艾伯特博物馆、地质博物馆以及其他分布在南肯星顿一带的专门博物馆等。每逢假日，我们便去伦敦那些奇妙的角落，例如伦敦水产集市（Billingsgate）中心地带的鲜鱼批发市场，也常光顾遍布贫民区的那些连带出售炸鱼和炸薯条的小店。只要经济上可以承受，每个月也许会上一次剧院，买一张顶层楼座或正厅后座票。我们有机会在剧场舞台上见到著名的男女演员，例如亨利·欧文爵士（Sir Henry Irving，在《里昂邮车》和《钟声》剧中）、艾伦·特里小姐（Miss Ellen Terry，在《温莎的风流娘们儿》剧中）、帕特里克·坎贝尔夫人（Mrs. Patrick Campbell，在《第二个坦克里夫人》剧中）、比尔博姆·特里〔Beerbohm Tree，在《威尼斯商人》剧中，还有 *Trilby*（软毡帽）一剧中扮演斯文加利〕。我们还更像比我们年幼的儿童戏迷那样爱好哑剧表演。还有一次，我们积攒了足够的钱，从伦敦登上三等火车，横渡海峡到了巴黎，在那法国京城度过了兴奋的一周。在那些日子里，我懂得了谚语所说的："两人同心，三人不成!"在伦敦那个花花世界里，我能愉快生活，好友尼克松的帮助良多。

那年初秋，我曾参加英国医学界戒酒联盟在伦敦的一家高级旅馆中召开的年会。在早餐招待会上，该联盟主席西姆斯·伍德海德教授强调在医务人员中戒酒的重要性。我也申请入会了，作为其中一分子，我一直对此规条坚守不渝。

在圣玛丽医院及其附属医学校，我几乎未能在其他学生中结交朋友。

因为在那里除了一个体育俱乐部外，实际上从无社交生活。学生们各自散住在医院附近，而医院即紧邻大西铁路上繁忙的帕丁顿车站。有些学生住在家里，乘坐大都会铁路线的火车往来方便。只有一位莫里什（W. J. Morrish）成了我在伦敦的最好的朋友之一。他是一位生意兴隆的文具商的长子，住在伦敦郊区丹麦高地（Danmark Hill）。无论冬夏，他每天早上8点离家，9点前到达医院，上课直到下午1点，然后在学校餐馆用午餐，再接着上课或是在实验室实习，直到下午6点（其间有片刻喝茶时间），再按原路回家。如此年复一年，他从一年级新生开始，6年后毕业而成为伦敦大学医学士。他属于一个不常见的基督教宗派社团，称为普利茅斯兄弟会（Plymouth Brethren）。每天起床时做晨祷，餐前餐后要祷告，睡前也要照做不误。莫里什和我相处融洽，我们经常交换听课笔记，一同做奥古斯塔斯·佩珀先生的外科助手，在戴维·利斯博士手下任临床见习医师。当我们去参加一个月必修的助产实习时，我们决定只要可能，就一起工作，遇到困难便相互帮助。这是医院中实习的学生困难重重的时期，在整整一个月里面，必须轮流去照顾在帕丁顿城区各处的产妇分娩。其通常的工作程序是：某处某家妇女临产信息报告到达医院门房的看门人，他便可从当月轮值名单中得知4个学生中第一位的住址，即能按地址找到学生。于是该学生便手提出诊袋，或许心中还因想到责任重大而心情紧张，与报信者一起迈着沉重的脚步，沿着寂静的街道或小巷来到目的地附近，然后找到那栋有产妇的家，并进入室内。等候"医师"已久的产妇在致谢后，即开始检查和处理。通常胎位正常，即胎儿头部先露出，如遇胎位不正，先露一足，或是脸面先露甚至是横胎位，则那位不知所措的学生就得报告医院求助于其上级——一位任期半年并容许留驻医院的产科助理医师。这位助理医师将赶往病人家中，完成分娩过程。此时如果出现过多并发症，例如大出血，医院就会出动急救车，将病人接进医院病房。

　　一个人从未目睹 19 世纪末那异常穷苦人家窄小肮脏的房屋，就不会对居住在伦敦的那些穷人的真实处境有一个正确的概念。家具很少，可能连放置医疗器械的桌子也没有，热水不足，缺少脸盆。有些夫妇实际上没有从地面支起来的床，因此分娩只能在无所遮蔽的干草上完成，而这些干草早已被沾满泥污或雪水的靴子践踏过无数次了。我作为一个来自海外的学生，过去只见过生活在与此完全不同条件下的白人，他们享有豪华的马车、成群东方仆人和富足的生活，而眼前的情景真令我耳目一新。有时到达晚了，孩子已经出生。此时我的工作就是剪断新生儿的脐带，等着胎盘娩出，然后帮助当地助产士把周围的东西清理停当，而这些助产士有时也像她们的某些东方同行一样愚昧无知。这些过程完成后，我就要设法独自回到医院，在登记簿上签字，再回到住处，日夜等候那 3 名同学依次完成他们的工作后再去值勤。就这样度过了在伦敦的第 4 个月，完成了 28 名产妇的助产，这比签约每月最低限额 20 名多出 8 名。这时正好是元月隆冬天气，但室内通常是供暖的。深夜回到医院，我这个疲惫不堪的学生，会得到值夜班姊妹一杯热咖啡的犒赏。

　　有了这一个月的经历，我自己不得不考虑到，如果产妇一家和前去助产的学生双方事先都有所准备，情况将会好些。如果产妇事先有机会去一趟产前门诊部，能检查其妊娠状况并记录在案，即可在分娩开始前预防或减少任何可能出现的意外。我深信自国家卫生署成立后，这种改革已经进行，势必将降低母子的死亡率。

　　因为医院邻近铁路和诸如哈罗路、爱基威尔大街、普莱德大街等几条大街，我们也参与处置过日夜任何时间均可发生的交通事故。那些能够坚守到最后的学生由此获得了更多的经验。那里终日车水马龙，熙熙攘攘，一天到晚交通事故频繁发生。

　　和我一起在 1899 年 10 月进入圣玛丽医院工作的同学中，有一位是在剑桥比我高两级的康拉德·凯里；另一位是格雷厄姆·纳吉亚尔（Graham Naggiar），他头脑灵敏，有姜黄色头发、淡茶色胡须。虽然我和他们在不同的导师手下见习和担任助手，但我们相处极佳。后一位因为姓名古怪，毛发颜色又少见，因此常受同级其他同学的戏弄而烦恼，于是他决定将名和姓加以颠倒，改称纳吉亚尔·格雷厄姆。我们在后半生彼此互有来往。1956 年我最后一次访问英国时，曾趁便在贝德福德的莎士比亚大街他家中与他相聚。那时我们两人都已到了年逾古稀的 75 岁，但是身体都还很好。在圣玛丽医院时，虽然我被正式分派在戴维·利斯博士手下当外科手术助手，并且给奥古斯塔斯·佩珀先生当见习医师，但我还是尽可能去听齐德尔、西德尼·菲利普斯（Sidney Philips）和当时名声渐起的神经学家威尔弗雷德·哈里斯（Wilfred Harris）的许多手术演示和讲课。我还有机会去观看首席外科医生埃德蒙·欧文做手术。他经常命令他的住院医师用双手将皮肤提起，让他用锋利的手术刀从当中一刀切开，然后立即用许多把止血钳在各个出血部位止血。许多人都去观摩欧文医师的手术。每次手术完毕，他会坐在一个小凳上向刚观摩过手术的学生讲解这次手术，并经常会向学生提问手术过程中的每个步骤。此公虽然脾气粗暴尖刻，在必要时，他也会笑脸待人，甚至邀请他的下属和学生到他家里享用一顿美餐。我自己的外科手术导师是佩珀先生，他们两人颇不相同，佩珀先生身材矮小，严厉而文静。他的双手很大，但是技术精巧，能进行大部分困难的手术。那时，每一位见习医师都被分派在病房里，要照看一定数量的病人，还要求他们逐日写出详细的笔记。

　　为便于病人求医，大伦敦的医院作为公益性事业机构，大多建于该市的各个关键地区，圣巴塞洛缪医院和伦敦医院位于东区，而圣托马斯医院则雄踞于泰晤士河的南岸，隔河与北面壮观的国会大厦建筑群相望。我们圣玛丽医院紧邻帕丁顿车站，占据着一个完整的街区。当我在医院工作时，该院有 300 张病床，50 年后的今天，经过多次扩建，现有近 500 张病床，内有 9 个内科病房、10 个外科病房、2 个儿科病房、1 个妇科专科病房、1 个产科病房、2 个眼科病房、2 个免疫接种和隔离病房，还有一些较小病室用于处置事故伤害、皮肤病、耳科和整形外科病人。各种门诊部门设在底层。大的普通病房通常可以容纳 24 至 30 张病床，并附设有护士长值班室和各种准备间及小厨房。一经分配停当，那些临床见习医师或是外科医师助手就会被介绍给指定的病房护士长，而这些护士长都是工作娴熟且富有经验的，她们对这些新手帮助极大，耐心且适当地提醒他们如何履行职责，还训诫他们对待医院护士的言谈举止，因为一些护士身着每天浆洗的护士服，显得十分妩媚动人。尽管如此，我在圣玛丽医院期间也目睹过一件严重的事件，其诱因是一位住院外科医师和两位医学生争夺一个漂亮的白肤金发碧眼的护士。那位其貌不扬且已秃顶的外科医生竟稳操胜券，因为他眼前即有好前途，而两个年轻的学生还须苦等审定资格。

和其他学生一样，我发现大多数医学院的课程枯燥而乏味，上课时间不是极早，就是过晚。而且这些事业有成的会诊医师或外科医师，讲课未必就好，学生也极少能认真听课，特别是在手术室，在充满难闻气味的实验室里，或在尸体解剖室里忙碌一天后，更不愿去听课。一位从印度医务署退休的年迈上校讲授热带病，在谈及疟疾时，他便难免强调印度土壤中腐殖质在该传染病传播中的作用，而与他同在一处工作的罗纳德·罗斯（Ronald Ross）则多年以来试图说服他的同事相信按蚊在人与人之间传播疟原虫方面所起的实际作用。圣玛丽医院病理系的领导是 H. G. 普利姆先生。此君虽然是纯种英国人（Englishman，英格兰人），衣着却是欧洲大陆的流行样式：鲜亮的蓝衬衫，罩以黄色灯芯绒夹克，打着猩红色的宽松的领带。更为令人侧目的是他满头后梳的长长黑发和修剪精致的尖须。他家境富裕，拿出许多自己的金钱为他的实验室奠定现代化基础，并设立了一个克斯莱克奖学金，以鼓励更多的学生投身于他的课题研究。他退休后，由著名的阿尔姆罗斯·赖特前来继任。赖特凭借他在抗伤寒疫苗、调理素和其他一些发明的突出成就，使得圣玛丽医院作为研究中心的科学地位日益提高。正是在这个实验室里，亚历山大·弗莱明首先发现了青霉素，并首先测试到它的多种有益性质。

比起其他学生来，我或许更习惯于更多地留在病房中。我对许多事物颇为好奇，而值班的护士长似乎并不介意我待在那里。门诊部很受欢迎，那里由资历较浅的内外科会诊医师主持，他们都期待提升更高的职位，即使等待 10 年或更久也无所谓。在较小的部门，如皮肤科、眼科、耳鼻喉科每周只开放一次。我们的皮肤病教师是马尔科姆·莫里斯（Malcolm Morris）先生，一位高大年迈不留胡须的男子，他总是一进房间便喋喋不休，直到最后一位病人看完病才不再说话。当时梅毒被归类到皮肤病，因为它的二期和三期症状中出现皮疹。虽然从社会危害观点看，这是最常见且危险的疾病，但当时并不认为应受到专门关注。1900 年 7 月，大多数学生还有需要完成的选修课，我则准备乘火车去剑桥参加药物学和病理学考试，结果我轻易通过了。我剩下需要考试的科目还有产科、妇科、外科、内科以及有关的分支学科。翌年（1901 年 6 月），我通过了前两科的考试，而最后的内科考试也在来年（1902 年）4 月通过。1896 年秋季学期在剑桥入学的 133 位医科学生中，我是唯一在 5 年 3 个月内通过第三次，即最后一次医学士考试的学生。这个成功确实令我欣欣鼓舞，我受到来自各方的祝贺。海峡殖民地伦敦的办事处起初拒绝将我的英女皇奖学金延续到第五年，最后由于我在剑桥的导师内皮尔·肖先生有力荐举，终于勉强同意了。我的三一学院的朋友，包括莱德沃德、努恩和加德纳·梅德温都到了伦敦，进入了圣巴塞洛缪医院，等待着来年参加并通过最后一次考试。在此期间，我在圣玛丽医院多次获得奖章和奖学金，例如齐德尔临床内科金质奖章（1902）、临床外科特别奖（1901）、临床内科特别奖（1901），还有克斯莱克病理学奖学金（1901）。为了申报这些奖项，我需要提供有关我在病房内处置过的各种病例的笔记和文章，最后还要在奖项创建人亲自指导下，进行原创性的工作和观察。我的许多竞争对手日后都成了医学界的杰出人才，其中有：伯纳德·斯皮尔斯布吕爵士（1877—1947），他成了政府的著名法医专家，在 25 年中帮助法庭破获了许多刑事案件；皇家内科医师学会会员兰米德博士（Dr. F. S. Langmead），他是圣玛丽医院的教授和内科主任；皇家内科医师学会会员戈登·布赖恩（C. W. Gordon Bryan），他是圣玛丽医院的会诊外科医师；还有属于普利茅斯兄弟会的莫里什等。

在结束我在伦敦的学生生活这个话题前，我必须谈到当年令我颇为狼狈的体验。那是在 1900 年的夏天，许多有关义和团事件的令人不愉快的消息通过电报从北京传来，报道了狂热分子在华北杀害基督教传教士的消息。刚刚面世的《每日邮报》（Daily Mail）特别刊登了将欧洲传教士下油锅的令人毛骨悚然的故事，在伦敦各阶层人士中引起了极大愤慨，而任何东方面孔的人都成了众矢之的。虽然后来证明《每日邮报》的故事不过是那些新闻记者为了增加发行量而发挥其丰富想象力无中生有的伎俩，但我在帕丁顿却确实见到少数狂暴之徒无视法律，多次冲着我狂喊："瞧呀，这儿有个中国拳匪，咱们用石头砸他，看他疼不疼！"当然在大街上也有理智的心地善良者，他们保护我免于受到严重伤害，使我及时侥幸脱险。

当我在圣玛丽医院工作时，恰逢 1899—1902 年的南非布尔战争。那是段令人激动的时期，战争的进展成为街谈巷议和所有报纸的重要内容。我依旧记得当年因战争初期的挫折而弥漫着的沮丧情绪，后来又为节节胜利而兴奋，直至马弗京（Mafeking）解围达到高潮。消息传到了伦敦，民众之喜悦简直到了发狂的程度。还应指出，扬·史末资（Jan Smuts）将军是剑桥的法学毕业生，英国政府结束战争的宽厚条件，赢得了他终生不渝的友谊和亲密合作，这一点也会令人感兴趣。

我初到伦敦时，有关妇女选举权的争论已酝酿多年。此时已到紧要关头，涌现了不少妇女领袖和她们的追随者，她们激烈地鼓吹女权，被起诉和遭受逮捕及监禁之辱。这些人是潘克赫斯特夫人（Mrs. Pankhurst）和她的两个女儿克里斯特贝尔（Christabel）与西尔维娅（Sylvia）、德帕尔夫人（Mrs. Despart）、德拉蒙德夫人（Mrs. Drummond）和佩西克·劳伦斯夫人（Mrs. Pethick Lawrence）等。直到第一次世界大战（1914—1918）结束后的 1918 年，由于有了国会法案，妇女选举权才最后取得。这个改变影响了某些大学当局对待女生的方针。1920 年牛津大学决定授予女生学位，而剑桥一开始投票反对任何改变，但是没几年之后他们决定顺应潮流，于是连那古老的最高学府也让历史翻开新的一页。

我在剑桥就读第一学期之初，广东人反对清王朝的首要策划者孙逸仙博士被诱进位于波特兰大街 49 号的中国公使馆并被就地监禁的新闻，震惊了世界。试图在广州发动起义的计划失败后，孙博士在 1896 年 10 月 1 日秘密到达伦敦。他拜访了早年在香港学生时代（1887—1892）结识的康德黎（Cantlie）夫妇。10 月 11 日星期日早晨，孙博士和康德黎夫妇一起（当时他们住在附近的德文夏大街）沿韦茅斯大街（正好围着波特兰的一角）步行去教堂做礼拜，此时有两个中国人前来搭讪，他们用粤语邀请他去他们的住处。孙正在犹豫，而此时他们正靠近一座房屋，孙博士被拉进门内，此时他发现自己已成为公使馆的俘虏。使馆中一位英国仆人及其妻子很同情他，应孙的请求，将写好的一张便条交给康德黎博士，康德黎在10月17日午夜收到便条，便立刻前往苏格兰场（伦敦警察厅）请求帮助，但是负责的官员似乎不相信，甚至经多次恳求亦拒绝插手。最后康德黎去外交部（当时是索尔兹伯里伯爵任外交大臣）请求帮助，还去伦敦泰晤士报编辑部，将此轰动的消息发表。在使馆被监禁了12天以后（10月11日至23日），孙博士终被释放。当时清朝的使英大臣是福建人罗丰禄（1850—1903），他的顾问是哈利迪·麦卡特尼爵士（Sir Halliday MacCartney，一位退休的英国总领事，时为清使馆雇用）。如果没有康德黎博士坚持不懈的努力，孙博士很有可能在年轻（30岁）时便被装进木囚笼里，用货船运回中国并被处决，中国的历史也将被改写。民国成立后，我的老朋友施肇基先生被任命为驻英公使，我曾作为客人在那宽大的使馆里盘桓。我曾乘此机会，前去探访那个当年囚禁孙博士的三楼上一个小房间，房中那有铁栏栅的窗户对着后院。此处已作为历史文物加以保护，以纪念当年孙大总统在伦敦的蒙难时刻。

我打算获取内科和外科双学士，经申请，成功地在伦敦西南部一所治疗结核及胸科疾病的布朗普顿医院获得一个内科住院医师的职位，6个月的固定津贴仅60英镑，但是在这个岗位上，我得以深入研究在马来半岛和海峡殖民地最为常见的这种传染病。每个住院医师都有一个专用的兼备卧室和起居室的宽敞房间，还有一个公用客厅。我们这个部门中，有部门主管马克·佩特森博士（Mark Paterson）和三个住院内科医生。在这6个月里，我的同事是牛津的医学士贝丁顿（Beddington）和即将毕业于伦敦大学学院、后来专攻心理学的欧内斯特·琼斯（Ernest Jones）。我们的上级是伦敦医院的会诊外科医师、皇家外科医师协会会员本杰明·基德（Benjamin Kidd），以及 3 位内科医师罗伯特·马规尔（Robert Maguire）、哈伯逊（S. Habershon）和巴蒂·肖（Batty Shaw）。他们都是皇家内科医师协会会员，每人都有自己的治疗理念，全凭经验而难收肯定的疗效。外科医生的任务多半是切除部分肋骨及排出积脓，而在 1950 年前之此时，尚无肺切除手术。在布朗普顿，住院医师有许多空闲时间，可以用来收集文献以备撰写论文之用。那里食品丰盛，可以邀请外来的朋友共进午餐或聚餐。我这两位同事，不仅具备医学知识，还是饱学之士，我们经常一起讨论文学艺术，获益良多。

利物浦热带病研究所

正在此时，我收到依曼纽学院来信，通知我已经获每年 150 英镑的研究奖学金，以便在毕业后在英国或欧洲大陆上任何一个研究机构从事研究工作。经过一番咨询与了解后，我决定利用 1902 年的最后 4 个月在利物浦的热带病研究所中，在罗纳德·罗斯少校指导下作研究；1903 年的前 8 个月去萨勒河畔的哈勒，在卡尔·弗兰克尔教授（Prof. Karl Fraenkel）指导下工作；然后去巴黎的巴斯德研究所师从伊利亚·梅奇尼科夫。利物浦的研究机构刚刚建立，这要感谢罗伯特·琼斯爵士的赞助。他在西印度群岛拥有大片香蕉种植园，还拥有一条快速蒸汽轮船航线，往来于利物浦港和西印度诸岛之间，将这种珍贵水果批发到欧洲市场。能够将创造财富和慈善事业结合起来为受苦受难的人类造福，这是多么美好的行为啊！琼斯在这两方面都赢得了声誉。在利物浦，除了罗斯，还有其他前途无量的科学家，例如该研究所的休伯特·博伊斯（Hubert Boyce）、城市医院的亚伯拉罕（C. Abraham），在我的同学之中还有印度医务署的班纳曼少校（Major General Bannerman）、来自加拿大麦基尔大学的理查德·托德（Richard Todd）、多伦多大学的埃德加·库茨（Edgar N. Coutts）和巴尔的摩的约翰·霍普金斯大学医学博士爱德华·胡美（Dr. Edward H. Hume）①。胡美博士出生在印度，母亲是美国传教士。他也选定在利物浦这个新成立的研究所从事研究生的工作。我们两人同住在由研究所提供的位于上国会街44号的学生旅馆中。命运让我和胡美后来在中国多个地方重聚，他成了中国内地湖南省城长沙的一位传教士医师，后来又参与创建了湘雅医学院，并用中国语言培训中国医师。在中国多方面的医疗改革中，我和胡美亲密合作。他善于在公众中用英语或中国官话发表演说。他在中国20多年，为这个保守的国家的医学卫生事业进步作出了很大贡献。虽然如今已经退休而不再从事社会活动，但在1955年我们依然通信，而且都在为后代撰写自己的回忆录。

在利物浦时，我每天要在医院或实验室耗费几个小时，制备数百份采自疟疾患者的血液标本，以便开展深入研究。这些研究结果都汇总在提交给剑桥大学之钦定医学讲座教授克利福德·奥尔伯特爵士（Sir Clifford Allbutt）的学士论文里。正值圣诞节前夕，我作为申请学位的考生，站到了这位杰出的主考人面前。奥尔伯特爵士对我的劳动成果表现得十分满意，当他得知我将在德国和法国度过来年时，便鼓励我利用我研究的最终著述，把在那里的研究结果送去发表，并最后去申请医学博士学位。遵照

---

① 胡美博士在1957年死于美国纽约。——作者原注

他的建议，我在哈勒和巴黎时，对所有观察结果都做了详细的笔记。

我求学生涯的各时期里，在剑桥一共获得了 5 个学位。向剑桥大学和依曼纽学院缴纳的费用分别记载如下：

学位	年代	缴给剑桥的费用	缴给依曼纽学院的费用
文科学士	1899	3 英镑	2 英镑
文学硕士	1903	3 英镑	2 英镑
医学士	1903	6 英镑	4 英镑
外科学士	1903	4 英镑	4 英镑
医学博士	1905	25 英镑	2 英镑

医学博士考试：有两位钦定讲座教授担任主考官，须向每人缴纳 2 英镑。除此以外，在注册、入学考试和每次考试时须缴纳以下费用：

新生注册费	3 英镑
入学考试费	2 英镑
预备考试（分两部分）	2 英镑
一级荣誉学位考试（自然科学）	5 英镑

医学考试

一级（第一、二部分）	2 英镑 2 便士
一级（第三部分）	2 英镑 2 便士
一级（第四阶段）	2 英镑 2 便士
每次医学资格考试	1 英镑 1 便士
最后医学考试	6 英镑 6 便士

每一次补考也要缴费，金额高达普通考试收费的80％。幸运的是，我任何考试从未失败过。

　　我来到哈勒大学后，就一直试图去看看该大学的决斗俱乐部。我先问过斯特拉斯曼，他劝我去我私人讲师索贝恩海姆，因为从他那布满伤疤的脸上就可知他当年定是个著名的决斗手。

第 *7* 章

欧陆初识

德国哈勒大学卫生学研究所

我通过旅行社买妥从伦敦（大东铁路）至萨勒河上之哈勒的二等联运车票，先乘夜车到哈里奇（Harwich），由此乘带卧铺的舒适轮渡到达荷兰的弗利辛恩（Vlissingen），护照检验和入境手续不过例行公事。次日清晨，旅客由几位身着鲜艳制服的铁路管理人员带领着登上他们各自的火车车厢。德国站长和搬运工人给我的印象很特别，他们看来像军人一样刻板，然而和蔼可亲又乐于助人。我不断翻看手头的《贝尔利茨（Berlitz）英德会话手册》，以便明白一些。我发现德国话和荷兰话很相似，德语的发音也不困难，甚至能凭其发音或拼写猜出某些单词的意思。英语的 shilling 用德语拼写是 schilling，币值也差不多。英语中的 water 德语是 wasser；男女厕所的英语标志 Gentlemen 和 Ladies，相对应的德语则分别是 Männer 和 Frauen。

　　整个列车由过道贯通，只在每节车厢两端开门，座位均标有号码。显然这里执行规章比英国更严格，列车员会提醒那些在标有 Nicht Rauchen［德语"禁止吸烟"］处的吸烟者，他们自己也以身作则。座位总是一尘不染。在途中大站上可以买到 Kaffee und Brötchen（咖啡和奶油蛋卷），价格公道合理。小贩多是满面笑容欢快的年轻人，他们推着轻便小货车或是挎着柳条篮子。离开荷兰边境以后，接连通过奥斯纳布吕克、汉诺威和不伦瑞克，最后到达马格德堡，此时我们听到到处有喊声"Umsteigen，Umsteigen"，意思是该换车了。于是我们从头顶的行李架上取下手提行李，而我那沉重的大皮箱早已在伦敦挂号托运到目的地。

　　马格德堡车站早在 1903 年已经是座高大的建筑，拥挤着各阶层的人们。处处可见军官，他们大都模仿德皇威廉二世留着上翘的胡子，华丽的军装上缀有各种饰物，头戴威风凛凛的军帽，配带长及地面的军刀。像其他车站一样，喧闹的人群中还有许多年轻的和年老的妇女，她们彬彬有礼地向管理人或服务员问询。报亭中摆满了供大众阅读的报纸、周刊或其他画报和杂志，各种茶点小吃可在轻便货车或固定摊点上买到。我们在马格德堡逗留了近半小时，然后向着东南方，直奔哈勒。我一直有些迷茫，因为这是初来德国，声音和人群都很陌生。不过我那本贝尔利茨的会话帮了大忙，同样的单词和句子经反复用过多遍，没过多久与人交谈时便感到比较容易了。在哈勒车站，得一位搬运工的帮助，我登上一辆四轮马车，找到了在离开伦敦前预定好的家庭旅馆。我得到一个大小适中的房间，有两扇窗户朝向大街。此时是 1 月，正值隆冬季节，但房内很暖和，它由一个封闭的火炉供暖，从外面的通道添加焦炭。女房东优雅和善，尽管语音奇特，但我们多少还是可以互相交流。我终于找到了这座住宅中单独的浴室，洗了一个热水澡。大皮箱在我到达后一小时便送到了，只需付给送行李者 3 先令。晚饭有 schinken（德式冷火腿）、奶酪、黑面包、热牛奶和咖啡。在德国很难找得到英国人习惯喝的那种茶，也不主张饮用普通的冷水。

德国人不像英国人那样敞开窗户，主张冬天室内整夜保暖。第二天早晨起床后我感到暖和和神清气爽。在英国那样浑身发抖着跑去打开炉子的事，在德国是再也没有了。

9 点刚过，我步行前往距离我住处不到 1 英里的卫生学研究所。在大门前，我向门卫递上了名片，请求会见所长卡尔·弗兰克尔教授。在伦敦时我与他联系过，他同意在他的研究所接待我。教授本人立刻就在他那与私人实验室毗邻的办公室里接待了我。教授说一口非常流利的英语让我十分惊讶，他问及来时旅途是否愉快。教授未留胡须，有一条 3 英寸长的伤疤斜穿过左脸颊，这显然是早年学生时代决斗所致。他的头颅较小，短发，灰眼睛。他问我对研究工作是否有特定的打算，我回应说想学习德国细菌学方法，因此希望除进行教授为我安排的任何专题研究外，还能在研究所听几门课程。教授考虑片刻后说，目前在医学出版物中正在开展关于住院病人破伤风感染的令人关注的讨论。这些接受治疗的大动脉或腘动脉瘤患者曾被施用了大量的明胶液体，探讨引起他们感染的原因或许是个好课题。他建议我在周末查找有关文献，然后告知他我的决定。在这次令人鼓舞的谈话后，弗兰克尔教授领我在他的研究所参观。他首先将我介绍给他的主要助手、他私人雇用的临时教员索贝恩海姆（Sobernheim），此人身材矮小，不蓄须，脸上疤痕累累但对人友好，如今他已在细菌学界颇有声誉。另一位是助手希尔德布兰特博士（Dr. Hildebrandt），柏林人，身材高大，仪表堂堂，蓄有八字胡须，他负责非专业的人事工作。此外还有三位志愿工作者：第一位是个高大金发的姑娘，来自斯德哥尔摩。第二位名叫绍尔堡（Sholberg），是位友善的英国人，由加的夫的市立实验室派来进修有关欧洲卫生学方法的知识。我能在这里遇上来自英国的人，特别高兴。在哈勒这个德国大学城的 4 个月里，我和绍尔堡交往甚密。第三位志愿者是斯特拉斯曼（Strassmann），来自布雷斯劳［现属波兰］的研究生，是个娇生惯养无忧无虑的公子哥儿。他经常在实验室外闲聊几个小时，无论他所居何处，总能设法勾引几个 hübsches Mädchen（漂亮姑娘）。这位仁兄刚过 30 岁，已是大腹便便。他喝大杯德国啤酒的海量，非眼见难以置信。他天性乐观，胸无城府，显然他不会去加入 Verbindung（学生决斗社团），所以他脸上光洁无瘢痕。我们经常在星期天一同去乡村的小旅店小憩几个小时，在那里非用德语不可，我只能讲德语，讲错了就能够及时得到纠正。

我的新房东是研究所介绍给我的弗劳·凯勒太太，她也是一位正派的好人，还急于让我掌握她的语言。因而她每周花几个小时教我德语的写作和会话，而只是象征性地收点学费。

20 世纪之初，德国是科学家，特别是那些热衷细菌学的男女们倾心向往的国家。在德国多所大学里，有罗伯特·科赫（Robert Koch，在柏林）、保罗·艾尔利希（Paul Ehrlich，在梅因河畔法兰克福）、马克斯·奈塞尔（Max Neisser，在布莱斯劳）、勒夫勒（F. Loeffler，在格赖夫斯瓦尔德）、科勒（W. Koller，在梅因河畔法兰克福，是艾尔利希接班人）、冯·瓦色曼（von Wassermann，在柏林）等一批著名人物。他们已经为这个国家在传染病方面的诸多发现铺平了道路，因而争相与这些德国专家合作几乎成了风尚。科赫在 1881 年解决了细菌纯培养难题后，于 1882 年发现了结核杆菌，1883 年又发现了霍乱弧菌。他还是第一个传染病研究所的创始人，此后许多先进国家即群起仿效。科赫的得意外国门生是日本的北里柴三郎，北里在柏林随科赫工作时，曾设法在厌氧条件下培养破伤风杆菌。1894 年北里又首先宣布从香港染病患者血液中发现了鼠疫杆菌，不过他对这种细菌的形态学描述不尽准确。

这些德国细菌学家中，最为人所称道的也许是保罗·艾尔利希（1854—1915），他的双亲都是犹太人。他的研究工作涉猎甚广，可以分为三个领域：1. 探讨各种菌株对不同细胞和组织的作用；2. 免疫性研究；3. 发明化学疗法。艾尔利希是血液学、免疫学和化学疗法这三个学科的真正奠基人，又是侧链理论的权威阐述者。他的一位得意门生——日本人秦佐八郎（Sahachiro Hata），和他共同发现肿凡钠明（又称 "606"）可以治疗梅毒。我的导师卡尔·弗兰克尔在 1885 年是科赫的助手，他和普法伊费尔（R. Pfeiffer）一起出版了一套《细菌学图谱》，并多次再版。他在哈勒任教授长达 20 年，于 1915 年逝世。他的夫人是一位迷人而又阔绰的女士，经常在哈勒她华丽的住宅中款待我们。

为了探明某些病人感染破伤风之病因，而这些病人都曾肌肉注射过黏性的明胶溶液，因而必须查明制备和灭菌方法，以及加工之前的肮脏的动物皮和骨头等原材料。在工厂里，这些废弃物可能堆放在地面感染源中长达数周甚至数月。因此我决定尽可能去看看这些工厂，并去分销店购买一些出厂的明胶产品，以便在实验室里进行研究。在研究所顶楼（3 层）为我安排了足够的空间，那里有朝北的窗户。我的邻桌就是那位从瑞典来的女科学家，她正在全力研究肺炎，和我一样，必须一窝窝繁殖小白鼠用于实验。我们实际上在进行友好的竞赛，看 1 周里谁的小鼠产仔多。

尽管德国科学家已经在细菌学领域取得了伟大的长足进展，但是在某些细节上，他们却又不愿与时俱进。例如我们志愿研究者制备牛肉汁和培养基，都要求用购自市场的大块鲜肉，剥离掉脂肪，将瘦肉切成小片，煮沸，然后过滤，将滤液分成若干份，最后是连续 3 天用旧式科赫灭菌器灭菌。这个灭菌器是一个锥形的用毡子覆盖的设计精巧的装置，由一个普通的加压煤油炉加热。那时我们的德国老师都不乐意去试试采用法国人发明的高压釜，那种高压釜通过加压产生110摄氏度的水蒸气而使加热效率大为提高，因而能在一次操作中完成连续3天煮沸数小时的任务。然而我依旧埋头苦干，并且发现我的工作和周围的环境越来越有意思了。

不同明胶样品培养的细菌大不相同，既有好氧菌也有厌氧菌，表示它们有些需要氧气，有些则不需要。后一类中即包括破伤风病菌，它们通常都含有芽孢，而这些芽孢即使连续煮沸几小时也难以被杀死。大多数有芽孢的厌氧菌并无害处，而破伤风病菌（呈鼓槌状，一端为圆形突起的短棒，较易辨认）是一种致病菌。这种病菌可以通过在无氧的环境中培养而与其他细菌分离。它的菌落外观呈绒毛状，菌落中央不透明或呈絮状。当某位病人受到这种病菌攻击时，他的随意肌就会发生强直性的痉挛，特别是下颌和颈部，因此将此症状称为"牙关紧闭"。但在实验小鼠身上，这种症状表现的程度较轻。破伤风使人类和动物死亡是由于感染或接种部位产生的毒素造成某种中毒，而不是如同炭疽病和腺鼠疫那样由于细菌经血流侵入。

日复一日，我努力搜寻各种市售明胶样品中的破伤风杆菌，且干劲与日俱增。应该关注的是，样品中能鉴定出特定芽孢的频度有多大。有时外观干净并且价格昂贵的明胶片要比那些色深价廉的薄片产品更易培养出破伤风菌，而用后一种明胶培养时可能大量出现能产生芽孢却没有毒力的其他细菌。

每周星期一清早，正式工作人员和志愿助手都在所长办公室中集合，各自汇报自己的工作进展，并接受所长的有关技术建议。此类集会远非正式会议，却能体现出实验室中某些工作人员的智慧和反应能力。通常我们在住处吃早餐时只有一大杯加奶咖啡和一个面包圈，再带上两块夹肉的三明治（夹有肝、香肠和生火腿）以备11时享用。休息时间一到，我们并排站在一张空的实验台旁边休息一刻钟，有时也谈论一些当天发生的事情。到一点钟，我们便离开研究所找个合适的餐馆用餐。在那里 9 个先令就可以买 10 张午餐券（预定）。如此价格公道的饭食在德国所有的大学城里几乎都有，一部分原因是为帮助个别大学生，还有一部分原因是为赢得那些有势力的学生社团的支持，能如约来此集会并痛饮啤酒。除了廉价的午餐，每位顾客还可以要一杯啤酒。实际上，惯例是只要你一就座，侍者就会端上一个带把的玻璃杯或瓷杯，里面盛满刚从后面冷藏室大酒桶里汲取的甚至泡沫溢出杯沿的啤酒。我是一个滴酒不沾的人，所以早年我在哈勒总是只要一杯苏打水而不是啤酒。这需花 50 个芬尼（相当于 6 便士），而一大杯啤酒才需 40 个芬尼。我的德国朋友劝我要一杯啤酒留给侍者喝，就算是犒赏他一份液体点心，当然另外还要再照常给他 10 芬尼的小费。

中午正餐相当丰盛，通常有鱼、肉食和一份诸如布丁或煮熟的水果等甜食，最常见的是大量的土豆捣成泥状，或烤，或炸。在星期天，我们可以自选烤鸭，如果更好的话，甚至可以选用浇上大量肉卤的烤鹅。除非是晚上，很少供应汤，无疑是因为汤的低热值与其价格不相称。在白天里，斯特拉斯曼总是与我形影不离，他打算离开哈勒后在布雷斯劳大学谋个固定职位。他为人豁达开朗，笑话连篇，妙语如珠，常常专注于修剪他那德皇恺撒式的胡须，或是小心地梳理他那金黄色的长发。到了晚上，他则专注于那位白天在妇女用品商店当雇员的胖姑娘。

1902 年我在哈勒时，该城人口约 15 万，相当于牛津和剑桥人口的总和。哈勒位于德国引以为荣的萨克森州内萨勒河右岸的一个沙洲上。该处历来以盐卤泉著称，出产褐煤。有精制白糖工厂，生产糖果、油、纸张和印刷材料。著名作曲家 G. F. 亨德尔（Handel，1685—1759）出生于此。著名城市莱比锡距此仅 21 英里，该城以历史悠久、大学宏大（建于 1409 年）、景色绮丽和建筑精致而闻名于世，尤以信誉卓著的书籍出版机构而使哈勒黯然失色。哈勒大学建于 1694 年，水平仅属中流，它的教授中，除了卡尔·弗兰克尔，在 1902 年时，只有妇科学的名家恩斯特·冯·布姆（Ernst von Bumm）。布姆原先是细菌学家，他首先成功培养了难于培养的淋病双球菌。

然而，在大学生活动中，哈勒大学有一个自己坚守的特色项目，这就是决斗。在全德意志，哈勒在"决斗三雄"中仅次于柏林大学和慕尼黑大学而居第三。尽管决斗名义上受到国家禁止，然而某所大学如果没有一支决斗团队，就会无人理睬。实际上，高等学府中把决斗作为一种特色，犹如美国大学里讲求勇猛的棒球和橄榄球，或英国牛津和剑桥讲求板球技巧一般。

我来到哈勒大学后，就一直试图去看看该大学的决斗俱乐部。我先问过斯特拉斯曼，他劝我去找私人讲师索贝恩海姆，因为从他那布满伤疤的脸上就可知他当年定是个著名的决斗手。于是他便安排我在某日访问这些决斗俱乐部。那个下午终于到来，我目击了那难忘的一幕。

简略介绍这种竞赛也许是必要的。德国大学生的决斗称为 Mensuren，各种决斗社团称为 Verbindungen。这些社团在一定程度上属于专业性俱乐部，任何大学生只有这方面的才能被认可后才能加入。各俱乐部提供定期进行击剑运动的大厅，德语称为 Fechtsaal，除用于练习，还用于正式决斗。新加入者或新手称为 Fuchs，他们戴着以钢骨为支架，严密镶嵌着护目镜的厚实头盔，用以保护头部和颜面的上部。还有厚胃保护身体，并且在握长剑的上肢一侧套以护臂。新手开始用未开刃的钝剑练习。决斗时，双足站稳，在规定距离内面对对手并举起握剑的手臂。按规则，只能活动手腕，因此剑只能在一定范围内上下或旋转运动而不能前刺，因此即使刀尖造成的伤害也只是伤及表面，且仅局限于面颊侧面。两个决斗者旁边总有一位高水平的学生作为裁判，德语称之为 Zweiter Chargierter，专门监督规则的执行。一旦犯规，裁判便会走进两人之间，张开臂膀将他们分开，这类似于拳击比赛。新手通过初级阶段后，即升为正式的决斗手，德语称为 Bursch。此时所用的便是锋利的剑。在定期举行的校际或俱乐部间的比赛中，自然要选用那些有经验的决斗手，此时可能会出现较长的伤口，便总会有高年级医学院学生手持消毒棉签为其擦拭并用药棉和胶布裹敷，但很少需要缝合。

看过这些决斗后，我便发现，这些业余击剑的医师们竟甘愿在脸上留下几道狭窄的伤口，以作为勇敢的光荣标记，博取他人的羡慕和赞美。决斗留下的疤痕，被公认为将是在某个行业或产业中得到一个好职位的记号。的确，对于一位职业军人，他就多半靠这个疤痕而获得快速升迁，而他的名声在女性中也可能会更响亮。还应指出，判定学生决斗质量的优劣，并非是否将对方击倒或将其重创，而是在其进攻与防守时的技巧（这得由他团队的各位弟兄在现场评判），以及决斗时所表现的心态和风格。

在此期间，幸亏有导师密集的讲课和经常出入大学周围的啤酒屋，我的德语取得了长足的进步。不久以后，我就能听懂绝大部分研究所中的讲演，还能阅读某些医学期刊，特别是 *Centralblatt für Bakteriologie*（《细菌学总览》），其中刊登了大部分有关细菌学研究的文章。由于坚持阅读和反复使用会话中的常用句子和单词，进步可想而知。判断某人的某种外语水平，可以看他是否张口就能骂人，我确实可以说已经善于讲德语。

尽管哈勒城内和周围有许多军官趾高气扬，当地一般德国大学生、农民或工人对外来人都是友善的。只要你学会了文雅地使用诸如 Bitte sehr（请）、Besten danken（多谢）、Guten morgen（早上好）、Kolossal（棒极了）、Sehr freundlich（真够朋友）等单词或常用语，他们便容易和你交谈起来。德国人喜好用冗长且恭维的单词。例如一般通信中，仅仅一个医生称谓，就要用 Herrn Doktor c. Medizin Geheimrat（医师大人兼医学枢密顾问）。在我收到的一些德国人来信中，在以上头衔上还常加上 Hochvollge-boren（出身高贵的）。在科赫教授的声誉如日中天之时，除了他通常的医学头衔外，还要加上 Sein Excellenz, Direktor, Professor, Doktor, Geheimrat（阁下，所长，教授，博士和枢密顾问）……而在英国，那些当代非常受人尊敬的英国医师也只有简单的头衔，例如亨利·戴尔爵士，他生前曾获得长长一串荣誉头衔，比如 K. B. E.（大英帝国高级勋爵）、G. B. E.（大英帝国大十字勋章获得者）、O. M.（英国功绩勋章获得者）、F. R. C. P.（皇家内科医师学会会员）、F. R. G. S.（皇家外科医师学会会员）、P. R. S.（皇家学会会长）、M. D.（医学博士），等等。戴尔在剑桥以一个生理学家的身份开始其一生事业，以后被政府和各种医学学会授予多种荣誉称号，在此之前，他曾受雇于著名的生产片剂药的宝威公司。

哈勒的四个月转瞬即逝。离开该城前，我乘坐 Schnellzug（铁路快车）访问了向往已久的名城莱比锡。当时还没有机动的交通工具，但火车既干净又快捷。这一次出游极为愉快，并买到一套旧书，其中有少见的钢板印刷的附图。

在去巴黎途中，我在柏林逗留了几天，那是德意志民族的骄傲。这个著名的首都，规划与管理的确都非常出色。只是有一条声名狼藉的胜利大道（Sieges Allee）与此不和谐，在这条路上的蒂尔加腾公园，其中心有一长排大理石的雕像，用以纪念那些战争"英雄"，但它们不能代表德国人民的艺术才能。后来我多次访问柏林，才对这个城市了解得更多。

啤酒乃德国不可或缺之尤物也。倘若我学会了喝啤酒，也许能在那里与他们的人民一起享受更高品位的生活。然而无论慕尼黑的黑啤酒或皮尔森的淡啤酒，都不如一杯白水更能让我满意。当时柏林的日常生活费用较低，一德国先令比在伦敦花一英国先令可买更多物品。正如在哈勒，大学

生餐厅供应的 mittagessen（午餐）便宜极了，那配以酸泡菜的 Ganzebraten
（烤鹅），味道鲜美无比！

巴斯德研究所

1903 年 5 月初我到达巴黎，那是全城最妩媚的时节，果树正开始绽放
花朵。这里没有德国那无数的军服马刀和连绵的工厂，到达这个大城市
前，极目所见是绿色田野，朴实而怡然自得的农民正在那里平静地劳作。
法国首都的面积约为柏林之半却更古老。该城早期即布局甚佳。1789 年
法国大革命以后，拿破仑一世和拿破仑三世雇用了法国最好的建筑师和设
计专家，将巴黎打扮成了欧洲最美丽的首都。世界上几乎没有在如此有限
空间中能被装扮得如此美丽的城市，这足以让他们自豪。弯曲的塞纳河
上，许多亮丽的桥梁更为这美丽典雅的城市大为增色。

巴斯德研究所，我将在此后的几个月中工作的地方，它位于塞纳河南
岸名为蒂托路的一条狭窄街道上，这条路本是壮丽的巴斯德林荫大道的支
路。巴斯德这位伟大的科学家在 1895 年逝世时，受到法国、欧洲和美洲
各阶层人士的哀悼。虽然他并非一个严格意义上的医学毕业生，但他在医
学科学领域为人类作出的贡献，远高于古往今来之任何有资格的医师。他
的成就广及发酵业，还发现家蚕疾病之病原，发现用于抢救羊群、牛群和
人类中炭疽病的抗血清，免疫法防治鸡霍乱、猪丹毒，以及在实际上未探
明病原微生物的情况下，找出应对神秘难测的狂犬病（恐水症）的治疗方
法等。他的功绩惠及全球的酿酒业、动物育种业、养蚕业，令人类社会永
世不忘。曾经有个说法，说巴斯德平生的许多发现，给他的同胞带来的福

利和为他们挽回的财富，实际上足以抵偿 1870—1871 年战争中法国战败后付给德国的巨额赔款。他的同胞为感谢他，自发捐款建造了这座以他的姓氏命名的研究所，开始的投入即达 10 万英镑。这一科学研究殿堂终于在 1888 年落成，许多最杰出的法国人都来此工作。巴斯德亦曾在内工作，但此时已濒风烛残年的他半身不遂，十分虚弱，终于在 1895 年 9 月 28 日辞世，享年 73 岁。他的遗体被安葬在研究院下面的一个专用地下室的坟墓中，经年受到来自世界各地的科学家和普通民众的凭吊。

巴斯德研究所（右下角为与狂犬搏斗的牧童雕塑）（马会勤摄）

这座庄严美丽的墓地，设计师也只能是天才的法国艺术家。它还让人们联想到荣军院里的那座更大更宏伟的拿破仑墓——同样位于塞纳河南岸。

在巴斯德研究所的正门前，立着一座法国牧童与疯狗搏斗的青铜塑像，那只疯狗咬伤了牧童并撕裂了他的衣服。这座雕像表现的是巴斯德的第二个病人，因被疯狗严重咬伤而由乡村医生送来治疗。这位病人和名叫约瑟夫·迈斯特（Joseph Meister）的第一位被疯狗咬伤的患者一样，在 1885 年经采用巴斯德的治疗方法而痊愈。

我在第一时间拜会了伊利亚·梅奇尼科夫。他出生在俄国，但已取得法国国籍，现任副院长，位居第二。院长是埃米尔·鲁博士。两位先生都蓄有胡须，像大多数法国人一样，鲁博士的胡须经过精心修剪，而梅奇尼科夫的却听之任之。梅教授戴着近视眼镜，英语不错。在更熟识后，他愿

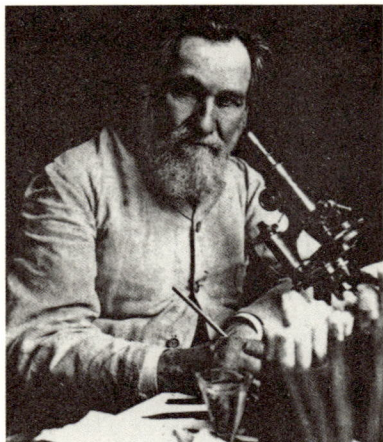

伊利亚·伊里奇·梅奇尼科夫
(1845—1916)，1908 年诺贝
尔生理学或医学奖获得者

意和我讨论孔夫子的哲学，似乎他知之甚详。他问及我的工作方向，我答复道，既然我已经开始研究市售明胶样品与破伤风的关系，我想在巴黎继续下去，但只用在法国能得到的样品。梅奇尼科夫教授对我的研究结果颇有兴趣，而且他命令一位名叫皮埃尔（也蓄有胡须）的首席实验助手尽力为我提供方便。然后又把我介绍给一位罗马尼亚人康斯坦丁·莱瓦迪蒂博士（Dr. Constantin Leva-diti）。莱瓦迪蒂和我共用一个房间，不过他的研究工作与我无关，是血清双受体及有关的课题。他身材不高，瘦弱且肤色黝黑，留着浓密的胡须。他不会讲英语，因而我们多用德语交谈，而他的德语和法语一样精通。在同一层楼上还有其他同事，包括一位非常风趣的兽医，他专攻炭疽病。另一位是有胡须的魏因贝格博士（Dr. Weinberg），他从事牛结核病的研究。

实验助手皮埃尔教我用细长的玻璃管吹制球形滴管，这是实验室中最常用的用具。在此我顺便提及，在那些非专业作者写的有关牧童和疯狗的许多文章和书籍里，说巴斯德是在他的助手捉住疯狗后，通过一根管子将狗嘴中的有毒唾液用自己的嘴吸出来的。带泡沫的唾液确实是用一根玻璃管抽取出来的，但唾液是被吸进了玻璃管的球形部分并被收集在那里，以供注射家兔之需。对于巴斯德这样娴熟的专家，这类技术理应不存在危险。那两个巴斯德亲手治疗狂犬病的最早经典病例，连同他那高尚的镇定自若的工作作风，将会深深铭刻在那些立志以这位巨人为楷模的未来科学家心中。

感谢研究所的引荐，我在离研究所仅一箭之遥的同一条街上觅得人称"微生物"的膳宿公寓。它由一位矮胖的法国女士经营，每天早上为我提供一杯加奶咖啡和两个形如弯月、松脆可口的牛角面包——因其中掺有鲜奶而带有甜味。午饭有用气味浓烈的奶酪调制过的浓汤、小牛肉或牛肉、土豆和绿色蔬菜，还有炖熟的时鲜水果，也许每周还能有鸡吃。在法国，饮食习俗不如英国那么拘泥，衣领下塞一条有时连用一周的大餐巾。当地出产的价廉的红葡萄酒免费供应，但从不喝水。每次餐后，都须耐心等待那一小杯不加奶的浓咖啡，以便解除吃下去的油腻。我很少在"微生物"中用晚餐，莱瓦迪蒂现在是我的亲密同伴，我们经常光顾拉丁区、索邦（大学区）、圣米歇尔林荫大道、圣日耳曼大街一带随处可见的大学生餐厅，偶尔也去这座拥挤城市北部的高档餐厅解馋。我很是想念我的英国朋友，但是绝大部分时间，我都讲德语和法语，这使我得以更深地融进欧洲大陆的生活中。那时莱瓦迪蒂尚未成家，因而毫无拘束，他能随时陪我到处游逛。他说话的喉音颇强，生活习惯几乎完全法国化了。他是一位极为细心与严谨的研究工作者，刻意遵奉德国学派，特别是艾尔利希的治学之道。有时他同一时刻要处理两三个问题而不管时间多迟。人们会经常见到他在工作台前工作，甚至一直干到第二天早上八点钟。我甚为钦佩这位瘦弱的罗马尼亚人，他就像梅奇尼科夫一样宁愿以巴黎为家，后来被提升为研究所的一个部门的负责人。莱瓦迪蒂是位多产研究者，在欧洲大陆的多种科学杂志上发表过大量有价值的文章，特别是有关免疫性、梅毒以及其他传染性疾病方面的论文。

就在那时，已经有些中国的官费留学生在巴黎学习法律和艺术，个别

康斯坦丁·莱瓦迪蒂博士

人准备混个文凭便回国，而实际上从未遇见过来自南洋说英语的华人。显然大多数人更想在英国的院校学习。法国人通常没有，或很少有肤色偏见。在公共场合，比如旅馆、饭店、剧院和舞厅等类场所，只要你付钱，不论你来自北欧拉普兰冰原还是黑非洲，都一视同仁。而且在舞台上也是根据才艺付酬，全无歧视。黑白混血的艺术家克里奥·梅罗德（Cleo Merode），以毫无顾忌的近乎全裸的脱衣舞而闻名，也领取和同台演出的白人舞伴相同的高薪。那里的娱乐场所，诸如 The Bal Bullier（比利耶舞厅）、Olympia（奥林匹亚）、Casino de Paris（巴黎赌场）和 Moulin Rouge（红磨坊）等，对外国游客特别有吸引力。但是囊中羞涩的年轻大学生只能观摩拉丁区那些较小和廉价的表演。而巴斯德研究所从事研究工作的学者们，从早八点工作到下午五六点，下班后更乐意找个安静地方吃饭，然后休息。我则还要挤时间学法语。比起德语来，至少我觉得法语更易于阅读和讲话，但写作和理解其含意则比较困难。我们这些早年学过英语的人，能大致读出法文单词，并且在坚持应用中能得知正确重音所在，然而法国人却习惯于坚守语法规则，而且强调每个单词最后一个音节都要重读，可是要想把本无规则可循的各种英语单词的重音都弄正确是颇为麻烦的。在绝大多数情况下，从讲英语的方式，即可猜出其法国国籍。同样，喜好嘲讽的法国人也可以猜出那些尝试讲法语的来自英国的盎格鲁人。

日复一日，我的实验台上，已积攒了十多种法国制造的明胶样品，有几种较脏且色泽黯淡，与在德国的实验情况相同。我发现法国工厂比德国的还要脏乱，尽管制作明胶的原材料都相同，都是腐烂的动物的皮、骨、角等，异味浓烈，而且经常连带着混有泥土的油脂类物质。这就难怪可耐受几小时的加热与煮沸的破伤风细菌芽孢可在许多样品中找到。

除了在德国采用的那些厌氧培养破伤风病菌的方法外，我还在巴斯德研究所里试着将它与对人无害的产芽孢的枯草杆菌一起培养。因为这种枯草杆菌在普通的肉汤培养基中大量生长，并在肉汤表面生成一层薄膜，于是它下面便形成了一个缺氧的空间，从而使膜之下的破伤风杆菌迅速增殖。将这种混合培养物接种在小白鼠的背部，小白鼠数日后即出现典型的破伤风感染，并死于全身麻痹和心力衰竭，从接种部位可分离出破伤风细菌的纯培养物。因此，为了我的实验，就要像在哈勒做过的那样，繁殖相当数量的小白鼠。我们实验室的主要助手皮埃尔，非常主动地帮我刷洗用具和制作某些培养基。法国人发明的使用高压蒸汽灭菌的高压釜在这里十分有效，节省了大量时间和劳力。这就让我在巴黎的研究进展远快于在哈勒时，得以试验大量且品种多样的明胶样品。

某日下午，一个事故降临于我，如果没有在同一实验室工作的莱瓦迪蒂及时救援，就可能发生某种不幸。在打开一支厚玻璃管时，一块碎玻璃割伤了我的手指，而玻璃管中密封着用葡萄糖琼脂培养基培养的破伤风病菌，我有可能被这种危险的细菌感染。莱瓦迪蒂刚意识到这一事故的可能后果，便立刻赶往负责管理血清的医师处，取来大量研究所储备的抗破伤风血清，在我腹部肌肉注射了至少 10 毫升。我觉得很疼，因为针头很粗且剂量相当大。这令我非常同情那些受白喉袭击的孩子，因为他们那时要接受大量相应抗血清的注射。人们建议我暂停工作，每天观察反应。幸运的是，在 1 至 12 天的破伤风病菌潜伏期过去后，未见任何异常反应。于是我在该事故结束一周后重新开始工作。研究所的同事们都来祝贺，其中包括梅奇尼科夫教授和院长鲁博士。除了莱瓦迪蒂，我还结识了一位有趣的同事马莫雷克博士（Dr. Marmorek）。他是来自波兰的科学家，当时正在研究结核杆菌，目标是寻找某种用于防治这种传播广泛的疾病的有效血清。他是一位勤奋的人，有一双引人注意的蓝眼睛，蓬松的红色浓发，戴一副厚镜片的高度近视镜。他爱讲英语，而且非常流畅。我们常相互访问彼此的实验室，交谈对亚洲的文化和哲学的看法以及实验结果。

在研究所，有暇时我常喜欢走访狂犬病研究部。那时它的负责人是维亚拉（Viala）先生。他出身寒微，刚来研究所时是个实验室杂役，但是很快便被院长巴斯德提拔为他信赖的技术助手，专门从事涉及狂犬病毒的精细实验。维亚拉体胖无须，除了他的法国话，并不像法国人。他向我谈到他的老院长早年的艰困，他的烦恼和神经过敏，以及后来的许多成就。这些都是维亚拉与其共同经历的。在发现病毒不仅存在于疯狗的唾液中，还存在于它的中枢神经系统之后，他们便通过接种病毒到硬脑膜而使潜伏期缩减为 1～2 周。再通过连续接种家兔，病毒的毒力便会增强，直至不再增强而固定。此阶段的病毒被称为固定病毒，可以无限期保存。同样的病毒又可以通过接种一系列的猴子而使其对犬、家兔和豚鼠的毒力减弱。最后发现通过适当的过程，可使一条健康犬受到保护而不被狂犬所传染。用于生产这种接种物质的方法如下：先将因在硬膜内注射了固定病毒而死亡的家兔解剖，由背部脊柱完整取出脊髓，然后将它切成 3 段。每段置于 1 个 1 磅大小的细颈瓶中，在瓶的上部系一绳将其悬挂着。第二天再用另一以同样方式死去的家兔进行同样处置，如此进行若干天。于是发现延续两周的过程中风干的脊髓毒力发生了变异，虽然第一天处理的脊髓毒性很强，但到这个周期临近结束时，其毒性就几乎不存在了。由这些脊髓连续制备的相应乳浊液，也表现出不同程度的毒力，因而可以通过连续接种而被安全地应用。即用毒力最小的开始，连续进行直到最后（第 13 天），此时甚至固定病毒也不会致病了。巴斯德用这一个方法救治的第一位病人是来自阿尔萨斯的男孩，名叫约瑟夫·迈斯特。他在 1885 年被疯狗严重咬伤，经过多次连续注射减毒后的脊髓乳浊液，就完全康复了。他长大后，被安排做了研究所的看门人。先后与研究所有联系的每位学者，都知道这个故事，并怀着远非一般的兴趣去探访迈斯特。我在1903 年即认识他，那时他大约 30 岁并已成家。1935 年我最后一次到巴黎时，我发现他还在看门，并且身体健壮。

巴斯德原创的防治狂犬病的方法所取得的极大成功，可以从检视来自巴黎研究院和分散于世界各地用这位杰出科学家的姓名冠名的研究机构的统计数据来评估。自 1886 年至 1935 年，在巴黎至少医治过 52 000 例，其中 151 例死亡，死亡率仅约 0.29%。

时届 1903 年的 8 月，从德法两国收集到的明胶样品中破伤风杆菌的出现频度，我已掌握充分的数据——阳性结果的数量至少占所检验样品的一半。常规治疗主动脉和腘动脉瘤所应用的明胶溶液，除非经过充分的灭菌，即不只是经过煮沸，而是要在高压釜中加压灭菌后，才能推荐在临床上使用。否则，将会因为可能发生众所周知的致命疾病破伤风而危及生命。我已调查过，在法国的医院里，医师们不曾用过注射明胶治疗血管瘤，所以感染亦无从考察。

此时我在欧洲大陆的辛苦工作接近尾声，我着手准备向巴斯德研究所的朋友们告别并返回伦敦。我在巴黎时间虽较短，但是已经与法国同行建立起密切的联系，他们都是乐于助人而忠诚无私的人。

结业归来

我回到伦敦不久，就着手完成申请剑桥医学博士的论文。这个工作其实留在巴黎的最后几天已经开始了，论文题目是《明胶中破伤风杆菌芽孢之发生》。用打字机打出文本后，便立刻呈交给奥尔伯特教授（剑桥的钦定物理学教授），请他指定一个与主考人见面的日子。虽然此时正在长假中，教授还是仁慈地为我安排了 8 月中旬某一天让我到场。站在他和他的联合主考人两人面前，我首先被问到的是一些普通医学知识问题，对我的回答，他们似乎还满意。随后便正式宣读我的论文，他们问及我对法德两国大学和实验室中除我之外其他人从事的研究的感想，又将我的论文有关内容搁在一边，问及我回到海峡殖民地后，对进一步研究有何打算。我尽己所知做了回答。我庆幸在剑桥的最后一次考试能在如此亲切友善的气氛中完成。最后是在极其轻松愉快的气氛中进行的两小时口试，两位主考官宣布我已经顺利通过答辩。但是按大学的规定，在取得医学学士学位后至少要过 3 年才能取得医学博士学位，而我在去年才获得前一学位，必须等到 1905 年才能授予我更高的学位。然而到那时我将无法亲自出席定期召开的全校评议会大会。不过，只要我交齐了必需的费用，我仍可被缺席授予医学博士学位。因此我预期将在 24 岁时获得医学博士学位。后来在中国，官场中有人告诉我，他们是用"候补"一词代替"预备"，来表达那些预期将要有一个更高的实职。

1905 年伍连德的学籍记录

为探询进入殖民地医务署工作的前景，我前往殖民部询问，得到的回答是我可以仿照印度马德拉斯医学院的毕业生，只能担任"助理医官"，开始时的月薪为 250 元。但不能担任"医官",这个职位只能给纯欧洲血统的英国人,并不问其资历!在那个年代,政府职位根本没有当地土生土长的专家或研究工作者的插足之地。

因此我决定接受依曼纽学院提供的另一年研究奖学金,去吉隆坡新创建的医学研究所从事热带病研究。该所的第一任所长汉密尔顿·赖特博士(Dr. Hamilton Wright)当时已离开,由伦敦热带医学院的丹尼尔斯博士(Dr. C. W. Daniels)接任。

我依然可以从海峡殖民地驻伦敦办事处买一张半岛和东方轮船公司二等舱船票回槟榔屿的家中,但是几乎同时离开伦敦港的日本邮船"佐渡丸"的一等舱大餐间的票价,与其相差不大。我决定多花点钱选择 8 月最后一周起航的这艘日本邮船。距最后离开英国尚有数日,我便邀请老朋友和同住庄园地的故人弗兰克·尼克松远足湖区,往返火车票和食宿费用都由我支付。如前所述,亲爱的老弗兰克是位理想的旅伴,我们在帕丁顿花园那个寒酸的公寓里亲密相处长达两年有余,彼此相知甚深。我们尽量步行,必要时为求方便不惜花钱,尽兴地游玩了温德米尔(Windermere)、格拉斯米尔(Grassmere)、科尼斯顿(Coniston)以及周围的景点。我们共同度过了 8 天假期,花费甚少。对弗兰克来说,这也是一次艰苦的磨炼。背负行囊也是我的新体验,我们以烤鳟鱼做早餐,面包夹西洋菜,茶中添加新鲜黄油。

我在伦敦的最后一天终于到来了。前一日晚上,中国学生会在霍尔本饭店为我举行了一个告别晚宴。宴会由皇家学会会员威廉·内皮尔·肖爵士主持,他原是我在剑桥的导师,现在任职伦敦气象局总管。我至今依然保存着一份菜单,上面有当时全体到会者的签名。除了弗兰克·尼克松,还有 3 位中国朋友送我登船。他们是机械工程师李福祺,后来他将他的名

Farewell Dinner

TO

GNOH LEAN TUCK, M.A., M.B., B.C.,

Given by his Friends,

On the occasion of his return to the East.

Wednesday, 15th July, 1903.

W. N. SHAW, Esq., M.A., Sc.D., F.R.S.,

in the Chair.

THE HOLBORN RESTAURANT
LONDON.

离开伦敦告别晚宴的请柬

字改成了英式的 Lyffky（听起来很像某个超现实主义的苏联人）。第二位是吴德高，上海人，毕业于教会学校圣约翰大学，辛亥革命时他受命管理武昌著名的汉阳铁厂。第三位是谢德庆（Cheah Teik-King 音译），一位讨人喜欢的挥金如土的花花公子。他是谢荣光（Hsieh Yung Kuang）先生的独子。谢荣光是槟榔屿和沙捞越的大地主，也曾当过驻槟榔屿的中国领事。

"佐渡丸"原先是格拉斯哥建造的一艘海船，坚固耐用，日本邮船株式会社收购后将它用于横滨和伦敦之间的客货运输。它的注册吨位不到5 000吨。除了蒸汽动力，它还有三根主桅杆，只要顺风，可以扬帆行驶而使其正常航速增加2～3节。船长和主任工程师全是英国招商局的退休职员，而他们的亲临似乎只在于稳定人心并有助于取得许多欧洲乘客的信任。船长以下的船员全是日本人，他们恪尽职守，制服时髦考究。等到这些英国船长退休后，他们将被擢升更高的职务，负起更大责任。负责经管船上事务的乘务长，是一位有教养的日本人，英语流利且深谙英国人的秉性。照顾旅客的乘务员是日本人，他们只粗通英语，但都经过严格训练而明确自己在船上的责任。整个轮船保养得一尘不染，每天清晨多数旅客尚未起床即已将上层甲板擦洗完毕。餐厅、娱乐室和吸烟室也打扫得很清洁，令旅客十分满意。唯一不敢恭维的是食物，表面看来不错，入口时其味道却远不像是英国厨师所传授的手艺，但是可以按旅客意愿订购某些简单的日本菜肴和足够的大米饭。我长期生活在欧洲，胃口已经习惯了欧洲的烹调方法，但是在这从伦敦到新加坡的 33 天漫长航程中，偶尔换换口味也很不错。有时还会供应未经烹调、切成薄片的白色鲭鱼和红色鲔鱼，据日本人说，这是他们国家的美食。要享用"萨希米"［刺身］，进食每片鱼肉都要撒上姜末，在一小碟日本酱油中蘸过。我与船上少数欧洲旅客一样，开始也对生鱼片颇感畏惧，但很快我就乐意享用了。厨师首先用一把刀将内脏、鱼鳃和鱼头除去，然后用另一把快刀除去鱼皮并切成薄片，如此便将那令人不快的腥味消除殆尽了。那位总是友好而殷勤的乘务长告诉我，实际上早在横滨萨希米就已备好，保存在船上的冰箱里冷冻，直到装碟上桌时才取出来。水果则是在途经的港口，如意大利的那不勒斯、苏伊士运河上的塞得港、红海上的亚丁和锡兰的科伦坡等地购买的。在红海上航行可能是最令人难受的经历，因为那一年的气候既热又潮湿，而船速很难超过 11 节。事实上，每天的航行路程总是极为单调而短少。午间时刻因为没有人玩投注游戏打赌而显得极为沉闷。船上的职员，从乘务长到他的众多下属皆恭敬从命却从未懈怠，那些矮小而面容清秀的乘务员，是从未达从军年龄的学生中招募而来的，在那令人备受煎熬的日子，他们依旧礼貌而谦恭。途经各类港口，多数旅客都会购物，然而经验丰富的人则宁愿把金币藏在口袋里（在那个年代，随处通用大量的金币）。

　　旅途接近终点，我严肃地回顾着过去并设想未来。总的说来，我被认为是个幸运的学生。作为一个科学家，已经取得了文学硕士学位和医学博士学位（将于 1905 年实授）这样的资历。这一切都靠政府的英女皇奖学金和依曼纽学院的研究奖学金。我在欧洲所受全部教育，其实未花父母一分钱；另外，我还实存了 400 英镑，已在伦敦某银行换成了支票。我应该继续作为雪兰莪（Selangor）医学研究院的一个研究工作者，坚定地怀着谦卑的上进愿望努力取得进展呢，还是加入正在发达的私人行医群体，为自己积累一笔财富呢？我还在英国时，已经和尊敬的林文庆博士通过信，他是第三位英女皇奖学金获得者（1887 年），后来在爱丁堡杰出地完成学业。他在新加坡定居后，最近荣登立法院委员之位。毫无疑问，到达新加坡后，我应该去征求他的宝贵建议。

有一件令我苦恼的事情。尽管我的双亲都是中国血统，可是我用汉字写自己的名字都很吃力，更不用说阅读中文报纸了。这个缺陷自然是因为我从小所受到的教育是源自英国中学和大学的最优秀传统。为了更多地了解我的古老祖国，我买了几本英国人写的有关中国历史、儒学和义和团运动的书。我常想到某些外国人，比如梅奇尼科夫教授和马莫雷克博士，他们都有相当渊博的有关中国文化和哲学的知识，我便决心寻求对我那血缘所系的国度和这个民族有更好的了解。有一本书是查尔斯·贝雷斯福德勋爵（Lord Charles Beresford）写的《瓜分中国》（出版于 1899 年），作者在义和团起事的前一年被英国商会联合会派往中国，这位学者几乎预见到了1900 年的那场风暴，并且强烈地恳求他的政府和人民反对瓜分这个古老国家，而当时大多数欧洲政府的政策显然已经有所预谋了。

在这本书中写到①——明朝末代皇帝崇祯于 1644 年吊死在紫禁城附近煤山一棵树上以后，李自成领导的中国造反者占领了首都数日，将能够到手的一切掳掠殆尽。受命前来救援的吴三桂将军却在城外按兵不动，实际上他已与来自北方的满洲游牧部落达成协议，伺机从那些中国造反者手中接收北京。于是满洲首领努尔哈赤在那些中国抢掠者带着他们的战利品离

---

① 作者用本段文字转述所读《瓜分中国》一书中的内容，有若干史实方面的明显错误，译者于此按原文译出，不予一一更正或说明。——译者注

开北京后，便得以不战而占领了中国。努尔哈赤从未登上中国的皇帝宝座，但是两个早期的满人皇帝康熙至乾隆超过 100 年的期间，他们维持着统治并为他们的继承者树立了一个仁爱和进步政府的好榜样。确实，这两位伟大的满人皇帝留下了他们作为世界上最伟大的统治者的印记，因为他们以强大的军队和深邃的文化使古老中国声名远扬。遗憾的是，后来的满人君主并无同样的文韬武略，未能继承优良遗产，像日本那样与时俱进，终于将他们的国家引向覆灭。于是灾祸连绵。首先来临的是中英鸦片战争（1839—1942），其结局是割让香港和吸鸦片之恶习及于全国。然后是延续 14 年的太平天国运动，中原数省大片地区遭受战乱，南京一座美丽的琉璃宝塔亦遭毁灭。第三次是英法两国为一方，武器装备落后的中国为一方，在 1865 年进行的实力悬殊的战争，导致北京首次被占领，古老的圆明园遭洗劫并被焚毁为平地。第四次是借口有两个天主教传教士在山东被杀，德皇威廉（Wihelm）二世下令野蛮侵占青岛。于是列强对这个古老国家的瓜分明目张胆地开始了：俄国人占领了旅顺、大连，并同时渗透进满洲腹地；法国垂涎于广州湾和内地省份云南，企图将这些地方与印度支那连成一片；大英帝国强占了威海卫，还将富庶的长江流域划为其势力范围，又强租与香港隔海相望的九龙 99 年。那时，甚至一个小小的意大利亦威胁要占领浙江省的三门湾，困境中的满人统治者最后鼓足勇气予以拒绝，终于不了了之。一片瓜分领土声中，美国提出了"门户开放"政策。1894 年日本向中国宣战，攫取了台湾和大笔赔款，又控制了旅顺、大连两个港口。后因德国、法国和俄国三国联合干涉，这两个港口又归还了中国。必须指出的是，这三个陆地强国并非更亲近中国，更多是出于妒忌。这场悲剧一直上演到 1900 年义和团事件爆发，一些欧洲传教士和中国教民被愤怒的民众杀害。北京再次被欧洲和日本军队占领，而这些军队的总司令是冯·瓦德西（von Waldersee）伯爵。结果是慈禧太后逃走，1901 年的《辛丑条约》强加于中国，高级廷臣受到惩罚，延迟 5 年举行传统的科举考试，醇亲王（光绪皇帝的弟弟，宣统皇帝的父亲摄政王载沣）在一些大臣的随同下，前往柏林为德国外交官在义和团事件中被杀而代表国家向德皇道歉。中国政府还应允北京使馆区由外国军队驻守和维持治安。最后是高达四亿五千万两白银（约合 6 000 万英镑）的巨额战争赔款，年息四厘，共 39 年还清。毫无疑问，普天之下的民众受到了如此苛刻的条款的沉重打击，他们无法认同因为昏庸的满人统治者在夏天的愚蠢行为而强加给他们的负担。从此以后，每一位具有爱国之心的民众无不决心彻底抛弃满人统治。革命的主张于是传遍世界每个角落，只要有卖炒杂碎的中国饭馆的地方，或是有中国学生的地方，都会有革命的活动。

　　一个明朗的早晨，我在沉湎于令人阴郁的中国当代史阅读中起床，发现我的航途正临近终点。新加坡的岛屿已遥遥在望。几个小时内，"佐渡丸"已经进入了丹戎巴葛（Tanjong Pagar）码头。20 多位潮州和淡米尔籍码头工人在喧嚷中终于将船牢牢系在缆桩上。林文庆博士亲自登船相迎。我找到那为数不多的行李，由一位马来搬运工搬上了林博士那辆小型马拉的四轮车。这一天是 1903 年 9 月的最后一日。

　　我被马车载至位于绿堂（Green Hall）的二老居所，在那里我遵照规矩，向他们行了传统的叩拜大礼。我请两位老人坐在正厅当中神龛两边，面对正门；然后我朝他们跪下，向每一位老人献上一杯刚刚沏好的中国茶。两位老人喜极而泣，热泪盈眶。他们感谢上苍，诸事遂顺，我终于平安回家。

第 8 章

初返马来亚

订婚省亲

林文庆博士的住宅称为"巴厘屋"（Baleave），位于新加坡里欧尼山路，有一个很大的花园环绕着它。如同当年多数热带欧式建筑一样，它的设计既舒适又可抵御持续的高温气候，顶层与底层有露天走廊，起居室和卧室都尽可能避开阳光直射。宅内没有现代的卫生设备，只有两间主卧室附有浴室。生活废水直接流进一条明沟，而各个房间内装在陶罐中的粪便由家中专职男仆集中在一个马口铁桶内，每天清晨倒进城市中的运粪车里。

当时人们都称林文庆为"文庆博士"而少称其姓氏。他身高 5 英尺 4 英寸，是位身材矮小却很活跃的男子汉，黑发短髭，祖居福建厦门。他的父母均出生于新加坡，因此全家都讲海峡殖民地通行的马来语。文庆早在孩童时代即有不凡表现。他所就读的莱佛士学院院长赫雷特（R. W. Hullett）先生对他特加关照。因此，1887 年他成为第一位荣获英女皇奖学金的华裔

男孩，乃在意料之中。他在爱丁堡大学学医，1891 毕业时获得医学学士
和外科硕士学位。随后他在剑桥师从罗伊教授从事一年研究，发表过两篇
论文。回新加坡后，文庆开业行医，成为新加坡第一位在国外学医，学成
回来又很快取得成功的华人。他不仅专业实践经验丰富，且性格温文尔
雅。和病人交谈时，能使用福建、广东和潮州等方言以及英语和马来语。
几年后，他也学会了中国的官话和日语，并能在公众中发表演说。文庆有
幸在 1896 年与福州学者黄乃裳的才华横溢的女儿玛格丽特·黄瑞琼
（Margaret Huang）结为伉俪。黄乃裳在民国建立后曾出任福建省的地方官
员。文庆当选为立法院委员时，他的妻子曾为当地行政长官的夫人米切尔
女士做过许多事情。文庆夫人生了 4 个孩子，都是男孩。长子①像父亲一
样也毕业于爱丁堡大学，并在爱德华·谢弗爵士手下任组织学讲师，当
1922 年成立北京协和医学院时，他成为那里的第一位生理学教授，并在
这一领域享有国际声誉。文庆夫人不幸于 1905 年因罹患肺结核去世。文
庆博士还有某些事业与宋旺相（Song Ong-Siang）先生有密切关系。宋是
1888 年英女皇奖学金的获得者，主修法学，在剑桥获文科学士和法学硕
士。他们两人创办了《海峡华人杂志》，后来我在有关该刊物的活动中与
他们交往甚密。1936 年，旺相被英王封为爵士，成为海峡殖民地第一位
享此殊荣的华人，但不久后他于 1941 年去世。宋旺相是《新加坡华人一
百年》（1923 年）这部巨著的作者。

　　我作为文庆的客人住在新加坡时，有幸邂逅黄家小妹黄淑琼（Ruth
Huang）。她是一位非常可爱的美丽姑娘，接受了我的爱慕之情。正式订婚
后，黄小姐回到了她的福建原籍城市，直到 1905 年 7 月我们才结婚。

---

① 即林可胜。——译者注

"海峡华人三杰" 1903 年伍连德与林文庆、宋旺相合影

我在新加坡逗留时间不长，因为要去吉隆坡医学研究院工作，但是文庆让我对整个马来亚的状况有了一个很全面的了解，并劝导我应拿出一些时间在民众中从事社会服务。他对公共事务的热情和对中国一切事物的热爱与献身精神，特别让我感动，因为当时社区的领袖人物，特别是那些从小生长于此或当地出生的人，头脑中充斥着迷信与偏见，并且只说英语和马来语，他们对伟大中国的历史和文化几乎一无所知。但是文庆凭借他卓越的口才和不懈的努力，已将年轻一代中的许多人团结在他的周围。这些年轻人支持他成功地创建了学习儒家学说的益智学会，而且和宋旺相一起组建了华人志愿团。和文庆一家 3 个星期的相聚，对我是一个很大的激励，为确定自己的人生目标做好了准备。

1903 年 10 月 7 日，我乘德国客轮"Zieten"号离开新加坡，36 个小时后渡过马六甲海峡，停靠在槟榔屿。虽然当时已是深夜 11 点，我的亲戚朋友依然特别乘小艇登船迎接我。我离家已经整整 7 年，欣喜于重见长辈和老同学，还见到一些晚辈。我被马车载至位于绿堂（Green Hall）的二老居所，在那里我遵照规矩，向他们行了传统的叩拜大礼。我请两位老人坐在正厅当中神龛两边，面对正门；然后我朝他们跪下，向每一位老人献上一杯刚刚沏好的中国茶。两位老人喜极而泣，热泪盈眶。他们感谢上苍，诸事遂顺，我终于平安回家。

以后两周全都用于应邀参加城内或乡下接连不断的茶会或宴会，我还第一次有机会在一些至亲的陪同下，前往厄斯金山我们的家族墓地，祭拜我的祖先。这段时间内，我还必须直接或间接地回答一些问讯，比如是否结婚，是否在英国与英国女孩订婚了。当回答说"没有"后，我便面对着众多的提亲者，特别是一些富裕人家，令我手足无措。我请求他们稍待时日，因为我还要在吉隆坡的研究院里工作一年，然后才能考虑这些问题，此事方得以平息。

吉隆坡医学研究所

吉隆坡是雪兰莪州的首府，也是马来联邦（后为马来亚联合邦）的首都。我发现这座城市无论是居住还是工作都是绝佳之地，它正处于槟榔屿和新加坡之正中。研究所是由马来联邦的高级专员及海峡殖民地总督弗兰克·斯韦特纳姆爵士（Sir Frank Swettenham）创建的，开始时它的经费预算较拮据。研究人员只有所长和3位领薪的欧洲人助手，我便成了第5个高级职员。当时受到关注的两种常见病是疟疾和脚气病。前者的原生动物病原多年前已经了解，但是它与按蚊的关系以及由该种昆虫传染到人的方式才刚刚被罗纳德·罗斯阐明。在马来亚劳苦大众中开展大规模预防这种感染的工作，则还有待于马尔科姆·沃森（Malcolm Watson）后来的坚毅努力。他最终使得大英帝国这一因地产和锡矿而富庶的角落变得健康、幸福和繁荣。脚气病的病因却依然不明，我继续进行研究所两位前任所长汉密尔顿·赖特和丹尼尔斯的工作，寻找病原体（我们当时所设想的）和防治方法。50年前我在这方面作出的些许贡献，载于1952年出版的鸿篇巨制《医学研究所成立50周年（1900—1950）纪念论文集》的第25卷中。

这部文集的编者，正好是该研究所的现任所长菲尔德博士（Dr. J. W. Field）。他在我那篇论文的一个注脚中满怀深情地谈到我是该所第一位从事研究的学生，或许还是今日唯一健在的当年为数不多的老员工。因为有这套论文集，如今才能够留下一篇我早年的工作记录。为此我不揣冒昧将此论文之一部分摘录如下：

1903年我的学院奖学金被延长到翌年，英国政府殖民部推荐我作为志愿研究人员前往吉隆坡新成立的医学研究所。该研究所开办不过几年，新任所长是丹尼尔斯博士，在伦敦的海员医院我曾见过他。首任所长汉密尔顿·赖特博士曾负责新所的设计和装备，此时已经离任。后来在1911年和1913年的两次海牙国际鸦片会议上，我曾有幸与他相逢。

1903年9月我成为该所研究人员时，研究所的大楼建成刚好两年。

吉隆坡医学研究所

当时丹尼尔斯博士仅先我数月前来接任所长之职。所内隶属于生物学部的只有一位欧洲人，他就是 G. F. 莱斯特博士（G. F. Leicester），那时他正在研究蚊子。

原先的研究所是一组简易的，多为平房的

常见热带建筑，四面围以宽敞的带遮阳的走廊，由5英尺高的柱子支撑。主要房间可以相通，用做办公室或实验室。所长办公室在主楼前部的楼上，靠一个嘎嘎作响的木楼梯登上。可以想象，那里仅有少数实验室主要用于生物学，即细菌学和昆虫学研究。当时化学部尚未设立。我们有充裕的时间钻研我们的课题，很少接待访客。非专业职工有一位矮胖而总是笑容可掬的淡米尔办事员、一位打字员、两位助手、两位通讯员、几位照料实验室和一间不大的动物房的杂役，以及两位维护园地的花匠。研究所位于帕航（Pahang）路的一端，距市中心约两英里，当时颇显偏僻，附近鲜有私人住宅为邻。公立医院（当时又称贫民医院）就在附近。那时尚未引入机动交通工具，但交通比较方便，多以自行车、人力车和马车代步。我自己骑自行车上班，车上放着装有午饭的篮子。负责那所医院的高级医官是麦克洛斯基（C. J. McClosky），他是位慈祥和蔼的苏格兰人，毕业于爱丁堡大学。较之一般北部苏格兰人，麦克的身材特别矮小，但他蓄有精心修剪过的浓须，且语音悦耳。像许多资深人士一样，这位医师可讲流利的马来语，当他巡诊中国和印度的男女病人时，能够应用自如，马来病人对他来说根本不存在沟通问题。病床是将木板搭在两条狭长的条凳上，每条长3英尺。这里的3种常见病是疟疾、脚气病和痢疾。

有许多机会从事当地某些传染病的研究，在太平间里每天至少有3至4具尸体等待尸检。这里并没有受过专门训练的有资质的病理学家来监督尸检，尸检报告通常由一位医官书写。麦克洛斯基来到时，有一位负责尸检部门的医务辅助人员相随协助。当我被指定从事脚气病的研究工作后，我发现麦克洛斯基不仅是一位极其热诚的同行，而且有极为丰富的临床经验。他的表现，如同一位热衷于揭示那神秘神经疾病的探索者。遗憾的是，不论是我还是麦克，都未曾受过生物化学训练。尽管在剑桥依曼纽学

281

院三年级时我曾有幸受教于作为我在学院的解剖学导师的高兰·霍普金斯（后来被英王封为准男爵并当选为皇家学会会长），但他当时在维生素学领域还没有突出建树。当时我们大多数人都热衷于从微生物学上着手，企图发现某种新的生物来阐明脚气病的病源，并探寻出这种疾病的发病过程和传播途径。也许这正是早期研究者如汉密尔顿、赖特和丹尼尔斯等在确定脚气病真实病因上失败的原因所在。现在我们已经知道，脚气病是由于精白米中缺欠某种成分造成的，而非任何外部特定传染性因子。这要归功于布拉登（Braddon）、弗雷泽（Fraser）和斯坦顿（Stanton）的不朽贡献。他们以自己确切无疑的研究成果令科学界心悦诚服。麦克和我曾在吉隆坡城内及周围地区因患脚气病而死亡的 3 000 具尸体中解剖了 200 具，但直到那一年工作结束时，也未能得出确切的结论。在政府年度报告中除列举了一些图表和一般说明外，在这方面并无专著。麦克洛斯基博士于 1954 年去世，享年 81 岁。

除了对脚气病的观察，1903 年至 1904 年，我的注意力被吸引到阉牛体内的某些圆虫（蛔虫属，*Ascaridae*）上，它们成群地黏附在主动脉弓里。这些线形寄生虫显然是寄生在年轻小公牛的主血管系统内，而不是在躯体较大的水牛身体里。这种寄生虫似乎会与动物终生相伴，与其他疾病并不相干，而这种牛的肉，其口味与那些无寄生虫的同样鲜美。我这项研究进行了 6 个多月，研究结果发表在研究所的研究丛刊的第 3 卷中。

在研究所工作时，丹尼尔斯博士对我关怀备至，不时给我鼓励，并经常悉心批改我的手稿。这整整一年相处中，我得以了解了他在研究所里的工作。我发现他总是把更多的精力放在研究工作上，并不纠缠于社交活动。他有浓密黝黑的胡须，烟斗从不离手，深邃且颇带愤世嫉俗洞穿世事的双眼，随意穿着一身宽松的热带服装。他那特立独行的怪癖并没有被人将他误解为老于世故，因为他为人总是那样诚挚、勤奋而又平易近人。丹尼尔斯有着柔和响亮的声音，他不仅有丰富的疾病知识，对热带各种事物也有广博的知识，尤其是关于热带地方的各种习俗世情。因此他经常为人释疑解惑，无论是政府高官还是他属下的低级职员或勤杂工朋友，他都乐意相助。

雪兰莪文学社与剪辫子辩论

居住在吉隆坡，我从华人的友情中受惠良多。从到达该地那一刻开始，直到 1904 年离开，我一直住在陆秋泰先生安帕呢路那栋名为贝克豪勒（Birkhall）的豪宅中，受到他盛情款待。他是我的广东同乡，出生在槟城的一位富裕的锡矿主家庭。他的豪宅借用了一座苏格兰庄园的名称，因为他曾在那里盘桓数月。他那娇小的夫人，也出生在槟城，极为热情好客。她经常为我准备午饭，把米饭和两种小菜盛在搪瓷盘中，让我每天早晨用自行车带到所里。我的卧室在二楼，面对大街，挂着纱帐，白天黑夜都没有苍蝇和蚊子。与他们相处时，他们把我当做贵客，这段珍贵的美好时光令我经常怀念。陆秋泰的哥哥陆秋杰当时也是一位大商人，除主营锡矿和博彩业外，当地政府还特许他经营烟酒和鸦片生意。而著名的陆佑，更是吉隆坡最大的百货商店秋杰公司的主人。1903 年的吉隆坡还是一个相当小的城市，只有有限的几条商业街，一些很普通的政府机关建筑和一座不大的清真寺。在邮政总局附近方圆几英里的范围内，星星点点散布着一些平房。然而她成为马来联邦的首都后，便迅速扩大，那里集中了大多数政府机关、国有矿产企业和垄断企业。

陆佑此时年约50岁，他出生在广州，以其罕见的才干在商业上取得了巨大成功。他建造了一座只有在他故乡才有的现代化广东式豪宅。为建造这栋住宅，他采用精心处理过的硬木柱作房架、横梁和其他支柱，而没有采用钢筋混凝土，然后用当地出产的优等砖块砌成。这一宏伟的建筑，今日依旧屹立在吉隆坡一条主要的大街上，只是近来在它前面建造了成排的商店。陆佑早年原在新加坡做厨师，只有基本的汉语知识。定居吉隆坡后，他巧妙地运用早年的积蓄，精明地进行投资，几年内即学会了经营锡矿的全部要诀，在20年内使自己的资产增长了100倍。在他事业的鼎盛时期，他对下属和雇员十分慷慨大方，所以后来数代的锡矿主和地产商人，都能从他们的致富道路上寻出陆佑早年提携之功。他善于与各式各样的英国殖民政府官员巧妙周旋，从联邦部长和地区官员到锡矿督导或警察局局长，他都相处融洽。他聘用了不少欧洲人，请他们充任房地产经理、公共会计师、采矿监督和广告代理人、经纪人等，并曾一度实际上控制了某些地区的英文报纸。在我闲暇时，特别是在星期天，我便乐意去拜访他和他的家庭。他对人总是彬彬有礼而好客，虽然他不懂英语，也没有去过欧洲，但他通过认真阅读中文报纸，和与英国朋友用马来语交谈，对西方思想和风俗人情也并非一无所知。

他的妻子是出生在槟城的娘惹①，极为信任我的临床医术，坚持要由我照料她几个月后的分娩。虽然我从事过严格的实习工作，但我还是必须为此做好一个助产士要做的全部准备工作，应对严酷的考验。幸运的是，分娩日来临时，竟是顺产，一个男婴安然降生到他快乐的双亲怀中。

陆佑先生去世后，他的家庭依然兴旺。他将创建于1862年的恒隆洋

---

① 指15世纪初期定居在今马六甲、印尼、新加坡一带的中国明朝后裔中的女性，多与马来人混血。——译者注

行的业务，特别是房地产业务，扩展到了新加坡。他的幼子是老人最能干的继承人，曾在英国受过充分的教育，后来成为马来亚两个影视业巨头之一，还是豪华的超高层国泰大酒店的兴建者和主人。

在陆佑成为吉隆坡华人社团公认的领袖之前，老一辈中还有一位客家人，名叫叶亚来（Yap Ah-loy, 1837—1885），也是靠开采锡矿发家的。与陆佑不同的是，叶亚来凭借敏锐的政治嗅觉，与英国和马来官员们合作，从而加强了政府方面的力量。他作为中国头领（华人社团的头领），被允许保有一支大多数由他的族人组成的军队。他还设有公堂，在他的同胞中执法。他又作为银行家，为形形色色的马来酋长提供服务。这些酋长彼此之间经常发生争斗，需要金钱资助。因为他无暇回中国与故乡的女郎成婚，只得打破传统，娶了一位马六甲出生受过教育的华裔姑娘为妻。她几乎不会说广东话，只能说马来语。于是他在吉隆坡组建了一个快乐又文明的家庭，而吉隆坡从一个乡村发展为州府，后来又成为马来联邦的首都，叶亚来作出过巨大贡献。虽然叶氏只享年48岁，但他在如此短暂的时间中成就的业绩，别人或许在加倍的时间里未必可以完成，他身后受到各阶层的景仰与怀念。他的夫人卒于1922年，比他存世长48年，所有来此豪宅的访客，无不称她为"老太太"。

当我1904年住在吉隆坡时，曾成立过雪兰莪州文学与辩论学会（雪兰莪文学社），每两周在高街（High Street）叶家美丽的花园里聚会一次。除了其他主题外，该会倡议促进与鼓励包括会话和写作在内的英语学习，相机邀请学有专长的人士前来讲演或是授课，进一步增强对东西方文明的了解以及彼此认同。该办事机构由会长伍连德博士、里奇斯先生（H. G. Ridges, 华人护民官）、副会长谢文吉（Cheah Boon-Teat）先生、秘书和司库珀西·圣约翰（Percy St. John）牧师以及其他成员陆秋杰

(Loke Chow-Kit)、陈振金（Tan Chin-Kim）、黄合龙（Wee Hap-Lang）、辛亚荣（San Ah-Wing）诸位先生组成。在第一个季度共开会 6 次，讨论了如下议题，在多年以后看到这些，依旧能令人颇感兴趣：

4 月 16 日，里奇斯作有关"英语口语"的讲演。

4 月 30 日，以"本会是否应该同情当前抗击俄国的日本？"为题进行辩论。辩方为霍布森（S. G. Hobson.），反方为霍利（W. E. Horley）牧师。

5 月 14 日，南新桑（Nam Sin-Sang）以"建立中英文双语学校"为题发表的中文讲演。

5 月 28 日，以"中国改革的第一步在于剪去辫子"为题进行辩论。辩方为陆秋泰，反方为谢文吉。

6 月 11 日，以"现有的中国婚礼仪式已不适合今日之需要"为题进行辩论。辩方为林金源（Lim Chin-Guam），反方为胡华清（Foo Wha-Cheng）。

6 月 22 日，威廉·哈格里夫斯（槟城大英义学校长）以"海峡殖民地华人作为英国公民的义务"为题作特邀讲演。

由高街可达叶宅，其临街面几乎宽达 80 英尺，正中是大门，两边悬挂着一对巨大的装饰性中国灯笼，每逢初一和十五之夜都会点亮。宅中正厅置有正宗的中国式家具，那里有进口的乌檀木椅子，矩形座面上镶有云南彩色大理石，椅背中央有圆形的大理石，而两侧有用螺钿片拼成的许多花鸟和蝴蝶图案。还有用大理石和螺钿镶嵌装饰的桌子，相邻两把椅子间有一个茶几。大厅中央放着一张精美的大圆桌，带有乌檀木雕和类似的装饰图案，直径约有 4 英尺，其周围则是 6 个大理石为凳面的凳子。大厅的两厢是两个较小的会客室，但并未与主厅隔开。墙上的相应部位悬挂着描绘中国名山大川风景的图画，使整个大厅呈现独特的文化氛围。大厅的后面，则是用于祭祀家族祖先牌位以及其守护神的神龛。

两侧都有一门通向半遮的游廊，由此通向一个主餐厅以及其他供家中女眷休息的较小的起居室。游廊内摆放着成排的盆花，使其景致色彩鲜艳美丽。从这些游廊内可以一睹花园全貌。花园虽然面积不大，但是布局甚佳，管理精细，足以显示中国园林艺术的蕴涵，不由得令人心旷神怡。栽种在雕花陶钵中的是为数众多的盆景，树木因发育受限只有 3 英尺高，枝干被修剪过，叶片也做了反复和耐心的修饰，因而具有各种奇妙的造型。

有一整套中国神话"八仙"的盆景，完全用矮小的树木制作，在相应的位置上安有瓷质的人头、手和鞋子。此外还有表现龙、狮子以及福禄寿三星的形象，全都按类似的样式制作。用矮小松树制成的千姿百态的造型，确实令人一饱眼福。

感谢叶大祥先生（Yap Tai-Cheong，会讲英语的公子）和戴修腾先生（Teh Seow-Teng，女婿和房地产经理）始终如一的慷慨和热情。我们的文学与辩论学会得以每月的第二和第四个星期六在如此优美的环境中开会，并持续了一年之久，直到城市另一端陆秋杰先生重新进行现代化装修的住宅竣工。

只要这个协会维持着，所有会员都期待着开会的日子，无论是欧洲人、欧亚混血人还是华人，每个会员都可以领来他的密友。唯一不允许参加会议的显然是女士，因为让她们参与男性集会讨论的时代还没有到来。但是妇女解放的日子正在临近，会长提出动议，要求让她们尽快成为会员，并在受教育和参加社交活动方面享有同等权利。

那一年最激动人心的夜晚，是在 5 月 28 日。当晚陆秋泰倡议采取一个行动：把辫子剪去作为中国改革的第一步。他介绍了辫子的历史：那条被其他国家人民嘲弄称之为"猪尾巴"的辫子，是满洲人在 1644 年征服中国后强加于国人的。开始时曾遭到强烈的抗拒，后来终于沉默地屈服，逐渐传播而成为海峡殖民地华人的风尚，以至于将这个累赘作为中华民族的符号！讲演者在结束他那激动人心的演说时，呼吁在场听众将这个碍事而又丑陋的屈辱标志立刻剪除，让他们和他们的子孙后代在居留国马来亚自由地生活和思考。这个倡议受到谢文吉的强烈反对。谢出生于槟榔屿，在吉隆坡发家致富。在讲演过程中，他举起辫子，向听众问道：这条梳得整整齐齐的辫子从老祖宗那里传给子孙们已有近 300 年了，它有何罪过？他还说辫子对他大有帮助，他的妻子喜欢它。这引来听众一片笑声。最后赞成剪辫子的人占了上风，会议主席便问有谁敢于当场丢弃这无用的辫子。身材高大的胡华清立刻跳上来，说道："我来！你愿意前来剪掉我的头发吗？"在场听众无不十分激动。这是一位 31 岁的男子，出身体面家庭，他准备向大家作出一点奉献，这就是他和他的双亲曾经珍惜的，从孩提时代起一直长在头上的辫子。那些对自己民族历史茫然无知的人竟将它视作民族的真正标志。面临如此强力的挑战，会议主席从他的座位上站起来，取出一把大剪子，举到这位被认为是敢于作出牺牲的人面前，大声喊道："胡华清先生，这是你一生和事业的重要时刻，你对这个决定永不后悔吗？你现在还有时间撤回你的决定。"回答是："永远也不！"此时全场鸦雀无声，众人屏住呼吸。会议主席握住辫子根部，尽可能贴近头皮一刀剪下。不到半分钟，整条辫子即刻除下，全场欢声雷动，响起一片持久的掌声。然后胡先生退入后室，那里有位淡米尔理发师正等在那里，用他更加专业的手艺完成了善后工作。胡先生再度出现在会场上时，他看起来更年轻，更精神，甚至更加风度翩翩。胡先生作出的这一杰出榜样，立刻被雪兰莪社区的其他人所仿效，虽然在有知识的华人社会中早已对这条长在他们头上，象征着被统治和奴役的标志极为憎恶，但他们还是甘愿保留着，以待时日。如今他们一位领导人竟敢于在中外人士面前公然丢弃这个累赘，他们除仿效之外别无选择。此后数年内，思想开明的家庭中让年轻男孩采取西方发式便已蔚然成风，而且时机一到，服饰也都欧化了。其结果是更多的现代发廊应运而生，光顾者大多是改革派的华人。雪兰莪文学社历史中这一创举，被马来语、英语和海外报刊广为报道，使全世界对当地居民有了更多的了解，而不仅限于开采锡矿发展工业。

后来举行过一次听众甚多的集会，内容是辩论当前的结婚仪式是否适合当时的需要。此时秋杰公司能干的经理林金源是辩方，而那位剪辫子的改革先锋胡华清是反方。当时多数人倾向于要改变，但是胡先生力排众议，坚拒这一动议，最后他终于扭转了会场的情绪，并取得了胜利。

6月22日晚上参加文学社集会的人最多，会上由威廉·哈格里夫斯作题为"海峡殖民地华人作为英国公民的义务"的演讲。这位校长在校任职13年，负责培养了10位获得英女皇奖学金的学生。这次会上，至少有200位各民族中有地位的人出席，并且听得十分认真，不放过讲演者的每一句话。哈格里夫斯先生对海峡殖民地的华人既赞誉又批评。他赞美华人的勇敢和勤勉，借此取得了许多成就；他也指出了诸如服务于政府和商业机构的雇员身上所见的某些弱点。其实，个别人表现出的不守时和缺乏诚信的弱点，并不只存在于当地华人中，在他英国同胞身上也能见到，遗憾的是，讲演者并没有补充这几句话。也许哈格里夫斯先生并没有充分意识到与会者是给他捧场的，当然喜欢听好话，而不希望从他嘴里说出那些逆耳之言。他不久便辞别了他作出许多贡献的这所名校，前去一所当时还未竣工的更小的马来学校。抨击哈格里夫斯先生讲演的唯一声音来自槟榔屿一家刚创刊不久的报纸。然而，在发表讲演的当天晚上，拥挤的大厅里唯有盛情，众人对讲演者坦率的见解报以掌声。在该季度后来举行的会长演说中，我曾婉转地谈到这座城市中我们朋友之间的进步精神，呼吁他们给女童建立更多的学校，以便让她们能和男孩子们并肩前进，在未来岁月中，她们将为这个国家发展而成为她们丈夫的得力助手。当地主要报纸，如《海峡回声报》《槟城杂志》《马来邮报》《海峡时报》《自由通讯》等对雪兰莪文学社的活动都做过充分的报道。不久之后，类似的社团纷纷在海峡殖民地创建，特别是在那些大型教育机构中的资深阶层里涌现，因为在那些人中，习惯于言论公开和提倡写文章，就公众感兴趣的话题发表意见。

在槟城开业成家

我在吉隆坡医学研究所一年的工作于 1904 年年底即告结束。接受了多位朋友的建议，我开始在槟城的牛干冬街开业行医。我收购了一位因身体欠佳而离开殖民地的英国女医生诊所的所有器材设备，在绿堂我年迈双亲的住宅中暂时住了下来，这里紧邻大海，是一个僻静的居住区。这里的医师大部分是英国人，非英籍医师只有洛克博士（Dr. P. V. Locke，前英女皇奖学金获得者，毕业于爱丁堡大学）、辜立亭（Koh Leap-Teng，也是一位前英女皇奖学金获得者，爱丁堡医学士）和陈观圣（Chan Kun-Shing，从香港获得开业证书）。还有一位出生在加尔各答的美国人，他从爱丁堡领到开业证书。那时还没有汽车，我购买了一辆敞篷轻便马车，用两匹漂亮的爪哇小马拉，出诊时十分有气派。我行医受到公众认可，从清晨忙碌到傍晚。我还努力从事社会服务工作，并试图设法在民间引进一些革新，比如女子教育，剪除辫子，反对赌博和吸鸦片，组织文学社团，在男女少年中间推广有益的体育运动等。定居槟城后，我从事的第一件公益活动，是在我的前任校长哈格里夫斯先生即将离开本地前往瓜拉江萨赴任时，组织大家向他献礼。瓜拉江萨是霹雳苏丹驻地，他将在那里就任新建的马来学院院长。募集到足够的捐款和完成前期准备工作后，我们在槟榔屿市政厅举行了一个公众集会，我荣幸地担任主席。由当地华人女士们制作了一面光彩夺目的锦幛，上面绘有大英义学某些场所和本岛多处的美丽景色，并恰当地描述了哈格里夫斯先生在 1891 年至 1904 年的校长任期中的突出贡献。首先由我宣读了锦幛上的文字，然后呈献给这位特邀的贵宾。同时还敬赠了一个带有乌檀木底座的大银杯，杯上镌刻着相配的题款，以及一幅油画。油画是请一位当时正在槟榔屿访问的颇为著名的画家特别创作的。哈格里夫斯夫人本人即是一位有修养的画家，我们赠送给她一套茶具和一对刻有花卉图案的银杯。哈格里夫斯先生在他的答谢词中说，当年他刚到学校任职时，自己还是一个 33 岁的青年。他是一个运动员，不但参加孩子们的比赛，还同他们一起学习。因他的前任颇为老迈且严肃，学生们毫无疑问会觉得他更易接近和理解。

在午餐会上，我作为主席，提及哈格里夫斯先生的一些逸闻趣事。他疼爱学生，在课堂和操场上都以朋友的身份与他们相处，对那些顽皮的孩子他十分严厉，而对勤奋用功的学生则温勉有加。就我个人而言，在特别班上我常被称做"娃娃"，但我在学校里却一直勉励自己不能辜负哈格里夫斯先生的期望。即使离开学校不再与我们尊敬的师长相处，我们每个人都从他那里获得教益。我相信大多数同学都会同意我这样说的。在向他敬酒祝愿他身体健康、诸事顺利以后，哈格里夫斯先生答道，德博士对他本人早年在校受到的关爱表示了高度赞赏和深忱谢意，但他所秉承的原则是公正对待学生，至于某人在事业上有所建树，更多是取决于他们自己的能力和品行，而并非出自他这个校长所进行的特别培养。

香港上海汇丰银行驻槟榔屿的支行经理斯蒂芬（A. G. Stephen）先生也讲了话。他除对餐会的主宾表示良好祝愿外，还祝愿大英义学新任校长皮霍恩先生诸事顺遂。令人高兴的是，斯蒂芬先生后来在香港总部升任董事会主席，登上了银行最高位置。作为一位居此高位的英国人，他不论早期在槟城，或是后来退休前在上海和香港，在东方人中显示了他值得称赞的友爱精神和社交能力。

我在槟城行医业务极佳，使我有条件在 1905 年 7 月乘船前去迎娶黄淑琼。此时离我首次来林文庆家与她相识已近两年，其间我们定期通信，但她因病回到福州，由一位资深牧师伦尼（A. Rennie）照料她。后来黄小姐在美国卫理公会传道会的朱莉娅·博纳菲尔德小姐（Miss Julia Bonafield）陪伴下来到了新加坡。博纳菲尔德小姐是从她童年起一直与她相伴的老师。虽然我不是一个基督教徒，但我们的婚礼还是在新加坡一座美国教堂里按时举行。海峡华人杂志社中我的两位编辑部同仁，即林文庆博士和宋旺相先生参加了我的婚礼。由林博士将新娘交给我，而宋先生充当男傧相——这真是我们三位早期英女皇奖学金获得者一次愉快的合作。

我的新娘和我乘坐当地海峡轮船公司的一艘快船前往槟榔屿。当我们到达北部港口时，许多亲友前来迎接我们，并陪同着来到主教街专为我们准备的一所大房子里，让我们在找到满意的住宅前暂居此处。

与出生于槟榔屿的知名华人结婚的，是一位来自中国的新娘，这是相当少有的新闻，这令当地的女士们很感兴趣。而淑琼兼通中文和英文，又有娴静的性格和柔美的容貌，更增添了几分神秘。当她们亲眼看到新娘并和她交谈后，在此之前对她的种种传闻感受现在都不重要了，因为她们赏识新人的文明品位和优雅风度。她的服装也不同于我们海峡殖民地的华人妇女，那里的人从小已经习惯了当地的马来服装（包括纱笼、围裙和娘惹的服装），因为伍夫人（当时称德夫人）身着一件简单的丝质上衣，缀有用同样的衣料制成的规范的小茉莉花形纽扣，长裙下摆则直抵脚踝。她的黑色长发在前额稍加修饰，梳往头顶挽成一个简单的发髻，用几个黑色发卡固定，并没有常见的那些大型的耀眼金质或钻石头饰。她的双耳佩有两颗小型白色珍珠坠子，双手手腕上带着一对轻便的金手镯，每只手镯上镶有 4 片卵圆形半透明的绿玉。在她的左手中指上戴着镶有 3 颗钻石的订婚戒指和素面的结婚戒指，结婚戒指是我在新加坡教堂里给她戴上的。她的腿上穿有中国出产的长筒丝袜，脚上穿着一双家制的粉色缎面鞋。

那些不拘礼节的中国女性亲友们争先恐后拥进新房，这些爱挑剔的人们翻箱倒柜要看看这位海外到来的新娘带来的嫁妆的花色和数量，结果只

伍连德和黄淑琼的婚礼照（1905 年 7 月，新加坡）

找到十来套衣服和两瓶法国香水而已。在梳妆台上，摆着几件福州出产的漆器，里面装着中国制造的搽脸香粉，几张专用做口红的红纸。那时彩妆大王密斯佛陀（Max Factor）还没问世，我们的女士们还没有被诱惑去购买据说能把丑脸变美、粗皮肤变柔嫩的雪花膏、洗面奶、爽身粉、护肤膏等数不胜数的高价化妆品。

当月底，我在槟榔屿的朋友们终于尽欢而散，我们可以过自然而不受打扰的生活了，再不必在身上佩戴着那些为显示我们高贵（宁可说是貌似高贵的）的沉重而耀眼的珠宝了。主教街那座宽大的住宅，最不方便的是那条露天走廊。邻居们能由此随时造访，无论凌晨还是早已过了正常活动时间而应为我们休息的时刻，他们都可能作为不速之客来访，因而很少或简直没有隐私可言。

这时我们的好朋友林阿莹（Lim Ah-Yins 音译）得知我们的境遇，立刻让我们使用他们在情人巷 38 号住宅中的一个安静角落。那所宅第虽然是中国式的，但有现代设施。我们的私人房间正对着一个香气袭人的花园，里面栽种着矮小植物，开放着芳香美丽的花朵。

林家因在霹雳州开矿而发家，和故土广东继续保持着联系。因此我们开始三年的家庭生活是在美满的环境中度过的。我们的第一个孩子，一个男孩就诞生在这栋房子中。这个孩子虽然是早产，出生后的几周内，还被新生儿黄疸折磨，但我们让他活了下来。这主要得归功于洛克医师的医术。他和林文庆一同在 1887 年获得英女皇奖学金，并同一年从爱丁堡大学毕业。当年他在槟城享有最高的行医名声。我这个孩子取汉语名长庚，英文名字则取自我在剑桥的好友达文波特，叫达文（Daven）。我在英国 6 年，达文波特一家人曾经是那样慈祥与热情地关照过我。以后达文的童年大部分是在北京度过的，首先进入清华学校，以后在美国的约翰·霍普金斯大学、耶鲁大学和罗彻斯特大学完成了他的医学教育。在这些大学里，他获得了文学学士、公共卫生学博士和医学博士学位。后来他又在伦敦花了 6 个月的时间，在帕特里克·曼森爵士（Sir Patrick Manson）及其同事创办的热带医学学院获得了公共卫生和热带医学的证书。他在 1933 年回到北京，就职于市政府的卫生部门，并继续他在耶鲁就开始的流行病学研究。在 4 年内他被提升为流行病学部门的主管。不分酷暑严冬，他深入北京及其周边的各种家庭中。不幸的是，在一个寒冷的日子他受到感染，并发展成急性双侧结核性肺炎。尽管他的同事千方百计想尽办法，他仍然于 1941 年去世了，死后和早于他 4 年去世的母亲葬在一起。

"禁止鸦片协会" 的会长和主治医师

1906 年 5 月，在亨利·坎贝尔·班纳曼爵士（Sir Henry Campbell Bannerman）内阁中任印度国务大臣的约翰·莫利先生（Mr. John Morley）在回答英国下院质询有关印度和中国鸦片贸易时，发表了以下具有历史意义的意见："如果中国郑重要求而且确实愿意在中国限制鸦片消费，印度政府和英皇陛下的政府就会认同这一决定，尽管这一决定可能给他们造成一些损失。"从 1904 到 1905 年的统计数字估计，仅在印度从此一项来源的税收损失，每年就将超过 500 万英镑。不久，英国下院通过了一项一致同意的决议："本院重申，其确信印度—中国之鸦片贸易有违道义而务须摒弃，请求英皇陛下的政府采取必要的措施使其迅速终止。"一时似乎全世界天良发现，反对罪恶的鸦片贸易的意识开始觉醒，如同对待奴隶贸易（1807—1833）一样，大英帝国迈开了他走向禁烟的第一步。凭借这一权威声明，各种禁止鸦片的社团奋起努力，推进更紧密的合作，希望尽快成功地改变往日状态。我们必须记住，当年鸦片贸易掌控于大英帝国之当权派与多种运作的协调者紧密联合的集团手中，他们在印度土邦种植罂粟，而在帕特那、马尔瓦和贝纳勒斯诸地由政府控制的大工厂中将浓缩的罂粟汁加工成鸦片球，在印度公开买卖。再运销到海峡殖民地、香港和积弱国家，例如被臭名昭著的鸦片条约束缚的中国。在新加坡和槟榔屿，政府为图其利润丰厚而栽种罂粟，并联合华人投资者在新加坡制成烟土，以供在已经成瘾的和新的鸦片受害者之中无限制地销售。在这些运作过程中，涉及的许多政府部门各怀私心，图谋最大的利润，而种烟农户则在政府给他们划定的区域里力求扩大销售，同时还有计划地扩大走私，运往邻近的荷

槟榔屿禁止鸦片协会成员 1905 年合影，最右边为伍连德

属东印度群岛、暹罗和其他华人聚集的地区。

那时我只有 25 岁，为了正义事业，怀抱崇高的理想和无限的激情，全心全意地投入了这场禁止鸦片的运动，全然不顾给我从医事业带来的损失，也没有理会那些富有的朋友的警告。这些人在鸦片种植场占有股份，他们对我说，假如我成功了，他们就会丧失投资，而我个人也将一无所得。这一运动包括我在内的 10 位领导人，为槟城禁止鸦片协会每人捐出 1 000 元（120 英镑）当做经费。郭德基（Goh Teik-Chee 音译）先生被选为荣誉司库，我被选为会长。在一个月内，我们就募得捐款 16 000 元，用于购买药品和偿付烟瘾受害者的住院花费。住宿、膳食、医药和护理全部免费。除了担任槟榔屿这个协会的会长和主治医师外，我还负责筹办了 1906 年 3 月在怡保召开的海峡殖民地和马来联合邦第一次禁止鸦片会议。3 000 名各行各业的男女出席了会议，在会上人们可以自由地直吐胸臆。有些发言者回顾了在华鸦片贸易的历史，谈到吸毒恶习如何荼毒高层和底层人民，又谈到中国政府在战败后，如何赔偿巨款、割让香港等，而且最后被迫同意许可这种可憎的毒品作为普通商品输入这个国家。还有些人在会上控诉了由于在所有人群中随意销售这种毒品，给他们，不论老少贫富所带来的毁灭性后果。有两位女士讲述了贫苦家庭的苦难，吸鸦片成瘾者必然倾家荡产，最后甚至要卖儿卖女换钱来"吸食那邪恶的毒烟以满足他的烟瘾"。更出色的讲演者竟使听众眼中涌出泪水。会议通过了若干决议，其要点如下：

1. 会议对英国、殖民当局和马来联合邦各级政府在这一禁止鸦片不当使用的运动中所给予的慷慨协助深表感谢。会议还认为，取缔一切鸦片种植场，将它们改作政府仓库，并由政府完全控制的时刻已经到来。

2. 所有鸦片吸食者必须在限定时间内强制登记，逾时不再登记。

3. 谴责滥用鸦片为危害人民幸福之行为，乃是所有华人和华人朋友的爱国义务。

4. 恳求政府采取更严厉的措施限制鸦片贸易，包括增加这种毒品的税收，提高烟土销售特许商店的营业税，不再为这种商店发放新的营业执照。

5. 要求政府在政府内和政府资助的学校中散发系统的宣传指导书，向青年们警示吸食鸦片的种种害处。

在其他地方还召开过多次地区性和国际性的会议，决定应采取的实际措施。迫切需要改革的第一颗种子已经播下，而中国的领导人应该得到充分赞许，他们不但发起了这场运动，还为实现计划而增加了必要的经费。

由于北京采取了强有力的措施，以往清政府曾经表现的失当也得到了某种程度的谅解。1906 年 9 月 20 日北京明令全面禁止种植罂粟，并要求在 10 年之内在全中国境内完全禁绝吸食鸦片。这是对约翰·莫雷在同年 5 月的倡议一个真正响亮的回应。在新加坡，中国总领事孙子亭（Sun Sze-Ting）先生采取的第一个行动，是为那些贫穷的瘾君子建立一个戒毒所，并聘请荫少泉（S. C. Yin）医官负责。这次运动中的其他领导人物，如林文庆、陈武烈以及其他商界人士，为了这项慈善事业捐献了大笔金钱，使原先只能收治 60 人的戒毒所不久即扩充成可容纳 200 人的大医院了。当时的新加坡总督也顺水推舟，畅快地批准了这项可行的计划。

在槟城，我得到了有力支持，其中有胡珠春（Foo Choo-Choon，霹雳州最大矿主）、有声望的中医林华潜（Lim Hua-Chiam）和他的儿子林成辉（Lim Seng-Hooi，标准出版社和海峡回声报业公司执行社长）、梁乐兴（Leong Lok-Hing，广东同乡会领导人）和郭德基（城区主要商铺店主）。在霹雳州，有许多团体在不同的城市和乡村活动，它们由这样一些有影响的人物领导：胡珠春和他的律师谢昌霖、林珠文、康诺利博士（Dr. R. M. Connolly，当地杰出的英国医师，锡矿主和马来亚时报的主人）和何白令（Ho Pak-Leng）。何白令的长女后来嫁给了梁宇皋（Leong Yew-Koh）先生。梁先生是前英女皇奖学金获得者、律师、马来亚华人协会秘书长、马来亚联合邦卫生和社会福利部部长，1957 年任马六甲州州长。

在雪兰莪州，领导人有陈秀连（Chan Sow-Lin，铸造厂主）、陆秋杰、朱晴溪（Choo Cheng-Kay）、黄合龙、叶隆兴（Yap Loong-Hin）和卫理公会传道团的牧师和英华学校校长霍利牧师。

在我们的运动开展过程中，很令各个阶层兴奋的是，传闻霹雳州附近的群山中，发现了某种绿色植物（类似于攀缘植物常春藤①），已经证实，用它的叶子煮汁可使有鸦片瘾者在数日内戒除。于是花了一大笔经费来供应大量的此种植物，让几个戒毒所广泛试用。这种新药在许多地区特别受到欢迎，某些由草药师执业的医院支持这种说法，而受过西方训练的医师们则只提出非常谨慎的报告，即服用这种汤药后，开始表现有效，但最后又倒退到原来状态。

试用数月以后，查明期望获得的疗效并不能持久，早先报道的减缓和有效病例，并非永久性特性，因为有若干人故态复萌。有些病人在家中服了他们的药而且对这种疗法赞不绝口，但他们坦白说：事实上在他们这种汤药里加进了鸦片的乳状悬液，因而在忍受不住烟瘾发作而感到痛苦和出现其他症状时能够得到缓解。在这段时间里，那数百个用其他毋庸置疑的治疗方法真正戒除了烟瘾的病例，许多是由于有较坚强的意志力，但更多

---

① 这种植物已经过鉴定，为使君子科（Combretaceae）风车子属，学名为 *Combretum sundia-cum*，Miq.，为 R. C. 瑞恩编辑的《波特植物药物百科全书》1941 年第 5 版收录。该词条释义为："同义词'鸦片克星'。主要特征：叶长 4～5 英寸，宽 2.5 英寸。有 8～10 条侧向叶脉，叶轴有孔。新生的叶片表面有小鳞状物。味微苦如茶。无气味。"——作者原注

的可能是由于群体的提示或自己的臆想。人们通常知道，每当有重大发现或异常事件的新闻时，便会广为传布，此事屡见不鲜。事实上在欧洲这种举措一直是某些宗教机构的惯技。

在马来亚发生这些不平常事件的同时，我们在英国的朋友也行动起来了。和我们密切联系的，有总部设在伦敦的英国禁止鸦片贸易协会和一些基督教团体，如伦敦传道会和中国内地传教团。在国会里我们也有支持者，比如国会议员、怀特威－莱德劳公司的主要合伙人罗伯特·莱德劳先生（Mr. Robert Laidlaw）和下院议员西奥多·泰勒先生（Theodore），他们两位都是坚定的自由主义者。

1906 年 10 月，两位贵宾由英国乘坐轮船到来。他们是约瑟夫·亚历山大先生（Joseph G. Alexander，英国禁止鸦片贸易协会秘书长）和罗伯特·莱德劳先生，前者身材矮小，蓄有浓密的胡子，年约六十，声音温和；而后者看似典型的商人，年约五十，留有短髭，颇显机警。我们在马来亚各主要城市，从槟榔屿到新加坡为他们安排了集会，这样他们便能够与形形色色的领袖们会面，并参观用私人捐款建立的治疗鸦片成瘾者的医院和收容所。第一次集会在槟城市政厅举行，至少有 2 000 人到会，听到了传自遥远英国鼓舞人心的消息。我是会议主席，赞扬了两位先生在禁止鸦片毒品的事业中作出的有价值的贡献。两位贵宾都是善于言辞的演说家，讲演由特地从霹雳州的巴图－卡加赶来的何白令先生口译成粤语和福建闽南话。会上群情激昂，临近会议结束时，主席提出了一个决议草案，谴责鸦片贸易，要求政府取缔鸦片种植体系。主席的动议获得了德高望重的福建同乡会领导人林华潜先生的支持。

第二天在德克松剧院的大厅里举行了第二次群众大会，该剧院位于红灯区的新街，那里布满了合法妓院和饭店，挥霍无度的人们晚间聚集于此狂吃豪饮，然后再在歌女陪伴下享受鸦片取乐以消磨时光。这次会上，亚历山大和莱德劳先生又作了演讲，这次他们的听众并非有教养和富裕阶层，而是穷职员、劳工和工匠，其中许多人已经染上吸毒恶习，辛苦钱大部分都耗费在其中了。何白令先生再次担任口译，他把自己的鼓动才能发挥得淋漓尽致，以极具说服力的口才通知广大听众，如果他们向禁止鸦片协会提出申请，他们的鸦片烟瘾是可以戒除的，这样他们就能为家庭幸福保有金钱和健康。

我陪同我们的英国朋友由槟榔屿前往太平和怡保，那时这两个城市分别是霹雳州的行政首府和矿业中心。在那两个城市，热情的群众再一次集合起来聆听智者的讲话，从由海外前来帮助他们的两位贵宾那里得到了可行的建议。在怡保，我将客人转托给当地的朋友照应。他们带着贵宾去了联邦首都吉隆坡，然后是马六甲，最后到了新加坡。林文庆博士和荫少泉医官，以及其他的领导人正在那里等待他们。

广泛的宣传鼓动很快受到关注。那些吸鸦片成瘾的穷人曾把大部分收入花费在鸦片上而不是全家的食物，现在从新来的朋友处悟出了道理，并试着努力痛改前非。甚至那些曾经为吸毒恶习挥霍了大量金钱的年轻人，在考虑他们的真正前途时，也开始为在污秽场所手持肮脏的烟枪感到羞耻，其中许多人迷途知返。那些人力车夫也醒悟到，每天辛苦挣来的钱应该用在丰富饮食上，而不是那种毁灭健康和谋生能力的享受。在那些下层家庭里，久病的主妇们厌烦那可恶的鸦片烟枪，为的是能省些钱给孩子吃饭穿衣。亚历山大和莱德劳两位的及时来访显然收到了实效，广大群众已认识到吸鸦片恶习的祸害。贫苦阶层都想尽各种办法来使他们戒除这一恶习。信仰基督教的人道主义者亚历山大先生和胸怀宽大的资产阶级改良派莱德劳先生，为这次访问取得的令人鼓舞的结果而感到十分欣慰，怀着十分愉快的心情踏上了归途。

遭诬陷与新选择

随之而来的便是反击。罂粟园主们在这个垄断行业投资巨大，禁止鸦片运动的些许成功令他感到恐慌，因为烟土销售减少，商业收入萎缩。他们的投资遇到空前的威胁，显然，他们要想继续存在，必然要采取对策，保护被他们认为合法的权益。他们争辩说，当他们获得出售鸦片给公众的权利时，投标的出价很高，他们从未预料到，宗主国的自由主义政府竟然出台这项新政策，声称这种鸦片贸易"有违道义而务须摒弃"，也没有料到其后果是如今他们的收入损失惨重。他们现在深感失望，恳请政府干预并帮助他们挽回损失。与此同时，罂粟园主的代表秘密地向我打招呼，建议我缓行禁止鸦片运动，说这场运动对商业团体和作为一个从业的医师来说都是不必要的伤害。他们说深知鸦片贸易需要改革，也钦佩我的崇高理想，但是也应该考虑他们的观点。他们已和政府签订合同，被准许在未来3年之内不受限制地自由出售鸦片。为此他们央求我在这段时间内果断地放缓步伐，让他们平静地继续他们的生意，从而得到必需的利润，而这涉及许多共同朋友的切身利益。最后他们还许诺，如果我愿意合作，我就会得到丰厚的回报！我能理解这些罂粟园主恳求的合理性，毕竟其中有许多人是我的知交，而且他们支持我的从医业务，如果我们同意召开一个圆桌会议，平心静气地讨论全部问题，也许我们之间可以达成妥协。但那时我还年轻，血气方刚，性情急躁。他们提出给我个人回报令我十分反感，不由得表现出了暴躁和固执。我们的谈话，以足够冷静开始却以愤怒与指责结束，我开始遇到麻烦了。

　　1906 年平静地过去了，但翌年初某日突然有人来访。他是槟城的高级医官，名为西德·卢西（Sidney Lucy），是英国皇家外科医师学会会员和伦敦的皇家内科医生学院特许开业的医师。同来的还有两个穿制服的马来亚警察，并带有搜查我的诊所中有毒药物的证明。我将我的那个小小的毒品柜的钥匙交给了他，他在柜中搜出了 1 盎司［1 英制液体盎司约等于 28.41 毫升］鸦片酊剂，这是 3 年前，我从那位英国女医生处买来的用品中的一部分，在我行医过程中，我从未有机会用过。以这个所谓的"发现"为根据，卢西医官以未经政府的特许非法持有"有害药品"为由，对我发出了传票。我坚持一位有从业资质并已注册的殖民地医师理应享有的权利，但是最近地方政府已经在政府公报中公布了法令，明文规定每一位从业医师都必须申请得到政府的特许，才能"购买、持有和使用某种特定的有害药品"。不持有这种政府颁发的特许证，该医师就应受到惩罚。在这个殖民地的任何商店都可以无限量购买的鸦片，却要求一位注册医师必须申请特许证才能将这种毒药作为医药品开给他的病人。

　　作为英国医学联合会的会员，我自然去请教时任海峡殖民地分会的荣誉秘书詹姆斯·柯克博士（Dr. James Kirk），请求他过问我这个案子，然而他不但没有维护一个会员同行的利益，反而推卸责任，颇为卑劣地对我说："你该记得人们常说的那句'种豆得豆！种瓜得瓜！'吧？"事后我推敲柯克博士的话，终于明白了自己身临受诬陷的处境。他们事先在阴暗的角落做了周密的策划，其目的是教训我。于是我前去求教城中最有权威的英国律师阿瑟·亚当斯（Arthur R. Adoms）先生，此人后来因为在新加坡的丹戎巴葛港海事仲裁局的杰出服务而被英王封为爵士。亚当斯先生仔细地听取了我的叙述，对我表示极大同情。他说在英国殖民地遇到这种事，真是一种耻辱，并说他过问此事义不容辞。几天后这个案件在第一地方法庭开庭审理，卢西医官是主要原告证人，在阿当姆斯先生的法庭质询中，有过以下对话：

问：你本人认识被告吗？

答：认识。

问：你是英国医学联合会的会员吗？

答：是的。

问：你知道被告是一名会员吗？

答：知道。

问：在你们的同行会议中，你经常遇到被告吗？

答：是的。

问：在平时，你和被告是友好相处的吧？

答：是的。

问：然而，你从来也没有给他，一位医学联合会的会员任何暗示，你们即将对他的诊所进行搜查？

答：没有。

问：你不认为你的这个举动对你来说有违行业道德？

答：不。

问：你对被告是否有任何私怨？

答：没有。

问：在你搜查被告的诊所时，你找到了什么有害药品？

答：一盎司鸦片酊剂。

问：在一位医师的诊所里发现这种药品是否不正常？

答：不正常。

问：你是否同意这种说法，即这种药物是一种很重要的镇痛药？

答：是的。

问：那么你为什么要没收这么重要的一种药物呢？

答：因为按照有害药物管理法，被告未持有证件。

问：你能肯定仅靠他是一位注册执业行医的医师还不足以持有这些药物吗？

答：不行。一位执业医师必须另行依法申请单独的许可证，在持有和应用任何目录中所列出的药品之前，必须得到这个许可证。

问：你是否将这件事通知了所有的执业医师？

答：没有，因为这个通知已经在政府公报发表了。

问：是否所有的执业医师都已经申请了这样的许可证？

答：没有。

问：那为什么你要挑出被告提出起诉呢？

答：因为我们想要得到一个案例。

问：于是你们就选定槟榔屿禁止鸦片协会著名的会长作为你们第一个案例？

答：也许是吧。

问：你本人是否也持有许可证呢？

答：没有。

问：为什么没有？

答：因为我是一名政府的医官。

问：所以你可以免除这条法律的约束了？

答：（没有回答。）

但是主审的地方法官还是判决我缴纳罚款 100 元，并命令我立刻申请那必要的许可证。阿当姆斯先生随即向最高法院提起上诉，两个月后由贾斯蒂斯·费舍尔（Justice Fisher）法官审理此案，他维持了地方法院的决定。事后阿当姆斯先生拒绝接受我付给他的任何服务费，还为没有做得更好向我道歉。他后来说："对不起，法律已经订立，无论它多么不好，但你必须服从，即使你对它一无所知。"

在这段时间内，我收到过两封信，一封来自伦敦，邀请我出席在皇后大厅举行的禁止鸦片会议；另一封来自北京中国政府的直隶总督袁世凯，邀聘我出任天津陆军军医学堂的帮办［副校长］。

我的事业达到了一个高峰，正处在人生的十字路口，必须作出选择。我是否应该留在我的出生地这个不近人情的海滨呢？在这里无论是政府还是朋友似乎都不需要我。或许我应该接受这个来得正是时候的聘请，用有效的服务报答中国，毕竟在那里我不会被人如此罗织罪名，在那里我可以找到促进科学和卫生事业的一片沃土，而为此，在我毕业前后已付出多年的努力。特别是想到 1885 年，海峡殖民地总督塞西尔·史密斯爵士设立英女皇奖学金时说的话：那一天终将到来，某些英女皇奖学金获得者将会对那片古老的中国大地贡献出有用的知识。我决定在我从伦敦开会回来之前，暂不做出决定。此时我靠行医已经存下 30 000 元（3 600 英镑），可以留下三分之一给我的妻子，供她在我离开时使用，其余部分则用于旅行和应付急需。

于是我暂时将我的诊所转托给柯新吉（Quah Sin-Keat）医师。他也是槟榔屿的一位英女皇奖学金获得者，曾在剑桥的圣约翰学院和伦敦的圣玛丽医院深造，已取得药剂师协会的执业许可，刚刚返回。我买了头等舱船票，登上蓝烟囱（Blue Funnel）公司的轮船"萨尔皮顿（Sarpedon）"号，于 1907 年春天出行。旧地重游，经过科伦坡、亚丁、苏伊士和塞德港，在马赛登岸，在该地稍有耽搁，便乘火车前往巴黎。在那美丽的法国首都逗留了一个星期，专门重访了巴斯德研究所，看望了梅奇尼科夫、莱瓦迪蒂、马莫雷克和其他旧日同事，然后按时到达伦敦，出席在朗安姆广场皇后大厅举行的盛大的禁止鸦片会议。大会主席是极受尊敬的伦敦主教温宁顿·英格拉姆（Winnington Ingram）。我荣幸地坐在主席台上，与下院议员西奥多·泰勒（Theodore Taylor）① 邻座，他在约克郡拥有一家大型毛纺厂，又是下院中禁止鸦片集团的首领。就座在主席台的还有前一年在马来亚访问过我们的下院议员罗伯特·莱德劳先生，以及约瑟夫·亚历山大和另外许多有过书信往来但从未谋面的人。直到开会那天，对于整个英国公众中普遍憎恶英国鸦片贸易的情绪我一无所知。在会上，接二连三的发言者谴责这罪恶的勾当，并要求停止在中国和印度之间，以及在大英帝国疆域内继续进行此类贸易。轮到我讲话时，尽管我已备好讲稿，但感到相当紧张，竟一时不知所措，幸亏主教大人上前亲切地鼓励我，低声提醒我不要耽搁时间。最后在谈到海峡殖民地的情况时，我将讲稿放在一边，开始即兴发言。我向英国人民的良知呼吁，请他们设法另辟财源，不要靠种植鸦片去诱惑群众接受这种麻醉毒品。我的演讲受到了在场来自英国各地500多位听众的热烈而长时间的鼓掌欢迎。

我这次访问伦敦期间，曾多次见到西奥多·泰勒先生，他陪我去国会大厦游览，并将我介绍给外交大臣爱德华·格雷爵士（Sir Edward Gray）和内政副大臣赫伯特·塞缪尔先生（Mr. Herbert Samuel）。这两位对我们的状况深表同情，并许诺帮助我们禁绝罪恶的鸦片。我正准备离开英国时，未能等到由霹雳州的康诺利博士和伦敦的亚历山大先生组成的代表团，当时他们正等待温斯顿·丘吉尔（Winston Churchill）先生的接见。那时的丘吉尔是一名坚定的自由主义者，1907 年 8 月时任殖民地事务部副

---

① 泰勒先生死于 1953 年（据他的遗孀 1954 年 11 月 27 日来信）。——作者原注

大臣［次官］。后来他们写信告知我，丘吉尔先生对代表团通报的情况极表同情，表示要认真考虑代表团向他提供的情况。丘吉尔先生还向他们保证，宗主国政府对此并非漠不关心，但它牵涉到巨大的利益，比如仅在印度，每年涉及的税收总数即达 500 万英镑，在各个殖民地只能一步一步进行工作。当时几乎没有人会预料到，这位可亲的年轻的英国官员，竟会在两个关键时刻荣任英国首相，并因此作为可能是人类历史上最伟大的政治家之一而永留青史。

许多城市邀请我去讲演，但我这次访英时间很短，并已安排前往伦敦皇家军医学院和在内特里的陆军医院。那位在陆军医院工作善于独立思考的细菌学家阿尔姆罗斯·赖特不久即被任命为伦敦的圣玛丽医院的教授。他研制的抗伤寒疫苗很快就在随后到来的战争中挽救了数千士兵的生命。在陆军医务署署长麦克弗森爵士（Sir W. MacPherson）的亲自干预下，陆军部命令让我参观我想看到的一切。我十分感激这种特别礼遇，从中我学习到许多有关军队医务及其组织的知识。

外出欧洲 3 个月后回到槟城，重拾旧业，行医至来年春天。我离家时，妻子一直很好，我们的第一个孩子也出生

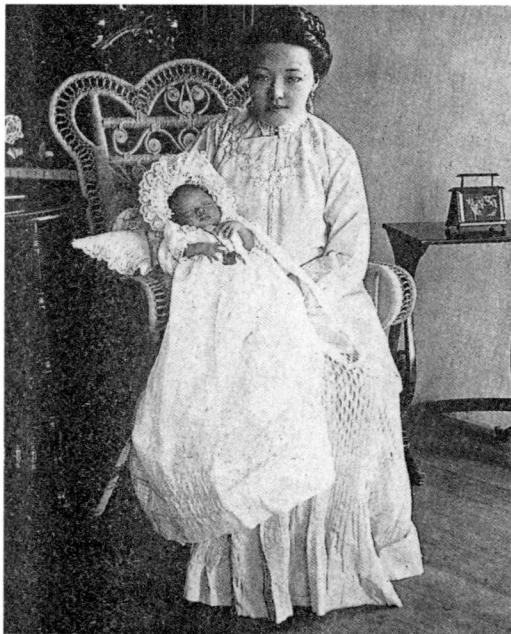

伍夫人黄淑琼与襁褓中的伍长庚

数月了。因为她生长在中国，自然期待回归故国，重续与以前亲朋好友的关系。她那纤弱的体质对热带的持续炎热颇不适应，特别是她坚守老家的着装习惯，从不穿当地马来人的娘惹服装、纱笼和拖鞋。不过必须承认，那些富裕人家的妇女在正式场合还是部分地采用了中国的传统服饰，她们情愿佩戴着沉重的金饰品和珠宝，而不佩戴那些轻便、简单而雅致的饰物。

我们终于决定在中国重新开始。我妻子的状况和她的看法当然在一定程度上使我作出这个决定，但不久前那次令我留下痛苦记忆的官司，比其他任何原因更强烈地促使我走出这一步。

病人们接二连三前来我的诊室，众人恳求我留下而不要前往中国。然而我作出决定是经过再三斟酌，颇为郑重的，必须坚持。行文至此，我将我每天行医的过程作一简要介绍。每天，包括星期天在内的早上 8 点钟，我乘坐一辆矮种马拉小车去病人家中巡诊，这样快捷灵便，而且比双马马车省钱。10 点钟我便在诊所接诊各式病人，有的人也许已经在此等候 1 小时了。在这个诊所里，有一位药剂师和他的助手（都是华人），还有一位淡米尔杂役。那些在家里等着我出诊的病人大多希望在每个月底将医药费账单送去，因此我专门雇用一人收款。只有 80% 的病人能如期结清欠账，其余 20% 不守信用的人则难免经常拖欠账款，让这位专门收费的马来雇员不胜其烦，最后我也只好放弃。这些不良的欠债人往往聚集在那些新来的医师周围，在他们中逐个玩弄同样的骗人把戏。我真不知道把这些新来的医师一个个都骗过以后，他们怎么办！

来诊所看病的人通常都付现金，如果很快病愈，他们经常会在中国的三大节日中，带上一只鸡或一些时令水果来向医师表示谢意。20 世纪初医师之间的竞争并不像近年这样激烈，因为那时有合格资质的医师较少。但是 1954 年时普通医师的收入并不比 50 年前少，虽然收费大致相同，但当地人口已经是原来的 3 倍了。不过，由于西方教育和现代思想在一般百姓中的普及，大多数群众已经懂得医学科学带来的实在好处，更加相信那些受过现代科学训练的医师，而不再相信从前那些庸医、草药郎中和巫师了。受过培训的助产士和护士已使华人、马来人和印度人中母亲和婴儿的死亡率大幅下降。

医案特例四则

当我回顾早年在槟榔屿行医的岁月时，让我感到惊奇的是在 1904 年到 1907 年这三年中竟出现过种种极不常见的病例。在本章的结尾，我额外举出 4 个实例，并稍加评述。

1. 出诊伤寒病例

某位年轻的医师由于成功地治愈了一个小儿，通常便能获得最初的声誉，溢美之词通过母亲或姑姨们的口口相传而使医师的业务大为增加。但是，如果他是三位或四位被请来看病的医师中的第一位，而患者又是一个连续发热的病人，即使他用了奎宁合剂或退热药却未见效，他就将受到诟病。大多数病人家属都期望药到病除，几天内就退热，如果没有，便马上去请第二位医师。如果热度依然不退，可能又去请第三位甚至第四位医师。到 3 个星期以后，幸运的医师找来了，此时发热的症状——或许是伤寒杆菌（*Bacillus typhosus*）引起的——自行消退了。于是这位医师就会被人们称赞为真正的退热专家。这种幸事也可能被那些无知而没有任何资质的庸医遇到，他被请来时正值退热时期，于是东方疗法和庸医的妙术便有更多的人迷信了。当然，从 1950 年发现氯霉素可治疗伤寒病和类伤寒后，

情况已经改变，主治医师和焦虑的亲属都会指望这种新药产生奇迹，这在
50 年前是绝不可能的。

2. 横产位

1906 年底某个凌晨，有人请我去何腾巷（Hutton Lane）一间小屋接
生。午夜时分已有一只小手伸出产道，我担心这是胎儿横产位，于是我取
出产钳和钝钩检查产妇。羊水无疑早已破泄，但胎儿一直未能娩出，胎儿
显然已死，我强烈要求家属马上将产妇送到设备齐全的公立大医院去，因
为她的分娩过程已延续整夜了。但是病人坚决拒绝，说要是让一些生手来
处置则必死无疑，她的全部家属也支持她不去医院。屋内无床，这是此地
大多数家庭的习惯，即使富裕家庭亦如此。我催促他们再找个医生来，他
们回答说他们无钱再请。这样我只得义不容辞独自来进行胎儿断头术。我
几乎全程跪在光地上，将那只伸出的手臂尽量压低，然后将钝钩轻轻插进
去并钩住胎儿的颈部，然后一边旋转钩子一边向外牵引，使胎儿的颈椎与
脊柱分离，再用剪刀切断松弛的皮肤，这样躯体和下肢便容易取出了。最
后我用手指抠住胎儿口腔，将已分离的头颅取出。在那个阴暗的小屋中那
一个小时的劳动，是我一生中最艰难的经历。我由衷地感谢那些未经训练
的人们出手相助。病人后来持续康复，并能在我最后一次探视时对我笑脸
相迎，这令我感到欣慰。10 天的护理，连同那次手术，我只得到 65 元酬
金。我知道他们家中已经倾其所有，我很高兴地接受了。

3. 巨痈手术

另一次我被请去医治一位 55 岁的病人。他是鸦片和烟酒企业的持
股人，因而赚了很多钱，他住在一所巨大的私人住宅里。3 周以前，在
他的背部生出一令他疼痛的"疖子"。为了治疗这个大脓包，一位中医
曾用了大量碾成粉末的树叶和树根来治疗，但疖子并未消退，反而肿块

越来越大，皮肤变成赤红，疼痛难忍，并且在背上有好几个小孔中流出了黏稠的脓液。中国病人通常是反对在身上动刀的，他的两位夫人和数位女儿反对手术，但是患者本人和他的大儿子（曾在吉隆坡与我熟悉）力排众议，同意做手术。我做了必要的准备工作，将一切无用的家具尽可能都从病人的卧室内搬走，请女眷和仆人全部退出室外。我在这个大肿块周围做了局部麻醉，在肿块上划开了一个 4 英寸长的十字形大切口，迅速用一把锐利的医用刮匙将其中的坏死组织取出，挤出了大约一磅重的黏稠物。尽管在门后和窗外窥视的妇女们发出哭喊，手术仍然在不到半小时内完成并用外科敷料裹敷妥当。我每天两次被请来寓所洗涤伤口，切去坏死的组织，再重新裹敷。病人的情况稳步好转，女眷们十分满意，欢笑代替了抱怨，只经过 1 个月，病人背部创口已长满新组织和光洁的皮肤。我开出了 2 000 元账单，然而这家人对治疗效果极为满意，又外添了 1 000 元。从此以后我作为他们的正式家庭医生，成了这个住宅的常客。尽管我在外面进行禁止鸦片的活动，这家人对我的感情却未改变。

4. 寺庙里的自宫

在槟榔屿这个殖民地岛屿最著名的景点中，很少有游客会错过极乐寺。这座寺庙坐落在山顶，离市中心约 5 英里。在槟榔屿建城以后，当地华人在此建造了两座佛寺供奉慈悲女神观音，一座在市区里的皮特街。足足有一个世纪，这里是岛上香火最旺盛的地方。另一座在 5 英里外，位于山区一个称为亚依淡的地方。前一座寺庙一开始就很兴旺，源源不断的捐款被用于寺庙的重修和扩建；而后一座的兴旺，则是在华南古城福州一位虔诚的高僧妙莲（Beow Lean）到来以后。妙莲在 19 世纪末来到此地，他的佛学修养和艺术造诣，使他及时抓住了一个可能的机会，在这景色秀美的地方，仿照他出家之地福建鼓山的寺庙形制，建造一座宏大的寺院。槟榔屿有许多闲适而富裕的妇女，她们从早年的移民祖先那里继承了丰厚的遗产，那时既无所得税，又无须交遗产税。另外她们将积蓄大量投入鸦片种植和酿酒，得到丰厚回报，又通过与富裕家庭联姻，成了真正的富豪。这些人在垂暮之年，越来越笃信宗教，特别相信华人和暹罗僧人的讲经说法。在这些慈悲为怀的妇女中，妙莲法师宣讲了他在亚依淡建造一座宏伟寺庙取代已经破败的观音庵的计划。大师请求善男信女们支持他成立一个委员会来筹集捐款。开始他的目标是 50 万元，这在当时该是一笔巨款，但捐款源源不断而来。当捐款已募集到计划之半时，妙莲法师认为已到动工时候。在 5 年时间内，一层层画栋雕梁的中国式建筑，便将那苍翠葱茏、蜿蜒起伏的山坡装点起来了，不由得令那些川流不息饶有兴致的游客赞美惊叹，然后便立刻会以较低廉的价格去享用斋饭。正当此时，便有流言蜚语开始传播，说是那里有纵欲和为进行堕落勾当而设的地下暗道，这显然是那些香火不盛的寺庙经营者出于嫉妒而制造的谣言。1905 年这座雄伟的寺庙竣工之际，正是这些邪恶的毁谤甚嚣尘上之时。那位忠诚而思想敏锐的大师在对那些谣言容忍了两年之后，他理所当然地升任为住持了。

直到 1907 年年初的一个深夜，我接到极乐寺一位年轻新僧人的紧急电话，告知我他所尊敬的住持正流血不止，要求我前去医治。那时还没有汽车，从我家到山上的寺庙 5 英里的路程，昏昏欲睡的车夫赶着小马车走了 1 小时。然后登上数百级台阶，到达住持居住之处。我和大师早已建立了诚挚的友谊。他来自我妻子出生的城市，他们之间能用方言交谈。我很快即发现出血的原因了。匿名的诽谤和辱骂连续数年，特别是在他奉献全部精力将这无与伦比的极乐寺建成后更为激烈，这将他置于了绝望的境地。他认为除了作出这种最大牺牲之外，无法解脱他的痛苦。按照中国的宗教传统，这比自尽更值得尊敬。在我做学生的时期，我曾听说过汉代司马迁的故事，这位著名的历史学家和将军，在战败后，皇帝命令对他处以腐刑①。在中国和土耳其还有一代又一代的太监，这些年轻的正常男子也被阉割，以便这些无性功能的男人在后宫与那些迷人的女性朝夕相处并供她们驱使。但是，任何男子必须具有非凡的勇气和意志，才能忍受住这种超越任何所知的现实或想象中的痛苦。我可以设想当时的情景：寺院深处幽静的禅房中，大师独自一人打坐，于夜深人静之时，朦胧烛光之下，右手举起一把又大又重的菜刀，左手紧握他那主要性器官，可能口中还在喃喃念经，果断地挥下一刀，便将它从身体上割下。这确实是一个非凡的举动，应载入史册。

无须长老解释，我亦不必慰问，因为我们相知已久。当务之急是为他止血、镇痛和防止尿潴留。

当我离开庙宇中那神圣场所时，天已破晓，我实感疲累。此后我每天前去照护我那尊敬的病人，包扎因滴尿而溃烂的伤口和处理化脓，不过创口还是及时愈合并长出了肉芽组织，到月底疼痛消失并长出了新皮，我也不必再来了。这一个月的劳动我分文未取。后来听说这位住持完全复原了，并将他热爱的寺庙奠定在一个稳固的经营基础上。他去世后即在寺庙院墙内火化，他的善行将被所有的人怀念。

在极乐寺接待大厅中，今天依旧悬挂着一张褪色颇甚的妙莲法师水彩画像。

---

① 此处所述有误，司马迁官职为太史令，而非武将。其获罪原因是进言皇帝为战败的将军李陵辩护。——译者注

　　事不凑巧，我正打算乘火车去北京时，突然传来了光绪皇帝驾崩的消息，随后不到 24 小时内，又传来慈禧太后去世的消息，紫禁城内相继发生了这两件大事。这宗祸不单行的变故无疑意味着军机大臣袁世凯将被解除一切官职，我也必须在政府高层寻求新的保护人。

第9章

北上纪略

香港两日

我结婚已近 3 年，儿子刚满两岁。1908 年 5 月初，我们携带两只大皮箱和几个手提包，搭乘北德罗伊德轮船公司的"艾丽丝公主"（Prinzessin Alice）号的二等舱前往上海。那时有许多客运轮船往来。1898 年德国人占领青岛以后，投入了巨资开发这个海港，还修筑了从海边直达山东省城济南府的胶济铁路。当时在德国不莱梅港和青岛之间有定期客运班船，还有汉堡美洲航运公司在汉堡和中国沿海各主要港口之间的货运专线。东西方贸易正蓬勃发展，一方面，中国有许多原料运往欧洲，如大豆、茶、丝、瓷器、花生油、桐油、猪鬃、钨、钨锰铁矿、皮毛等；另一方面，中国从欧洲进口的则主要是工业制品和机械，还有从印度输入的装在长方形厚重大木箱中的加工成球形的鸦片烟土。

我们觉得新造的德国轮船极为舒适。我们的舱位在船尾，颇为宽敞且服务周到，饭食精美。乘客主要是英国人、德国人、日本人和华人，彼此相处友好。较之半岛和东方轮船公司，"艾丽丝公主"号的一等舱和二等舱的差别并不分明，航程中乘客们相互走访。我们的小男孩每天喝许多用奶粉冲配的牛奶，而欧洲旅客可以像在家一样随意用相当公道的价格买到德国啤酒。我们的儿子很适应海上航行，然而他母亲却是个勉强支撑着的船客，大部分时间留在船舱里。

我们在香港停留了两天，那时香港有居民不到 50 万人，不算太拥挤。但是大量证据表明，这个城市在飞速发展，特别是新近又攫取了九龙半岛，有了向外扩展的土地。比起新加坡或槟榔屿来，香港的街道确是太狭窄了，好在当时汽车还甚少见，人力车既快又舒适，而两人抬着用 9 英尺长竹竿穿着一把椅子的简易轿子，又成为一种山坡上颇为便利的交通工具。甚至在香港，我也能见到那些穷苦工人因吸食鸦片而造成的恶果。香港在某种程度上让我们初次领略了真实的中国，虽然居民多是广东人，这里华人与其他种族的混血儿比马来亚更多。这是因为乘坐轮船或帆船从世界各地远航的人被不断招聘来此做工。比如我们在街上遇见过白皙面孔、红色头发，却穿着中式衣服的男男女女，男子还拖着标明其本色的辫子；还有那些有着雅利安血缘的印度人、阿拉伯人和波斯人的高鼻深肤色的后裔，以及随美国白人乘快船前来从事茶叶瓷器贸易的非洲奴隶的卷发黑人后代。

香港这些欧亚混血儿的后代与亚洲和非洲其他港口所见之此类人群不同，他们在商业和接受新事物方面具有相当强的进取心，不愿屈居人下。因为他们中许多人从未见过他们到处漂泊的父亲，他们从母亲那里继承了中国姓氏和习俗。因此他们长大后没有那佶屈聱牙的外国姓名，也没有冒牌欧洲人的作风，在社会生活的各种场合与土生土长的当地人竞争时，无论是作为专家、商人、校长，还是政府官员和承包商，都能常居不败之地。事实上，在这里，具有这种优势的欧亚混血人群在律师和医师等职业中占有 70%，他们占有 50% 以上的不动产。至今还有一位最富有且最有权势的寿高九十的欧亚混血儿健在，他身着中式长袍，但那高鼻碧眼，以及精明机敏的商业手腕，却分明显示了他的犹太人血统。① 1842 年以后，行政管理经验丰富的英国当局已经逐步把香港开发为一个自由港，并且一直是世界上最繁忙的 5 个贸易中心之一。

我们充分利用了逗留香港岛的短暂时间，在遍布于每条大街上不计其数的餐馆中，饱尝了绝佳的广东美食。广东人不但是勇敢的移民，还是技艺超群的厨师。无论是美洲、澳大利亚、菲律宾、南非或任何游客罕至之地，只要那里的人民喜爱价廉物美的食品，就能发现广东人的踪迹。在利物浦、伦敦和澳大利亚的一些城市里，都能找到中国小吃店，这些小店从某个主人传给另一个主人已历两三代之久，他们的女主人多为英国人或一半英国血统的混血儿。

在上海见到了狗与华人 "不得入园" 的告示

从香港经海路去上海，乘坐邮船不到 3 天，即可到达浩瀚的长江口吴淞港，海船在此落锚，以便小渡船沿黄浦江上溯 12 英里将旅客和他们的行李运到上海外滩。长江长年累月流经中国中部，挟带着不计其数的冲刷土和泥沙流向大海，因而与其相连的黄浦江某些河段不足以让吃水线 20

---

① 指何东爵士（Sir Robert Hotung），他卒于 1956 年 4 月 26 日。——作者原注

英尺以上的大船通过那称做"浅滩"的航道。后来，中国海关出资聘请国际工程专家组成一个黄浦江疏浚理事会，定期疏通航道，吃水最深的轮船便得以从海上进入上海港。在我们来到上海时，这个国际大都会已有350万人口，近年已达500万。

所谓"上海"，通常包括以下几个区域：1. 上海老城，初建于公元11世纪；2. 公共租界，自1863年起，是由英美两国租界合并后组成的，占地6 000英亩；3. 法租界，占地2 500英亩；4. 闸北，北郊；5. 浦东，东郊，隔河与外国租界相望；6. 沪南（Nantao），南郊，有些小工厂，居住于此的多为最贫穷者。此外还将建设"大上海"，即向北一直扩展到吴淞港。当局还雄心勃勃地计划要将其建成模范的中国城市郊区，在那里除建有现代化的政府办公大楼，还应有私人住宅区、一个体育场、一座国家图书馆以及一个完全现代化的市中心，然而建筑风格则是中国特有的大屋顶。

清末民初的上海外滩（法租界）

乘坐小渡轮 1 小时后，即在外滩登岸，被引导进入海关临时搭建的棚屋里，由外国人，包括日本人对我们进行检查。他们比较礼貌，当听说我们来自新加坡（槟榔屿当时事实上还少为人知），并未仔细检查我们的行李。这里没有卫生检疫，也并不查验护照。但在此我应该重述一遍我的护照里写明的内容：

本护照持有者伍连德博士除非在最近之英国领事馆将其姓名进行注册登记，否则在中国并不提供对其之保护，而提供的保护仅限于注册登记之后发生的事件；当该伍连德博士身处任何一个境外国家时，亦不得违反大英帝国与该国签订的条约之规定，或免受任何领事馆命令或规章制度中涉及注册和护照有关条款的约束。

总督阁下亲自于 1908 年 8 月 31 日授予……

阿瑟·扬格，殖民地政府秘书

按照中国法律，一位中国人永远都是中国人，而不管他在何地出生，从他踏上这个国家的土地那一刻起，他就必须遵守中国的法律。

当时并不容易找到旅馆，临时在古老的浦江饭店（Astor House）安身，那里有训练有素的中国上海茶房为旅客提供可口的英式饭菜。英、美、俄、日四个国家的总领事馆与其邻近，此处可以俯瞰繁忙的黄浦江。苏州河和黄浦江交汇处，就是著名的外滩（又称扬子路），沿着景色秀丽的江岸向南是法租界，那里有一座小塔楼，顶上飘着三色旗。在某些方面，外滩可以和印度西部繁荣的海港孟买的超现代化滨海广场相媲美，同样有宽阔延展的场地，其宽度至少达 500 英尺，并被精心培植的草地覆盖。外滩没有成排的摩天大楼和富人的公寓，在近一英里长的地面上建满了形式各异的普通欧式楼房。这些建筑绝大多数造型厚重，被银行、航运公司和各种商贸公司所拥有。他们忙碌地从事鸦片、茶叶，以及通常的进出口贸易，比如怡和洋行和太古洋行等。外滩紧邻一家日本银行处，有家最著名的英国别发印书馆（Kelly & Walsh），是一座单层平房。还有一个上海俱乐部①，那是个名声甚恶的狭邪之地，它占据着河边大片地皮，为那些出差来此者提供豪华房间，还有举世无双的最长酒吧。外滩靠近法租界处有海关总部，其建筑延伸至后部，占据了整整一个街区。向西与外滩形成直角的是几条街道，它们以中国的城市命名，南京路是处于中心位置的主要街道，依次向南是九江路、汉口路、福州路和广州路，向北则是天津路、宁波路和北平路。与外滩平行，从东向西的街道都以中国省份命名，例如四川路、江西路、河南路、山东路、山西路、福建路、浙江路、广西路、云南路和贵州路。跨过苏州河的街道则都在街道名称上加了一个"北"字，比如四川北路、河南北路等。

公共租界的中心内，有两个引人注意的地方，一个是占地10英亩的公共花园，里面有室外音乐台，江边有茶室。另一个是跑马场，它有巨大的椭圆形跑道，边上立有标志，并划分了若干个区域，以供打板球等运动和其他消闲娱乐。我第一次到上海时，这个公园是洋人独享的禁区，公然立着两块布告牌，一块在入口处，一块在花坛上。上面用白漆写着：

1. 本公园每天从几点到几点开放；

2. 游客不得随便乱扔垃圾纸片；

3. 游客不得摘花，损坏园内植物；

4. 狗不得入园；

5. 华人不得入园。

制订出上述如此粗鄙且荒谬的告示者，一定不是来自有教养的阶层，

---

① 疑指前上海外白渡桥东的"海员俱乐部"。——译者注

他们显然是在非洲主持过行政事务，或是来自独立前被奴役的印度和远东。如今需要化解的大多数难题都由此产生。

尽管不断受到抗议，英文报纸和当地报纸也发表过读者来信，那些没有偏见的作者写的旅行指南也经常特别提及这个臭名昭著的告示，但我记得同样内容的告示牌在那里树立了多年，直到1911年中国发生革命那年才挪走。我本人倒没有受到公园门口那粗壮的山东警察的刁难，或许是因为我身穿西装，又没有辫子吧。

公共租界里有着最整洁的街道、最高大的建筑、极豪华的商店和非常现代化的酒店，因此外国游客都把它称之为"模范城"，和那拥挤和陈旧的"老城"形成了鲜明的对照。但是老城也有其特色，那里有许多寺庙、玉器或珠宝商店，还有各式小作坊，制作出享誉已久的成百种漂亮且工艺精湛的器具。有数百年历史的城南，一家著名茶馆设于一个小湖的中心，通过一座曲折的桥进入，那里还出售极美味的面条和肉包子，这个地方是中外游客常爱去的地方。

公共租界里的巡捕房有英国官员任职，还配备了相貌端正的强壮的山东人，这些人以前在威海卫英国军团中服务。这些北方人全都讲北方官话，不会说当地的上海话和宁波方言。事实上，在香港也驻有这样一支队伍，他们与印度北部锡克人并肩维持当地治安秩序，而且还比他们的印度同事更称职。在法租界内，巡警多是雇佣来自印度支那当地的人，但他们的廉正名声并非无可指责。

我在上海逗留的短暂日子里，曾去拜访过李登辉先生。他毕业于美国耶鲁大学，虽然出生在爪哇，却选择在中国定居，推进中国高等教育的发展。为了达到这个目的，他奋斗多年，力图在上海建立一所不属于任何宗教派别的大学。在当地政府、中国实业家，以及爪哇、海峡殖民地等处华侨的帮助下，终于创建了一所大型的教育中心，名为复旦大学①。在这所大学中，不但传授当代技艺，还特别注意中国和英国的语言和文化并重。他来上海后，赢得了当地出生的一位很有教养的美丽才女的心，她是美国卫理公会的基督教徒，受她的影响，李登辉也改变了信仰。那时他们住在四川北路的一栋三层楼房里，他们邀请我在此小住，以便交换看法。我和妻子愉快地接受了他们的邀请，在那里住了一周。李夫人亲自下厨，清晨为我们煮粥，晚上烹制中式菜肴。那时候雇用仆人所费甚少，他们雇用了两个女仆洗衣服和料理家务。他们告诉我那所大学正慢慢地发展，虽然那时校舍还是临时性房产。中国的男孩子（那时尚未招收女生，辛亥革命后才改变）都是聪明的学生，虽然英语并不是他们的母语，不论多难发音的单词也能正确读出，还能轻松地背诵莎士比亚和弥尔顿的整篇短文。他们颇爱好学习数学和历史，喜欢听《罗马帝国衰亡史》，并将中国发生的许多事件与欧洲中世纪的历史加以比较。这些学生喜欢寻根究底而不想回避问题。他们都是自费入校的。

通过李氏夫妇，我们结识了曹福庚（Tsao Fu-Keng）夫妇，他们是美国基督教会非常虔诚的信徒。曹先生姓名的英文缩写 SK，他的名字在当时和以后很长一段时间与基督教青年会（YMCA）紧密相连。为了发展该会在中国的会务，两位伟大的先行者骆维廉（Lockwood William Wirt）和费吴生（George Fitch）从美国普林斯顿以个人身份被派到了上海，另有一位罗伯特·盖利（Robert Gailey）则被派往北京。曹先生是一位略胖、口才极佳的演说家和翻译家，通过他持续不断的努力，从中国银行家和实业家那里募集了一大笔钱，在四川路和南京路之间的大桥附近建起了一座大

---

① 应为复旦公学，由马相伯等创办。李登辉曾任英文部主任与教务长，辛亥革命后该校改名复旦大学，李登辉任校长多年。——译者注

型红砖楼。这座四层大楼内，设有报告厅、健身房、宽敞的游泳池、阅览室和写作室，并设有 40 间卧室用来招待当地学生和外来的会员。此处还附设有另开大门的公共餐厅，向会员和公众供应中餐和西餐。在基督教青年会成立以前，学者和商界人士彼此之间很少、甚至没有社交往来。他们各自专注于自身的事务，从未想到要在体魄和道德方面共同进步。因为忽视这些，往往造成了平胸，并易受疾病感染，体衰甚至早夭。基督教青年会主要致力于树立新的人生观，有美国来的体育教练并建立了基地，以便成批地连续训练健壮的青年，然后让这些年轻人又到中国的边远地区去培训其他青年。在以后的年代里，该会和后来成立的基督教女青年会一起，在辽阔的中国大地男女青年中，广为传布 Mens sana in corpore sano（拉丁语："健康的心智寓于健康的体魄之中。"）的基本信条。

我也在此时认识了颜惠庆。他毕业于美国弗吉尼亚大学，专攻艺术与法律。颜君当时在生意兴隆的商务印书馆任编辑，正忙于编撰厚达 3 000 页的《英汉双解标准大辞典》。这位才华横溢的学者和政治家，后随伍廷芳博士前往华盛顿任中国公使馆的二等秘书 3 年，辛亥革命后，历任外交部次长、驻德大使，外交部总长和总理。垂暮之年就任中国红十字会会长，1950 年死于上海。他的夫人是前出使德国大臣并曾任山东巡抚的孙宝琦之长女。

虽然我出生在英国的属地，又在英国受的教育，但在上海逗留时期却无缘与那极少数握有实权的英国人，如驻沪领事、租界工部局首脑、银行老板或其他商界大亨等相见。公共租界的最高行政职位多为英人占据，尽管许多房地产是由那些靠贩卖鸦片起家的犹太人享有。负责全市卫生部门的，是伦敦的医学博士阿瑟·斯坦利。他曾是圣玛丽医院的学生，像伦纳德·罗杰斯爵士（Sir Leonard Rogers）在热带病学方面一样闻名于世，又和我本人一样，获得过当时可能获得的大部分奖项。斯坦利是一位杰出的细菌学家，将他的实验室运转得十分有效。他们在河南路新建的房屋尚未完工，但他已经生产出了足够数量的牛痘苗和抗葡萄球菌疫苗，供租界和其他各通商口岸使用。我发现斯坦利为人很是亲切友好，虽然有些腼腆和拘谨。他刚过 40 岁，但已现一半秃顶，然而上髭却很浓密。他和我一样，爱好古代中国工艺品，在他那位于工部局大楼顶层的起居室里，装饰着许多锦缎、精品瓷器和精选的中国画。在我们彼此熟识以后，特别是在 1911 年满洲鼠疫流行之后，斯坦利夫妇经常陪伴我光顾上海或北京的古董商店。他较我年长十余岁。

英国人似乎更愿意独处，受过教育的华人觉得美国人更易交往，于是便去寻找他们的公司探询有关商务企业的建议，或探听去美国的学院或大学受教育的可能性。在这方面，19 世纪中叶前后由于容闳的努力而率先铺设了道路。他带领了一批经政府选拔的中国男童，先在香港英文学校接受启蒙教育，然后在 15 岁左右派往美国东部各州几所高中学习文学艺术、人文科学和技术科学。尽管某些极端保守的官员出于猜忌，使这批男童未完成大学和技术学习即被提前召回，但这些归国的年轻学子，在中国的现代化进程中都作出了他们的贡献。这些早期的先行者理应受到赞扬，在本书的下一章中将更详细地述及这批人中那些杰出的先生和女士，因为不管他们当时在官场中地位多么显赫，我还是可以随时去接近他们。

在上海停留十余日后，我将妻儿留沪托亲戚照料，独自乘半官方控制的中国招商局轮船公司海轮前往天津。当时船上有两种头等舱，一种供洋人（收银 60 元），一种供中国人的（收银 30 元）。前者提供普通西餐，后者则是美味的宁波菜。

在天津遭遇政治迷局

航程中平淡无奇，中途亦未登岸，轮船直抵海河的入海口大沽口。因为河流蜿蜒狭窄，须等候领港员带领登岸。我们在京奉铁路的大型转运站塘沽等候 1 小时，便途经一片又一片连绵低洼的平原。那里的居民住在窄小的茅草土坯房中，妇女们因缠足而无法正常行走，只能蹒跚前行。这里的男性较之南方人身材更高大，肌肉结实。他们的饭食中有并不适口的高粱和生葱，而只偶尔吃肉。4 日海上航行，加上 24 小时枯燥的溯河而上的旅程后，终于开始影影绰绰见到远处那座大城市。在到达有多个外国租界的地区前，沿途几乎没有楼房。在租界区，河岸的一边开始是德国租界，然后是英国的、法国的和日本租界。另一边是比利时、意大利和俄国的租界，但没有美国租界。这些被割据的领土，大多数是列强从积弱的北京政府手中强夺而去的，1860 年英法联军攻陷北京并洗劫和焚毁了古老的圆明园。英、日、法、德诸国引进了许多现代化的改造，意大利也有所作为，而其他国家对租界建设则乏善可陈。

在天津分属英国、法国、日本和中国招商局的 4 家主要的轮船公司，都有自己的专用码头，那时的清朝海关派驻官员在此检查乘客的行李和船装货物。在此处，几乎所有的检查员和海关监视员都是外国人而没有中国人。

在三个主要租界之中，法租界似乎人口最为稠密。那里到处是旅馆、客栈和餐馆。我找到招牌为"广隆泰"的由广东人开办的旅馆留宿，并尽快先拜会了屈永秋医师（Dr. W. T. Watt）。他是北洋医学堂的总办〔校长]。该学堂是在总督李鸿章①的支持下，于 1893 年建立的。李是早期访问过欧洲并与英国首相格莱斯顿（W. E. Gladstone）、德国宰相俾斯麦（Bismarck）和美国作家马克·吐温（Mark Twain）有过亲身交往的中国人，后在 1895 年与日本签订《马关条约》。屈医师本人曾受到过伦敦传道会的马根济博士的培养，他的主要助手有广东人关祝平（Kuan Chuk-Ping）、江苏的江医师和北京的全绍清。全医师出身满族贵族，最先教我满清官吏所讲的官话的正确发音，为我学习汉语打下了基础。以后我们在北京和天津成了好朋友，在 1910—1911 年我奉派担任哈尔滨防疫组织的总医官时，他是我的得力助手，我从这些同事中得到许多有益的教诲。医学堂位于法租界，根据签订的协议，有义务雇用法国教授用英语讲授医学课程。众所周知，法国人除了使用他们自己的母语，并不擅长其他外语，所以他们用英语讲授医学课程时，对那些已在香港和天津学过初级英语的学生而言，其效果可想而知。三位资深的法国教授〔梅聂、沙巴内和赫班（Robin）〕在同事间都能相处融洽，但他们在课堂上，却非常敏感而暴躁。3 年后梅聂教授志愿前去哈尔滨防控鼠疫，因为没有采用口罩防护而成为第一个死于肺鼠疫的医师。我还被介绍给几个班的同学，觉得他们中大多数都很机敏、乐观和主动。其中有两位同学〔陆存煊与邓松年（T. N. Tang）〕后来成为东三省防疫事务总处我属下的医官。邓当时还是

---

① 生于 1823 年，卒于 1901 年。政治家和外交家。1853 年曾帮助父亲组织民团抵抗太平军。1856 年获按察使衔，主管一省的司法审判与监察。年仅 39 岁即署理江苏巡抚。在他的一生宦途生涯中，他是现代中国一位杰出的建设者，为实现国家工业化不遗余力。他主持了中国第一条铁路和第一条电报线的建设，为创建中国海军竭尽全力。1895 年，他被迫与日本签订了丧权辱国的《马关条约》。翌年又代表清朝皇帝前往莫斯科参加沙皇的加冕礼，随后即作了一次著名的全球之旅。在旅途中，曾受到英国女王维多利亚的接见，这是中国的大政治家前所未遇的礼遇。——作者原注

个小伙子，是他首先教我正确辨识北方官场中穿着的绸缎官服的色泽和制式。在以后的岁月里，每当我们厌倦那些寒暄套话时，就会谈及这些陈年往事。

在天津我认识的另一位医师，是海外学成归来的第一位女医师，名叫金雅妹〔金韵梅〕。她 1864 年出生于宁波，后沦为孤儿，被一对传教士麦卡蒂博士（Dr. D. B. McCartee）夫妇收养。她长大后被麦卡蒂带往纽约，在纽约女子医学院学医，并以全班第一名毕业。1887 年，她在纽约《医学杂志》上发表了由她署名的论文《显微镜照相机能的研究》。她回到中国后，接受了新创建的妇女医院和护理学堂主管的任命。这个机构位于天津东城，那是在 1900 年义和团事件后，老城墙已被拆毁。她获得了较为丰厚的 30 000 元拨款作为新机构的启动经费。那时她只会英语而不懂中文，但她在业余时间努力学习母语，不到一年即能与同事们和病人交谈了。金医师身材娇小纤弱，但是精力充沛，因而在她手下工作的中国服务人员总能按部就班，十分尽心，尽管她们裹着小脚。该校招收学生，优先考虑的是那些天足女孩（通常是基督徒或满人姑娘），或是那些敢于"放脚"的女孩。在 4 英里长的天津老城墙被拆毁后，天津的中国城面貌焕然一新，那里修起了宽阔的碎石路街道，现代化的四轮马车可以往来通行。从英租界的维多利亚道，沿着法租界的法国路和贯穿日租界中心的旭街，即可到达 100 英尺宽的东顺城街。为满足人口急剧增长而产生的紧迫需求，许多造型和建筑风格平庸的现代样式的房屋开始涌现。过去中国城市中常见的那些百年小胡同被大马路所取代，很受公众的欢迎。由袁世凯设计的总督府和衙门首先建在主要大街上，然后是在那些与大马路成直角的较小街道上兴建起较小的居民住宅和商铺。那些有经济实力的商人和卸任官员在那里建造了私人豪宅。现对其中两所住宅加以专门叙述。首先是严修的宅邸（严修出身盐业世家）。这群建筑沿着东马路，建起了约四分之一英里长高达 20 英尺的围墙，内部有多个庭院。每个庭院中又建有多栋平房，供他许多儿子及其后代居住。访问严府，就会令人想起这是据著名小说《红楼梦》的描述修造的一所家长制大家族的府邸。第二座豪宅为孙仲英先生所有。他于1863年出生在江苏省，在北方定居后，靠承包盐业和经营建筑材料致富，后来成为华俄道胜银行的买办。孙先生别出心裁地建造了他的私人宫殿，里面有个占地数英亩按巴黎风格设计的迷人花园。他在那里奢华地接待中外朋友。在天津停留的3年中，我对严、孙两家与闻颇多。严家有个男孩在日本帝国大学学医，他是极少数顺利通过帝大严格的博士学位考试的非日本人之一。孙府众小姐中有一位是京剧票友，在取材《三国演义》的折子戏《空城计》中扮演著名的军师孔明。在剧中，戴上胡须的男主人公在一时无兵可调时，便命令敞开城门，只用两个聋哑人〔原文如此〕看守。攻城的将军看到足智多谋的孔明安坐城楼，若无其事地一边抚琴一边吟唱诗歌，大有开门迎客之势，深恐有诈，便决定退兵。在剧中，孙小姐戴上假胡子，模仿着对女性而言可算是高难度的老生唱腔，演唱了一刻钟。

事不凑巧，我正打算乘火车去北京时，突然传来了光绪皇帝驾崩的消息，随后不到24小时内，又传来慈禧太后去世的消息，紫禁城内相继发生了这两件大事。这宗祸不单行的变故无疑意味着军机大臣袁世凯①将被解除一切官职，我也必须在政府高层寻求新的保护人。

为理解这些突发事件的全部含义，有必要将近几年的中国历史详加回溯。

---

① 生于1859年，卒于1916年，1911年建立共和政体后的一段时间内，他是中国最重要的军阀之一。他对建立中国现代化军队曾起过突出的作用。1911年11月他成为共和政府〔原文如此〕的总理，并策划了末代皇帝的退位。在1913年南京的国民议会上，他当选为中华民国临时大总统。1915年他解散了内阁，12月公然宣布他自己为中国皇帝。致力于革命的国民党继续为共和奋斗，直到1916年6月袁世凯逝世。——作者原注

1898 年春天，意大利政府租借浙江省三门湾要求被中国政府拒绝以后，时年 27 岁的光绪皇帝决心开始进行根本性改革以挽救大清王朝。他得到了来自广东的翰林〔实为举人〕康有为①的辅佐。他采纳康的建议，颁布了一系列的旨谕，以求达到以下目的：

1. 彻底改组政府，建立适应现代需要的新办事机构以代替旧的无能衙门。

2. 按西方惯例兴建大学和技术学堂，增进科学知识。

3. 改革科举考试制度，候选官员应兼具古代和现代历史知识，尤须了解"五大洲"的各国政府及其机构的组织形式。

4. 准许全体臣民享有直接向皇帝上书言事的权利，而不论其身份和官阶。

为了获得有力的支持，皇帝派密使前往离京 80 英里的天津，与驻节该地的直隶总督〔应为专管练兵的按察使〕袁世凯联络，要求他调动军队支持皇帝，并在必要时囚禁慈禧太后。袁总督曾表示愿意合作，但在关键时刻却向慈禧的心腹、满人荣禄透露了这个计划。慈禧得知真相后，立即采取了严厉措施，软禁了皇帝并剥夺了他的一切权力，还亲自下令逮捕康有为及其同党。幸亏康及时得到消息逃往天津。在那里他找到一艘英国海轮，在一艘英国军舰护航下前往香港。梁启超和其他几位康有为的同党也得到救助，获准政治避难。

心地善良但经验不足的光绪皇帝所推行的百日维新运动，于 1898 年 9 月在屈辱中很快便告终结。从此以后，皇帝再无机会统治国家，然而他那

---

① 生于 1858 年，卒于 1927 年。〔中国近代维新派领袖、思想家。〕学者和改革家。对经典著作深有研究，进士出身。促成光绪皇帝在 1898 年开始发布王朝改革的决定，但却未能使之实施并逃亡国外。他与孙中山的根本区别在于他主张君主立宪制度而不是共和。晚年作为思想家和作家而造成了很大影响。——作者原注

手握大权心狠手辣的姨母慈禧太后仍以他的名义不时签署敕令。1900 年发生了义和团事件，主要是由于她的阴谋诡计及其周围那些满洲亲贵的拙劣主张。他们企图把一切外国人赶出中国，于是导致北京被八国联军占领，中华民族蒙受了长期的耻辱。

北京拜门

现在回来谈我自己。1908 年 9 月末①那命中注定的日子，我来到了北京，变黄的秋叶已开始飘落。这座古老而壮丽的京城，曾被马可·波罗和后来许多作家详细描绘过。如今北京城以其光荣的往昔面貌呈现在我面前，然而由于近来各种事变而大为失色。高耸的雄伟城楼下的几个城门通向城内，那长达 18 英里的厚重城墙，因为它象征着力量、权势、尊严与美丽而令任何向往者流连忘返。大街既宽且直，而街道两旁是多数称做"胡同"的窄小而曲折的小巷，布满着由各自的界墙和院落分隔的平房，每座院落还可视需要再分成若干更小的院子供家庭成员使用。宅院的正房用于接待客人和由家长居住，门窗尽可能朝南，除必须外极少朝北，以便尽可能获得更多的阳光和阻隔冬天和早春寒冷而肮脏的风沙。大路宽阔且井然有序，但是路面并没有铺以碎石。在这个美丽的大城市中，当时的交通工具只有骡车和人力车。乘坐没有装备弹簧的骡车从东城到西城，约五六英里的路程或许要花费两小时，尤其是在夏季雨天。冬天路面结冰，车行更快捷，但那些经验不足的驭手则会让你受尽颠簸之苦。第一次乘坐这

---

① 慈禧去世于农历十月二十二日，作者到北京时应在慈禧死后，故应为 11 月末。——译者注

种骡车的人，首先应抓住左边的车辕，将背转向车身，跳上车去并钻入车内，在里面应盘腿而坐，靠着车后背。如果不止一位乘客，最合适的座位就是车身和车辕相连接的窄小空间，在那里最不感到颠簸。在那时，还没有电车和四轮马车，而众所周知，骡子在长途跋涉中耐力最强，且不饮水，较之小矮马或乘用马更好。

1909 年的北京城

　　我首先找到了广东同乡、海军将领程璧光（Ching Pi-Kuang）和谭学衡（Tan Hsueh-Heng）。我在英国读书时，他们作为我舅舅林国祥的下属在英当差。

　　谭将军还兼任贵胄学堂的副校长，该校位于煤渣胡同，接纳清朝贵胄子弟施以文学艺术方面的高等教育。就在这所学校里，我遇到了袁世凯的股肱冯国璋将军，他后来是民国时期的许多任期短命之总统中的一位。这两位朋友都在海军部任职，虽然他们自己对当前时局的变化也捉摸不定，但他们答应为我的前程去征询其他朋友。然后我去拜访丁士源（W. Y. S. Tinge）先生，他曾在伦敦的林肯律师学院学习过法律，不久前还将我介绍给英国陆军部的军医当局。此刻丁先生在陆军部任军法司长，他亲自将我引荐给新任陆军部尚书、满人大臣铁良阁下。一旦他同意接受我，立刻便会对我进行面试。在等候召见的时候，程璧光管带陪伴我前去绸缎店选择衣料缝制官服。当时已是秋天，必须穿着那个季节的官服，包括一件天蓝色的单马褂（款式特殊的绸缎长上衣，马蹄袖，对襟处缀有一排黄铜纽扣）；外面罩上海军蓝的袖宽一英尺的轻罗袍，正中也同样缝有五枚黄铜纽扣。围绕颈部是一个浅蓝色硬活领，下着黑色缎面平底毡靴。我已经没有辫子，必须准备一条用妇女长发（多是为此专门收集来的）精心编制的现成辫子，在边檐上翘的朝官帽顶上还饰有一颗闪亮的黄铜顶子，这表示我是最低一级官员。安装假辫子后，我必须将我的头发剪短到只覆盖头顶和脑后，以显得更为整洁。理发匠在维新派和西方归来的留学生中的生意很是兴隆。他们发明了一种较短的辫子，可以安在丝质瓜皮帽后，作为非正式场合的装束。后来冬天来到，我又要去买一套冬季官服，样式与秋季的类似，不过是用白色羊皮镶了边。高级官员则通常会用其他形形色色的方式装饰自己的官服，例如在初冬，用薄猪皮或是松鼠皮镶边；仲冬时节则用棕色狐腿皮，还有用长毛的褐狐腹皮筒子，甚至仿效西方贵妇人采用极其昂贵的俄国进口紫貂皮。那些年轻的官员，则常有人劝诫他们慎勿张扬，如果有余钱，最好到皮货市场挑些最时髦的贵重皮货孝敬上司讨其欢心。某日清晨，程管带领我去到北京外城一个著名皮货市场，那里陈列着琳琅满目的毛皮，从鲜亮的俄国黑羔羊皮、白羊皮到灰鼠皮，以至于产自土耳其的罕见的犹如长丝线编织的金色狒狒皮，一应俱全。这些皮货看起来美丽诱人，但人们还是奉劝我前往正规的高级商场里购买，因为在那里购得的所有物品都有可靠的质量保证。

每个新来京城的客人在这里都会发现许多自己感兴趣的事物，尽管这座城市是蒙古人在 13 世纪建成的，建城之初即规划周到，矩形城郭的四角都建有雄伟的角楼，位于主要街道的尽头。明代永乐皇帝和清代的康熙及乾隆皇帝曾经进行过大规模扩建和改造。可以说北京是由周长 18 英里的城墙围成的内城和更广阔和人口稠密的外城构成。内城呈方形，偏北，其内有紫禁城，那是至高无上的皇帝住地。南边地域更大，居民更稠密，是汉人居住的外城，那里建有北京最大的商店和工厂。主要景点大多位于内城，北部除了雄伟的皇家宫殿，还有孔庙和雍和宫。供奉着卧佛的隆福寺位于内城中部，观象台则偏于东部，在东城外还有城隍庙和太医院。在太医院中，有与实际大小相仿的青铜马和也用铜铸的人体模型。在其上有数百个穴位标记，为教授针灸术而在上面写有名称，几个世纪以来都用它来练习。西北城门外是一条宽阔的大路，道路两侧用一英尺厚的方形花岗石铺就，沿此路向前 10 英里是著名的清帝夏宫［圆明园］。原先的那座由清代第二位皇帝康熙建造，经他的孙子乾隆扩建而成，但在 1860 年被英法联军夷为平地。新的一座（颐和园）是慈禧太后用重建海军的经费建造的。

可认为整个北京城就是一座巨大的博物馆，展示着长达千年的文物，蕴涵着中国悠久的历史和文化中的一切，包括精华和糟粕。罗伯特·赫德爵士（Sir Robert Hart）在中国海关总税务司任职多年后由裴式楷爵士继任，他的颇有才气的女儿裴丽珠小姐（Miss Juliet Bredon）在她编撰的北京导游书里，曾对这座壮观的城市作过公正的评价。

如同大多数中国学者一样，程管带又是一位颇有修养的艺术鉴赏家。

为了节省在北京观光的时间，他友好地邀请我住在城东北他家前院客房里，我欣然从命。尽管北京缺乏卫生设施，弥漫着死气沉沉的氛围，许多偏僻的小胡同里无人维护。不过北京依然是一座很令人向往的城市，只要不计较那些偶然遇到的不便，就能尽情享受乐趣。满族妇女那尊贵的天足，穿着缎面的高底平根旗鞋、华丽的旗袍和蝴蝶形头饰，显得十分洒脱。但因为这里没有强制接种牛痘苗，所以大约有十分之一的居民留下了那种自古以来被称做"天花"的传染病造成的感染印记。我的一位新加坡朋友孔天正（Kung Tien-Cheng），老辈海峡殖民地华人肯定会记得他，这名学贯中西的学者，当年正好来到北京，因为忘记强化接种牛痘苗，不幸感染了属于烈性出血型天花而死亡。

在北京有许多完全由男性表演的戏园，男女观众趋之若鹜。男观众坐在楼下，而女观众挤在楼座上。在北京，即使坐在前排，也应该说他们是来"听戏"而不是来"看戏"，因此座位都摆放在两边，这样，观众的耳朵便朝向戏台，每当著名的男旦一登场，观众就会转过头去。剧情通常较短，表现的是采自历史或通俗小说中的战争或爱情故事。剧中演唱和动作都很多，而武打戏则有喧闹的乐队伴奏。令人惊奇的是，经常能在观众中看到白克好司（E. Backhouse），他曾与濮兰德（J. O. Bland）合著了一本名为《皇太后统治下的中国》的书。在戏园还常能见到庄士敦（Reginald Johnston）。他毕业于牛津，后来成为清朝末代皇帝宣统的老师。当时有一大群日本学者正访问北京，他们也前来戏园。在前门（正南门）外有个两周一次的夜市，新的和旧的物品都摆在南大街的人行道上廉价出售。白天从这条大街向南，可达广阔的天坛和先农坛，皇帝每年都会带领臣僚来此，向上天祈求幸福和他的天下太平繁荣。

在耐心等着陆军部大臣铁良召见而无所事事的那几个星期，我的大部分时间都用在游逛市场和戏园上。召见之日终于到来，我便按以下顺序穿戴好新做的官服：缎制官靴、马蹄袖口外翻的半长官袍，外罩夹马褂，假辫子垂在背后，最后戴上饰有黄铜顶子的立檐缎帽。有人还提醒我，在晋见这位大臣时，先要摘掉眼镜，然后向他行"请安"礼（右膝跪下，同时将右臂下垂），眼镜要一直拿在手里，只有离开时出了正门后才能再戴上。这是我第一次谒见满洲大臣，况且我还不太会用北方话与人交谈，颇觉紧张。丁先生陪伴着并将我做了介绍，在这位也身着官服，胡须浓密，身材高大，仪态端庄而显得十分威严与尊贵的大臣面前，我很快镇定下来。事前我已做过反复预演，早已准备好如何回答问题。只是在大臣阁下问起我"年齿几何"时，我为不知应该如何回答自己有多少颗"牙齿"而感到困惑，竟一时语塞。丁先生便低声在我耳边提醒，说大人是想要知道我的年龄，于是我赶忙正确地回答了。这位大人物在我这个海外归来的新手面前似乎也乐于开玩笑。他显然对我的资历早有与闻，便正式地询问我是否愿意接受天津陆军军医学堂帮办的职位，这所学堂是为中国陆军培养军医而新近创办的。我的回答则尽可能简洁，对他的绝大多数指示，均以"是，是"答复。谈话结束后，这位将军从座位上站起来走进另一个房间去，而我和丁先生便从正门退出。于是我便这样接受了在中国的第一个官职——它和袁世凯提议的完全一样，而此时袁正在原籍中原河南府悠闲地将养他的双腿风湿病。

在等待职务任命的日子里，我对两位在京高官进行了礼节性拜访。一位是亲切和善的肃亲王，时任内政部大臣，统管全国各地的公立医院。肃亲王曾送他的儿子去新加坡向林文庆学英语，我带来林文庆致亲王的一封介绍信。另一位是在京广东同乡会的会长戴鸿慈阁下，时任刑部大臣，年薪 400 两银子（600 元）。但戴大人的实际收入远高于此，因为全国各地

广东同乡来京谋职或上任时会向他孝敬或送礼。1905 年时我曾被介绍给
这位广东人的领袖，当时他和满人端方①一起为求中国现代化而到全世界
考察先进国家的宪政，曾途经槟榔屿。也正是在那一次，我第一次见到了
施肇基，后来在满洲扑灭肺鼠疫时，我们过从甚密。

　　戴大人②身材矮小，年约六十，是旧式学制的翰林。他身患慢性肾
炎且心脏不好。他说需要我为他看病，我乐于从命。我回天津后，便和
中英学堂的机械学家扬格（Young）合作，为这位尚书大人设计了一台
自制的电热柜，这样就可以帮助他充分发汗以降低血压，从而延长他的
生命。我在北京时，几乎每天都去西城看望这位病人。乘坐缓慢的骡车
来回一次至少需费 4 个小时。但是这些劳累值得付出，因为老人对我十
分感激，而且我在他家中遇到了杰出的广东人陈昭常先生。陈先生不久
即被任命为满洲吉林巡抚，我在北方那些抗击鼠疫的日子里，他给了我
最宝贵的帮助。

　　铁良将军接见后一周，我收到了装在一个密封大信封中的正式公文，
确认了对我担任天津陆军军医学堂帮办的任命，月薪为 300 两银子或大洋
450 元，这在当时足够我自己和家庭的全部用度。这样的薪金对任何初入
仕途的人都是相当高的。我当时的直接上司，北洋医学堂毕业的总办徐华
清，已在政府中任职 15 年后也只有 350 两。我十分高兴，立刻致函妻子，

　　① 生于 1861 年，卒于 1911 年。一位高官，但非纯正满人。曾任多种官职，如财务大臣和总
督等，但尤为突出的是他丰富的古董收藏。他本人确实是位著名的考古学家，他的丰富藏品已经
被世界各大博物馆入藏。端方献身于他的祖国现代化，同时又竭力维护传统文化。他创立了许多
学校和教育机构，然而许多他资助出国受教育的人后来都成了革命党。1905 年，他被选定为前往
西方国家考察政府体制的五大臣之一。1906 年他们到达美国，从欧洲回国后，他们起草了一个报
告，陈述在中国建立宪政政府的必要性。——作者原注
　　② 戴鸿慈（1853—1910），端方为首的出国五大臣及向朝廷呈交的报告撰写人之一。——
作者原注

请她选择尽可能最舒适的轮船北上，不必计较是怡和的、太古的还是招商局的。

与此同时，我在新天津的北郊找到了一处寓所，到学堂或火车站都可徒步往返。在这段时间里，曾经遇到一些讲英语的广东籍官员或候补官员，他们曾在容闳的带领下被成批地派往美国东部各种高级中学学习，而容闳本人早年即毕业于耶鲁大学。我在 1908 年初次认识他们时，他们都已进入中年，但他们朝气蓬勃的年轻时代大多曾在香港的英国学校受过良好的教育，在那里打下了良好的中文和英文基础，他们依旧说着英语，并且不带美国西部各州的口音。这些前途无量的年轻人只在美国停留过三四年，还没有来得及完成他们的专业或技术学习就提前被命令回国，这对中国真是一个巨大的损失，其原因主要是清政府中那些高官的颟顸保守。

这些早年的由美归国留学生中，有唐绍仪①（外国人亲切地称呼他为 Ajax），他身材高大，是袁世凯的得力助手和谋士，1912 年建立中华民国后出任第一任总理。还有梁敦彦（优秀的中国学者，多次出任外务大臣）、梁文廷（被称为 MT，暴躁但口才极好的英语演说家）、吴鹰基（外号"鹳"，因为他的腿奇长并有鹰钩鼻）、蔡廷干（昵称"野人"，因为他相貌粗陋，但能用中英文写诗并能相互对译，后升任中国海关总管）、梁镇东（英国女皇维多利亚登基 50 周年之际被授以爵位，曾任驻德公使和 1913 年海牙鸦片会议中国代表团团长）、蔡少祺（外号"胖子"，年轻时已显体内油脂大量积累，当时正任一个赚钱的职位——天津海关道的总管）、周寿臣（极健谈，一度任牛庄海关主管，1926 年受英王乔治授以爵

---

① 生于 1862 年，卒于 1938 年，外交家和政府官员。1874 年由清政府派送美国留学。在哥伦比亚和其他大学学习 7 年。1904 年以清政府全权议约大臣身份，与英国办理交涉，后签订《中英新订藏印条约》。1906 年任全国铁路总公司督办。1912 年任中华民国首任总理。后公开反对袁世凯称帝。——作者原注

位，在香港家中安度退休生活 20 年，1956 年仍健在，寿高 95 岁）、曹家祥（借用美国石油大王洛克菲勒的姓氏而被称为"洛基"，早在大学时代即打算做百万富翁，他是天津一个大产业项目的发起人）、唐元湛（在众多同类中他最英俊，被称为"美男子"，结交甚广，但最高职位仅是京师电报局局长）等人。还有一位詹天佑①（昵称吉米），他是一位杰出的铁路工程师，在没有外国同行的帮助下，用最低造价完成了修筑京张铁路的艰巨任务。这条铁路从北京出发，穿过古老的长城，到达张家口。在这个精英圈子内，习惯的语言是广东话和英语，有时也讲官话。我也可以将从小学会的广东土话加以改造与他们交谈，并且愉快地聆听他们谈到那些早年在美国和回国后的种种业绩。

令我永难忘怀的另一位朋友是伍廷芳。他是我海峡殖民地的同乡，1842 年出生于马六甲。他本名伍叙（Ng Choy，又名伍才），和我同姓。但他父母是由与新宁相邻的新会县移民而来的。他 4 岁时被送往香港，后来进圣保罗书院就读，1872 年 30 岁时入伦敦的林肯法律学院专攻法律，回国后开业当律师，并在香港担任过一年地方法官。中国吸收伍叙（此时已改称伍廷芳）回国服务后，他步步高升，1905 年位登荷兰海牙国际法庭的大法官。以后出任中国驻华盛顿公使，在任上他常以即兴的机智笑话而博得极佳的口碑。我第一次到北京时，正遇到他回国而有幸见到他，并深深感受到他的友情。他让我想起原来他也是来自海峡殖民地的"Peranakan"（马来语：当地出生的华人）。我不揣冒昧以"伍"姓攀亲，要求他将我认做侄儿，他竟乐意接受了。以后多年中我们一直坦诚地交换想法和意见。在革命终于取得成功时，1911 年的年底，唐绍仪代表北方，伍廷

---

① 生于 1861 年，卒于 1919 年，中国本国第一位杰出的铁路工程师，现在被公认为是中国工业化和现代化的伟大先驱之一。——作者原注

芳代表南方相会于上海一次重要的政治会议上，这次会议是为议决成立中央政府而召开的。最后决定成立中华民国，并通知掌控清室命运的袁世凯被推选为首脑。唐绍仪成了中华民国第一任总理，而伍廷芳博士则出任外交总长。但是这届内阁并未稳固，不久就解散了。于是各路军阀纷纷登台表演，主政广东的陈炯明在隆冬季节的一个晚上胁迫卧病在床的伍博士离开卧榻，结果老人染上肺炎并于数日后去世。老人一生是一位坚定的素食主义者，不过他主张进食牛奶和鸡蛋，他经常说他能活到 120 岁。呜呼！由于遭遇意外竟仅享年 80 岁。他的儿子伍朝枢也曾在伦敦学习法律，并获得过多项重要奖励，后来他在南方政府中任外交秘书，但却英年早逝。

学堂"帮办"与官场"历练"

现在回到我的工作。这个陆军军医学堂是袁世凯的宠儿，是他在直隶任上创建的学堂①，而北京也在直隶地界内。当时他是清朝统治的台柱，财政和防务全依仗他。1898 年政变时他全力维护慈禧太后而不是维新派，1900 年义和团事件中他又以拒不执行她屠杀外国人的盲动命令而维护了她的地位，因而他受到清朝统治者（被囚禁的皇帝除外）的充分信任。他被授以多方面的权力，创建了一支由德国人、挪威人和日本人训练的现代化军队。李鸿章在 1881 年建立了北洋医学堂，主要是为海军培养军医。袁世凯决定再办一所医学堂，为新建和扩充的军队培养军医。袁世凯时任

---

① 1902 年创建时名为北洋军医学堂，1906 年更名为陆军军医学堂。——译者注

直隶总督兼北洋大臣，他的总部设在天津，所以决定将这个新学堂建在离他的衙门不远的新天津。当袁世凯被醇亲王（被慈禧临终前挑选登上皇帝宝座的小皇帝宣统的父亲）解除全部职务时，他以前的一位秘书名为杨士骧的被任命为直隶总督，我便尽早对杨氏进行了礼节性拜访。我还拜访了提供维持医学堂运转经费的直隶省财务总管。

陆军军医学堂占据了两个街区，一座巨大的方形楼则据有其地面之半，底层是行政办公室、课室和实验室，楼上是学生宿舍，每间卧室住4人。校区的另一半是个大操场，可踢足球或开展娱乐活动。这里有从全国各种学校毕业的学生200余人，年龄在17岁到22岁之间。英语并非必修，而着重基础知识。教学时使用日文和中文。资深的日本教授是位上校，他曾于1900年参加八国联军在京津一带作战。其他日本教师讲授生物学、化学、药物学、解剖学、生理学、内科学和外科学。中国老师则专职组织中国文学和日本语教学。学堂内未设解剖室，但是在市医院里可有尸体供观察和解剖，医院中每天诊治的病人可供内外科的实习教学。医院内只有少数病床可供病例观察，而且绝大部分都属于外科病例，也是由那位资深的日本教授负责。行政部门尽可能不干涉日本人的教学方法，然而其水平并非上乘，学习4年后毕业的学生并没有达到西方国家所要求的标准。

我当年不会说日语，请了一位白天与我相伴的中国教师，以便让我在最短的时间里能用中国官话进行日常的工作交流，至少能让我足以应付小医院中门诊和病房中的教学。

我尽力与日本教授搞好关系，但恐怕除了那位化学讲师外，我发觉他们都十分傲慢，金口难开，并且按照他们要使中国永远依赖强大的日本帝国的既定国策，决定最多只让他们的学生成为高级护理人员。也就是说，尽管是中国政府花钱请来这些日本教师培训中国学医的青年，他们也摆脱不了那种帝国主义思维，要将中国变成日本的巨大的附庸国，在日本称霸世界图谋中，永远归顺于日本。

我发现我们的学生有进取心，学习主动而且纯朴，不过基础颇浅，他们不知道怎样才能学得更好些，只满足于接受教给他们的知识而从不提出问题。他们来自这个国家的不同地区，体格和生活习惯差异甚大。例如来自广东和福建等省的学生，比起那些从北方来的身材魁梧粗犷的同学来，便显得身材矮小却头脑灵活。一般来说，大体上长江以南（包括浙江和云南）的学生以大米为主食，也进食比北方年轻人更多的猪肉或其他肉食，而北方人更习惯小麦、小米和生吃大葱。不过在需要身体耐力的体育运动和竞技时，北方人通常要胜过南方人，而在考试和绝大多数室内比赛中，南方人则要略胜一筹。我本人来自南方，却对北方人颇有好感，因为他们彬彬有礼，不固执己见。然而，1910 年满洲突然发生可怕的肺鼠疫时，我要求学生中有人能作为志愿者协助我前往，自告奋勇来到我面前的是两位四年级学生，他们都是我的广东老乡：一位姓林，高大瘦削且沉稳；另一位姓曾，粗壮结实，有点木讷。我挑选了前一位随我前往，而让后者在以后几个月内准备好作为替补。我受中央政府差遣后的许多年中，不管到哪里，无论何种境遇，这两位学生都追随着我。

在学校外面学习语言和在医院出诊时，我曾见到许多患有肺结核和关节结核的病人，还有处于不同病程阶段的性病患者。有时我也抽时间在下午前去拜访朋友们，我的妻子也尽可能陪我同行。但是她容易疲劳，所以她的社交活动主要是前往东门金雅妹医师的医院和护理学校中拜访。在以后的三年里，她生了两个孩子，都是男孩，分别叫托米和威利。前者取自我在三一学院的朋友托马斯·伦顿·埃利奥特博士；后者取自我在伦敦圣玛丽医院的同学，后来在伦敦大学取得了医学博士学位的威廉·莫里什博士。不幸的是，最小男孩在 1910 年夏天因在家中喂食奶粉而染上细菌性痢疾，在金医师的医院里全力救治无效，6 个月时便夭折在这所医院里。第二个男孩也只活到了 16 岁，1925 年时他在天津南开中学寄宿，在一次激烈的足球赛后，受到急性肺炎侵袭，尽管我们把他送到北京协和医院请专家诊治，但细菌学系还未来得及确定病人感染的病菌属于何类肺炎球菌时，他便已去世。协和医学院是由洛克菲勒基金会出资创建的，刚建成不久。那时磺胺药物和青霉素尚未问世。又一次丧子，我们只剩下长子达文波特·长庚了。他享年 35 岁，也因为肺炎死于北京。

1909 年前后，我见到了在总督衙门任英文秘书的温秉忠（Wen Ping-Chung）先生，他是那些早期留美回国者中最风趣的一位。早年他曾陪同端方和戴鸿慈两位大臣做环球旅行考察先进国家宪政，我在槟榔屿认识了他。他是美国卫理公会基督徒，他的妻子也是个信基督教的中国妇女，她的姐姐就是宋氏三姊妹的父亲宋牧师的妻子。这三姊妹后来分别嫁给了孔祥熙（蒋介石政府中的财政部部长）、孙中山（中华民国的创建者）和蒋介石（最后的总统）。在我的朋友温先生家里，我第一次见到活泼可爱的少女宋庆龄。她刚从美国的学院求学回来，不久便找到担任孙逸仙博士私人秘书的职位，多年后又成了这位伟大人物的妻子。孙博士 1925 年去世后，这位女士便变得十分沉默寡言。她现在是全国人民代表大会常务委员会的副委员长。

住在天津的 3 年里，我经常见到曹家祥先生。在位于碎石路面铺就的车站大街有他的两层楼住宅，而大门经常敞开着。他的亲近的朋友们在新年、五月端午节、七月中元节和八月中秋节（中华民国建立前没有采用公历）等节日常来此聚会。曹先生谈锋甚健，博览群书且议论广涉，谈论的范围非常宽泛。他特别热衷谈论的是关于在中国辽阔的耕地通过引进近代科学耕作方法，使中国富强起来。新年是各阶层人民尽情欢庆的日子。我们作为上层人士，便会集在曹宅，按传统方式抱拳相贺，然后在堂屋的神龛前跪拜。几案上供奉着煮熟的鸡、蒸熟的鸭、切成片的猪肉和各种菜肴，祈求神灵保佑来年诸事顺遂。有一次庆祝曹先生的母亲七十大寿，每位应邀来宾都穿上官服，在大门口首先受到主人的迎接，然后被带领到堂屋中央老夫人座前，于是主人和客人在她面前行跪拜礼，表示问候和祝贺，祝愿她长寿。无论高官显宦还是最贫穷的家庭，绝无任何人认为跪拜礼会有辱个人尊严。时至今日，绝大多数中国人已放弃了这种传自孔老夫子时代的古老问候形式，然而日本人依然坚守着这个传统。在日本的公共餐厅或私人宅第中，任何社交场合或在家中接待客人时，都能见到他们在朋友相会时彼此行跪拜礼。

1909 年到 1910 年那段时间，唐绍仪先生任奉天巡抚一年后回到了他在天津的家中，我们得以经常会面。1862 年，他出生在香山［今属珠海市］一个小村庄里，退休后把这个村庄改名为唐家湾。在早期留美学生中，唐先生身材最高大，也表现得最出色。回国后第一个职务是 1884 年被派往朝鲜办理税务，当时中国是朝鲜的宗主国，袁世凯代表清政府驻扎朝鲜。

唐先生曾以非常神秘的口吻告知我许多早年在朝鲜发生的逸闻。其中之一是这样一段故事：野心勃勃的日本统治者屡屡策划阴谋，企图将这个闭关自守的王国置于它的统属之下。为了达到此目的，他们派遣了诡计多端、深沉老练、身高只有 5 英尺的外交家伊藤伯爵前往汉城，对付只有 26 岁但颇有魅力的袁世凯。当时这个首都的中心地区经常有社交集会，某些聚会上，无助的朝鲜官员尽最大的努力试图争取到支持，在这样的交际中，呈献能歌善舞的朝鲜美女起到至关重要的作用。我们知道，绝大多数朝鲜姑娘有着柔嫩古铜色的皮肤，稍宽的面庞，迷人的黑眼睛和乌黑平滑的秀发，风情万种。伊藤和袁世凯两人同时迷恋上了同一个美女，双方都极力要赢得她的芳心。袁世凯最终携得美人归。怒不可遏的伊藤当晚即致电东京，建议向北京发出最后通牒，进行战争威胁，除非中国同意让日本分享对朝鲜更多的宗主权。结果清廷只好在 1884 年表示同意。因此这两个东方帝国之间可能发生的战争被推迟了 10 年，直到 1894 年才爆发。袁世凯赢得了他的尤物，但国家为此损失惨重！

唐先生本人也从朝鲜带回了一个漂亮妻子，我第一次前去他在天津新建的宽敞住宅访问时，就受到过一位身着当时流行的中国正式服装的女士迎接。唐先生的原配夫人来自广州附近他的原籍，1900 年义和团起事时，她在所居住的英租界的中英矿业工程公司（后来的开滦公司）被炮弹炸死。当时唐先生在山东省城济南府，袁世凯在那里任巡抚。负责矿业公司的是美国工程师赫伯特·胡佛先生，此人后来曾荣任美国总统（1929—1933）。在 1953 年胡佛出版了两卷本的回忆录，其中述及他在中国那个多事之秋的生活，并谈及义和团起事时他曾试图保护唐氏全家的生命。那时候广东人也和外国人一样受到义和团团民的攻击，广东人都被蔑称为"二毛子"，而白人则被称为"红毛子"。

临危受命

由以上简略的叙述中不难得知，我在天津的生活并不尽如人意，不过，在那里生活的经验已经证明对我未来的事业还是有所裨益。我的朋友们宽慰我说，人人都要经过早期历练，我必须耐心等待。1910 年的 12 月，机会来了，我意外地收到由右丞施肇基签发的北京外务部的电报，指令我立即赴京，有要事相商。我便收拾了几件必需的衣物，乘早班火车赶往京城，于 11 时前后到达。施家的一辆私人骡车正在前门车站等我，同时还有张英文便笺，要我前往城东北他的家中。到达施府已近正午，施大人和他的年轻貌美的妻子出来相迎，她恰巧是唐绍仪先生的侄女。施先生先谈到我们以前曾在槟榔屿相逢，那时他随同端方和戴鸿慈等大臣为中国宪政改革出洋考察，对我热情关注自己国家的表现印象深刻。他说 3 年前已听说我到来，但当时他在北满哈尔滨任道台（地区长官），直到现在任职外务部后才得以有机会与我相会。然后他便告知召见我的缘由，原来，清政府鉴于烈性传染病在哈尔滨暴发，并且当地中国和俄国居民已有人罹难，需要派遣一位细菌学专家前去疫区调查病源，并尽可能将其扑灭。他说已经推荐我担此重任。他问我是否愿意前往，并接着说明，政府将承担一切开销并全力支持。该地区疫情可能已经肆虐一个月，而且已造成了外交事件。因为在当时日本和俄国当局已经威胁我国，除非中国政府采取严厉措施控制疫情，否则他们将派遣他们自己的医务官员前来接替，处置将继续流行的疾病。显然，事态的发展将对中国大为不利。我还从施大人那里得知，曾经要求一位美国丹佛大学毕业，在海军处任医官的谢天保博士前去哈尔滨，但他拒绝了。此人提出除非事先为他和他的家属提供足够的赔偿金，以备任何灾难或死亡的发生。

我本性更富冒险精神，期望有难得的机会去研究世界上某个未知领域，因此毫不犹豫地接受了这项任务，前往还没有科学家到过的地方从事研究工作。接受了这个建议后，即被立刻领去晋见正好就在外务部里的军机大臣和外务部尚书那桐阁下。这位满洲官员按当时的官员品秩仅次于庆亲王。他身材中等，颇胖，年约55岁，蓄有浓密的胡须，待人和蔼可亲。他预祝我在任务中诸事遂顺。晋见以后，施大人用他的骡车将我送回他城东北的家中，而他则要为我即将到来的旅行办理诸多手续，例如关防、经费、介绍信等，还要发送电报知照当地等。他执意要我留宿他那舒适的家中，这座住宅原先是按本地样式建造的，但已装备了近代化的卫生设备和取自私宅深井的自来水。他是十足的由美国大学教育造就的珍贵人才，处事果决，而且精确守时。他出生在江苏省一个富有的书香门第，在康奈尔大学获得硕士学位。他身材并不高大，只有5英尺6英寸，胸部狭窄且平坦。他出生于1877年，比我大两岁，32岁即已位居外务部右丞。他与众多的中国官员不同，遇事不推卸责任，这对我来说实在太幸运了。因为他指示要在紧要关头直接用英语发电报给他进行沟通，然后由他将我的报告全部译成中文呈交给他的上级。当时北京有一份英文日报，由名为朱淇的广东人创办，我提供的任何新闻或消息都会在第一时间发表在这份报纸上并传遍全世界。施先生在美国所接受的大学正规训练，使他获益匪浅。

我能在北京逗留的时间并不很多，因此在施府只住了一晚便准备回家，我许诺自东北回来后一定再来接受他的殷切款待。回到天津家中后，我又前去陆军军医学堂向校长辞行。在陆军部颁布新的任命之前，学校为我保留着职位。我挑选了高年级学生林家瑞做我的助手，因为他兼通中英文，两种文字可以迅速互译，他又是一位相处愉快的旅伴。

我将新的任务和"调查使命"告知了妻子，当时并未预料到那是去彻底扑灭一场可怕的大陆性肺鼠疫的大流行。这场瘟疫已祸及满洲的西北部，并通过京城本地蔓延到直隶和山东省，最后向南直至南京和上海。

妻子得知一切时，看来很为此担心，但她对我的学识和医术抱有充分的信心，认为这是真正为伟大祖国效力。的确，我为了这样的服务，已经历过长期的跋涉。我与瘟疫作斗争的经历就这样开始了。那些惊心动魄的时刻，在本书前4章已详加叙述，现在我可以在随后的章节中讲述以后发生的事情了。

鼠疫斗士

伍连德自传

下

伍连德◎著

程光胜　马学博◎译　王丽凤◎校

湖南教育出版社　博集天卷
CS-BOOKY

鼠疫斗士：伍连德自传
Plague Fighter: The Autobiography of a Modern Chinese Physician
CONTENTS

总目录

鼠疫斗士：伍连德自传

Plague Fighter: The Autobiography of a Modern Chinese Physician

CONTENTS 下册目录

　　我的妻子很满意这所住宅，我们在这里居住了5年。后来一位德国建筑师（也是位退伍军人改行的承包商）建议我把它改建成一座两户相连，并带有后花园的三层西式舒适住宅，将一半出租给他。当时我有足够的钱这样做，便同意了他的建议。我住家于此，直到1937年我妻子去世。

第 *10* 章

京华岁月①

紫禁城朝觐

1911 年 5 月扑灭肺鼠疫流行后那些兴高采烈的日子里，我受到的诸多奖励之一，是授予我陆军少校（协参领）军衔，这一级军衔足以享有觐见皇帝的资格。授予我这项殊荣，其目的有二：首先可容许我在正式进宫觐见时，免除那些必须履行的烦琐礼仪（宫内曾传言我是来自海外乳臭未干的小伙子，虽然是中国人，但不太会说官话，更谈不上熟悉宫中礼仪了）；其次是我穿上了现代化的陆军制服，就不必在身后拖上辫子，假辫子更用不着了。那时陆军制服是仿照德国式样：庄重的深红色镶边的黄绿色紧身上衣，双肩上有编织的金穗带。衣领坚硬笔挺，以浆过的白色亚麻布衬里，红领章上缀有三颗黄铜星以示军阶。军帽用与制服一样的面料制成，

---

① 作者在本书中着意向外国人介绍中国历史的叙述，多有史实错误，但译者只按原文译出，以便读者全面了解伍氏的历史视野及其著述的原貌。——译者注

帽檐稍前伸,示人以身材高大和威武之形象。[见上册第99页图片]

代表年幼的宣统皇帝(时年仅5岁)执政的摄政王醇亲王将在紫禁城皇宫接见我。我乘坐施大人的骡车行驶近1小时到达。在宫门前下车步行200余码,登上大理石台阶后被引进金碧辉煌的殿堂,支撑拱顶的多根巨大圆柱饰以书法和金龙。我将眼镜拿在右手中,因为有人告诫过我晋见长官时不得戴眼镜,因此我跪在摄政王面前行叩拜礼时未能看清摄政王的面容。亲王语气温和,我尽所能回答了他提出的几个问题,不外是我的出生地、年龄、求学的地方、在英国和德国的经历等,最后才问及我在满洲的工作。摄政王祝贺我取得的成绩,并告诉我政府全力支持我推进防疫和公共卫生的措施以造福国家。接见不过十来分钟,我一直跪着,但这对我熟悉皇宫礼仪是一次绝佳的机会。最后摄政王从他那高台上站起来,由一群随从太监和朝臣簇拥着退入内室,而我则被司礼官唤起,由原路返回。

有关跪拜礼,即使像我这样对今天世界有较广泛了解的人,也依然不能理解,对中国人这个源自孔夫子时代的简单礼节,为何竟会从中生发出长时间的争执。在这个礼仪之邦,这种礼仪从未有过尊贵与卑贱或傲慢与屈从的问题。在中国,不论贵贱,在祭天和祭神仪式中或家族和朋友间,在特定场合,作为一种仪式,已经实行了许多世纪。比如在新年或双亲生日,在普通中国家庭内,儿女们和他们的后代照例会聚集在大厅里向长辈叩拜,祝愿他们长寿幸福。在好朋友中间,彼此一同跪在长辈面前祝他们好运,幸福长寿,也是一种惯常的习俗。皇帝或代表他的任何人,如摄政王或某位总督,他们被人民当做父辈和保护者,也理应享受这一礼遇。在欧洲各国,确立共和政体和共产主义扩大影响以前,所有有教养阶层的人士在任何皇室成员面前,都行屈膝礼,这和满洲人的跪拜或请安没有不同。在英国宫廷，当某位臣民被授予骑士身份时，他必须跪在放置于英王面前的一个低矮的凳子上接受这份荣誉。英王手持宝剑，放在他的一侧肩头，再按在另一肩头，同时宣布："朕今册封汝为……（某级）骑士。"不论是基督徒、佛教徒，还是穆斯林，他们在上帝或是神灵面前祈求幸福、庇佑、发财或生子孙时，无不跪拜如仪。因为国王或皇帝，都被认为是宗教信仰的护卫者或是天子，他们也都毫无例外地有权享受跪拜礼。

所有这些均应归结到对不同民族性格和习俗的彼此宽容与理解的问题上，应当摈弃偏见与嘲讽而加以接受。

酬酢之道

自从 1900 年发生义和团事件之后，普通外国人，包括日本人，在北京民众中的知名度增加了，每年数以千计来自欧美的旅游者来到京城游览和品尝烤鸭。六国饭店［今北京前门东大街正义路交会处东北之华风宾馆］实际上是那些富有的旅客唯一可下榻的现代化旅馆，但它由一位瑞士籍人士有效经营，被作为外国游客与他们的中国朋友相会的场所。因为电力和自来水都极为罕见，该旅馆原来靠自有的发电机和自流井来提供，还有一个水箱用来提供厕所用水。沿饭店西侧有一条明沟，将饭店一侧与另一侧使馆区的建筑分隔开来。饭店外面经常停着十几辆人力车，在那里等候外国顾客，于是时而出现向客人索要相当于市价 4 倍的车资的情形。在此处还总能见到为数不少身穿漂亮别致旗袍的满族女士，由她们的西方朋友们招待进餐或饮茶。我的妻子和我不由得被她们的大方举止和贵族风度所吸引。与她们那些羞涩胆怯、弱不禁风的同胞姐妹相比，差别不啻天壤。后者世世代代遭受裹脚之苦，或者放开了裹脚却留下永久性下肢肌肉残疾，因而步态蹒跚，踉踉跄跄。我那纤弱的妻子曾向我吐露过她年幼时也曾裹脚，以此表明其高贵的出身，只是在进入福州卫理公会女子学校后，才得以摆脱了这一陋习。

民国建立后，满族妇女放弃的一种相互问候的方式是作揖。在我看来，这种问候方式比起亲吻更为优雅和富于美感，况且亲吻后经常会在人的脸颊上留下一道不雅的唇印。

从国外归来的学生彼此间频繁地举行宴饮聚会，每个家庭都互相攀比，不断改变花样，尽自己的财力表现自己的阔绰大方。我在北京遇到的老朋友中，有一位是我在剑桥三一学院的同学李方（Lifang Ahlo，他现在在原来的夏威夷姓名前面加上了一个地道的中国姓名），他获得了学位并在檀香山住了几年后，便决定来为北京政府服务，于是在刑部担任一个低级秘书。他家道殷实，租赁了一个大宅院，并不惜重金用进口挂毯和舒适的沙发将其装饰得富丽堂皇，慷慨地招待来客。在北京，像世界上多数首都一样，只要你设宴款待并向那些有所求的僚属们放手赠送小钱，就能更快在官场上升迁。就我所知，李方一直是个单身汉，但是他雇了至少6个穿着笔挺的白色外套的仆人来料理他的各种需要。我是他

1913 年之六国饭店

家的常客，并帮助他招待宾客。某次我在这里遇到大臣徐世昌①，他是位著名的学者，又是朝廷的宠臣。那时汽车刚问世，尚未进入北京，人们出行靠骡车和人力车。高级官吏则乘坐相当笨重的轿子，它由4个轿夫肩抬，两个在前，两个在后。如果要宴请某位王爷或大臣吃饭，就意味着还须招待他那一整班仪仗：专司开道与通报的大管家；4个穿着号衣的随从，打着一对大灯笼，上面书写着大人的姓氏；其后的4人则各由两人扛着两面直径约2英尺的大锣；再往后才是抬轿子的4个轿夫，或许还有几个拿着随身用品的人以及两个听差。大多数高官的府邸在西城，如果设宴者的家在东城（如李方的家），这一大队人马就得步行2英里，但这支沉闷的队伍有那规律的锣声加以纾解。两个大锣轮流敲响，先左后右地击打，发出刺耳的"哐——吭""哐——吭"声，而大管家则高声宣告来访贵宾的姓名、品位和官衔。主人从远处即可得知贵客临近，于是敞开院落大门和二门肃立门外，双手抱拳恭迎如仪。客人到后，即被引至主桌，并就座于面向大门的主宾席上，主人则与其相对而坐，其他6位客人分坐其余座位。较次要的来宾则在其他餐桌上各就各位，每桌8至10人。

此时，这位大人物的两个听差便前来伺候，一人在他面前摆好自备的筷子、银汤匙、带托的小酒杯、带盖的瓷茶杯和盛有他个人特喜好品牌的茶叶；另一位听差则恭敬地将装好烟丝的水烟筒点着，供其就餐时享用，同时频频递上热水打湿后拧干的洒有香水的专用白毛巾。宴席中的交谈于是开始并持续着，同时菜肴按现代方式端上餐桌，随时更换碗碟，亚麻餐巾取代了寻常餐厅中的吸水纸。上过三道或四道菜后，主要的客人就会请

---

① 生于1855年。1907年出任东三省总督，锡良为其继任者。袁世凯死后，他被选为民国总统。——作者原注

求主人准许离席前去出席另一场宴会，或许就在隔壁有另一场晚宴正等候
他光临。这是那些重要客人的惯例，一个晚上要接受不止一个宴会邀请，
从一处赶赴另一处，同时带着他的全班随从。这些随从每人都能从过往的
每家领到一份大约相当于 1 先令的赏金。让这些东道主感到幸运的是，并
非所有的客人都能维持如此庞大的扈从队伍。通常一位客人有两位人力车
夫相随，一拉一推，那时不是所有路面都用碎石铺就，有些小胡同的路面
很软，在雨季所有的人力车都很难行走，除非两人推动。如果宴请高官，
主人必须备好足够的小费分赏他的每位随从，否则主人将有失体面，以后
当他前往拜访这些高官时便会在门口遇到刁难。外国人设宴时也入乡随俗
赠小费，这样他在社交活动和官方接触中才会畅通无阻。我的朋友李方在
清王朝覆亡前夕升任军法官，但 1912 年民国成立后，他便失宠而被派往
几处外国港口任下级领事。

另一位我们衷心敬重的客人是溥伦亲王①，他是乾隆皇帝（1736—
1796 年在位）的嫡系后代。他为人友善，亲民而有新思想，曾在 1875 年
和 1908 年两度被袁世凯推荐为皇位继承人，但都被慈禧太后拒绝。她更
愿意选择任人摆布的傀儡，以便控制。

西方回来的留学生中，较熟识的朋友间的便宴通常只有一圆桌，10
至 12 位男女就座。有时这样的宴席由东城或南城颇有名气的饭店提供，
在豪饮黄酒（绍兴酒）的同时还要猜拳，这种手指猜谜游戏是输家要被罚
酒。在东城，这家最负盛名的饭店名为东兴楼，它的特色菜是酱爆鸡丁和
烤鸭。这家餐馆位于东安门大街路北，门面很小，老式纸糊的窗棂子。客
人进来要先经过厨房，那里有许多未穿上衣的厨师，然后是若干个庭院，

---

① 溥伦是三等亲王载治的儿子。他的兄弟是中国戏剧专家，在北京大学教书。——作者原注

每一个庭院中有许多房间，大小不一，供宴请者根据客人多少选用。假如你点了烤鸭，他们便会把早已褪毛且除去内脏的鸭子拿出来供你挑选并做上记号，半小时后烤熟，然后在你眼前切割。首先将酥脆的鸭皮连带脂肪削成小片置于小碟中，再将鸭胸肉切成薄片，然后是鸭背肉，最后是翅膀、鸭腿、鸭头、鸭脖子和臀尖，并将它们摆成花样。谁要是轮到享用最后一片，通常他就得讲个笑话。客人可以按菜谱各取所好，一道道鲜美的菜肴转眼即放在桌上，快得令人惊奇。较之西餐，中餐享用起来很是便利，不过这些美食的烹调则很费事。每道菜都是放在餐桌中央，每位在座者均能用筷子和汤匙自己取食，进食过程中不像西餐那样要更换碟子和刀叉，所以 10 人一桌仅需一位服务员。最后一道热菜通常是鱼，或清蒸，或油炸，或是用姜末酱油红烧，然而任何一种加工方式，制成的菜肴都美味可口，令你垂涎。在北方，经常食用的是汽蒸的馒头，而不是大米饭。餐毕，就有热气腾腾的湿毛巾递来供客人擦脸和擦手，然后是一杯清茶，于是客人告辞，主人则留下结账。这些饭店经营有方，早有准备，每桌 10 道菜的午餐或私人家庭的正式宴席，所费相当于三四英镑，而酒水钱通常是另外结算的。

如同世界大多数首都一样，北京也因拥有风味各异、花样繁多的美食餐馆而足堪夸耀。每家餐馆都有自己的特色菜，比如粤菜馆有价格昂贵达 20 元的鱼翅羹，福建餐馆有各色美味鱼，四川和云南的特色菜是以采自原地的辣椒为调料的极辣的肉菜，上海餐馆以擅长蔬菜烹调而招揽顾客，天津有各种花样的馒头和饺子，东北最脍炙人口的是在冬天从松花江捕捞的白鲑鱼，以及将雪蛤膏与碎鸡肉一起烹制的名菜。北京信奉伊斯兰教的穆斯林接近十万之众，那里有他们的羊肉饭馆，特别是在整个秋季，食客们站在户外的院子里，在炭火上烧烤一盘又一盘美味的羊肉片，其方式犹如马来亚的沙爹。在内城或外城，那些较贫穷的人则前往一些较小的餐馆，花费不会超过 1 元即可享受一顿丰盛的美餐和一小壶黄酒。北京简直就是美食家的天堂。

卜宅东城

　　1911 年觐见摄政王后，我所做的第一件事就是买一所住宅。非常幸运，我在哈德门［今崇文门］大街通向内城的东城墙的东堂子胡同 55 号找到一所合适的房屋。我任职医官的外务部也正好坐落在同一条街上。卖主是名叫艾特肯（J. Aitken）的退伍英军士兵，他在 1900 年随八国联军来到北京，后来受雇英国使馆做了看门人。当时在北京的外国人不允许拥有私人房地产，但有些人以他们信任的仆人总管的名义来购买，而在义和团事件后，再也没有中国官员敢于过问外国人的这种交易是否合法了。在八国联军占领北京期间，艾特肯先生设法购买了大量从被炮火摧毁的废墟上拆下的砖瓦、门窗和木料，建起一栋单层住宅和适合自己需要的院墙。他在北京住了 10 年后，决定回故乡英格兰养老，便将这占地 0.25 英亩的房屋产权以 6 000 元（500 英镑）出让给了我。我的妻子很满意这所住宅，我们在这里居住了 5 年。后来一位德国建筑师（也是位退伍军人改行的承包商）建议我把它改建成一座两户相连，并带有后花园的三层西式舒适住宅，将一半出租给他。当时我有足够的钱这样做，便同意了他的建议。我住家于此，直到 1937 年我妻子去世。1949 年，共产党执政后，中华医学会的总部从上海迁至北京，我将这一所宽敞的建筑连同数千册图书捐献出来，作为学会的办公场所和藏书数千册的图书室。

1918 年，作者与他的原配妻子、两个儿子在牛庄检疫医院外边所摄照片。他们都穿着单薄的夏装

住在北京时，我们有自用黄包车并雇用了车夫老卢，他在空闲时候便帮忙打扫院子，修整花园。有一位小脚的女仆服侍我太太，因她曾经患颈部腺体感染和肺病多年，所以还有一位小女仆料理日常家务。这些仆人在我家超过 15 年，都表现得乐意和忠实可靠，但在妻子去世后，我才知道她的收藏品以及我从世界各国买来的 80 个金币和一些家具物件都被他们席卷而去。老卢娶了女仆做妻子，在城里另一地方建起了他们自己的新家。

北京有充足的硬煤和烟煤供应，前者用骆驼由西郊约 20 英里的门头沟山区驮来；后者则由铁路从东边约 100 英里远的唐山及其附近中英合营的煤矿运来。每吨大约 8 到 12 元，比起欧洲，这相当便宜。这里生活开销较低，一元钱至少可以买 50 个新鲜鸡蛋。猪肉和牛羊肉供应充足，价钱适中。牛肉是从山东通过青岛港运来，白绵羊则从蒙古赶来北京屠宰。北京的羊肠衣曾一度大量出口到美国用于制作香肠和热狗。

男女仆人每月所得仅为 2 至 4 元，伙食由东家免费提供。他们为主人家庭购物会得到回扣（甚至在商店订货时），收入可以有所增加。每逢年节，例如新年、端午节、中秋节和男女主人的生日等，也能得到赏金。
1912 年以前，女仆多是来自农村的不讲卫生的小脚妇女，后来由于满族
家庭的俸禄取消了，那些有教养又体面且是天足的妇女便出来寻求雇主，
并逐渐成为管家能手。不过因为离他们自己的家很近，主人家里的一些物
品，从食物到现钱和衣物常常会不翼而飞。但总的说来，北京的仆人懂得
自尊和忠实，尤其是孩子们喜欢与他们为伴，向他们学到许多北京方言的
正确发音。因此许多在京城长大的外国家庭的小孩，说起北京话来比他们
的母语还好，当然比他们父母的洋腔调的中国话更为标准了，只有等到他
们回到自己国家上学才会改变。

　　妻子有一次向我讲过一个发生在使馆区的真实故事。那家的女主人手
拿着厨师长一周的账单将其唤来。厨
师长忐忑不安地奉召前来，女主人对他
说："Ni lai, ni lai."（汉语"你来！你
来！"）这位厨师长站住并答道："Me no
lie, me no lie."女主人越来越激动，并
不停地喊道："Ni lai, ni lai."厨师长则
往后退缩并大喊："Me no lie, me no
lie."女主人显然是让厨师长上前来，
而厨师长或许心中有鬼，害怕受到惩罚
而不断抗议道："我没有撒谎，我没有
撒谎。"中国话"lai"是说"来"，而
在英语中则是"lie"（撒谎）。来自广东、
福建和浙江等南方各省的中国人一般乡
音难改，他们不标准的腔调会引得儿

1920 年，作者原配妻子淑琼在北京家
中工作。请注意桌上的汉白玉雕狮子

伍连德故居（礼露摄于 2005 年）

女们发笑。每当他们自己和仆人们难以沟通时，就不得不经常找那些"小家伙"来帮忙。确实，南方人讲北京话发音不准的现象是如此普遍，以至于有句俗话颇为有损中国人的自尊。这句话就是："天不怕，地不怕，就怕广东人说官话。"腔调古怪的广东人也许应该受到一些奚落，但就我的经验而言，福建来的读书人讲的官话比他们更糟。当我们谈及通俗谚语时，我们还可以举出当时相当流行的话："天下福事，色在苏州，食在广州，葬在杭州。"据说苏州的姑娘才貌双全，广州有最好的厨师，杭州的棺材做得最好。

就任外务部医官

我们的外务部曾经是一座"府邸"，即大臣的住宅。它占地约有 6 英亩，由许多通过游廊彼此连通的平房组成，其中有多个植有古树的院落。墙砖为灰色，大门通常油漆成蓝色，窗户则为红色。每到冬天，门窗紧闭，内部用仿制美式的铸铁炉烧煤取暖。夏天则在主要院落中搭起天棚纳凉避暑。

最好的办公室给了总长和次长，还配备了一间大的接待室以接待前来公使馆（那时还没有称"大使馆"）访问的外国人。与其邻近的是参赞和秘书连同他们的书记官和助手办公的地方。更往里便是其他各部门，如会计、法律、商务，以及欧洲、美洲和东非等部门，各部门都有自己的主管、助理、翻译、书记、文书和通讯员。在所有的官员中，看来次长的工作最辛苦，因为几乎每份文件都要经过他的手，而且最重要的加急件都得经过他上呈总长。我和外务部的联系持续了 20 多年，领导过我的总长和次长至少有一打。其中有满人那桐，留学法国的陆徵祥，博学的基督教徒颜惠庆，亲切和善的福建人高尔谦，剑桥毕业的曾宗鉴和名声不佳的日本留学生曹汝霖（他曾被数千学生追索，住宅也被烧毁），还有其他较不出名的人物。这些高官各具特点，各有独到的工作方法，但似乎都能不顾中国政治和军事上的积弱，竭力克服重重困难，为国家效力。

陆徵祥先生有位比利时妻子。他是一位接近下属，谦恭有礼的总长，但是他遭遇到重重困难，以至于最终决定皈依罗马天主教，成为修道士，归隐于修道院中度过余生。曹汝霖则逃出了北京，在天津法租界当寓公，在那里寂寞地死去。

清王朝的最后 3 年里，曾经留学归来的那些官员都剪去了沉重的辫子，但在正式场合或是晋见上级的时候，他们还必须安上假辫子。为此他们准备着一条用长发编成的辫子，在需要时便安在脑后。在较非正式的场合，他们戴上连有假辫子的瓜皮帽，在上司召见时如此便不失礼仪。我们的满洲上司也明白这种把戏，但只好忍受这种惯例，也许他们自己已经预感到了即将来临的变革。另外也可能他们已经不再计较那式样古板的服饰，内心深处也在盼望着某种根本的改变。曾经担任过中国政府驻德全权代表大使的荫昌将军，与德国皇帝威廉二世私交甚好，铁良在 1910 年被解职后，由他继任陆军部尚书时，便经常穿着无需辫子的制服。每当我遇到他时，他很愿意同我讲德语。荫昌身材瘦小，像德国皇帝那样蓄有上翘的胡子，他处事迅速果断，一派德国人说干就干的作风。或许正因如此，他在那群畏葸不前又令人敬畏的满洲同僚中不受欢迎，后来去世时，与他同族的满人竟然也表现得与革命党人同样冷淡。

社会风情琐记

在北京居住的开始 3 年，我觉得普通的长丝绸服装冬夏皆宜。天冷时，将柔软的裤子在脚踝处扎紧后，远比欧洲的紧身花呢装更保暖。羊皮镶边的长衫也比西装上衣甚至外套厚大衣更暖和。如果住在普通的北京平房中，因为有许多回廊，门扇也多不密封，匹配不良，身穿中式棉袍确实是最理想的冬装。我在剑桥时，人们建议我穿上厚重的羊毛内衣，在这里则无必要。即使在最寒冷的日子，絮上棉花或是丝绵的普通服装，在室外或无取暖设备的屋内也足以保暖，当然，有人为了体面，常常在长袍外面套上一件半身的狐皮或羊皮镶边的马褂。在室外劳作的农民和劳工整个冬天都是一身棉袄棉裤，只有听差和商店老板才仿效官员与知识阶层而身着长袍。那些大户子弟在集会时通常身穿华丽的紧身无袖的坎肩。在春天都穿着未絮棉花的薄夹衣，而到了七八月，天气最热，各色轻纱无领长衫便登场了。

此间妇女像欧美女性一样，有她们自己的时尚服饰。满族妇女以她们独特的蝶形头饰而显得与众不同，她们依据季节不同用不同的假花装饰着，还身着长及脚踝的绸缎旗袍。

我和朋友们经常去游逛城北隆福寺，这种庙会整年中每逢初八和初九、十八和十九，以及二十八和二十九都举行。在那些日子里，可以用比商店更便宜的价格买到各种儿童玩具、作坊中制作的牙刷，以及各色日用品和各种食品。每到秋天，便有盛大的菊花展览，展示着含苞待放的各种菊花，我们可以买上十几盆带回来美化我们的庭院和厅堂。在北京，人们完全可以在一夜之间，把一片空地变成百花盛开的花园，你不必另外雇用花匠，只需把隆福寺的 3 年小树移植到私人宅院里。因而人们毫不奇怪，为何无论中国人还是外国人，只要他在这座京城住过，就总想旧地重游。

不可不提的另一种高雅的消遣是诗会。每逢星期天，至亲好友便会相约到家中聚餐，饱餐之后，便即席选定一个题目比试他们作诗的本领。中国的诗歌组字格式就像宝塔的层级，总是奇数汉字构成一句。作诗极难，特别是在饱享丰盛的菜肴又畅饮黄酒之后，要选择正确的文字安置在适当的位置上绝非易事。这种比赛并无奖品，输赢全为取乐。这种聚会通常以留下某个空缺的字而告收场，某位赴会者便会大声喊道："但愿李太白在此助我觅得佳句！"于是招来一阵哄笑。

北京天气通常是干燥的，十分清爽宜人，但是三四月间时有沙尘袭来，此时微细的沙粒尘（应该来自蒙古沙漠）将房屋里的一切盖上薄薄一层，令仆人们不胜清扫之烦。即使在这一季节，也间或会有晴朗的艳阳天，但住在大小胡同中的大多数居民并不适宜出行，不过这里的人力车很多，车资也便宜，家境尚可的人们都有自己的交通工具用于互相拜访。

大多数公共游乐场所都在内城南面的外城，出前三门（前门、哈德门和宣武门）即可到达。从我们家前往前门外的丝绸店大约有 2 英里，但健步如飞的人力车夫能在 20 分钟到达。由于采用了橡胶轮胎，人力车乘坐者更舒适，拉车者也更省力了。因此这种人力车（原是直接采用了假名为"じんりきしゃ"的日本名词，即由人力驱动的车辆）被北京人称为"胶皮"。在北京，任何人需要人力车时，只要喊一声"胶皮"，车夫即能明白，并趋前接待。

在北京外城有大银行、货币兑换店、客栈、旅馆、小饭店、商行、小工厂、古玩店、著名的餐馆、剧院和供成年人寻欢作乐的妓院。光顾妓院的不但有精力旺盛的年轻人，还有道貌岸然的官僚。这些红灯区的小巷子与东京和横滨的吉原不同，为官方默许。每处妓院入口处都有一盏明亮的灯，门前挂着一块方形的小牌子，上面写着居住人的姓名，并表明她的籍贯，如苏州、天津、杭州或是北京。每当来客进入那内设小院子的妓院时，看门人便会高声通报："来客！"如果你是个熟客，就会让你自行前往喜好的房间；如果你是生客，就会被带到公用会客厅落座，等候由十几个住在那里的姑娘排成一队前来，然后逐一通报她们的姓名。如果你中意某位，就有一位女性侍者带领你前往选中姑娘的房间。假如这位姑娘名气很大，她就会有自己的起居室和卧房。你可以进去享用一杯茶和一碟瓜子。如果你是常客，还有橘子和葡萄可享用。绝大多数妓女都会唱几句北京舞台上流行的京戏，如果你需要，便会将院内弹琵琶的人唤来给姑娘伴奏，酬金为1元。不然你在此逗留10至15分钟也须付1元钱。一个晚上光顾四家以上妓院的游冶很是平常，自然要花费许多银钱。过去这里很少有人饮酒，回家后也不带酒味。客人选中他的意中人后，可以在往后随时再来，甚至请一些朋友来此便宴。这自然会比在通常的餐厅里花费得更多。

我还要回顾一次少有的经历，那还是在1910年清朝时期的北京。我被邀请前去出席在南城某家著名餐馆举行的一个时间颇早的晚宴。宴会主人是谭学衡将军。1896年我在英国纽卡斯尔与他首次相见，此时他官为海军部次长。事先他告诉我要给我非同一般的招待，宴会中我们一伙共10人围坐在一张圆桌上，然后有两位十分标致的年轻人在每个客人面前的锡制小酒杯里斟酒。这两个人穿着极为华丽的绸缎长袍，一人腰上缠着鲜红的腰带，另一人则缠着深蓝色的。他们的双手纤细小巧胜过妇女，轻声款语，逗人喜爱，姿态温柔赛过一般女孩。他们说着一口令人销魂的童声京腔，招待客人犹如专业女艺人。人们告诉我这些人就是"相公"，可冒昧地翻译为英语的"A boys"。他们被训练成舞台上的"花旦"，但在业余时间作为宴席中的特殊陪客而赚取一些额外收入。他们也乐意献唱，只要客人要求并多给赏钱。为照顾我，其中一位男子用花旦腔唱了两段戏曲，由两位乐师伴奏，一位用胡琴，一位用琵琶或三弦。在两次演唱的间歇，这两位年轻的招待员便被招呼坐在客人们中间，讲述他们自己的身世。尽管我将筷子和汤匙供他们使用，但他们会有礼貌地婉谢。

京剧名角梅兰芳，他的演技受到中外人士，特别是日本人的一致赞赏。他还应邀到美国演出，并荣获加州波莫纳大学的荣誉法学博士学位。在北京，梅老板住在无量大人胡同一座大宅子里，在我们家的北边，只相隔一个街区。这所房子是他用自己的所得购买的。他很富有，不像他的大多数同行那样经常挥霍钱财而最后却陷于穷困。我偕家眷曾两次去那雅致的住宅里拜访他和他的妻子，对他们在取得成功后仍一如既往地在艺术上精益求精表示由衷钦佩与赞扬。梅兰芳的妻子也是北京舞台上的名角，她扮演老生，她和丈夫正好相反：她演男角，而他演女角。梅博士在舞台上受到各阶层观众的一致欢迎，无论在北京还是在上海总是高价出演，而每晚只出场 1 小时。他还善于将现代舞台效果引进中国戏剧，为此他曾去东京学习，以求改革极为保守的京剧。①

1900 年夏天义和团围攻过各国使馆，因而多年来外务部的官员和使馆人员及其家属关系紧张，随着新部长的莅临和使馆官员的替换，双方的

---

① 作者关于梅兰芳的描述与史实有出入。——译者注

关系开始改善。慈禧太后也认识到先前的作为颇为愚蠢，她在临死前，曾命令京师所有官员应以友好为先。第一件事是一位颇有名气的美国女画家卡尔（Katherine Carl）被请进宫为她这位至高无上的统治者画像，在绘画期间还被允许住在紫禁城里。前任驻法公使很有才气的女儿德龄郡主和她曾在欧洲受过普通教育的两个妹妹，被太后任命为御前女官。卡尔小姐和德龄郡主都曾写过畅销书，描写她们在宫中的经历。外交使团的成员定期被邀请出席在不同的宫中举行的招待会、午餐会。在这些场合，那些既懂得欧洲语言又熟悉宫廷礼仪，由国外大学或学院归来的年轻官员，对于从未走出过国门的老一辈皇亲国戚来说是非常有用的。

关于中外交往，稍稍谈及跨国婚姻并非题外话。许多风华正茂的中国学生被一批批送出国门，至少有某些人会与所留学国家的妙龄女郎结成夫妻，这是理所当然的事。容闳（1828—1912）是第一位在美国耶鲁大学取得学位（1854）的华人，1875年他与一位新英格兰医师的漂亮女儿结婚。就我记忆所及，他带到美国的50位男童，从唐绍仪开始算起，都不曾带回白人妻子，然而那些国内的反对者们仍然要责备他们剪了辫子，与外国女孩跳舞，丢弃中国的风俗而西化，等等。

以后的留学生出国时已经成年，特别是在欧洲大陆的学院里学习，易被那里优雅的、独立生活的异性吸引，有一些据说就与女房东的女儿、歌女、店员、女招待结婚了，甚至还有妓女。另外，还有不少留学生带回了大学同学，合格的教师、护士、艺术家，甚至是本专业的同行。在后一批人物中，有陆徵祥先生（曾任国务总理），他娶了一位出身高贵的比利时女性，在社交活动中给了他很大帮助。江医师的妻子是位著名的德国化学家，她管理着他在上海的制药厂。厦门现代食品罐头公司创始人的儿子黄子芳博士的妻子出生于纽约州奥尔巴尼，是他的大学同学。当黄子芳出任国联卫生部门高级官员时，她为他成功地照管着北京和日内瓦两地的家。高等法院法官廖福曾的美丽且总是面带微笑的妻子，就是他在巴黎索邦大学的同学。刁作谦是剑桥的毕业生并加入了英国律师协会，他娶了一位迷人的伦敦姑娘。她不但在他任外务部帮办秘书时干练地管好了他在北京的家，而且也是他多年出任古巴公使时的贤内助。有一个时期，在北京有超过 50 位来自欧美大陆的女性，她们都是中国政府各部门的雇员的妻子，于是她们成立了一个欧美夫人俱乐部，事实上是为了邀请她们的丈夫和朋友来参加宴会与晚会。我一向认为，如果有更多的知识女性参与各级政府事务，世界便不会有如此严重的贪腐或骚乱、各国间的纷争以及如此频繁的战争。曾有一种严重的偏见流行，特别是在那些帝国主义列强中，他们的殖民地住有许多有色的原住民，因此他们竭力反对跨国婚姻。他们反对有色人种与白人妇女通婚，也反对白人自己的男子与当地有色人种妇女通婚，而他们的混血子女也不准担当所有负责任和有影响力的职位。他们的惯用借口是这些混血儿的血统受到玷污，他们从父母继承下来的是缺陷而不是优点，这种谬论毫无科学依据。改良动植物品种时往往是通过杂交来获得满意结果，当然这种试验必须小心选择品种或亲本。如果欧亚或欧非混血儿确实低能，其根源首先应归之于愚蠢的歧视政策，由此导致白种男子与有色女子非法结合的子女不被社会接纳，而遭弃于低贱阶层任其自生自灭。结果这些孩子产生了某种自卑感，并怨恨他们的父亲不讲信义。在北京和香港却有着真正的佳偶，他们的孩子可以平等地展示自己的天分，绝大多数都表现良好，有些人在他们所选定的职业生涯或致富道路上达到了登峰造极的程度。以香港为例，当今最杰出和最受尊敬的家族，确实都是苏格兰人和广东人联姻家庭的后代，这些人通常采取了母系祖先的姓氏。可喜的是，两次世界大战之后，已经出现了不同民族和个人之间较为浓郁的宽容氛围，在欧洲、印度、马来亚、泰国、印尼以及其他地方的官员间和知识阶层已能见到不少幸福的欧亚联姻。

莫里循和辜鸿铭等中外名人逸事

北京有 13 个国家的公使馆，几乎都在城内，于是自然地形成了一个颇为国际化的社区。官员们可以随时相会办理公务，归国的中国留学生经常能在这里遇上许多来自他们留学国家的外国朋友。于是能讲法语的便能找到更多法国人和比利时人，讲英语的会与美国人或英国人厮混在一起，曾留学日本的中国人在拜访日本官员时便有宾至如归的感觉，大凡如此。但几乎在每个使馆都能找到较多讲英语的人，每位外交官除母语外，一般都懂一两种外语。尤其在北京还可以找到精通汉语这种难学语言的外国人，他们能够轻而易举地进行中英两种语言的对译。我在北京遇到的第一位这样的英国人是加特瑞勒（Gatrell）博士，他出生在中国，父母是传教士。他从小就喜欢中文，不但学会了写，还能说。虽然他是医学毕业生，但从未行医。八国联军入侵北京时，他给英国军队当中文翻译官，在 1900 年那个灾难的夏天，他为各类人士提供了服务。我第一次来京时，结识了他和他的美国妻子。她的父母也是教会人士。他讲北京话犹如本地人，只是不太会用汉字写作。加特瑞勒博士给我讲过义和团运动时的许多故事，他认为双方都表现出格外的残忍，战胜的军队带着他们的走狗在北京大肆进行罪恶的抢劫。他家住煤渣胡同，与我在东堂子胡同的私宅不过数步之遥。我们当时初来此地，对北方一切都感到生疏。加特瑞勒夫人乐于助人，深得我妻子的好感。

　　我的第二位英国朋友是莫里循（George Ernest Morrison）博士，他出生于澳大利亚的吉朗，毕业于爱丁堡大学医学院，是一位富于冒险精神的旅行家。他最后定居北京，任伦敦《泰晤士报》的通讯记者。在 1898 年到 1900 年期间，他在这份重要的报刊上发表了许多出人意料的加急新闻，这些新闻通常都比英国外交部由驻北京英国使馆得到的通报提前数日，这使他成为世界知名的人物。当时各国公使馆的各种首脑人物和重要的侨民都被围困在英国公使馆院落的坚固围墙内，全世界都紧张而急切地等待着莫里循报来有关他本人和其他人的消息（他本人也在里面避难）。他的大名比任何一位大使更为人们熟知，他家所在的那条又长又宽的大街，就被外国人和观光者称为"莫里循大街"。

乔治·沃尼斯特·莫里循（1862—1920）

　　我在北京安家前，承蒙莫里循好意邀请，曾在他家小住过两次。第一次我在他家见到过他那漂亮的女秘书罗宾小姐，她数月前从英国来此。第二次来他家时，她便成了莫里循夫人。两年后，一个取名为伊恩（Ian）的男孩降生了，我曾高兴地抱过他。莫里循总计为《泰晤士报》服务过 15 年（1897—1912），退休后被袁世凯聘为高级顾问，年薪 4 000 英镑。他的儿子在温切斯特和剑桥的三一学院接受教育。伊恩很年轻时即关注东方，第一个职务是日本北海道札幌的帝国大学英语教授，然后是驻东京英国大使克莱季（Robert Craigie）爵士的私人秘书，再后又在上海任职英中合作代表。1941 年日本侵略战云密布时，伊恩前往新加坡任副情报官，不久便进入伦敦《泰晤士报》，28 岁时担任了该报的战地记者。1942 年他出版了《马来亚随笔》，这是在英国出版的第一部披露马来亚英军惨败的书籍，1943年又接着出版了《当前的抗日战争》。伊恩还亲历了缅甸、爪哇和印度支那的战争。当共产党军队进入朝鲜半岛时，伊恩是在战场进行报道的首批记者之一。1950年8月11日，他和其他两人——《每日电讯报》的巴克利（C. Buckley）和印度的纳亚尔（Uni Nayar）上校——同乘的吉普车触雷而不幸一同身亡。但是，伊恩·莫里循的英名将以另一种方式永留史册，因为女作家韩素音——一位籍贯为四川的中国官员与欧洲妻子结合而诞生的混血儿——她用她的小说《瑰宝》（*A Many Splendoured Thing*）（后来又被改编成爱情电影《生死恋》）叙述过伊恩的故事。

乔治·莫里循博士共有4个孩子，都是男孩。他们后来全都被送往剑桥念书。但是除伊恩外，其他三人我从未见过。莫里循夫人死于1922年，比博士晚逝两年。他一直记日记，但就我所知，尽管他早在1920年即已去世，但至今还没有出版过任何作品来介绍他在华的伟大工作，无论是传记还是回忆录。1935年9月2日我在澳大利亚堪培拉解剖学研究所发表过一次讲演，谈到莫里循在人类文化学方面的贡献。这次讲演已由该国卫生部发表，在此我不揣冒昧，摘录几段。关于莫里循博士，我说：

尽管他不会说汉语，但由于他敏锐的观察力，强烈的幽默感和他对中国人民的深刻理解，以及他犀利的文风，他的第一本著作《一位澳大利亚人在中国》刚一出版，就立刻声名远扬。

数年以后，接连在伦敦《泰晤士报》上发表的披露1898年到1900年非常时期北京的许多秘闻也已成为历史，而莫里循先生也从那家著名的报社离职了。他在餐桌上把一位曾先生介绍给我。曾先生是著名人物曾国藩的后代，而曾国藩曾任两江总督，他成功地剿平了强大的太平军（1851—1864）。莫里循博士说："让我将你介绍给你的这位中国同胞，他曾帮助过我。全世界总是纳闷，我为何能轻而易举地把有关这座城市的有价值的信息迅速传送到伦敦？靠的就是曾先生。在那关键时期，曾先生是总理衙门（前外务部）的秘书，因而所有的机密文件都要经过他的手。他是一位精通英文和中文的学者，可以在他们签发那些紧急文件的当晚，将它们全部译成英文并转交给我。我要做的就是将它们编辑成新闻稿，加上我的评述并将它们用电报传至伦敦。"现在莫里循博士和曾先生都已过世，透露这个秘密将不至于伤害他们了。

袁世凯死后，莫里循从政府职位上退休，将他的大部分时间用于筹备那座出色的图书馆，那些馆藏是他在 20 余年的时间中搜集而来的。

距离王府井大街南口约 200 码以东有个侧门，门口蹲着两只石狮子，门上钉有一块方形门牌，上书汉字"莫公馆"，标示着这是"中国人熟知的莫里循博士的住宅"。大门油漆成朱红色。狭窄的游廊右侧是门房，往后是个小花园，花园内各色鲜花四季盛开，春天的桃李，夏天的牡丹和紫藤，秋天的菊花，冬天的水仙。再往前，右边是一间宽敞的起居室，陈设着古朴的中式红木家具、字画以及博士游历各地的纪念品。相邻的是餐厅，内部陈设的家具也很简单，墙上悬挂着古老的壁毯。其中共有 4 间卧室，全在底层。这庭院南翼有另外一坐独立的防火建筑，那是他的图书室。如果没有来客，我们总能在图书室，或在那放有一张写字台和两把带靠垫的舒适椅子的"小窝"里找到他。图书室本身是一座石块垒成的长方形建筑，尺寸为 100 英尺×60 英尺，有一层楼高，包括地板在内的全部建筑都用水泥黏合，地板也是水泥的。硬木书架直达天花板，两面均可取书。书架沿房屋的长向平行排列，地图和其他大开本，如图册、雕版等则放在西边角落的大书柜中。玻璃橱柜则几乎没有，为防风沙和阳光直晒（此二者在北京都很厉害），每个书橱从上到下挂有阴丹士林布帘。莫里循雇了一位中国文书为他打字和处理一些杂事，但他亲自处理全部邮寄来的书籍，因此他的图书室中的收藏，他都要先浏览过内容，并且在编目时添加一些评述。凭借这种方法，莫里循建立了一个举世无双的书库，那里收藏着大多数欧洲国家出版的有关中国和东方的书籍。他不懂中文，根本不了解中国文献，也料想他不会去钻研汉语，但是他随时随地收集地图和插图，这些或许是他图书室最有价值的一部分。凡是涉及中国或是中国人的出版物，无论是杂志还是小册子，巨细无遗，都照收不误。他存有整套的周刊《民国政府公报》（*Republican Advocate*）和季刊《海峡华人杂志》（*Straits Chinese Magazine*），后者是由新派华人作者创办的英文杂志。

　　莫里循乐于设宴款待那些经过北京的各国访客，尤其是那些对他的图书馆感兴趣的人。宴会在 12 时 30 分开始，通常在一点半钟结束，而交谈则延续到两点钟，此时识相的来客就会主动起身告辞。否则，他便会请客人谅解他要去图书馆工作，这真是绝妙的待客之道！

　　第一次世界大战爆发前两年，莫里循与一位英国姑娘结婚，她原是从英国来此担任他的私人秘书的。婚姻非常美满……在战时，即风传他将出让他的文库，但是他在北京的朋友们正忙于其他事务，竟无人想到要去收购。结果在 1919 年初，一次大战停战之后数月，即宣布该图书室已经以 35 000 英镑这样低的价格出让给了一位日本银行家。许多中国朋友都为此惋惜，因为他们都愿意以这样的价格将这批藏书买下。但是交易很快即已完成，这些书籍很快包装在数百个用马口铁衬里的容器中海运至横滨，并转运到东京，准备安放在一座尚未建成的专门的东洋文库中。于是这批珍本或绝版图书在仓库内搁置了两年多。碰巧的是，在 1923 年悲惨的大地震中，这批无价之宝竟避免了化为灰烬的厄运，因为那时还没有打开包装放到室内书架上去。这座藏书极丰富的日本东洋文库现在坐落在东京的文京区本驹 2 町目 28 番 21 号。

我在京城的另一位英国朋友是格雷（Douglas Gray）博士，他是爱丁堡大学的医学博士，现在是公使馆的医师。他的前任是卜士礼（S. W. Bushell）博士，是两卷本《中国艺术》一书的著者，这部书是收藏家相当权威的参考书。格雷博士除在公使馆履行公务外，还在外城经营一家面向穷人的免费诊所，是家喻户晓的"德大夫"。格雷夫人是位颇有才华的业余演员，经常在公使馆员工组织的戏剧演出活动中充当主角。格雷夫妇热衷收集中国各历史时期制作的鼻烟壶，收藏逾千。退休后他们将这些鼻烟壶带回了苏格兰。也许这些珍贵的收藏品现在正陈列在爱丁堡的艺术博物馆里。在本书前面的章节里，我曾述及格雷博士于 1911 年 4 月在奉天万国鼠疫研究会中所起的重要作用。莫里循和格雷都不蓄胡须，如同大多数现代美国人。

清末民初时期的英国公使朱尔典（John Newell Jordan）爵士是位职业外交家。在进入外交界以后，他曾在中国多个港口和朝鲜的汉城［今首尔］工作，他在那里结识了袁世凯和唐绍仪。朱尔典爵士在北京外交使团中工作多年，堪称老资格。保守的中国官员早已熟知他在会谈时要想压服对方便会拍桌子。但是我总觉得这位老官僚还是和蔼友善和乐于助人的，特别是在东三省防疫事务总处成立初期，每年延续的拨款，在取得中国政府认可后，需要外交使团批准时，他是支持的。之所以要如此运作，是因为根据 1901 年签订的《辛丑条约》的条款，为偿付巨额赔款，已将中国海关的税收抵押给列强了。朱尔典爵士在他的长子去剑桥学医时，曾向我征求过意见。这个男孩像我一样，毕业后专门从事细菌学方面的工作，当 1931 年至 1937 年期间我出掌全国海港检疫管理处时，他在上海公共租界担任卫生事务专员。在上海抗击频发的霍乱疫情的工作中，我们有过行政事务的联系。在以下几章中将加以叙述。

我的妻子身体虚弱，因而大部分时间静处北京家中花园，婉拒了许多中外朋友的邀约。她只接受那些不便拒绝的邀请，如外务部的招待会，英国和美国公使馆偶尔举行的宴会，以及某些亲密亲友的约会。她尝试撰写了关于中国古代美人的著作。这些书都用英文撰写，在 10 年中，她完成了中国古代四大美女中 3 位的写作，使用的笔名是淑琼。第一本书名为《杨贵妃——中国古代最著名的女性》，1924 年同时在上海、伦敦和纽约出版。第二本于 1931 年问世，书名为《西施——群芳魁首》，第三本于 1934 年出版，书名为《昭君——背井离乡的美女》，1937 年第四本尚未完成她便去世了。公众对她的作品反应良好，当时她是第一位成功地写成了这些著作的中国女性。

当时在北京还遇到过 3 位女作家。其一是格兰瑟姆（A. E. Grantham），她是位优秀的英国女士，嫁给了一度为袁世凯在天津训练新军的挪威上校门特。格兰瑟姆女士至少写了 3 本有关中国的书，最著名的是《蓝色的群山：中国历史的画卷》（*Hills of Blue, a Picture Roll of Chinese History*），还有最后的著作《杨贵妃的落寞时刻》（*Twilight Hour of Yang Kuei Fei*），是我夫人所写浪漫故事的某种补充。

美国女作家维姆赛特（Genevieve Wimsatt）小姐是《聪明的妃子和位卑的杰出人物》（*The Bright Concubine and Lesser Luminaries*）一书的作者，这本书仿效了淑琼的作品。裴丽珠（Juliet Bredon）小姐也有几本关于中国的著作为她增添了名声，可以提及其中的《北京导游》，那是一本很好的书，出版 30 年后依然畅销，另有一本是她的姑父、中国海关的掌管者赫德（Robert Hart，1835—1911）爵士的小传。

在男作家里面，我们认识的有濮兰德（J. O. P. Bland）和白克好司

（Edmund Backhouse），他们合写了一本著名作品，中译本书名为《慈禧外记》（*China under the Empress Dowager*，直译为"皇太后治下的中国"）。主要依据宫廷档案和慈禧皇室总管的私人日记编撰而成。濮兰德是通商口岸中那些独断专行、傲慢无礼的英国人中的典型，而白克好司则像那饱学的牛津教师，以"学习，教书，服务下一代"为天职。我们总是觉得奇怪，为何两个反差如此突出的人，竟能合作写出两本有关中国的杰出著作。另一本书中译本名为《清室外记》（*Annals and Memoirs of the Court of Peking*，直译为"北京宫廷的编年史和回忆录"）。

我在北京遇到的另一位有才华的美国人是阿灵顿（L. C. Arlington），他与阿克顿（Harold Acton）合写了一部题为《中国著名戏剧》（*Famous Chinese Plays*）的令人兴趣盎然的著作，其中附有插图和曲谱。

像大多数有着中国和英国文化背景的夫妇一样，妻子和我经常去剧院，甘愿坐在楼下正厅前排或楼上廊前那极不舒适的硬背木椅子上两三个小时，观看和倾听名角演出。如前所述，那些男演员在革命前年轻时即被训练专演某些特定角色。如果嗓音为男高音，就被训练成扮演戴胡子的老学者（老生）；如果年轻貌美又善于假声唱法，则训练其扮演情人（小生）；腔调似女性且属高音者则根据其声域的宽阔程度分别扮演迷人的姑娘（花旦）或受冷落的妻子（青衣）；那些身强力壮豪爽英武、肌肉发达的扮演战士或是英雄（武生）；身材高大的，则让他们戴上相配的脸谱，扮演强横霸道、无恶不作的官吏，或是头脑简单、粗鄙笨拙的傻子（"大花脸"和"二花脸"）；再有那些相貌丑陋，擅长插科打诨，说俏皮话的，便在他们整个脸部和鼻子上，用白色颜料画上对称的滑稽夸张的花样，扮演流氓无赖或滑稽人物（丑）。我们的朋友阿灵顿先生经常会按事先定好的计划，前往北京城里各处剧院，并带上一位北京本地的教师，以求探究这些舞台艺术的奥秘。正因如此，他的著作中写进了翻译成英文的中国戏剧和其他引人入胜的特别内容，这就使得此本书内容丰富且可读性很强。

最后还有一位英国作家我不能不提及，这就是普特兰·威尔（B. P. Putnam Weale）。他的真实姓名是伦诺克斯·辛博森（Lenox Simpson），父亲是英国人，母亲是美国人。他只受过很有限的学校教育，但学会了一口纯正的北京话，口音犹如当地人。虽然他受雇于由著名的赫德爵士主管的海关总署，在其办公室内担任办事员，但他设法利用业余时间从事写作。在1900年义和团起事时，他是到英国公使馆寻求庇护的诸多英国人之一，6年后，即1906年，他发表了他的《来自北京的轻率信函》（Indiscreet Letters from Peking），这部作品令那些外交使团的首脑人物大为恼火，从此他几乎成了孤家寡人，再也难以与外交界人士来往。在他那毫不留情的著作中，他将那个血腥夏天之所见所闻一一公诸天下，甚至对他的上级官员也无所顾忌。他的其他著作主要在1901年至1910年的10年间问世，包括《满洲人和俄国人》（Manchu and Muscovite）、《远东的变迁》（Reshaping of the Far East）和《肤色的冲突》（The Conflict of Colour）。这些著作尽管难免言过其实，却颇引人入胜。辛亥革命后，他成为伦敦《每日电讯报》驻北京记者，在吴佩孚和张作霖两个军阀之间那场两败俱伤的战争时期，他写过一些辛辣的文章攻击他的政敌。某日清晨，他在天津英租界自己办公室里工作时，被一位身份不明的枪手射杀。辛博森是一位杰出的演说家和作家，能娴熟流利地讲中文、法文和英文。他身材高大、体格健壮如运动员，留着小胡子，而且学着欧洲大陆的时髦样式向上翘起。

在马来亚华侨中，或许我是第一名在中国政府领导下服务的医务人员。但是在北京还有一位出生在槟榔屿，年龄远大于我的中国人。我来北京时，他长期任清政府高官。他名叫辜鸿铭（Ku Hung-Ming, 1857—

1928，在槟榔屿则以 Koh Hong Beng 知名），父母是厦门人。他从年少时在学校中即表现得前途无量，于是被英国人福布斯·布朗（Forbes Brown）收养。布朗家族在槟榔屿和邻近大陆拥有庞大的房地产。随后辜鸿铭被送往爱丁堡大学学习文学艺术，据说 17 岁即获得硕士学位！虽然他和槟城华人社团多年的领袖辜尚达（Koh Seang Tat）同宗，但他在那里未住满一年便决定到中国去建功立业。他任新派总督张之洞的英文秘书长达 25 年。张之洞的主要贡献是在汉口创建大型的汉阳铁厂。在空闲时间，辜先生则撰写有关中国哲学的书籍和文章，最著名的两本，一本是《张文襄幕府纪闻》（*Papers from a Viceroy's Yamen*），一本是英译儒学经典《中庸》（*Doctrine of the Mean*）。在我认识"老辜"时，他已经不用他的原有姓名，当时他担任薪水丰厚的黄浦江浚浦局督办，该机构的总部设在上海。他经常为我哼唱一些马来亚歌曲，表明他依旧不忘童年时光。他的身材作为中国南方人可算高大，长髯下垂，令他喝汤时总觉不便。1911 年至 1912 年发生辛亥革命时，大多数中国人欢迎这种变革，但老辜却不断地抨击共和人士，致使新成立的政府愤然将其上海的职务解除。他不得不到北京谋事，但那些满洲权贵已经自身难保了。1913 年，他临时为五国财团当翻译，随后在国立北京大学任英国文学教授。但是他毫不隐讳对新政权的仇视，特别是在民国建立已经 10 年后，他依然留着脑后的小辫子招摇过市，犹如一个对抗的标志，因而四面树敌，在北京找不到一个稳定的职位。结果只得去投靠已经失势的宣统皇帝溥仪及其日本主子求生。老辜于 1928 年 71 岁时死去，身后留下一个儿子和一个日本妻子。虽然他是一位才华横溢的学者，熟知歌德（Goethe）和阿诺德（Matthew Arnold），每当朋友们邀请他时，他总是引述那两位名家之言。但他不能与时俱进，并无谓地攻击那些成功人士。不过，他的某些著作现在仍值得一读。

　　我在北京认识并十分钦佩的另外两位老前辈是严复先生和海军上将萨镇冰。他们两位都是福建人，和我妻子是同乡。他们原来都是福州船政学堂的学生，这个学堂是由总督左宗棠命令创建的，由 50 位英国教官培训中国的海军军官。严和萨在校表现优异，1879 年被保送去英国格林尼治海军学院学习先进技术。回国后，严复专注于翻译英国一流的科学著作，比如赫胥黎的《天演论》、亚当·斯密的《国富论》和赫伯特·斯宾塞的《群学肄言》，这些书帮助正在探索的中国人开放了眼界。严复先生身材矮小，为人友善，留着时兴的浓密胡须，他经常赞美英国人民的人格力量和遵守秩序的优良品质，对此我也有同感。萨镇冰海军上将在政治舞台上迁升甚速，三度出任北洋政府的海军总长，一度出任代内阁总理。虽然他平生两次亲临海战前线，但总是为人谦逊，生活简朴，像我这样的晚辈去拜访他，他也依旧彬彬有礼，言谈从容。当我告辞时，他会送我到门口。所以所有他的朋友和下属，无不极为敬重萨将军。

　　随着中华民国的稳固，在后来的生活中，我多次见到胡适博士，他是中国文字白话化，即"怎样说就怎样写"运动的领袖。在这以前，书面汉语对普通学生而言非常难懂，或许比早年普通英国人读莎士比亚和弗朗西斯·培根的著作还困难。尽管开始时胡适和他的同志们遭遇到强烈的反对，但是他们坚持奋斗 20 余年后，终于设法克服了无数困难，如今绝大多数经典著作、小说、期刊和报纸已经一改旧貌，按新方式出版，令广大读者比以前更乐于接受。胡适博士的英文作品风格如同他的中文写作风格，战争时期（1941—1944）他在美国继任中国大使的职位，他出色的工作受到许多赞扬，最近则在普林斯顿大学中国档案馆当图书馆管理员。我们都庆幸他依然健在并且还很活跃。胡适博士出身于世代书香门第，为后代留下了许多珍贵的书籍。和某些学贯中西的学者不同，胡适还热心政治和哲学，在国民党政权衰落的时期，他还担任过多个职位。

邂逅陈友仁

我留到最后才来介绍的这位我认识的人，是一位非常特殊却极为杰出的人物。他是我在一个特殊的机缘中得以结识并与之有了亲密交往的。他是一位华侨，名叫尤金·陈（Eugene Chen，汉名陈友仁），是为欧洲人所熟知的近代中国历史上的政治激进人物，又是文字犀利尖刻的英语政论家。我们的邂逅有一段故事：

1912年春，我随中国代表团其他代表一起在海牙参加第一次国际鸦片会议，在和他们一起签过字后，便立即乘火车去柏林，以便搭乘卧车公司开往西伯利亚的快车前去哈尔滨、奉天、天津和北京。这个卧车公司属于法国和比利时合资企业，专门为一等和二等客车乘客配备了卧铺和餐厅，旅客享受到格外舒适与便利的服务，因而需付出颇高的费用。列车长和列车员都身着红褐色制服，至少会说三种语言，如英语、法语和德语。在头等车厢里，每个包厢中有两个铺位，由一个小卫生间与相邻包厢隔开，卫生间里的黄铜质配件安装巧妙，当某个包厢内的人使用时，通向另一包厢的门闩即会自动加栓。二等车厢的每个包厢内一般有4个铺位，例外的是车厢两端的包厢，因为正好在车轮上方而噪声较大，只设两个铺位。

正当我们在欧洲时，国内已因爆发革命而由民国政府代替了清政府。于是我们这些由前政府派出的中国代表既没有了上级指令，也没有了差旅费，代表团团长恰巧是当时出使德国的大臣梁镇东，他用银行的私人存款为代表们购买了二等车票，代表们才得以回北京。我的包厢是车厢的一端，正好是在车厢边上只有两个铺位的那一间。当长途列车驶出东站时，我见到另一个铺位上已有一位黝黑的陌生人。他的身高和我相仿，黑头发中分，蓄有短髭，也戴着近视眼镜。此人说话（英语）声调颇悦耳，但口齿不清且发音特别，某些单词的重音亦似无必要。显然他学习英语的地方既不是英国，也不是马来亚。交谈中他告诉我，他和我是中国同乡。我用北京官话问他贵姓，他却茫然不解。我立刻用英语再问他，他便说："啊，我叫阿陈，尤金·阿陈。"我回答道："阿陈不是中国人的姓，你会用汉字写出来吗？"他回应说："不会。恐怕我该把我自己、我的父亲和家庭告诉你了，因为我们会成为朋友。"于是在从柏林出发，途经华沙、莫斯科和西伯利亚大草原直到满洲那 10 天漫长的旅途中，我这位旅伴，这位海外游子，向我尽情地倾诉了他的生平和理想。阿陈说，1875 年他出生在英属西印度群岛的特立尼达，父亲由广东省的一个乡村移民而来，并与在该殖民地最先遇到的一位中国姑娘结婚。也许正因为如此，阿陈有一头细软的黑色卷发。他从小在当地学校学习英语，之后被送到了伦敦跟随一位律师学习，若干年后他取得了一定的资质，回到特立尼达后他便开业。此时他已经与当地一位混血女子成婚并有了两个男孩，但中国发生的急剧变化吸引着他，他决心离家去中国闯天下。因此才有了我们这趟西伯利亚快车上巧遇的机缘。阿陈讲完他的故事后，我即对他的勇气表示钦佩，同时也指出他必须弥补两点不足：一是他没有一个合适的中文名字，二是他一句基本的中国官话都不会讲。"Ah－Cham"（或者"Ah－Chan"）这个名字很可能是承继了他父亲的姓名，即由"阿""陈"这两个汉字组合而来，这在早期海外不识字的中国移民中很常见。他们离开中国家乡，远涉重洋，到达美洲、澳大利亚、新西兰、塞舌尔群岛和南洋海峡殖民地等地。

时间一长，阿陈就从"Ah-Chan"简化成了"Achan"，再英语化，便成了"Acham"。现在应该还原成原来的中国姓氏陈，广东话发音是"chan"，而北京官话则是"chen"。至于"Eugene"，可以直接恰当地采用"友仁"两个汉字，其含意"有宽厚仁慈之心"。于是"Eugene Acham"即刻转译成了"陈友仁"，这个名字很适合在正式场合使用，而在讲英语的朋友间和用英文写信时，他的签名仍然是 Eugene Chen，而正是这英文名字，后来逐渐闻名于全世界。

我选择了三个简单的汉字作为尤金·陈的姓名，并让他练习书写，所以在到达哈尔滨后，这位以前的 Acham 就能很熟练地写出自己的名字"陈友仁"了。不过直到1944年，他在中国政坛叱咤风云30年后，于69岁去世时，他始终只能勉强地用难学的汉语表达自己的意见。但是他那深邃的思想和犀利的笔锋却使这个缺陷显得无足挂齿。

列车临近华沙时，有人警告我们，要警惕那些乔装成妖冶女性或友善男性的窃贼在车厢过道或拥挤的车站上乘机作案。果然一次偷窃就发生在我们眼前。我们代表团随行的一位办事员每次在餐车上结账时，总是把他装得满满的大钱包放在桌上，里面装着票据、护照和各种有价证券。当这列快车在进入大站前，先在一个区间小站上停靠了几分钟，此时有些旅客可以下车，也有人上车，其中便有几位极风骚的女郎。列车到达大站时，我们那位涉世不深的办事员惊愕地发现他那装满证件的钱包不翼而飞了。百般无奈之中，他只得下车报警。幸好警察很快就找到了钱包，其中护照还在，但钞票则一文不剩。

旅客们在莫斯科携带行李下车，乘坐由俄国车夫驱赶的两匹马拉的马车前往东站。两小时后，我们又驰骋在俄国宽轨铁路上向东方前进了，这种列车也许较慢，但是震动较小。到达中俄边境城市满洲里后，我们又换乘中东铁路的火车，这条铁路完全由沙俄政府出资和管理。其车厢不如欧洲豪华，但同样舒适清洁，并提供丰盛的俄式饭菜。从满洲里到哈尔滨花费 30 小时，我没来得及带陈友仁去参观我们的防疫机构，但在穿越西伯利亚的漫长旅途中，经我介绍，他已经对我们那有意义的工作相当了解了。

在长春我们换乘日本人占有的南满铁路，南驱 150 英里到达奉天，直到此时，我们才踏上中国自己的京奉铁路。那里的列车段段长是位矮胖的苏格兰人埃尔德（Hugh Elder）。1910—1911 年鼠疫大流行时，他为政府作出了切实有效的贡献。

到达天津那个大城市时，陈友仁和我立即决定实行我们的一些计划。当时新的民国政府第一任总理唐绍仪先生和他的交通总长施肇基正在天津，他们都是我的友人，正在商议去北京事宜，因为袁世凯坚持留驻北京。陈友仁和我决定先去拜访施肇基，请他根据友仁的能力和经历决定对他的任用。我们两人先入住利顺德大酒店（Astor House），然后便去晋谒施先生。在与陈友仁简短交谈以后，施先生估量了这位来自特立尼达的新人的情况，决定请他担任自己的私人秘书，于是陈友仁便在这位新总长手下服务，新总长对他的英语特长和他那新颖的政治视角颇为满意。

我让陈友仁留下去适应新环境，但是政治舞台上万花筒式的变化令人沮丧。不久后唐绍仪辞职，他的内阁也随之结束。陈友仁成了刚创刊的英文《京报》（*Peking Gazette*）的编辑。他在这里找到了合适的岗位，他的那些绝妙文章立即在古老的京城成为谈资。尽管《京报》接受了中央政府的部分资助，但是陈采取了独立的方针，经常称呼掌握实权的财政次长梁士诒为"财神爷"，因为他负责为袁世凯总统背叛民国、恢复帝制的活动筹集经费。1913 年至 1915 年那段关键时期，陈友仁几乎是命悬一线。在东城船板胡同安静的编辑室里，我经常见他独坐打字机前，为撰写次日早晨要发表的那些打动人心的社论而工作到深夜，全然不顾来自紫禁城中总统府的危险与强烈反对。我多次劝他要"慢慢来"，他说他有责任实现中山先生创建并让袁世凯维护的共和，他连篇累牍地议论袁世凯的支持者们，只是因为陈友仁在公众中的声誉，才使他没有挨黑枪，如同今日在世界上其他地方屡见不鲜的那样，为了解决政见之争是不择手段的。最后陈友仁活下来了，而袁世凯却在风雨飘摇的朝廷中勉强维持了近100天后，终于从失望而绝望，一命呜呼了。

然而中国的内乱延续着，陈友仁尽管高升为南方政府的外交部部长，并通过与英国领事——一位爱尔兰裔人奥马利（O'Malley）的友好合作，成功地收回了汉口的英租界，但还是不得不在1927年前往欧洲"度假"。此时他有幸在巴黎与张荔英（Georgette Li-Ying Chang）小姐结为伉俪，她是终生资助孙中山的富豪张静江的女儿。虽然张荔英小姐比陈友仁年轻31岁，但他们勇敢地走进婚姻，在国外和国内幸福地共同生活了13年，其中包括被日本占领时的艰苦岁月。我在最近几年得以认识这位女士。她是一位擅长人物与风景的卓越画家，继承了法兰西最优秀的传统。根据我的建议，陈夫人现在以艺术家的身份生活在新加坡。她出版了回忆录，很详细地回顾了我伟大的朋友陈友仁的个人生活，其中写道：

友仁于1927年从中国被流放国外，尽管他访问莫斯科时与克里姆林宫的领导人会过面，但是他从未加入共产党。他发现法国首都充满自由和艺术氛围，很适合他的知识分子情趣。那时我是索邦一个学艺术的学生，友仁和我经常会面，虽然我们俩年龄相差30多岁，但我们觉得有许多共同之处，我们用英语和法语相互倾诉，深深地相爱了。我们决定在结婚以前，先征得我父亲的同意。一开始，我父亲对他这位英语作家和正直的政治活动家十分尊重，但有些担心他是共产党员。于是我和友仁请求父亲提出一系列政治问题让我们逐一回答，这样便解除了他在至关重要的政治信仰和家庭观念方面对友仁的顾虑。在长达一年的书信往来后，父亲终于同意我们的结合。1930 年，我们在巴黎中国总领事高鲁（Kao Lu）的官邸结婚。当时我们在巴黎的朋友几乎都出席了婚礼，其中包括孙中山的夫人。

友仁和我厮守 13 年多，尽管在国内一直很艰难，我们始终是亲密伴侣。在日本占领九龙（香港）之前后（1941—1944），我们的幸福生活经受了考验。在得知风暴即将降临时，有人劝我们去香港避难，于是我们设法乘最后一班轮渡由九龙渡海。我们住在拥挤的告罗士打格酒店，只得到一间小房间，躲进这个斗室存身。日本军队很快便公然占领了香港，我们和颜惠庆博士等人在那里只好听天由命。不过占领者对我们还算礼貌。宪兵对友仁不断地进行搜查盘问，他们蔑视法律，恣意妄为。因为我的丈夫很少甚至不说中文，所以还得给他专门请来一位翻译，我则总是在他身边打气。曾经有过下面的对话：

问：你对我们伟大的征服有何看法？

答：现在是非常广大，但是你们能维持多久呢？

问：你难道怀疑我们有能力永远保持这些战利品吗？

答：因为你们没有足够多的舰船和军队。当你们的兵力分散以后，你们的对手就会逐渐地然而是持续地组织起来并壮大他们的战斗力量，这对你们的帝国可能是十分危险的……

这些日本人有时似乎对我丈夫的态度感到惶惑不解，因为他毫不畏惧，一如既往地尽兴发表他的见解，犹如他当年主编《京报》和《上海时报》（Shanghai Gazette）反对袁世凯、梁士诒和张作霖一样。当年根据张作霖（他写的文章中一直称其为土匪）的命令，在北京把他从床上强行带走，后来他被交给了北洋政府的警官，那是他最坏的境遇。但是不久就传来这位东北军阀被刺杀的消息，看守他的狱吏便前来看他并打开牢门请这位犯人离开……

友仁这个案子，显然有来自东京的命令，要求把他当做特殊的囚犯……友仁不久即被转移到上海。承蒙给了他有限的自由，允许他通过收音机收听广播，因而他得以知道各个战场上日本军事实力正在减弱。监视我们的日本人告诉我们上海将会更安全，于是某一天命令我们带着我们的大部分随身物品，包括无数的书籍和我的画作，乘海轮前往上海，住在法租界的一栋小屋子里。当然我们一直都处于监视之下，但是宽松多了，甚至允许我们相当公开地活动。

但是几年来紧张与焦虑的日子毁坏了友仁的健康，在盟军宣布最后胜利之前他走了。他逝世的日子是 1944 年 5 月 24 日，死因是结核性腹膜炎。

作为他近 15 年的忠实妻子，我，荔英，可以为他的正直与忠诚担保，他认为这是他做人的本分，甚至在万分危急的时刻，凶恶的日本军队就在眼前也忠贞不渝。那时许多原先的官场头面人物都穿上了穷人的衣衫，用煤灰将脸抹黑，但友仁绝不随波逐流。他也要求我保持自己的风度，我们的衣着整洁如常，泰然面对侵略者，无所畏惧也绝不乞怜。友仁生活简朴，弃绝抽烟喝酒等大多数嗜好。因为他在早年的婚姻生活曾经历过悲伤和绝望，因而他离开特立尼达后从未和原先的家庭联系。甚至在他的两个男孩（其中一个现在香港当律师）长大以后，也很少与他们见面，只是坚守着自己的新家。

我们没有生育子女，但是我对友仁的怀念总让我感到无比幸福，他确实是最伟大的中国之子中的一个，忠诚勇敢地为祖国服务，那充满激情的生动写作风格为他赢得了声誉，他是最伟大的英文散文作家之一。

第 *11* 章
革命及其影响

清王朝

中国历史学家告诉我们，1644 年明朝末代皇帝自缢于宫墙外煤山一棵树上的时候，他曾相信吴三桂将军会前来，将他那摇摇欲坠的王朝从满洲军队中解救出来，然而吴却让敌人进占了首都北京。吴将军之所以作出这个出人意料的决定，是由于他得知在南部作战多年的那支由李自成为首的农民军已经占领了北京，并且从他在北京的家中带走了他的爱妾。这一不能容忍的侮辱令其怒发冲冠，于是他便和外来的满人联合起来。结果满人由于吴三桂的不抵抗而长驱直入占领了北京。面对着满人的进逼，李自成从北京向陕西老家退去。满人定其国号为"清"，而吴三桂则受封平西王，管辖两个边远省份云南和贵州，事实上享有独立王国的权力。

从此中国由满洲王朝统治，自 1644 年开始直到 1911 年 10 月 10 日孙中山领导下的革命爆发，第二年年初即宣告共和国成立。

我们应当承认，就满人而言，在他们确立统治之初拥有极大的优势，那时他们是一个雄心勃勃的民族，不畏艰险，充满活力，又能勇于面对自身的弱点和困难，更可贵的是他们乐于全面接纳中原文化和中华文明之精华。清朝的两位早期皇帝康熙和乾隆分别在位 60 年，他们在思想和行为方面都非常开明。康熙曾到过他那辽阔国家的大部分地方，为人民谋求富足幸福的生活，扶持艺术和文学，还欢迎耶稣会传教士们带来的先进科技知识。这些外国人最初是应明朝永乐皇帝邀请担任宫廷官职的。康熙对传教士宣讲的基督教义表现出很大的兴趣，若非当时教皇傲慢与固执而自以为他在世间万物中应凌驾于中国皇帝之上，也许这一宗教能在这个国家奠定基础。康熙还编撰了以他的帝号命名的大型字典，又是多达 1 628 卷的大型百科全书《古今图书集成》的发起人。

他的孙子乾隆也在位 60 年（1736—1795），然后便退位了，他出生在紫禁城之外的一座宫殿里，后来这座宫殿改做喇嘛庙，这就是北京广为人知的名胜雍和宫。乾隆从幼年起便为继承大统而接受训练，后来成长为一位才华横溢的罕见才子。他擅长书法和绘画，在这个国家的许多寺庙和经院中今天依旧保存着他那秀美的字迹。

他曾远巡南方的江苏，在那里，他从内廷侍女中看中了一个心爱的女人，而在西北又选中了一位回族公主纳入他后宫之中，于是这些故事便成了中国历史中的一笔重彩。

乾隆的爱情故事是这样的：某次西征中，这位皇帝得知有位回族公主天生丽质，且遍体生香堪比最高雅的玫瑰，便命令他的将军无论如何要将她掳回京城宫中。这位将军在战斗中费尽心机，终于杀死了她的鞑靼丈夫，以高规格的仪仗将这个稀世猎物送给了风流的君王。但出人意料的是，这位来自新疆的忧郁寡妇竟对皇妃之尊无动于衷，并威胁说任何人敢接近她，她将自刎或杀人。皇帝求爱竟遭受空前的挫折，对这位美丽公主愈娇宠，遭到她的反抗愈强烈。为了赢得她的芳心，皇帝下令在内城南面城墙上建造一座高楼，让她从此远望安福胡同那座住满回族同胞的清真寺，这些回民是为让美人欢心而从她遥远的家乡迁移而来的。但是这一切都没有让皇帝如愿，这位倔强的女人只求速死，以便与她真正的丈夫相聚于地下。如此决绝的态度激怒了皇帝的母亲，某天皇帝前往内城之外的天坛祭天时，她命令将这位回族公主带到她跟前，对她说："年轻的女人，皇上和我对你都已经忍无可忍了。皇上为爱和对你的痴情而日渐消瘦与怠倦了。你竟然会拒绝这上天赐予的宠爱，究竟是何居心？你到底如何了结？"这位悲伤的女人答道："对不起，我决不同意成为皇上的妃子，我只求一死。"于是皇帝的母亲扔给她一段白绫，说道："好吧，如果你执意如此，捡起这条白绫回到你的住处了却你的心愿吧！"

一位在场的忠实太监迅速将所见一切报告了皇帝，待他返回宫中，发现爱妃已经死去。受到儒家伦理约束的皇帝，此时跪在母亲面前，无奈地泪流满面。皇太后说："我们伟大的国家需要你威严的领导治理。不要再伤心了，继续担负起你的责任来。"他确实为整个国家谋求了利益。这位著名的美人香妃由于一幅精致的绘画而留存于历史，在画中是一位身着戎装的少妇，这是乾隆朝的宫廷画家耶稣会传教士郎世宁（Guiseppe Castiglione）所作。

这个由康熙、雍正和乾隆三代统治开始的王朝，在其前期的150年中成就卓著，不幸的是未能使中国一直维持盛世。1796年开始，乾隆在辉煌地统治60年后宣告退位，将皇位交给了儿子。以此为标志，以后由于统治者及其权臣们的无知、狂妄和平庸而导致了一系列灾难。如同明朝末年，朝廷的实权逐渐沦落到那些心理变态的太监手中，这些人既未受过充分的教育，本性亦不正常，因为常伴君王，以至于成为手握大权的官吏们讨好的对象。在声名狼藉的慈禧太后于 1876—1881 年、1881—1889 年和 1898 年至她去世为止（1908 年）的三度摄政期间，这种现象达到了登峰造极的地步。然而，即使在"老佛爷"尚未登台之前，整个国家已日渐显露出不稳和衰退的不祥征兆，例如 1851—1864 年太平天国的运动等。更有 1862 年交趾支那陷于法国人之手；1860 年英法联军攻占北京，洗劫并火烧圆明园；1884 年丧失属国朝鲜；1894—1895 年中日战争的惨败；1900—1901 年义和团起事等，从而招致了难以承受的赔款（这些事件在前几章里已经述及）。这些事件使清王朝日暮途穷，并为随后成功的革命铺平了道路。

太平天国运动理应加以特别叙述。这场运动持续了 15 年，中国的大片国土受到战争的影响。这场运动由一个名叫洪秀全的广东客家人发起，他在参加科举考试失败后由一个传教士介绍受洗成了基督徒。以后他就自命为上帝的儿子，在广西开始造反，并带领他的部众进入湖南。进攻省城长沙受挫，便抢夺船只进军南京，定都南京长达 8 年整。在那里被引为中国古代艺术骄傲的玲珑宝塔被他摧毁。在这段时间内，上海郊外发生激战，太平军多次进攻均告失败，这主要由于外国人对曾国藩指挥的清军给予了决定性的援助。这些外国人先是美国兵痞华尔（F. T. Ward），后来是曾当过英国兵的戈登（Charles G. Gordon）少校。1865 年终于收复了南京，自称为天王的洪秀全自杀。朝廷方面出现了两个名垂青史的人物，这就是曾国藩和他的主要助手李鸿章。

百年来，尽管大清国遭遇了许多失败与侵略，但这些满洲统治者却从未打算采取任何有力的措施，将这个国家建立在现代化的基础上。而相邻的日本帝国的明治则在干练的阁僚辅佐下，在相同的时期成功地将日本从封建国家转变为世界经济和军事强国。这一时期，中国并不缺少在国内外受过训练的谋划与行动的人才，但是他们的才能并未得到充分发挥，而那些观念落后的满人则受到宠信，身居高位，尽管他们也明白变革的时代真正需要什么，却漠不关心国家的前途。1900 年大清国遭受了空前的浩劫，当时愚蠢的皇太后企图报复外国人，在自认为是她的天下越来越妄自尊大，竟公开支持义和团，轻率地电令并公告各省巡抚和总督"剿灭洋人"。时任山东巡抚的袁世凯将"剿灭"二字改成了"保护"，否则被杀死的传教士和无辜教民的数量将会大为增加。袁的精明之举被那些谨慎的官员们仿效，使紧张的政治形势得以暂时缓解，而由于皇太后愚昧的罪行，她本人和她的近臣们却不得不乘坐骡车逃往遥远的陕西。

1901 年清廷和联军各国签订和约。该条约除有许多丧权辱国的条款外，首先是必须偿付令人惊愕的赔款，即在 39 年内总额达 4 亿 5 000 万两白银，年利率 4%。这样才让那个奸险的妇人得以返回京城而依旧大权在握，而她那试图维新的侄儿光绪皇帝则重新被囚禁在紫禁城内一个岛上。在此期间一些外国作家写书曲意奉承这位歹毒的妇人，而外国使馆中那些有权势的夫人们则争相吹捧她。宫廷里那些奸诈的太监依旧向那些要求晋见的官僚敲诈勒索，甚至像袁世凯和太后自己的本家荣禄（据说是她的非正式情人）等高官，要进宫求见太后也不得不向那两个臭名远扬的总管太监行贿。因此，世界各地的中国人，特别是广东人秘密制订革命计划并开始付诸行动了。1896 年数百位热血青年在广州开始的时机不成熟的革命曾导致 72 人被害。为此筹集了巨额的经费，组成了许多反清团体，目标是推翻无能的封建王朝，为中国创建新国体。同盟会的创建者孙中山曾一度将其总部设在东京，并在留日学生中招募他的追随者。孙和他的基干成员一起，以美国为模式，谋划建立一个现代共和国，而老成的康有为和温和派则主张按英国方式建立已为几百年经验证实是成功的君主立宪制的国家。按前一主张，一切要彻底变更，包括代代传承已长达 4 000 年的帝制；而改良的君主立宪制度，则是主张将腐朽集团清除后，仍须拥立一个稳居皇位的人使全国团结起来。于是在国内和海外两派争论不断，甚至波及马来亚各地，共和派和君主立宪派也都各有强大的支持者。直到现在，在槟城的柑仔园路（Dato Kramat Road）402 - 4 号，还存有两栋废弃的建筑。40 多年前，孙中山和他的助手曾在那里居住和谋划他们的革命事业。孙中山流亡海外时曾在一座称为"晚晴园"的宽敞平房中居留过 5 年（1900—1905），这座建筑坐落在新加坡的马里士他路尽头的吉恩路，如今已被他的朋友们保护起来了。

前已述及，1898 年康有为在光绪皇帝支持下，曾为向清朝政府引进现代化的进步体制而进行过仓促的尝试，但被掌权的皇太后扼杀于起步阶段，包括著名学者谭嗣同和康有为的弟弟等 6 位为首的维新派人士被处决于北京；康有为和梁启超侥幸逃脱。除了在广州地区的密谋举事外，还应

晚晴园今昔。左：1927 年旧照；右：1997 年重修（承新加坡孙中山南洋纪念馆惠赠）

该提到另一次由中国女教师秋瑾女士策动的革命。这位女士 1875 年出生于福建，但她的父母来自浙江产酒胜地绍兴。她嫁给了一位王姓小官吏，而且有一个安适的家庭并养育了几个孩子。她不满当时的社会状况，并曾到日本深造。在日本她为同盟会的纲领所吸引，便主动加入了同盟会。他们制订了在安庆（安徽）、杭州和绍兴（浙江）同时举行起义的计划，但地方官得知了这些计划，因而秋瑾女士在她绍兴的学校中被捕，遵照巡抚的命令，两天内即被杀害。她的墓地被安置在美丽的杭州西子湖畔，每年前往瞻仰者成千上万。

辛亥革命

清王朝的最后 3 年，正是我为这个国家服务的开始 3 年，统治者的无能与故步自封显露无遗。首先，幼小的溥仪（醇亲王的儿子）被立为皇帝，年号宣统，他那软弱而毫无经验的父亲被封为摄政王，拥有专断朝政的大权。第二是手握重权的军机大臣和第一支现代化军队的创建人袁世凯被开缺回籍，到他河南卫辉的家乡"调养足疾"去了。

逆历史潮流而动的满洲贵族和保守的汉族逢迎者把持着王朝的要害部门，例如老迈而腐化的庆亲王控制着外务部，郡王载洵掌管海军部，郡王载涛主管军机处，铁良主管兵部，还有两位从国外归来的满人，即由德国学习回来的荫昌和从日本留学回来的良弼，则控制着北洋新军。在这个统治集团中，唯一办事认真而有才干的人物是肃亲王，他担任民政部大臣，还兼管现代化医院等其他事务。

无能与专制的领导集团一成未变，这招致弥漫在国内外民众中的怨愤

不满情绪日益高涨。他们在 1906 年即允诺过实行责任内阁体制，然而直
到 1910 年 9 月成立所谓资政院时，人们才发现成员都是满族或蒙古族亲
贵，少数汉人只是点缀。资政院要求的是享有真正的立法权，并且受到担
任总裁的开明亲王溥伦支持，然而摄政王却否决了这个决议，并指令国会
推迟至 1913 年召开。

　　1910 年 4 月，即摄政王拒绝给予资政院任何立法权力后不久，他坐的
车驾行经西城一条热闹的街道时，遭遇到一颗手榴弹袭击。但手榴弹没有
爆炸，刺客在一条阴沟中被捕。他就是汪精卫，当时他还是位年轻的广东
书生，受雇于某报馆，于是被送到民政部大臣肃亲王处接受审问。汪精卫
坦承他对摄政王反对变革的态度感到绝望，便向他扔了手榴弹，想借此换
来个更开明的政府。宣判时肃亲王对汪说，由他来审判算是幸运，如果落
在其他高官手中，肯定要身首异处。这位亲王还说，采取这种极端的手段
来寻求政治改革是极端愚蠢的，不过考虑到汪精卫的学问，并未将其处
死，而是将其终身监禁以观后效。然而不久便爆发了革命，汪精卫被释放
了。在共和政府中，汪精卫身居高位，与蒋介石紧密合作。1932 年日本
人建立伪满洲国后，汪精卫则与侵略者合作，建立了自己的政党。数年后
他死于日本，他受到绝大多数中国人的憎恨与唾弃。

　　另一引起不满的原因是为修筑湖广铁路在民间募集的股金之运作，这
条铁路从汉口延伸至四川省城成都。但中央政府委派的大员用这笔款项在
上海橡胶市场从事投机生意亏损了 1 500 万元，投资者要求赔偿时，政府
却派兵镇压，民众便组成自卫队保境安民。于是反抗的怒潮在清王朝的这
个偏远地区爆发了。当年游历世界考察适合中国的宪政，博学多才的满人
总督端方，在镇压叛军过程中被杀。

　　革命终于成功的事件是发生在长江南岸湖北省城的武昌起义。1911

年 10 月，汉口租界一所房屋中突然发生炸弹爆炸，导致 3 人被捕并立即被杀。当时的总督是摄政王仓促提拔的满人瑞澂，但是不到一昼夜他自己的军队也起义了，他不得不逃往上海，不久便被吓死。起义军队由协统黎元洪率领，他是一位平和而不事张扬的军官。他不久便占领了汉口、武昌和汉阳三个连成一体的城市，在汉阳有兵工厂和炼铁厂。于是武昌被定为新首都，黎元洪签发了文告，号召民众在伟大的目标下团结起来，驱逐可恨的满洲统治者。其他各省纷纷响应，而当时还在伦敦的孙逸仙也被电请立即归国前来领导革命。

在此期间，北京朝廷出现前所未有的混乱。走投无路的摄政王只得请 3 年前被他罢黜的那位可畏的袁世凯再度出山，前来解决眼前的危机。然而在整整 1 个月（10 月 14 日至 11 月 15 日）的时间里，袁世凯面对燃眉的危局却按兵不动。12 月 6 日，摄政王的位置被光绪帝的遗孀隆裕皇太后取代。她几乎没有治国经验，又无魄力，因而很容易受野心勃勃的袁世凯左右。此时所有的满族王公贵族都已不再问事，资政院核准了袁世凯担任内阁总理大臣的任命。

袁世凯重新掌控了他原有的军队，并立即派遣他的心腹冯国璋将军到前线统帅官军。不久便攻克汉口和汉阳，只剩下武昌仍归民军占领。然而 12 月 2 日却丢了故都南京。此时袁世凯决定停战，主要是因为朝廷国库已经告罄，要靠借外债才能将战争继续下去。尽管有两个欧洲国家应允合作，但美国政府严守中立，致使袁世凯借款打算落空。于是他转而逼迫隆裕，要她宣布停战议和。这个主张得到了双方同意。12 月 9 日，唐绍仪先生被任命为全权代表前往上海与南方议和，此人自 1884 年在朝鲜时期便成为袁世凯的亲信。

革命者一方的首席全权代表是我的广东同乡伍廷芳博士，助手有诸如王宠惠（耶鲁大学的法学博士，法学家，后曾任海牙国际法庭大法官）、温宗尧（出生并受教育于香港，后来曾被任命为驻藏参赞大臣）、汪兆铭（即汪精卫，仅几个月前向摄政王投掷过炸弹）、王正廷（通常被称为 C. T.，毕业于耶鲁大学，任中华基督教青年会的总干事多年，后来曾任北洋政府外交总长和财政总长）等，还有曾因从事革命活动而被囚禁过多年的湖南人胡瑛。而在唐先生手下，则唯有高尔谦（福建出生的著名中法关系专家）为公众所知。12 月 18 日，这次历史性的会谈在公共租界的市政厅内举行，会场气氛祥和。根据预先商定，双方均只有首席全权代表，即唐绍仪和伍廷芳发言，助手们则围坐在侧，窃窃私语或彼此传递消息，但不允许发表讲话干扰议题。这样既使气氛融洽又节约了时间。唐先生和伍博士并肩端坐于长方桌之一端，唐先生的助手们在右侧，伍博士的助手们居左。

会谈开始之时，人们已经知道北方代表唐先生也赞成共和，他认为这是解决当前危机的唯一途径。但是应该承认，北京政府依然有若干优势，例如它仍然为列强所承认，占有首都及其附近地域，有装备精良的现代化军队，掌控着铁路干线与通信设施，因而可快速集中兵力。南方的人士则坚持认为满族人暴力统治了 267 年后，已经使国家混乱不堪，因此应该让位于一个由人民选举产生的政府。最为重要的一条，是一般人都担心如果保存帝制，袁世凯会成为实际的独裁者，而且根据他以往的从政经历推断，总有一天他会设法复辟皇朝。人们都记得他曾经说过他的抱负是做中国的拿破仑而不是华盛顿。会谈日复一日地延续着，虽然唐绍仪劝说北京的当权者同意南方代表提出的大部分要求，但袁世凯坚持他保留帝制的决定。结果唐绍仪被召回，会谈破裂了。

1911 年 12 月 27 日，孙中山博士抵达上海，他被革命党人拥戴为统一的共和政府领袖。他立即乘火车前往南京，1912 年 1 月 1 日宣告他就任民国总统。他当年流亡马来亚时曾给他很大帮助的挚友之一、新加坡的林文庆博士陪同孙中山来到南京，参加了 1912 年 2 月 15 日在明孝陵举行的祭祀洪武〔创立明朝（1368—1644）的朱元璋〕的隆重典礼。这座陵墓位于南京城数英里之外，有一条神道通达，道旁有用整块石料雕刻的马、象、狮、骆驼、麒麟和身着那个朝代官服的人物像。

孙博士在灵前宣读了《谒明太祖陵文》。这篇祭文即使译成英文，其厚重而含义深远的辞章也能体现东方式的虔诚。这篇译文于 4 月 3 日发表在伦敦的《泰晤士报》上。祭文开篇历数了早期鞑靼和蒙古等的袭扰，以及随后满洲游牧部落的侵扰，接着描述了爱国者为驱逐鞑虏而前仆后继，奋斗终获成功的经过。祭文是这样结束的：

又闻在昔救时之士，尝跻斯丘，瞩励军志，俯仰山川，歔歜流涕。昔之所悲，今也则乐。郁郁金陵，龙蟠虎踞，宅是旧都，海宇无吪。有旆肃肃，有旅振振，我民来斯，言告厥成。乔木高城，后先有辉，长仰先型，以式来昆。伏维尚飨。〔引自《孙中山全集》第 2 卷《谒明太祖陵文》，中华书局，1982 年〕

应当提及的是，1913 年伦敦的《海滨杂志》（*Strand Magazine*），在这一时期以《我的回忆》为标题发表了孙中山的系列文章，文中披露道："袁世凯已接近我相当时间，他派人向我表示他赞同我所做的一切，并愿意帮助我开展活动。"著名的外科医师康德黎（James Cantlie）爵士，是孙的终身朋友，也是《孙逸仙与中国的觉醒》（*Sun Yat-Sen and the Awakening of China*）一书的作者，在该书中他写道："袁向孙传达的信息令人乐观，显然袁世凯并非顽固地效忠清王朝……袁世凯一定高度关注孙和他的主义，否则他不会提供帮助。孙也尊重袁某，经常谈及他的才干和统驭大局的能力。中国这两位伟人此时志趣相投，有望为共同的目标迅速联手。"

遗憾的是，随后发生的情况并未如预期那样顺利，尽管孙博士由在南京召开的临时议会选举为大总统，他却并不贪恋高位。

在北京，也发生了重大事件。1912 年 1 月 17 日，袁进宫谒见隆裕皇太后，向她奏报共和党人提出的请清帝退位建立民国的要求，同时允诺每年向皇室支付 400 万元优抚待遇。当袁乘车由皇宫回家途中，有两颗炸弹向他掷来，其中一颗爆炸了，炸死了他的卫队长，炸伤了几名卫士，幸亏车夫沉着，飞速躲进小巷而让袁平安到家。谋杀的主使者不明。

从 1 月 28 日开始，北洋新军高级将领纷纷向清廷发出通电，敦促清廷接受共和党要求，令清帝退位，终于迫使清廷让步。革命派未费一兵一卒，也未以各省独立相要挟，而是借助南北两方之合作，以及北京资政院施压而取得了胜利。其间，袁世凯的计谋起了相当重要的作用。

1912 年 2 月 12 日，隆裕太后以小皇帝的名义，颁布了三道诏书。第一道诏书包含的重要段落是：

今全国人民心理，多倾向共和，南中各省既倡议于前，北方诸将亦主张于后。人心所向，天命可知……即由袁世凯以全权组织临时共和政府，与民军协商统一办法。总期人民安堵，海宇乂安，仍合满汉蒙回藏五族完全领土为一大中华民国……

第二道诏书列举逊位条件，包括清室宗庙陵寝继续享受供奉，按原计划完成光绪陵寝，优待清皇族的条款，保留王公贵族若干封号，并允诺中华民国各民族地位平等。第三道诏书陈述了退位的理由，是希望避免进一步的冲突，恢复秩序。

这几道诏书显示了一个深谙权谋的官僚的老练手腕。诏书委任袁世凯在清政府所辖全境组建统一的五族共和政府，是一个巧妙的伎俩，这样便使袁得以不受南京革命组织的约束而随意行动。在签发诏书前，袁与南方领袖间已经就退位条款达成一致，仅需要南京的正式认可。于是 2 月 14 日，孙博士和他的内阁向南京参议院递交辞呈，参议院次日即推选袁世凯为民国临时大总统，同时任命一个委员会前去通知并陪同他到南京宣誓就职。南方党人希望民国政府摆脱北京的影响，但袁深知他的势力在北方，因而他不愿造成北方向南方投降，或受南方任命的既成事实，反而邀请南方派代表来北京。

南方代表 1912 年 2 月 26 日到达北京时受到最高规格的接待。过去只供皇帝出入的前门正门，如今敞开让代表团一行通过，并安排他们下榻在东城煤渣胡同的贵胄学堂。2 月 29 日晚，在外务部的新大厅举行了盛大宴会款待代表们。这个礼堂，正是去年 5 月以贵宾待遇，热情接待万国鼠疫研究会代表的地方。

宴会中，突然电灯熄灭，响起了枪声，随即得知是新军第三镇发生兵变。挑选来保卫南方客人的士兵匆匆赶到代表下榻的贵胄学堂，实际是去抢掠那些惶恐不知所措的代表。动乱持续了整夜，第二天竟蔓延到直隶省两个大城市——天津和保定府。这类事件相当意外，因为袁指挥的军队素以纪律严格著称。这一事件为刚刚诞生的民国前途笼罩了一层阴影。

南北双方紧张磋商数日后，实质性的结果是北京依旧作为首都。袁世凯在外务部宴会大厅宣誓就任临时大总统。南京方面的代表、袁内阁的成员、旗人与代表五族共和的人士，以及应邀出席的少数外国公使团来宾到场。袁在他的誓词中，郑重承诺严格服从宪法，遵从民意，当国会选出民国总统后即辞去职务。

这个由满洲人统治了 267 年（1644—1911）的大清王朝就这样终结了。它当初是那么雄心勃勃，充满希望，如今却是如此悲戚地黯然收场。

不过新生的民国也有它自身的问题需要解决，它号召仁人志士和充满活力的中华民族各阶层坚贞不渝团结一致，努力建设一个富强进步的国家，让每个国民都能得到发展和感到自豪。

民国肇建，内外交困。首届内阁由唐绍仪担任总理，我的老朋友施肇基任交通总长，其他内阁成员则由南北双方遴选。国会为两院制，参议院即上院代表各省，众议院即下院代表民众。选举将于1912年举行，1913年春召开国会。

在此期间，急需支付巨额金钱以遣散南北双方的军队，偿还债务和维持政府的行政经费。比利时银行家和英国克利斯普公司（Birch Crisp）属下的财团愿意借款，但是普遍认为一个由列强（英、德、法、美、日本和俄国）支持的真正具有代表性的集团方可承担此事。袁世凯政府终于在1913年4月与国际银行团签订了重组借款协议，共借款2 500万英镑，附带条件是以盐税作抵押，由外国专家监督其支出和管理。

唐绍仪和他的首届民国内阁于1912年6月辞职，随后另一个短命的内阁则经常被理财能手广东人梁士诒操纵。

此时南京集团和新政治家派别呼吁制定宪法，以便最大限度地实现地方自治，同时仿照法国先例，由国会施行对总统权力的限制。袁的目的在于做一个像美国总统那样的真正统治者，既是国家元首又是他的政党的党魁。因此南北对立，南方六省再次发动反叛，北方则采取不光彩的手段去制止正在兴起的反对浪潮，诸如在上海火车站暗杀宋教仁。

然而此时袁世凯已做好充分准备去对付突发事件，由于他拥有通过新借款而获得的财政手段，足以镇压所有的反对派。威胁他的起义很快就被镇压，孙博士和他的两位亲近助手（黄兴和李烈钧）逃亡日本，袁成了这个时期至高无上的统治者。

两项新任命

1913 年 6 月，由时任总统府高等参议的海军将领蔡廷干①引荐，我第一次被袁大总统接见。我被告知可着西装便服，在西南门出示通行许可证。在乾隆年间，从这座门可以俯瞰街对面耸立的为香妃随行者兴建的清真寺。从西南门到接见大厅须步行半英里，要经过一个景色如画的湖，背景是昔日皇家宫殿的各色房屋。新建筑的大厅被漆成土粉色，是 1912 年大总统就职后仓促建造的，与旧宫殿的格局并不谐调，但是宽敞、舒适，更适合现代需要。厅内的家具和其他陈设都很时新。通报姓名后，大总统便出来与我握手，如同接待任何一位来自外域的客人。他还记得很久以前曾邀请过我，但是在这段时间内发生过很多事情，他说很高兴得知我扑灭满洲肺鼠疫，能够出色地为国家服务。其间他表示愿意委任我做他的一位顾问医师，但不必常驻北京。

接见持续了 20 分钟，已足够我了解他驾驭下属的非凡能力了。袁大总统是出生在河南的矮个子北方人，不足 5 英尺 4 英寸，比我还矮。他的头发已经全部灰白，蓄须稍长，两端平整，但不是军人样式。他留短发，目光深邃，洞察一切，他身穿素色丝袍。显然他意志坚强和果断，愿意提携那些忠实为他服务的人，对那些办不成事的人则非常严厉。

他欣赏广东人，虽然按照西方标准这些人不一定总是循规蹈矩，但他们务实，往往不辱使命。这可以解释他为何经常委派广东人去执行一些棘

---

① 蔡廷干生于 1861 年，卒于 1935 年。—— 作者原注

手的任务。诸如唐绍仪、梁士诒、蔡廷干和程璧光等。这些人都非常忠实地为他效力，尽管他们不一定赞同他的政策。同时，康有为、梁启超和其他改良派人士则有充分理由谴责他在光绪（1876—1908）亲政期间（1898年）背叛了支持他们举事的承诺。前文曾述及，1884 年袁在汉城与日本人伊藤的情场竞争中赢得了朝鲜美女的芳心。他的声望如日中天，被认为是拯救这个风雨飘摇的清王朝不可或缺的干才，满洲亲贵在绝望时刻只得恳请这位被他们轻率黜退回籍的袁世凯重新出山来收拾局面。这样，袁在此刻已经位极人臣，中国民众和外国列强在北京的代表都完全支持他。如果他忠诚地为新生的民国服务，胸怀如华盛顿般无私和伟大，一切都会看好，国家将会逐步繁荣起来。在那个重要时刻，假如袁某在闲暇时读读《华盛顿传》，假如袁某将首位美国总统所采取的施政方略加以适当修改后在中国施行，可能中国和远东的历史将会被改写。而袁实际主要是凭借他的天赋和见识短浅的幕僚，只专注于在中国推行隔靴搔痒的政策。当发现他的致命错误时，已经为时过晚，此时他肾疾已经沉重，1916 年便去世，享年 57 岁。

1913 年，在内务部朱启钤①总长的指导下，北京的市容得到了巨大改善，特别是交通设施方面。此举足使他与美化巴黎的拿破仑三世（1808—1873）麾下之豪斯曼（Baron Hausmann）齐名。原来的前门城楼（正阳门）高达 60 英尺，还包括两条用 18 英寸的长砖修筑于巨大且坚硬的花岗石上的新月形城门通道，但入口处因呈弯道而极不通畅。现在他每天动用成千劳力将其拆除，只保留中间三层的高城楼。并在此处沿着内城的南城

---

① 中国营造学社创始人之一，推动关注中国传统建筑的最主要的人士之一。他在该学会会刊上发表了许多文章，其中包括历代中国科学家和技术专家的传记。他还是一位著名的文物收藏家。——作者原注

墙修建了两条笔直的新通道，在中央城楼两侧则供电车、汽车、人力车和行人通行。拆改后留下的这个宽阔地带，仿照巴黎协和广场风格建成了一个巨大的四边形广场，其间点缀着小型庙宇、花圃和红漆警察岗亭。由前门向南的大街宽度超过200英尺，有一英里路面由碎石铺就，以供现代交通之需，也便于观光者前往天坛与先农坛。在内城与外城之间，也新修了一条东西向宽阔大道，全部以碎石铺就，路旁种植了樱桃和柳树。一些大银行、丝绸店、金店和大公司都坐落此地。著名的长安街与内城南城墙平行，现在也拓宽校直了。安福胡同的老宅院是以前香妃的随从居住的地方，现已改建成更好的住宅，以供海外归来的官员们居住。我那位嫁给交通部秘书的姐姐的家就在这里。大部分遍植古柏的皇家园林被改做公园，遍布艳丽的花坛，小路通向暖房和人工湖上搭建的亭榭。游客在这些地方可以品茶、设宴。1921年9月我曾在此设午宴，款待小洛克菲勒（junior Rockefeller）夫妇、韦尔奇（W. H. Welch）教授和他的美国同仁，还有100位参加北京协和医学院开张典礼的医师。北京另外几条宽阔马路，有东城的哈德门路［今崇文门大街］与王府井（莫里循路），西城的西大街，也是用碎石铺筑，为民众提供了廉价而快速的交通。交通工具本身也有了现代化的装备，骡车和人力车此时安装了胶皮轮胎，因而减少了对道路的磨损。

为展示前朝皇室收藏建立了中国艺术博物馆。熊希龄任国务总理期间，开始筹建中央学会，以便与美国和西方国家的文学艺术学会接轨。在最初的推选成员名单中，我名列科学家组中。

甚至在嫁给中国人的那群白人妇女中，也建立了一个欧美夫人俱乐部，她们希望能够借此学习汉语和了解当地习俗，以及研究那精深奥妙的中国的女红与烹调。当时还没有像迪奥（Dior）那样的时装，中国妇女还因袭着那些古老的平胸款式，而那些挺起突出的胸部展现全部魅力吸引敏感男性的装束，还只被她们的西方姐妹们享用。

戏剧中也引进了新的元素，受惠于那为数不多的在法国学习舞台艺术、舞台布景效果的归国留学生，使以往单调的背景变得面目一新。

那个由无边绿瓦覆盖着的多层城楼耸立在正阳门上，在帝制时代普通民众是严禁进入的，如今全部开放，令那些对考古和中国北方民俗感兴趣的游人一饱眼福。

北京确实已经现代化了，民众显然已经享有了他们的权利，甚至那些过去坚守传统的满洲妇女也接纳了大多数汉人的服饰，改变了她们那种古板旗袍和特有的发式。向外国借款的这部分花费尚属正当，民众对此基本上没有怨言。

此时我接受了一项额外的任命，担任以京城为始发站的四条铁路的总医官。这些铁路是：京汉、京张、京奉和津浦铁路。第一条铁路是法国和比利时财团提供资金修建的；第二条完全由中国工程师铺筑和管理；第三条是英国提供资金，主要由英国人管理；第四条最初由德国人开始修建。尽管这几条铁路全部采用标准轨距，但依据创建者的规划而使每条铁路各具特色，例如法国与比利时财团用法语和法国制式，英国人用英语，德国人用德语和他们的方法，但在通信和普通操作规程方面则与中国语言并用。我的新职责让我得以走遍中华民国辽阔的各地——上海、汉口、长江和黄河流域各省、张家口和长城，当然还有奉天城。我经常访问这些城市，与这些地区的防疫组织频繁联系。南满铁路（日本控制）和中东铁路（俄国控制）提供给我免费通用年票，使我得以向南方可至大连旅顺港，向东北和西北方向可分别抵达绥芬河与满洲里（西伯利亚边境），这两个城市都在通向俄国军港海参崴的铁路上。这几年，我乘火车旅行几千英里，提出改善卫生的建议，考察全国各个地区与那里的居民，同时还遇见过各个阶层的日本人及俄国人。

有一次我沿着新通车的横贯大陆的干线陇海铁路旅行，直达古都洛阳（曾历经三个显赫王朝）。然后乘汽车至西安府（以前称长安），这里是陕西省省会，是元代的大都市。忽必烈曾在此接见来自伊朗、阿拉伯以及其他西方国家的使者，也接见过平民，例如来自威尼斯的三位波罗［马可·波罗与他的父亲和叔父］。带有辐射活性的温泉华清池距西安不远，唐代（618—907）唐玄宗那位声名不佳的杨贵妃曾在此沐浴，我和来自上海银行的旅伴曾来到此地，在此亲试温泉水滑。

还有一次我出差前往内蒙古归化［今呼和浩特］，那里有座依旧四季常绿的青塚安葬着王昭君。她是一位受宫廷画师陷害而被皇帝忽略的美女，从中国放逐来此下嫁给一个粗野的匈奴首领。

上述两位古代美女和另一位出生在古代越国的名叫西施的美女一起，已经由我已故的原配妻子淑琼用英文写成了三部独立的传记体作品，对她们作了生动浪漫的描述。

袁大总统的医务人员中，还有一位受过西方教育的医师名叫屈桂亭（W. T. Watt）。他也是广东人，但用了一个英国式的名字。我与他在总统府相遇，都在签到簿上签名，有时交换一些小道消息。作为一位资深长者，他自然能告诉我很多显赫人物如李鸿章和现任大总统的往事，例如这些大人物几乎从不锻炼身体。李鸿章是位城府很深的学者，却没有带兵才干；大总统是官僚和军事领袖，但学问不多。被下属亲切地称为"李中堂"的前者，曾干练地辅佐他的上司曾国藩镇压了1850—1865年太平天国运动。1894年中日甲午战争失败后，他在中日条约上签过字。1901年又和八国联军签订了《辛丑条约》，使慈禧太后得以回銮并再次专权。

袁世凯之死

1913 年时袁大总统还比较年轻（仅 54 岁）。他不知疲倦地工作，从清晨持续到深夜，只在下午二时到四时休息两小时。休息时或在办公室隔壁的卧室午睡，或是从竹筒里抽出一根小签交给贴身男仆。小签共 21 根，每根上写着一位姬妾的名字，她们准备随时被召唤去为主人服务。四点钟一到，那位男仆即来敲门，于是应召的女士即行告退回到她自己的住所，而大总统便去接见来访者，或与僚属们重新开始工作，直到深夜。

总统就是这样日复一日地生活和工作，通常是上午对外接待，除非有外国使团的重要成员求见。虽然总统府周围环境优美，遍布人工湖和假山，苍松翠柏掩映的西山距此亦不过 15 英里，但是袁世凯执掌中枢的几年间，他从不知道度假，或表示有这方面的任何需要。这样的生活方式后果堪忧，既束缚了他的政治视野，又危害了他的健康，而他那不知餍足的胃口，更是不容忽视。在我为他服务的 3 年中，大约每年见面 4 次，我已看出他日渐衰弱的趋势。总统有坚强的意志，不能容忍任何人反对，甚至那些关系密切的朋友和幕僚，如唐绍仪等也一样。常常有许多谄媚者，总是逢迎大总统。这些人中有一位是梁士诒，广东人，是袁最得力的财政总管。由特立尼达归来的陈友仁当时是《京报》主笔，每天挥动着他那如椽巨笔，尽管收效甚微，依然不停地规劝大总统和他的党羽不要滥用共和国对他们的庄严信任，而袁世凯显然已决心废除宪法，变成这个国家的独裁者。自 1913 至 1915 年，袁世凯接二连三的举动证实这种担心并非多余。当他就任大总统时，曾宣誓遵守宪法，忠诚地履行职责。此时却开始策划摧毁国家的立法机构。这年 11 月，他解散了主要的反对党（国民党），因此撤销了 132 名参议员和 306 名众议员的席位，结果国会成员不足法定人数，无法行使职能。

早在 1914 年，他就聘请了古德诺博士（Frank Goodnow，时任约翰·霍普金斯大学校长，著名的宪法专家）起草临时宪法，将一切权力统归总统掌握。规定设立立法院和参政院，前者由选举团推举的 275 名成员组成，而后者由宪法委员会任命；总统任期由 5 年改为 10 年，并有权再次参选；废除在各省依法民选都督的规定，由占据该地并掌握军队的军事长官（督军）取而代之。如此一来，整个中国的行政机构便都被袁世凯本人控制。他的真实野心此刻便已暴露无遗了，他正为建立一个新王朝并成为沿袭过几千年的皇帝而廓清道路。这是极不明智之举，因为他已经拥有无上的行政权力。袁世凯曾向一些外交官和有影响的外国人征询意见，但那都是些共和体制的反对者，他那疯狂图谋自然受到他们的鼓励。古德诺（美国顾问）和莫里循（原伦敦《泰晤士报》记者，时任高级顾问）在这一事件中更是名誉扫地。中华民族虽然讲究实际，崇敬上苍，但决不会宽恕那些把对上苍和百姓作出的庄严宣誓当做儿戏的国家首脑。

此时（1914 年），德皇威廉二世统治的强大德国入侵比利时，导致英国和法国联合对德宣战，第一次世界大战爆发。后来日本与美国参战，中国虽然困难重重，却被拉进了协约国一方。然而日本对盟国却心怀鬼胎，凭借其在远东的实力，夺取了德国在青岛的军事要塞，窃取了在山东省的中国领土，而且于 1915 年 1 月向北京政府提出了臭名昭著的"二十一条"。如果接受了这个条约，中国便将成为日本天皇帝国的庞大附庸国。日本的卑劣行为表明，虽然它也是东方国家，但其侵略性和寡廉鲜耻，远超那些毫无人性的欧洲国家，于是招致它所有的东方近邻恐惧和疑虑。它如此对待危难中的盟国，在有更严重危机发生时，后果将不堪设想！日本显然把握了时机，因为列强正在欧洲搏杀，只能劝告中国尽量让步，以待战后形势好转。

当时我们认为，日本之所以向袁提出如此苛刻的条件，是他们记起了难忘的朝鲜岁月（1884—1894），当时袁任中国驻朝鲜总督，屡屡抵制日本试图将那个"隐士王国"［朝鲜在历史上曾被称为"隐士王国"，因为外界对这个国家所知不多］纳入它的势力范围的图谋。现在袁本人图谋在中国建立他自己的王朝，除非他准备为此付出高昂的代价，即至少要接受"二十一条"，否则日本将不会答应支持他。因此袁虽在表面上反对日本的图谋，内心却决定接受经过修改的条款草案，在1915年5月25日终于签订了这个丧权辱国的条约，中国接受了五项条款中的四项。于是美国强硬照会日本指出，考虑到有些条款已经事实上侵害了中国的主权和其他列强的利益，完全违反日本对其"门户开放"的承诺，因而决定保留适当时机采取任何必要行动的权利。

对日本侵略的默许，激起遍及全国的抗议风暴。尽管袁的追随者和私人军队一直密切注意内部政敌，但在北京受到监视的青年将领蔡锷，还是在一个夜晚越墙逃到了日本，然后乘船到中国南方某港口，并终于到达远在西南的云南省。他自己的军队正在那里待命。蔡锷居地利之便举兵反袁，并号召其他各省参加护国行动。而袁世凯在经过各省党羽通电劝进和几番虚伪推辞皇帝年号的表面文章之后，在1915年最后一天正式称帝，年号洪宪。

在这里，我想谈及与袁氏登基有关的三个插曲。

我在天津时已与袁的长子袁克定相识，他是一位有教养、谦虚的由新学校培养的有为学者。筹备登基大典期间，他却模仿德国皇储的式样，在他的封闭四轮马车的顶棚上装上了皇冠。我还听说，他那霸道的母亲竟置全国的反对于不顾，坚持一意孤行，甚至订制了有洪宪标志的成套瓷器。

第二个插曲，是袁世凯那帮寡廉鲜耻的走狗伪造了日本人经营的《顺天时报》（在天津出版），其版式、设计和字体与真报一模一样，但只专门印刷供袁寓目，并不对外发行，以便使他确信甚至他的日本敌人也决定支持他的称帝主张。

第三个插曲则是梁启超的抵制。梁是民国时期的著名学者，1898 年时他是改良派康有为的主要助手。此时他担任司法部总长，却拒绝继续履职，除非取消袁世凯的荒唐计划。当梁发现他的忠告被置之不理后，便离开北京前往天津了。在那里他发表了一篇著名文章，宣告反对这个新帝制。这篇文章受到广泛的赞誉，鼓舞了各地共和派人士，振奋了他们反对总统倒行逆施的勇气。

当谈判"二十一条"时，日本曾假称支持袁世凯，但最终转而警告妄想称帝的人放弃其蓄谋。这最后一击令袁发现自己已经陷入严重的困境，然而在片刻犹豫之后，他仍然决定接受皇位。此时蔡锷由西南发出最后通牒，要求立刻摒弃帝制，而且要求立刻处决袁周围那些居心险恶的顾问。这位曾经不可一世的首脑此时已认识到犯了错误，但他已深陷内外压力之中而难以自拔。蔡锷的爱国行动得到了南北各省将军的响应，他们一致反对袁的窃国行为。袁调派去镇压反对者的军队，旋即倒向了革命者一边。1916 年 3 月 22 日，袁发布了一道无可奈何的命令，宣布取消他的百日帝制，而且许诺召开国会，建立一个对国会负责的政府。但此举已经为时太迟，在广州已组建了临时政府，黎元洪被选为总统以取代袁某。

就在此时，我被急召进京，因为数月来的忧虑和失眠，已令大总统病入膏肓。我夹在另一些多为中医的侍从医官中，受命拿出最好的办法来挽救这位大人物的生命。在这种情况下，通常是"太多的厨师做不出一锅美味羹汤"。每个侍医，不论资质或科学立场，都有自己的见解和建议。某人说病人"内热"太盛，另一位则断言是极度"阴阳失调"，又有人说病人"元气衰竭"。于是第一位开出火凉药，第二位要调理阴阳，第三位则大补元气。我们两位受过西方教育的医师则注意到病人面部、下肢已经浮肿，高血压，心力衰弱，混浊的尿液中呈现红细胞管型，并含有白蛋白，这些症状都表明病人患有慢性肾炎、尿毒症，很快就会昏迷。我们只受命检查病人和作出诊断，无须我们治疗。决定则听候府中第一夫人和数位如夫人作出，但她们每人都推荐自己相信的医生；甚至平时只负责照管主人马匹的马夫，对总统的命运都有发言权，因为他在这里忠于职守20年了。形形色色的草药（热性、凉性和平和的）都轮番试用过，但没有效果。最后一位"高手"开出了对症的极凉性的中药，即石膏（硫酸钙）。幸好这剂药是煎服，就是把石膏粉末加水煮沸半小时，只服用液体，否则，如果吞食生粉末，胃里就会结成一个大硬块，死得更快。果不其然，致命的昏迷开始了，随后是肺充血，最后是心力衰竭而死亡，时为1916年6月6日。

袁大总统重病只有三星期，但是他的疾病，由繁剧的公务和因野心勃勃的计划破产而带来的无穷忧虑与懊恼所致，几个月前就开始累积成疾了。愿他的灵魂安息！

北洋政府时期

袁死后10年（1916—1926）的中国历史简直不忍着笔。副总统黎元洪自动接任了大总统。我作为新任总统侍医的地位被确认，于是我及时前往晋谒。黎元洪的言谈颇为坦率，他说被推上这个高位，本非所愿。尽管他将尽力为民国服务，但唯恐不能令所有的党派都满意。实际上黎大总统健康状况极为良好，政声清白。不过他缺乏经验，又因不了解世界大势而在任职期间作出过某些错误的承诺。总理段祺瑞曾是袁世凯的干将，他和拥护他的将军们主张对德宣战，以便收复失去的中国领土，但新任总统赞同国民党的主张，采取了中立政策。结果段被解职而前去天津，在那里靠他的军队支持而宣布北方各省独立，并威胁将进攻首都。于是黎只得听从下台总理的要求解散国会，然后他便借助于愚蠢的辫帅张勋，而此人乘机进入紫禁城，并于 1917 年 7 月 1 日宣布让年轻的溥仪皇帝复辟。然而这个夏天的闹剧如过眼烟云，段祺瑞带领他的北方军队在 7 月 12 日便控制了北京，张勋则逃进荷兰使馆寻求庇护。袁晚年的第二员大将冯国璋做了大总统。在段祺瑞和梁启超的支持下，正式公布对德宣战。

1918 年，在北京又组建了一个新国会，并选举原东三省总督、年迈的学者徐世昌为大总统。但是他并未掌握多少政治权力。

此时又有另一位声名狼藉的军阀张作霖登上了政治舞台。他曾经是东北的土匪头目。自 1911—1912 年革命开始，这位将军便是这片辽阔土地上的实际统治者。他得到一位名为萨顿（Sutton）的退休独臂英国军官帮助，在奉天建立了一个大型军需和武器工厂，日本人虽已注意到但无法阻止。我曾频繁地访问过那个城市，并曾应他那聪明英俊的儿子张学良之邀，前去与他们父子讨论医道。有一次他们还要我为东三省建设一所制药厂，以满足他们对药品和化学产品的需要。还有一次，我被邀请去规划建设一座附设有一切医治士兵设施的大型现代化军队医院。后一个规划最后实现了，医院得以开办，此事将在后面的章节谈到。

老张的残暴是闻名全中国的，但我看来他像个学者，言谈温和，身材瘦小，五十来岁，没有特色的面貌，蓄着稀疏的胡须。他在办公室几乎从不穿军服，一般来访者决不会相信他指挥着一支训练有素、装备精良的50万大军。他的儿子张学良粗通英语和日语，一贯显示着诚恳的绅士风度。他经常拜访苏格兰长老会医学传教士首领司督阁夫妇，他们在奉天郊外建立了一所医学校和一个现代化的医院，培养当地学生，并使用中国官话教学。当老张决定移师北京时，他犯下了平生第一大错，使他的虎狼之师堕入京城腐败氛围中。虽然他在这里尽享权力与荣誉，但国民革命军节节胜利，迫使他退守关外。当他通过奉天附近一座铁路桥时，一枚强力定时炸弹炸毁了他的火车，他被炸死了。这很可能是日本黑龙会所为。

他的儿子张学良按预定接掌了他的权力，但是他们在北京受到无谓的干扰而使那支曾经强大的军队元气大伤。1931年他被日本军队轻易地赶出了东北全境。后来在1936年，同是这位年轻的战士释放了被诱至古都西安府的蒋介石委员长，蒋在此处曾遭受了两星期软禁，其间他曾命悬一线。

第一次世界大战（1914—1918）结束，在巴黎和会上，中国发现自己面对一个既成事实，即日本已经宣布享有德国在山东的全部权益，以此作为日本参加协约国的报酬，而且已得到英国和法国同意。于是即刻在会议上引起了激烈的争论，更激起了中国各地的反日浪潮。抵制日货运动甚至向南影响到中国香港和南洋，而亲日派的中国官吏，例如陆宗舆和曹汝霖则像老鼠一样被群众追打。这次事件由数千名学生发动。由列宁和托洛茨基领导的苏俄共产主义新政府在1919年向中国作出了友好姿态，声明废除外国人所享有的损害中国主权的治外法权，取消俄国所分得的那部分庚子赔款，并要将俄国管理的中东铁路交还中国。

1921—1922 年 9 个国家在华盛顿举行会议签订的条约，规定尊重中国的主权、独立、领土和行政的完整，并提供最充足的机会使中国维持和发展有效而稳定的政府；施加他们的影响以确保全中国境内各民族有平等兴办商业和实业的机会；避免利用有利条件谋取可能侵犯友好国家公民权利的私利和特权，撤销在中国的外国邮局，限制外国的无线电台；中国的关税率应增加，以使中国能提高国家财政收入；一旦中国的法律和行政手段被确认符合现代要求，则许可让渡治外法权。日本也同意将 1915 年夺占的中国青岛以及其他德国权益返还中国，并废除"二十一条"中大部分条款。

然而麻烦并没有完全解决。对那些被视作外国人"走狗"的中国基督徒发起的攻击，引发了上海的罢工及随之而来的动乱，造成 1925 年 5 月 30 日上海公共租界警察枪杀了几名学生。一个月后广州再起冲突，结果引起大规模抵制英货运动，并扩展到香港，发生了男女工人联合罢工数周，为英国居民的生活带来极大不便。抵制浪潮波及总督府地区，据说连港督金文泰（Cecil Clementi）爵士也只好亲自打扫卫生，他的夫人则亲自洗衣服。中国历史上这整月的抗议活动向世界表明，来自民众的严重的消极抵抗，将会扰乱日常生活秩序，即使高官也难幸免。毫无疑问，第二次世界大战后的印度也再次领受过这种教训。

在这一时期，大批学生涌向日本和西方国家去寻求新知识。在国内，书香门第出身的胡适成为 1917 年白话文运动的领袖，从此高深难懂的语言被大大简化了，可以用简便的文字正确表达所说的话。1919—1920 年，还有一些新学派的激进领袖曾邀请英国的罗素（Bertrand Russell）和美国的杜威（John Dewey）访华并在北京大学讲学。

军阀们还在不断混战。1922 年吴佩孚将军打败了张作霖，而吴的部

属冯玉祥（因为每天清晨他带领他的部队高唱赞美诗而被称为基督将军）
倒戈，大总统黎元洪再一次下台。另一位军阀曹锟（袁世凯的前部属）靠
重金贿选登上总统宝座，但为时不长，冯玉祥和张作霖便联合起来将其赶
下台，由段祺瑞（袁世凯以前的亲信）当上了临时执政而不称大总统。

北方军阀争斗之际，南方国民党恢复了元气，1921 年再次推选孙中
山就任大总统。客家人将军陈炯明 1922 年发动叛乱使他们暂遭挫折。孙
返回广州，此刻他寻得苏俄共产党人鲍罗廷的援助，再也没理会那些经常
让他受挫的西方列强。孙博士在他的党内独揽实权，并提出了三民主义来
指导他的追随者。然而，他为民国奋斗多年而使他的健康每况愈下，他住
进了新落成的北京协和医院治疗肝癌。疾病最初是因为一种名为华支睾吸
虫的寄生虫诱发的。一切努力均告失败，孙大总统于 1925 年 3 月 12 日辞
世，享年尚未及花甲。装殓遗体的灵柩曾暂厝北京附近的西山碧云寺，若
干年后才奉安南京紫金山宏伟的陵墓。

孙博士指定的继承者是 1887 年出生于浙江的蒋介石。

蒋介石领导的军事北伐开始非常成功。北方人民厌恶愚昧的军阀、土
匪和他们的走狗，因而欣然接受国民党的口号，诸如改善劳动条件、提高
工资和反对帝国主义等。

国民革命军节节胜利，收回了汉口和九江的英国租界。最终蒋总司令
在南京和上海重建了秩序，并将鲍罗廷遣送出了中国。1927 年 8 月，蒋介
石发表了一个强硬的宣言，号召所有国民党员断绝与共产党的关系，结果
蒋介石自己被逐出中国大陆而退守台湾岛。

然而，国民政府在崩溃前的 1927 年至 1949 年 20 多年间从未太平过。
1928 年 6 月，在冯玉祥和阎锡山的军队帮助下，蒋介石的军队进占了南
京。领袖们真心打算合作共事，建立起真正代表人民的民主政府。从中心

火车站和长江码头直达老城区长达数英里的宽阔大道修建起来了，狭窄的街道拓宽了，一栋接一栋钢筋混凝土的现代建筑和独具中国风格的大屋顶楼房，政府各部门，如国会大楼、外交部、交通部、司法部、国防部、实业部和农业部等陆续入驻，另外还为发展国内和国际的友好关系而建成了励志社与国际俱乐部等。

婉拒国防部军医署署长之任命

在这民国政府大兴土木之际，我收到一件蒋总司令以国家元首的名义发来的公文，委任我为地位显赫的国防部军医署署长。我的职责是组建全军的医务部门，并致力于进行我认为有必要的改革。这样的任务困难而不寻常，因为大多数军队医官只是雇佣来的未经正规教育的人和没有资质的医院助理，他们通过熬年头而不是靠技术和能力升迁到了高位。其中相当多的人墨守成规，他们缺少或根本没有现代科学知识。这些人必然会强烈反对任何改革措施。

我第一次谒见了蒋总司令和他那貌美动人、受过现代教育的夫人。她毕业于美国威斯里安女子学院，是宋家三姊妹中最年轻的。总司令沉默寡言，然而是严格厉行纪律的人。他身材瘦长，目光锐利。他与人交谈时不断说"好！好！"这两位都劝我接受这个新职位，说他们了解我过去在满洲的履历，我能够胜任。我感谢他们对我的信任并提出在最终决定前，想先去拜访冯玉祥将军。

我所见到的冯将军，是一位身材高大健壮的人。他穿着粗糙而欠整洁的灰棉布军服，这和他简朴、谦逊、虔诚基督徒的名声相称。他非常和蔼，谈到他出生在北方，早年作为一个普通士兵的奋斗经历，又谈到他后来皈依了基督教。他也要求我脱离满洲的防疫工作，帮助军队组建新的医务部门，他将保证充足的经费。

我甚感为难。虽然我准备尽自己最大努力，但我发现，尽管当时表面风平浪静，国家正在稳步复原，而蒋和冯在性格与气质上彼此是那么不同：一位强悍而高深莫测，另一位则稳健而深谋远虑。政局根本没有稳定，难以开展有效的工作。面对颇不相同的领导人以及我预料的那些下属人员，我好像被围困在好几堆大火中间。于是我决定乘火车去北京和我的妻子商量，我发现她是我最聪明的顾问。

我由南京渡江到浦口，乘火车直达天津，然后再换乘北方铁路前往故都，这时已改称北平。

向妻子讲述了我在南京的经历并讲明了我的困难后，她力主我拒绝这个新任命并立刻返回哈尔滨，在那里向南京作出答复。我听从了这个忠告，向两位将军表示我的歉意，因为某些原因我无法离开现在在满洲的工作，而且对南方的事务也不熟悉。等候了两周，便得到了正式接受我辞却的文书。

我所担心的那些即将发生的内乱不久就确实发生了。1930 年，冯玉祥和阎锡山（两位前盟友）联合进攻蒋介石被击败，国民党暂时统一并控制了全中国。新政府赢得了国内外的声誉。外国人进一步归还了主权，日本也终于同意中国实行关税自主。中国内部纷争期间，日本再次表现出它的武力威胁，加紧准备向它的大国邻居发动战争。

第一次被日本人囚禁

1931 年 11 月，我开始定期巡视安东（日踞朝鲜边境的满洲城镇）[今丹东] 的旅行。火车到达长春时，宪兵命令我下车，并将我押送到军部，严加盘问我此行的目的。几乎 20 年来我一直持有南满铁路（日本控制）的免票旅行，我认识这一带每一个日本高级官员。我十分惊讶，向询问的人告知我的职务是东三省防疫处处长，在过去两次鼠疫大流行期间曾与日本医师一道工作；如果他们不相信我，可以去问长春、沈阳或大连的医院负责人。日本人指控我从事了间谍活动，一个中国大烟鬼担任翻译，他劝我承认。这种指控是那样蛮横无理，所以我坚持无罪抗辩。有三个穿制服的军官，其中两个显然是上尉，连续不断地用日语审问我，由那个穿长衫的中国人译成中国官话。第三个军阶较低，可能是个中尉，他详细作了笔录。这个残暴的审问过程一直没完没了，我要求上厕所，便由一个佩手枪挎长刀的彪形大兵押着我往返。审问的内容从我的中小学和大学时期到我在中国的服务，从家庭事务到文学写作及我向英国杂志的投稿，还有其他活动。如此纠缠了数小时，黄昏来临，我被囚禁在一个无从取暖的小屋，里面没有床也没有常用设施。所幸我有旱獭皮大衣伴我在木地板上度过长夜，还不觉得很冷。第二天清晨，由一个未见过的宪兵押送，命令我乘早车从长春去沈阳（向南 150 英里）。大约在中午 1 点钟到达那个满洲首府，此时我已饥肠辘辘、形容憔悴。驱车到达宪兵队办公室后，他们给了我一杯茶和一碗热荞麦面条。然后我被带进一个办公室，面对三个军官和一个中国翻译，他们所问的一大堆问题实际上和在长春所问的一样，只是更加蛮横粗鲁。我作了同样的回答，并建议他们说，我们现在在沈阳，附近的南满医学院院长和许多教授都与我相识，军官们可以查明我所言不虚。但是他们执拗地声称，他们有自己的办法。这一天快过完了，他们命令我在一份他们写下的日文陈述书上签字。然后我被带往地下的一个贮藏室，那是以前用于保存当地银行档案的地方。伴我度过第二个囚徒之夜的，还是那件从哈尔滨动身时穿的旱獭皮大衣，那厚实的毛皮为我御寒。

天亮了，从地牢小窗外传来绳索摩擦和水桶碰撞的声音，好像有工人在从井中打水倒进运水车中。我连忙朝外探望，发现果真如此。一个主意顿时冒出来，可以请此人向英国领事馆（虽然我已受聘于中国，我仍然是出生于英国属地的国民）传送一个消息，告知他们我的困境。于是我在名片上写了几个字，连带掏出两元日币（相当于30先令），轻声唤来那个打水的中国人，请他收下钱并尽快把名片送到英国领事馆，告知他们我被日本人囚禁。这位工人痛恨"小日本鬼子"，立刻答应了。时间过得真慢，10点钟前领事馆不会上班，我恨不得把时钟拨快。直到11点钟，我听见楼上办公室里一阵骚动，中午时分专门看守我的卫兵打开门要我上楼。前一天粗暴地反复盘问我的那个高级军官，此刻声言我的事是一场误会，我可以走了，但前往大连再去上海之前，日本领事想见我。

我那7件行李都还给了我，但显然已被翻检搜查过了。于是我去拜访英国领事馆，总领事伊斯特斯（A. A. Eastes）先生曾是剑桥莫德林学院的（Magdalen College）学生，那时我也在那里就读（1896—1899）。我感谢他为我所做的努力，并对由此给他带来麻烦表示歉意。伊斯特斯的回答带有对双重国籍拥有者的轻蔑口吻，似乎认为这是一种罪过。伊斯特斯的态度令我颇感惊讶，这使我想起在紧张的防疫期间（1910—1911）从另一位英国领事斯莱（H. E. Sly）处遇到的相同情况。伊斯特斯1933年在他的英国领事任上退休，1948 年辞世。

日本领事森下（Morishita）先生的接待则大不一样。我拜访时，他请我坐下喝茶，然后为我在宪兵队的遭遇道歉，说那些粗野的宪兵显然没听说过我的履历和我对人类的重大贡献。他送我到门口并再三致歉，重申再不会犯这样的错误。

那时我并不了解日本军方所奉行的策略在很大程度上独立于本国政府，他们已经决定在满洲实行军管，作为发动战争和谋求控制满洲全境的第一步。事实已经证明，我选择了一个错误时间前去巡视，他们扣留我是为了表明他们的意图。伦敦一家报纸的通讯记者汉特（Edward Hunter）正好听到一位在日本铁路上工作的澳大利亚人金尼（Kinney）先生谈及此事，当我被带走时他和我在同一节车厢里。于是他用电报向伦敦发出了消息，这一消息发表后曾引起轰动，但是中国的许多朋友在我到达上海之前都不曾听闻此事。

日本军队按照蓄谋已久的策划，快速出击，一座座城市被侵占，少帅（张学良，广为人知的张作霖之子）不得不带着他的部队狼狈退往北京。日内瓦国际联盟谴责日本的侵略行为，派遣了以李顿勋爵为首的调查团前来实地考察此次纷争。调查团不顾威胁和暗杀图谋，发表了一个报告，维护了中国主权，拒绝承认日本的傀儡满洲国，并要求日本停止在中国的军事行动。此时日本驻日内瓦的首席代表松冈洋右当即退出了会场。1933年3月日本正式退出国联。从此日本便开始公然实行其征服中国的目标。继满洲之后，日本又侵占了热河、内蒙古、华北的直隶和山东。1934年日本警告全世界，不得援助中国，停止向中国出售飞机和出于政治目的借款。日本竟企图霸占整个远东。

在日本国内，许多有影响的政治家和思想家一致谴责这些沙文主义者已经把他们的帝国拖入了泥潭。这些人因此被赶出家园，一位名叫原敬（Hara）的首相还被刺杀，为人爱戴的斋藤（Saito，曾荣任总督）海军上将则化装成仆人侥幸逃过一劫。

抗战前后

1937 年 7 月日本人在北京近郊古老的卢沟桥又一次寻衅，进而占领了中国北平，然后又将战线推进到山区山西省。1937 年末他们占领了上海，焚毁了许多古朴的城市，接着又攻占了南京。蒋介石和其他政府大员不得不乘船穿过长江三峡迁往偏远的内陆城市重庆，他们在那里一直到 1945 年第二次世界大战结束。野心勃勃的日本军队在遭受无数失败后，本土的广岛和长崎两座城市又被美国 B－29 飞机投掷的原子弹彻底摧毁，只得向盟军投降。

日本在中国的侵略延续了近 14 年，1941 年 12 月它不宣而战偷袭了珍珠港美国海军。日本覆灭的日子到来了，复仇女神终于降临日本。

1945 年 9 月 2 日，在停泊于东京湾的美国军舰"密苏里号"甲板上，日本签署了无条件投降书，投降书规定整个满洲及其财富全部归还中国，一切日本军队撤回本国，台湾在被日本盘踞 50 年后也归还中国，同时承认朝鲜独立。历史再一次证明，无论敌人一时如何凶狠，中国是不可征服的；无论灾难如何深重，她将永远保持其生命力。

第二次世界大战结束后，中国国民政府的威望确实大为提高。但是随后出现的情况表明，尽管它在赢得战争方面有所贡献，但它未能赢得和平。他们的失败源自两个因素，首先，蒋介石和他的国民党军队连年作战，已经精疲力竭。其次，在中国国内，从乡间农民到收入微薄的书生，以及因通货膨胀而苦不堪言的本分商人都渴望改变现状，共产党则以土地公有、平分财富和一切人机会均等相号召，于是民众把他们视为救星，转而拥护反对旧政府的运动。国民党就这样丧失了大部分支持者，而共产党则从1945年的12万人增加到150万，它的军队数量和实力也一起增长起来。

国共内战开始后，国军被迫放弃一个个城市，从满洲退到了广东，在彻底战胜日本后四年，那位曾经因同样获胜而在开罗与罗斯福、丘吉尔和斯大林平起平坐的中国领袖，却不得不带着他那曾经不可一世的军队残部逃到了台湾。

这正好应验了古人的话："天命难违。"

第*12*章

在动乱时局中推动医学发展

传教士带来了西医

1805 年，皮尔森（Alexander Pearson）来到华南，引进詹纳的接种牛痘预防天花的方法。大约在同一时期，最早来华的新教传教医生开始行医及传播福音。

皮尔森的继任者是利文斯敦（J. Livingstone）和英国皇家学会会员、医学博士郭雷枢（Thomas R. Colledge，1797—1879）。后者在伦敦的盖伊医院（Guy's Hospital）事业有成后，于 1827 年抵达中国。开始是在澳门开办公共诊所，治疗过各种类型的门诊病人，特别关注许多被忽视的眼科病例。

郭雷枢第一个提出了派遣传教士医生前往中国的建议。在一本 1836 年发行的小册子①中，他说："那些派遣传教士的社团现在也应该派医生

---

① 书名为《任用医生在华传教商榷书》（*Suggestions with Regard to Employing Medical Practitioners as Missionaries to China*）。——译者注

到那些落后的地区中去。当他们来到这片土地后，应该熟悉当地语言，与其去一本正经照本宣科传经布道，不如治好他们的疾病，满足他们的要求，把行医治病和宗教、哲学、医药、化学等糅合在一起，让每个人从思想上逐步接受。"

他还特别向美国发出呼吁，耶鲁大学神学和医学毕业生伯驾医师（Peter Parker）① 是首先响应号召的医生。有人说："当西方的大炮无能为力的时候，伯驾的手术刀却划开了中国的大门。"他以一位眼科专家的身份长住广东，为数以千计的人保住了视力。我应该提及我的同宗伍敦元（外国朋友则称他郝华，Howqua），这位最富有的行商为伯驾提供了充足的经费。现代医学，同革命运动一样是在广州开始的，1838 年建立了广州教会医院并创建了中华医药传道会（Medical Missionary Society of China），从此播下了医学教育的第一颗种子。伯驾的工作开展顺利，因而不久后雒魏林（William Lockhart，威廉·洛克哈特）、合信（Benjamin Hobson，本杰明·霍布森）和另一些人在不同时期从英国与美国被派来，为了在这场运动中向中国和中国人提供所需要的医疗帮助。

与来华西医的密切交往

我于 1907 年第一次到达上海（1911 年鼠疫之后我才访问广州），有幸与传教士医疗活动的领导人接触，而且加入医药传道会成为第一个准会员。当时因为我不是基督徒，不能享有全部会员资格，在他们撤销了必须

---

① 生于 1804 年，卒于 1888 年。1834 年从美国来华，在广州开设眼科医局。——译者注

信教的条件之后，我又成为普通会员，并且定期参加在不同城市举行的两
年一次的会议。这些传教士医生中我有许多朋友，一一列举他们的姓名并
非易事，然而与他们的密切合作中，我曾经向他们中的某些人做过咨询和
互通情况，半个世纪后想来依旧令人快慰。在广州我会见过托德博士
（P. J. Todd，著名外科医师）、霍夫曼（J. A. Hofmann）、柯克（John
Kirk）、凯德伯里（W. W. Cadbury）、麦克拉肯（J. C. McCracken）和富尔
顿（Mary Fulton）。上海在 1886 年开始成立博医会，文恒理
（H. W. Boone）任会长。我在此结识了王吉民医师，他是与我合作过包括
1932 出版的《中国医史》在内的多部著述的亲密同仁。还有在山东铁路
医院工作的达文波特（C. J. Davenport），帮助在民众中推进公共卫生的彼
得（W. W. Peter），前圣玛丽医院工作人员和上海公共租界卫生处处长阿
瑟·斯坦利（Arthur Stanley），原香港大学第一位生理学教授并在后来担
任雷士德医学研究院院长的厄尔（H. G. Earl），以及几位在国外毕业的中
国人，如刁信德、颜福庆、肖智吉（T. K. M. Siao）、唐乃安、牛惠霖（剑
桥医学博士）、牛惠生（哈佛医学博士）、康成（Ida Kahn）、石美玉
（Mary Stone）、俞凤宾等。在杭州，我认识了笑口常开、为人练达的梅藤
更（Duncan Main），以及他的继任人、来自依曼纽学院的斯特顿（Stur-
ton）。斯特顿在中华人民共和国成立后，负责完成了梅藤更在不同时期规
划的工厂建设。在汕头，我认识了库斯兰德（Cousland，毕业于爱丁堡），
他曾将医学书籍译成标准的中文出版，其翻译之准确远优于其他任何人。
在天津，我与金韵梅、屈桂亭（北洋医学堂总办）相熟。在长沙，有胡美
（Edward Hume，约翰·霍普金斯医学博士）博士，他出生在印度，父母都
是传教士，我们曾一同在利物浦的罗斯（Ronald Ross）指导下从事过热带
病学研究。在汉口有纪立生（T. Gillison）、麦克威利（John MacWillie）和

舒厚仁（V. P. Suvoong）。在济南府有外科医师和行政管理者巴慕德（Harold Balme），他是齐鲁大学的主要创建人之一。在该校尽管大部分教师是欧洲和美国人，但仍用中国官话教学。还有他的主要合作者聂会东（J. B. Neale），以及蒋彼得（Peter Chiang）等。在北京则有麦克林（Franklin C. McLean，协和医学院首任校长）、吉陛、温汉姆（H. V. Wenham）、惠勒（E. R. Wheeler）和斯滕豪斯，后四位都是英国皇家外科学会会员，他们的专业技能在任何地方均位居前列。在奉天，我与后来荣获圣迈克尔和圣乔治勋章（C. M. G.）的司督阁医师和他的许多助手密切合作过20余年。

1910—1911 年，满洲暴发肺鼠疫大流行，一共夺去近 6 万人生命，经济损失超过 1 亿元（1 000 万英镑）。它受到清政府和举国上下高度关注，无论士大夫还是平民百姓都已经认识到，全国甚至全世界的医疗组织形式都迫切需要根本改变。尽管过去中国在哲学、艺术、科学和医疗实践方面作出过巨大贡献，但她拥有的这些知识已经陈旧。而自 1800 年以来欧美已经大为进步，中国却处于闭关自守的状态，她在艺术、贸易和科学思想方面的领先地位已经让位于更年轻而更富于进取性的国家，这些国家决不能容忍宗教和迷信窒息自由思想和科学进步。通过采用现代化的手段，新一代中国医师在较短的时间内，首次成功地控制并最终扑灭了可怕的"黑死病"，在西方医学界造成了良好影响。皇帝属下的那些当权者从前只相信旧秩序，现在则坦率地承认现代医学和预防措施的优越性，诸如强制性的入户访查，在营地或车厢隔离接触者，在专门医院中隔离患者，对病人住过的房间进行消毒，以及集中火化数千具冻土地上无法用正常方法埋葬的感染者尸体，等等。事实证明，即使是那陈腐的清政府，一旦警觉到为拯救无数生命，急需快速处理数千具危险尸体的问题之后，来自北京朝廷的一道敕令，即足以令官吏和民众俯首帖耳，毫不犹豫采纳了一项惊世骇俗、有违祖宗成法的措施，这就是火化尸体。在我上奏其必要性的陈情电报三天后，便破天荒地获得了批准。而现代的民主政府，要批准这样的申请，所须经过的程序即使不要数月也要几周，即便有如此激进的法案，也要经过由遴选出的成员组成的机构审议后才有可能通过。

推进医学教育改革

1911 年行将结束时，我被指派出席海牙国际鸦片会议，与梁镇东爵士（梁诚，驻德公使）和唐介臣（唐国安，北京清华学堂监督）共同签署了控制与禁止麻醉品贸易的第一个鸦片公约。1913 年 8 月至 9 月，我参加了在伦敦宏大的阿尔伯特音乐厅举行的国际医学会议，该会议有 8 000 代表出席，然后便前往美国布法罗（水牛城），在国际学校卫生会议上发表了讲演。

回国后，我向北京的中央政府（此时已是民国）呈递了一份《中国的医学教育》的长篇备忘录［即《拟改组全国医学教育意见书》］，建议根本改变医科学生的培养方式，包括采用人体解剖，在医院进行有系统的临床教学，建立中央医学统辖处以监督医学教育，以及医学生除中文外还要学习英文。

1913 年 11 月，发布了总统令，使解剖尸体合法化和得到管理。1913 年 11 月 22 日，内务部发布了第 51 号指令，其内容是：

1. 因病死亡时，医师为查明病因，可解剖死者尸体，但必须事先得到死者亲属的同意，并通报地方官。

2. 死因不明的案例，警察和检察员可指定医师解剖该尸体。

3. 因服刑死亡或在狱中病死的尸体，如无亲属认领，地方官员可交予医师解剖及进行医学科学实验，但埋葬前必须将尸体整体缝合。

4. 任何人自愿死后捐献遗体用作解剖，可在生前留下遗嘱。

1914 年 4 月又公布了补充规则（第 85 号），新增了 3 项附加条款：

1. 允许被认可的医学院和教学医院施行尸检和解剖。

2. 允许这些机构保存人体各部分用于教学演示。

3. 需要解剖的或解剖后的尸体，在无亲属认领时，可以火化后埋葬。

上述政府命令发布后，北京协和医学院于 1913 年开始在医学教学中实行人体解剖。随后，1915 年在湖南长沙，1917 年在济南、广州和全中国其他医学院也先后施行。

成立中华医学会

1914 年的 5 月，正值我定期访问上海期间，我向当地医界领袖和执业医师咨询过有关成立全国性医学会事宜。翌年 2 月 5 日，中国传统新年将临，当时博医会在上海举行两年一次的会议。21 位中国医师聚餐，决定立即成立我们自己的学会，定名为"中华医学会"。

应当指出，早在 1910 年（我被派往满洲扑灭鼠疫之前），我已经拟订了一个建立中华医学会的计划纲要，但同行们认为时机尚不成熟。1913 年，实际上在京城已出现过一个中华医学会，它的成员积极参加了博医会在当地的活动。

1915 年新成立的中华医学会，推选出了首届领导集体：

会　　长：颜福庆，医学博士（耶鲁大学）

荣誉书记：伍连德，文学硕士、医学博士（剑桥大学）

荣誉司库：刁信德，医学博士（宾州大学）

庶　　务：俞凤宾，医学博士（宾州大学）

委　　员：肖智吉

　　　　　曹丽云小姐

　　　　　黄琼仙小姐（A. M. Wong）

　　　　　康成小姐

　　　　　唐乃安

这些领导者被授权起草学会的章程和规则，准备提交给下一年（1916）举行的全体会员大会。与此同时，我负责编辑的《中华医学杂志》，将每半年出版一期，刊载所有有关信息。该杂志的第一期用中文和英文出版于1915年11月，最重要的文章由刁信德博士执笔，题为《当代医学对从业者、医学院和政府的要求》。第2期于1916年3月发行，此后改为季刊。自1924年到1934年为双月刊，从那时起直到1950年，每月均分别以中文和英文出版。

最初6年一直由我任编辑，以后这件工作交给了牛惠生。再后来则是北京协和医学院细菌免疫科主任林宗扬，他后来是北京大学卫生系教授。编辑的工作完全是尽义务的，被选为医学会会长可说是对此的一种奖励。

我们的医学杂志从创刊起就很受欢迎，来自化

《中华医学杂志》创刊号

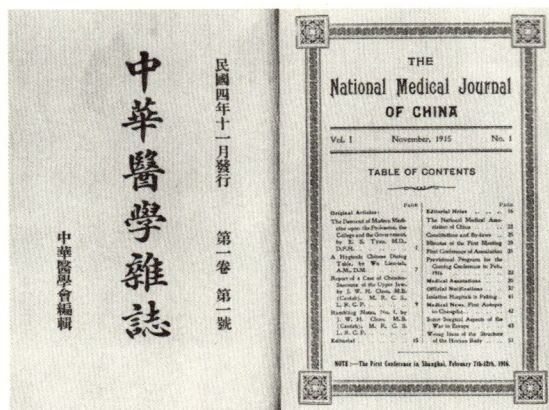

工企业、制药公司、医学书籍出版商等工商界的广告收入相当可观。虽然后来的编辑在国内不同地方（如哈尔滨、上海及北京），但是总部的办事人员固守在上海，以此作为商务活动的中心。

由于收入颇丰，中华医学会不久便有能力在池浜路（今慈溪路）一个离开主要大街（后来雷士德医学研究院设于此处）的相宜路段买了一所房屋，并将其改造成了现代办公室和藏有可观数量医学书籍与期刊的阅览室，免费向会员、来往的医师及感兴趣的访客开放。这个中华医学会的首座图书馆维持到了1955年，那时学会总部已经迁到人民政府的首都北京。

在此期间，在杂志第一期（1915年11月）刊登了《中华医学会章程草案》，供会员们传阅。1916年2月7日至12日，在上海基督教青年会大厅举行的中华医学会第一次会议上，对这个章程进行了讨论。这次会议由会长颜福庆博士主持，到会者对章程草案进行了认真的讨论，特别是关于会员资格的严格要求议论颇多，最后还是一致通过了学会章程。这个学会的宗旨是：（1）巩固医家交谊；（2）尊重医德医权；（3）普及医学卫生；（4）联络华洋医界。[此4条直接引自中华医学会章程中文文本] 会员分两类：（1）正式会员，在外国医学院校及学会承认的中国医学院毕业，至少通晓一种西方语言的阅读和写作知识；（2）准会员，学会承认的中国医学院校毕业，但不具备西方语言知识。会员会费为：终身会员100元，正式会员每年12元，准会员每年6元。每一名会员每月免费获得一本会刊。

当时一致认为，学会初创时期必须严格掌握在办事机构中有选举和被选举权的正式会员的条件，他们应是在外国接受过教育并具有丰富阅历的男女医师，而不是那些只有本国经历的人。然而随着时间的推移，政府和传教士团体创建了许多设备良好的医学机构，于是这个规定有所放松，正式会员人数迅速增加。中华医学会成立10年时，正式会员与准会员实际

上图：1915 年博医会在上海召开年会（第 2 排右 2 为伍连德）；下图：
1916 年中华医学会第一次大会代表合影（两图均承中华医学会余传伟提供）

上已经没有区别。几乎所有人都一视同仁地出席两年一度的会议，而不问其是毕业于欧洲、美国、日本还是中国。

1916 年第一次大会解决了会员资格的难题后，举办了各种科学会议和研讨会，特别关注的是预防医学（由伍连德博士牵头）、医学教育、中文的医学教科书和出版物、执业医师标准及专利药物等。此外，每个周末还邀请某些著名同业领袖公开讲演，例如颜福庆博士的《医疗行业的职责》，伍连德博士的《如何健康地生活》，斯坦利博士（上海公共租界卫生专员）的《论庸医》，顾临先生（洛克菲勒基金会的中华医学基金会常务理事）的《一位外行对现代医学的印象》以及彼得（W. W. Peter）博士的《健康是国家强盛的一个因素》。公开演讲或许是会议最突出的特色，它吸引了众多的男女民众，包括医师、教师、学生、商人及其他阶层人士，可容纳 1 000 多人的基督教青年会大厅座无虚席。

大会还通过了 5 项重要决议，即执业医师和诊疗所的注册；建立一个适当的公共卫生机构；每年为医学生提供 10 个庚子赔款奖学金名额；授予为医学作出突出贡献的 10 位人士荣誉会员称号，他们是：周学熙阁下（财政总长，他大力支持建立北京中央医院［即现在的北京人民医院］）、朱启钤阁下（内务总长，民国成立后他对北京城进行了现代化改造，使之更为美化）、斯坦利博士（上海）、道格拉斯·格雷（Douglas Gray，驻北京英国公使馆医师）、胡美博士（湖南湘雅医院院长）、莫里循博士（伦敦《泰晤士报》前驻京著名记者）、胡恒德博士（H. S. Houghton，上海哈佛医学院院长）、司督阁医师（圣迈克尔和圣乔治勋章 C. M. G. 获得者，奉天资深传教士医师）、梅藤更（杭州英国传教士领导者）和彼得博士（上海基督教青年会）。

学会成立的第一年（1915—1916）是我作为学会荣誉书记和杂志编辑

的最困难的岁月。在上海举行的第二次会议上，我当选为中华医学会会长，并连任两届（1916—1920）。其间我曾尽最大努力（编辑杂志亦复如此）发展更多的会员和推动全中国医学事业的发展。

获香港大学荣誉法学博士学位

1916 年 12 月，我获得中央政府批准，前往香港接受香港大学授予我的荣誉法学博士学位（LL. D.）。副校长伊理溢（Charles Eliot）爵士在致辞中说，授予我这一荣誉，是"表扬伍氏在中国医学行政管理和医学研究中发挥了重要作用"。同时被授予荣誉学位的是著名法国考古学家伯希和（Paul Pelliot）教授，以及杰出的中国铁路工程师詹天佑。詹天佑在经费不足的条件下，成功地建成了优质的京张铁路，这条铁路从北京出发通过崎岖的山峦直达内蒙古。在我的答谢词中，我大胆建议道：现代的大学不仅要为学生上课和授予学位，还应有其他功能，香港就是一个可供借鉴的范例，因为它还鼓励从事科学、艺术、贸易、工程以及医学的研究。

在香港我受到当地商界巨魁何东爵士的接待，曾在他那称为"野庐"（Idle wild）的豪华宅邸客居一周。我曾有幸结识许多人，如何启爵士（律师和医师）、罗旭龢（Kotewall）、何启福（Ho Fook）、何甘棠（Ho Kum-Tong）等，他们都是欧亚混血儿的后代，他们在教育界和商界卓有成就。

何启爵士在伦敦求学时娶了一位英国女士，虽然他有律师资格，但他更愿意行医。香港著名的雅丽氏纪念医院［今雅丽氏何妙龄那打素医院前身之一］是以何启夫人的名字命名的，一届又一届的学生在这所医院学习了初级临床课程。香港岛和邻近的九龙景色壮丽，给我留下了深刻印象。

香港与广东省省会广州相连接的城际铁路不久将通车，然后可达内陆大港汉口，并最终到达北方的北京。

全国医学界大团结的会议和现代医院普及之始

1917 年 1 月 24 日至 30 日，正值中国旧历新年之际，中国博医会与中华医学会两大医学团体联合会议在广州举行。有前者 82 位，后者 88 位会员出席。这次会议，或许是中外医务人员的空前大集会，每个分组会都座无虚席。我与维纳布尔（W. H. Venable）博士分别发表了会长致辞。我的题目是《中国医界执业之先决课题》，我首先阐述了一切从业者自觉遵守医学伦理准则的必要性，然后谈到在中国的医学院应制定适当和统一的标准，第三点是强烈呼吁在北京成立一个中央医学委员会，它的职责至少应包括以下内容：

1. 决定认可某种或某几种语言作为中国医学生教学语言。
2. 制定普通医学教育的最低标准。
3. 确定最低要求的医学课程。
4. 监督医学考试，包括在必要时监督中央医学委员会的职权行使。
5. 认可医科学生的教学医院。
6. 认可新的医科学校，教育部已承认的除外。
7. 草拟有关医业与药业的法律法规和颁布。
8. 编订全国合格西医名录。
9. 编订中文通用医学名词。

中華醫學會第二次年會會員攝影丁巳三月二十日

1917 年 1 月 30 日中华医学会第二次大会到会会员于
广州基督教青年会会址合影(承中华医学会栾伟伟提供)

1917 年 1 月同时举行的博医会大会与中华医学会第二次大会之与
会者于广州基督教青年会会址合影（承中华医学会韦伟伟提供）

我应该在此提及广东省省长朱庆澜阁下给予这次联合会议的大力支持。我在哈尔滨已经与他相识，那时他在北满任中东铁路护路军总司令。经我推荐，朱省长曾出资 2 000 元收购了塞尔登（Charles Selden）博士收藏的中国草药和各种药品，这些标本每份都带有中文和拉丁名称标签，此后把它们交给了广东公医学堂用于教学。

民国初年各地在建立了医院或医学院校培养医学生和护士方面取得了相当大的进步。有必要将其主要机构列举如下：

城市	机构	建立年代	主办者
上海	圣路加医院	1907	美国
上海	哈佛医院	1916	美国
上海	西门妇孺医院 （玛格丽特·韦廉逊医院）	1885	美国
上海	德国医院	1913	德国
上海	雷斯特医院 （原为山东路医院）	1930	英国
广州	三苑（Tsanyuk）妇产医院	1911	中美
广州	公医专门学校	1911	中美
广州	光华（男女同校）	1911	中国
广州	公立（Kungli）医院	1914	中国
广州	广州教会医院	1848	英国
香港	香港协和	1913	英国
济南	山东基督教联合会	1912	联合布道团

续表

城市	机构	建立年代	主办者
北京	协和医学院 I	1912	联合
北京	协和医学院 II	1921	联合 （主要为洛克菲勒基金会）
北京	医学专门学校	1912	中国
青岛	德国医院	1913	德国
奉天	医学专门学校（教会）	1912	英国为主
奉天	南满医学堂	1910	日本
长沙	湘雅医学院	1913	中美
成都	华西医学院	1910	联合
北京	法国医院	1901	法国
北京	同仁会医院（Dojin）	1914	日本
北京	德国医院	1909	德国
北京	中央（模范）医院	1917	中国

北京协和医学院之创建

此时中国医学事业的发展已受到普遍关注，特别是在美国，他们认为有必要在中国建立更多的新式医院和医学中心以应对人民的需求。1913年，哈佛大学名誉校长、著名的查尔斯·艾略特（Charles Eliot，1834—

1926）在女儿和秘书（后为其女婿）陪同下，代表卡内基和平基金会访问中国。我受外务部委派担任陪同，并且回答他们可能提出的任何问题。年过七旬的艾略特先生的确是一位德高望重的学者，我们乘火车经过许多省市作长途旅行时，所见景况与紧张忙碌、欣欣向荣的美国相对比，使我们强烈地希望探求我们落后的原因。次年发表了他的访华报告，陈述他所见到的卫生状况，简直一无是处，当然这种看法并不完全正确。

1914 年 1 月，洛克菲勒基金会派遣一个委员会前来考察中国的医学和公共卫生状况并写出了报告。该委员会的成员有贾德森（H. Pratt Judson，法学博士、芝加哥大学校长）、顾临（美国驻汉口总领事）、皮博迪（F. W. Peabody，哈佛大学和波士顿布里格姆医院）博士。他们考察了 17 所医学院和 97 所医院，1915 年发表了报告全文，这份报告堪称中华民国医学和卫生状况的信息库。随后便设立了中华医学基金会（China Medical Board）[又称 " 罗氏驻华医社 "]，成员有洛克菲勒二世 （John D. Rockefeller Ⅱ，主席）、巴特利克（W. Buttrick，美方理事）、顾临（辞去领事后任常驻中国理事）以及赛季（E. C. Sage，秘书）。

采取的第一个步骤是接收北京协和医学堂（原属教会团体），将其改成协和医学院董事会。董事会成员共 13 名，6 名代表教会，7 名代表中华医学基金会。雇请了一位美国建筑师制定新医学院和医院的建设方案，地址位于北京东城原属于豫王的地面。

1917 年 9 月 24 日，教育总长范源濂为该建筑奠基，举行了盛大的仪式。富兰克林·麦克林（Franklin C. McLean）博士被任命为首任校长和内科学主任。三年后，上海的哈佛医学院原院长胡恒德博士成为继任校长，当时学校尚未完全建成。

新北京协和医学院及医院正式开幕典礼于 1921 年 9 月 19 日举行，出

出席 1921 年 9 月 19 日协和医学院新校址落成
典礼之中外来宾，伍连德（右 2）任中国代表

席者有国家的高级官员，包括外交、内务和教育总长，约翰·洛克菲勒二世夫妇，以及来自美国、英国、菲律宾、日本、中国、爪哇等国家和地区的著名医师。有来自美国的韦尔奇、施瓦尼兹（D. C. de Schweinitz，美国医学会会长）、萨宾（Florence Sabin）和皮博迪（Francis Peabody）等教授；有来自日本的秦佐八郎（与埃尔利希共同发明肿凡钠明）、志贺洁（Shiga）、长吉（Nagayo）和鹤见；有来自英国的有斯迈利（William Smyly）爵士、雷珀（R. T. Leiper）和科克伦（T. Cochrane，原北京协和医学堂创始人）；有来自法国的图费埃（Tuffier，外科）教授；来自菲律宾的西松（Antonio Sison）和豪格乌特（F. G. Haughwout）；来自中国香港的布伦尼特（William Brunyate，香港大学副校长）和迪格比（Kenelm Digby，外科）教授；内地医师有伍连德博士、胡美、吴宣明、吴宪、王企纯等。

这座新建筑的确令人一见难忘。它由多栋独立的灰砖楼房组成。每隔两层以钢筋混凝土梁柱支撑，房顶仿照中国皇宫风格，覆盖着特制的绿色琉璃瓦。宽敞的露天平台遍布各处，整座建筑典雅庄重。可以毫不夸张地说，这座宏伟的医学院和医院建筑之美观与高雅，在全世界也难有可与其媲美者，堪称救死扶伤之圣地，远非一般意义的医院。

协和医学院自备有深达一千英尺的自流井提供净水，有自备的发电机和煤气发生装置，以及供暖系统，这些设施全部集中在大院的一个角落，从侧面的一条小巷可直接进入该处。

在那难忘的一周庆典活动期间，医师们发表了下列公开讲演，他们报告的题目写在括号内：

上午：施瓦尼兹（《脑下垂体腺疾病导致的眼部症状的演化》）；伍连德（《鼠疫在东方，特别是在东三省之暴发》）；雷珀（R. T. Leiper，《东方的寄生虫学问题》）；图费埃（T. Tuffier，《骨髓炎》）和秦佐八郎（《化学疗法的现状和未来》）。

晚间：胡美（《中国的医学教育》）；洛克菲勒基金会主席文森特（G. E. Vincent，《公共卫生的探险事业》）；麦克基尔大学的玛卡拉姆（A. B. Macallum，《生物化学：回顾与展望》）；纽约的格德瓦特（S. S. Goldwater，《医院组织优化的探讨》）；维克多·海泽（Victor Heiser，《钩虫的控制》）和威廉·韦尔奇（《医学之进步及对人类福祉之贡献》）。

在我那篇关于鼠疫的论文中，记载了我与同仁们一起进行的有关旱獭经呼吸道发生感染风险的一系列新实验（1912—1920），我呼吁更多的医学工作者参与这个研究领域。

9月末，北京初秋的气候令人神清气爽，我以中华医学会资深会员的名义，在公园荷花池上一个新建成的美丽楼阁里举行了一场中国式午宴招待会，邀请了出席庆典的120位各国医师。帝制时代这里是紫禁城的一部分。晚间，我邀请了留学日本的同事在我东堂子胡同的家中晚餐，同时邀请了来自日本帝国的嘉宾秦佐八郎、长吉、志贺洁和鹤见等。餐后我向客人展示了我的中国古董收藏，而且按客人国家的惯例，向每位客人赠送了按北京工艺品样式制作的一件小纪念品。

我曾花费三年中的大部分时间为建设北京中央医院忙碌，要征募建筑经费，要审查规划设计，等等。这座医院终于在1917年落成。有关它的详细介绍，记叙在后面"在中国建立医院"一章中。

新北京协和医学院建立起来并顺利运行着，教学和教务都使用英语，有力地带动了全国各地现代医学教育和西医事业。还规定有培养前途的医师要定期派往国外，特别是到美国从事专业进修，许可他们回国后到别的单位去担任负责职位。这些人中，有已在上文中提及的刁信德（后为上海圣约翰大学病理学教授）、牛惠生（被任命为北京协和医学院整形外科副教授）、刘瑞恒（哈佛医学博士，曾给我写信希望在东三省防疫处谋职，但我建议他坚守外科专业，随后他在协和医学院升任外科主任和院长，后来成为南京政府卫生部长）、吴宣明（约翰·霍普金斯大学医学博士，南京和广州公共卫生的领导者，最后当选南京国大代表）、吴宪（一位非医学专业的生物化学家，后来成为北京协和医学院生物化学教授）、王宠益（爱丁堡大学医学博士，英国皇家内科医师学会会员，香港大学首席病理学教授，病理学教科书作者）、林宗扬（C. E. Lim，香港大学医学博士，约翰·霍普金斯大学公共卫生学博士，中华医学杂志主编，北京协和医学院细菌学部主任）。还有妇女领袖康成、石美玉和胡金恩等人。

1923年2月14日至20日，于上海举行的中国博医会会议上，我呼吁

伍连德代表中华医学会宴请洛克菲勒
及出席协和医学院开学典礼的来宾

人们注意在一个现代国家中，在大规模的公共卫生活动里需要采取某些能够直接应用的实际措施，并建议特别要考虑中国专家的见解，必须选取某些易于付诸实施的方案，并为将来在民众中同时开展工作制定建设性的预案。

1925年1月20日至28日，英国医学会中国分会和博医会在香港举行了一次联合会议，有来自各地的200多位医师参加，会议由广州的柯克博士主持。在这次会议上，决定将中国博医会并入中华医学会，从此以后，凡是毕业于外国医学院和医学会承认的远东院校的品德良好的医师都将一视同仁地拥有会员资格。

　　此次访问香港期间，我应邀在国际扶轮社举办的午宴上讲话，与会者有英国高级官员、商业和专业社团的领袖。我在讲话中，建议开辟一条穿山隧道，把拥挤的北岸和充满活力、景色如画的广阔南岸及邻近诸岛连接起来。这条隧道并不很长，假如宽度足够，则可供汽车和行人通行，以缓解北部已经出现的普遍性交通拥堵。1925 年时香港和九龙的人口不到 100 万，而 1955 年已经超过 300 万了。

　　1926 年，北京协和医学院的外科副教授刘瑞恒博士被提升为医院高层的医务监督，颜福庆博士被任命为学院副院长，并有一个强力的中国教授团队协助他们。这个教授团队中有林可胜（爱丁堡大学医学博士，英国皇家学会会员，生理学系主任）、刘瑞华（喉科学）、林宗扬（细菌学）以及其他有为人士。到 1928 年，北京协和医学院开始逐步转变成一个由中国人管理的机构。洛克菲勒基金会放弃了它在董事会中所享有的占多数的权利，并重新组建了一个中华医学基金会——独立于洛克菲勒基金会，并接受 1 200 万美元捐款用于维持北京协和医学院的运营。附加条件是，未来继续目前这种安排时，一旦被认为经费使用不妥，则可将这些基金用于中国或美国的其他教育机构。

　　洛克菲勒基金会拥有的土地、建筑和设备全都移交给了新的基金会，它再将这些财产租借给医学院。周诒春（北京近郊清华学堂前校长）被选为新基金会主席。这些改变最终使医学院在 1930 年在教育部注册。

　　除了正常维持北京协和医学院外，中华医学基金会还拨付了可观的经费赞助长沙的湘雅医学院、国立中央大学医学院、北京国立医学院、沈阳的南满医学堂（日本）、上海圣约翰大学医学院（美国）、香港大学（英国）以及中国各地 12 个预科学校、7 个医院，还以数量颇多的奖学金资助优秀男女前往欧美进修。由洛克菲勒基金会和中华医学基金会拨出的各种资助基金相当可观，其中还资助过非医学机构，如中国的民众教育运动、南开大学、燕京大学，也直接资助过中央卫生实验处（南京）、南京的畜牧兽医研究，甚至毗邻北京西山的周口店的古生物学研究。在步达生（Davidson Black）教授领导下，在周口店发现了"北京人"（北京猿人）保存良好的头盖骨以及其他遗存。

赴美进修

1924 年，我得到洛克菲勒基金会国际卫生部奖学金，前往美国巴尔的摩的约翰·霍普金斯大学卫生学与公共卫生学院进修高级课程。当年 8 月，我乘"总统号"豪华客轮离开上海，第一次在旧金山登陆，在一个摩天大楼旅馆住了几个晚上。这个旅馆有一些节省时间的方便设施，如由中间的水龙头可取用饮用冰水，中空的卧室门（可在室内投进换洗衣物而从外面取走并在 24 小时内洗好送回）。还有其他一些有趣的小设施，免得不断摇铃唤人，也不必付小费。

在美国铁路旅行，名义上只有一种待遇，但实际上还是分座位车厢和卧铺车厢，卧铺车厢是对号的，更为舒适，夜间可将座位改换成卧床。这些床位沿着长长车厢的中央走廊排列，用一对厚的天鹅绒帘子以维护私密性。下铺比上铺要多花两美元，一些讲礼貌的男旅客常常会把他们的下铺让给买上铺票的女士。富有阶层的人士可享用单间，每间内配备有自用脸盆和厕所，因而一家人，即丈夫、妻子和孩子在长途旅行中也相当舒适。那时火车上未安装空调，当沿圣达菲（Santa-Fe line）穿过下加州和西部一些多沙漠地带的州旅行时，我感到酷热难耐，汗流不止，特别是那规整地围着脖子的亚麻布硬领和系在脖子上的丝质领带更令人感到压抑。幸好公共走廊里安有水龙头，随时可从一个自动装置中取出消毒纸杯饮用冰水。

　　我的第一个目的地是佐治亚州的利斯堡（Leesburg），达林（S. T. Darling）博士在那里主持一个疟疾研究站，该站属国际卫生部（International Health Board）洛克菲勒基金会，站内装置了研究在沼泽中繁殖蚊子的全套设备。他与来自巴西、阿根廷、巴拿马以及其他美洲国家的医师一道工作。我那时已45岁了，还得经常去黑人家庭居住的简陋房屋地板下寻找疟蚊的隐身之处，把蚊子标本带回实验室进行检验和鉴定。我们还经常必须身着薄卡其布外衣和普通的鞋子，在肮脏没膝的沼泽中爬行一个小时左右，以便获得数据。许多南美医师，他们在自己政府中身居高位，此时则抱怨不已，然而我们中那些在全世界经历丰富的人士，则把这部分实习当做说笑的谈资。当我们聚在一起共进午餐或晚餐时，便会由达林博士主持，让每个人讲述他的努力和欢乐，或任由他的性格和心情发泄他的不满。佐治亚州的食物质优而味美，特别是有种所谓"马里兰鸡"，它包括半只仔鸡、一根香肠、一片火腿、足量的甘薯、豆类和炸香蕉。我发现美国人选择食物，比绝大多数欧洲人的想法更随便。如营养和美味的番薯，在中国华南是贫困家庭的主食，美国人却普遍爱在家中享用。晚餐后，达林博士就不再和我们在一起，把剩下的时间去陪伴楼上那台粗糙的无线电收音机，这台机器竟可以收听到遥远的纽约以及东部其他州的电台。这在当时确是件了不起的成就，当时收音机还刚问世不久。

　　许多人每天下午都会去喝一种冷得恰到好处的大众化的非酒精饮料，只花5美分（一个镍币）。不过别人告诉我，它的制作成本不过一分钱，只是在用焦糖或糖蜜配成的糖浆中加进了微量的咖啡因。饮用时，在玻璃杯中加入4盎司的冰水。这种饮料只不过是许多发明中的一个例子，在那里某人一个简单的发明就能获利几百万。

在南方佐治亚和亚拉巴马州，我见到黑人的一些生活状况和"迪克西线"（Dixie Line）① 在日常生活中的体现，在火车和有轨电车中有色人种只允许坐在后排座位。这令我想起在马来联邦的各种规矩。那时我还是个学童，在官办铁路上划分了肤色界线，一些头等车厢挂着小牌子，写明"只供欧洲人"，其他车厢则写上"供本地人"。但是那种愚蠢的时代现已远去了，经历两次世界大战的苦难后，无论美国还是马来亚实际上都不存在种族歧视了，白人、黑人，黄色和棕色皮肤的士兵曾经为了人权和正义并肩战斗，在抗击邪恶和暴政中勇敢牺牲。

最后离开南方前，我曾访问过亚拉巴马州的塔斯基吉学院（Tuskegee Institute）。它是美国黑人领袖布克·华盛顿（Booker Washington）于1881年为有色居民提供高等教育而创建的，他执掌该校直到1915年辞世。该校由国会资助，拥有25 000英亩土地。黑人在此接受培训的项目，包括农业和各种商业贸易，以及护理、教学、家政和企业管理等。我在该校结识了一位有才华的黑人化学教授卡佛（Carver），他在这方面有许多发现，为他的种族提高了科学声誉。

我在美国南方各州一个月的停留很快结束了，便和其他外国同仁一起乘火车前去马里兰州的巴尔的摩。那里有一个创建时间不太长，但很有名的约翰·霍普金斯大学。该校创建于1876年，主要由洛克菲勒基金会资助，不久前卫生学和公共卫生学院加入该校的医学院，那里的医学毕业生在接受追加的专门训练后即可成为卫生事务专家。为此，全世界在公共卫

---

① 由Mason-Dixon line简化而来，原是美国在18世纪人为划分的一条南北分界线，后被视为蓄奴和禁奴各州的分界线。美国直到20世纪上半叶在南部各州依旧残留着许多种族歧视的法规。——译者注

生领域有潜力的领导者和管理人员都可得到洛克菲勒基金会给予的奖学金，进入这个新学校。他们一方面接受新的卫生学培训，一方面又在班级中传授他们本专业的专门知识。我作为一生从事防疫的工作者，获得了访问美国各机构的机会，会见世界各地的同行，并把我在满洲工作的个人经验总结为通用的知识与他们共享。

基金会提供我往返美国的旅行费用，此外还发给我每月 120 美元津贴用于在该国停留期间的食宿。这笔津贴加上我在中国所领得的薪水，足够各方面的开销。

当时卫生学院未建新楼，便将沃尔夫大街和纪念碑大街交汇处的旧楼装修成了办公室、教室、实验室和阅览室。那个尚在建设中的专业图书馆，不久后便成为著名的韦尔奇医学图书馆及医学史研究所。这座图书馆隶属于卫生学与公共卫生学院，为纪念对美国现代医学进步作出过巨大贡献的名人韦尔奇而建立。顺便提及，1921 年 9 月我在北京的公园内设午宴招待参加北京协和医学院开幕典礼的客人中，韦尔奇就是其中之一。

韦尔奇教授是卫生学院首任院长，不久由豪厄尔（Howell，约翰·霍普金斯大学前生理学教授）博士继任，当我入校时他任副院长。其他部门领导人有格雷戈里（R. Gregory，卫生工程学）教授和他的助手洛里德

伍连德与韦尔奇（右）在协和医学院

（Lowell Read，后升任院长）、福特（Ford，细菌学）、麦克柯尔（McColl，生物化学）、佩尔（Raymond Pearl，卫生统计学）和弗里曼（Freeman，职业卫生学）博士。韦尔奇教授每周亲自讲授不同的课程，我们都很乐意听他那涉猎广泛的即席讲演，这是来自他那异乎寻常的阅历。或许唯一的例外是格雷戈里教授，这样的教师水平欠佳，似乎在他们所从事的专业上只是一知半解。他们给学生布置大量的家庭作业，让学生们几乎每个晚上都要大量地阅读和写作。后来发现这些让我们太多地熬"灯油"的作业被堆在住房登记档一起，从未有人看过，自然更没有改过。许多同学开始使用奇妙的伯勒斯手摇计算器和电动检索机，采用这些工具可以便捷地收集和分类复杂的统计资料，而我们这些人中，即使是最机灵的人也要多花费一倍时间。

有位学生管理员名叫韦尔斯（J. Wells），也是医务人员，他经常突然造访同学住所嘘寒问暖。他总是那样友善和谦恭，并且经常参加我们的联谊会。我们还组织了一个命名为"四海皆友"（The Ubiquiteers）的私人俱乐部，每周邀请我们当中的健谈者在这里作一次讲演，主题可以是非医学方面的。这个俱乐部越来越兴旺。后来有一位曾旅居巴尔的摩的俱乐部成员回到中国后告诉我，他们见到过我赠送的一幅淡蓝色中国织锦，上面绣有"UB"两个大写字母，那是我一位有艺术天赋的侄女的杰作。

第二年（1925 年）7 月，除了一位来自南美某国的人外，都毕业了，每人得到一份公共卫生学资格证书。这个资格后来（1939 年）变成了约翰·霍普金斯大学公共卫生学硕士学位。

为留下这一年来愉快相处的记忆，我在巴尔的摩中国餐馆内宴请了 10 位教师和 40 位各国同学，看来他们很欣赏中国菜肴（并非那些他们熟悉的美式中国菜拼盘）。菜单中有红烧鸭、莴苣鸽肉、芙蓉鱼翅、素八珍、溜鸡片、五香比目鱼和八宝饭。客人中有一位加拿大女统计学家，在我还不会使用手摇计算器时她经常帮助我，还有一位孔姓山东同胞。另一位名叫贺普利（R. Hoeppli）的反纳粹德国人是研究寄生虫学的，住在殡仪馆楼上。贺普利与我成了好朋友，我们都喜欢广东菜，经常在中国餐馆相遇，用德语交谈。中华医学基金会接收北京协和医学院后，贺普利担任寄生虫学教授，他对这门学科的当代知识在东方的推进贡献很大。纳粹荼毒欧洲时期，贺普利加入了瑞士国籍，他认真学习了中国语言，能讲流利的官话。1950 年共产党接管北京协和医学院时，贺普利任瑞士领事，为保护医学院及一些英国机构的利益出过大力气，为此，他后来曾得到英国政府的奖章和感谢。从 1953 年起，贺普利被洛克菲勒基金会借调到新加坡的马来亚大学医学院担任寄生虫学客座教授。

虽然我第一次在美国只生活了一年（1924—1925），但我对这个国家已多有认识，我赞赏它的人民真诚坦率和对外国人的友善，他们与陌生人结识无须经人介绍。我四处旅行，访问过多个研究机构，其中有芝加哥的麦克科密克学院（McCormick Institute），那里的迪克夫妇（George Dick 和 Galdys Dick）在抗猩红热预防接种研究上作出过杰出的贡献。我说他们的方法有可能在中国华北应用，他们非常高兴。这种传染病是最近才传入华北，毒性强烈。回到哈尔滨，我和我的技术助理便开始从事这项工作，获得了成功，其结果及时在医学杂志上发表了。我还访问过华盛顿特区的美国卫生学研究所，与所长麦克科依（G. W. McCoy）博士进行过长时间的交谈。他曾经对我们有关防疫方面的知识提供过很多帮助。我还和研究野兔热（Tularemia）的专家爱德华·弗朗西斯（Edward Francis）博士交流过，他最先肯定了这种疾病在野兔与人类之间的传播。弗朗西斯博士是一位幽默和健谈的讲演者，说话很快又很诙谐。另外我还会见过美国公共卫生署的杰出成员和一些有为学者，如斯宾塞（Spencer），他后来用磨碎带菌蜱的方法成功地发明了抗洛基山热的疫苗。在美国首都，我还拜访了菲尔丁·加里森（Fielding Garrison）博士，他是标准版《医学史》的作者，还拥有美军上校军衔。加里森博士亲自领我参观了他负责的军医署图书馆，并将馆藏的图书复本赠送给我们哈尔滨防疫图书馆。他还送给我描绘古代欧洲腺鼠疫的珍稀插图的静电复印件。确实，我发现美国同仁与同道作者像我的英国朋友一样极为慷慨大方，在与他们交换出版物时更是如此。

从第一次世界大战（1914—1918）结束开始，整个北美大陆在科学领域进步迅速，因而他们不再派遣优秀学生和科学工作者前往欧洲深造，而是由实力雄厚的基金会提供丰裕的奖学金，用来邀请欧洲和亚洲的科学与医学团体中有发展前途的先进人物来美国，在那些设备一流的学院和实验室从事研究工作。这样，像微耳和、科赫、埃尔利希、贝林、巴斯德和梅奇尼科夫等欧洲大师当年所获得的成就，现在到了在新大陆作出贡献的时候了。

我还得知，来自广东的华人先辈李树芳医师，是爱丁堡大学的医学士和英国皇家内科医师学会会员，为了广东公医学堂与医院的发展，放弃了经营多年且业务繁忙的私人诊所。受该校委托，呼吁美国各大城市里的台山宗亲积极认捐，共筹集到近 50 万美元。

卫生部和各类医学机构的建立

1932 年，中国博医会与更大的中华医学会合并，会员总数超过 2 000 人。
1928—1936 年这段时间，可以说是在政府主持下使医疗卫生工作得到落实的时期，这是由于南京国民政府的成立而得到了保障。医学进步的空前大事是 1928 年 11 月 1 日卫生部的设立，首任部长是薛笃弼先生。他虽然不是医务人员，却是现代公共卫生的热心倡导者。两年后，原在上海和协和医学院任外科医师的刘瑞恒就任部长，而他的领导班子中都是有能力的中国、美国、英国和日本等国的毕业生。1929 年在南京召开的中华医学会会议上，刘博士概述了卫生部的 4 项基本政策：（1）组建中央卫生委员会和国际顾问委员会〔成员包括国联的赖赫曼（Ludwig Rajchman）博士，洛克菲勒基金会的海泽博士，以及后来在伦敦就任卫生部大臣的纽斯霍姆爵士（Sir Arthur Newsholme）〕；（2）卫生部下设 5 个职能部门，即医政、保健、防疫、统计、医务 5 个司；（3）任命专业理事会或委员会；（4）创设专门的组织机构，省设卫生处，市县设卫生局，设立中央卫生实验处、中央防疫处、农村卫生站以及助产学理事会等。1928 年 8 月发布了卫生法规，随后在 12 月开始实行执业医师注册制度。1930 年开始采用国家药典，其英文或拉丁文名称按照字母表顺序排列，同义的中文名称列于条目之首，普遍采用公制度量衡。《中华药典》于 1931 年出版，全文共 763 页，并附有长达 200 页的详尽索引和附表。

怀特（Norman White）博士于 1922—1923 年在中国进行了长时间的考察。在他的推动下，1925 年 3 月 1 日在新加坡成立远东流行病局，洛克菲勒基金会连续 5 年给予每年 125 000 美元的津贴。5 年期满后，新加坡流行病局的继续运营需要资金，当时我正担任理事会主席，我设法从陈嘉庚先生处募集到了 3 000 美元。陈先生是著名的橡胶大王，也是厦门大学的创建者和赞助人。

国际联盟卫生处主任赖赫曼博士曾于 1925—1926 年访问中国和日本，他建议中国应与国联在卫生方面维持紧密的合作。1929 年，他由助手布德洛（Frank Boudreau）博士陪同再次访华。这一次由中国卫生部门的领导成员如伍连德、黄子芳、金宝善、严智钟和蔡鸿等陪同和解答问题。随后，1930—1931 年由日内瓦来华的代表还有斯陶曼（K. Stouman，统计学家）博士、高迪埃（R. Gautier）博士、帕克（C. L. Park）博士和博尔基兹（B. Borcic）博士。帕克博士曾任澳大利亚联邦海港检疫机构领导，我们在 1930 年创建总部设于上海的中国海港检疫管理处时，他的经验为我们提供了帮助。详情将在后面的章节叙述。

1930 年刘瑞恒博士当选国际联盟卫生部顾问委员会副主席。由于他在南京的工作繁忙，指定我代表他参加 1931 年 5 月在日内瓦的会议。出席者有吉泽（Yoshizawa，日本）、艾登（Antony Eden，英国）、豪尔赫（R. Jorge）以及其他主要国家的代表。我郑重通报了中国卫生部制订的三年计划，包括在南京建立一个中央卫生实验院（Central Field Health Station），在北平设立中央防疫处，还创建总部设在上海的海港检疫管理处，在南京、广州和汉口等城市建立助产学校，以及继续扩充东三省防疫处。

经费也在逐年增加，1931 年的预算为 514 000 美元，到 1936—1937 年度即增加到 300 万美元。在南京新建的引人关注的设施中，有一所戒毒医院，这座医院内设 120 张免费床位，研究者们被要求在那里系统地研究麻醉品成瘾的问题，并引进现代方法来治疗众多人的恶癖。在后面有关麻醉剂问题的一章中，将作进一步讨论。

乐善好施的马来亚华裔商人胡文虎理应受到赞誉。他靠虎标万金油赚了数百万元，但他平生一贯主张要将大部分的利润回报民众，其方式是向慈善机构和佛教团体捐赠。新建南京中央医院的费用高昂，刘瑞恒博士和我曾得到胡先生的捐助高达 30 万元，从医院落成起，在走廊前端便安放着他的大理石雕像。

1931 年起，乔丹（J. H. Jordan）博士担任上海公共租界的卫生专员。他与中国当局合作，在他管理的区域和华界城区开展了执业医师注册的工作。

在大城市推行市政卫生工作，保存人口出生和死亡的规范记录，邀请乡村的行政官员参观现代卫生机构，以便卫生改革得以深入他们管辖的地区。

1928 年，担任了 3 年国际联盟联络工作的黄子芳博士由日内瓦回国，他被派到北平，把新建立的卫生管理部门设置在一个适当独立的基础上。但它短短两年就被撤销了，依旧按旧体制运行。

第一个国立中央助产学校校长杨崇瑞博士，是一位毕业于美国的北京女士，陆续培养出一批合格的助产士，摒弃了清朝时期陈腐而不卫生的接生方法。防治肺结核的运动也在积极推进，已建立的疗养院，特别是那些建在北平西山的疗养院获得了相当数目的政府基金资助。

我在上海发起组织了全国防痨协会，在进步的上海市市长吴铁城的大力支持下，成立了由 55 位社会名流组成的理事会。我还付出了很大的精力从事麻风病的工作，1932 年 10 月我主持召开了第一届国际麻风病会议。与会外国代表来自英国、加拿大、美国（H. W. Wade，韦德博士）、菲律宾和日本。

吴铁城任上海市市长期间，大上海新区扩展到了滨海地区。1936 年，我从他那里得到了一块 7 英亩的土地，计划建设一个现代化的公共火葬场，并与中华火葬协会一道提倡一种卫生、经济和庄重的丧葬方式。已经从赞助人中募集到 4 万元捐款，建立了一个基金会。但是 1937 年日本的入侵使一切归于流产。

尽管这个国家遭受到侵略为主因造成的长期动乱，然而，医学领域仍然在稳步前进。

出访印度

我曾以政府首席代表的身份出席过在新加坡（1923）、东京（1925）及加尔各答（1927）召开的远东热带医学协会两年一次的会议，并发表过关于鼠疫、霍乱和麻醉品问题的重要讲演。

在加尔各答会议上，我应东道主（主要是印度卫生署中的英国人）之邀，代表各国来宾致辞。我向英国医师，如罗杰斯（Leonard Rogers）爵士、克里斯多夫斯（Christophers）、麦凯（Mackie）、拉塞尔（Russell）、布拉德利（Bradley）、詹姆斯（James）等致以崇高的敬意，因为他们为辽阔的印度次大陆医学进步作出了卓越的贡献，我也对印度学者在医学、科学、地质学和文化等各领域取得的成就表示钦佩。我希望他们继续增强实力和影响，从而把向来以造福印度本国和全世界为宗旨的仁爱事业发扬光大。

我和宴会大厅中近千名散坐于各处的听众那时都未能想到，这个伟大的国家不久便取得了完全独立，成为英联邦内的一个共和国。

加尔各答会议后，我和中国同仁以及与会的其他国家 40 位代表作为政府与国际联盟的客人应邀在印度观光。我们的旅程北至克什米尔，南至马德拉斯，由西部的孟买直到东部的西隆（阿萨姆邦）。我们考察了多所医学院校、医院、实验室，以及卫生中心与研究机构。我们还访问了高山上的工作站，那里有犹如仙境般的实验室，其研究范围主要是长期以来困扰着当地居民的热带病，如疟疾、痢疾、鼠疫、霍乱、黑热病和麻风病等。此次行程遍及两万英里，历时两个月，我们都在这个大国的游历中大长见识。

那时还没有空中交通，我们乘夜车旅行，在车厢铺位上用早茶，在旅馆里安排给我们的则是地道的英式早餐。实际上整日都在参观形形色色的机构，只有午餐时才得以休息。

1927 年由英国和印度医师们主办的，足迹遍及印度四面八方的绝妙观光，确实令人难忘。

远东热带医学协会第九届年会在南京举行

1934 年中国主办了远东热带医学协会（FEATM）第九届年会，会议于 10 月 2 日至 8 日在首都南京举行。百余位客人入住励志社的艺术总部，为来宾供应中餐或西餐。学术会议在超现代的中央卫生实验院举行，其对面便是新落成的中央医院。

会员提交或宣读了属于 21 个专题的总计 200 篇论文。这次第九届年会是在近代中国举行的第二次国际科学会议（第一次是 1911 年在奉天举行的万国鼠疫研究会，由时年 32 岁的我担任主席）。刘瑞恒博士作为主管全国医务的最高官员担任南京会议的主席，我和舍侄伍长耀医师（一个才华横溢的香港大学毕业生）共同编辑会议报告集。会议结束后仅用了 5 个月，我们便得以编纂了两巨卷共 800 页的会议报告集，这是令以前参加过其他同类会议的人觉得不可思议的成就。为奖励我们成功编辑该报告集的贡献，我与舍侄获赠两枚为此次会议特制的金质奖章。

远东热带医学协会第九届年会授予伍连德和伍长耀之金质奖章

远东热带医学协会第九届年会全体会体到
会者合影（承中华医学会杂伟伟提供）

455

首途大西南

1937 年初，我被指令和褚民谊博士（巴黎大学医学博士）一同以督导团的身份视察建成不久的长达 1 000 英里的漫长公路，这条公路从南京至成都（内地西部省份四川省省会），穿越中原地区。这一次出差，让我们两位医界大佬，还有那些教育工作者、工程师、新闻记者和其他各界人士，深刻体会到自己广阔而古老的国家，只要有和平环境和稳步发展的昂扬民族精神，便具有无穷的潜力。

我们首先穿越了湖南一望无际的肥沃稻田，那里世代出产丰足的稻米，养育了中部各省的居民。然后我们登上贵州省的高山，乘坐着各种汽车，有用汽油、煤油作能源的，也有用木炭和柴油的，我们遇到过从未见

远东热带医学协会第九届年会中国代表合影。
前排右 5 为伍连德（承中华医学会栾伟伟提供）

远东热带医学协会全体到会者宴会后合影。前排右9席地而坐者为伍连德（承中华医学会来伟伟提供）

过的倮倮［为彝族之一支，分布在云南］人，在历史变迁过程中他们本与海南、广西和高棉（柬埔寨）的苗族人属同一种族。他们的妇女们很像那些生活在尼泊尔和印度阿萨姆邦多山地区的人。随后我们进入美丽而富饶的云南省，那里有高达 7 000 英尺的高原，最后便到达了边远的西部四川省，那里的人民数千年来依赖地下盐矿维持生活，并用地下的天然气照明。我们认为，那里有着无限的机遇，只要我们拥有一个有秩序的进步政府，就可以系统研究地质学、古生物学、考古学和现代农业，致力于增进人民的幸福，并得以有条件采取循序渐进的步骤，排除野心勃勃的外国人的干扰，直到取得最后的成功。

然而，这样的愿望显然难以实现。我们回到南京总部不久，便得知我们的邻国日本以扩大入侵相威胁，即使在那一时刻他们还在竭力鼓吹从未打算实行的"共存共荣"的谎言。

我本人为出席国际联盟卫生处组织的农村卫生工作会议，于 8 月前往会议地点爪哇岛——万隆风景如画的山区度假地。在那次会议上报告过一些值得关注的论文，特别是东道主国家荷兰的医师的报告。但是我们却都牵挂着北平，因为日本军队于 1937 年 7 月向北平附近的马可·波罗桥（卢沟桥）的中国守军挑起了事端。日本军方为即将到来的战争早已做好准备，他们估计列强全部注意力在欧洲战场，而希特勒已取得某些胜利，因此他们不仅要征服中国，而且还将统治包括荷属东印度、菲律宾、夏威夷及其他太平洋岛屿、新加坡、马来亚、缅甸、锡兰［斯里兰卡］甚至印度等的整个东南亚地区。

日本军队初期攻城略地，势如破竹，但最终战败的故事早已载入当代历史。当 1945 年来临时，曾经不可一世的日本人方才痛切体念到他们所面临的深重灾难，穷途末路的政府只好在 9 月向节节胜利的盟军无条件投降而结束战争。

　　和平也降临给中国，为了保卫亲爱的国土，自 1931 年以来她与日本人顽强战斗了近 14 年。各个阶层的中国人厌倦战争，由于通货膨胀及被迫中止生产，他们丧失了全部或几乎全部辛苦得到的积蓄。

　　那些国民政府的要员沉溺于大规模的贪污腐败，更使穷苦大众、农民和工人雪上加霜。因此，当共产党与国民党公开交战时，人民都站在共产党一边。国民党勉强抵挡一阵后，不得不由北向南撤退，最后退到了台湾岛。他们的前途如何，也许只有天知道。

　　若干年来，上海的霍乱问题很严重，随着人口和贸易的增长而更加紧张和复杂。此地有三个各自独立的卫生机构，分别隶属公共租界、法租界和上海市。他们各行其是，行动互不配合，对于随时可能出现的霍乱暴发流行并没有相互协调。

　　幸运的是1928年南京成立了卫生部，后来刘瑞恒博士出任部长，1930年开始采取新的开明政策。建立了海港检疫管理处并将总部设在上海，以便中央政府能够与公共租界和法租界的卫生负责当局紧密接触。

第*13*章

东三省防疫事务总处

创建北满防疫机构

1910 年至 1911 年恐怖的肺鼠疫大流行，侵袭了满洲等中国北方地区，造成 6 万人丧生，经济损失达 1 亿元，然而灾难也警醒了世人，为中国的公共卫生事业体系奠定了基石。从皇帝起直至各级当权者，以前都过分依赖中医，如今方知其在应对这般严重疫病暴发时是如此无能为力。这就迫使他们将组织工作托付给受过现代教育的医师，并同意他们采取一些激进的措施，如逐户的访查，将接触者强制隔离在隔离营或车厢中，并在哈尔滨等地火葬了寒冬中积累的几千具尸体。

在本书开始的两章里，已述及 1911 年 4 月于满洲首府奉天召开过的万国鼠疫研究会议（这是在中国举行的第一次国际科学会议）。这次会议由我作为主席主持，会期近一个月。会议的研讨使鲜为人知的肺鼠疫问题渐露端倪。与会者均为当时一流的鼠疫专家，如日本的北里柴三郎、柴山五郎和藤浪鉴，美国的斯特朗和蒂格，俄国的扎博洛特内、兹拉塔格罗夫、哈夫金、帕得列夫斯基和库列查，英国的法勒 、斯坦利、司督阁、格雷和皮特里，还有德国的马丁尼、意大利的加莱奥蒂，以及法国的布罗凯和沙巴内，墨西哥的法贝拉·冈萨雷斯等，多位中国医务工作者也参加了会议。

会议中研讨的成果，收录在内容充实的《1911 年奉天万国鼠疫研究会报告》中，该会议录长达 500 页，由马尼拉的政府印刷局承印。这次会议作出的主要决议涉及建立北满防疫事务管理处一事的内容如下：

13. 急需设立永久性的隔离医院以供隔离肺鼠疫病人。此种医院应可隔离单个病人，并具有防鼠设备且易于消毒。

42. 应筹设永久性卫生中心机构，该机构在鼠疫流行时迅速地扩充，并将可在鼠疫暴发时立即派赴疫区之医官名单拟定备用。

44. 为使这些建议得以付诸实施，应力争组建中央公共卫生部，以便专门处理并应对未来各种传染病症之发生。

先是在哈尔滨，由我与海关专员沃森先生进行了商讨，后是在北京与外务部次长颜惠庆博士探讨，根据鼠疫研究会的建议，筹建北满防疫事务管理处的计划书经过多次审议后得以敲定。

该计划主要目标是为北满兴办一个医务机构，以便有能力应对并控制该区域内各地出现的疫情暴发。在哈尔滨（总部）、瑷珲（大黑河）、三姓［今依兰］、拉哈苏苏［今同江］、满洲里等地，以及本地区可能有必要设立的其他城镇建立医院。此外，医疗服务应面向穷苦大众，当无疫情需要时，病房可安排用于普通内科、外科以及传染病的就诊和治疗。防疫处的医官还要协助地方官员和学校教师举办卫生训练班，培训儿童和公众。我们希望这种服务将能发展成为惠及全省的公共卫生服务，并为全国做出示范。

这些医院的基本建设费用由东三省的税收财政支付，常年维持经费由海关税项下拨付。为达到这个目的，1911 年五六月间，我曾拜访过东三省总督赵尔巽（汉军正蓝旗人。鼠疫会议结束后，他接任满人锡良的职务）、吉林和黑龙江的巡抚、安格联爵士（Sir Francis Aglen，北京海关税务司总监），以及驻京各国使团的领导人，因为中国政府批准后支取海关税还要取得他们的认可。

在奉天的总督官邸，赵尔巽总督十分热情地接见了我。他的身材矮小，胡须灰白稀疏。我向他陈述了在全省各交通要津建立医院，以预防鼠疫再次造访的要求及其必要性，而这是根据不久前的 4 月在本城举行的万国鼠疫研究会提出的重要建议，然后总督说他完全同意我的主张，而且用实际行动表明了他的态度，从该省库银中拨出了大笔经费。

一笔 14 万两白银（相当于 21 万元或 21 000 英镑）的巨款作为急需之经费迅速而顺利地拨付，用于医院建设。其中 5 万两用于哈尔滨，4 万两用于满洲里，3 万两用于齐齐哈尔，2 万两用于拉哈苏苏。吉林巡抚划拨了位于哈尔滨高岗上的俄国新城和俄国租界的埠头商业区之间面积为 120 亩（相当于 20 英亩）的一大片土地，供建设防疫医院即滨江医院的各个部门。滨江医院于 1911 年 9 月动工建设，翌年夏竣工。按原定规划

建成于 1912 年的哈尔滨（滨江）医院鼠疫隔离区

耗资 7 万元并于 1912 年 12 月开始运营这座医院①，由东西两个独立院落组成。西院的建筑供行政办公和治疗普通病人之用，还有可容纳 400 人的检疫营房；东院包括为 30 个疑似病例和 40 个鼠疫病例准备的隔离病房，每人一个单独的房间。1919 年一个现代化的办公楼建成，还临时安置了实验室和手术室。1922 年增建了另一座新楼，用于普通病人门诊及住院治疗，随后于 1924 年建成了一座最新式的大楼，其中设置了实验室、图书馆和博物馆。1926 年在东院兴建了一座规范的肺鼠疫病房，从而得以更准确地诊察和治疗病人，并最大限度地保障医务人员的安全。

万国鼠疫研究会结束后不久，决定在西部边境城镇满洲里建立一个防疫与检疫医院，这里是 1910—1911 年鼠疫大流行进入的门户。所需经费约 4 万两白银（约 6 000 英镑）是现成的，那是鼠疫暴发期间防疫拨款的结余。这所医院将收容 20 个鼠疫病例、20 个疑似病例及 150 个接触者。它将由一位拥有欧洲学位的高级驻院医官负责，并由一个称职的团队协助。这些计划获批准，在当地衙门附近的一块空地上，开挖了地基，这里距俄国的城市不过半英里。由于满洲里地处偏僻，所以需用的砖块应在当地烧制。1911 年 10 月，石材木料都已运到工地，还挖了一口水井。冬季到来，必须暂停施工。不久后中国爆发革命，紧接着 1912 年 1 月，蒙古发生骚乱，蒙古人毁坏了满洲里的学校、衙门以及我们为新医院备好的所有建筑材料。

多年以后，直到 1921 年东三省第二次鼠疫大流行，我们才从俄国市政当局租借了几所房屋开展防疫工作。1923 年我们花费 9 000 元买下一座现成的石结构建筑改作研究用实验室和我们医官的宿舍，同时又向市政当

---

① 实际位于俄国新城与傅家甸之间。——译者注

局租借一幢大型木结构建筑作为医院。在这个医疗站里我们还安装了处理旱獭皮的大型福尔马林气体消毒设备。

哈尔滨医院于 1912 年建成后不久，位于松花江和黑龙江交汇处景色秀丽的拉哈苏苏，开始建造一座新的隔离医院。这是一座二层红色建筑，楼下是门诊部和药房，楼上是为医官准备的宿舍，附近有 4 座隔离病房以备急需。

1913 年，我们在面积不大但处于重要战略地位，位居吉林省松花江边哈尔滨和拉哈苏苏中途的三姓购置了一所有浓郁中国风格的宅邸，并将其改建成了医院。

1914 年，这一系列医院中的最后一所在大黑河开办。大黑河位于宽阔的黑龙江南岸，是一个谷物和木材中心，面对北岸的俄国小镇布拉戈维申斯克［海兰泡］。这个景色如画的俄国小城也是一个重要的军事基地，它位于黑龙江河道急转弯处的突出部，是连接西部莫斯科和东部海参崴的西伯利亚大铁路干线上黑龙江段的铁路维护站。俄国人多年来企图修筑一条连接北部的大黑河和南部的齐齐哈尔的铁路干线，并借摆渡跨江与布拉戈维申斯克相连，但是中国方面一贯坚决反对这一危及中国主权的图谋。

北满视察

东三省防疫事务总处于 1912 年建立后，我作为总办的职责之一，就是定期前去视察边远的下属机构。为此，我要从哈尔滨乘坐一条浅水轮船前往。船长通常是一位俄籍犹太人，船员则是一些健壮的山东人，他们都略通简单的日常俄语。这些人工作很辛苦，小轮船中途要停靠几个港口，途中有旅客上下，还要装卸货物。虽然松花江很宽阔，但有些地方水很浅，船只搁浅并不罕见。凡遇到搁浅时，要使船只开动，通常使用已准备好的滑轮和杠杆，后者是一根放在船头随时可取的 15 英尺长的木杆。常常要一整天才能到达我的第一站三姓，由此再用一天的时间到达拉哈苏苏，江水到此便进入下游。从拉哈苏苏开始，我们的轮船便沿黑龙江的深水中向西北逆流上行，不再因搁浅而延误。浩荡江水流经的沿岸风光壮丽。北岸是俄国，南岸是中国，两岸都覆盖着冷杉、柏树和其他大树构成的森林。就此地而言，中国事实上是一个森林之国。不禁使人想起黑龙江两岸一直远至南面的不冻港海参崴这片广袤而富饶的土地，本来毫无疑义是中国的领土，却由于 1858 年《瑷珲条约》，被狡诈的俄国使臣穆拉维耶夫（Muraviev）欺骗而签字放弃了，当时他谎称所要的土地面积（在地图上）的大小只不过像一块牛皮。

我们与黑龙江对岸的俄国医务人员关系非常密切，在第一次世界大战（1914—1918）以前，我和我的高级医官曾在布拉戈维申斯克的总督官邸受到过远东滨海州总督的款待。那里每种东西都很大，宽阔的街道装饰着数不清的斑斓花彩。我们曾享用过一席奢华大餐，餐桌上有极多美味小吃，例如鲟鱼和黑鱼子酱等。

不过我在北满早年经历的那些日子并非总是如此愉快的。我第一次乘轮船顺松花江而下的旅行是在 1912 年秋季。那时已近 9 月末，离开哈尔滨一天后到达三姓，天气晴朗温暖。然而第二天早晨便狂风大

1914 年由黑龙江前往大黑河时留影

作、气温骤降，一切都预示着一场暴风雪的来临。我们应该返回哈尔滨，但是船上装载着运往大黑河的大量物资，船长决定继续前进。雪花和冰雹纷纷洒落，不久江面便出现了冰凌，小轮船与冰块撞击着行进。船员们穿上了老羊皮袄，但大多数乘客都未带冬装。仅仅过了一夜，宽阔的江面上就几乎被成堆的冰块封冻了，轮船艰难冲冰而行，直到第四天，我们才望见松花江和黑龙江交汇处形成的那片广阔水域之滨的拉哈苏苏。轮船刚驶进中国海关检查站，我们便立即下锚泊定——比原计划晚到两天，幸好我们安全抵达。乘客们各自入住那些简陋的客栈，让店主喜出望外。拉哈苏苏只是一个村庄，平日居民不足千人。我比别人幸运，负责海关的年轻助理是位名叫坎贝尔（Campbell）的英国人，曾在故乡公立学校读过书。他邀请我住在他那较为舒适的住所的一个房间里。那里有个小图书室，藏有一些通俗文学读物和海关报告，这样我便能在那漫长的时间中过得比较充实。木柴供应充足，主人热诚好客，当时那里还没有冰箱，但屋下有一个冰窖，保藏着肉类和其他保鲜食物。

我得知要等待两个月后两条河才能冻成坚冰，那样我就可以过河进入俄国领土，再从那里乘雪橇顺河而下到达哈巴罗夫斯克（两天行程 150 英里），然后搭乘沿乌苏里江而行的火车向南 400 英里抵达尼科利斯克（Ni-kolsk），最后搭乘西伯利亚大铁路干线的火车向西 300 英里回到哈尔滨。如果一切顺利，从启程之日计算，有可能在一周内完成这近 1 000 英里的旅程。虽然我不得不滞留在拉哈苏苏，但也是愉悦和有收获的，我有机会在此研究鱼皮鞑靼人［赫哲族旧称］的人种学和风土人情。他们被认为是该地区的原住民，属于蒙古人种，容貌与因纽特人和北欧拉普兰人相似。他们和蒙古人一样信佛教，但并未忠实执行佛教戒律。妇女可以一妻多夫，与一个以上的男人同居并不认为犯戒。事实上，我在他们中走访时，有人便会告诉我，有时候一个妻子会整天在她的卧室里接待她一个又一个来客，而显示里面有人的记号，则是留在门外的那双男人的鞋子。下一个恋人必须排队等候到这双鞋子被人穿走，再放上他自己的鞋子。之所以称他们为"鱼皮鞑靼人"，是因为他们通常用大鱼皮做衣服和被子。他们捕鱼的技能相当娴熟，只要可能，他们还猎捕水獭、紫貂等兽类以获得贵重毛皮。鱼皮鞑靼人住在用木梁支撑的简陋的泥草房中，他们的卧处高出地面约两英尺，用厚木板搭建，冬天在室内用木柴生火取暖，有些类似中国的炕，不过炕通常是在室外烧火。较开化的鞑靼人会把他们的子女送去免费的中国学校学习汉语，期待孩子有更好的前程。通常汉人和鞑靼人都互相按自己的方式生活，相处颇为友善，在各自的神坛前焚香拜祷。

冬夜漫长，我们却每天早睡晚起，少用脑筋少走动，毕竟我感到日子过得并不怎么乏味，幸运的是海关的外勤职员有几位俄国人、丹麦人和挪威人。他们都在自己国家受过高等教育，曾在驻留过的中国多处口岸对中国人进行过文化观察，有些人甚至认真学习汉语。他们打算在退休后撰写他们的经历，这些势必有用。就像他们的某些先辈那样，撰写出有关中国哲学、音乐和戏剧的著作，以及翻译中国古代诗歌。冬日里他们不得不停止工作时，倾听他们的志趣和可佩的探求，是一件相当愉快的事情。

6个星期终于过去，有报告称，由4匹或6匹矮种马拉的载重大车已可横越冰冻的江面，冬季惯常的交通已开始。我已带了俄式蓝色冬季制服，所以只需要一顶带护耳的旱獭皮帽、一双长筒毡靴、一副黑色羊皮手套以及一条厚毛毯，所有这些都在村庄里可以买到。那些日子里，我发现自己的处境有些特别，我得不到带有俄国签证的正式护照，只给了我用俄文书写，由英国海关助理签署并盖官方印章的表明我的职务、我的使命以及我的目的地即哈尔滨的信函。有位海关的外勤雇员是会讲英语和俄语的丹麦人，他要将一份重要公文从拉哈苏苏送到哈尔滨总部，于是他与我同行。在这跨越陌生土地的长途旅行中我们甚觉轻松愉快。那是一个晴朗的早晨，我们两人带着简单的行李乘坐由俄国人驾驭的雪橇出发，越过宽阔冰封的黑龙江到达河对岸的驿站，在凛冽寒风中度过三小时后，我们愉快地享用了热罗宋汤和大块的牛肉、面包和黄油，又继续前行。俄国的雪橇邮政由政府经营，服务效率高，每站总调换新马，按规定时间快速运行。通常我们每隔两三个小时便到达一个驿站，享受一杯滚烫的不加牛奶的甜柠檬茶。距离按俄里计程，1 俄里相当于 3 500 英尺即三分之二英里。沿黑龙江北岸穿越西伯利亚冰雪荒原的整整三天旅程中，我们只在床上睡过一夜，那是在到达哈巴罗夫斯克之前最后一个驿站。旅行期间天气始终极冷，但空气清新，令人神清气爽，多亏厚实的毡靴温暖着双脚。离开拉哈苏苏三天后的下午终于抵达繁忙的哈巴罗夫斯克火车站。这里是一个谷物和木材中心，位于乌苏里江和黑龙江交汇处。我们在火车站附近一个舒适的旅馆里痛快洗了一个热水澡便进入梦乡。次日清晨，我们乘火车沿乌苏里江左岸南下 400 英里，穿越茂密的松柏大森林到达尼科利斯克镇，这时称做伏罗希洛夫［现称乌苏里斯克］，直通军港海参崴。我们在尼科利斯克刚好有时间换乘来自海参崴横贯西伯利亚大陆的快车，向西直达哈尔滨。我在尼科利斯克打电报通知我的同事到达时间，当火车进入哈尔滨火车总站时，受到了非常热烈的欢迎，好像他们的头儿在荒原上曾经走丢了 60 天，而不止这 10 天的旅行。然而，"吉人天相"，平安无事。和那位被中国雇用的丹麦同伴愉快分手后，我穿过马路，前往格兰德旅馆，那里为我开了房间。

在旅馆中稍事休整后，我即再次去拜访哈尔滨海关税务司沃森先生，他曾最先与我一起筹划组建北境防疫事务总处，他的友情十分宝贵。沃森听我一五一十谈起滞留在拉哈苏苏长达两个月期间，他的助手坎贝尔给我的极大帮助，以及与其他同仁度过的难忘时光。我还谈及海关与我们防疫处在卫生和防疫方面密切合作问题，他由衷地赞同我的建议。他是一个快乐的好伙伴，嗜好威士忌，而我则滴酒不沾，但我们是亲密的朋友，直到一年后他因脑溢血逝世。

筹措经费，延揽人才

此时我已得知，沃森和我本人筹划的北境防疫事务总处预算经费每年6万两，已为北京的外交部认可，却被那里的外国使团否决，其理由不明。这件事大大出乎我的意料，满洲地方政府已经采纳前一年召开的万国鼠疫研究会提出的重要建议，拨出大笔款项在哈尔滨、齐齐哈尔、满洲里、三姓、拉哈苏苏和大黑河建设防疫医院。

当然，1911 年辛亥革命，宣告成立了中华民国，但是防疫机构根本是非政治性的，而且驻北京的外交使团代表的许多国家的专家曾强烈敦促中国政府推行其事。看来必定有某些误会，于是我立即乘火车前去京城，并首先拜访了外交部次长颜惠庆博士。他说他自己也不了解外交使团这样对待的理由，建议我去见安格联先生（后被封为爵士）。他是赫德爵士的外甥，已经接手了中国海关总税务司。我借机初次会见了安格联先生，发现他相当热情且不做作，体格高大魁梧。安格联先生与沃森先生也是老朋友，几年前沃森曾在他的婚礼上做傧相。安格联先生劝我不要着急，说这显然是把一个重大问题和一些枝节的政治事态纠结在一起了。并说他将去找公使团的那些负责官员和使臣，改变他们轻率的看法。

我也去拜访公使团首席使臣、英国公使朱尔典爵士，还有德国、法国和美国的公使，说明年度预算需要他们的认可，因为鼠疫会议建议设立的医院已经建成，马上就需要维持费用。他们都同意帮助我。

不出安格联先生所料，外交部不久便收到由海关税项下划拨 6 万两的正式认可，不过这仅限于本年度，今后的申请是否批准，取决于防疫处的工作成效。这种有条件的许可，意味着我必须每年来北京与那些走马灯似的不断更换的公使团使臣们打交道。直到 5 年后的 1917 年，我们的年度拨款才固定为长久性的，用我们中国的货币而不再是俄国卢布。由于爆发布尔什维克革命，卢布曾贬值到原币值的 14％。

防疫处之阵容

令我欣慰的是我们机构的工作此时终于得以不再受干扰而继续进行，我最初的高级医务助手是新加坡出生、在剑桥获得了医学学位的华人陈祀邦医师，以及爱丁堡大学毕业、专攻细菌学的青年雷诺兹（F. E. Reynolds）博士。前一位曾在 1912 年夏天随我前往蒙古调查旱獭间存在的天然鼠疫；后一位则曾帮助我在哈尔滨装备新的实验室，并开展最初的实验工作。他们在防疫处服务到第三年才离开。前一位到北京主持由内务部新建立的传染病隔离医院；后一位回英国，在第一次世界大战（1914—1918）期间，加入了皇家陆军医疗队为战争服务。

1915 年 6 月，剑桥毕业的医学士、外科学士陈永汉医师由民国首任内阁总理唐绍仪推荐给我，他出身于上海富裕家庭。这位前途无量的年轻人在英国时曾经与一位英国姑娘形影不离，这遭到他父亲的坚决反对，赔

防疫事务总处同仁合影

付了大笔金钱去解除婚约。唐先生目睹这位年轻的医师在家中饱受痛苦煎熬，便亲自把陈医师带来我处，看来他也愿意并且气度不凡，我乐意接受了他。从此开始了我们 20 余年的亲密合作。首先是 1915 年到 1931 年（那年我们被日本人赶出来了）在满洲，后来是 1931 年到 1937 年在上海，他是海港检疫管理处的高级医官。我平生再未遇到过像他这样受中国书香门第调教出来的优秀人物。他最初在英国公立学校上学，后来毕业于剑桥三一学院医学系和伦敦圣托马斯医院。陈医师对他的病人总是和蔼可亲，对上司忠诚，又是一位高明的外科医师。在日本军队占领上海摧毁了我们的工作的日子里，我不得不伤心地与他分手。通过纽约基督教青年会的慷慨相助，我们幸运地请到埃伯松（Frederick Eberson）博士与我们一同工作，他是哥伦比亚大学文学硕士、哲学博士，也是一位经验丰富的细菌学家，不过那时他还没有获得医学学位。还有一位毕业于堪萨斯城市兽医学院的弗兰克·赫什伯格博士。他们二人都在我们的防疫处工作过一年多，我们共同进行过有价值的研究工作。

1921 年，奥地利医师伯力士（Dr. Robert Pollitzer）前来我们在哈尔滨的医院求职。他毕业于著名的维也纳大学医科，1914—1918 年第一次世界大战中他被俄国人俘虏，后来又被日本人囚禁。他十分穷困且无友人相助。我们需要有能力而且忠诚的同事，因而欣然安排他负责我们的实验室。伯力士医师是位非常能干的人，他不仅是一位经验丰富的病理学家和语言学家，能讲英、德、俄和法语并用这几种文字写作，而且工作非常负责，勇于承担分配给他的任何任务。因此陈医师和我都十分关心他的工作与生活，甚至有一天深度忧郁症发作而无法摆脱使他正要自杀时，我们挽救了他。后来我们在一个波兰难民家庭中为他物色了一位妻子，增加他的薪水，还给他介绍了许多朋友。结果他的心情和习惯都发生了很大的改善，他变得仪容整洁，服饰考究，与人交往时满面春风，而且增强了处理困难的工作能力。在满洲及后来在上海建立的海港检疫管理处，都充分证明，伯力士是我们医务人员中最堪重用的成员，为我们作出了难以估量的贡献。当日本军队入侵上海，我们许多人撤离的时候，伯力士医师加入了美国红十字会，1945 年德国和日本向盟军投降时，新组建的世界卫生组织流行病学部给他提供一个重要职位。世界卫生组织支持他出版了长达 700 页的著作《鼠疫》（1954），每册售价70 先令。伯力士医师是幸运的，他一贯勤奋工作，又善于把握机遇。

1922 年，朱桐医师（爱丁堡大学毕业的医学士）来防疫处工作，被派往牛庄［今营口］负责新建的医院。1924 年，另一位奥地利医师叶墨（H. Jettmar）偕他相同国籍并同样学医的妻子来我们的鼠疫实验室担任助理医官。这对夫妇曾被俄国人和日本人囚禁。叶墨医师是技术人员，但更是一位学者，还是个出色的艺术家。在我们的许多报告书中，他帮助绘制插画，有些还是彩色的。

1929 年，陈永汉医师获准离职 6 个月，前往欧洲访问临床与其他研究机构。回国后，他于 1930 年在《中华医学杂志》上发表了一篇叙述他的经历的精彩文章。翌年叶墨医师获得一个全额资助的机会，前去参加在巴黎召开的微生物学会议。他取道西伯利亚大铁路，访问了莫斯科、华沙、柏林、汉

伍连德(右)与伯力士(1920 年摄于哈尔滨)

堡及其家乡维也纳、巴黎和伦敦。他遇到许多名人，如戴黑来勒（D'Herelle）、兹拉托戈罗夫（Zlatogoroff）、卡尔梅特（Calmette）、博尔代（Bordet）、帕金森（Parkinson），还有英国特灵（Tring）罗思柴尔德博物馆的乔丹（Jordan）和科赫研究所的霍赫施泰特（Hochstetter）与恩德莱因（Enderlein）。叶墨医师回哈尔滨后，工作热情倍增，打算取得更大成就。最后到我们防疫处工作的奥地利医师是 1930 年来的昆奇科（R. Kuntschick），但他只工作了几个月。我们中国职员中最杰出的有：陆存煊（北洋军医学堂）、朱玉芬（来自波尔多的眼科专家）、邓松年（北洋军医学堂和约翰·霍普金斯大学）、杨廷珖（底特律大学）、林家瑞（北洋军医学堂）、关任民（广东医专）、李元白（东京大学）、周树彬（长崎医专）、温锦昌（爱丁堡和洛桑）、史纬华（北京医专），他们都以不同方式为防疫处赢得了声誉。

从 1912 年创办起，我们防疫处的账目就受到担任防疫处会办和司库的海关特派员严格监督。防疫处存在的 19 年间，有 6 位特派员担当此任。

他们是沃森（Haines Watson，英国人）、卢卡（R. de Luca，意大利人）、格勒弗东（Pierre Grevedon，法国人）、覃书（R. C. L. d'Anjou，法国人）、马尔科尼（U. Marconi，意大利人）和巴伦支（P. Barentzen，丹麦人），而覃书曾连任一次。直到 1929 年才由我们自己管理。1931 年，日本人占领哈尔滨，这个防疫处作为中国的机构便终止运行了。

1918 年防疫处的工作范围有了扩展，当时有一笔专门拨款用于在南满的港口牛庄建立一所检疫医院。于是防疫处的英文名称便删去了"North"（北境）而更改为东三省防疫事务总处［Manchurian Plague Prevention Service，原称"东三省北境防疫事务总处"（North Manchurian Plague Prevention Service）]①。那所新建的医院会在以后的章节中叙述。

《报告书》第一册（1911—1913）和第二册（1914—1917）

直至 1919 年，北满未发生重大的疫病流行，防疫处建立后开始数年主要致力于普通医疗、预防和教育措施，特别是调查研究满洲和外贝加尔的鼠疫。这些结果发表在分别用英文和中文出版的《东三省北境防疫事务总处报告书》（第一、二册）、《东三省防疫事务总处报告大全书》（第三至六册）和《东北防疫处报告大全书》（第七册）中，总共有 7 册。第一册于1914 年问世（剑桥大学出版社出版），第二册至第七册分别于 1917 年、1922年、1924 年、1926 年、1928 年和 1930 年出版。每一卷报告书印刷 1 000 册，

---

① 防疫处中文名称更改的时间为 1916 年。——译者注

分别寄给全世界各大学、科学图书馆、医学院和研究所，也呈送北京的各个部、政府医疗机构、海关、公使团成员以及重要的驻华领事官员。

北境防疫事务总处报告书第二册收揽了 1914—1917 年的工作报告，在北京出版。我提及了协约国与德意志帝国之间的第一次世界大战（1914—1918），这次大战引发了俄国的布尔什维克革命，以及俄国通货膨胀，1917 年卢布由原来的正常汇值 1.3 元（中国货币）贬值为 0.95 分，这令我们的职员苦不堪言，辛苦赚来的储蓄荡然无存。很快市面上大量出现了面额高得离谱的俄国纸币（5000～10 000 卢布），于是引起疯狂的投机和随之而来的亏损。后来发现这些印有沙皇和皇后画像的纸币是在德国而不是在俄国印刷的。必需的药品价格也暴涨，使我们难以开展工作，但我们仍然坚持着，最终渡过了难关。

除了报告鼠疫研究的各个方面的科学文章之外，1914—1917 年的报告书中还包含了三年的年度报告的结论，其中述及我前往松花江和黑龙江沿岸各地医院一年一度的例行视察；亲临大黑河新医院（1914）的开张；牛马间频繁暴发的牛瘟和炭疽（雇用了一位美国军队兽医应对威胁）；在大黑河我们委派的第一位女医师前去管理该地区从事性交易的 200 名妓女；1915 年 2 月在上海举行的两年一次的博医会会议上我们提供各种鼠疫有关的展品（后来借给博医会作为流动博物馆在中国各地巡展）；在北方居民中确诊的流行性斑疹伤寒；一个规模可观，或许是世界上收藏肺鼠疫标本以及野生啮齿动物标本最全的鼠疫博物馆的建立；在哈尔滨的中国城（目前称为滨江）引进人口统计；在民众中间深化普及卫生学和社会医学知识；在哈尔滨实行俄国和中国城区的市政卫生合作，在滨江已建成的新城取得显著的进步，可以说，以前遭受鼠疫重创的傅家甸废墟有了自来水厂、宽阔的街道、市政中心和现代砖瓦房屋，以及其他的改善，等等。

在同一册报告中，还发表了我于 1916 年 11 月呈送给防疫处的上级北京外交部的信件副本，建议应将北满防疫事务管理处设置为有稳定经费支持的机构：

防疫处于 1912 年 10 月建立，我们记忆犹新，它是参加 1911 年 4 月在奉天举行的万国鼠疫研究会的 11 国医学专家建议的产物。

经公使团允准，由海关税项下每年划拨 78 000 卢布作为防疫处常年经费，并规定此款项必须每年申请。

防疫处建立至今已逾五载。我们定期向政府呈递季报和其他报告，不仅有条不紊和有效地开展工作，而且在中国、欧洲和美国的科学期刊上发表了论述鼠疫及相关疾病各方面研究的重要成果。一年半之前，洛克菲勒基金会曾派遣一个医学委员会来到中国，提及北满防疫事务管理处，他们认为要想在这个国家把公共卫生服务作为政府的一个部门，这个机构是唯一适当的组织形式。

为使我们的工作能更有成效，让医务人员的服务令人满意就必须具有安全感，要使主政者做到未雨绸缪，不至于因为那些短期行为而造成浪费。

因此，如果你们请求公使团派遣一些医务人员前来视察我们各个中心的工作，并且其工作效率令他们满意，我将非常感激。如果他们的视察报告印证了我们的请求，则一年一度的经费申请手续将期盼得以免除，我们防疫处将有幸获准自动地获得它的经费……

伍连德（签字）

1917 年 9 月 17 日，我不得不再次向外交部呈送急件，请求将划拨的防疫处经费用中国货币而不再用俄国卢布支付。从 1914 年第一次世界大战开始，卢布已经惊人地贬值，这份紧急呈文内容如下：

1. 我郑重地提请你们注意由于卢布空前贬值，防疫处各类职员已陷入严重困境。

2. 你们可能记得，1912 年防疫处初创之时，海关主管与我方核准划拨常年预算经费共计 60 000 两，由于银价波动，议定拨款为 78 000 卢布（1两折合 1.3 卢布）。过去五年依此兑换率所得之经费使我们得以开展工作。

3. 然而，1914 年爆发战争以来，卢布持续贬值。尽管我们所有职员已经遭受程度不同的损失，他们仍然静待形势好转。近来，卢布币值已经跌至墨西哥鹰洋（Mex）14 分（战前为 1.3 元），因而引起普遍恐慌。我已收到很多职员来信，声称如不立即采取措施应对此局面，他们将辞职。

4. 因此，我别无选择，只得呼吁你们请求公使团同意用白银取代卢布拨付给我们常年经费，否则过去五年我们的苦心经营将毁于一旦。

伍连德（签字）

哈尔滨

1917 年 9 月 17 日

在此关键时刻，我亲赴北京向外交部、海关总税务司以及外交公使团首席使节提出了请求。结果终于收到了公文急件：

哈尔滨　东三省防疫事务总处总办：

1. 荣幸地收到你的呼吁书，吁请将防疫事务管理处常年经费作为永久性的拨款，并因为卢布空前贬值，1 卢布币值由鹰洋 1.3 元跌至 14 分。而要求将 78 000 卢布拨款改以 60 000 两白银拨付。

2. 本官现将所收到之外交公使团领衔使节急件文书加以表述作为答复。他们已回复称同意将从哈尔滨海关税项下提留的 78 000 卢布作为永久性拨款，但须明确此种承诺不可损害公使团权益，否则在认为必要时可终止。

3. 关于将 78 000 卢布改换为 60 000 两白银之事，公使团理解局势之

479

严峻，同意本年度加以改换，以后如何则视情况变化再行决定。

汪大燮（外交总长）（签字）

外交部，北京

1917 年 10 月 20 日

由上面引述的公文可见，1901 年签订《辛丑条约》后，列强对全国财政收入的扼控是何等严厉，维持防疫处五所医院运转的区区 6 万两白银也难通融，而建立防疫医院，本来就是那些前来出席万国鼠疫研究会的他们自己国家的专家竭力要求的，为的是预防可怖的鼠疫不再危害中国和全世界。毫无疑问，卢布大幅度贬值，主要是因为俄国经济形势濒临崩溃，不久后俄国即由布尔什维克领导了。

《报告大全书》第三册（1918—1922）

我们的 1918—1922 年报告书——属于系列多卷本中的第三册，全书达 400 页。附有整页的铜版插图，包括肺鼠疫的肺脏彩图、地图、图表、插画等，涉及东三省和西伯利亚第二次肺鼠疫大流行各个方面。此次大流行之前，我们已预做充分准备，流行期间还进行了大量研究，我在报告书序言写道：

与其他相似的公共卫生机构比较，东三省防疫事务总处的年度预算的确较少。俄国人经营的中东铁路医务部门的预算，每年 120 万元（中国货币），而日本南满铁路当局医疗服务的经费，每年接近 200 万日元。事实上，在大连那座 450 个床位的新医院，委托一个美国建筑公司承建，将花费 300 万日元以上。似乎不可能然而却是真实的，十年来有效的工作，包括成功地处理了两次鼠疫和霍乱大流行，东三省防疫事务总处的常年经费仍然不确定，取决于外交部、财政部、驻北京外交使团的依次批准，在其中任何一个部门出现任何不幸的意外或不利的决定，都将严重危及这个防疫机构的生存和效率。哈尔滨医院是在 1911 年鼠疫大流行期间，东三省总督拨出奉天库银兴建的，花费 65 000 元，以后几年已显现出衰落的迹象。

没有特别的款项可资利用，必须在年度经费限额 78 000 卢布（90 000元）中节省每一分钱。结果在 1920 年 9 月，也就是第二次东三省鼠疫暴发之前几个月，我们投入 17 000 元建成一个新的实验室。1922 年 9 月中旬，我们又花费 30 000 元建成了装备先进的、可接纳 40 位普通病人的住院处大楼。由于卢布的彻底崩溃，1912 和 1918 年间的存款全部消失，我们重新开设了中国货币银行账户。

当世界指责中国的政客追逐私利，军阀贪得无厌之际，也可以满意地了解到，至少可以在医学科学领域发现二十或更多男女，甘冒极大的人身风险，听从使命的召唤，而报酬却如此微薄……

第三册内，除了详尽阐述 1920—1921 年鼠疫大流行（180 页）之外，还收录 1919 年遍及中国的霍乱暴发、流行性感冒及其对猪的感染研究、《拟改组全国医学教育意见书》《中国共和以来医学的进步》〔1920 年首次发表在伦敦的《柳叶刀》（*The Lancet*）上〕，以及有关吗啡成瘾、鼠疫、霍乱的三篇文章，还有北满其他流行病（为海关十周年报告撰稿），介绍北京药王庙、中国皇宫的太监的文章以及各附属医院的报告。

报告书中也有 1918、1919、1920 及 1921 年四年的总结，我选择某些引人注目的主题记录在此。

1918 年冬，山西肺鼠疫局部暴发，侵袭长江流域，但死亡率不高。显然，猩红热和流行性感冒是由外部传入的。在中国大黑河，黑龙江对岸

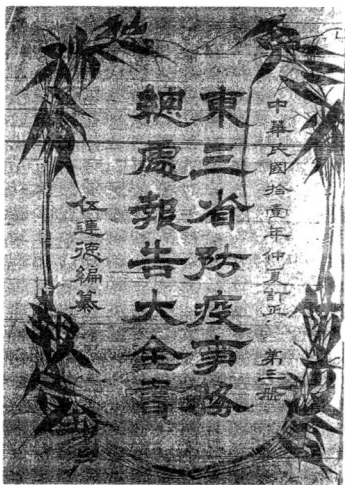

1922 年出版之《报告大全书》
第三册

的布拉戈维申斯克发生了严重的动乱，俄国国内革命余波未平，抢掠之风又起。9 月 22 日至 23 日，我出席在大连举行的南满日本医学会会议，代表中华医学会和中华药学会发表了受欢迎的讲演。自我初到哈尔滨，这里的俄国人口增至自身的两倍，而中国居民则达到自己人数的三倍；随之，这里的木材、小麦和大豆的出口贸易都有相当大的增长。在第七期年报中，我提及流行性感冒呈现世界性大流行的局面，卫生水准相差悬殊的美国与印度同样遭遇侵袭。同年夏季中国、西伯利亚、日本和朝鲜等广阔地域霍乱

流行，直到 11 月末最后病例在日本消失。霍乱造访的区域，斑疹伤寒也广泛流行，所以认为 1919 年是流行病格外严重的年份。1919 年 2 月，我与陈遗范先生（外交部驻上海专员，前中国驻伦敦公使馆一等秘书）共同被委派为专员，监督焚毁在中国最大的港口扣押的 1 207 箱印度鸦片。

为表彰禁鸦片和其他工作业绩，民国大总统授予我宝光嘉禾勋章（灿烂的宝石与谷穗）。我们在哈尔滨的新细菌学实验室于 1920 年 9 月 15 日落成，我们用接受中国货币代替无用的卢布后的历年节余款，支付了这笔建设费。

俄国共产党和高尔察克的各种武装组织，轮番来到我们的大黑河与拉哈苏苏医院寻求保护，我们给予了人道主义帮助，直到将他们遣送到省首府吉林。由于俄国流亡者不断涌入，哈尔滨和滨江的人口 1921 年达到 30 万以上。关于 1920—1921 年鼠疫大流行的完整描述已在第四章分别记述。

在第九期年报中，我相当详细地描述了华丽的新协和医学院和医院盛大的开幕典礼，以及随后的国际医学会议（1921 年 9 月 15 日至 22 日）。与会的代表来自中国、美国、日本、英国、法国、爪哇、菲律宾以及其他地区。这座医院建筑和设备无与伦比，中国的建筑风格与西方科学的完善和效率完美地结合，的确令大多数来访者出乎意料。或许没有人能比洛克菲勒（John D. Rockefeller）先生本人更加印象深刻，他专门从美国来到北京，现场观摩他赠送给中国这个价值 1 000 万美元礼物的落成，医院每年的经费总计 100 万美元也由洛克菲勒基金会承担。

在汉城的朝鲜医学堂总办志贺洁教授的专门邀请下，我在 9 月的最后一周前往朝鲜，此前递送日本医学会议一篇《鼠疫肺炎的一些新问题》讲演稿，提出如何预防接种和免疫性问题的建议，这有可能处理这种极端致命的感染。

我从事的专业现在也被政府的其他部门所重视，特别是涉及鼠疫预防和检疫程序，这影响到由疫区海参崴到芝罘（今烟台），或其他各地无防护的、迄今为中国海关当局控制的港口之间轮船的航行，不久后即由国家的海港检疫机构专门管理，这样，就给我提供了一个研究全中国海港检疫问题的机会。

《报告大全书》第四册（1923—1924）

我们的报告书第四册（1923—1924），有幸获得著名学者梁启超先生手书的序文。梁先生是伟大的改良主义者康有为的助手（康有为于 1898 年试图说服光绪皇帝在毫无准备的中国推行激进的改革，几乎送命），时任和平时期的民国财政部总长。

这一册共 320 页，我在自序中冒昧地提及以往我们的机构 16 年间取得的实质性进步，强调需要信念、执着和创造力。一则如无信念，遇到困难挫折即放弃，将功败垂成。二则若无执着，不注重实际和细节，难以获得伟大的科学和医学之成就。三则我辈最重要之责任在于另辟新途。无论近世之君如何声色犬马、贪得无厌，人民心智仍然是健康的。虽然现今略有纷扰，社会依然稳固，只需有人力挽狂澜，国家将坚如磐石，或需内外益友出而扶持，或朝野志士勉其子弟发奋图强，复兴国家。第四册大部分文章都具有历史的特征。

在第十期年报，提及我新获之褒奖，即民国大总统授予的二等嘉禾勋章及上海圣约翰大学的荣誉科学博士学位。

在第十一期年报，我叙述了 1923 年 9 月 1 日至 14 日，我出席在新加坡举行的远东热带医学协会（FEATM）第五次会议。海峡殖民地、马来联邦、菲律宾、法属印度支那、澳大利亚、印度、中国、日本、暹罗、沙捞越、英属北婆罗洲等地与会者 80 余人。

我向会议提交了两篇论文，题目分别为《鼠疫之发源地》和《野生啮齿动物之鼠疫》。不久后我作为访问学者乘船去日本，目睹了大地震伴随着大火在东京和横滨造成大破坏的难忘场景。尽管日本遭受到可怕的破坏，我的日本东道主最大可能地执行原定一个月的全部日程，包括讲演、访问医学机构、出席学术团体的接待会、入住最好的酒店、出席艺伎聚会。如果这套程式不周到，便被认为怠慢了客人。我的第一次接待会在鹿儿岛，出席日本医学会年会的 800 名日本医师聆听我以《西伯利亚旱獭之研究》为题的讲演，随后我依次访问了福冈大学（我的老朋友久保教授于 1913 年在伦敦的医学会首次与我相识，现为耳鼻喉科学首席教授）、京都、大阪和东京大学，我发表了关于远东卫生学、肺鼠疫、日本和中国医学相互依存等讲演，通常讲英语，有两个场合使用中国官话。我的每次讲演都翻译成日语，大部分日本医师尽管精于医学但仅懂本国语言。所到之处，我受到政府官员、科学家和男女医务人员的最高礼遇。尽管地震造成重大损失，仍然给予我最大可能的殷勤招待。我作为第一位中国的交换教授应邀访问日本，双方抓住这个机会培养更友好的关系。只要可能，我敦促日本同仁在医学和卫生学研究领域开创新的方向，这样的建议比抽象的学术问题交流更具有价值。

许多招待会上，我被要求使用中国毛笔签名题字，很多日本人擅于此道，而且还要我援引一些古代儒家言论来书写。这种请求令人尴尬，因为多年来我并不用毛笔写字，也只记得三句常被引用的圣人之言，慷慨地一挥而就。在日本停留一个多月后，于 1923 年 11 月 5 日，我乘快速邮轮回到上海。

返回哈尔滨后，我参加了一个重要会议，由原广东新军司令、现任中东铁路护路军总司令朱庆澜将军召集（不久前，中国政府开始陆续收回中东铁路附属地主权）。会议委托我草拟一项旱獭毛皮贸易的管理章程，同时保护猎人在处理毛皮时免遭鼠疫感染。我极力推荐每年接种我们实验室制备的适用疫苗，在我们的监督下，施行有规则的毛皮灭蚤，由防疫处签发捕猎许可证，发行供猎人阅读的防疫小册子。我们的建议得到公认和执行，有关各方受益匪浅，可能出现的疫情销声匿迹。

7 月 29 日，我应邀出席在赤塔（俄国外贝加尔地区首府）举办的医学会议，探讨拟定法规，保护彼此在猎捕旱獭中免遭可能的鼠疫侵害。俄国同仁对我的建议似乎相当满意。赤塔会议后不久，我收到莫斯科的微生物学会一封行文礼貌的信件，通知我由于我在鼠疫及其预防学识上的宝贵贡献，已经被该会推选为外国会员。我对苏联人给予这一罕见的荣誉非常感激。

1923 年，国际联盟在东方国家开展检疫工作和消灭流行病方面的彼此合作之际，我们接待了诺尔曼·怀特博士和宫岛（Miyajima）博士率领的卫生委员会。我们高兴地得知，将修订多年前在巴黎公布的不令人满意的法律。怀特博士担任印度卫生专员，对东方的瘟疫和卫生状况非常了解。

《报告大全书》第五册（1925—1926）

报告书第五册（1925—1926）共 360 页，东三省大元帅张作霖为本卷题序。该报告书相当大篇幅专门报道了旱獭和黄鼠（suslik）肺鼠疫病理学的系统实验研究，这两种野生啮齿动物在满洲分布很广。

为便于我们的工作，设计了一种特殊形式的喷雾器，专门用于喷射在灭菌盐溶液中稀释的鼠疫杆菌悬浮液。又分别制作了一种新型木箱置放肥大的旱獭和非常小的黄鼠，以便喷雾直接进入动物咽喉，或是散布在木箱内，这种传染性成分将被动物间接吸入。这篇论文充分地叙述了我们的结果，彩色插画由叶墨绘制。

其他文章包括：《经由旱獭体外寄生虫传播鼠疫》《野生啮齿动物鼠疫实际状况》《结核与鼠疫共存评论》《1926 年霍乱流行的实验室报告》《哈尔滨滨江地区公共卫生概况初期报告》《中国的性病问题》《关于远东猩红热问题的四篇论述》《麻醉剂问题之公共卫生观》《现代中国医师》《奥斯勒（William Osler）爵士回忆录》《中国医学俗语和谚语》（王吉民）

等。1924、1925、1926 年，第十二、十三、十四期年报也收录在内。

1924—1925 年，洛克菲勒基金会提供给我一笔奖学金赴美国进修，在约翰·霍普金斯大学获得一个额外的公共卫生学学位。

另外，我应邀讲演关于中国的鼠疫和卫生学。我还用一个月的时间专门在华盛顿的中央卫生学实验室、军医署图书馆（华盛顿）、斯塔滕和埃利斯岛海港检疫所（纽约）、纽约州卫生处（奥尔巴尼，Albany），以及耶鲁、费城、底特律和芝加哥的医务处工作。这些中心都有它自己的特殊问题需要解决，我极为荣幸亲自会见了这些杰出的美国公共卫生工作者，他们有能力仅用 20 年时间，改变了他们幅员广大的国家的卫生状况，或许已成为世界最现代化的卫生中心。

远东的国际卫生工作实质性合作，像欧洲当年一样迅速发展。远东疫况情报局刚刚在新加坡建立，布鲁克（Gilbert Brooke）博士担任首任局长。1925 年 2 月 4 日至 13 日，举行第一次会议，英属印度、英属北婆罗洲、锡兰、中国、新加坡、马来联邦、法属印度支那、日本、荷属东印度、菲律宾、暹罗各政府以及国际联盟代表出席。我也与会，并于 1929 年被推选为当年会议主席。

国际联盟卫生处的 4 位重要成员于 1925 年视察我们的满洲里和哈尔滨医院。他们是巴雷金（Barykin）和卡萨努埃瓦（Casaneuve）先生（10 月 9 日至 12 日），赖赫曼（L. Rajchman，日内瓦国联卫生处医务主任）博士和草间（Kusama）博士（日本人，11 月 2 日）。

远东热带医学协会第六届年会于 1925 年 10 月 11 日至 21 日在东京举行。所有 80 名外国代表中，有 25 名中国代表（包括我本人和林家瑞）。论文总数达 267 篇，我们防疫处递送的论文计有《远东猩红热的研究》《由政府的立场控制脚气病》《野生啮齿动物鼠疫实际状况》和《麻醉剂问题的公共卫生方面》。

这次会议通过了关于脚气病和海港检疫的两个重要决议。第一个敦促各国政府将脚气病列入可预防疾病，更加注意稻米生产的检查。第二个决议强调远东需要一个比巴黎更简单也更适当的会议。此次会议还修订了现行鼠疫防治章程，以便以此为基础，明确鼠疫流行中，除肺炎型外，传播方式为由鼠到蚤，不仅仅发生在人际间。

会议代表及其家属应邀参观游览，除东京外，还去了日光、箱根、奈良、大阪和神户。我们的东道主，包括皇室成员、首相加藤，以及商会及私人代表。从各个角度来看，在日本这三周显然非常充实。

我们的第十四期年报，包括 1926 年在远东四处蔓延的严重霍乱的简短报告，以及我们哈尔滨医院取得优异的治疗效果。还有哈尔滨滨江地区卫生状况调查——中国北方第一次由卫生部门开展此项工作。我的《肺鼠疫论述》（*Treatise on Pneumonic Plague*），长达 466 页，附有许多插图，也在本年由国际联盟出版，随后于 6 月 14 日，我荣获东京帝国大学医学博士学位，此学位首次授予一位非日本人。建立在最新理念之上的肺鼠疫病房于 1926 年末落成。

《报告大全书》 第六册 （1927—1928）

报告书第六册（1927—1928）共 350 页，大部分篇幅为我们的医务人员调查南满和毗邻的内蒙古出现的腺鼠疫暴发，我们很高兴有机会研究这种恐怖疾病新的疫源地。调查研究中，我们经常发现留在旷野的无人认领的尸体。由于远离任何实验室，因此只能在现场实施死后检验，然后我们亲自埋葬遗骸。《中华医学杂志》（1929 年 6 月）专门刊发一期关于通辽鼠疫暴发的特刊，国际联盟医学报告频繁提及我们的研究。在一篇题为《肺鼠疫疾病组织学研究》的论文中，我们有幸获得卡伦德（George R. Callender，华盛顿军队医学博物馆馆长、前菲律宾大学病理学教授）少校的合作，我们很高兴有机会发表他的有关病毒进入人体系统的侵入模式的成熟观点，尽管这与我们的并不一致，而与我们的俄国同事所坚持的相同。

1927 年，第十五期年报中，我提及国际联盟卫生处提供旅费，能够使我考察欧洲 12 个国家的卫生机构。3 月 1 日我离开哈尔滨，出访波兰和南斯拉夫的装备精巧的新实验室及卫生机构，它们利用了接受战败的德国以科学设备和显微镜的形式支付的战争赔偿。我在南斯拉夫四处游历，什坦帕尔（Stampar）主任及其主要助手博尔契奇（B. Borcic）提供各种方便，博尔契奇后来还在中国与我们的医师一起工作。我访问了至少 200 所新建立的现代化医院、实验室和卫生中心，都是在 5 年间建成的。这次我出访的城市有华沙、维也纳、伯尔尼、日内瓦、萨格勒布、贝尔格莱德、巴黎、勒阿弗尔、伦敦、剑桥、汉堡、柏林和莫斯科。我作为中国的正式代表，在巴黎出席了国际狂犬病会议。在华沙、日内瓦、巴黎和伦敦，我也应邀讲演。在莫斯科和其他苏联大城市，我惊奇地见到许多美国技术专家，帮助建设钢铁、汽车以及其他制造业高大的现代化厂房，苏联的需求规模巨大。6 月 28 日我返回哈尔滨，离开中国近 4 个月。

中国的现代化卫生工作也取得了一些进步，尽管没有我所希望的那样快。大城市中，北京、广州、上海、汉口、南京、哈尔滨、青岛和牛庄，有合格的医师在负责。有些城市坚持居民卫生统计，但是仍然缺乏地方当局特别是警察的配合与支持。奉天是一个值得赞赏的例外，当地的警察局局长邀请我们防疫处帮助他组建一个有效的卫生机构，为全东三省树立了榜样。

9月3日，我遗憾地获悉赵尔巽阁下在83岁高龄去世。如前所述，他是一位汉军旗人，前清高官，历任四川及东三省总督。1907年到1909年间，他在四川禁止种植鸦片做出了榜样，调任东三省后，他拨出奉天库银12万两，建设我们的防疫医院，晚年他主编《清史稿》，是一位真正的伟大学者和政治家！

1928年第十六期年报，我叙述了我作为政府的三位代表之一，1927年12月5日至22日出席在印度加尔各答举行的远东热带医学协会第七届年会。杰克逊（Stanley Jackson 孟加拉总督）爵士在开幕式致欢迎词，印度军医署长西蒙斯（T. H. Symons 印度医务署总干事）任会议主席。12月10日，在前总督的官邸举行了盛大的宴会，包括代表的家属，1 100人出席。我代表外国来宾致辞，谈及印度以往的文化和科学，希望未来的工作者为促进人类知识和幸福发挥更大作用。英国管理下的印度大陆，现代医学方面已经取得了巨大的进步，皇家外科医师学会会员中，印度医师人数超过任何其他亚洲国家。

此次旅途中，我有幸会见一些印度知名人士，其中有泰戈尔（R. Tagore，诗人），乔普拉（R. M. Chopra，印度著名药学家），马拉维亚（Malawiya，印度大学校长，贝纳勒斯城），拉杰帕特（Lajpat Ray，北方政治领袖）等。对于大部分访问者而言，与巨大的物质进步形成鲜明对比的另一面，是广大民众中的极端贫困和愚昧迷信，着实无法解释。

12月11日至22日，安排外国代表游览，有些人去印度北方，另一些人到印度南部，所有人在孟买会合，然后解散。

会后我顺便赴德里（印度新首都），国际联盟东方卫生局的咨询理事会12月26日至29日在那里召开年会，我代表中国政府出席。我在印度的第三个使命是与金子直博士一道代表政府参与国际联盟组织的卫生交流。这一工作于 1928 年 1 月 1 日自德里开始，我们的足迹遍及印度各地，北达拉瓦尔品第和大吉岭（通往西藏的门户），南至曼达潘（Mandapan，面对锡兰的检疫站），向东远至默里亚尼（Mariani，阿萨姆邦茶园，致命的黑热病流行多年），向西直抵孟买（存在严重的鼠疫）。

我们一行共 18 位医师，代表中国、日本、暹罗、朝鲜、菲律宾、美国、荷属东印度、澳大利亚、新西兰、埃及、新加坡、马来联邦、锡兰、法属印度支那、国际联盟卫生处和印度医务署。著名的丹麦医学院院长马德森（T. Madson）教授也为此行成员之一。2 月 17 日在孟买旅程终止后，代表们告别。考察的机构为：医院（28）、自来水厂（11）、医学院（11）、污水处理厂（6）、疫苗研究所（7）、麻风病定居点（5）和精神病院（3），此外还有传染病院、流民安置站、煤矿、城镇市场和宗教集市等。我们的全部行程达 12 000 英里，乘坐火车（有时乘汽车）旅行，通常夜间乘车，白天考察。对于那些没有来过这个辽阔的古老帝国的人而言，这次旅行展示了它极端的富裕与贫穷，辉煌的艺术与粗糙的产业，设施完善的教育机构与文盲民众，高度的文明与原始的习俗，确实是一次难以忘怀的经历。我途经佛教的两个重要中心仰光（缅甸）和曼谷（暹罗）[泰国]，于 4 月 7 日回到了哈尔滨。

1928 年 6 月间，国民革命军占领北京，以南京为首都，意味着今后我们的所有信件和公文都要寄往南京。7 月，我乘火车取道北平前往南京晋见新任外交部部长王正廷先生以及内政部部长薛笃弼先生，我顺便与他们讨论医药卫生和检疫工作在更有效管理体制下的新前景。

前面的章节已经提及，张作霖大帅和他的同僚吴俊升将军在南满铁路（日本人管理）一个涵洞桥被埋设的电控地雷暗杀。张大帅的职位由他的儿子张学良继承。他是一个年轻、活跃、正直和接受过现代教育的人，他少年时代就与我相识。

《报告大全书》第七册（1929—1930）

《东北防疫处报告大全书》（1929—1930）第七册，也是最后一册。我有幸编辑了长达330页的这一卷，其中有关鼠疫的文章附有彩色插图，以及我们机构的21位主要成员的肖像。我在序言中（注明日期为1931年5月）对于一些令人沮丧的预言表示关注，因为过去出现的两次肺鼠疫暴发周期，一次在1910—1911年，另一次在1920—1921年，可能第三次流行出现在1930—1931年。这种恐慌并没有理由证明，全年都没有任何再发生的表现。虽然我们已经对鼠疫卷土重来做好充分准备，但是在旱獭出没之地并没有一个病例报告。理论上似乎是可能的，如同世界上其他地区的类似事件所证明的那样，西伯利亚旱獭间动物流行病周期性恶化，可能是恢复自然生态平衡的重要手段。然而事实上，人为因素已经介入到大规模猎捕这种动物的活动中，总是令人不安，尽管我们不能低估猎人接受我们的指令采取了预防措施所产生的效果。我们相信，鼠疫不出现的原因，可以认为主要是近年来这种毛皮贵重的啮齿动物遭到广泛的猎杀。

我的第十七期年报（1929）提及通辽地区新的鼠疫疫源地，这种感染仍然是淋巴腺型

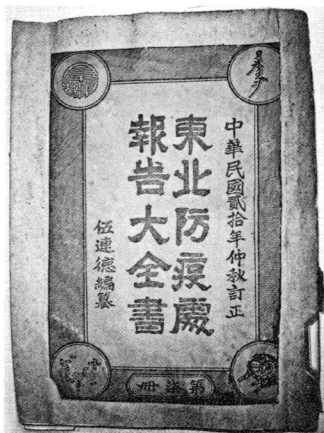

《东北防疫处报告大全书》第七册

[即腺鼠疫]，没有显示出传播的迹象。1930 年的年报中，我再次提及肺炎型感染 10 年间未造访，尽管在南满几个孤立地区报告共计 268 人死于腺型鼠疫。

夏季期间我们的医务人员工作在上海，与南京卫生署的官员紧密合作，开展防止霍乱的活动。

1929 年冬，中苏两国军队在黑龙江地区发生短暂冲突，我们满洲里医院的驻院医官李恩昶于 11 月 17 日遭遇飞机投弹，被炸身亡。恰好两年后，日本军队滥施他们的威力，当我定期巡回视察位于中朝边境城市的安东检疫所时，他们在长春强行把我带下火车，在以上章节我已叙述过这一不愉快的事件。

日本驻沈阳领事告诉我，日本宪兵的行动独立于政府之外。然而他们的军方代表专横武断地对待一位杰出的中国官员，并且是 20 多年来在他们国家高度知名和被信赖的人，这令我别开眼界。只要有机会，他们完全可能动辄就给予其他人以类似的惩罚。1941—1945 年，日本军队入侵香港、马来亚、菲律宾、缅甸和荷属东印度，这样的机会来临了。他们穷凶极恶地残酷折磨英国人、美国人、澳大利亚人、中国人、菲律宾人、缅甸人，以及其他不幸被日本宪兵纠缠的那些国家的居民。

在结束本章之前，我希望那个曾经不可一世的帝国在盟军占领下，能够吸取严重教训，这样，或许这段历史不会被轻易忘记，让他们的政府接受新宪法，建成一个真正的民主国家。

政务院于 1931 年 4 月 4 日颁布训令，将我们自 1912 年创立以来隶属外交部的东三省防疫事务总处，归属内政部卫生署管辖。另外，赖赫曼（L. Rajchman 国际联盟卫生处主任）博士被任命为中央政府的卫生事务名誉顾问，从而加强了国联和中国卫生机构的联系。

也是在这一年，东三省防疫事务总处停止了运行。

附　东三省防疫事务总处主要出版物目录[①]

《东三省北境防疫事务总处报告书》第一册（Rep. I，1911—1913），剑桥，1914

《东三省北境防疫事务总处报告书》第二册（Rep. II，1914—1917），北京，1917

《东三省防疫事务总处报告大全书》第三册（Rep. III，1918—1922），天津，1922

《东三省防疫事务总处报告大全书》第四册（Rep. IV，1923—1924），天津，1924

《东三省防疫事务总处报告大全书》第五册（Rep. V，1925—1926），天津，1926

《东三省防疫事务总处报告大全书》第六册（Rep. VI，1927—1928），天津，1928

《东北防疫处报告大全书》第七册（Rep. VII，1929—1930），天津，1930

《远东热带医学会会刊》

China Medical Journal〔《中华医学杂志》（英文版）〕〔1915 创刊为 *N. M. J.*，1932 年合并博医会后改为 *Ch. M. J.*〕

National Medical Journal of China〔《中华医学杂志》（中文版）〕

A.　鼠疫

伍连德，《奉天万国鼠疫会议开幕式演说词》（1911），收入《奉天国际鼠疫会议报告书》。马尼拉，1912：18 ~ 25

伍连德，《旱獭（蒙古旱獭）与鼠疫关系之调查》，收入 Rep. I. 1914：9 ~ 47；《柳叶刀》（*The Lancet*），1913，185：529；《卫生学杂志》（*J. Hyg.* 英国）. 1913，13：237；《热带医学与卫生学杂志》（*J. Trop. Med. & Hyg.* ）. 1913，16：275

伍连德，伍德海，《某些肺鼠疫病灶组织学检查之笔记》，收入 Rep. I. 1914：

---

① 本目录按照英文原版翻译。

63～97；《病理学与细菌学杂志》（*J. Path. Bact.* 英国），1914

雷诺兹，海拉尔，《满洲里和奉天调查报告》，收入 Rep. I. 1914：107～112

伍连德，艾伯松，《肺鼠疫及败血性鼠疫在旱獭间的传播》，收入 Rep. I. 1917：7～17；《传染病学杂志》（*Am. J. Infi. Dis.* 美国），1917，20：170；《卫生学杂志》（*J. Hyg.* 英国），1917，16：1

艾伯松（Frederick Eberson），《鼠疫的毒素和毒性》，收入 Rep. II. 1917：18～22；《传染病学杂志》（*Am. J. Inf. Dis.* 美国），1917，20：180

艾伯松，《论鼠疫蛋白质毒素之本质》，收入 Rep. II. 1917：23～28；《中华医学杂志》（*N. M. J.*），1917，3：10；《传染病杂志》（*Am. J. Inf. Dis.* 美国），1917，21：56

艾伯松，《系统鼠疫感染的主动免疫》，收入 Rep. II. 1917：29～44，《中华医学杂志》（*N. M. J.*），1917，3：125；《传染病学杂志》（*Am. J. Inf. Dis.* 美国），1918，22：62

伍连德，《鼠疫在东方特别是在东三省之暴发》（协和医学院开幕式演说词，1921.9，北京），《卫生学杂志》（*J. Hyg.* 英国），1922，21：62

伍连德，《肺鼠疫》，见拜厄姆，阿奇博尔德主编，《实用热带医学》第46章，1922：1038～1046

伍连德，《第二次满洲肺鼠疫大流行（1920—1921）》，收入 Rep. III. 1922：1～54；《卫生学杂志》（*J. Hyg.* 英国），1923，21：262

伍连德，陈永汉，伯力士，《第二次满洲肺鼠疫大流行（1920—1921）期间及之后的观察》，收入 Rep. III. 1922：55～82；《卫生学杂志》（*J. Hyg.* 英国），1923，21：307

伍连德，陈永汉，伯力士，《鼠疫流行病学中旱獭的作用》，收入 Rep. III. 1922：83～98；《卫生学杂志》（*J. Hyg.* 英国），1923，21：329

伍连德，陈永汉，伯力士，《第二次满洲肺鼠疫大流行（1920—1921）的临床观察》，收入 Rep. III. 1922：120～141；《卫生学杂志》（*J. Hyg.* 英国），1923，21：289

伍连德，陈永汉，伯力士，《第二次满洲鼠疫大流行（1920—1921）：鼠疫肺炎的病理学发现》，收入 Rep. III. 1922：142～165

陈永汉，《1921 哈尔滨肺鼠疫的显著特征》，收入 Rep. III. 1922：166～180，《中华医学杂志》（N. M. J.），1922，8：71

伍连德，陈永汉，伯力士，《全世界有史以来肺鼠疫暴发记录》，收入 Rep. IV. 1924：1～110

伍连德，《野生啮齿类动物鼠疫及最近研究旱獭与鼠疫之关系》，收入 Rep. IV. 1924：111～153；《第五届远东热带医学会 FEATM 年会会议录》，1923：305；《卫生学杂志》（J. Hyg. 英国），1924，22：329

藤浪鉴，伍连德，《1921 满洲鼠疫大流行之病理组织学研究》，收入 Rep. IV. 1924：154～171，《博医会报》（Ch. M. J.），1923，38：617

伍连德，林家瑞，《天然传染疫獭脏器组织学变化之所见》，收入 Rep. IV. 1924：172～177

伍连德，《鼠疫之发源地》，收入 Rep. IV. 1924：178～198；《第五届远东热带医学会 FEATM 年会会议录》，1923：286；《世界医学》（Jap. Med. World 日本），1924，4：1

叶墨，《旱獭虱与鼠疫关系的实验》，收入 Rep. IV. 1924：231～234；《卫生学杂志》（Zschr. f. Hyg.），1925，104：551

伍连德，叶墨，《旱獭及斯士儿鼠肺疫病理的系统研究》，收入 Rep. V. 1926：1～25

伍连德，陈永汉，伯力士，《经由旱獭体外寄生虫传播鼠疫》，收入 Rep. V. 1926：26～30；《卫生学杂志》（Am. J. Hyg. 美国），1925，5：196

伍连德，《野生啮齿动物鼠疫实际状况》，收入 Rep. V. 1926：31～53；国联卫生部，《C. H. 360 手册》，1925；《第六届远东热带医学会 FEATM 年会会议录》，1925，2：815

叶墨，《结核与鼠疫共存评论》《豚鼠混合感染研究》，收入 Rep. V. 1926：54～

71；中华医学杂志（*N. M. J.*）．1925，11：257.

叶墨，《染色涂片之鼠疫杆菌活性笔记》，收入 Rep. V. 1926：72～78；《中华医学杂志》（*N. M. J.*），1926，12：1

叶墨，《肺鼠疫的流行病学和组织学的若干评论》，收入 Rep. V. 1926：79～95；《航海与热带医学杂志》（*Arch. f. Schiffs & Tropenhyg.*），1925，29：650

关任民，《哈尔滨新肺鼠疫病室落成记》，收入 Rep. V. 1926：104～105

李元白，《旱獭中发现的一种新型蛔虫》，收入 Rep. V. 1926：106～107

伍连德，《肺鼠疫论述》，国联，日内瓦，1926.

伍连德，《野生啮齿动物保存鼠疫》，收入 Rep. VI. 1928：1～21；《第七届远东热带医学会 FEATM 年会会议录》，1927，2：44；《卫生学杂志》（*Am. J. Hyg.* 美国），1928，8：649

伍连德，伯力士，《啮齿动物保存鼠疫并特向西伯利亚旱獭注意之研究（二次通讯）》，收入 Rep. VI. 1928：22～40

伍连德，《肺鼠疫问题》，收入 Rep. VI. 1928：41～54；《第七届远东热带医学会 FEATM 年会会议录》，1927，2：22；《国际公共卫生通讯》（*Bull. Off. Internat d'Hyg. Publ.*），1928，20：573

伍连德，《肺鼠疫之新学识》，收入 Rep. VI. 1928：55～92

伍连德，伯力士，《野生啮齿动物鼠疫的进一步观察》，收入 Rep. VI. 1928：93～132

卡伦德（*G. R. Callender*），《肺鼠疫病理组织学研究》，收入 Rep. VI. 1928：133～151

伍连德，《谨拟国际联盟卫生部应组织野生啮齿动物之鼠疫专门研究会计划书》，收入 Rep. VI. 1928：152～170

李元白，《旱獭寄生虫之研究》，收入 Rep. VI. 1928：181～182

李元白，《旱獭内变形虫（*Entamoeba bobaci* N. Sp.）》，收入 Rep. VI. 1928：183～

186；《寄生虫学年鉴》（*Anna. de Parasit.*)，1928

叶墨，《寄生虫与鼠疫关系补录摄要》，收入 Rep. VI. 1928：187～197；《卫生学与传染病学杂志》（*Zschr. f. Hyg. & Inf. – Kr.*)，107，498

叶墨，《外贝加尔地区哺乳动物巢穴概述》，收入 Rep. VI. 1928：198～207；《哺乳动物学杂志》（*Zschr. f. Saeugetierk.*)，1，No. 1

伍连德，陈永汉，《1928 年通辽鼠疫调查》，收入 Rep. VI. 1928：208～216

伍连德，伯力士，林家瑞，叶墨，《华北鼠疫状况之研究》，中华医学杂志（*N. M. J.*)，1929，15：273～402

伍连德，《满洲与蒙古的啮齿动物及其疾病意义》，收入 Rep. VII. 1930：1～8；《北京自然史学会通讯》，1929—1930，4：95

伍连德，《腺鼠疫的外科治疗》，收入 Rep. VII. 1930：9～14；《第一次泛太平洋外科学会会议录》，檀香山，1929：31

叶墨，《1929 年 8 月通辽地区鼠疫暴发期间调查报告》，收入 Rep. VII. 1930：15～22

齐茨瑟姆（Zitzthum），《鼠疫携带者螨虫》，收入 Rep. VII. 1930：23；《动物学年鉴（Zool. Jahrb.）》，1930，60：381

伍连德，叶墨，《东亚野生啮齿动物的巴尔通体和格莱汉姆体》（于国际细菌学会议宣读，巴黎，1930），收入 Rep. VII. 1930：24～26

陈永汉，《1929 年通辽地区腺鼠疫流行报告》，收入 Rep. VII. 1930：156～165

林家瑞，《1929 年通辽地区防鼠疫工作报告》，收入 Rep. VII. 1930：166～171

陈永汉，《1930 年南满腺鼠疫暴发报告》，收入 Rep. VII. 1930：172～176

B. 霍乱

伍连德，陈永汉，《霍乱症最近流行于中国详记》，收入 Rep. III. 1922：181～196；《中华医学杂志》（*N. M. J.*)，1919，5：182

伍连德，陈永汉，《1919 年哈尔滨流行霍乱之防治法》（医学联合会会议宣读，北京，1920.2），Rep. III. 1922：197~205

伍连德，《民国十五年流行霍乱初次报告》，收入 Rep. V. 1926：110~112；《中华医学杂志》（N. M. J.），1926，12：413

伍连德，陈永汉，伯力士，《1926 年哈尔滨霍乱之流行病学研究》，收入 Rep. V. 1926：113~125；《中华医学杂志》（N. M. J.），1926，12：417

陈永汉，《滨江医院霍乱记事 1926》，收入 Rep. V. 1926：126~131；《中华医学杂志》（N. M. J.），1926，12：432

伯力士，《1926 年霍乱流行的实验室报告》，收入 Rep. V. 1926：132~141；《中华医学杂志》（N. M. J.），1926，12：439

叶墨，《中国纸币的霍乱弧菌活性探讨》，收入 Rep. V. 1926：142~147

杨廷珖，《中日霍乱的问题》，收入 Rep. VI. 1928：240~245

C. 其他传染性疾病

伍连德，《唐山热病复发之观察》，收入 Rep. I. 1914：98~106

陈永汉，《虫与炭疽》，收入 Rep. II. 1917：54~56；《博医会报》（Ch. M. J.），1916，30：89

伍连德，《北满炭疽记事》，收入 Rep. II. 1917：91~95

陈永汉，《流行性感冒及其传染猪之研究》，收入 Rep. III. 1922：206~214；《中华医学杂志》（N. M. J.），1919，5：34

杨廷珖，史纬华，《中国的猩红热论》，收入 Rep. IV. 1924：207~223

林家瑞，叶墨，《远东猩红热的研究》，收入 Rep. V. 1926：148~158；《中华医学杂志》（N. M. J.），1925，11：399

陈永汉，叶墨，《猩红热链球菌抗毒素评述》，收入 Rep. V. 1926：159~174；《中华医学杂志》（N. M. J.），1926，12：125

周树彬，《哈尔滨狄氏猩红热皮肤反应效力研究》，收入 Rep. V. 1926：175～179

林家瑞，杨廷珖，《溶血性猩红热链球菌在爬行和两栖类动物体内的状态》，收入 Rep. V. 1926：180～182

叶墨，《猩红热之连锁球菌生活之研究》，收入 Rep. VI. 1928：252～275；《卫生学与传染病学杂志》(*Zschr. f. Hyg. + Inf - Kr.*)，1927

伍连德，《中国传染病的预防》，收入 Rep. VII. 1930：137～142，《博医会报》(*Ch. M. J.*)，1929，43：343

陈永汉，《流行病之原因》，收入 Rep. VII. 1930：143～147

D. 公共卫生学

伍连德，《中国的卫生学实践》，《上海国家评论杂志》(*National Review*). 1913

伍连德，《唤醒中国的卫生意识》，《博医会报》(*Ch. M. J.*)，1915，29：222.

伍连德，《一个卫生的中国餐桌》，收入 Rep. II. 1917：51～53；《中华医学杂志》(*N. M. J.*)，1915，1：7

伍连德，《中国共和后公共卫生发达观》，收入 Rep. IV. 1924：261～265；《中华医学杂志》(*N. M. J.*)，1923，9：1

林家瑞，伍连德，《哈尔滨滨江地区公共卫生概况初期报告（英文版）》，收入 Rep. V. 1926：183～231.（试办哈尔滨公共卫生第一上半年报告　中文版）

伍连德，《中国的性病问题》，收入 Rep. V. 1926：232～251；《博医会报》(*Ch. M. J.*)，1927，41：28

陈永汉，伍连德，《由政府的立场控制脚气病》，收入 Rep. V. 1926：252～261；《第六届远东热带医学会 FEATM 年会会议录》，1925；《中华医学杂志》(*N. M. J.*)，1926，12：9

伍连德，《远东的海港检疫问题》，（泛太平洋食品保存会议宣读，檀香山，1924.8），收入 Rep. V. 1926：272～276

E. 麻醉剂

伍连德,《吗啡之危险》, （医学联合会会议宣读，广州，1917），收入 Rep. III. 1922：243～246

伍连德,《关于麻醉剂最近之状况》, 收入 Rep. III. 1922：247～252；《中华医学杂志》(*N. M. J.*), 1920, 6：65

伍连德,《麻醉剂问题的公共卫生方面》, 收入 Rep. V. 1926：262～271；《第六届远东热带医学会 FEATM 年会会议录》, 1925. （麻醉毒药之公众卫生观　中文版）

伍连德,《鸦片问题达到严重阶段》, 收入 Rep. VII. 1930：89～92；《中国民族周刊》(*Chinese Nation*), 1931, 1, No. 33

F. 医学教育

伍连德,《中国医学教育备忘录》（英文版）, 收入 Rep. III. 1922：220～236；《博医会报》(*Ch. M. J.*), 1914, 28：105（上教育部拟改组全国医学教育意见书　中文版）

伍连德,《中国医业先前的某些问题》, 收入 Rep. III. 1922：268～272；《博医会报》(*Ch. M. J.*), 1917, 31：122

伍连德,《中国医学教育状况 1922》, 收入 Rep. IV. 1924：266～270；《中国年鉴》, 1923

G. 医学史

伍连德,《古代中国人对中毒的认识》, 收入 Rep. II. 1917：57～60；《博医会报》(*Ch. M. J.*), 1916, 30：175

伍连德,《中国共和以来医学的进步》, 收入 Rep. IV. 1924：237～242；《柳叶刀》(*The Lancet*), 1920

伍连德,《北京东岳庙记》, 收入 Rep. III. 1922：260～261；《中华医学杂志》(*N. M. J.*), 1919, 5：168

伍连德,《吾国医术发达观》, 收入 Rep. V. 1926：294～299；《中国传教士年

鉴》，1926

伍连德，《古代中国人在外科学领域的贡献》，（第一届泛太平洋外科学会议宣读，檀香山，1929），收入 Rep. VII. 1930：93～100

伍连德，《西方医学在中国的早期岁月》，收入 Rep. VII. 1930：101～126；《皇家亚洲文会中国分会杂志》（*J. N. China Br. Royal Asiat. Soc.*）. 1931：42

王吉民，伍连德，《中国医史》，天津，1932

H. 医院记述

伍连德，《华北铁路的隔离营》，收入 Rep. I. 1914：113～115

陈祀邦，《哈尔滨医院记述》，收入 Rep. I. 1914：125～130

伍连德，陆存煊，《拉哈苏苏及其医院》，收入 Rep. I. 1914：136～140

伍连德，《北京中央医院》，收入 Rep. I. 1914：87～90；《当代医院》（*Modern Hospital*），1917

杨廷珖，《新建立的牛庄海港检疫医院》，收入 Rep. III. 1922：266～267；《中华医学杂志》（*N. M. J.*），1920，6：211

伍连德，《我在中国建设医院》，收入 Rep. IV. 1928：235～246；《中华医学杂志》（*N. M. J.*），1924，10：265〔《在吾国建设医院》（中文版）〕

I. 杂录

伍连德，《鱼皮鞑靼人》，收入 Rep. I. 1914：141～144

陈永汉，《中国人的白细胞分类计数》，收入 Rep. II. 1917：61～62

陈永汉，《脚气病人的白细胞分类计数》，收入 Rep. II. 1917：63～65

陈永汉，《植皮术之经验》，收入 Rep. III. 1922：215～219；《中华医学杂志》（*N. M. J.*），1918，4：10

陈永汉，《中国人与欧洲人的某些疾病发病率评述》，收入 Rep. IV. 1924：199～206；《中华医学杂志》（*N. M. J.*），1924，10：145

陈永汉，《中国人日常饮食对疾病的影响》，收入 Rep. V. 1926：283～285；《博医会报》（*Ch. M. J.*），1925，39：1046

叶墨，《东省土著及蛮族生物学上之研究》，收入 Rep. VI. 1928：222～239

叶墨，林家瑞，《哈尔滨傅家甸人民血属之研究》，收入 Rep. VI. 1928：276～279；《中华医学杂志》（*N. M. J.*），1928，14：239

叶墨，《蒙古民族生物学血属系率之研究》，收入 Rep. VI. 1928：280；《中华医学杂志》（*N. M. J.*），1928，14：20

陈永汉，《华北非肺型结核相对发病率》，收入 Rep. VI. 1928：281～286；《中华医学杂志》（*N. M. J.*），1928，14：245

伍连德，叶墨，《满洲豢养动物的血型调查》（国际细菌学会议宣读，巴黎，1930），收入 Rep. VII. 1930：27～31

叶墨，《蒙古东北部和满洲北部的血型调查》，收入 Rep. VII. 1930：32～44；《人类学协会报告》，维也纳（*Mitt. d. Anthrop. Ges. in Wien*）. 60，39

叶墨，《牦牛和牛的血清学分布》，收入 Rep. VII. 1930：45～46；《药物研究》（*Zschr. f. Imm-Forsch.*），1930，65

第 14 章
海港检疫管理处

1930 年前中国海港检疫状况

中国近代海港检疫事务的历史可追溯至 1873 年，那时为了防止霍乱由暹罗［今泰国］和马来半岛侵入，上海和厦门都采取了措施。

中国海关总税务司梅乐和（Frederick W. Maze，后英王授以爵位）先生，于 1931 年出版了一份关于海关机构检疫活动的很有价值的文件资料汇编，以下数段均由其中摘引：

1. 1873 年，赖特（F. E. Wright）先生负责上海海关检疫站。

2. 检疫（英文原意为海上检疫）在海关监督下进行。尽管该处有中国地方行政当局，但外国领事享有的治外法权也适用在各该国家的轮船上。

3. 海关的医官由当地道台（地区行政长官）任命，并兼任港务卫生官员。

4. 该医官有权收取服务费用。

5. 1874 年为上海港制定了明确的卫生章程，以中、英、法三种文字颁布，并经各国驻港领事同意。

6. 根据这些规章，由海关监督和外国领事决定某港口为受感染港口。船舶须在前桅杆悬一面黄色旗帜以宣示该船受到感染，方可继续由河道驶向上海。

7. 强制检疫由医官负责，但应告知理船厅［海关下属部门］，然后由其逐级上报，并取得相关领事的同意。

8. 应接受检疫的疾病种类无规定名录。

我们可以从上述章程中看出上海所采用的这种程序很不严格，在今日看来则近乎儿戏。

在南方的港口厦门（与菲律宾交往频繁），休斯（George Hughes）于 1873 年出掌海关税务司。经该通商口岸领事同意后，他拟定了 3 条卫生条例：

1. 所有来自新加坡、曼谷或其他霍乱流行地区的船舶，必须停靠在指定地点等待海关医官检查。

2. 严禁此类船舶移动其泊位，在获得海关许可前，任何旅客、行李或其他物品禁止登岸。

3. 任何违反以上条例的行为应受之处罚由有关领事馆依法施行。

当时厦门海关医官曼森（Patrick Manson，后来受封为爵士）博士和他的兄弟戴维（David Manson）两位医师（同时也在这个繁荣港口开业行医）发布了一个截止时间为 1873 年 9 月 30 日的厦门卫生半年报告，该报告用以下一段文字结束：

由于印度和海峡殖民地霍乱流行，确定在一段时间内对来自染疫口岸

505

的船只实行检疫。进入内港之前船上所有人员均接受了检查，遗憾的是，出现霍乱必须进行隔离并无先例。

1875年10月，上海再次出现霍乱，采用的预防措施仍旧是过时的和非专业的。当时厦门的海关税务司的布朗（J. McLeavy Brown）先生提出了以下议题，主要是为坚持开放港口领事的"贸易保护"原则，此人退休后被委任为驻伦敦的中国公使馆顾问。

1. 宣布港口染疫的权利授予何人？

2. 港务卫生官员的地位和薪酬？

3. 何时才有必要实行普遍适用的长久性海港检疫条例？

布朗先生强调："躲避瘟疫本是一种自我保护行为，并没有在任何条约中申明放弃行使此项权利，这是为了疫情最先到达的港口管理当局能采取必要步骤，并且为了使领事和其他人有权拒绝那些反对者的辩护。"布朗先生还进一步指出："事实上，当有必要实行海港检疫时，港口当局与领事之间少有不经事先商洽并达成协议的。同时还应考虑到这样的可能情况，即港口当局觉得自己不得不对来自特定地区的船舶实行强制检疫，甚至会违背所属国家领事的意愿，并让该领事来承担拒绝协助对他们本国船舶强制施行条例的责任。"

这位海关税务司的理念当然超越了他的时代，他竟无顾忌地说出了他反对领事总是进行干涉的想法，这些领事简直就是滥用他们的治外法权，在传染病严重流行期间，竟以生命为代价来保护贸易。中国只能一直等到排除了那些令人厌恶的障碍后，1930年才由卫生部颁布了中国海港检疫管理处条例。如果这位港务医官（通常是欧洲人）直接由中国当局雇用，他自然会更自觉地将他的报告呈递给中国当局，然后由中国当局将报告的副本正式送交各领事。忽略了这个基本原则，将会使许多人误解海关医官，因为他由海关聘任，事实上兼办海港检疫事务，而且又是利用海关来施行检疫，这正是造成外界误以为海关担负海港检疫之全责的原因。那时，还没有拟订通用的海港检疫章程，或许由于以下原因：（1）最高当局在应由谁来宣布染疫口岸的问题上，没有达成一致意见；（2）由谁来任命港务卫生官员和提供海港检疫费用上的意见分歧；（3）缺乏诸如蒸熏和消毒器械等海港检疫设备；（4）在没有发生鼠疫、霍乱、天花、猩红热或其他流行病时普遍对海港检疫漠不关心；（5）内地的航运管理问题。1930年海港检疫管理处成立后，切实解决了这些问题。另外，当年的港务医官是一个特别有利可图的职位，尤其是厦门和汕头这两个移民出境港口，前往菲律宾、荷属东印度、法属印度支那和海峡殖民地的移民都需要接种疫苗证书。任何人（男人、女人和儿童）购买船票之前，须持有港务医官（个别情况下可以是英国医师）签字的接种疫苗证书。随后，要颁发轮船无疫入港许可证，代表船籍国家的领事与医师事先须一起登船检查所有乘客。由于每个月各艘轮船可能有数千移民离境，此类检查和接种的收入，即使按每人一元钱计亦相当可观。所有这些收费均被视为医师合法报酬的一部分。所以在这个职位上的医师的总收入，包括与银行、商贸公司签订合同及通常的薪金，肯定是相当高的。在《英国医学杂志》和《柳叶刀》（*The Lancet*）的广告栏中，经常可见有人出售厦门和汕头港的"肥差"，其转手费用总计高达 5 000 到 6 000 英镑，采用一次结清或分期付款的方式成交。

除上海和厦门两个主要海港外，较小的港口也有它们自己的问题需要解决。宁波于 1894 年宣布设立海港检疫所，以应对香港和广州的鼠疫流行；汕头于 1883 年发布了它的第一个卫生条例；牛庄［今营口］在 1899 年建立了一个卫生机构预防鼠疫；1899 年，经直隶总督批准，天津在大沽创建了海港检疫所；1902—1904 年汉口发布卫生条例，此条例沿用至

1931年长江大水灾时。

东三省防疫事务总处于1912年建立后，立即承担了该地区控制流行性传染病（特别是鼠疫和霍乱）的全部责任，并建立了必需的防疫医院。附带说明，1919年海关拨款60 000元，在牛庄建设一所检疫医院，并提供每年24 000元的运行经费。1923年安东港得到45 000元，在汕头至龙口航线上建造了一处现代化的检疫所，常年经费20 000元。这两所检疫所当时由东三省防疫事务总处兼管，防疫总处也负责海港检疫工作。

哈尔滨新建成的鼠疫实验室,1920年动工,1925年竣工。前立者为总办兼总医官伍连德博士

出任海港检疫管理处处长

从上述海港检疫事务传入中国的早期变迁过程中，便可以理解1930年7月1日任命我为中国的海港检疫管理处处长，为何会受到普遍欢迎，这尤其是因为我在东三省卓有成效的工作成绩。到此时为止，在预防医学

领域之所以仍未取得稳步进展，乃因缺少一位专业的领导者，缺乏适当的经费，兼之中国官员、外国领事和航运公司的经理们对海港检疫程序所涉内容之广泛程度了解不多，因而使其举步维艰。

此前有两次场合，先是在檀香山举行的泛太平洋食品保藏会议（1924年），后是在香港举办的博医会与中华医学会的联合会议（1927年）上，我曾建议重新组织国际预防医学这一重要部门，也屡次向北京中央政府谏言与时俱进之重要性。

1928年南京国民政府设置卫生部，这个问题被认真地提上了日程。洛克菲勒基金会的国际卫生董事会远东部主任海泽博士和国际联盟卫生处主任赖赫曼（Ludwig Rajchman）博士都被聘为卫生部高级顾问。1929年12月，国际联盟派来由赖赫曼和布德罗（Frank Boudreau）组成的代表团，第二年又派来澳大利亚卫生署海港检疫处处长帕克（C. L. Park）博士。帕克当时兼任国联的流行病学专家，调查过那些1923年怀特博士不曾调查的中国港口。代表政府陪同来访者的是我、金宝善博士和蔡鸿博士。

代表团与有关各方人士进行了商讨和咨询，其中有宋子文（财政部部长）、刘瑞恒（卫生部部长）、张福运（关务署署长）、梅乐和先生（现为爵士，海关总税务司）、各港口海关税务司，有时还会见各国公使、条约港的领事以及邮船公司经理等，结果国民政府决定：

1. 成立海港检疫管理处，总部设在上海。

2. 从1930年7月1日起接收中国最大也是最主要的上海检疫站。

3. 公布最新的适用于中国各口岸的海港检疫条例。

4. 做好在合适时机接收其他港口的准备。

海港检疫管理处总部于1930年6月30日正式开始办公，地点设在面对外滩（江边）的海关大楼第三层的一个大厅。这个新机构隶属卫生署（内政部的全国卫生管理行政机构）。该管理处由总务科、检疫科、蒸熏科和医务科 4 个部门组成，每个部门各有人负责，但全部工作都归处长管理。我是处长兼总务科科长，伍长耀医师（香港大学医学士）是我的主要助手，他是船务和检疫科科长。陈永汉医师管理医务科，金乃逸博士负责蒸熏科。

海港检疫管理处、上海海港检疫所工作人员合影。前排左四为伍连德

　　上海这个商业大都会，自然需要首先关注。这个城市驻有 19 个国家的领事，有庞大的航运产业，与内地有广阔的贸易关系，实际上全国海关税收的一半集中在这个港口。显然该地区海关税务司的意见是举足轻重的。海关总税务司的办公地点是在上海而不是像以往那样设在北京，这为我们执行公务带来很大方便。

　　在我们接管前，上海有个称作卫生处的机构，由中国政府及各国驻沪领事团授权上海税务司管理，一切有关海港检疫事宜均须事先征得各国驻沪领事团成员之全体同意方能实施。高级港务医官驻在吴淞（15 英里外），他受雇于海关和领事团双方，由理船厅向其发布指令，他同时又是海关税务司的下属。因此出现任何突发事件而要迅速作出决策时并无专家指导，然而每个有关人士都希望它能够高效率地平稳运行，所以用现代科学路线改组这个卫生处显然会受到欢迎。

　　前上海卫生处的港务医官是一位退休的英国医师，住在吴淞由海关当局提供的房舍中。他的基本职责是，凡遇进港船只在航程中有死亡病例报告者，以及船舶来自有疫情口岸者，他须登船检查。他还负责一所建于 1919 年的陈旧的检疫医院，该医院可收容 30 个病人，位于往返不便的江南岸。但是它的病床少有病人利用，因为外国病人都送往公共租界工部局的城市隔离医院。这所医院隔壁是由中国红十字总会大约建于相同年代的一所医院，中国病人或是检疫查出的病人如有必要即送往该处。

　　上海卫生处的运行费用通常来自：

上海公共租界	每年 9 000 元
法国租界	每年 3 150 元
由私有的消毒公司蒸熏收费中提取 10%	每年 30 000 元
每年收入	约 42 150 元
支出	约 49 200 元

　　卫生处的支出包括港务医官的薪金（12 000 元），海关外国警察的租金（4 950元），医院 13 位雇员及检疫艇上 17 位水手的工资。多年来每年

亏损约 7 000 元。接收时，我们登记的未偿还外债达 21 700 元。

与卫生处密切合作的是休斯（H. Hughes）先生的私人消毒公司，此人曾经是英国商船上的机师。休斯曾向海关获得贷款 40 000 元，作为未来 5 年（自 1925 年起）的费用，用他已取得专利的碳气熏船机（CO – CO_2），蒸熏所有需要消毒的轮船。熏船总收入的 10% 交给海关，并于 1930 年 6 月 30 日将所有驳船和汽艇无偿交给海关。休斯先生是威尔士人，他在得到补偿金后，定居在圣巴巴拉（加利福尼亚）安度晚年。

然而还有一笔债务未清，那是海关为卫生处先行垫付的用于购置一艘新汽艇的款项 150 000 元，幸亏财政部明令海关全部放弃这笔债务，使海港检疫管理处得以摆脱产权负担开始它的事业，并且拥有了新的带有发电机的碳气熏船机和一艘隔离检疫艇。

因此，新组建的上海海港检疫所在 1930 年 7 月 1 日摆脱了一切债务而轻松地开始运行。第一次执行公务是检查来自那些被"公开宣布"为染疫港口，如宿务岛、怡朗（菲律宾）、西贡、加尔各答及曼谷等霍乱流行地区的船舶。协助所长的第一批助手是胡筠和医师（吴淞登轮外勤，香港大学医科毕业生）、白施恩医师（负责蒸熏）和金乃逸医师（登轮外勤）。第一位毕业于香港大学，第二位是北京协和医学院的医学博士，第三位是上海圣约翰大学医学博士。他们都精通英文，对我们和大量进港船舶与商务机构建立良好关系大为有利。

新的海港检疫条例，是以 1926 年在巴黎签订的《万国卫生公约》为蓝本稍加修改后制定的，以适应更新近的海港检疫事务。这部用英文出版的 50 页黄色便携式小册子，与其中文文本一起在全世界各地的政府卫生部门流传，同样也在中国的海事机构和商贸系统广泛使用。不久我们便发现海关慷慨腾出的海关楼大厅不敷使用，于是在当年 9 月迁到了九江路

2A 号国民城市银行第 5 层有 4 个房间的套间内，3 年后我们又迁移到了北京路二号格林邮船大楼。

上海海港检疫所成立之初职员并不多，不久即增加了人手，除办事员外，有 12 名医师、6 名检疫员、4 名医院助手、2 名专门技师，还有 66 名水手、机匠、装配工和勤杂工。除蒸熏驳船"木兰号"和汽艇"伍员号"之外，检疫处的船队又增加了一艘新式加地诺型（Gardner type）摩托快艇"岳飞号"供上海港使用，在吴淞则增加了一艘摩托艇"赵云号"，另外在专门建造的蒸熏驳船"蔡锷号"上装备了碳气熏船机，还有一艘摩托艇"张飞号"则供执行突击任务时使用。①

国民政府在检疫处成立之初曾批准每年向总部拨款 3 万元，另拨给上海海港检疫所 6 万元。但是因为政局紧张，这笔最重要的经费从未支付过。

然而，上海得自熏船收费的固定收入，以及厦门和汕头的接种天花疫苗收费（有自己的独立账户）有时可达每月 20 000 元。可以认为这个新组建的海港检疫管理处还是欣欣向荣的，它有能力根据职员的工作效率支付公平的薪金，还能用赚来的钱购置新设备和为船队增加 4 条新船。

当时已计划在吴淞建设一所新检疫医院，且已向上海浚浦总局租得位于黄浦江和长江口交汇处的一片空地，实际已开始建筑施工，但不久日本即开始飞机轰炸和炮击，公然为再次进攻大上海港做准备。

---

① 海港检疫管理处的船只以中国历史名人命名，它们是：（1）木兰，代替病弱的父亲出征的女英雄，女扮男装，像一个普通士兵战斗多年，光荣还乡后与一位军中知己成婚。这位知己虽同属一支队伍却长久不知道木兰是女郎。（2）赵云，三国时代伟大的战士。（3）伍员，著名的爱国者，吴国的相国（约公元前 10 世纪），死于美女西施的反间计。（4）蔡锷，近代英雄。1915 年首先举起反对袁世凯背叛民国的大旗。（5）岳飞，宋代英雄，1179 年被追谥为圣。（6）张飞，满面胡须的猛将，桃园三结义中的三弟，两位兄长是刘备和关羽（三国时代）。——作者原注

　　海港检疫管理处从一开始便取得了显著成功，主要应归功于海关总税务司梅乐和爵士的热心帮助，他在任职海关税务司的青年时代，即期待合格的中国医师能为自己的国家经营一个有效率的检疫机构。类似的情况还有赫德爵士创建的邮政总局，初期是由法国和其他外国雇员管理，在1911年便移交给了中国交通部。

吴淞检疫医院

厦门海港检疫所

　　赖国联之助，我们的5位医官杨廷珖、戴芳渊、伍长耀、林家瑞和金乃逸，于1929年至1931年间得以遍访欧洲、美国、巴拿马运河、中国香港、新加坡和日本，研讨最近时期的检疫问题。归国后，他们使管理处沿着最新方向组织开展工作，证明这次出访大有裨益。

　　上海海港检疫所之后，下一个成立的海港检疫管理处下属机构在厦门，因为这里是移民出境前往菲律宾、荷属东印度（今印尼）和海峡殖民地的必经之地，值得我们特别关注。我们在1931年1月1日正式接管厦门海港检疫机构，驻厦门的负责官员林国赓将军慷慨地将厦门大学附近一块6.2英亩的海滩划归我们，用于建设检疫医院。依靠积攒为移民检疫和接种疫苗的收入（以往这笔收入尽入私人囊中），一座漂亮的传染病医院很快就在一座古要塞的基础上矗立起来了。厦门检疫所自有检疫艇一艘，宽敞的办公室和候诊室以及设备完善的实验室都在海滨。1931年天花严重流行时，这所医院以出色的服务回报了海运界和市政当局。当年年初，我们的检疫医官在泗码［Chiobe，今石码，漳州地区］及邻近地区以极好的工作扑灭了腺鼠疫，并以我们哈尔滨的防疫机构提供的疫苗为数千居民进行了预防接种。

［我们还相继接管或建立了以下海港检疫机构。］

汕头海港检疫所，于1931年4月1日被我们完全接管，汕头是大批移民前往法属印度支那、暹罗和马来亚的重要港口。

牛庄海港检疫所，是一所完善和最新系列的医院，自1917年开始，由东三省防疫事务总处主持建成。1931年10月15日，连同所有职员均移交给海港检疫管理处。

汉口检疫所，1931年8月至9月长江水灾，管理处奉命在这个重要的内陆港建立一个检疫所。驻所医官为戴芳渊博士。

安东检疫所，位于中朝边境，是一所拥有充足设备的医院。于1931年10月15日接管。

天津、大沽和秦皇岛，这三个北方港口的检疫业务原定于1932年1月1日移交给我们管理，但由于爆发中日战争，接收工作延迟了两年。

广州所，面对香港的重要海港，早在1926年9月16日即由广州市卫生处筹建，有两所检疫医院，位于南石头和黄埔军官学校附近。1932年我们准备接管时，他们立即自愿归入海港检疫管理处。

从历史观点考虑，仅次于上海的最令人关注的港口，或许就是厦门。成千上万的早期福建省移民，都从这里乘坐简陋的小船前往马来亚、菲律宾、暹罗、荷属东印度或东南亚其他地区寻求致富的机遇。其中大多数人开始都困难重重，但也有不少人经商致富，并在那些地区定居。整个马来亚的人们都知道厦门移民和他们后代中的一些名人，例如陈笃生（新加坡）、辜尚达、辜承福（槟榔屿）和陈祯禄（马六甲，现为爵士）等。

厦门是一个可爱的地方，周长 40 英里，被据称是中国最美丽的港湾环绕着。对面的小岛鼓浪屿，1903 年便被开放为公共租界。热带医学的奠基人曼森（Patrick Manson，1844—1922）博士曾在这里生活过。他除了靠繁忙行医赚钱外，还花费了大量时间，致力于研究和追索蚊子在人群中传播疟疾与丝虫病过程中的作用。我与王吉民合著的《中国医史》（1936年）中，详细地叙述了曼森博士 1871—1880 年在厦门从事的伟大工作。曼森的继承者里格（B. S. Ringer）博士由于发现并殖吸虫（Paragonimus）[肺吸虫]偶尔也可进入人的肺中而在热带医学界中出了名。还应提及英国领事许立德（Meyrick Hewlett，后封爵士）先生的善举，他创办了"移民所"收容老弱或无家可归的移民，将这些移民收留在厦门，以便找到合适的交通工具将他们送回国内自己的乡村老家。1931 年建立海港检疫管理处时，我们也接管了这个移民所。

还要补充的是，在这段时间内，即 1932 年 9 月 29 日至 10 月 6 日，中华医学会（博医会与中华医学会合并组成）在上海雷士德医学研究院宏伟的新楼内召开了第一次全体大会。会议安排了一整天（10 月 1 日）给海港检疫管理处，让我们的职员宣读论文和举办展览，并与到会者进行切磋。那次会议的主席是大上海卫生局局长胡鸿基博士，他毕业于约翰·霍普金斯大学，获公共卫生学博士学位，不幸于两周后死于车祸。海港检疫管理处邀请了与会的 150 位代表参观环境优美的吴淞海港检疫所，在那河流入海口处有一片桃园，田园景色宜人。为这次游览，动用了检疫所的两艘检疫汽艇，当天还特地向太平洋－东方航运公司租来一艘"郭士立号"

（Gutzlaff）游艇，大家尽情享受了这往返各一小时的旅途，船上提供了自助午餐和下午茶。

五次招待会

在海港检疫管理处处长任上，我最乐意开展的工作之一，是与以领事身份出面的现任高层领导人、专员、银行家、海关官员、航运公司首脑和商船业的头领等建立亲近的关系。为此目的，我每年在大旅馆或大饭店举办一场中西合璧的晚宴，招待中外来宾。第一次举办这种年宴是在1930年12月9日，有120人出席。在这一次年宴的致词中，我历数了航运与商船界给予我和我的同仁的竭诚支持，并请来宾提出批评和建议，以便改进管理处工作，更有效率，使港口的卫生工作得以更多地造福社会。我还简要介绍了检查和蒸熏轮船取得的成效，报告了我们杀死或捕捉到的老鼠有多少，结果招来一阵笑声。

我也赞扬了帕克博士为我们作出的贡献。帕克是澳大利亚海港检疫处处长，还曾兼任国联卫生处流行病学部主任，他协助拟订的现行海港检疫章程可能是世界最先进的。我回顾了20年前我们在满洲的防疫工作，那时面对的问题比现在更困难。我向热忱支持我们的许多朋友们表示，希望海港检疫管理处不断取得成功，如同我们曾经解决当年在满洲所遇到的问题一样。

中国最大的航运企业太古轮船公司经理芬顿（S. C. Fenton）先生代表客人致答谢词，祝愿海港检疫管理处繁荣和成功。

14个月后，1932年1月21日，我们再次在宴会上相聚。这次来宾人数两倍于前，而且他们更为诚挚和亲切。在我的讲话中，我拿出了一些图表来说明我们工作的进展。例如从 1930 年 10 月到 1931 年 12 月，我们在上海检疫过的船舶有 2 234 艘，总吨位 15 142 733 吨；在吴淞则为 697 艘和 2 924 844 吨。在上海受检疫的旅客：有 50 414 名中国人，88 620 名外国人；在吴淞为 52 748 名中国人 和 3 514 名外国人。同一时期在上海受检疫的船员人数，有 52 690 名中国人，85 309 名欧洲人，72 346 名日本人和 9 705 名印度人；在吴淞则是 39 669 名中国人和 22 150 名外国人。这些数字未包括内河与沿岸中的船舶，在正常时期，这两类船舶可免除海港检疫处的检疫，其总量约 1 800 万吨。1930 年伦敦港的相应数据是：外国船只（包括航运和捕鱼）16 085 艘，总计 22 582 014 吨；沿岸船舶 11 952 艘，总计 6 650 900 吨。

蒸熏报告表明，1931 年蒸熏过的船舶为 975 艘，甲板下吨位为 2 030 675 吨；在吴淞检验帆船 1 077 艘，南市检验 1 828 艘，杨树浦 401 艘，苏州河上游 276 艘，下游 1 554 艘。总计全年检验和消毒帆船 5 136 艘。当年霍乱暴发，对这些帆船和其他本地船只采取了特别的预防措施。上海是海港检疫管理处总部所在地，有无线电和海底电报与在新加坡的国联卫生处远东卫生事务局保持紧密联系，我们定期将流行病学信息上报此中心。此次年宴，有两位客人致答谢词，他们是太古轮船公司总经理卡里尔（J. D. Carriere）先生和爪哇—中国—日本—荷兰航线经理费舍尔（P. J. Fisher）先生，二位都对海港检疫管理处所取得的成绩表示高度赞赏。

1932 年带给中国政府及各阶层民众空前的焦虑。过去一年对上海的轰炸给生命财产造成了损失，这一年将更加严重。早在 1931 年 11 月 16 日，即日本开始侵入满洲（1931 年 9 月 18 日）不到两个月，如前所述，我经受了日本军方对我施加的迫害，那时我在哈尔滨与奉天之间的出差旅途中，在长春站被日本宪兵强行带下他们的南满铁路列车，借口我是国际联盟赖赫曼博士的间谍。①

既然当初已有那样惨痛的经历，日本侵略者从陆地、海洋和天空入侵上海时，这个城市的闸北、吴淞和江湾的全部地区都遭到轰炸而成为一片火海，无论男女老幼，无数平民被杀害或负伤，也就不足为怪了。我们的吴淞检疫医院在这场无人幸免的战乱中化作废墟，使工作停顿了将近一年。然而，我们在上海的职工却未放过任何机会，参与了大量救护伤兵和难民的工作。在当年夏季，中国还经历了有史以来最严重的霍乱流行，这方面的内容将在下一章叙述。

日本人侵占了东三省（满洲），肆无忌惮地强占了中央政府当时直辖的所有公共机构，我们的东三省防疫事务总处实际上已不复存在。然而，在北方 20 年取得了骄人成绩的事业，仍将在关内毫不懈怠地继续推进，因此本应以单行本出版的防疫报告书，就并入到了海港检疫报告书各卷中。我们在中国首次组织了各重要口岸的鼠蚤系统调查。这些工作人员利用他们可支配的有限资源，对与口岸卫生有关的其他许多问题进行过研究。至于检疫和蒸熏等各种例行工作，他们更在方法上力求改进，更加有条不紊，并保存好精确的记录。在这些工作中，我得到全体职员的全力支持以及海关、航运界及商船业界的竭诚合作。

第三次年宴于 1932 年 12 月 15 日在上海繁华的南京路东方饭店举行，邀请客人的范围又扩大了，除航运公司代表外，还邀请了外国领事团成员、各行业商会的主席，公共租界、法租界、华界三个区域的卫生长官，以及海关、市公安局护照检验处、引水总会、医学研究院、美国驻华公共

---

① 由于李顿伯爵受国联委派而提出了关于入侵满洲的特别报告，驻日内瓦日本首席代表松冈洋右恰于此时被召回。——作者原注

卫生部及其他公共团体的代表。事实上受邀者全都出席了。这次我们提供了一桌纯中式的大餐，尽管菜肴品种不算太多，但每位客人都有自用的碗碟。这些菜肴是：燕窝炖鸽蛋、清蒸鳜鱼、炸大虾、烤鸭薄饼、辣子鸡丁、雉鸡笋片、奶油白菜、伊府面条、八宝布丁和杏仁茶等。全体人员首先为国民政府干杯后，我便再次谈到海港检疫管理处所得到的来自各有关方面的愉快的鼓励与合作。尽管年初在淞沪爆发了中日战争，但管理处始终努力执行工作计划，并取得了可观的成绩。虽然吴淞检疫医院被毁，但是我们的职员仍忠于职守，在战场上英勇地参加救护伤员的工作。对进港船只都改在海港泊位上进行例行检疫，这一新的安排对双方都更为有利。尽管由于战争而导致交通运输的严重混乱，还有厦门和汕头的出港移民运输中的业务，我们仍然检验了 2 205 艘船舶，总吨位 14 188 067 吨，与上一年的 2 234 艘和 15 142 733 吨相比相差不大。蒸熏科熏船 733 艘，甲板下总吨位 1 615 431 吨，而 1931 年为 975 艘，总吨位 2 030 675 吨。

所有被认可的蒸熏消毒剂全部成功应用了，其中包括一种商品名为柴可隆－B（Zyclon－B）的使用便捷的氢氰酸气体，这是一种饱和吸收了这种毒剂的纸张。

我还谈到开始不久的鼠蚤调查，共计捕获活鼠 691 只，搜获鼠蚤 3 455 只。在捕获的活鼠和蒸熏后船内搜集的 2 867 只死鼠中均未发现鼠疫菌。广州、厦门和汉口也开展同样的工作，结果均已提交给日内瓦。除了积极开展预防霍乱的运动外，我们的职员还前往收容了大约 22 000 人的 56 个难民营协助进行战时救护工作。我们还负责救治了梅白格路［今新昌路］医院的 100 多位伤兵。在讲话结束前，我对中国的市政府卫生局局长胡鸿基博士因车祸身亡表示了沉痛的悼念，指出这是我们这个群体遭受的巨大损失。为答谢我的祝酒，三位著名来宾讲了话，他们是坎宁安

（E. S. Cunningham，美国驻沪总领事和上海领事团的资深前辈）先生、威尔金森（H. V. Wilkinson，麦肯兹和麦克基侬公司合作伙伴，太平洋－东方航运公司英国—印度以及其他英国航线的代理商）和厄尔教授（上海雷士德医学研究院院长和香港大学生理学系前主任）。

坎宁安先生赞扬了伍博士和他的同仁以前在满洲和最近在上海所进行的划时代的工作，在结束他那诙谐的讲话前，他又透露了伍博士个人捐资30 000元（约3 000英镑），赞助在上海的英国皇家亚洲文会作为建筑经费，用以促进艺术和文化的发展。厄尔教授反复强调了中国需要海港检疫和研究工作，他说这两方面都由伍博士和他那训练有素的同仁在进行着，他回忆起17年前他们在香港大学首次会面，那时他正巧参加了那个盛会。在那个愉快的时刻，授予了伍博士荣誉法学博士学位。厄尔教授为见到他旧日的学生伍长耀现在担任其叔叔伍处长的主要助手这个高级职位，为海港检疫处新增了如此能干的人才而感到高兴，他毫不怀疑这个机构会有辉煌的前途。

1930年以来，尽管海港检疫处的发展曾受到过挫折，但我们仍然努力进行了一些改革，特别是实行了登船检疫和向国联驻新加坡的流行病学部寄送周报。在上海始于1931年的鼠蚤调查，1933年推广到其他口岸，如厦门、广州、武汉和塘沽等地；开始在上海系统地检验本地水体霍乱及有关弧菌的出现和存活情况。部分实验是在管理处租用的雷士德医学研究院的房间进行的；最后出版了一部《霍乱概论》，这是有关中国常见传染性疾病系列专著的第一部，这部专著以中英文两种文字发行，200页，附有一幅彩图，23幅铜版插图，以5元（10先令）平价出售。本书具有一些新颖的特色，诸如霍乱症状的描述采用了类同于中国古代对这种传染病症状的描述方法，采用了我们在学校和农村所应用的更新颖的宣传方法，这样使本国的读者更愿意阅读。

由高级检疫医官伍长耀署名发表的《鼠蚤调查报告》颇为重要。该报告参考了安德鲁（C. T. Andrew）在唐山从事的早期研究〔他仅发现过褐家鼠（R. norvegicum）与印鼠客蚤（X. cheopis）〕及希克斯（Hicks）1923年在上海的研究〔他报道在该地蚤类的数量比率为盲蚤（L. musculi）50％，具带病蚤（C. fasciatus）36％，印鼠客蚤（X. cheopis）11.4％〕。伍长耀医师还论述了地理和气象条件：在上海，鼠类主要有两个种，黑鼠（R. rattus，约占 82％）和褐家鼠（R. norvegicus，约占 8％）；而蚤类为盲蚤（L. musculi，占 72％）、单蚤（C. anisus，占 16％）和印鼠客蚤（X. cheopis，占 11％）。在上海，一年中大多数时间没有印鼠客蚤（最重要的鼠蚤），而在厦门和广州（南方）、塘沽（北方）和汉口（内地）同样的鼠蚤在夏季则大量繁殖。似乎在中国其他地区，是单蚤（C. anisus）取代了具带病蚤（C. fasciatus）。那种携带可恶的鼠疫细菌的印鼠客蚤（X. cheopis）在上海较少见（0.75％），这可以解释为何这个商业大都会尽管有繁忙的海运联系，却罕见鼠疫的原因。同样幸运的是新加坡，那里也是一个没有鼠疫的港口。

1933 年 11 月 10 日，管理处在地处公共租界灯火辉煌区域的东方餐厅内，举办了第四次年宴。这场招待会由国家卫生署署长刘瑞恒博士主持，有来自官方贸易机构及航运界领导者中之显赫人士共 150 位来宾出席。这些来宾中有赖赫曼博士（国际联盟卫生处主任）、大上海市市长吴铁城和太古洋行的布朗（N. S. Brown）先生。刘博士首先致辞后，我以海港检疫管理处处长的名义欢迎各位来宾，特别对赖赫曼博士表示了欢迎，通过他坚持不懈的努力，协助我国政府建立了海港检疫管理处，现在他又被任命为国联理事会驻国民政府经济委员会的技术代表。我在讲话中指出国联卫

生组织与海港检疫管理处如此珍贵的合作关系，通过我们与帕克博士领导的
驻新加坡国联远东卫生事务局的紧密联系，得到了进一步加强。并衷心感谢
帕克博士出席当晚的宴会。我还强调了对梅乐和先生领导下的海关当局、领
事团、上海市政委员会卫生局、法租界和大上海市、雷士德医学研究院以及
航运公司经理等诸单位和人士的竭诚合作表示了诚挚的感谢。

1933 年海港检疫管理处在上海举行之招待会

　　会上我扼要评述了我们一个部门从事的鼠蚤调查工作。这就是总部设
在管理处办公楼的中央防止霍乱临时事务所的专门工作，尽管贸易不景
气，船舶的医学检疫还是检验了（10 个月）1 854 艘船舶，总吨位 12 552
579 吨，而在前一年同时期的数量为 1 969 艘，总吨位 12 576 414 吨。

　　我们的蒸熏科报告了在远洋客轮、货轮、沿岸商船、内河船和驳船上
的大量灭鼠作业。我们的医官义务地宣传防鼠的措施并指出那些会招致老
鼠的做法非常危险。在上海的泊位上我们蒸熏消毒的远洋班轮多达 105 艘。

523

时任海港检疫管理处处
长之作者留影（1934）

1934 年出版之《海港检疫
管理处报告书》第四册

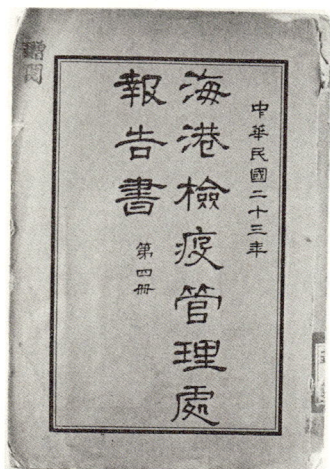

当天的重要来宾吴铁城市长，向工作成
绩卓著的海港检疫管理处表示了敬意，他说
明了管理处历年来取得的进步，指出这个机
构对一度威胁到整个上海国际社区的霍乱流
行的防治运动取得成功，作出了重要贡献。

布朗先生代表航运同业公会讲话，他
对海港检疫管理处无懈可击的工作效率深
表认可，他坦白地说，当初提议成立一个
由中国人领导的海港检疫管理处时，外国
航运界确实有些担忧，但是现在这些疑虑
消除了，他为取得了优异成绩而向伍博士
和他的团队致以崇高敬意。

赖赫曼博士说他来晚了，因为他是刚从江
西南昌乘飞机赶来的。听了前两位精彩的讲话
后，他想换一个新角度来探讨海港检疫问题。
他说早期欧洲国家常常把海港检疫置于政治考
量的基础上。在马赛，检疫医师手持长长的铁
钳去检查船上的乘客。现在时代真是改变了，
一定程度上借助于专家的协助，中国已经有能
力建成一个高效的海港检疫机构，这个机构在
训练有素的细菌学家和研究工作者，又兼备管
理才能和经验的伍连德博士领导下，取得了如
此殊荣。他高兴地见到伍博士进行鼠蚤调查，
研究鼠疫、霍乱及其他远东常见疾病的决策，
以及站在兼顾国内和国际的立场上处理海港检

疫问题，已经获得了惠及全世界的杰出成果。

由蒸熏科科长（金乃逸博士）每年精心准备的蒸熏作业报告，此处应特别提及：

年份	船舶总数/艘	总吨位/吨	蒸熏后回收的死鼠/只
1931 年	975	2 030 675	2 086
1932 年	855	1 904 886	2 288
1933 年	763	1 868 093	2 608

通常在上海港蒸熏的船舶分类如下：

1. 本地船舶（拖船、汽轮和驳船）；
2. 沿岸商船（运载煤炭、木材和缆索的货船）；
3. 内河船舶；
4. 远洋轮船（货船、油船和定期客轮）。

以上所述内河船只，客舱与统舱运载旅客还装载大量货物，或许是最难处理的。一些船的船龄超过 60 年，不具备气密性。船员舱有渗漏，船首安放船锚处的两个孔异常扩大，所以很难密封。通常回收的死鼠很多。远洋轮船来自世界各地，由于上海不是卸货终点港，所以只能在载有货物的条件下蒸熏。油轮，特别是来自美国、英国和北欧国家的船只，清洁而且防鼠。荷兰航运公司的爪哇—中国—日本航线的轮船运载旅客与货物，总是严格维护清洁。英国太平洋－东方航运公司时常是巨大的定期班轮，船舱达数百间；从一层甲板登上另一层之距离有 40 多英尺，实际需要的蒸熏时间为普通轮船的两倍。美国"总统号"定期班轮很少在上海熏船，在附近的马尼拉有他们自己的相关设备。

总结 1933 年蒸熏的 763 艘船舶，其中 614 艘在卸货后、149 艘在卸货前处理［原文如此］。证书类型为：

灭鼠方式	二氧化硫气体熏船	633 艘
	一氧化碳、二氧化碳混合气体熏船	131 艘
	柴可隆 – B（Zyclon – B）熏船	2 艘
免除熏船		10 艘
总计		776 艘

在各种船只上回收的死鼠几乎都是黑鼠（*Rattus rattus*），其数量如下：本埠与内河船 498 只、北方港口 727 只、南方港口 971 只、南洋 3 只、欧洲和美国 70 只及日本 10 只。

1934 年 10 月，远东热带医学会于南京举行的第九次会议是件大事。当时天气宜人，会议的经过情形已在本书其他章节提及。

我们管理处 1934 年的年度招待会采取了花园鸡尾酒会的形式，在法租界的莫里斯（Harry E. Morriss）先生［上海人俗称马立师］的豪华宅邸举办。业主是上海的英文报纸《字林西报》（*North China Daily News*）的领导人。莫里斯先生将他的整个住宅和训练有素的仆人全部交由我们支配，还请来精明的《纽约时报》的代表阿本德（Hallett Abend）先生协助。400 多位绅士淑女（后者身着最美丽的春装）出席这个盛大的聚会。莫里斯和阿本德两位先生准备了他们最上等的饮料，在精选的法式餐前点心中，我们准备了炸虾片（从爪哇进口的虾片）和切成条的肉馅饼（以酱油调味）。来宾们欣赏莫里斯先生住宅的优美环境，他虽然是英国殖民地的一位长官，是一位在埃普索姆的跑马场上骑着他的骏马"吗哪"获得过德比赛马优胜奖的人，但在中国也家喻户晓。他非常赞赏中国的艺术和文化。

依历年惯例，我在招待会上简要介绍了前一年的工作，并且报告了我们检验船只数据中，日本船只超过了英国的，数量分别为 678 艘与 528 艘，记忆所及，这是首次。不过英国船只总吨位略高，为 4 545 276 吨，日本船总吨位 3 571 484 吨。而飘扬着星条旗的船只数位列第三，共 225 艘，总吨位为 2 571 230 吨。总共检验了 1 943 艘船，总吨位 14 000 000 吨。我们共熏船 654 艘，甲板下总吨位接近 1 600 000 吨。根据每艘船的特殊需求，我们使用了硫黄、一氧化碳与二氧化碳混合气体以及氰化物气体。吴淞新检疫医院已于上年建成，准备接纳病人，新建筑的造型像一艘大军舰，上有高耸的观望塔。鼠蚤调查延伸到中国其他海港，我们实验室的研究重点转向长江下游霍乱流行的病因，以免这种危险的疾病由流行中心传入上海。

当时我们还不知道，为朋友和支持者举办的第五次年宴竟会是最后一次了。两年后，动荡不安的局面遍及全国，1937 年日本占领了上海，不久后国民政府迁往重庆。

《鼠疫手册》 问世

1935 年 6 月出版了我们的《鼠疫手册》（*Manual of Plague*），以满足中国和其他地区医学与公共卫生工作者的需要。这部长达 547 页的著作附有许多插画、地图和图表。4 位作者旨在为鼠疫的预防和治疗提供一个操作指南，但也包含有高年级学生感兴趣的许多高度专业性的主题。全书共

12章，依据主题适当划分成7个主要部分，各章遵从逻辑顺序排列。首先是鼠疫病史的概述，然后是鼠疫菌的研究、疫源、媒介和感染致死者等的研究。倒数第二部分专门介绍对上述因素的流行病学分析，最后一章论述了有关预防的各种问题。4位作者分别撰写以下各章：

　　伍连德：病史，宿主和媒介及流行病学因素；

　　伯力士：细菌学、免疫学、病理学、临床实验诊断；

　　陈永汉：临症与治疗以及个人预防；

　　伍长耀：昆虫媒介、一般预防和包括海港检疫在内的流行病学处理。

　　书中还有两个附录，一个阐述一些特别值得注意的鼠疫病例，另一个为世界各地发现的鼠类和蚤类名录。我们还另行出版了200册中文版，每册3元，英文版发行5 000册，价格合理，为20先令或5美元，几年内便全部售完。显然这本手册满足了欧洲、美洲、印度等一些国家久待未得的需求，特别是在印度。

　　应该在此强调指出，当与国联磋商有关中国要建立一个现代海港检疫机构的问题时，我们始终念念不忘上海这个世界性港口在贸易上的利益。1929年，当国际航运协会通过国际联盟交通与通讯组织委派的专家表示他们对这一计划乐观其成时，航运界的支持便得到了保证。

　　我在此援引对国际贸易特别关注的突出事例。早在1932年我们已经意识到根据黄浦江潮汐涨落情况适时进港，则轮船不必在黄浦江外等待检疫，便意味着节约了大量宝贵时间。我们对这个问题的方方面面作了研判，最后决定允许符合一定的有关卫生条件的船只在它们的泊位接受检疫。采取这一步骤被认为是果断的措施，是一定程度上的革新。过去几年的历史证明我们这样做是合理的。最近，纽约海港检疫当局采取了类似的措施以维护航运利益。倘若履行了一定的手续，按规定时间表航行的定期大型客轮，可通过无线电授予无疫进港许可，并允许其进入纽约港，不必在斯塔滕岛落锚检疫。可以预料其他港口也会像上海和纽约那样大胆仿效。在某种意义上说，这是我们对传染病的源头和传播有了更多了解后合乎逻辑的结果，毕竟我们已不再生活在古代，当时隐匿了有害疾病的航船会被连同货物一同沉入海底，而染有瘟疫的旅客则会任凭那些装束怪异、手持长柄尖叉的人处置。

1935 至 1936 年，由上海、厦门、汕头、汉口、天津、大沽、秦皇岛和塘沽等地连接成链状的海港检疫所，在有规律地运行着，还准备接管广州、青岛和芝罘（烟台）的检疫所。为此我访问了这最后 3 个有待接管的港口，如果不是日本人入侵，接管谈判定会完成。广州港已于 1936 年 9 月初接管，正式任命司徒朝（T. C. Chung）医官为海港检疫管理处属下负责的高级检疫官员。广州港这个古老港口有着可歌可泣的历史。民国十五年（1926）前，广州的检疫机构还由一个外国医师执掌，他是由海关和本地领事团联合任命的。每一艘进港船只的检疫收费和税收都尽归这位主管医师。由于缺少一个独立的机构，其工作效率很难令人满意。进港船只经常长时间等候这位还要兼顾其私人诊所的医师。这样的延误招来了航运界的严厉批评，尤其是在省港大罢工期间，当时有 30 多艘船停靠在这个海港等待检疫，有的等候数小时，有时甚至等候几天。船主向市长（伍朝枢先生，著名的伦敦律师伍廷芳之子）请愿，市长决定接管检疫事务，并任命司徒朝医官负责。那时孙科（伟大的孙逸仙之子）恰好任市政委员长，他们联合公布了新的海港检疫章程，为船舶划定适当的锚泊地。海关和领事团先是反对这种改变，质问中国检疫医官有何权力检验任何外国船只，但当他们了解到新的机构能够更迅速地完成检疫事宜后，便撤回了他们的抗议，那位外国医师则让他去经营自己的诊所了。海港检疫管理处在 1936

年接管广州海港检疫所并重新任命司徒朝为负责的高级检疫官员，真是皆大欢喜。

日军入侵，故乡避难

不幸的是，由于 1937 年 7 月在北平近郊发生了"卢沟桥事变"，中日两国军队战火重燃，导致淞沪地区更大规模的军事行动。吴淞口新建的检疫医院与我自己在大上海模范中心区的别墅，均遭到无端炮击。很快，上海的中国城区，包括南市均被日本占领，不久后他们又占了南京。日本军队在这个城市对无辜的中国平民所犯下的暴虐罪行，已被田伯烈（H. J. Timperley，《曼彻斯特卫报》驻华通讯记者）在 1938 年出版的《战

1937 年伍连德（最右者）离开中国回南洋

争意味着什么——日军在中国的暴行》一书中作了淋漓尽致的描述。我们的海港检疫管理处，连同它的几个检疫所、汽艇和设备也都被他们所强夺。当国民政府迁都重庆，我和我的家庭面临抉择，是留下来侍奉新主人，还是离开这个我一生中作出过多年奉献的大港口。我最后决定南还故里，暂时去我的出生地槟榔屿避难。没有人会料到，日军竟能那样迅速地继续进占南洋。

1947 年伍连德重访上海留影。上图：在吴淞检疫医院（右 3 为伍连德）；下图：伍连德夫妇（右 5、右 6）与老同事合影，右 1 林家瑞，右 3 陈永汉

在他们占据马来亚的三年半时间里，依旧推行恐怖主义手段，令当地居民同样亲身体验了中国人在自己国家遭受暴政统治的苦难。

但这是另一个故事，将在单独的章节讲述。

附　海港检疫管理处报告书目录（直接采用中文版目录）：

第一卷重要目录（1931）

伍连德　民国十九年夏季调查霍乱初期报告

C. L. 帕克　上海港之检疫需求

金乃逸　蒸熏消毒报告（1930.6—1930.12）

王拱辰　厦门港检疫章程增补（1931）

第二卷（1932）

伍连德　海港检疫管理处略史

伍连德　民国十九年前吾国海港检疫状况

王拱辰　厦门海港检疫沿革

林家瑞　牛庄海港检疫所沿革

裴世恩　汕头海港检疫所初步报告

关任民　广州市医药卫生状况

伍连德　民国廿年上海霍乱流行报告

伍长耀　考察欧美各国海港检疫报告

林家瑞　考察欧洲及远东海港检疫报告

金乃逸　蒸熏消毒灭鼠之研究

金乃逸　海港检疫管理处熏船规则

伍连德　伍处长宴请各轮船公司演说词（1930.12.9）

伍连德　伍处长宴中外各轮船公司演说词（1932.1.21）

第三卷（1933）

伍连德　民国二十一年中国霍乱流行概况

王拱辰　厦门霍乱流行概况

宋志爱　牛庄霍乱流行概况

伍长耀　上海鼠蚤之研究

伍连德，伯力士　野生啮齿动物鼠疫最新研究

伍连德，伯力士　世界各地肺鼠疫最新研究

王拱辰　厦门天花流行状况（1931—1932）

伍连德　中国今日之麻风问题

伍长耀　最近海港检疫概论

陈永汉　考察新加坡等三埠海港检疫概况报告书

陈永汉等　沪战时之救护工作

伍连德　海港检疫管理处年宴志盛（1932.12.15）

伍连德　天津、塘大［塘沽，大沽］及秦皇岛海港检疫所报告

第四卷（1934）

伍连德，宋志爱　霍乱小言

伍长耀　中国港口鼠蚤之研究

伯力士　上海水中霍乱弧菌及类似霍乱弧菌之研究

陈永汉　气象与霍乱之关系

陈永汉　上海之最近公共卫生运动

伍连德编　中央防止霍乱临时事务所（1933）

伍连德编　讲演词合辑（伍连德博士、上海吴铁城市长、国联卫生部主任赖赫曼
　　　　　博士和布朗先生）

　　　　　海港检疫管理处各部门及各海港检疫所报告

第五卷（1935）

伍连德　中国的鼠疫与瘟疫

伍长耀　中国鼠蚤的发生、分布和季节性流行

陈永汉　中国霍乱问题分析并特别注意上海

伯力士　霍乱弧菌及类似霍乱弧菌在血液和牛奶等基质中的状态

王拱辰，伍长耀　移民船包括中国移民船的医学检验

陈永汉　37 例中暑病例分析

L. S. 会宗格　中国麻风病史

伍连德　私人执业医生与公共卫生的关系

伍连德　海港检疫管理处各部门及各检疫所报告

纪乃文　福建省龙岩地区防鼠疫考察

纪乃文　海港检疫管理处年宴酒会志盛（1935.3.30）

第六卷（1936）

伍连德　中国医学的复兴

伍连德　中国的公众医院

伍连德　中国需要实行火葬

伍长耀　上海的鼠及鼠蚤

陈永汉　气象与天花及霍乱之关系

伯力士　霍乱弧菌的抗原结构

纪乃文　福建省龙岩地区鼠疫考察报告（1935）

伍连德编　中央防止霍乱临时事务所报告（1935）

伍连德编　上海医师之霍乱手册

伍连德编　海港检疫管理处各部门及各海港检疫所报告

第七卷（1937）

伍连德　新医学以及对旧医之冲击

伍连德　海南岛——中国的伊甸园

王拱辰　人群（特别是中国移民）之流动

陈永汉　温度、湿度和健康卫生

伍长耀　鼠疫防治的现代趋势

伍长耀　上海：检疫科

金乃逸　上海：蒸船科

陈永汉　上海：医务科

王拱辰　厦门海港检疫所报告

冯运发　天津、塘沽和秦皇岛海港检疫所报告

戴芳渊　武昌－汉口海港检疫所报告

司徒朝　广州海港检疫所报告

王拱辰　汕头海港检疫所报告

主　编　国家卫生署

主　编　国联卫生合作报告

第15章
防治霍乱与其他卫生运动

　　某些西方作者经常宣称中国和印度这两个古老国家是大部分流行性疾病的"源头"，而这些传染病过去曾经给世界造成可怕的灾难，其凶焰至今依然。这种牵强附会的责难无疑是因为这两个国家的历史悠久。就中国而言，她的杰出学者在古书中记载的历史超过了 5 000 年；而印度，则主要以精美的石雕和大理石制品记述历史，在印度河谷地摩亨佐·达罗遗址大面积发掘显示，早在公元前 3000 年那里即存在着某种文明。

　　对于腺鼠疫，我曾经用证据说明这种传染病是如何广泛传播的，也说明了病原菌是如何设法以慢性传染病的形式生存在易感的野生冬眠啮齿动物体内的，这些动物栖息在西伯利亚、蒙古、喜马拉雅山脉，以及西方大陆加利福尼亚的山区荒原。这种慢性病现在称作"森林鼠疫"。其他传染病，如梅毒、白喉、猩红热，也许还有脊髓灰质炎的起源都相当晚，不会早于公元 15 世纪。有一种曾经令人心生畏惧的传染病，被命名为亚洲霍乱。1926 年至 1936 年间我曾为控制它而在中国各地肩负着重大责任。这种可怕的疾病有着令人感兴趣的历史，我将以本章的大部分篇幅来叙述它。

亚洲霍乱

霍乱（我更愿意采用这个术语，因为它简短且更准确）是一种由科赫氏弧菌（科赫在 1883 年发现）而引起的特殊的急性胃肠道疾病。这种病是印度和东方热带国家的地方病，但有时通过海陆交通传播至欧洲及其他国家。这种疾病的临床症状为大量呕吐和下泻，从而导致虚脱、痉挛及尿闭。患者死亡率高，多因虚脱期内血液循环衰竭，或因发热反应期伴随肾机能衰竭发生酸中毒而死亡。近代霍乱的病史可追溯到 1817 年，这一年在孟加拉南部的发生是首次记录，然而有理由相信此病先前已在印度流行，并不时传播到广大地域。某些梵文、中文、阿拉伯文和希腊文的医学典籍中或曾论及此病，但这些描述并不很清楚。就中国而论，我曾研读古典医籍，发现"霍乱"（意指突发性的肠胃紊乱）通常表现出湿与燥两种形式的临床症状。

似乎是那些紧随相继入侵的葡萄牙、荷兰和英国等国家的军队而来的医师，发现这种疾病早在 15 世纪已在印度及其属地流行，因此 1817 年的暴发被认为是这种常见瘟疫的一次严重表现。由印度向东、西两个方向传播，西侵途径有三条：（1）经过阿富汗、波斯和中亚到达俄国东部；（2）通过波斯湾的土耳其、阿拉伯和波斯，再由土耳其传入伊斯坦布尔与多瑙河流域；（3）由印度洋传至亚丁与麦加，再至埃及与地中海沿岸各国。显然，这种传染病靠陆路传播，而非海上交通。

余云岫（他和我同时在上海）专门研究过中国鼠疫与霍乱的历史。他认为 1817 年霍乱由印度经陆路大规模入侵之前，在中国从未出现过病症典型的真性霍乱。1837 年第二次流行波及中国，1838 年，王梦英在他撰写的两卷专著《霍乱论》中对这种疾病作了详细描述。欧洲传教士米尔恩（W. C. Milne），留下了他在 1843 年经历"霍乱吐泻"（突然的呕吐和水泻）的文字记载，事实上他采用了"英国虎疫"这个术语，这说明他肯定这种疾病是由来自印度的英国轮船传入的。有两名医师，黄宽（毕业于爱丁堡大学的中国人）于 1871 年，曼森（David Manson）博士于 1877 年，各自在广东和厦门精确地记录了他们所见到的霍乱。温州的玛高温（John Macgowan）在 1881 年海关报告中认为霍乱是一种新的疾病。早期的病例几乎都是在来自印度和南洋的轮船上发现的。大部分中国人保持一生的三种生活习惯对限制早期输入霍乱病例最初的传播起了作用，这些习惯是：（1）尽可能只喝沸水和热茶；（2）没有印度人奉行的愚昧的宗教习俗，如饮用病人沐浴后或投进了尸体而污染的恒河水；（3）注意收集粪便作为肥料。这些习惯或多或少延缓了传染病的传播。由 1820 年起开始收藏的记录看，可确定共计发生过 46 次严重程度或大或小的霍乱侵袭。其中有 10 次特别严重，蔓延甚广，被染区域北至东三省，南至广东，西至湖南、湖北与四川，其发生年代为 1822—1824 年，1826—1827 年，1840 年，1862 年，1883 年，1902 年，1909 年，1919 年，1926 年和 1932 年。

上海：上海港在霍乱病史中占有重要地位，应在此作特别阐述。前述危险的 10 次流行期间（1822、1826、1840 年等）上海曾遭受重创，著名英国传教士医师雒魏林（William Lockhart）在他的年报中经常引述霍乱的侵袭。1864 年，除上海外，在厦门、福州和宜昌等港口城市传染病再次蔓延，英国军舰"美洲豹（Leopard）"号的海员中即有染疫患者。上海卫生官员亨德森（Henderson）医师曾提及"霍乱性感染"，宣布 18 个外国居民病例中有 11 人死亡，另外还有许多中国患者。1877 年有 22 个外国人病例，其中 16 人死亡，随后年年都有病例报告。

由于知识的增进和严格遵守卫生规则，在欧洲，影响社会各阶层的第七次霍乱大流行（1908—1910）可能是最后一次暴发。即使在东方，如在日本、荷属东印度、新加坡、英属马来亚，由于各国政府已经能够实行洁净水供应，并执行严格的公共卫生条例，这种灾祸也已渐行消失。只是在诸如暹罗、印度、中国、菲律宾、印度支那等国家，那里的大部分居民饮水仍取自江河、浅水井、贮水池、池塘及河湾，霍乱的威胁并未消除。

1934 年，我们海港检疫管理处同仁出版了《霍乱概论》一书，我归纳了一个从 1817 年至 1933 年中国遭受 61 次霍乱侵袭的《中国霍乱流行纪年录》，流行的可能是真性霍乱，也可能是"霍乱性腹泻"。自从 1846 年雏魏林在上海报告两例霍乱以来，在这个大商业中心已屡屡提及这种传染病，这可能出于下列原因：

1. 古代记录者论及霍乱时只涉及杭州、宁波等城市，没有提到上海。

2. 在 19 世纪，只是 1843 年上海成为通商口岸之后，才开始发布霍乱年报。

3. 自那时起屡屡提及上海，无疑是因为这个城市拥有现代专门设备用于监测。

为了澄清这个问题，我们的海港检疫管理处从 1930 年开始在上海居民中开展系列调查，致力于发现霍乱弧菌健康带菌者和典型的霍乱病例。为此目的，我们定期从公共厕所及患各种腹泻的医院病人处采集粪便进行检验，从公共厕所采集的 1 208 个样本与医院的 551 个样本都没有肯定的结果。

1933 年，我们的实验人员与雷士德研究院的罗伯森（Robertson）博士合作从事进一步研究，专注于医院中非典型霍乱病人而不是健康带菌者的检测。但在所有检验样本中均未能发现不能凝集的弧菌属细菌。海港检疫管理处也曾试图确定上海众多的小溪和池塘，以及某段河道等水体中是否含有弧菌，得到的是负结果。由这些观察结果我们得出的结论是，没有确切的证据把上海视为地方性疫源地，然而这个城市很可能承担着一个散布中心的罪名。在上海出现霍乱之前，已知在杭州、嘉兴、宁波和浙江省其他某些城镇确实经常出现霍乱病例（指那些未经细菌学证实的严重腹泻与呕吐的患者）。我们还收集到与此有关的事实：

1. 1931 年长江水灾后，同年秋天出现的零星霍乱病例持续到冬季（1931—1932）。

2. 1932 年的大流行，几乎波及中国每个省，罹难者共计 10 万人。上海早在 4 月 26 日已有报告，然而更早的病例在此一周前已在武汉（长江上游 600 英里）入医院治疗。

3. 1933 年，中国大部地区，包括上海在内已不存在霍乱踪迹，但武汉仍记录了几例。

东三省的霍乱无疑是从牛庄，偶尔也有从大连输入的。哈尔滨于 1919 年和 1932 年受到继发性的传染，关于这次传染将在别处详述。在中国，我们可以推断过去霍乱的暴发常常是由于某种奇特的综合原因，一方面民众饮用开水和茶水，但是他们用河沟池塘的污水淘米、洗水果蔬菜和餐具。不过从 1926 年开始，已经取得了伟大进步，大面积的抗霍乱疫苗接种及公共卫生意识的增进，使霍乱及相关疾病的发病率持续下降。

1928 年 5 月 15 日，在旅顺口举行的满洲医学会第 16 届年会上，我们的医务人员杨廷珖医师宣读了一篇论文，题为"中国和日本的霍乱问题"。论文一开始即指出东方霍乱问题的重要性无论怎样估计都不为高。杨医师引证道，1926 年是一个相对糟糕的年头，在那一年印度至少有 72 859 人死于霍乱这种疾病（实际病例可能超过 15 万），暹罗是 10 655 例，印度支那是 19 029 例（其中 13 925 人丧生），菲律宾 690 例（1925 年为 1 059 例）。日本由于拥有高效的检疫体系，只报告了 26 例，朝鲜（当时是日本的殖民地）252 例中有 159 例死亡。1926 年中国华南和华中被祸及，长江流域几乎每座城市都有严重暴发的报告，如南京、苏州、无锡、湖州、安庆、汉口、武昌等，除这些城市外，向南远及福州、厦门、汕头、广东和海南岛等地。在上海地区至少有 20 000 例，在 8 月 1 日至 8 日一周内，两所中国时疫医院即收治 2 481 名病人。在满洲，由于中日两国的卫生机构紧密合作，只有 1 500 个病例，而上次中日间尚无此合作的 1919 年霍乱流行期间，病例达到 10 000 人。1926 年在巴黎签订的《万国卫生公约》，赋予港口当局在船只感染霍乱的情况下以莫大的权力，但这种权力只能对那些疑似霍乱感染的船只行使，而不能施加给那些符合卫生条件的船只。实际上，按照公约第 33 条款规定，对于后者应立即颁发无疫入港许可；第 34 条则强调接种霍乱疫苗是特别可靠的预防措施。在该公约签字时，日本代表有所保留，宣布该国政府"卫生当局对于霍乱弧菌携带者有权采取一切认为必要的措施"。显然，日本当局的意图在于继续实行严格的措施以监测乘船旅客中的病菌携带者。他们采用的程序如下：

1. 到达日的早晨，强制所有船员和乘客大便，将样本收集在小培养皿中。

2. 用无菌牙签取少量样本放入内置蛋白胨水的试管中。

3. 4~6 小时后，将全部装有蛋白胨培养物的试管每 30 支一架移交给海港检疫当局。

4. 取培养液涂片，每片载玻片上涂 5 个样本，在酒精灯上烘干，用石炭酸复红染色剂染色半分钟，夹在滤纸中吸干而不经水洗，然后在显微镜下检查。

有一天，我在日本某港口由矢野博士负责的日本海港检疫所，亲眼观看了总数为 280 份样本的检验和作出的报告，从蛋白胨培养物到达，直到他电话通知航运当局，整个过程只用了 40 分钟。1927 年在加尔各答远东热带医学协会的会议上，我曾指出这样检查粪便存在许多漏洞，而印度卫生专员格雷厄姆（Graham）上校尽管认为它很全面，但却对这种检验程序嘲讽有加。在中国，中日两国的海港卫生当局达成了谅解，结果令人满意。

在中国控制霍乱的第一次经历

我有关霍乱的第一篇论文为《霍乱症最近流行于中国详记》，发表在 1919 年的《中华医学杂志》上。文中提到"霍乱"症状，这个术语被中医用于表述为"乱于胃肠，则为霍乱"，西方名词"cholera"（虎列拉）显然源于希腊语 spout，意为"喷射"，引申为剧烈的泄泻，像水从壶嘴喷涌而出。在哈尔滨，我和我的同仁对这种疾病所有的临床表现有过不寻常的经验，采用罗杰斯的高渗生理盐水静脉注射法获得了非常满意的治疗效果。因为我们的防疫医院拥有实验室和训练有素的医务人员，设施完备，我们能够仔细研究入侵的霍乱。这一传染病仅在哈尔滨一地病例即达 13 000 人，其中有我们病房收治的 1 822 名男性和 149 名女性病人。我们观察到的临床特征与普通教科书描述的有些不同，现不揣冒昧随记如下：

病人年龄 20 岁到 40 岁不等。男性死亡数高于女性。体质强壮似乎并不能抵抗感染，事实上身体发育良好者抵抗毒素作用的能力比起瘦弱者似乎更低。体重 180 磅或更重的重症患者常突然死于心力衰竭或尿毒症。传染病殃及各阶层人士，有些非常富有的商人也死了。我们的防治霍乱委员会的两位委员没有参加第二次会议，后来得知他们已死于霍乱。哈尔滨道尹（张寿增，由大黑河升迁）因疾病严重发作而进入我们的病房，幸被治愈。三个妓女吃了沪菜风味的生虾后得病，有一人死亡。开始下雨后，传染病即显著下降；那年夏天异乎寻常的炎热和干燥。发病最严重的时期正好苍蝇最多，而雨后苍蝇也会减少。尽管对霍乱患者粪便的经典描述是白色如米汤，我们却发现这种粪便是清澈透明的，盛于玻璃器皿中，并非像米汤那样不透明和浑浊。因此，对霍乱患者粪便的恰当描述为：近乎完全透明，无嗅或几乎无臭味，稍具肉味，含白色黏性絮状物，显微镜下显示脱落的上皮细胞碎片和大量的霍乱弧菌。病人 24 小时内可能如厕 10 次到 50 次，或更多，以至于瘫卧并且全身几乎干瘪。呕吐是霍乱最令人痛苦的特点，未进食时仍频频吐出大量水状液体，是其最显著的症状。腹部，特别是上腹部疼痛，伴有肌肉抽搐，这种状况持续至死亡或得到生理盐水输液而被救治。恼人的呃逆未必是凶兆。血压下降随之尿潴留，最终导致尿毒症。霍乱毒素显然严重地损害肾脏，这种肾损伤由于吐泻不止及随后而至的血液变黏稠而更行恶化。至少有一半受检验的尿样中含有白蛋白。许多病人在输液后 12～24 小时要求回家，使我们难于精确观察他们的虚脱期和反应。但是留在医院的病人则能清楚地观察到，虚脱期持续越长，出现并发症特别是尿毒症的危险越大。因此，我们在虚脱期再次输液，还尽可能施行直肠滴注（由直肠注入生理盐水）。

治疗霍乱，除口服高锰酸钾溶液氧化胃内容物，并使用稀碘酊缓解呕吐外，我们还坚持采用改进的罗杰斯高渗生理盐水大量输液。这种溶液成分如下：

氯化钠	120 英厘（8 克）
氯化钙	4 英厘（0.25 克）
氯化钾	6 英厘（0.40 克）
蒸馏水	1 品脱（568 毫升）

将适当灭菌后的上述溶液 2～3 升，用 606 专用［皮下］注射针头进行臂静脉输液。输液可借虹吸方法（用两根玻璃管穿过橡胶塞插入 5 磅的烧瓶中）或用大管径的注射针连接到玻璃灌肠器的橡胶管上进行。这种输液要根据需要随时反复进行，使输液量达到 1～2 品脱［568～1136 毫升］。有些病例在最后病愈前反复输液 4 次。我们也保存了以下记录：

1. 暴发期间的气象学记录。

2. 表示每日气温和死亡人数的图表。

3. 住院及死亡病人的年龄与性别。

4. 尿样中白蛋白发生率。

5. 各医院住院人数和死亡率。

6. 全体居民中死亡人数所占比例。

1919 年哈尔滨的染疫者，有俄国人 35 000 人，中国人 95 000 人，日本人 3 000 人和其他国家 2 000 人，共计 135 000 人。死于霍乱者共计 4 503 人，其中俄国人 705 人（几乎都在铁路附属地），日本人 60 人（中、俄两个区域）和中国人 3 738 人（全地区）。

1919 年的防治霍乱运动

这次该传染病由南部侵入东三省的门户是牛庄，该地在 7 月 22 日即报告了首例霍乱。一星期内，南满各城镇已出现若干病例。8 月 3 日哈尔滨发现首例霍乱患者。幸好我们已对疫情暴发做了充分准备。我们的防疫医院地方宽敞，有病床 300 张，还有细菌学诊断必需的实验室。

当地的道尹（地方官）是一位接受过现代教育的人，这位行政长官在先前鼠疫流行时曾与我共事过。商人们也没有忘记 1910—1911 年我们之间的交往，愿意捐款或提供场所援助这场运动。然而还存在着两个主要障碍。一是过去 5 年间城区扩展过速，当局面临卫生方面的需

1919 年在哈尔滨防治霍乱时之伍连德

求压力。许多地方堆满马粪和垃圾，致使苍蝇大量滋生。二是当年夏季干旱酷热，导致饮水紧张，西瓜和其他鲜果空前畅销。过去 10 年从未经历过如此酷热的天气，也未见过如此数量惊人的苍蝇。

8 月 3 日，我们的医务人员应求前往由我们医院负责的街区诊治一名疑似霍乱感染的病人。该患者数日前从上海返哈，腹部绞痛和腹泻。我们建议他住院治疗，但他拒绝了。因此他没有接受输液，出现症状后 20 小时内死亡。8 月 5 日，附近家禽公司一名呈现典型的霍乱症状的绘图员入住我们医院。粪便培养证实为阳性，立即输液两品脱盐溶液，第二天又输液两次。尽管病人状况有相当改善，疼痛和吐泻减轻，但不能进食。随后病情恶化，入院 8 天后死亡。

此时疫情广泛传播，我们要处置的不是几个单独的病例，而是每天上百人。因此我们加强了防治活动，定期广泛地散发传单和公告，报告

疾病的发展、住院和死亡人数，敦促染病者不要延误入院治疗。我们还把传单发给治愈者和他们的亲友，用亲身实例表明现代治疗方法胜过古老的方法。火车和江轮都要接受检查，中国的官员与俄国铁路及市政当局联合组成了防疫局。还在坟地进行检查和监控，以保证棺材埋入适当的深度。

美国红十字会成员与伍连德在哈尔滨合影

那时恰巧美国红十字会的一些成员从高尔察克控制的西伯利亚探险回国途经哈尔滨，他们用了几天时间察看我们的防治霍乱工作。其中的一位医师，美国堪萨斯州渥太华县（Ottawa）的戴维斯（George Davis），直到1955年89岁高龄时仍与我通信。[①]

因为日本人没有自己的医院，他们的总领事佐藤先生，一位30岁的年轻人，请求允许将他们的侨民病人送入我们的医院，我们乐意相助，布置了一栋病房任其使用，而治疗由我们负责。这位领事后来升任日本驻法国大使和东京的外相（15年后我有幸应邀前往日本驻法国大使馆赴宴，我的老友日本医师鹤见也在场）。美国红十字会向我们医院捐赠了1 000元，日本人向我们提供了225磅石炭酸。

---

① 1957年去世，享年91岁。——作者原注

在哈尔滨，霍乱流行大约在 8 月中旬达到高峰，正好此时是夏季最干旱时期而苍蝇数量激增。8 月 15 日中国城区死于霍乱人数最多，达 207 人。我们医院总共收治了 1 962 人，死亡 275 人，死亡率约为 14.02%。这是个非常令人满意的纪录，应归功于我们系统地采用了高渗生理盐水。我们收集了 1919 年霍乱流行期间非常令人关注的统计数据，可以比较说明各个医院的治愈率：

医 院 名	入院人数/人	死亡人数/人	死亡率
俄国中央医院（哈尔滨）	400	135	33.75%
俄国市政医院（哈尔滨）	180	104	57.78%
日本传染病院（大连）	1 256	707	56.29%
中国防疫医院（哈尔滨）	1 962	275	14.02%
中国新霍乱医院（哈尔滨）	185	33	17.84%
俄国公立医院（海参崴）	200	133	66.50%

罗杰斯爵士（Leonard Rogers，与我一样，以前是伦敦圣玛丽医院的学生）于 1950 年出版《快乐的苦力》（*Happy Toil*）一书，援引了各个时期他本人在印度加尔各答治疗霍乱的经验：

时期	治疗方法	病例/人	死亡人数/人	治愈率	死亡率
1895—1905	直肠及皮下输入盐水	1 243	783	37.0%	63.0%
1906	生理盐水静脉输液	112	57	49.1%	50.9%
1907	直肠及皮下输入生理盐水	158	94	40.5%	59.5%
1908—1909	高渗生理盐水静脉注射	294	96	67.3%	32.7%
1910—1914	高渗生理盐水加高锰酸盐	858	222	74.1%	25.9%
1915—1919	高渗生理盐水、高锰酸盐及碱性液	1 429	298	79.1%	20.9%

从上表可以看出，采用罗杰斯的方法，在哈尔滨取得的疗效甚至比在加尔各答还要好。我们自霍乱流行开始即治疗我们医院收容的每一个霍乱病例，然而哈尔滨的俄国人直到 8 月 16 日，才开始采用这一现代治疗方法，而此时已达流行高峰。我们认为，高渗生理盐水进入血流将产生下列效果：

1. 补充了持续吐泻而丢失的大量水分。

2. 增强了心肌弹性。

3. 稀释了体内霍乱弧菌产生的毒素。

4. 有助于消化道排除霍乱菌。

霍乱病人处于病危阶段缺失必需的液体，况且还有毒素，心脏将由于完全衰竭而立刻停止跳动。否则我们的统计数据与按常规采用不同治疗体系的其他医院相比不会如此悬殊。这不同于肺鼠疫，我们更强调针对真正的患者而不是接触者，我们完全明白，霍乱患者获得足够的诊疗，他们就会有更多的机会痊愈。我们的医护人员尽管一直与病人相处，但感染的风险并不大。在这种情况下接触者应自己注意，只喝开水，不吃生瓜果与可疑食物以避免感染。

在 1926 年和 1932 年另外两次霍乱大流行中，我们获得了更多经验，详叙如下。

传播广泛的 1926 年霍乱大流行

1926 年是一个大灾年，霍乱波及全远东。春季在印度支那蔓延，印度的病例成千上万。暹罗一地有记录的死亡人数是 2 000 人。中国第一个病例大约在 5 月中旬出现于上海闸北地区，而公共租界的卫生官员到 6 月 8 日才正式宣布首个病例，患者是 4 天前到医院看病的。从那天起，住院的受感染者开始增加，在 8 月 1 日至 8 日那个星期达到顶点，有 2 481 名病人在两所中国时疫医院接受治疗。仅上海地区记录的病例不少于 20 000 例。长江流域几乎每一个城市都有严重暴发的报告，再进一步向南部中心城市，如福州、厦门、汕头、广州和海南岛等地蔓延，还流行到日本和朝鲜。

在上海，从市政自来水以及肮脏的河沟池塘的水样中发现了霍乱弧菌，于是引起了激烈的争吵。上海当时有三个各自为政的市政机构（英国、法国和中国）。这几个机构都有自己的供水系统，各自雇用了专业人员。我一向认为，要想把事情办得最好，这三个机构的卫生部门须全力在以下几方面充分合作：

1. 深入研究该疾病在中国的流行病学，特别是有关水源、病菌携带者、苍蝇以及食品。

2. 在春天即须及早着手预防，包括对民众进行免疫接种。

3. 及时向非流行地区通报，以求控制该疾病向这些地区传播。

4. 对在港口和铁路枢纽检验群众粪便的效果进行调研。

研究不同城市首例霍乱病例的报告日期后，我注意到大多数地方检疫措施实施得太迟。尽管存在这种延搁，第一批病例也会是相隔相当长时间后才出现；即使确实出现了暴发，其发生的时间通常也是短暂的，天气变冷时又消失了。

1926 年整个流行期间，全东三省死于霍乱的有记录者仅为 1 500 人，而 1919 年至少为 10 000 人。在哈尔滨我们保存着精确的统计数据：1926 年仅 280 例死亡，而 1919 年是 4 500 人。

这种令人满意的状况可以归因于：

1. 医务当局及早采取了防疫措施。

2. 民间与医务机构之间良好的相互理解。

3. 中日双方工作人员之间的真诚合作。

4. 对民众、病人及其亲属有效的宣传教育。

5. 可能还有那个夏天的后期天气潮湿。

在哈尔滨三个医院获得的结果也很有意思：滨江医院（中国管理）168 例中 29 例死亡（17.3%），铁路医院（俄国管理）55 例中 19 例死亡（34.5%），市政医院（俄国管理）66 例中 36 例死亡（54.5%）。这表明滨江医院采取措施挽救的生命按比例计，是俄国铁路医院的 2 倍，是俄国市政医院的 3 倍。

我们的防疫组织站在防治流行病第一线，我们的人员和设备均已准备就绪，接到通知后立刻可投入工作。而俄国医院中并不存在这样的组织，连传染病房也住满了普通病人，看来很难为大批送来的霍乱病人腾出病房，况且是由新手来负责组织。我们中国病人是自愿入院的，而且立刻接受了治疗，无需烦琐的手续。如有必要可进入注射室，如果不必要，可以先不洗澡、换衣和进行详细的身体检查。我们的医务人员日夜为病人输液，有时对一个病人多次输液。年轻护士也能娴熟地寻找出那些并不明显的臂静脉血管，熟练地输进两品脱生理盐水，令人称绝。《美国医学会杂志》和罗杰斯爵士都曾发表评论，他们将我们的优良成绩与印度人和俄国人相比，认为中国人有较强的耐力，更能抵抗霍乱毒素，但是不容忽视早期治疗这个问题。中国人又把霍乱称为"虎疫"，因为它突然袭击，迅速致命，所以必须具备快速应对的安全设施。

1926 年我和我们防疫机构的同事们发表了以下有关霍乱的论文：《民国十五年流行霍乱初次报告》《1926 年哈尔滨霍乱之流行病学研究》《滨江

医院霍乱记事（1926）》《1926 年霍乱流行的实验室报告》《中国纸币的霍乱弧菌活性探讨》。5 项研究工作是在哈尔滨霍乱暴发期间抽空进行的。这次流行自 8 月 6 日持续至 9 月 26 日，我们医院共收治 168 个病例，29例死亡。

我们的实验尽可能保持自然条件。不用纯培养的细菌，而是将病人的新鲜排泄物用细菌学方法进行充分诊断。用这些采集的排泄物主动污染在流通的五分面值的小纸币上，然后置于漫射的日光下，或用小片报纸稍加覆盖放在我们的工作间里。根据这些实验得出了如下结论：

1. 被病人粪便污染、手指触摸的纸币干燥后，霍乱弧菌能够在上面存活 4 小时。

2. 这种在纸币上存在过 4 小时的霍乱弧菌，在培养后显示与原始菌株完全一样的培养特征和血清学特性。

3. 霍乱流行期间接触纸币不能完全免除危险。

1932 年的上海防治霍乱运动

若干年来，上海的霍乱问题一直很严重，且随着人口和贸易的增长而更加紧张与复杂。此地有三个各自独立的卫生机构，分别隶属公共租界、法租界和上海市。他们各行其是，行动互不配合，对于随时可能出现的霍乱暴发流行并没有相互协调。

幸运的是 1928 年南京成立了卫生部，后来刘瑞恒博士出任部长，1930 年开始采取新的开明政策。建立了海港检疫管理处并将总部设在上海，以便中央政府能够与公共租界和法租界的卫生负责当局紧密接触。经

上海防治霍乱时之某医院

刘博士倡议在上海召集三方举行了会议，三个市政机构的医学专家与官员均出席了。在第三次会议上宣布，为共同调查研究霍乱问题，由公共租界拨款7 500元，法租界拨款1 200元，大上海市政府拨款10 000元，卫生部拨款20 000元，以启动多种预防措施，包括居民集体接种疫苗，以及防止任何可能发生的传染病流行的其他方法。会议还作出了下列决定：

1. 三方的卫生管理机构将在此项工作中真诚合作，并向卫生部所属设在上海的中央防止霍乱临时事务所提交全部信息。

2. 霍乱事务所设在由伍连德博士任处长的海港检疫管理处总部。

3. 尽量采用预防霍乱疫苗接种通行制度。使用符合标准的疫苗，其中每毫升含20亿个死菌，注射两次。5月15日开始接种，这一天被定为"霍乱日"。

4. 所有医院和卫生部门使用标准的报表。

5. 预防霍乱办公室的工作人员对吴淞和城区实行垃圾监控。

6. 在几个实验室加强对本地霍乱的流行病学研究，包括对携带者和水源污染的检查。

自1931年11月我与日本宪兵队发生不幸遭遇后，我便完全定居在上海了。作为海港检疫管理处处长和防止霍乱委员会执行主席，我可以投入更多时间来研究这个大城市中有关霍乱的各方面复杂问题。

1932 年夏季出现了一个最坏的局面。24 个省中有 23 个受到霍乱侵袭，366 个大城市中，312 个出现感染。记录的病例接近 95 000 例，其中 31 000 人因这一感染丧生。死亡率的数据相差悬殊。在北平，报告说 493 例中死亡 391 例（79.32%）；河南省西部一个小城嵩县，报告 1 627 例，死亡 303 例；山西、陕西和河南交界处遥远的军事重镇潼关，有居民 30 000 人，记录有 600 余人感染，300 人死亡。显然，第一个病例发生在法国巡洋舰里昂号的海员中，此舰于 5 月初停泊在上海港 3 英里外。开始在上海暴发疫情时，我们注意到苍蝇相当少，大部分病人来自沿苏州河的贫民区。那里的居民使用肮脏的河沟水和井水淘米做饭，天气炎热时也直接饮用。估计当时 150 万居民中，至少有 30 万人没有合乎卫生的自来水。应我的紧急要求，上海自来水厂免费安装了 26 个给水栓，出借了 5 辆运水车用以供应穷人和缺乏干净水的人。对 1932 年中国各大城市霍乱病例的研究得到如下数据：

城市	人口/人	病例/人	死亡人数/人	死亡率
上海	3 125 000	4 296	318	7.40%
南京	620 000	1 516	257	16.95%
杭州	530 000	659	64	9.71%
厦门	165 000	1 648	758	46.00%
广州	812 000	1 111	393	35.37%
汕头	162 000	590	80	13.56%
汉口	778 000	783	128	16.35%
青岛	368 000	166	31	18.67%
芝罘（烟台）	131 000	503	216	42.94%
天津	1 400 000	100	16	16.00%

数据显示上海死亡率惊人之低，为 7.4%；其次为杭州和汕头，分别为 9.71% 和 13.56%；厦门和芝罘分别达到可怕的程度，达 46.00% 和 42.94%。当然也有可能像腺鼠疫流行时那样，较轻的霍乱病例没有归入重症感染中而被忽略，未算入重症病人统计数据。

另一个因素是上海三个卫生管理机构实行的大规模预防接种，免疫人数上海（中国管理）为 786 407 人，公共租界（英国管理）200 210 人和法租界 75 992 人，共计接种 1 062 609 人。然而，外国人中霍乱死亡率百分比相对高于这三个区域人数众多的中国居民，如：

	外国人		中国人	
	病例/人	死亡人数/人	病例/人	死亡人数/人
法租界	23	7	744	45
公共租界	47	16	1 544	149
合计	70	23	2 288	194

甚至在外国租界内的中国人死亡率亦仅为 7.5%，而外国人的死亡率为 30%。都在同等条件下进行的预防接种，是否主要凭借中国人对霍乱（如同对伤寒和斑疹伤寒一样）具有更强的抵抗力呢？及早到医院治疗或许也起到重要作用，因为上海有很好的设施以处置任何意外事件。

为了鼓励人口总数高达 350 万的广大上海市民与卫生部门合作，让他们在出现霍乱的典型症状时立即来医院，我们散发了上百万份传单和海报，张贴了大幅宣传画，宣扬前往治疗中心就诊的好处。此外，防止霍乱委员会每周在所有的中外文报纸上发布公报，向广大读者报告霍乱流行动态。从 1932 年 5 月 30 日开始暴发到 9 月 28 日流行终结，以我的名义发布了 18 期这样的公报，可能非常有利于缓解民众的紧张情绪。现将几期公报样本抄录于此：

第一期公报（1932 年 5 月 30 日）

1. 霍乱再度来袭，此次较通常更早。细菌学检验确诊的第一个病例发生在 4 月 26 日，患者为普通劳工，姓名胡明才，年龄 40 岁，居住在闸北。他被送入西藏路时疫医院，立刻接受生理盐水输液。他痊愈后已平安回家……

2. 此后，陆续送进医院一连串症状非常轻微的患者，至 5 月 28 日人数达 98 人，仅 3 人丧命……

3. 以上病人所属地区分布如下：

大上海	39 人
公共租界	47 人
法租界	12 人
合计	98 人

4. 我们在汉口的检疫机构也报告了暴发初期的 5 例，2 例死亡……

5. 上海的一处住宅发现一例值得关注的携带者病例（健康人粪便中出现霍乱菌），那里以前发生过真病例。

……

8. 上海各卫生当局已经开始了大规模的预防接种。最初 10 天，接种 76 000 人。此时可见白色巡回诊疗车（至少 6 辆）在各个街道邀请民众前去免费接种，以获得对感染的保护。希望给予充分响应……

第四期公报（1932 年 6 月 20 日）

1. 6 月 18 日星期六为止的一周，突然剧增至 240 例（3 例死亡）。这样，总数达到 520 例（30 例丧命）。

2. 病例分布：

	病例/人	死亡人数/人
大上海	159	7
公共租界	65	0
法租界	16	1
本期	240	8
前期累计	280	22
合计	520	30

7 所医院共收容 240 例（8 例死亡）。

3. 不过，从较低的死亡率（5.8%）来看，可能这一年的暴发虽然严重且传播广泛，但并没有太多人丧生。这种幸运的情况可能归因于：

（1）广泛的预防霍乱接种。

（2）发病早期即到医院治疗。

（3）霍乱弧菌毒力可能衰减。

……

6. 现就民众中霍乱的可能传播方式加以简单说明。因为自来水厂有过滤设施并经氯消毒，因此不可能从那里出现感染。污水只能是来自水井、河沟和池塘。但是霍乱菌很脆弱，容易被污秽的河沟和池塘中存在的生命力更强的微生物杀死。最大的危险似乎在于浅水井，这些水井经常被马桶污染。系统的勘查这些水井并用高锰酸钾或漂白粉消毒或许有助于降低发病率。也要管理好公共厕所，在初夏即应预先采取措施以防止孵化出苍蝇。各住宅的户主也可以为公共福利出力……

第九期公报（1932 年 7 月 27 日）

1. 上海的霍乱显然已达到它的高峰。至 7 月 23 日这一周病例数为 411 人，其中 36 人死亡。统计数字如下：

	病例/人	死亡人数/人
大上海	82	9（女 1）
公共租界	266（女 8）	24（女 2）
法租界	31（女 3）	2（女 0）
不明	32	1
本期	411（女 11）	36（女 3）
前期累计	1 655（女 24）	98（女 18）
合计	2 066（女 35）	134（女 21）

……

5. 无论什么原因，现在中国这种传播广泛的疫情暴发，侵袭了许多城市，南自广州，北至长春。然而这种可怕的传染病在这一年却避开了那些名声不好的感染中心，如暹罗和法属印度支那，这些地区直到上一年（1931）还每年受这种传染病的光顾。印度的城市中，加尔各答（人口 150 万）平均每周报告霍乱 150 例，40%～50% 死亡。

6. 在任何地区要成功处理霍乱流行，在我看来取决于我们的三个主要因素：

（1）卫生管理机构

①有安全供水；

②对市场、餐厅、冷饮厅及此类场所完善的监督；

③严格管理食品摊贩和其他食品经营者；

④大规模预防接种；

⑤实验室的安排；

⑥通过检疫、隔离及其他方法限制传播。

（2）社会团体

①协助当局推行防疫和治疗措施；

②督促当局顺应需要进行改革；

③建立福利中心，在贫穷和富裕的居民中普及有益的知识；

④在平时相互联合，学习预防方法以应对类似灾情重现。

（3）个人

①利用各种已知的方法保护住宅和家庭；

②患病后应利用保健站或医院设施进行适当的治疗；

③给不能自理的患者以照顾。

……

8. 现在已对离开厦门和汕头前往马来亚、荷属东印度、暹罗与菲律宾的轮船统舱乘客，实行普遍预防霍乱接种。在上海严格执行这个措施，对前往青岛、爪哇和马尼拉的乘客实行强制接种。

第十四期公报（1932 年 8 月 31 日）

1. 至 8 月 27 日这一周，霍乱流行的严重性已明显降低，仅记录 258 例，而前一周为 347 例。病例总计 3 972（女 70 例），290 例死亡（女

10 例）。

2. 以上 3 972 例中，中国人 3 902 例，死亡率 7.3%；外国人 70 例，死亡率 27.1%。

3. 毫无疑问，今年上海的霍乱暴发正在减退中，这已由访问各个时疫医院得到确证，这些医院里已有一半以上病床空置。

4. 其他港口的消息也表明普遍的流行也有类似的减退。

5. 由于凉爽的秋天已经到来，这令所有防治霍乱的工作者松了一口气，无论在实验室、医院或现场，他们不仅要遇到无所不在的危险，而且是在异常艰难的条件下费力地工作。幸运的是，尽管城市规模巨大，人口密集，城市终于经受住了考验，这体现了卫生管理机构的巨大功绩。350 万人口中感染者的死亡率仅为 7%，成绩当然相当显著，这必定会激励大家进一步努力和开展研究工作。

第十八期公报（1932 年 9 月 28 日）

1. 这是本年最后一期公报。1932 年霍乱流行实际已经终息，至 9 月 24 日这一周，仅有 21 例，死亡 1 例。总计 4 281 例（女 75），死亡 318 例（女 20）。

2. 随后不太可能会超过 10 例，所以，可以宣布今年的流行中有 4 291 例患者，包括 75 例外国人。死亡率在中国人中为 7.4%，外国人中为 26.6%。

3. 外国人中较高的死亡率（为中国人的 4 倍），可能是由于他们去医院治疗太迟。我们一直建议公众患病后立刻去医院，那里的全部治疗设施日夜准备着。患者越早接受生理盐水输液，越有可能挽救生命。私人医师不能像医疗机构那样快速地挽救霍乱病例的生命。

4. 用表格列出了中国 11 个主要城市治疗情况，表明北平 93.4 万人口中 391 人死于霍乱（患者死亡率 79.31%），而 350 万人口的上海死亡者为 318 人（7.4%）。这在大都市确实是创纪录的成就！

随后几年中央防止霍乱委员会继续履行它的职能直到 1936 年，其活动有每月召开会议，接受来自各地分会的流行病学、血清学、粪便检验、临床调查、供水以及气象学的报告。最后一次会议是在 1936 年 9 月 22 日举行的。1937 年，日本军队侵入上海，全部工作被迫停止。

在中国防治霍乱工作的总结

1. 在我的一篇关于霍乱的论文（《海港检疫管理处报告书Ⅲ》，1932）中，列出了一个自 1820 年起中国 46 次受这种疾病侵袭的表格，首次保存了一个完整的记录。这 46 次中，有 10 次发生在 1822—1824 年、1826—1827 年、1840 年、1862 年、1883 年、1902 年、1909 年、1919 年、1926 年和 1932 年，传播广泛，北至东三省，南至广东省。

2. 1932 年的霍乱流行侵袭了 23 省，312 个大城市，［估计］10 万人染疫，34 000 人死亡。

3. 遭受侵袭的大城市中，上海病人数量最大（4 296 例），但死亡率最低（死亡 318 例，即 7.4%）。

4. 在上海开始暴发的时间相当早（4 月 26 日），9 月 28 日终结。

5. 较之外国人，中国人中的霍乱死亡率较低——精确的数据是：中国人 7.4%，外国人 26.6%。

6. 在上海充分证明了预防霍乱疫苗接种的功效，那里全部人口中有超过 100 万人（三分之一）接受了疫苗注射。清洁的供水以及有效的住院治疗，无疑可以解释为何保持 7.4% 的低死亡率纪录。

7. 上海在那个夏季开办了 20 所医院（17 所由私人赞助）治疗霍乱病例。

8. 经细菌学确诊的 3 051 例中，983 例年龄在 21 岁到 30 岁之间（占 32.22%），868 例年龄在 30 岁到 40 岁之间（占 28.45%），即霍乱主要是攻击青壮年人群。

9. 以性别论，男性 2 042 例，女性 1 009 例。比例为 66：34，男性患者为女性患者的 2 倍。

猩红热和其他传染病

早在 1925 年 6 月，我的洛克菲勒奖学金（1924—1925）结束，回国途中曾在芝加哥停留，探访过迪克医师夫妇，他们共同发明了一种检测儿童猩红热易感性的试验方法。这两位有抱负的医师在他们的实验室非常友善地接待了我，向我展示他们的显微镜封片和培养物。迪克实验达到非常可靠的地步后，他们夫妇又继续探索为儿童免疫预防这种疾病的方法，并要求帕克·达维斯（Parke Davis）公司规模化制备他们的疫苗。其最后步骤是用马血制备出适合治疗病人的免疫血清。迪克夫妇相当成功地完成了所有这些制备程序。所谓迪克实验（用于检测猩红热易感性）是用一个短的针头在前臂皮内（非皮下）注射 0.1 毫升猩红热链球菌毒素。如果血液内没有抗毒素，或者其量甚微而不足以起保护作用，则在 24 到 48 小时内，将呈阳性反应，局部出现一个直径 1～2 厘米的红斑和浸润圈，几天后便逐渐褪色而变成褐色。未受猩红热感染的人则不会出现。为使易感者获得免疫力，应使用抗毒素（血清）或用毒素进行免疫。我说在中国猩红热尽管非常厉害，但却是一种比较新的疾病，所以他们的新免疫方法无疑将有益于儿童，迪克夫妇对此表示十分惊喜。他们乐意送我一些美国链球菌原始菌株，还有几瓶他们的标准毒素和抗毒素，让我带回国后开展研究。

按这种思路，我和我的同仁在哈尔滨的实验室中开展了中国最早的有关猩红热的实验，并因此成为远东开展这方面研究的开拓者，甚至在日本人之先，而他们在医学及细菌学任何领域的研究通常是最早的。1925 至 1926 年间，我们的医务人员发表了四篇论文：《远东的猩红热问题》《猩红热链球菌抗毒素评述》《哈尔滨迪氏猩红热皮肤反应效力研究》和《溶血性猩红热链球菌在爬行和两栖类动物体内的状态》。在更早的题为《中国的猩红热论》的简报中，我写道："众所周知，猩红热是一种温带病，热带几乎未闻其名，亚热带也很少见。由于［大部分］中国人生活在北纬 20°（南至海南）和北纬 54°（北至瑷珲）之间，所以此种疾病在各地的情况不同。"为了获取准确的信息，我给分散在全国各地的医师寄发了一个问卷调查表，询问他们那里有关这种疾病流行的详细数据。

由获得的回复中，我得出以下结论：

1. 华南事实上不存在猩红热，在上海和中部各省不甚严重，在北方则非常严重。至于香港，1911—1922 年记录的传染病共 14 493 例，只有 41 例属于猩红热，其中 10 例患者为白种人。同时期的这 12 年间，共记录了超过 7 000 例腺鼠疫和 3 000 例天花。

2. 猩红热似乎更青睐侨居中国的西方人。在北方，例如天津每年都报告他们中间有几例死亡，与类似他们那个阶层的中国人相比，其传染性似乎更严重。

3. 这种传染病在中国患者中表现出特别的毒性，经常广泛流行，这可以用此症最近才传入中国，尚未形成天然免疫力来解释。而最近 10 年在欧美这种传染病的症状已显得轻微了。

斯坦利（Arthur Stanley）博士曾考证过，得知古罗马的医学家盖仑（Galen，131—201）和早在 17 世纪的西德纳姆（Thomas Sydenham）都曾描述过猩红热。在中国，直到 1873 年都未提及过猩红热，那年有第一个可信的病例纪录——可能是输入性的。日本在 1897 年记录了第一个病例。到 1902 年，上海的猩红热病例已增至 1 500 例。这种疾病在天津、北京、奉天和哈尔滨等地到处流行。1915 年至 1923 年间，北京的政府隔离医院收治了 638 名病人（男 352，女 286），死亡率为 20.8%。在天津，这种疾病伤及整个家庭，不论贫富。在哈尔滨我所负责的中国医院里，1925—1930 年的 5 年间，猩红热以高毒力形态出现，儿童死亡率很高。我们的卫生机构发表了令人关注的记录：

1. 在中国居民中进行了 1 275 例迪克实验，受试者年龄为 1 至 30 岁，47.7% 显阳性。

2. 在 6 所不同的学校，检查了 542 名儿童，大部分显阳性者是在幼儿园阶段者（86%）。

由于芝加哥菌株太温和，不适合在当地使用。我们的鼠疫实验室不得不由一例住院的重症病例分离和培养我们自己的溶血性链球菌菌株，制备疫苗和后续的马血清。如同治疗霍乱一样，我们发现染上猩红热的患者及时住院比居家治疗效果好。

我们的临床报告表明，18 例患者的咽拭子上，都发现有溶血性链球菌。这 18 例中，有 15 例这些细菌是以近乎纯培养的状态出现。在华北，猩红热的发病率也很高。与同一纬度的欧美国家比较，发病率和死亡率都显示更高的百分比。由于这种传染病是相当晚才输入中国，对中国人和外国人都呈现强毒形式。上海隔离医院1902—1922年的20年记录显示，在1 071例中国患者中死亡率为25.4%，761例外国患者中为15.2%。而在英国和美国死亡率仅为1%~3%。哈尔滨市政医院1918—1925年报告的俄国人死亡率为11.4%，而中国人的死亡率则更高。

1926年，我们用两条大蛇进行了实验，用最高剂量的猩红热链球菌皮下或肌肉注射后，未见对这些爬行类动物有何损害。4天后，从注射的地方可分离到纯培养状态的链球菌，或许毒力有所减弱。还用青蛙进行过类似的实验，未显示致病效应，事实上在注射的第5天后，病菌本身即趋于死亡和消失。这样的结果让我们想起鸭子和禽鸟所具有的抗鼠疫杆菌天然免疫力，而小小一接种环的相同培养物却能致人死命。

东三省防疫事务总处存在的20年间，我们一直悉心关注其他传染病，如斑疹伤寒、伤寒、流感、回归热、炭疽（马和牛群）以及各种性病。我们的研究结果已发表在《博医会报》和《中华医学杂志》中，收录在这本回忆录中不会令人感兴趣。

第16章

在中国建立医院

 1905 年中国社会各阶层经历了一场顺应世界进步的伟大运动。北京的朝廷决定接受宪政，于是派遣以满人总督端方和汉人军机大臣戴鸿慈为首的 50 余人的使团，前往世界各国考察宪政。在天津，总督袁世凯得到以唐绍仪为首的一群受过西方教育富有经验的留美归国学子的热心协助，在军事、教育、实业等改革上取得了出色的成果。天津陆军军医学堂开始为袁的现代化军队培养医官。那时我还在海峡殖民地，由欧洲归来已经 3 年，考察使团在槟城停留了几个小时，我曾参与接待委员会的活动，款待宪政考察的使节们，使团中的一位年轻随员施肇基成了我的终生朋友。两年后，当我最需要帮助时，我剑桥时代的老朋友、时为将军的程璧光（辛亥革命后他成为广东省省长，1918 年在广州被军阀政敌暗杀）写信召我北上协助管理新成立的陆军军医学堂。不过我决定还是先赴英国和德国，考察伦敦和柏林皇家军医制度。我在欧洲逗留了 6 个月，然后于 1908 年 10 月前往中国，不料光绪皇帝和慈禧太后两天之内先后驾崩，袁总督被解除所有职务。这样，我的主顾将不是袁世凯了，而是在北京时任陆军部大臣、手握大权的满人铁良将军。幸运的是，铁良的得力助手谭学衡将军，曾是我舅舅林国祥管带的下属，1896—1899 年他们一同在英国埃尔斯维克（Elswick shipyards）船厂监造中国军舰。通过谭学衡的举荐，我受到铁良将军的接见，并委任我第一个职位——到当时设在天津的陆军军医学堂任帮办［副校长］。人们都说满洲贵族办事拖沓且无能，但不得不承认在中国没有比他们更有礼貌的绅士了，他们便是铁良、荫昌、醇亲王（1908—1911 年任摄政王）、锡良（1908—1911 年任东三省总督），他们对待客人和下属的礼貌和谦恭世所罕见。

我于 1908 年 11 月就任陆军军医学堂帮办，直接上级是广东同乡徐华清医师，他毕业于马根济（Mackenzie）博士创建的北洋医学堂。如前所述，这所学校的教师大部分是日本人，授课直接用日语或经过口译。影响教学效果的最大障碍是没有可用于向学生讲授临床实践的合格医院，唯一可利用的机构是位于市中心的一所小医院，仅有病床数张，设施陈旧，管理不善。因此在天津的三年中，我经常前往北京，面见陆军正、副大臣，请求建立一所新式的设备优良的医院。这样不仅可以使学生受到有效的训练，士兵也得到适当治疗，而且毕业的医官可在此开设更新的课程，以便应对各种急救医疗。

我的话似乎根本没有起作用。那时尽管有大笔钱花在军服和军火上，却没有拨出一些来建设医院。无奈之下，我只得请求为驻扎在京城的两万余军队建立一座模范医院，但这个请求也没有被批准，尽管大部分士兵是满人。被拒绝的一个通常的借口便是中国士兵像其他中国人一样并不理会西医。但是这班当权者却忘记了一个现实，就是在战时那些陈旧的外科方法毫无用处，即使军队中有受过西医教育的医师，如果不能熟练进行手术，也无法实施战场急救。在战时及战后，不中不西的医疗只能引起混乱，导致不幸。尽管革命运动和各省之间的冲突连绵不断，在京城却从未建设过名副其实的军队医院，1912 年至 1920 年军阀频繁的混战中出现的许多伤员，大部分被送往由传教士开办的医院或其他民间医院，例如协和医学院等。

直到 1910—1911 年东三省鼠疫大流行及随后 1911 年 4 月在奉天举行的由我主持的万国鼠疫会议之后，才有了实现我的理想的机会。这次 11 国会议通过的决议中，有关条款如下：

12. 应建立一个永久性的卫生中心机构，并且此机构能在鼠疫流行时迅速地扩充……

44. 为实施各项建议起见，应设法组建中央公共卫生部门……

后来我在中国负责建设的医院包括几类，现分述如下：

1. 由我创办的，如哈尔滨防疫医院及其他防疫医院。

2. 由地方当局创办的，如东北（奉天）陆军医院和齐齐哈尔官医院。

3. 非政府团体和机构发起，由我主持建设的，如北京中央医院。

4. 海港检疫管理处建设的各地医院。

东三省各防疫医院

第 13 章已简略叙述过这些医院，现将某些有意义的细节加以详述。中国政府郑重采纳了奉天万国鼠疫研究会的建议，建立了东三省防疫事务总处，将其总部设在哈尔滨。防疫处的开办由于 1911 年 10 月 10 日辛亥革命爆发而延期，幸赖东三省总督赵尔巽、海关总税务司安格联爵士、外交次长颜惠庆博士和原哈尔滨海关税务司沃森先生等人热心赞助，竭力促进。例如开始时总督便从东三省税收中拨款 75 000 元用于建设哈尔滨医院，60 000 元用于满洲里，45 000 元用于齐齐哈尔，30 000 元用于拉哈苏苏。虽然最初驻北京外国公使团置他们自己国家的专家的推荐而不顾，否决了这一计划，但通过安格联爵士之斡旋，终于改变了他们的想法，同意从中国海关税项下每年拨款 78 000 卢布（哈尔滨货币，相当于中国白银 6 万两）作为防疫处常年经费。颜惠庆博士（毕业于美国弗吉尼亚大学，曾在伍廷芳任大使的驻华盛顿使馆任二等参赞）帮助修改章程，将东三省防疫事务总处的编制确定由外交部直辖，从而避免了其他政府部门不必要的政治干扰。沃森先生在哈尔滨经历了 1910—1911 年鼠疫大流行，因此充分理解迫切需要这些医院。他在早期筹建阶段提出过宝贵的建议，而且指示他的各地海关职员给予我们充分的支持。

由于西方人一向认为中国的主管官员尽管有能力和经验，但在公款上却不能信赖，因而规定除总办兼总医官（我本人）之外，还委任了哈尔滨海关税务司的人担任会办兼司库。"他们负责保管防疫处专项常年经费，保管账簿，发放薪金，提供总办兼总医官认可的各种开支所需要的钱款。"另一方面，为了保证防疫处的工作效率免受外行人的无理干扰，"总办兼总医官全面管理防疫处，包括委任、分派和辞退技术人员，他还有权根据他的谋划，批准拨款用于任何与防疫与医学工作和研究有关的专门目的，但以不超出年度六万两白银的额度为限"。开始的 12 年，这样的分工基本上是令人满意的，尽管偶尔也有误会，特别是 1917 年布尔什维克革命后，俄国卢布迅速贬值，我的外行同事〔那时是法国人格雷夫当（Grevedon）〕却不同意我利用我们多年积累的资金建造一座特别需要的实验室的建议。第二年，那些曾经版面壮观、印刷精良的俄国卢布，在购买力和纸币尺寸上都缩水了。不久以后，我们精打细算节余下来储蓄在俄国银行的存款便全部付诸东流了，所以当东三省到处通行中国货币时，我们不得不重新开始使用这种货币。现对每所医院作一简单介绍。

哈尔滨（滨江）　　这所医院占地广达 4 英亩，对这块土地曾与俄国铁路局有争议。但是当我 1911 年拜访过铁路局总办霍尔瓦特将军，向他说明了我们防疫处的目的后，他便甘愿放弃了，并把地契转给了我们。我们防疫处办公场所最初设在新城邻近火车总站的海关大楼的一个房间内，但是这样的安排对海关和我们自己都不方便。于是我们迁到那个地区一栋租来的房子中，两年后便入驻了我们自己那宽敞医院的新地方。从 1920 年我们的办公楼建成后，总部即设于此。

哈尔滨医院拥有两个独立的院落，西院包含办公楼和容纳 400 人的检疫营房，东院的隔离病房可以收容疑似者 30 人和染疫者 40 人。这两处建筑原始造价 75 000 元，那时是瘟疫之后，建筑材料和劳动力的价格都最低。但是，由于各个建筑物的基础是在 1911 年底天气已经变冷时仓促施工的，不久冬天来临，即发现砖墙开裂，木地板翘起，经常要修缮。第一次世界大战开始后几个月，我宣布打算开始建设新的蒸汽供暖的两层楼房。但是如前所述，管财务的同事即表示反对，因为政治局势不明朗。结果贻误时机，在银行的俄国卢布存款最终化为乌有。我便前往北京，当面向中央政府机关请求从今以后用中国货币支付我们防疫处的经费，获得准许。1917 年 10 月起，以后拨付给防疫处的经费，和海关税款一样，均用中国政府发行的货币支付。但是此时我们职员的个人积蓄和我们的公款却损失惨重。1919 年新任税务司覃书（R. C. d'Anjou）到来，我们决定建造一座新的大楼，用做鼠疫研究实验室、博物馆、图书馆和办公室。鉴于资金有限，又未得到政府的专门拨款，因此必须尽量节约。我们在冬天自己去购买建筑原材料，精打细算。依靠本地一位俄国建筑师帮助设计，终于建成了一座颇为高大的建筑，其宽阔牢固的地基达 7 英尺深，蒸汽供暖系统和现代化的管道遍及全楼，花费仅 18 000 元。我们发现这种建筑结构很实用，当 1921 年 1 月第二次鼠疫大流行出现在哈尔滨时，不仅从 1 月至 5 月收容了 3 125 例鼠疫病人（最终全部丧生），还可以从事广泛而有益的研究工作。这些已在 1918—1922 年的报告书第 III 卷中加以详述。

有件事此刻必须加以记录。这就是 1921 年 2 月 19 日，负责逐户检疫的医官苑德懋出现了鼠疫感染的症状。当时我远在绥芬河（哈尔滨以东 360 英里），2 月 20 日晚上便赶回了医院。因为住房不足，我和苑医师住在新楼一层紧挨着鼠疫实验室的两个相邻房间中。他的突然染病迫使我搬到检疫营房中一个供暖不良的房间。2 月 21 日（苑医师逝世的日子），陈永汉、伯力士和扬格（Young，来访的传教士同事）等 3 名医师和我同住此处。对苑医师曾经住过和逝世的那个新楼进行逐间消毒时，在我们的卧室里还放着数百支试管培养物，我们度过了几个焦虑的夜晚。这一惨痛事件说明我们的同事们都暴露在危险中。由于经费不足，难以妥善安置新到来的医师住宿，在瘟疫流行期间，他们只得日夜在防疫医院内度过。16 个月之前（1919）霍乱在东三省到处肆虐时，我们曾收治过 1 962 例重症患者，仅 275 人死亡（14.02%）。

1922 年滨江医院又增建一座造价 3 万元的大楼，供收容普通病人住院治疗。这栋建筑包括 2 间一等病房，2 间二等病房和 4 间三等病房，

1922 年扩建后的哈尔滨医院

共计 45 张病床。还有一间设备完善的精致手术室，以及 X 射线室和摄影室。又于 1924 年 5 月动工开掘地基，建筑一个最现代化的研究室，专用于从事鼠疫、血清和诊断研究，建筑费 25 000 元。这个实验室在 1925 年竣工，从此我们的哈尔滨总医院拥有各自独立的建筑：办公楼和医官宿舍楼、外科综合医院，以及实验室、图书馆和博物馆。这样就再也不必为应急而作临时安排了。

三姓（依兰） 这是松花江边一个约有 15 000 居民的小镇，在距哈尔滨东北 150 英里处。它的周围被高山环绕，有着非常繁荣的木材和毛皮出口贸易。因为这里是航行于松花江的江轮之停靠港，所以要在这里建立一个我们的医院。1913 年我们买下了一些

1913 年建成之三姓卫生医院

现有的建筑，它们共有 6 栋房舍，由围墙圈成一个近 1 英亩的大院，我们准备将它用做可收容 60 名病人的小型医院，花费近 10 000 元。

拉哈苏苏（同江） 这是一个只有 1 000 人的小村庄，位于松花江和黑龙江的交汇处，因而占据着战略位置。虽然此地从未发生过鼠疫，鉴于它作为一个港口的重要性，有必要在其周边建设一所现代化的检疫医院。我们以象征性的价格购买了共计 1.5 英亩属于政府的土地，以 30 000 元造价建成了一座新建筑。这是座两层楼房，楼上为医官住所，楼下为门诊部

1913 年建成之拉哈苏苏医院

以及隔离室和观察室，可以收容 42 名病人。1917 年俄国革命后的骚乱期间，白党首领卡米诺夫（Kaminoff）和他的追随者在此向中国军队投降，随后被解送到省城吉林。因为他们企图从监禁地逃跑并且取得了当地俄国领事馆的庇护，这一事件导致中国关闭了所有俄国领事馆，而且终止了驻北京俄国公使库达切夫亲王的外交官身份。

大黑河（海兰泡） 这是一个位于黑龙江南岸日渐发达的城市，面对北岸的俄国城市布拉戈维申斯克。从哈尔滨到这里乘江轮需要六天。我们的防疫处在这里工作之前，俄国当局惯于到这里来追踪俄国领土上人和兽类各种传染病（如鼠疫、牛瘟、炭疽、猪流感等）的源头，为他们的政治干涉和侵略寻找借口，然而这里却一直是最健康的地区。

1914 年建成之大黑河医院

这座现代的砖墙医院，于 1913 年落成，1914 年正式开办，平日或疫病流行时均照常运行。当时还邀请过对岸的沙俄高官过河来访。这座两层楼的新建筑，平日作为诊所和医官住

572

所。此外还有四间隔离和传染病室，可容纳病人 70 名。建筑费用总计
28 000元。在这所医院中多次出现白党和布尔什维克遭遇的场面，双方都
同时或不同时间请求过我们的庇护和治疗。我们还曾友善地接待过日本红
十字会，1920—1921 年，日本军队与布尔什维克发生冲突时，许多日本伤
兵在我们的医院中接受治疗。

满洲里医院 满洲
里（胪滨）是东三省的
一座边境城镇，西部毗
邻西伯利亚。它独特的
干爽气候几乎胜过瑞士
的阿尔卑斯山。这里通
常是外贝加尔疫源地传
入肺鼠疫的门户。因此

1923 年建成之满洲里医院

这里绝对需要设立一座装备充分的医院，以从事监测和研究。东三省总督
于 1911 年拨款 60 000 元在满洲里建设一座完善的医院。1912 年春天即开
始挖地基，并购买了大量建筑材料贮存在现场。然而，随后发生革命，其
间，蒙古人被俄国扩张主义者煽动，烧毁了我们的场地，只留下一片焦
土。几年过去，直到 1921 年第二次鼠疫大流行来临，我们从市政当局借
了几间房子开展我们的防疫工作。从此我们派遣卫生人员常驻满洲里，并
随时准备应俄国同行的要求，前往西伯利亚进行考察，与对方亲密合作。
1923 年，我们花费9 000元购买了一座现成的石砌房屋，供实验研究之
用和作为医官住所。同时保留了从俄方租来的一幢大木屋，作为综合医
院。在该处配置了大型设备，用于对出口前的旱獭皮进行福尔马林蒸汽
消毒。黑龙江地方长官对我们采取的预防措施感到满意，准许在皮张上

加盖我们的检疫标记，从而使地方财政每年增加了数百万元的收益。值得注意的是，自从我们防疫处对皮张进行消毒起，过去30年来，从未发生过因出口的皮张和捕猎者引起的鼠疫病例。

牛庄（营口）　　牛庄防疫医院是我为东三省防疫事务总处监督建设的诸多医疗机构中的最后一个。若干年来，由于霍乱经常从上海、朝鲜和日本来袭，各界民众已觉察到需要有这样一个机构，但是直到1918年，必需的拨款才最终批准。1919年开始建筑施工，1920年7月10日完工并正式开办。

新建筑由普通病房、消毒室和传染病房组成。普通病房是一幢壮观的红砖水泥建筑，东西162英尺，两侧配楼进深各80英尺，前面有两个门，东边供私人和急症患者出入，西边供一般求诊者正门出入，两侧为普通病房，附设看护室、厕所、浴室和实验室。每个普通病房至少可设10张病床。东翼楼设总手术室，室内白色瓷砖墙裙，麻醉室和消毒室各一间，男女优等病房带有专用浴室和厕所。西配楼为门诊部、候诊室、医师诊察室、伤员包扎室、药房和药库，以及细菌学实验室。中间的楼梯通向医官住所，那里有他们自用的起居室、备餐室、厨房和卧室，所有家具都是医院提供的。

出了后门，来访者可沿碎石小径前往大厨房和看护的住所，那里有卧室、食堂和淋浴室。另一条路通往消毒室，那里装备着英国制造的大型高压蒸汽消毒器，可为寝具、床垫及普通衣物消毒。毗邻处是按卫生要求装备的洗衣房。

第三处建筑包括水泥地面的隔离室，收容确诊的传染病患者。室外朝南有宽敞开放式长廊，紧急情况下可安置病床。这些病房有专门的看护室、浴室和厕所。整个院落占地3.5英亩，以装饰了木栅栏的红砖围墙与外部相隔。

这组建筑的造价为 60 000 元，内设病床 45 张，所有的设备都非常现代化。1923 年，医院增建了 6 间砖墙水泥地面的隔离室。每个病房都有一盘卫生睡炕，有防虫防尘设置，专为那些留院观察者居住。每一间病房可容纳 60 人，因此一次至少可以容留 400 人。第二组建筑物花费了 30 000 元。

张作霖大元帅曾捐赠 6 000 元购买土地。牛庄海关税务司韦克菲尔德（C. E. S. Wakefield）先生在他的四年任期内多方奔走，游说他的北京上司和地方当局，力陈这所防疫医院的需求。

1920 年建成之牛庄防疫医院

哈尔滨模范肺鼠疫病房

1911 年奉天万国鼠疫研究会通过的决议之一是：

肺鼠疫患者重在隔离，必须设立隔离医院，此种隔离医院应能实行个体隔离，并须有防鼠设备，并容易消毒。这种隔离医院应该有足够的空间以备加建急需之病房，为实现此目的，应事先做好选址和基础工作。提供空气流通、光线充足的宽敞空间是可取的。

在此应提及肺鼠疫病房建设方法上的几点细节。1912 年夏季，新的鼠疫防治医院的建筑施工仓促开始。在五间鼠疫病房中设计了三间为个体隔离病房，但是当时缺乏足够的水泥，地板全部用木材。每一个单元有一条 4 英尺宽的长走廊，一字排开十二扇门，通向各个个体病室。每一个个体病室都有向外开关的窗户。每扇通走廊的门上都镶嵌着一块 1 英尺见方的玻璃窗，使护士或差役能够从外面观察病人。医师或护士诊治病人必须进入病室，这要冒极大的风险和不便。在设计新肺鼠疫病房时，我进一步吸取了 1920—1921 年第二次鼠疫大流行中的经验，于 1926 年落成的病房已克服了上述缺陷，并做了几处改进，以便于调查和研究工作而又不危及医务人员的安全。这座新建筑可能因此被视作尽可能适合了肺鼠疫患者的模范病院。现对其描述如下：

新鼠疫病房呈长方形，内部分成两部分。红砖墙，水泥地面上铺了一层平整的厚油毡。地基 7 英尺深。整座建筑长 78.5 英尺，宽处为 55 英尺，窄处 46 英尺。中央长走廊贯穿整个建筑的两个部分。一端为 7 英尺宽的医师入口，另一端则是离地面很高的玻璃窗。第二个入口（10 英尺宽）足够病人担架进入，它直通前厅，在这里通过中央走廊连通两边的独立部分。

左侧建筑有差役室和两间处于一边的消毒室，对面是临床检验室，由此通往一间向外突出的尸体解剖室，那里有开向院子的单独出口，检验后的尸体可由此直接移出。紧邻临床检验室的是两间供研究用的研究病房，两间病房靠一扇小推拉窗相互联络，每间病房有一个与外墙相连的观察龛，在其上部装有离地很高的窗户，以便最大限度地采光。

右侧建筑有走廊，其一端有四间个体病室，这些病房收容经研究病室检查和治疗后的病人；对面还有两间研究病室，中间是浴室和厕所。与其他同类病室一样，这些研究病室也借助安装着高大玻璃的可最大限度采光的观察龛互通信息。在临床检验室和解剖室之间是一扇滑动大玻璃门，如同常见于现代手术室者，两边的工作人员可方便地交流。地面全部用碎石垫底、水泥覆盖。所有窗户都很高大，4 扇为 7 英尺×4 英尺 8 英寸，3 扇为 7 英尺×5 英尺 8 英寸，还有 13 扇为 7 英尺×4 英尺。窗户总共为 20 扇（当时还无法得到钢窗，否则我们也会采用）。

为鼠疫患者准备的四间大单间病房，每间 7 英尺宽、17 英尺长、11 英尺高。这座新建的肺鼠疫医院最显著的特点是：

1. 临床检验室与解剖室相连。因为这种疾病病程发展急遽，抢救病人必须分秒必争。临床检验室与病室相通，医务人员可以在此尽快准备诊断器具。病人死亡后，用于检查的相关设备也触手可及。

2. 观察龛宽 5 英尺，与单间病房之间有上达天花板的玻璃大隔扇分开，其优点在于：

（1）医师可以随时观察和检查病人，而不至于同处一室呼吸同处空气。

（2）离地面 3 英尺处有一小玻璃窗，病人手臂可伸至观察龛内以便于验血、注射血清等，而对医师没有风险，甚至可以不戴防护面具，因为视野无遮挡而可以充分保证安全。

（3）所有单间病房的隔断在必要时可以除去，这样在夏季治疗霍乱时即可将其连通成大房间而便于注射生理盐水。

这座建筑造价为 17 000 元（中国货币），在新建的鼠疫病房附加了两个安全出口，一个通往实验室，另一个通往浴室。如果出现下一次疫病流行，这无疑将进一步便利我们对肺鼠疫病人进行各方面的探讨（十分幸运，鼠疫病房落成后，30 年来并未出现大规模暴发）。

1926 年在哈尔滨医院内新建之模范肺鼠疫病房

地方当局创建的医院

沈阳（奉天）东北陆军医院　1922 年直奉战争中张作霖将军与吴佩孚将军之间相互残杀的结果之一，是提醒那些军事将领们，要有合格的外科医师去救治被现代武器击中的成百上千的伤兵。当时双方均主要依靠外国医师（大部分是传教士）及其机构为他们疗伤。所以，除了雇用年轻力壮的中国人取代那些抽鸦片的老迈军官外，张大帅和他的儿子张学良决定在省城奉天建设一座模范陆军医院，一边治疗士兵，一边训练医官。为此目的，他们委托我进行规划和组织。曾

东北军奉天陆军医院原貌

留学美国、才华横溢的中国建筑师关（S. S. Kwan）先生负责画出设计草图，其要求是该医院可在和平时期满足民众和军队的需求。该医院的走廊系统采用柏林古老的夏里特（Charité）风格。中央为两层楼，底层办公，楼上为一组医官起居室。从中央办公区向外呈辐射状安置着成单元的大病房，每一单元有 40 张病床，安装完整的供暖与自来水管道系统，还有护士长室、临床诊断室、办公室、重症室及厕所。当我办移交时，计划中的 35 个单元已有 26 个落成。除了大病房，还有三间配备有附属设备的手术室，全部装备都

是最新式的。还有专门的性病、皮肤病、眼、耳鼻喉科疾病和急诊部门。掘了一口深水井，用电力将水抽到水塔，可满足所有需要。这里还有铁路专运线和站台，以及在特定时间接运大量伤兵上下火车的设施。医院可以收容400～500名病人，紧急情况下还能接收更多。建筑和设备费用超过了600 000元。1924年春天开办时曾举行过盛大的庆典。在当时，东北陆军医院无疑是中国最大、设备最好的军队医院，然而根据现代标准，还没有达到模范水准。

齐齐哈尔（卜奎）官医院 这个城市是黑龙江省省城，1911年鼠疫大流行后，东三省总督拨款45 000元建设一所防疫医院。当地的道尹宋小濂（后晋升黑龙江巡抚），请我帮助筹建这所医院，并于1912年开业。全部建筑均由本地工匠施工，由一位曾留学日本的当地医师监督。全院可收容60名病人，另设有门诊部。该院的医务人员不由我直接任命，但当瘟疫流行时，他们经常寻求我的帮助和建议。齐齐哈尔与哈尔滨有定期的铁路交通，也是俄国海参崴至莫斯科之间的西伯利亚铁路快车的一个重要车站。

非政府团体创建的医院

北京中央医院 这是我为其付出了最大精力，苦心持续奋斗4年的医院，因为我意欲在中国将其建成一座模范的平民医院。这个构想缘起于1915年，当时我曾对袁世凯总统时代的财政总长周学熙进行过私人拜访。那时周总长想在他经常去度周末的12英里外的西山修建一所造价100 000元的疗养院。我当即指出，更迫切的需要是在京城本地建设一座现代化的综合医院，作为既为官员又为民众的模范医院，并借此促进医学之科学化。而疗养院则宜修建较小规模的附属建筑，供愈后恢复者静养之用。于是1915年春天在北京中央公园［今中山公园］会议室举行了一次有影响人士参加的会议，出席者有财政总长周学熙、内务总长朱启钤、外交总长曹汝霖、司法总长章宗祥、国务院秘书长林长民（他起草了呼吁公众为建设医院捐赠的文告）、交通部顾问王景春、陇海铁路督办施肇曾、京师警监吴清连、我本人以及十几位其他人士。在这次会上即获认捐款总计110 000元，还有周先生原来允诺的100 000元。又得到赠送的西城历代帝王庙旁边一块位置适当的高地，其后边另一块约1英亩的地皮则以21 000元购置，于是划出了一块长方形的场地。一家美国建筑公司负责规划设计，与一家德国公司签订建筑合同。我则被任命为名誉医务总办，除财政外之一切事务皆由我主管。1916年6月开始挖地基，曾发现过一些铜钱和瓷器碎片等古代文物。

北京中央医院原貌

由于日本的"二十一条"和袁世凯图谋称帝使全国政局动荡，严重地妨碍了我们募集捐款的活动。这意味着组织者须更加努力，更需要在各方面极力节约。我每天乘坐我的私人黄包车，从东城东堂子胡同家中穿过紫禁城，通过两座皇家湖泊上的石桥，拐过乾隆登基前接受早期教育的黄瓦宫殿，途经1644年满洲军队［应为李自成的农民起义军］逼近北京城下使明朝末代皇帝崇祯自缢之地的煤山。25分钟后，飞快的黄包车便到达了未来的中央医院所在地。我在一棵老树下休息，或走进依旧留存在附近的某栋老宅中，享用一顿简单面条午餐，同时在那里监督着建筑工程的进展。打好地基，砖墙日见增高时，我方有机会去香港和海峡殖民地拜访我那些富有的朋友，请求他们赞助。这次出行为中央医院设法筹集到 30 000元，其中包括戴喜云捐赠的高达 10 000 元的中国储蓄债券。他是当地的百万富翁，当时担任中国驻槟榔屿的荣誉领事。回到北京，我以更大的热情投入工作，请求海关当局、铁路部门、北京税务处、启新水泥公司（大部分股份为周学熙先生家族所有），甚至还有英国公司如特怀福德（Twyford，卫生设备进口商）给予折扣和减少我们所需货物的运输费。例如铁路运送我们的所有货物只收半价；海关和北京税务处准许我们购入的货物免税；汉阳铁厂供应给我们的钢筋减价 20%；名誉司库施肇曾先生安排他陇海铁路的会计师前来协助，由我随意使唤。不论是施先生还是作为名誉医务总办的我，在四年的辛勤工作期间，没有接受任何薪水或报酬，甚至施先生还捐献了 5 000元，我也捐助了 2 500 元。后来我的老朋友梁启超先生接替周先生出任财政总长，在张勋企图让逊位小皇帝复辟失败后（1917），我曾游说他从中央国库中追加拨款 30 000 元，此外再增加年度津贴 1 000 元作为管理费。另外，萨镇冰将军也赠送给我们德州兵工厂的一些外科器械。感谢各界诚挚的合作，我们得以建成了这座钢筋混凝土结构的现代化大医院，内设一等病床 10 张、二等病床 20 张和三等病床 120 张，而总投资不超过 50 万元中国货币。

1917 年 4 月在美国芝加哥出版的《现代医院》（*Modern Hospital*）月刊曾这样描述了北京中央医院：

概述：在新建立的中华民国引起广泛关注的一个现代化机构是北京中央医院，它完全由中国人投资和管理。这个古老国家的人民以极端保守著称，特别是在医学和公共卫生方面，这一模范医院的建成提醒美国，它的兄弟共和国正在阔步向前。医院的筹建者雇用了芝加哥的建筑师沙特克 (Shatuck) 和赫西 (Hussey) 两位先生负责设计和监督建筑施工。这座医院现已封顶，预计今年秋天开办。

医院位于西城平则门［今阜成门］大街，土地是内务部赠送的，附近几处零散的地块以及位于该地块的旧房屋，共出价21 000元收购。此处地势较高，高出街面近3英尺。整体地块呈不规则四边形，南比北宽。建筑物位于前部，后面和北面还有许多坚固的老宅第，被保留下来供以后使用。医院紧邻著名的历代帝王庙，那里有许多古树，是无价的财富。

建筑风格显然是美国式的，带地下室，窗户高出地面至少6英尺，地面以上三层。正面有向前突出的正门门厅；两边为侧翼配楼，由中央走廊贯通，其中包含主要的三等病房及配套的日光浴室。侧翼配楼顶部用做屋顶花园。建筑的形状最终确定要最大限度地采光，而最低限度地承受冬天的北风，还迎合了中国病人忌讳房间朝向正东或正西的心理。整座建筑宽262英尺，平均进深90英尺，高65英尺。

整座建筑的平面图表示它是一个直的较宽的矩形，南北朝向，中央走廊贯通东西，正面朝南的突出部为门厅和接待室；后面向北居中的三间向外突出的房间是锅炉房（它的上面是手术室），有一个单元的三等普通病房在两边，东西两端的翼楼主要是三等病房，而在分叉处的空地则安排为日光浴室。走廊宽8英尺，实际上所有房间都直接与其相通。除电梯外，中央和两侧有楼梯通向各个楼层，通过东西两端的日光浴室有安全通道连接各楼层。

地下室：门诊病人入口位于东配楼，由此处中央走廊直达西配楼。走廊南面的房间为设有厕所的男女病人候诊室（总共可容纳200人）、内科、生殖泌尿科、妇科、牙科、消毒室（毗邻浴室和衣帽间）、按摩室、电工室、被服室、专门厨房、普通厨房（烹调中餐）。走廊北面分别为药房、

药库、外科及包扎室、眼科、急诊实验室、锅炉房和储煤间、杂物间、X
射线和摄影室、领班差役室和其他差役室（可容纳35人）、厕所和淋浴
室。厨房和差役室之间的一段走廊是供低级职员就餐的餐厅。

一层：由前门台阶进入廊柱门厅和总接待室，右边是问讯处，毗邻主
管办公室。向后是中部楼梯，两侧各有电梯一部。穿过走廊进入董事会室
（供董事开会等）以及事务员室，门外是一个不大的阳台，位于储煤间的
上方。去往东配楼，是一排朝南的二等病房，每间可住两名病人。而走廊
北面占据整个配楼分叉处的是三等普通大病房，有25张病床。其余部分
是一个标准普通病房单元，由浴室、厕所、工作间、被服室、实验室、隔
离病房、特种饮食厨房和护士室等组成。在西边，普通病房单元和私人病
房亦如此安排。

二层：二楼的设置除中间部分外和一层相同。正好在一楼接待室的上
边设置了一等病房，每间一人，拥有单独的浴室和厕所。中央走廊的另一
面是总手术室单元，包括护士室、前厅、准备（麻醉）室、灭菌和洗涤
室、手术室（留有安置可移动的观众座位的空间）和康复室。两边配楼的
安排与一楼相同，也是二等私人病房和三等普通病房及单元病房。这一层
的病房供外科男女病人入住。

三层：三楼的中央部分预留做带独用阳台的一等病房。东面是主管及
助理医官住室，而西配楼派做大量的化验和细菌学实验室，但日常的化验
和研究工作也都在这里进行。而交叉处的顶端有可放置60张病床的空间，
用做屋顶花园，供需要阳光治疗的病人使用。

这是一座灰墙红瓦的建筑，共有150张床位。整座医院为防火结构，
是京城的第一座此类建筑。水泥和钢筋都由中国制造。所有病房都铺有沃
尔顿牌厚油毡，并且各处都有供应热水的设备。

包括在中央医院这个机构中的，还有更拥挤的北京南城地区的诊所。每天都可以看到付费或免费的病人，如有必要就送往中央医院。因此预备了一辆救护车。

这所新医院于 1918 年 1 月正式开办。三天里，全北京前往参观者络绎不绝。然而不幸的是，不久施肇曾先生与我之间便发生了抵牾。在医院建造期间我们和睦共事 3 年，对建成这座医院的期盼与热忱无人可与我们相比，不料医院即将落成时，施先生受多事者之鼓动，任命自己为"院董"即"医院之主"，拥有辖制医务总办活动之权力，从而取代了此前我们在工作中的平等伙伴关系。将近 4 年的辛勤工作，付出了如此大量时间和金钱后，我不可能接受如此单方面的安排。许多朋友居间调停，力图弥补裂痕。但是我早已获悉，有位年轻的医师、名誉司库的长子菲利普·施（Philip Sze），正等着取我而代之。这个年轻人从华盛顿一所不知名的大学毕业后刚回国，要管理一个如此复杂的现代化医院，尤其在开创之初，根本没有经验。这个意外的变故让我伤心至极。我多年来将医院视为宠儿却从未企图营私，而施先生本来可以从容等待两年，等到他的儿子跟随更有经验的人学到本领后，再来接手全盘管理这从未从事过的职位。结果是中央医院开办不久，我不得不辞去医务总办的职务，息隐于西山八大处 4 个月，疗养我那时感觉绞痛的受伤的心。幸运的是，我亲密无间忠诚的妻子，多年以来，在我游历世界各地讲学和出席会议的时候，她安于那几乎独自的生活，当人性的弱点令我濒临绝望的时刻，她给了我无微不至的抚慰。在她的照料下，在密布翠柏的西山那清新的空气中，我逐渐恢复了健康。这里原来只有那些满洲皇亲贵戚和依附权贵的僧人能够光顾。那时我刚到 40 岁，虽然受到挫折，却没有完全失去信心。而今已是 1957 年，年岁几乎是当年的两倍，虽然我的爱妻已远去多年，但我仍然健在，心智和体能未见减弱。我在这里还要讲述那艰难岁月留下的一段逸闻。中央医院那单调乏味的差事并不能留住年轻的菲利普·施医师，而他的父亲相当富有，于是他便到上海黄金市场去碰运气。遗憾的是，由于他没有经验，不久便难以承受巨大的损失，绝望之下开枪自杀，过早地离开了这个世界。

我相识的另一位年轻人是林宗扬博士，他和我一样出生在槟榔屿，在大英义塾受过教育，毕业于香港大学。他离开舒适的家庭，冒着收入前景不稳定的风险，前来中央医院做我的助手，而我却离

伍连德夫妇与林宗扬。左起分别是黄淑琼、伍连德、林宗扬

去了。于是他申请并获得了洛克菲勒基金会的奖学金前往美国，两年后在约翰·霍普金斯大学获得了公共卫生学博士学位。后来他进入新建的北京协和医学院，最初任细菌学讲师，接着被提升为教授，最后担任了该医学院教务长。他一直在北京，现为人民政府所属的北京大学公共卫生学教授。

为海港检疫管理处建设的各地医院

此处须对专门兴建或只是接收来的几个医院作一简单叙述。那是1930

年海港检疫管理处成立，我被任命为处长时的事情。我为管理处服务的七年中（1930—1937），我管理的检疫所有：上海（包括吴淞）、厦门、天津、塘沽（包括大沽）、牛庄（包括营口）、青岛、安东［今丹东］、武汉（包括汉口、武昌和汉阳三个港口）、广州、汕头和惠州（包括琼州）。这些检疫所大部分在过去已经建设了隔离营、隔离病房或卫生检查站等不同形式的设施，特别是在 1911 年肺鼠疫大流行的时候。但是几乎没有一处合乎要求，也并不受重视，因为更多的注意力投向了东三省防疫事务总处的建设。

要求特别注意的港口是上海（包括吴淞）、厦门、天津—塘沽—大沽—秦皇岛航途、汕头、武汉和广州，那里驻有我们直接管理的受过专门训练的港口卫生医官。幸亏上海和厦门这两个主要港口有可观的收益——前者是入港船只熏船的收费，如果检疫证书已经过期，则要求熏船；后者是每月数千支疫苗的接种收费，前往菲律宾和南洋的移民需要接种。上海港经费自给有余，对天津、塘沽和秦皇岛检疫所都有所支援。实际上，所有隶属上海和吴淞的现代化医院、检查站，多艘汽艇、消毒驳船的开支都是从上海检疫所的收入中支付的。我们的检疫机构为处理频繁的霍乱流行一贯出手大方，这正是我们检疫管理处在这个商贸大都会所发挥的重要作用；日本入侵期间，我们还出资为难民建造过避难所。在厦门，我们幸运地拥有王拱辰医师这样能够独当一面的人，他性格坚强、忠诚廉正，在厦门和汕头两地忠于职守，使之高效运转，此外还筹措资金建设了一个新的检疫所。这个检疫所完全采用了现代化的设备，于 1936 年 12 月在海滨建成了一座 6 层混凝土建筑，将其用做检疫所的办公室、职员宿舍、实验室和检验室，不幸的是不久便被日本侵略军占据。

在《海港检疫管理处报告书》第六卷（1935—1936）的序言中，我曾写道："因为国家各项活动受到世界政局动荡的影响以及灾难性的事件临近本土，我们的工作进度有些缓慢，但毕竟取得了进展。在每个检疫所配备医院、实验室和职员宿舍的规划已接近完成。上海检疫所已在吴淞建立两所医院，一所现代医院伫立在上海黄浦江畔，往来于城区和港口都很方便。它位于吴淞信号站附近，占地8亩（1.5英亩）。它视野开阔，黄浦江入海口和船舶检疫锚舶地可一览无遗。这些建筑物中，有最新式的隔离病房和接触者病房、消毒间、博物馆、图书馆、实验室和职员宿舍。一座耸立的观测塔，高耸于附近其他建筑物之上，可以远望通往港口的长江数英里。"

厦门也对任何紧急情况做了充分准备。除了旧的三等病房、实验室和职员宿舍外，1934年建成了一座独立建筑作为被拒绝出境移民的住所和一等病房。关于此事，我应向英国领事许立德（Meyrick Hewlett，后被封为爵士）先生表达谢意，他首先为建设一个收容不幸被拒绝移民的中国农民的"移民所"铺平了道路。对于如此遭遇的人，许立德先生的善举为他们开启了未来希望之门。当他们滞留厦门时，都得到了照顾并享用免费膳食。许立德领事曾应我之约撰写了一篇短文，题为"创设厦门移民所的经过"，发表在《海港检疫管理处报告书》第三卷（1932）上，从中可真正了解他那善良的心。许立德爵士从英国领事职位上退休后，1944年撰写了回忆录《在华四十年》，记述了他在中国的长期生活，以及对中国各阶层人民的同情与理解。不久后他便与世长辞。

其他活动

除上述永久性医院外，1911年我还成功地游说中央政府在重要的铁路枢纽如奉天、沟帮子、山海关和牛庄建造了一系列的隔离棚屋作为预防鼠疫的设施，它们都是在冬季用瓦楞铁皮仓促建造而成的，未设木地板。根据容量大小每个造价为 20 000 元到 40 000 元。最小的可容纳 1 000 人，最大的 3 000 人。10 年后，除了牛庄和山海关的，其他地方的棚屋都倒塌了。

1915 年，洛克菲勒医学委员会访问中国，委员韦尔奇教授、弗来克纳（Flexner）教授、皮博迪（Peabody）教授和顾临先生等，请我就是否可在北京建设一所医学院和医院的可行性，以及用哪一种语言教授医学课程发表意见，我主张以英语为开端，很高兴他们采纳了这个意见。这座无与伦比的北京协和医学院及医院在 1921 年开办，现在已经融入京城的景观之中。1917 年，我呈文外交部和财政部，请求在北京建立卫生实验中心，我们的东三省防疫事务总处可以隶属于它。我的请求迅即获得批准，事实上外交部已由财政部收到必要的经费，然而第二天又被撤回。恰巧此时适逢山西肺鼠疫暴发之后（1917—1918），利用国际银行团借款结余的 100 万美元，在古老的名胜天坛地面建立并装备成了卫生实验室。建立之初，这个机构即隶属国家卫生部门，年度由海关得到 110 000 万元经费，结果在此生产出了用处很大的疫苗和马血清，供全中国普遍应用。

南京中央医院旧址

伍连德博士为政府和公众创建的医院及医学机构一览表

序号	名称（地区）		建立时间/年	造价（以中国货币计）/元	病床数/张	备注
1	哈尔滨	（1）初期防疫医院	1912	75 000	500	东三省防疫处
		（2）博物馆、实验室、办公室	1920	18 000	—	东三省防疫处
		（3）综合医院	1922	30 000	45	东三省防疫处
		（4）血清研究室	1925	25 000	—	东三省防疫处
		（5）模范肺鼠疫病房	1926	17 000	15	东三省防疫处
2	满洲里		1923	60 000	120	东三省防疫处
3	拉哈苏苏		1913	30 000	42	东三省防疫处
4	三姓		1913	10 000	60	东三省防疫处
5	大黑河		1914	28 000	70	东三省防疫处
6	牛庄		1920	60 000	400	东三省防疫处
7	齐齐哈尔		1912	45 000	60	黑龙江省
8	东北陆军医院奉天府		1922	600 000	400～500	东北军
9	北京中央医院		1918	500 000	150	公众捐助
10	上海	（1）吴淞第一医院	1934	40 000	60	海港检疫管理处
		（2）吴淞第二医院	1935	60 000	60	海港检疫管理处
11	厦门	（1）检疫医院	1934	40 000	120	海港检疫管理处
		（2）办公室、检查室、实验室	1936	70 000	—	海港检疫管理处
12	塘沽		1934	20 000	80	海港检疫管理处
13	武汉（汉口）		1935	25 000	60	海港检疫管理处
14	秦皇岛		1935	30 000	45	海关出资
15	南京中央医院①		1933	500 000	500	胡文虎捐助

① 据新加坡电视纪录片《伍连德博士传》（王丽凤导演），20世纪30年代初，由伍连德和卫生署署长刘瑞恒从新加坡慈善家胡文虎处筹得30万元资金，在原南京陆军模范医院旧址上于1933年建成南京中央医院，由著名建筑师杨廷宝设计。这是第一所由中国人自己建造的国立现代化医院，现为南京军区总医院。见本书第588页。——译者注

第*17*章

毒品问题

鸦片贸易之由来

对中国人来说，毒品问题（通常指鸦片问题），曾经是他们与欧洲和欧洲人交往中难以忘怀之痛。因为这使他们想起这种称作"洋土"的毒品带来的厄运，使其古老的国家濒临崩溃，使其勤劳而有教养的人民受到屈辱，在与大英帝国进行的两次灾难性的鸦片战争中，他们的国家为此付出了巨额赔款。

然而必须承认，世界上所有伟大民族之中，可以说中国实际上是唯一一个沦为鸦片瘾之奴隶的民族。印度人，特别是北方省的人，他们常吞服少量鸦片解除疼痛，缓解霍乱引起的腹部绞痛，甚至用它安抚孩子的哭闹，但是他们并没有嗜烟成癖。我在多次出国旅途中，曾经见到缅甸人、暹罗人、安南人甚至一些法国人经常光顾他们自己国家的鸦片烟馆，但这绝不能说这是一个民族的嗜好，而在中国本土居民和海外华人却是一种嗜好。在当今的马来亚，尽管有严厉的禁烟法律和高额罚款，却仍然可在大城市如新加坡、槟榔屿、吉隆坡和其他城镇看到无数中国人，从百万富翁到黄包车夫和卖面条的小贩，暗中沉迷于那难以摆脱的烟枪，以每磅1 000元的昂贵价格去购买走私鸦片以满足他们的欲望。的确，当今新加坡最赚钱的买卖是鸦片走私，涉及的资金数以百万计。来自印度、波斯、土耳其、暹罗、印尼，也许还有日本的轮船，他们通常在船上携带一定数量的鸦片，或是留在沿途某段偏僻海滩上等待快艇取走，或者偷偷通过海关进入这个殖民地。

这种长久以来对中国本土居民和海外华人具有如此令人神魂颠倒威力的毒品到底是什么？它只是一种来自罂粟（*Papaver somniferum*）带有特殊气味的棕褐色黏稠物。罂粟原产于波斯，这种植物平均4～5英尺高，叶尖多毛，开白色花朵，结卵圆形蒴果。切开未成熟期的蒴果，收得乳汁，然后干燥和压缩成生鸦片输出。它的花朵颜色多样，由白色到粉红、红色或紫色，远处看去，色彩艳丽，不易看错。辛亥革命后我在中国各地视察期间（1912—1930），在满洲、山西、陕西、热河、福建、云南、四川等地，经常见到色彩斑斓的罂粟覆盖着一望无际的土地。各地军阀希望靠它获得收益以维持他们的军队。适于罂粟生长的其他国家或地区还有土耳其、印度、小亚细亚、南斯拉夫、波斯和马其顿。罂粟适宜生长在热带和亚热带的肥沃土壤，不需要太多雨水。

埃及人、希腊人和中国人久已知晓鸦片的镇痛和催眠的药用特性。中国三国时代（220—280）著名的外科医生华佗在做大手术之前即让病人服用鸦片和印度大麻的汤剂。但总的说来，这两种贵重药物在医界之外用途很少。

阿拉伯人在公元9世纪即已懂得种植罂粟，并有时将其煎煮后作为药物，有时则作为提神的饮料。17 世纪荷兰人将烟草从爪哇带进中国。中国人将烟草和鸦片混合起来享用更觉惬意。后来他们不加烟草，发明了一种相当复杂的方法制作鸦片烟，很快便流行开来。这种程序在新加坡经过了改进，可以如此加以描述：为便于吸食，中国人使用一种鸦片提取物，称为熟鸦片（熟土），其中含有 8％的吗啡（鸦片所含主要生物碱）。制作熟土，有一道很长的将进口的生鸦片加以分解的工艺过程（我在早年学生时代见到过）。首先适当煮沸、蒸发，在专用的大锅加热和烘烤。随后再用水煮沸，压滤、蒸发，最后获得一种有特殊香气的糖浆状黑色物质。为便于出售，将其分成一盎司、半盎司及八分之一盎司的小块，早年用竹叶包裹，后来（政府垄断专卖权后）改用密封金属软管。抽鸦片时，吸烟者侧卧，用一种大小和形状与女士的头簪别无二致的针状金属棒挑取少许烟土，在小油灯的火焰上面不停地转动，直到鸦片烤到适当程度，再将其处理成圆筒形小片。然后将此小片置于约两英尺长烟枪的陶制小碗的细孔上。吸烟者的嘴含住贯通的烟枪末端，手握烟枪使陶碗对准灯，当鸦片烟泡小球被烧而卷曲时，便徐徐吸入所产生的烟雾。这个过程可能持续整整一分钟，可以反复吸食三四次，直到这一小块鸦片完全烧光。如果吸烟者是富人就有专人服侍，有时是他的太太或一个美人为他准备烟具，而帮手可得到免费吸进少许烟的酬劳。吸鸦片的场所或为整个房间，或为独辟之小室，弥漫着这种毒品的烟雾，朋友或意气相投者便在如此自由和酣畅的氛围中交谈或进行不可告人的交易。当吸烟者沉沉睡倒，就是散场的时间了。

1733 年之前，鸦片贸易主要由葡萄牙人掌握。开始时他们从印度的果阿向属于他们的中国澳门港输入 200 箱（每箱 40 个球形炮弹状鸦片）。以后英国商人到来，最初散乱经营，但后来形成固定方式，直到 1781 年，强大的东印度公司控制了鸦片的销售。其后这种贸易极其兴旺，如下表所示：

年份	箱数/箱	每箱平均价格/英镑	总计/英镑
1821 年	4 628	约 1 323	6 122 100
1825 年	9 621	723	6 955 983
1830 年	18 760	587	11 012 120
1832 年	23 670	648	15 338 160

由此可见，在 11 年内进口量即增长 5 倍。查考中国历史表明，古代中国人并不知道罂粟，因为"本草"，即中药学（已有 2 500 年的历史）中没有任何与它有关的记载，只是公元 973 年的一部传世医书提及外科医生华佗，以及 12 世纪一些医书作者推荐鸦片适用于肠道病痛。至明朝（14—17 世纪），鸦片被广泛应用于医药。如上所述，首先是葡萄牙人，然后是荷兰人把吸鸦片的嗜好传到了中国，很快便在各个阶层的中国人当中风行开来。1729 年，雍正皇帝颁布了禁烟令，禁止为吸食目的贩卖鸦片和开办鸦片烟馆。当美国商人进口鸦片时，英国人则更愿意用印度的品种来进行交易，以便增加印度的税收。关于这个问题，地方报刊上发表过无数文章。其中一篇如下：

看来鸦片几乎完全从海外输入，卑微的小官吏与不法商人首先带进了这种恶习。良家子弟和富裕绅商继而沾染，最终则蔓延到平民大众之中。学者和官吏，平民和军人均成了瘾君子，政府官员中几乎没有洁身自好者。在广州和其他海港城镇，酒楼旅店均开设鸦片烟馆。在北京，深宅大院内的贵妇人和她们的太监也照样吞云吐雾……

鸦片战争

尽管北京不断颁布法令，在广州的总督衙门也发布严厉的地方文告，鸦片贸易却持续兴旺，于是广州大港和澳门成了走私活动的中心。形势变得如此严峻，以至于北京政府于1839年派遣公正清廉的高官、福建人林则徐为钦差大臣前往广东，他是一位处事果断的著名学者。为了杜绝这种罪恶的贸易，林被授予巨大的权力，他可以采取一切可能的措施将鸦片从这个国家中根除。他会见了英国方面的义律（R. N. Elliot）上尉，这是位得到广泛认可的人，自1836年起被任命为英国驻华商务监督。但是英国商人往往是一些寡廉鲜耻的人，他们为所欲为，决心不择手段维持这暴利的贸易，但是受道光皇帝亲派的林大人同样决心执行皇帝的命令。结果双方都犯了错误。义律上尉亲自来到广州以便于谈判，用他自己的话说，"为忠实实现皇帝的旨意，解决现存的困难和担忧的状态"。他恭敬地提出请求："释放其他外国人员，以便他能够冷静地考虑，并建议采取适当的办法来补救皇帝陛下所严正谴责的罪恶。"

可惜，钦差林大人对这个友好表态的回应，却是下命令将义律软禁在他的临时住所7个星期，"武装人员日夜把守大门，以控制供食供水甚至剥夺生命相威胁"。义律抗议道："我一直在和平且无可非难地履行着职责，所有事务都在尽力满足你们地方政府，难道你们竟这样对待一个被皇帝承认的友好邻邦的官员？"最终义律上尉被迫下达命令，"英国商人以国王的名义将他们手中拥有的全部鸦片呈缴清政府钦差"。花费数星期共收缴鸦片20 283箱。得到来自北京的皇帝旨意后，林钦差就在其临时住所附近的场地中以每天 300 箱的速度开始销毁这可憎的鸦片。这销烟场地是三个大坑，每个大小为 75 英尺×150 英尺，有带闸门的水沟与河流相通。将每箱鸦片称重后，在高官面前打开，抛至坑中一个平台上，逐个将鸦片球打碎，然后用脚踢进下面存有石灰和盐水的坑中。这个过程完成后，便打开水沟闸门，这些犹如污泥的化合物便全部流进河里。一名现场目击者曾写道："官员们似乎采取了万全之策，以确保完全销毁这些毒品，现场被严密守卫，工人们都凭证入场。"林钦差最后向朝廷报告说，他此次共销毁了 2 376 254 斤鸦片，相当于 320 万磅或 1 430 吨。

义律上尉本人表示服从，尽管他对自己和他的同胞遭受到广州官员的侮辱和伤害表示遗憾，因为这些行为有损他的君主和他的国家的尊严。

此后鸦片贸易表面上被禁止了，然而外国商人仍在澳门为采取进一步行动而密谋，走私鸦片继续通过快速帆船运到广州。1839 年 9 月扣押并没收了一艘悬挂西班牙国旗的英国船。于是一个英国海军将领带领着一支强大的舰队从印度被派到香港。双方之间很快便爆发了战争，鸦片战争就此开始。

英国舰队首先占领了宁波珠山，然后进至通向首都北京的北方港口天津。清廷惶恐不安，很快任命了一位满族官员琦善取代林则徐，而林则一度被流放到遥远的新疆伊犁。琦善本人不久也失宠，被流放到西藏，后来他就住在拉萨〔琦善，1843—1847 年任驻藏办事大臣，1854 年逝世〕。最后璞鼎查（Henry Pottinger）爵士被任命为女王陛下的全权代表与北京朝廷交涉，而郭富（Hugh Gough）将军指挥的增援部队连续占领了镇海、宁波和与南京隔江相望的镇江。朝廷派遣三名高官伊里布（蒙古人）、耆英（满人）和牛鉴（汉人，时任两江总督）于 1842 年签订了《南京条约》，根据这个条约，中国将香港岛割让给英国，赔款 2 100 万银元，开放广州、厦门、福州、上海和宁波等 5 个通商口岸开展国际贸易。然而引发大规模战争的鸦片问题并没有解决，璞鼎查在受到他的国民们指责时曾说道："鸦片贸易是非法的，而且被中国的法律和诏令所禁止。"这场无休止的争论要等到另一场不愉快的战争来决定了。

与早期臭名昭著的鸦片贸易和 1840—1842 年间达到高潮而载入史册的鸦片战争有关事件的全部历史，是中英两个大国之间政治和商务关系中的一大污点，总而言之是一段可悲的历史。中国尽管战败蒙受屈辱，却仍然坚持禁止鸦片，但是各国继续向大清国走私鸦片，掠夺这个国家的白银，而更多的中国人染上了鸦片瘾。大英帝国在巴特那、贝拿勒斯和阿格拉等地的工厂生产加工鸦片，采取各种方法改进其外观和品质，以便与土耳其、波斯和其他地方的同类产品竞争。1927 年我作为国际联盟的代表在印度旅行时曾参观过鸦片工厂。但参观时工厂已全部空置，因为 1916 年签署的十年贸易协议已经结束，中印两国间之贸易已经终止。

鉴于中国法律禁止鸦片进口，英国政府不会公然支持其公民违法，但是又以为自己没有服从这个法律的义务：那是中国的事！1843 年《南京条约》被批准后，璞鼎查爵士就警告英国公民不能带进鸦片，然而当一名英国海军军官试图阻止满载着罪恶鸦片的英国船只明目张胆地进行走私贩运后，他却被召回并派往印度，当时的英国首相帕默斯顿（Palmerston）勋爵竟说："他不能干涉英国公民的事业。"

这些情况被敏锐的英国作家科利斯（Maurice Collis）记载下来了。他创作了一本超然而幽默的书，谈及中英之间早期关系中的那个激动人心的时期，那是一个人类欲望如潮水般汹涌，良知沦丧，唯利是图的时期。科利斯创作的书是《外国泥土》（*Foreign Mud*），可直译为汉语的两个字"洋土"。毫无疑问，此书是在第二次世界大战那些令人忧虑的日子里构思的，在那个时期有可能理智地思考和客观地评价事物，作者能够平心静气，以真正做学问的方式去钻研故纸堆与报告书。科利斯著作的价值在于其中附有许多描绘鸦片战争时期的珂罗版插图，可供不带偏见的人阅读。

1844 年初，《南京条约》被中英两国政府批准（1843）后不久，美国派遣顾圣（Caleb Cushing）来到澳门。他在这个葡萄牙人的港口附近的望厦村与中国签订了《望厦条约》。法国人继而效尤，在广州附近的黄埔签订了贸易条约（《黄埔条约》）。这些条约中最重要的条款，是当外国人与中国人发生争执，或在中国境内犯下任何罪行时，均由他们的外国领事法庭审理。换句话说，所有外国人都不受中国司法的约束，这样便使祸害无穷的"治外法权"制度得以确立。强迫中国放弃司法管辖权有三个理由：（1）中国的刑法典过于严厉，有些惩罚太残酷，这在当时是确实存在的，但是只要读过狄更斯的作品就会知道，倒退几年，英国的方法也并非无可指责的。（2）中国法庭腐败。在辛亥革命前，不允许地方法官在原籍任职，他们经常受当地雇用的那些事实上受到贿赂的下属所左右。（3）中国的监狱污秽，不卫生。对这种谴责，不禁使人想起第二次世界大战期间希特勒的集中营。当时被囚禁者所遭受的折磨远甚于不卫生。对中国人而言，放弃司法权是奇耻大辱，因为不容中国置喙，这个条约完全是强加于人的。然而与美国签订的条约较之与英国签订的稍有改善。后者没有提及鸦片，而《望厦条约》则规定：美国公民参与走私贸易或任何其他非法贸易，则不受美国政府保护。1858 年签订的《天津条约》中，鸦片从违禁品清单中取消了，承认其为合法进口商品，每担（133 磅）缴付关税 30 两白银（45 元）。

禁烟运动之兴起

在鸦片进口合法化以后，种植罂粟、制造与吸食鸦片之举在中国蔓延得异常迅速。中国人种植这种可憎的植物，主要是为了经济利益。既然外国人不肯放弃这种贸易，而本国民众又已沉溺于这种不良嗜好，他们必须自己种植罂粟，这样才能防止国家财富进一步流失。当然这种论点并不合常理，因为这样只会使其进一步泛滥和出现更多的瘾君子。云南、四川、山西、湖北、奉天和其他各省都将肥沃的土地留作栽种罂粟，为民众制备的粗制鸦片含有8％的吗啡（更精制和更强烈的印度鸦片含11％的吗啡），这样可以为家庭，乃至这个日见衰弱和萎靡不振的国家节约一些钱财。官吏和富裕阶层可以吸食更芳香的印度鸦片，并维持正常的健康和充足的营养，而贫苦农民和工匠则不得不勒紧腰带，节衣缩食以满足鸦片瘾。烟瘾越来越大，体力劳动的能力便越来越弱，很快这些劳工便沦为懒汉和不可靠的人。为了找到更多的钱，他们纷纷出卖自己的财产，将土地抵押给高利贷者，继而这些财产便被抵债了，最悲惨的结局莫过于卖掉他们自己的妻子儿女。接踵而至的便是饥饿、慢性疾病和一座座乞丐的坟墓。在辛亥革命之前，这样的故事相当普通，友善的传教士的报告中屡有记载。

后来情况有所好转，仿佛这个世界的良知终于被唤醒。中国内地传教会和所有教派，特别是英国和美国的宗教团体，出版了他们在中国各地传教士的报告，描述了鸦片成瘾造成的骇人听闻的后果，并呼吁他们的政府和立法者制止这种贸易。在英国成立了抵制鸦片贸易协会，得到了国会议员和其他有影响力人士的支持，其中包括贵格会［基督教新教的一个派别］，于是普遍唤醒了那些明智男女的同情和义愤。中国的传教士们和其他朋友进行着反对鸦片恶习、谴责鸦片贸易的宣传。而中国自己，无论政府还是慈善机构都纷纷建立医院和戒烟所，治疗那些希望戒烟的成瘾者，然而似乎戒除者还是少于新染恶习者。此外，还有一些人被误导，转而陷入更有害的注射吗啡的癖好，不断增加的生物碱走私进了这个国家。

负责官员和高层政要早已深知鸦片瘾的多种危害。早在 1783 年，印度总督黑斯廷斯（Warren Hastings）就已经宣布鸦片"是一种不应该被允许的有害奢侈品，只有对外贸易除外"。几年后，东印度公司的经理写道："如果有可能除严格限制于医药应用外，对禁绝鸦片，凭我人类怜悯之心，我们将欣然接受。"这是多么崇高的表白啊！（如果不是公然的伪善）然而他们每年竟向中国出口成千上万箱毒品！

1843 年，香港刚被割让不久，阿什利（Ashley）勋爵在议会提出一项议案，大意是继续鸦片的垄断与"基督教王国的荣誉和责任绝不相称"。多亏英国朋友所领导的不懈的风潮，还有坎贝尔－班纳曼（Henry Campbell-Bannerman）爵士领导的开明政府执政，莫利（John Morley，著名的编辑、作家和格拉德斯通的传记作者）以国务大臣的身份在议会发表演讲，公开宣布印度的鸦片贸易有违道德，如果对方当事人（即中国）也准备采取同样主张，英国政府愿意终止这种贸易。结果，1908 年中英两国签订了十年协定，根据这个协定，"在中国着手停止栽种罂粟和禁止消费鸦片的条件下，印度输入中国的鸦片应以相同比例削减，并在十年之内完全终止"。据估计，在 1906 年有 54 475 担或 700 万磅以上外国鸦片输入，相当于中国本地生产的三分之一。根据 1908 年签订的协定，每年减少从印度输入51 000担的十分之一，逐年减少直到这种贸易被禁绝。而中国发现在自己一方执行严厉的法律以全面禁止种植罂粟更为可行，所以到 1911

年英国即同意停止向已经表现无不良记录的省份出口鸦片。

尽管中国幅员广大又内战不断，却出色而忠实地分担了自己承诺的责任，因而 1917 年（比约定期限提前两年）乔丹（John Jordan，英国驻日内瓦鸦片咨询委员会代表）爵士宣布，中国几乎根绝了自己的罂粟种植。这个消息令世界惊奇而满意，这表明在古老而保守的中国，一旦其人民开始行动，便会不惜巨大的财政损失，实现一次国民道德的普遍提升。1909年，经西奥多·罗斯福（Theodore Roosevelt）总统倡议，国际鸦片委员会会议在上海召开，共有 13 个国家的代表出席。在他们的建议基础上，形成了 1911—1912 年在海牙举行的国际鸦片会议上签署的第一个禁止鸦片公约（1912）。我曾作为中国官方代表之一参与签署这个历史性的公约。这个荣誉令我激动不已，此前我在槟榔屿五年行医生涯中，曾经致力于禁止这种罪恶贸易，却遭受了巨大的痛苦和磨难。于我而言，此时似乎已见到最初的梦想成真了。

在此期间，马来亚的禁毒活动也达到一个高潮。当时这个地方有两个名称：海峡殖民地和马来联邦。前者由新加坡、槟榔屿和马六甲组成，由伦敦的殖民地部直接控制，驻新加坡、槟榔屿及马六甲的总督分别委任驻守官员。而马来联邦的各邦名义上是由自己的苏丹管理，受新加坡的总督，同时也是马来联邦的高级专员的保护。当时鸦片贸易已被转包给由海峡殖民地富有的金融家组成的一个华人财团，后被政府自己接管，由在英国上过大学的人员负责。马来联邦采用成箱推销的方式，将印度生鸦片（每箱 40 个球形鸦片）出售给矿主或房地产业主。所纳关税，最初每箱 750 元，随后升至每箱 3 000 元。与海峡殖民地的烟酒饷码公司不同，马来联邦设有收税的公司，这些公司授权财团垄断赌场和烧酒专卖。肯定会令来访的外国游客震惊的是，矿工和建筑工人是那样毫无节制，把辛苦赚来的工资耗费在鸦片、赌博、酒精和妓女上，最后只得在那些向政府注册过的肮脏妓院栖身。所谓的华人保民官是一位很有权势的人，其总部设在新加坡或吉隆坡，还有许多助手分布在槟榔屿、马六甲、怡保、太平、柔佛和其他重要城镇，当涉及华人事务的重要决定需要说明或支持时，政府和华人领袖便会向他咨询。

在它们的全盛时期，烟酒饷码公司通常提供了海峡殖民地和马来联邦税收的一半，而且经常还有更多的盈余被政府用于各个方面，如为宗主国进行第一次世界大战捐献了一艘军舰（皇家海军马来亚号），延长马来亚铁路线，以及其他改善工程。第二次世界大战刚开始时，政府在银行的存款已超过 7 000 万元。

在我早年充满狂热的日子里（1904—1907），经常在《海峡时报》《海峡之声》和《马来邮报》等报刊上频繁地发表文章，提醒人们注意鸦片贸易和聚众赌博的罪孽，指出这些活动尽管给政府带来巨大收益，却损害了民众身心健康。我之所为，招致官员和资本家的不满。而这些人为这种政策寻找的借口总是说："你希望我们去做什么呢？鸦片能保持民众安定和守法，赌博满足了他们千百年来根深蒂固的癖好，嫖娼解除了他们被压抑的激情。而且这种公司最利于征税。"他们根本不考虑社会福利，如免费的初等教育、露天音乐会、儿童游乐场、廉价的海滨疗养地、免费医疗服务以及现在被认为对国家福利所必要的其他事业。后来我到满洲工作时曾定期访问马来亚，我受到俱乐部、公共协会以及许多头面人物的欢迎，这些人中有如马来联邦布政司马克斯韦尔（George Maxwell）爵士、克利福德（Hugh Clifford）爵士、古德曼（Goodman）、米德尔顿（Middleton）、考恩（Cowan）和里奇斯（Ridges）等。我得出这样的判断：以前反对我针对当时的陋习发起的运动的那些人，是由于他们的职责，而不是任何个人对我为社会服务的敌视。无论如何，那个时期已经一去不复返了。更年轻的新一代已经出现，他们甚至是更激进的行动者，较之我们那个时代，他们能够更自由地表达和行动，更可望在不远的将来实现自治。

英国的工党政府决定终止印度和中国之间的鸦片贸易，英国众议院也一致通过决定："众议院重申它确信印中之间的鸦片贸易有悖道义，要求女王陛下政府采取必要的步骤迅速结束。"此后，从前主张继续进行贸易的各个殖民地决定改变政策。1906年，两名英国国会议员（泰勒先生、莱德劳爵士）访问马来亚。霹雳州禁鸦片协会赠送给他们一幅绣有汉字的锦旗，上面是一首诗：

> 我们这些华人子孙，
>
> 空虚的心中竟被幻渺的快感填满。
>
> 鸦片流毒正在泛滥，毁灭就在眼前。
>
> 往昔灾难的阴影让我们萎靡不振，
>
> 我们活着，但显然这不是人的生活
>
> ——何处是明天？
>
> 我们为你们高唱赞歌，
>
> 你们自远方带来光明。
>
> 从那被忧伤绝望的茫茫黑夜，
>
> 将我们的灵魂从罪恶的陶醉中拯救。
>
> 醒来吧，醒来吧，
>
> 新的开端在向你招手！

在新加坡，1907年7月19日英国女王授权，任命一个委员会调查海峡殖民地烟毒泛滥的程度，并向政府提出应采取哪些步骤的建议，"使之最小化并最终根除由此产生的不幸"。这个委员会的成员有安德森（John

Anderson，主席）先生、加洛韦（D. J. Galloway）博士、陈烈金（Tan jiak－kim）先生、奥尔德姆（W. F. Oldham，美国卫理公会主教）牧师、米德尔顿（W. P. C. Middleton）博士和埃德林（E. F. H. Edlin）先生。他们传唤了各方面的证人，其中包括我的一位叔父。我的叔父从事开采锡矿而致富，可享受最舒适的生活。他说他鸦片成瘾已经20多年，消耗的烟土数量相当可观，虽然体瘦，但始终很健康。因此在他看来，吸鸦片并不像改革者指出的那样糟糕。他和加洛韦博士都没有提及劳工当中可怕的后果，那些人力车夫和其他贫穷的劳动者不得不花费他们大部分工资去满足鸦片烟瘾；那些主张吸鸦片的提倡者置这些无奈的成瘾者于不顾，而这些人中有许多最终由于缺失营养的食物而早死，因为他们所有的钱都换成了邪恶的大烟。尽管有这些提倡这种恶习的人，委员会最终仍决定顺应时代的要求，建议彻底改变这种毒品的销售与分配办法，以便与宗主国政府的政策保持一致，今后不反对禁鸦片团体的活动。

一旦鸦片在中国变得稀缺，那些贩毒者便开始进口毒性更大的生物碱吗啡，最初公开地，后来则暗中从各个毒品制造地区带进这个国家。1902年和1903年，英国、美国和日本与中国签订商业协定，同意禁止向中国出口吗啡（医药用途除外），但是外国侨民享有治外法权，即使被抓获，中国政府也不能惩罚。这关乎慈禧太后声誉的难题，一直困扰着这个国家。除了与英国缔结十年鸦片协定，她命令立刻关闭全中国各地的所有鸦片烟馆，同时鼓励建立收容所，治疗烟瘾受害者。遗憾的是，当中国城市的烟馆被坚决关闭，新的更大的烟馆却在殖民地和外国人控制的租界开办起来。葡萄牙人管辖下的澳门成了人间罪恶的渊薮，那里卖鸦片、开妓院，赌博盛行。特别是上海的公共租界和法租界，他们蔑视中国法律，鸦片成瘾者聚集烟馆尽情享乐，同时也给这个区域带来了收益。

出席国际禁毒会议

尽管 1912 年 1 月 23 日 12 个参加国签署了《海牙禁止鸦片公约》，同意颁布有效的法律法规禁止滥用鸦片和其他成瘾药物，但不是所有的国家都批准了这个公约。1913 年 7 月，在海牙又举行了一次会议，邀请了 46 个国家出席，有 42 国签署了协定。但土耳其和塞尔维亚两国拒绝签字，因为它们是主要的罂粟种植国。我第二次作为中国政府代表出席，颜惠庆（外交部次长）为首席代表。这次会议决定邀请所有没有参加签署 1912 年的公约的国家到会，但是我从发言者的语意和会场外的交谈中能够看出，许多国家曾经深深涉入鸦片贸易，或是渴望保住这笔来自他们殖民地的非法利益，因而只不过在道德修养方面做些表面文章而已。会后不久，我于 8 月前往伦敦，出席盛大的国际医学会议，共有 8 000 名医师到会。会后我越过大西洋首次访问美国，参加在布法罗举行的学校卫生会议。

1914 年 6 月，第三次毒品会议（范围扩大，除鸦片外包括其他成瘾药物）在海牙召开，履行前次会议的决定。这一次，46 个国家中有 44 个签署了 1913 年的第二个公约。截至 1914 年年底，只有 4 个国家（美国、中国、荷兰和危地马拉）明确地批准了第三个公约。之后第一次世界大战（1914—1918）爆发，停止了进一步的磋商。

在根绝鸦片危害方面，中华民国比大英帝国在初期表现出更大的热情。他们采取了激进的法规，在一些省份，将违反新法律的吸鸦片者处死。遗憾的是，1917 年内战爆发。军阀依靠种植罂粟筹款以供养其私人军队，而且肆无忌惮地进行贸易。日本人也毫无顾忌地开始向这个国家大量走私吗啡，因为他们享有治外法权，中国政府束手无策。

就在这个时候，我找到一位坚定的支持者，英国新闻记者伍德海（H. G. W. Woodhead，后在第一次世界大战中服务，获英帝国大十字勋章）。人们可能记得，这位绅士最初是到上海加入了《字林西报》的报道团队，但是不知为何与经理意见不合，后被施肇基先生雇用，在 1911 年 4 月奉天万国鼠疫研究会上担任秘书和速记员。伍德海是一个敏捷和细心的工作者，他的每日报告和会议记录得到代表们很高的评价。会议结束后，施肇基先生推荐他去《京津时报》，这是英国财团在天津出版的一份日报。在这里，伍德海表现出色，很快升任主编，他同时还把自己的积蓄投资于公司的股票以获利。

伍德海写作风格如行云流水，当地英国人非常欣赏。他起草每日头条时事新闻很少超过半个小时。尽管他对大多数中国人怀有友好感情，但他的政治态度却表现出反华偏见，因而为领导人所不容，但他们仍钦佩他的才华。不过在一个问题上他完全站在中国人一边，那就是他毫不让步地反对他的同胞和他们的盟友日本人进行的鸦片和吗啡贸易。在中国北方，人们会遇上那些阴险而傲慢的"小鬼子"，他们为非作歹，公然在药店柜台上出售毒粉，不经消毒便把吗啡溶液直接注射到那些衰弱的人力车夫和半饥半饱的劳工体内，而且从他们的银行无限制地贷款进行罪恶的毒品贸易。不过这位通情达理的英国人与我的另外一位朋友陈友仁总是唇枪舌剑，陈友仁是特立尼达的殖民地华侨，他当时在《京报》（*Peking Gazette*），后来在《上海新报》（*Shanghai Gazette*）主编政治栏目。尽管他们在各自的报纸上措辞尖刻，但我觉得他们却是互相尊重的。

我作为中国政府的官员，经常与伍德海交换意见，他是禁毒事业的一位强有力的英国支持者，他愿意在他的日报上发表这类照片，其中包括海关收缴的封包毒品、可怜的吸毒者和揭露这个行业的其他违法行为等。依靠他的合作，我得以为我的各类讲演和文章收集许多宝贵资料。在他每年编辑出版的《中国年鉴》上，我也经常为他提供有关中国的卫生和传染病的文章。

1917 年在广州举行的联合医学会议上，我宣读了一篇题为"吗啡的威胁"的论文，指出尽管在中国种植罂粟和吸食鸦片已经被禁止，但一种新的威胁已经取代旧的恶习，这就是注射吗啡。在当时，供应这种生物碱的是两个臭名昭著的公司，分别在爱丁堡和伦敦。英国官方统计数字表明，自 1911 年开始输出吗啡，当年为 108 546 盎司（5.5 吨），1914 年即增至 504 202 盎司（14 吨），而 1916 年估计不会低于 16 吨。这些毒品大部分被日本买走。日本进口吗啡的数量，从 1911 年的 1.5 吨增加到 1914 年的 12 吨，通常是经由西伯利亚以邮寄挂号包裹的方式输入。当它们抵达日本后，这些吗啡立即被分装成小包或小瓶，贴上不同的标签，诸如纯吗啡、白粉、忘忧药、梦幻长生药等，经由大连、安东和台湾公开出口或走私进入中国。在满洲，几乎每个日本贩毒者和零售商，都会以这样或那样的方式贩卖白粉而不受惩罚，因为中国警察在未事先通知领事馆并得到批准的情况下，不能逮捕日本人。这些代理商再将毒品倒卖给那些不法中国人。而这些中国人则经常出入于苦力聚集的场所，为苦力们注射他们的吗啡液。注射过程通常非常肮脏，用玻璃、金属，甚至空心竹管进行皮下注射。任何中国人从事这种交易若被发现，将严判两年监禁，但主犯日本人却能逃脱。这种吗啡嗜好最初是由新加坡回归汕头的移民带进中国的，立即迅速在附近一带传播，然后传入福建。广东人则值得称赞，虽然他们钟爱烟枪，却从不低三下四去屈从肮脏的针筒。我在满洲多年，亲眼见到这种罪恶的毒品在人群中造成的可怕的灾难，一半以上的囚犯身上可见针眼，在哈尔滨、吉林、长春和齐齐哈尔等城市大街上的职业乞丐受害最多，冬季里收集的数以千计的尸体上都留有注射吗啡的针孔。这种情况当然比以前吸鸦片更糟，注射一针仅花 5 分钱（一个便士）便暂时过了瘾。经销商获得了暴利，在伦敦盐酸吗啡的批发价格是每盎司 10 先令 5 便士，日本经销商销售到中国则多达每盎司 6 英镑 8 先令。如出售 6.25 吨，经销商可获净利润 840 000 英镑！

要了解事态的这种异常发展，我们应该重提分别于 1910—1911 年、1913 年和 1914 年在海牙召开的三次国际鸦片会议。在第一次会议上，拟订了一个公约，所有与会国（德国、美国、中国、法国、英国、意大利、日本、荷兰、波斯、葡萄牙、俄国和暹罗）同意彼此合作限制鸦片、吗啡、可卡因以及其他类似毒品的荼毒；在第二次会议上，全世界 46 个国家中有 42 个同意签署公约；而在第三次会议上，仅美国、荷兰、危地马拉和中国批准执行公约条款生效。这些条款中有两项专门涉及吗啡及其他生物碱，即：

第 9 条　缔约国将颁布药品法律法规，以便限制吗啡、可卡因及其各自的盐类之生产、销售和使用，使其仅限于医药与合法应用，除非已经存在这种法律。他们将彼此合作以防止这类药物用于任何其他目的。

第 14 条　缔约国将应用法律法规监管吗啡、可卡因及其各自的盐类之生产、进口、销售和出口：（a）医用鸦片；（b）含有 0.2％以上吗啡和 0.1％以上可卡因的所有制剂（正式的或非正式的，包括所谓戒鸦片药物）；（c）含量在 0.1％以上的海洛因、它的盐类及制剂；（d）吗啡、可卡因或它们各自盐类的每一种新衍生物，或任何一种经科学研究认定将引起类似药物滥用或产生同样的有害效应的鸦片生物碱。

如果这些条款连同公约提供的其余机制得以付诸实行，则对控制成瘾性药物的生产和分配将大为有利。但是 1914 年爆发的第一次世界大战中止了进一步的行动，直到 1919 年 6 月 28 日协约国取得胜利并在凡尔赛签订和约。

在上海监督销毁鸦片

如前所述，中国忠实承担了 1908 年鸦片协议规定的份额，至 1913 年民国全境实际上已经停止了罂粟种植。因此印度政府同意立即终止向中国市场出售鸦片。另外，10 月 15 日内务部发布了药品商人管理法规，同时规定鸦片和吗啡仅限用于纯医药目的。随后于 1916 年 11 月 16 日颁布新的总统命令，劝勉民众再接再厉坚持到底。

犹太商人集团始终是毒品贸易的主要推动者，他们开始加紧向中国出口鸦片，在上海大量囤积。他们照例被治外法权保护，不受逮捕。经过多次信件和公文往还，达成了一笔交易，即以中央政府名义按每箱 9 000 元的价格收购大约 1 500 箱印度鸦片。中国为此总计花费 2 400 万元 [原文如此]。此举遭到强烈抗议，总统徐世昌于 1918 年 12 月 4 日颁布命令，将所有鸦片残余物（已用于制药后的）全部烧毁，以证明中国不惜代价禁止罪恶鸦片之决心。

陈遗范先生（外交部驻上海专员，前中国驻伦敦公使馆一等秘书）和我一同被任命为特派员，会同司法总长张一平监督销毁了 1 207 箱鸦片（每箱 133.5 磅），连同销毁的还有海关此时已查获的其他毒品，以及口岸的海关与其他政府机构收缴的一批烟具。由于这些违禁品都存储在怡和公司（Jardine Godown）巨大的仓库中，距离黄浦江和海关大楼都很近，就在公司院内专门用砖砌了一个炉子来焚烧这些昂贵却害人的商品。芳香（对某些人而言）而状如炮弹的鸦片球先被切成小块，然后投入炉中炭火上，同时投入的还有各种质地的烟枪，从镶银的象牙和瓷质工艺品到粗制滥造的小孔竹管。人类的天才头脑竟用在醉生梦死上，真令人遗憾。邀请前来观摩这次行动的客人有领事和商业公司的代表，这是个漫长的过程，观摩者享受着饮料和点心的招待。此次行动从 1919 年 1 月 8 日持续到 27 日。或许将这些价值不菲的药物（包括数百磅吗啡）移交医院用于减轻病痛似乎更适当也更合算，但是其数量太大。而且政府急于向世界表示，为禁止这种危害它的人民的邪恶贸易甘愿不惜任何代价。

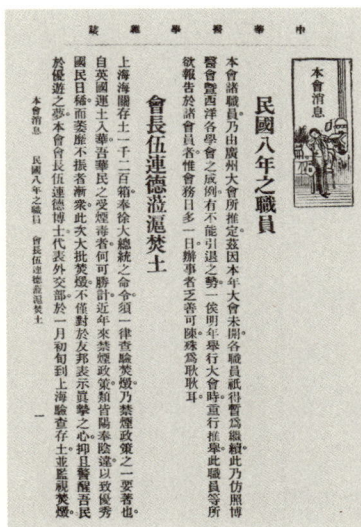

1918 年《中华医学杂志》关于伍连德参加销毁鸦片的报道

我在《中华医学杂志》（第 6 卷第 2 期，1920 年）发表的题为《毒品问题的最新阶段》的第二篇文章中，说明了 1911—1919 年间毒品进口的急剧增长，绝大多数是吗啡走私。我提供的数字表明，1911 年进口 208 540 盎司（5.75 吨），1919 年则不断增加到超过 100 万盎司（28 吨）。换言之，8 年之内，几乎增长 5 倍！显而易见，某些国家的政府通过生产和分派毒品，实际上是在鼓励这种非法贸易，而法国、日本和瑞士应承担主要责任，尽管事实上 1914 年 6 月，46 个国家中有 44 个签署了 1912 年鸦片公约。在海牙还提出了一项特别协议，即愿意推行公约的签字国可以开始执行而不必等待其他签字国的批准。签署这个特别协议的国家是中国、美国、荷兰、危地马拉、挪威和洪都拉斯。

1919 年缔结的和平条约，附加了以下与毒品贸易有关的重要条款

（第10部分第2节第295条）：

那些尚未在1912年1月23日海牙鸦片公约上签字，或已经签字但未获批准的缔约国，同意使上述公约生效，为此目的应不再延迟颁布必要的法律，务必在本条约开始生效的12个月之内实施。

此外，他们同意，尚未批准本条约的国家在各个方面被视为与已批准该公约国家等同，在海牙签署的特别协议，与为促使鸦片公约生效的1914年海牙第三届鸦片会议的决议是一致的。

为此目的，法兰西共和国政府将向荷兰政府提呈一份经核证的存档认可本公约协定的副本，并接受和备案该经核证的副本，等同于已备案认可该鸦片公约以及1914附加协定的让渡。

换言之，以上文雅的措辞意味着，和约的第295条在1920年1月10日经德国批准后开始生效，而英国、法国、日本和意大利将有可能立即采取措施，以控制和管理鸦片及类似毒品的生产与制造。尽管有了海牙鸦片公约和特别协议，但对于贫弱如当时的中国等国家来说，依然是十分困难，中国被某些人当做半殖民地，面对的是为富不仁并以强权政府为其后盾的毒品制造商们的合伙对抗。在这种情况下，并非所有严峻的法律及禁毒组织的努力，就能战胜那些无法无天的走私者，他们享有治外法权，并且能够肆无忌惮地利用由他们国家控制的、遍及中国四面八方的邮局。

我于1920年收集的有关毒品的信息有必要加以复述：

1. 即使一些国家也许已批准该公约，在全世界46个国家均批准1912年的海牙鸦片公约之前，它不能付诸实施。

2. 由于被法律禁止，毒品（鸦片、吗啡、可卡因、海洛因等）不能直接输入中国，但是英国政府允许每年向日本出口大量吗啡。统计数字表明，日本1918年收到了600 228盎司吗啡。

3. 日本贸易收入显示，1918 年公开从美国进口了 113 000 盎司吗啡。

4. 1919 年，美国进口了 564 000 磅生鸦片，估计是用来制造吗啡。

5. 毒品走私者主要利用日本、台湾、青岛、大连、安东、香港、澳门、新加坡、西贡等地的港口从事违法贸易。

6. 仅青岛港（当时日本管辖）一地，每年至少有 2 500 箱鸦片走私进入山东省。每箱课税 4 000 两白银，支付给日本占领当局。

7. 1913 年，走私 6.25 吨吗啡估计获利 800 万元；1918 年，进口 22.5 吨，获利可达 3 000 万元。

8. 每一个日本药商、典当行掮客、小商贩、妓院老鸨以及小店主都是潜在的吗啡销售者，极少例外。

9. 直到 1915 年，只有两个国家（英国和德国）拥有制造吗啡的复杂机器。但后者在 1919 年后被销毁，不列颠群岛的贸易迅速增长。日本为了制造毒品，在台湾、大阪和大连设立了工厂。有一次在来自日本的轮船上查获 3 500 盎司海洛因。

10. 在天津一家以从事广泛的这种贸易而闻名的日本药房，每盎司吗啡定价 700 元。

11. 尽管那时已有法律，但成吨的吗啡可以从英国取道纽约，通过旧金山保税，转运至神户并且在该港口转到其他船上，并无须进入通常的货物贸易报关手续，即由此地运至大连和青岛，再分送到中国各地。

12. 1920 年开始，朝鲜由政府主持种植罂粟。

揭露毒品荼毒的宣言书

1925 年 10 月在东京举行远东热带医学协会第六次会议，除了两篇关于鼠疫的论文之外，我理直气壮地宣读了一篇《毒品与公共卫生问题》的论文。这是一篇揭露毒品荼毒的宣言书，指出毒品对那些吸毒成瘾的劳工、工匠和某些知识分子荼毒之甚，既导致受害国经济崩溃倾覆，又使相当部分工薪阶层道德沦丧。"是什么更能使人堕落？"我说道，"尝闻人言'吸鸦片不比酗酒更糟'，或者说'酒精利于西方，鸦片益于东方'，或者危言耸听地说'如果剥夺劳工最喜爱的毒品，将导致英属马来亚和荷属东印度劳动力短缺'。"这种论调受到英国医务官员发表的报告痛斥，他们负责管理在法国的 95 000 名中国劳工（1916—1918），这些人"没有人吸鸦片，心满意足并且在需要时再来"。实际上为鸦片贸易商辩护的真正原因，是某些地区相当部分的财政收入来自毒品贸易，诸如印度（2.8%）、英属马来亚（28.6%）、香港（22.4%）、澳门（40%）和海峡殖民地（42.9%）。主张鸦片贸易的人经常举出一些应用鸦片有作用的疾病，如疟疾、鼠疫、霍乱及其他热带感染性疾病作为例子来为他们的勾当辩护。某些英国官员竟时常声称鸦片成瘾对西方人可能有害，但对中国人有益，因为毒品减轻疲劳和防止吵架。我在鼠疫和霍乱方面的经验自然使我有资格发表意见而不担心反驳。我指出，以任何方式滥用毒品都对病人不利，正相反，参加防疫的当地草药医生，常常就是鸦片成癖者，他们可能会因某种虚假的安全感而麻痹大意，而且他们不懂流行病学，自己会不必要地暴露于感染中而造成死亡，首先是他自己，其次便是他的家属。结核病，特别是肺痨的病例，其症状之一为经常咳嗽，病人往往求助于鸦片烟枪缓解病痛，但是，如果他长期生活在没有阳光和新鲜空气的黑暗房间中，即使咳嗽和吐痰可暂时缓解，也可能无法治愈。另一些令人痛苦的疾病，如伴有消化性溃疡或不伴有该疾病的消化不良，通常在心脏附近频繁出现心脏烧灼感疼痛，朋友便会建议用鸦片烟枪来缓解。此时用鸦片或许可以暂时缓解疼痛，但是除非对这个病人丝毫不放松地关心，病人很快就会上瘾，从而成为家庭的累赘。无论如何，未受过培训的家庭或外行的建议，对于病人来说是很难代替科学的医疗与护理的。鸦片还对其他病痛有作用，例如患过神经痛、偏头痛、支气管炎、糖尿病、肾脏疾病、肠和直肠病、妇科病、梅毒和其他疼痛的病人，都曾轻率地被迫拿起过鸦片烟枪。

在 1920—1930 年间，有一种常见的毒品海洛因（乙酰氯处理过的吗啡），会导致严重的成瘾性，最易使人道德败坏。因为它的毒性是吗啡的 3 倍，所以更小的剂量就能满足瘾癖。开始以鼻烟的形式使用海洛因，也可用普通烟斗将它掺在烟丝中或掺在纸烟里吸入。它无须皮下注射，尽管它的催眠作用不如鸦片和吗啡，但有很大的提神作用，会使人的个性膨胀，增强个人自信，结果做事不顾后果，胆大妄为，毫无歉疚感和责任感。因此海洛因是罪犯最爱使用的超级毒品。它在美国扩散并造成了广泛而严重的破坏作用，因此 1924 年 6 月 7 日美国国会通过法案，彻底禁止制造海洛因，甚至连医用也禁止。不幸的是，这种危险的毒品却大量进入华北和满洲。中国人将其称为白粉（白色粉末），把它加进纸烟，在一段时间内对民众造成了巨大伤害。不过这种狂热终于过去了，但是常见的吗啡又卷土重来。

在东京人山人海的会场中，我向同行们发问道："医疗行业，特别是那些肩负公共卫生职责的人应取何种态度？我认为对待毒品问题，应该采取更有力的公共卫生措施（如今我们把它作为社会医学的一个分支），如同预防黄热病和疟疾一样，我们要像抽干池塘以消除引发疟疾和黄热病的蚊子滋生地那样。作为专业工作者，应向有关政府部门呼吁，应根据 1912 年海牙鸦片公约的规定，严惩毒品犯罪。"

最后我向会议提交了一项书面决议草案，提出"鉴于鸦片和类似毒品在东亚广泛滥用，1925 年在东京举行的远东热带医学协会第六次会议将这种犯罪事实记录在案，以证明迫切需要限制它们的生产、销售和分配，严格控制其在医学和科学研究中的应用"。

我在某次医学会议上，尤其是在日本举办的会议上大胆提出这样一个问题，令相当多的日本同仁非常惊讶，但是对这个会议决议的措辞，较之我先前对待毒品的激烈态度，实际上是相当温和的。当提交表决时，日本代表团弃权，但其他代表都支持我，尽管它带有政治色彩，但决议获得通过。

政府与禁毒

我在中国发表的关于鸦片问题的最后一篇重要文章，刊载在 1931 年 1 月 18 日上海出版的《民族周刊》上。在文中我再次提醒人们注意自 1917 年起重新种植罂粟的现实，在此之前，兄弟总督赵尔丰和赵尔巽曾取得非凡的成功，他们在清王朝末年，三年任期内彻底根除了他们管辖地区的罂粟种植。但是由于军阀之间连年战争，需要为他们的军队筹措军饷，于是再次生产鸦片。估计 1930 年前收购量已达约 200 000 担之巨。戒烟局现在已经名实不符，简直可以看做当地政府的鸦片税征收处，税收的需要完全取代了所有人道的动机。尽管学校还在警告学生拒沾鸦片恶习，政府要员却不以征收麻醉品税为耻。税金总计每年超过 100 万元，都消耗在军阀之间无尽的战争中，根本无益于国家。

在欧洲当地，由于连续经历两次世界大战，人性渐趋恶化。早年，毒品制造集中在不到 10 个工厂，但现在超过 140 个。鸦片和其他毒品的最大生产者之一是土耳其，根据国际联盟提供的最新报告，其生产了 5 200 千克吗啡和 8 650 千克海洛因。由于对时髦、形式方便的烈性毒品不断增长的需求，以及松弛的商业准则和职业道德，毒品走私者形成了销售网，在全世界经销配送和供应这种毒品。国际联盟的工作人员也经常感到困惑，不知如何应对这日益增长的毒品威胁。在旧金山、纽约、新加坡、仰光、上海、天津、香港、马赛等海港，事实上几乎所有大海港的海关当局都大批查获毒品，表明这种非法贸易已经是多么兴旺和有利可图。著名的电影明星、貌似高尚的商人、高深莫测的百万富翁、忙碌的牙医和其他医师都与毒品受害者为伍，甚至还有毒品经销商。面对这种可悲的局面，那些主要的欧洲国家要谴责的首先是他们自己的国家，因为过去他们曾经设想吸毒瘾癖只应在"属民"或落后种族中流行，而这些人自甘堕落与他们无关；此外，他们还辩解道，"土著"因恶习而课税，便会对自己的国民少征合法税收。1912 年海牙会议后，这些政府并不打算将他们签过字的公约付诸行动，而是年复一年渐渐背离了当初的理念，这些公约并非强制性的义务，于是他们刻意回避。这正是为何中国和美国代表拒绝在 1925 年的条约上签字，并退出日内瓦会议室的原因。如果国际联盟领导人有诚意，毒品问题可能早已解决。我与我们另一位正式代表吴开城先生联名，请求建立一个在国际联盟管辖下的麻醉品中央工厂，全权负责制造生物碱供应全世界合法与医药需要，然后关闭其他工厂。制造的数量可按国联专家确认的每个国家每个居民 450 毫克为基数计算。然后这个国联的工厂作为现有的中央控制委员会的正式代理者，担负起这些毒品的分配和销售任务。最后，建立一个研究部门，着眼于改善当前这种不佳状态，开展成瘾性药物的生物化学研究。反对集中化的人提出两项异议，即在各独立国家中已有的既得利益者需要提供补偿，再则是担心在战时会出现"麻醉品奇缺"的情况，而国联工厂可能无法提供全部必需的麻醉品。然而，如果国际联盟为了保卫和平和人类幸福，当仁不让充当起各国的"超级政府"，如此善举，较之引入一支国际警察部队维持国家秩序，定将更加易行。不料此事尚毫无进展之际，纳粹在德国夺得政权并侵占了部分欧洲地区，成为 1939 年开始的第二次世界大战的序幕。

在中国，国家卫生部在南京成立，准备进一步尝试通过专门的医疗团体对吸毒者进行有系统的治疗。为达到此目的，建立了两所医院，一所在南京，另一所在北平，这两所医院都有医学专家妥善指导和专业护士护理。使用的药物中有由蛋黄制备的卵磷脂，据认为将其逐渐输入给成瘾者，会使他们厌恶鸦片。1933 年 2 月，南京戒烟医院开办，共有 150 张病床，其中 120 张免费；北平的医院拥有 80 张病床，全部免费。可是试办 3 年后，没有找到有效的解毒剂，医院改作其他用途。

附带在此提及一件往事。清朝末年，我碰见过一个美国人，名叫汤斯（Towns），在他的国家取得一些禁烟成绩后，志愿到北平来有选择地治疗一些鸦片成瘾者。后来我才得知，汤斯先生只不过用了一种大剂量的马钱子碱和莨菪混合物，尽管他对其效果深信不疑，事实上对成瘾者的效果并不持久。

从第二次世界大战开始，吸鸦片恶习已经侵入到某些国家，如伊朗，缅甸、暹罗和印度尼西亚。特别是伊朗，在其首都德黑兰建立了 25 个治疗中心，收容了 8 000 名成瘾者。尽管在这个国家吸鸦片被视为违法，但可以想象这种恶习很普遍，每四个家庭至少有一个人是毒品成瘾者。该国生产的 800 吨鸦片中至少有一半被居民消费。

马来亚的鸦片状况

现在让我们转向马来亚的状况，毋庸置疑，这里是大英帝国最富裕、最繁荣的殖民地。如前所言，直到第二次世界大战结束，海峡殖民地通常包括新加坡、槟榔屿和马六甲，这个半岛组成马来联邦，名义上苏丹统治，但实际被英国顾问控制。他们接受高级专员指令。战后新加坡仍然是英国殖民地，首脑是总督，而马来联邦改变为马来亚联合邦，加入了前殖民地槟榔屿和马六甲。这些地方都被一个专职的总驻扎官管辖，他的总部设在位于新加坡和槟榔屿之间的吉隆坡。按当前的人口组成，新加坡殖民地华人更多（150万总人口中，华人近100万），超过其他民族总和；而在马来亚联合邦，马来人数目超过其他种族，比例为6：4。华人尽管是少数族群却占有优势。他们的祖国久受鸦片荼毒，看来已随着华人进入了这繁华之地。虽然在富裕的马来人和暹罗人家庭中也有少数堕落分子，但90％的吸鸦片者是华人。尽管英国一贯承认其签署过的国际协定和海牙公约，而且有善良华人组织的禁鸦片协会也在不懈地奋斗和努力，但是吸毒，特别是吸鸦片这种生活方式，在许多过去来自汕头和厦门的移民中，看来已根深蒂固。在有声望的广东移民中，如今在成瘾者中所占比例很低。尽管严禁鸦片，罚款甚巨，而且战后推广的社会改革提高了生活标准，但依然可以见到那些迷恋于肮脏有害的鸦片烟枪的人，实在很难理解马来亚华人为何热衷此道。当然，与1903—1907年的人数比较，现在成瘾者相对较少，当时为了禁止这种恶习，我和我的朋友是那样艰难地开展过工作，但是仅新加坡一地，可能仍然有上万名鸦片受害者。现在让我们来回顾槟榔屿 50 年前的状况。

当时存在一个政府垄断部门，名叫槟榔屿烟酒饷码公司（Penang Opium and Liquor Farms）。1906 年在女王大街华人市政厅对面花费 5 万元筑起了一座三层大楼。政府那时已接管了熟鸦片的制造和销售，只是名义上限制在当地民众中销售。鸦片及烟酒饷码公司由 17 名杰出的华人商人组成的财团经营。他们同意每月支付 135 000 元（每年 1 620 000 元）买断 1907—1909 三年间鸦片和烧酒的销售权。合同约定，财团每月还支付租金 900 元，使用女王大街的楼房以及 1906 年政府在双溪槟榔建成的工厂。财团将它的产品卖给遍布槟榔屿和韦尔斯利省的 145 家特许子公司。该财团雇用了 1 000 名员工，而子公司自有 700 人推销产品。该系统出现过许多丑闻，所以自 1910 年开始，政府将吸毒者登记在册，并雇用自己的推销员。不幸的是，所谓的限制并没有产生预期的效果，申请登记的人比以前更多了，销售的熟鸦片也更多了，不过由此而来的更多税收流入了国库。事实上，吸烟者比官方公布的数字更多，由于可向已登记的吸烟者敞开供应，于是他们经常成为其他人的代理商。妓院（依法关闭前）成了使更多的新人沾染恶习的训练营，因为他们指望烟枪能刺激性兴奋和延长其快感。那时，每一个商务办公室、咖啡店或淫窟都有常备的鸦片托盘，并备好烟灯、烟枪等一应器具，还备有成包的烟土，随时满足任何人的需要。有时甚至运动场和社交俱乐部也备有这些用具。实际上，大多数复杂的商业交易常常是在烟枪和烟灯相伴随下办成的。没有人因为是瘾君子而感到羞耻。有时候，家中（不论多么大）的鸦片室才是主人唯一的栖身之所。

1910 年以来，已进行过两次世界大战，许多君主失去了他们的宝座。胜利者与被征服者都变得一贫如洗，而中国变成了共和国。但是中国人对鸦片的嗜好似乎未见减弱，虽然国内和海外都仅限于较小的群体内。当然，从槟榔屿、新加坡及马来亚其他地方的海关当局或禁毒小分队频繁缴获的走私鸦片判断，这种被禁止的贸易，似乎是由那些生产国和进口国精心组织的，而经销商显然是有钱又有社会地位的人。且看一些收缴记录即可。印尼独立后不久，便形成了强大的行当，从爪哇港用飞机大量走私鸦片到新加坡。来自波斯、印度、缅甸、暹罗、中国内地和香港的毒品也通过陆路和海上运来。顶级品（孟买鸦片）的价格高达每磅750 元。

1948 年 8 月，在远离新加坡领海的一个岛屿发现一架澳大利亚注册的卡特琳娜式水上飞机，驾驶员是前英军少校，助手是两名澳大利亚人。他们准备将价值100 万美元的鸦片转载到两艘摩托快艇上并运往新加坡。料想这桩交易与印尼政府高官有关。1952 年 11 月，在科伦坡与槟城之间的一艘日本轮船的 20 个沥青桶中发现两批伊朗鸦片，重量超过950 磅，价值将近 100 万美元。1954 年 7 月，在槟城的一架飞机上发现藏匿在机翼内的 100 磅鸦片，价值 4 万美元。几乎每个星期都有男女因为带有违禁毒品被逮捕，他们把毒品藏匿在他们身体内、汽车内或塞在轮船各处的缝隙中。这样的走私显然获利巨大，已知最高等级的鸦片售价达每磅 1 000 元。而且价格随着查获频率而变动——毒品越稀罕，价格便越高。

1955 年 5 月，新加坡发表了一篇对新加坡海关高级官员的采访记。文中说，鸦片贩卖环节被一些老练的商人操纵，他们既做合法生意，也贩卖非法的鸦片赚钱。有些人其实是众所周知的百万富翁，不少人在定罪后，被遣返回他们自己的国家。这些商人拥有摩托快艇，随时准备在远离海岛处接收轮船抛下的用防水材料包裹的货物。这些鸦片口岸，如曼谷、孟买、加尔各答、阿巴丹以及波斯湾的其他港口均驻有委托代理商。1954
年前，这些商人都抱着"要么通吃要么赔光"的心理，携带着巨量毒品。
但是当海关严厉地稽查时，他们就采取化整为零的策略，用船员中的自己
人收货，他们看中了有亚洲水手的英国船。通常是在同一条船上工作的两
个团伙合作，一伙在轮机舱，一伙在甲板上，彼此并不相识。在新加坡收
缴的鸦片一半来自伊朗，五分之一来自印度，其余则来自缅甸等处。截至
1955 年 3 月末，共收缴 21 批，有 1 733 磅鸦片。而 1955 年 5 月下旬，在
一艘船的舵槽中即发现 450 磅鸦片，而先前的搜索却徒劳无功。甚至还在
换气扇的轴上找到挂在上面的成包毒品。

　　支持鸦片贸易的人，包括长期吸毒者，均请求政府恢复到登记时代，
似乎并不知道大英帝国向联合国的其他会员国承诺，禁止非医药鸦片消
费，并因此在 1952 年颁布了《危险药物条例》，包括鸦片、吗啡、可卡
因、海洛因和其他有害药物。幸好中国人和其他许多东方人中，大麻
（Cannabis indica）、可卡因和海洛因的问题不严重，而这些毒品危害着地
中海沿岸国家、欧洲和美国许多居民。古代中国外科医生华佗曾使用过印
度大麻给病人做麻醉剂，白人青年则吸食它而自戕。就此而论，我谨向在
禁毒事业中完成过伟大工作的一位英国人士表示敬意，全世界都知道，他
是罗素·帕沙（Russell Pasha），他在 1954 年以 74 岁高龄辞世。罗素是贝
德福德（Bedford）公爵之孙，在剑桥获得学位后，加入埃及警察部队，
成为一名警官，后任中央麻醉品情报局首脑 25 年。过去他与我经常在日
内瓦见面，我们交换各自国家有关毒品贸易的信息。在埃及，民众用大
麻、吗啡和海洛因缓解血吸虫病（Schisto somiasis）引起的疼痛。这种血
吸虫病是在膀胱发现的一种吸虫类寄生幼虫造成的，发作时会引起剧痛。
两种有害的毒品——吗啡和海洛因，常常用金属容器封装，然后藏在骆驼

的食管和胃内，但可用便携式 X 光机检测到。埃及人将世代铭记罗素先生的忠诚和清廉。

新加坡一位著名的华人医师陈树南曾正确地指出，如果一座医院的职工是有经验的医师和护士，则任何鸦片成瘾者都有可能在两星期内被成功地治疗。由于成瘾者不愿治疗，所以他主张大规模建立封闭式的医院，在那里按对待囚犯的规则办事，严格执行纪律，结合采取适当的饮食和运动来戒毒。

拖延数年后，新加坡政府于 1955 年 5 月开办了第一个治疗中心，耗资 50 万美元。这座治疗中心位于圣约翰岛上，邻近检疫站。此处可容纳200 人住院，如果实践证明它受欢迎和取得成功，人数将增至 800。卫生部门称殖民地有 70 000 名鸦片吸食者，但并非所有人都希望治疗。

可能有人会问："是否有希望彻底根除吸毒恶习？"我的回答是"大有希望"，条件是负责处理此问题时，能结合医学、社会学和教育等一起考虑。

1948 年，联合国大会即将召开时，在日内瓦有人提议起草一个新的国际法规以应对世界毒品贸易，例如日本军国主义集团此前即企图向中华民族大规模推行毒品以实现种族灭绝或种族谋杀。一旦这样的法规为所有善良的国家所接受，毒品贸易将被视为危险的瘟疫，为了人类的普世利益，就必须予以防止并最终根除它。不过果真如此，有关各方一定要准备蒙受经济损失并放弃损人利己的想法。

到目前为止，管理者仍过分强调成瘾者的治疗，据说马来亚有100 000人（新加坡 70 000，联邦 30 000）。各种解毒剂如盐酸美沙酮（physeptone），非那多松（heptalgin）和可乐静（largactil）等，长期以来受到欢迎，但是所有这些药物都有缺点，而且效果不持久。出院后的成瘾者会经常遇见旧日伙伴，于是又再次用烟枪来过瘾了。为了证实我的经验，我于 1954 年写信给与《英国医学杂志》有关系的专家，他们答复道："在医院持续的监督下进行治疗，是医治鸦片成瘾者唯一有效的方法。尽管注射 N – 丙烯基去甲吗啡（N-allynormorphine）可使成瘾者立即出现戒断症状，但没有一种药物的效果可以超过戒酒硫（antabuse，安塔布斯；tetraethylthiuram disulphide，二硫化四乙秋兰姆）加酒精。这被用于确诊那些疑似成瘾者。"

圣约翰岛上设立有区区 200 张床位的唯一鸦片治疗中心，已经被广为宣扬。但是一年究竟能治疗多少成瘾者呢？当然更值得采取进行长期教育的方针。在这样的活动中，初级学校和高等教育机构应该履行自己的育人责任，以便新一代了解真相，即使开始时他们对禁鸦片怀有某种偏见。在共产党领导下的中国，他们通过严格执法，包括对屡犯不改者处以极刑，成功地将这一恶习降至低点。如果年轻人能够轻易接收深奥的共产主义学说，自然也不难理解毒品恶习对他们世世代代造成的痛苦和不幸。

因此我建议，在学校现有的课程之外，应经常讲解鸦片瘾癖对人身心的戕害，同时还会造成经济损害，并终将给家庭带来灾难。还应该警告人们，不要滥用毒品去治疗小病，如消化不良、便秘、暴食等等。健康在于运动，延年益寿不能依赖那些诸如吸鸦片等危险而有害的嗜癖。

依我看来，此类补充的日常生活教育，对广大小学生将产生更持久的好处，远胜于那种和尚念经式的说教，而他们总是强迫未成年的男孩和女孩前往由某些教会建立的机构参加这样的活动。我相信，通过争取医学、社会学和教育部门，以及（如有需要）跨教派的基督教机构，如基督教青年会、基督教女青年会等部门的共同努力，特别是在联合国经济社会理事会的援助下，我们反对毒品犯罪的活动，将在未来取得更快进步。

　　为了进一步强调我在马来亚的提案，1955 年 8 月我给马绍尔（David Marshall）先生领导的新加坡第一个民选内阁教育部长周瑞麒先生写信，向他提议，除采取其他预防措施外，应进行上述改革以有效地处理当地的鸦片问题。

第 *18* 章

传教士在中国的活动

历史上外国人在中国的宗教活动

人们都以为传教主要是白皮肤欧洲人的活动，这些欧洲人自命是上帝赋予了他们高贵的信仰和高等文明，决心为世上芸芸众生带来光明和幸福。很少人会想到，如同世界上所有其他伟大的宗教一样，基督教也是在亚洲的土壤中创立和孕育的，它早期的导师和信徒都出生在与东地中海接壤的那片亚洲大陆上。

中国现有的宗教中，只有道教（创始人老子，公元前 4 世纪）和儒教（创始人孔子，前 551—前 479）是本土产生的宗教。道教虽然在唐朝成为国教，但信奉者主要是妇女和不识字的群众，在与儒教并存的 2 500 年间，它从未有过像知识分子和官僚阶层信奉儒教那样的影响。

另一方面，佛教（公元前 563—前 483 年由释迦牟尼创立，属婆罗门教的一个分支）从古印度传入后，经过了 2 000 年的磨炼才适应了大部分中国人的习惯、信仰和愿望。它的感召力是如此之大，以至于东汉明帝曾派遣使者去印度研习佛经，公元 65 年使者回国时，带来两位印度僧人和一批佛经。来访者在中国受到了极大的尊重和关怀，被安置在首都洛阳附近白马寺———座专门建造的佛寺中。他们在那里翻译佛经，直到圆寂。这种宗教对中华文明的影响极大。中国修建的宝塔、寺庙和宫殿等，都或多或少带有印度建筑的佛教色彩。中国的算术、天文学、占星术、文学、音乐、雕塑、绘画，事实上几乎所有艺术和科学的分支都受到其教义的影响。许多古希腊文化也在一定程度上通过佛教进入中国，甚至于包含四声和 36 个字母表体系的中文音节拼音也借用了梵文模式，而没有采用其他一些外国字母体系。

伊斯兰教的先知穆罕默德，约于公元 570 年出生于阿拉伯半岛的麦加，这差不多是在孔子、佛陀和老子之后 1 000 年。他的继承者哈里发率领军队征服了西亚和中亚以及非洲和欧洲的一些地区。他们的大队人马曾经到过布哈拉（Bokhara）和外奥科萨那（Transoxiana），一直到与中国交界的雅尔甘德（Yorktend）。但是在那里突然停下了，不过在甘肃、陕西和直隶等省份现在还能找到一些他们的皈依者。在广州，阿拉伯商人最为勤劳和富裕，显然他们是最早乘帆船来到此地的"西方人"，他们在那里建造了清真寺。在广州及城郊，至今仍能辨认出那些他们与中国母亲繁衍的混血后裔，但是现在很少见有皈依穆斯林的。

总的来说，在宋（960—1279）元（1280—1368）两朝，外国人在中国是受欢迎的。1165 年曾经来过一行 70 人的犹太人。在开封府（当时的首都）发现过一块碑，记述了他们来自印度，带来了进贡的布匹，并被允许在该地定居和进行宗教活动。他们建造过一座犹太教会礼堂，这座建筑到 16 世纪时还依然保留着。民国初年我访问开封时，那里仍然有一群穿着他们古代服装的犹太人。但是他们很贫穷，而且似乎已经放弃了他们的宗教信仰，习惯于入乡随俗地和中国人邻居生活在一起。

当伊斯兰的武力在西方逐渐强大时，波斯和中亚的所谓异教徒不得不寻找一块能够自由做礼拜的地方。他们在中国找到了。因此三个主要教派——袄教、景教和摩尼教的教徒们经由天山南北的两条路，艰苦跋涉进入受到欢迎的中国领土。唐太宗和随后的宋代皇帝都给了他们土地与庇护。1625年，在西安府（古代长安）发现一块著名的大理石纪念碑。我曾亲眼见过这块顶部呈不规则拱形的石碑。由碑文得悉，聂斯托里教派的基督徒在叙利亚僧侣阿罗本带领下，于公元7世纪来过中国，公元634年唐太宗统治期间，准许他建立教堂及传教。公元745年前，这个教堂被称做波斯寺，后来改为大秦寺或罗马寺。这块景教纪念碑现收藏在考古博物馆中，与之相伴的还有著名的宋代四匹阿拉伯骏马的大理石雕刻及许多佛经，那都是历代中国僧人从印度带回的。

太宗皇帝于公元638年颁布过一道支持在大唐疆域内确立景教的诏书，其中道出了一个重要主张，理应照录如下："道无常名，圣无常体。"倘若国家和每个人都有如此宽阔的襟怀，诉诸武力的机会将会更少，世界将享受和平并变得更加繁荣。

13世纪末，伟大的成吉思汗和他的大军曾经到达了里海沿岸。尽管他们对所有基督徒和穆斯林表现了极大的宽容，但蒙古军队的出现仍在宗教领袖中引起普遍的恐慌。为了拯救基督教世界于水火，罗马教皇于1245年在里昂召开了会议，决定派遣一位名叫卡尔皮尼（Carpini）的方济各会修士与蒙古统帅谈判，并争取会见大汗本人。但卡尔皮尼如同当时许多基督教领袖一样，自高自大，自认为只要向那些异教徒阐明不言而喻的真理，即可让他们成为自己的信徒。但是卡尔皮尼失败了，于是另派方济各会修士威廉（William）前往。1253 年，蒙古皇帝礼貌地接见了他。但是当他试图游说基督教优越的恩惠时，得到的回答却是："所有的宗教犹如手的五指，通往天堂的路有许多条。"

随后派往东方传播基督教的，是一位经验丰富的外交家科尔维诺（Monte Corvino），他试图在波斯的穆斯林中传教。他没有成功，便回到罗马，请求教皇委派他出使大汗国。他在印度停留一年后，于 1294 年忽必烈死后不久到达汗八里（北京）。有一段时期他过得很不如意，因为蒙古朝廷一直信奉景教，也无意于竞争。然而科尔维诺设法建成了一座教堂，购买了 40 个奴隶并对他们进行教育，然后让他们受洗，再派他们外出传教。凭借他向教皇呈递的那些自我表功的报告，他被教皇授予北京教区大主教之职。但是科尔维诺寿命不长，1328 年便去世了。

天主教耶稣会来华传教的努力与挫折

前往东方最负盛名的罗马天主教传教士或许是方济各·沙勿略（Francois Xavier，1506—1552）。在他较短促的 46 岁生命中，他的传道事业多有成就。在果阿、马拉巴、马六甲和日本，他每到一地，对病人、穷人和卑贱者永远是那样慈爱。他在果阿为耶稣会的信徒办了一所学校，他的许多学生都想以他为楷模。他在日本传教时听说在中国大有可为，可惜死在前往广州的途中，那是一个偏僻的上川岛（圣约翰岛），去世时身边只有一名忠实的中国仆人安东尼奥。

到目前为止，葡萄牙人都宣称自己是东方的基督教传播者，他们凭借 1557 年占领的澳门（位于香港以西 40 英里的一个海岬），企图武装进攻中国这个异教徒堡垒。然而，这只能是痴心妄想，他们只不过能强迫一些非基督徒接受布道而已。

于是天主教领袖采取了新的策略，他们首先学习当地的语言、风俗和礼仪，尊重当地的习俗和礼仪，并向地方官府示好以赢得官方支持。1644年清王朝建立后，他们甚至蓄起辫子后才去传教。

正当此时（1578年），数学家和天文学家利玛窦（Matteo Ricci，1552—1610），到达果阿（当时公认的东方天主教大主教教区），在那里接受了包括学习汉语在内的神学培训。3年后，利玛窦来到潮州（汕头附近）［1583年抵肇庆，1589年抵韶州］，他在那里靠科学知识引起了当地学者的注意。1595年他动身去北京，历经6年方抵达京城［1601年到达北京］。他带来的不是宗教书籍，而是钟表和科学仪器，他希望那些和他交往的官员们会感兴趣。他向有关部门献上了他带来的奇异礼品，并叩拜皇帝宝座。须知，那时为取悦皇帝，佛教徒和儒生之间不断出现摩擦，利玛窦认同儒学，甚至引用儒家经典来证实他的基督教义。于是他成功地赢得了读书人的认可，为宣扬他的信仰铺平了道路。

利玛窦死后，另一位耶稣会士汤若望（Johann Adam Schall von Bell，出生于德国）继承了他的钦天监职务［利玛窦未担任过钦天监职务］，在通过科学和星象学改变中国的政策方面继续取得了一时的成功。在明朝行将结束的1634年，汤若望和他的助手曾受命制造大炮保卫京城，而满人皇帝顺治登基后，他获准在北京内城建造一座教堂。下一个统治者便是伟大的康熙，他对所有的科学知识都感兴趣，并指定汤若望作为他的一位教师。这对一位传教士来说确实是无上的荣誉。遗憾的是汤若望被指控利用他的宫廷职位推动传教活动，还含蓄地宣称中国的智慧比之辉煌的基督教只不过是一道微光，全人类都是亚当的后裔。1664年，汤若望和他的耶稣会同道受到一个遵旨成立的专门机构的审判，宣布他除有上述言论外，还妄称皇帝已经成为基督徒，于是被囚禁起来。次年，汤若望因瘫痪而获释，后于 1666 年死去。

另外一位博学的耶稣会士南怀仁（Ferdinand Verbiest，鲁汶大学毕业）接替了汤若望，并被准许进行科学研究。康熙皇帝生性好奇，喜欢探究，因而对他眷宠有加并任命他为钦天监和工部右侍郎，官居六品。皇帝又于 1671 年发布谕旨，在全国境内制止迫害基督徒。传教士布道得到了许可，但是中国人受皇权束缚，不能信奉外国教义。南怀仁尽享皇室宠信，在工部右侍郎任上为军队制造出新的火炮。他身着中国官服，施洗时为基督徒洒圣水。南怀仁向他的罗马上级报告称，皇帝虽然对科学表现出热情和智慧，但是对基督教似乎了无兴趣，而且禁止他的臣民改变宗教信仰。南怀仁临终前，曾呼吁法国参与到中国传教事业中来，以罗马教信徒的身份继续葡萄牙人开始的事业。于是有六位法国传教士前来，其中张诚（Jean Francois Gerbillon）和白晋（Joachim Bouvet）被派往北京。中俄两国谈判并最终签订《尼布楚条约》期间（1689 年），张诚任译员，对中国政府助益良多。1692 年皇帝施恩降诏［容教令］道：

查得西洋人，仰慕圣化，由万里航海而来。现今治理历法，用兵之际，力造军器、火炮，差往俄罗斯，诚心效力，克成其事，劳绩甚多。各省居住西洋人，并无为恶乱行之处，又并非左道惑众，异端生事。喇嘛、僧等寺庙，尚容人烧香行走。西洋人并无违法之事，反行禁止，似属不宜。相应将各处天主堂俱照旧存留，凡进香供奉之人，仍许照常行走，不必禁止。俟命下之日，通行直隶各省可也。［录自《清圣祖实录》卷 27，康熙七年十二月庚寅］

于是他的地位得以稳固。关于耶稣会士带进中国的那些西方发现的有效药物，如治疗疟疾的金鸡纳树皮曾治愈过皇帝的故事，已在本书中述及。

清政府对耶稣会的眷顾，引起多明我会［Dominicans，天主教托钵修会的主要派别之一］的嫉妒，引发罗马天主教会各派别间激烈的争斗。而祸根在于教皇，因为他竟自认为对中国所有的教会信徒，无论在世俗上还是在灵魂中，他的法力都是无边的。1705 年，教皇特使铎罗（de Tournon）来到广州，然后前往北京，并受到皇帝接见。然而，傲慢成性的铎罗竟敢挑战建立在尊敬祖先的儒家礼法之上的皇权，于是激怒了康熙，责令将铎罗押往澳门交葡萄牙当局看管。尽管不久后铎罗被教皇提升为红衣主教，但一直囚禁在葡萄牙人的监狱中，直到 1710 年死去。从此以后，罗马天主教失去了让这个国家皈依它的最好机会。

康熙在英明统治 60 年后去世，他的儿子雍正即位，并在 1724 年重申了前辈的诏令，指出基督教不利于中国，禁止其进行各种活动。不过雍正和他的继承者著名的乾隆，继续雇用一些博学的耶稣会士作为宫廷机械师、建筑师和画师。在以后的耶稣会士中，最著名的是意大利画家郎世宁（Giuseppe Castiglione），他凭借他的技艺和忠诚而成为乾隆皇帝的亲密朋友，并和天才的法国耶稣会士蒋友仁（Benoist）一起，设计和建造了奇妙的圆明园，这简直就是西方巴洛克和洛可可宫殿在中国的重现。圆明园是极具才华和敬业者的最高成就，尽管这些人作为传教士在试图改变中国人的信仰方面失败而深感失望，但仍然全心全意地用大理石和石灰并配以这个伟大国家拥有的精品物产，构建出了令人难忘的建筑物。这是一座中西合璧风格的美丽园林。无数楼阁构成的宫殿群坐落在一个美丽的花园中，形成了名副其实的人间天堂。乾隆皇帝曾经在此接见过马戛尔尼勋爵和他的使团，他们带来了最机巧可爱的英国礼品，用以向皇帝表示善意和友谊。

可叹的是，另一位著名的英国官员额尔金（Elgin）勋爵，1860 年伙同他的法国盟友葛罗（Gros，拿破仑三世派遣）男爵，下令焚毁了圆明园全部 200 余座建筑，纵火之前还纵容他们的士兵抢劫园中珍宝，包括价值连城的艺术品。

在巴黎、伦敦或英、法的其他城市博物馆中，今天可以看到许多抢夺而来的珍宝。曾经派遣传教士来中国传布福音的两个基督教国家破坏文化遗产而留下的遗址和废墟，后来受到世世代代的学生和满怀愤怒的中国领导人凭吊。而美国用退还的庚子赔款为青年深造而建立的清华学堂（后来称大学），正坐落在遗址旁边。清华学堂的学生将被送往美国和欧洲大学学习。将校址定于此地，更能让他们想起从前外国侵略者的野蛮行径。

除康熙皇帝的直接干预外，1722 年后罗马天主教在中国黯然失色还有其他因素，诸如教皇本人压制耶稣会，偏袒多明我会和方济各会，澳门的葡萄牙商人的专横，广州的英国东印度公司的傲慢，等等，而最后是 1809 年拿破仑将教皇领地并入法国。然而耶稣会传教士之所以享有盛誉，应该说是由于西方世界从他们的著作中受惠不浅，因为他们当时对中国的了解几乎全部得自这些著作。特别是杜赫德（du Halde）的两大卷著作，后来翻译成好几种语言，成为西方人全面了解中国的知识宝库。

耶稣会教团于 1822 年重建，但是他们已经失去了在中国传教的最佳时机。

新教在中国的传播

1722 年，教皇通过罗马天主教的改变宗教信仰运动，企图篡夺帝国权力，康熙皇帝对此表示过不满。康熙的继承者雍正坚持着这个原则，他即位的第二年，即 1724 年便正式禁止基督教。除了那些被宫廷雇用的人之外，外国传教士均被驱逐到广州。但是少数狂热分子罔顾法令，在华南一些有外国商人从事贸易的港口潜伏下来。在这些近代最早的新教传教士当中，有英国人马礼逊（Robert Morrison，1782—1834），他未能搭上东印度公司的帆船，便取道美国纽约，搭乘一艘美国船于 1807 年到达广州。马礼逊苦学中文，不久即脱颖而出，被英国东印度公司雇用为译员长达 25 年。在此期间，他和助手米怜（William Milne）一起，努力将《圣经》翻译成了中文，还出版了第一部英汉词典。此外，1816 年当阿美士德（Amherst）勋爵奉命前去北京时，马礼逊曾任正式译员。虽然马礼逊最初是由伦敦传教团体派遣而来的，但人们都认为他是一名完全靠东印度公司的薪水工作的自立工作者。在与米怜合作前，马礼逊基本上只有两名中国助手协助他工作，并且只在 1824 年休假过一次，可以认为他是基督教新教在中国传教的先驱。著名的爱尔兰画家钱纳利（J. Chinnery）的一幅精美的肖像油画留下了他一生的善举。这幅画上，马礼逊身着学者长袍端坐在椅子上，正在为他的两名中国助手传授教义。

总的说来，马礼逊的名字是与他的著作和学术成就相连的，而不是他那改宗布道的能力。他居留中国 25 年间，仅使 20 人改变了信仰。

如上所述，马礼逊将《圣经》译成中文，得到过米怜很大的帮助，但是后者不寿，1822 年即去世了。随后，三名美国传教士，即裨治文（Elijah C. Bridgeman）和雅裨理（David Abeel）于 1830 年，卫三畏（Samuel Wells - Williams）于 1833 年先后抵达澳门。裨治文创办了《中国丛报》（*Chinese Repository*），这是一份以中国哲学、文化和时事为主题的实用杂志；而卫三畏后来成为《中国总论》（*The Middle Kingdom*）的作者，这部名著共两卷，每卷 800 余页，是一部内容严谨的著作。卫三畏后来被委任为北京美国公使馆秘书，撰著了另一本著作《中国历史》［应是《英华分韵撮要》］。值得一提的是，1924—1925 年我在美国巴尔的摩的约翰·霍普金斯大学攻读公共卫生学硕士学位课程时，在卫三畏宅子里居住了近一年。他的住宅位于大教堂街 8 号。我在此结识了这位传教士多才多艺的儿子的遗孀，还认识了她的儿子威廉姆斯。年轻的威廉姆斯在约翰·霍普金斯大学卫生学院与我是同学，他后来在巴尔的摩市卫生局担任专员要职，一直与我通信。海思波（Marshall Broomhall）[1] 是中国内地会的编辑，1907 年撰写过一部著作《中华帝国传教调查》（*The Chinese Empire: A General & Missionary Survey*）。他认为，新教在中国的传教活动可以适当划分为四个阶段：（1）准备时期，1807—1842 年；（2）口岸时期，1842—1860 年；（3）深入内地时期，1860—1877 年；（4）发展、受迫害和繁荣时期，1878—1907 年。现在让我们也根据这样的思路来叙述。

1. 准备时期（1807—1842）

在此时期，伦敦布道会首先开始工作。马礼逊是先驱（1807），随后是米怜和麦都思（Medhurst，1835），以及随后来的戴德生（Hudson Taylor）博士——他是一位合格的医师，却宁愿作为福音传道者。尼德兰传教会（德国）于 1831 年派遣郭士立（Karl Gutzlaff）到来，此后五年他在中国沿海和暹罗考察，撰写过许多书籍和文章，影响了许多欧美商人，导致鸦片贸易的复杂化，终于爆发中英鸦片战争。1834 年，第一位到来的传教士是医师伯驾（Peter Parker，美国人），随后来到的是英国雒魏林

---

① 海班明（Benjamin Broomhall）之子，内地会办事机构刊物《百万中国人》（*China's Millions*）的编辑。1907 年我在伦敦短期休假时，从他那里获得过许多忠告以及有关鸦片贸易的信息。——作者原注

（Lockhart）与合信（Hobson）两位医师，后两人的医术和文学造诣都可在留存的宝贵资料中获悉。1842 年中国战败后被迫把香港割让给了英国，便有分属 8 个教团的 57 名欧美传教士在华南定居，并着手开展改变居民宗教信仰的活动。

2. 口岸时期（1842—1860）

在第二个阶段，香港开始发达起来，广州、厦门、福州、宁波和上海五个口岸也对外国贸易开放，于是传教士教团的东方总部由澳门转移到香港。

传教士教团中的伦敦布道会所属英华书院迁至香港新址，由神学博士理雅各（James Legge）领导，他自 1839 年起即在马六甲充当传教士，正是理雅各将著名的儒学经典译成了英文几大卷。他曾任牛津大学第一位汉语教授，任职长达 34 年。早年他住在马六甲时，培养了三个年轻的华人基督徒，并将他们送到苏格兰他的同事处深造，其中一个是宋旺相的父亲宋佛谦。宋旺相是早期英女皇奖学金获得者，新加坡的大律师，也是第一位被授以爵位的马来亚华人。宋旺相撰著的《新加坡华人百年史》于 1923 年出版，他还与林文庆和我一起编辑过《海峡华人杂志》。我知道宋旺相是家中长子，下有弟妹 8 人，生母是宋佛谦的第二任妻子冯芳莲。她是出生在槟榔屿的广东女基督徒，1870 年与宋先生结婚。可顺便提及的是，理雅各主要是在香港学的中文，他的两位同仁湛约翰（Chalmers）和合信都是著名的医学传教士，他们将各种英文教科书翻译成了广东方言。

在这一时期，其他著名的传教士有以下几位：在中国生活了 50 余年的美国浸礼会的纪好弼（R. H. Graves）、文恒理（H. W. Boone，主教）博士、玛高温（D. J. MacGowan，《中华帝国史》作者）博士、麦卡蒂（D. B. McCartee，他收养了中国第一位美国医学院毕业的女医师金韵梅），以及曾任京师大学堂总教习的丁韪良〔 W. A. P. Martin，他著有《花甲忆记》（*A Cycle of Cathay*）、《汉学菁华》（*The Lore of Cathay*，1901 年出版）和《中国的觉醒》（*The Awakening of China*，1907 年出版）等三部名著〕。以艾迪绥（Aldersey）小姐为代表的女士们也参与了传教活动，她早在1837 年即离开英国，最初在爪哇工作，之后来到中国，定居宁波。从签订《南京条约》（1842）到签订《北京条约》（1860，洗劫圆明园后）的18 年间，共有 17 个教团近 170 名传教士在中国传教，还不包括他们的妻子。

　　之前章节已述及 1851 年爆发的太平天国运动，现稍加展开。洪秀全于 1814 年出生在广东，20 岁时，他得到一本由传教士的助手散发的小册子，这本书他搁置数年并未读过。在数次乡试不中后，他罹患了阵发性僵住症，并受幻觉困扰。于是他想到去阅读那本小册子，读后便发起了一场反对偶像崇拜和王朝统治的圣战。当衙役以谋反罪逮捕他时，他成功脱逃并拉起了一支狂热分子的小队伍，自称"天王"。他们起初表现尚可，传布《圣经》，谴责吸鸦片。但是随着军事上的成功，开始养成极坏的习性，他们连下许多城市，杀害上百万同胞。洪秀全的军队占领南京 12 年（1853—1864），这让他有充裕的时间来推行他那自我吹嘘的基督教教义，把这个新王国称做太平天国，而领袖是"三位一体"的第三人。洪秀全宣称他这位天王实为天弟，耶稣基督是他的天兄，上帝是天父。他们还杜撰了专用的适合他的意志的赞美诗。最初有许多外国传教士集合在这个冒牌者的旗下，并向他们国家的上级发送言过其实的报告，但不久他们便因这群反叛者极度荒淫而感到失望。当时美国驻华公使接到华盛顿的指示，指出如果对美国有利，可以承认新政府。幸运的是，洪秀全和他的追随者真面目暴露后，特别是曾为天王宗教导师的罗孝全（Issacher W. Roberts）拒绝了洪天王的召见之后，外国人最初的热情消失了。清政府的军队在戈登将军的援助下占领南京后，太平天国的叛乱最终被平息，天王于1864年自杀。

清政府处境艰难，以《天津条约》为先，于1858年到1860年之间被迫签订了九个条约，所有条款都有利于外国列强。根据这些条约，北京不限制派驻中国的外国使节居留，开放了更多的通商口岸〔汕头、芝罘、天津、牛庄、镇江、九江、汉口、琼州（海南岛）和淡水（台湾）〕。与英国签订的条约使鸦片进口合法化，中国每担（133磅）课以关税30两白银（45元）—— 就如此高价的鸦片而言，税率确实很低。除了上述条款，还允许外国人持护照到各省旅行，承诺保护外国人和中国人传播及接受基督教。

与英国签订条约后之次日，即与法国签署了条约，规定中国人要为"所没收的曾经属于基督徒的一切建筑物和土地"赔款，这竟为上溯150年期间的索赔铺平了道路！这种不公正和使人愤怒的决定，必然令多少代以来认为已解决的土地所有权问题变得更为复杂。更为严重的是，耶稣会士译员艾美（Pore Delamarre）在与法国签订的条约中文文本中暗中插入两个新条款。一条是确认基督徒在中国各地自由从事宗教活动的权利，另一条是给予法国传教士在各地租用土地和购买或建造房屋的权利。这个牧师的诡计被发现后，法国公使竟原谅了他，结果其他传教士团体，包括新教团体，也都从"最惠国"的条款中肆无忌惮地自肥。

3. 深入内地时期（1860—1877）

《天津条约》，特别是与法国签订的条约中文文本中被暗中插入的条款，使无论什么教派的传教团体能够前往中国的任何地方，从事他们想要进行的布道活动。新教团体中的包尔滕（J. S. Burdon，后升任主教）被允许以牧师的身份留在北京英国公使馆，雒魏林博士则在那里任医学顾问。1864 年，德贞（Dudgeon）博士接替了他。某些博学的传教士领袖应特加表扬，如慕稼谷（G. E. Moule）、丁韪良等人，他们除本职工作外，还努力留下了一些有关中国文明和文化的典范性著作惠及后人。这些善良的人开办学校和高等学院培养中国男女青少年，为他们今后的生活提供了更好的机会，并激发了他们对现代知识，包括可以提供给东方的医学和科学等的兴趣。医学界的先驱，如合信、雒魏林、嘉约翰（Kerr）、施维善（Porter Smith）、文恒理、梅藤更（Duncan Main）等人，他们依随教会，无论何时有机会便亲自布道。但是一般中国学者和他们的白人基督教导师之间在思想上有着很大差异，中国人相信上天和神灵（或诸神），他们为健康、子孙和成功祈祷，而白人则只忠于上帝和他那圣灵感孕为救世而生的耶稣基督。任何忠实的信徒都必须宣布放弃其他信仰，否则就得去地狱经受无尽头的惩罚。千百年来中国人所接受的教育，是所有善男信女不管信仰什么，死后都会到一个较好的世界，未必是为至圣先贤而保留的天堂，但肯定不会下地狱被火烧。然而，大多数基督教导师坚称，上天堂只有一条路，那就是皈依耶稣。一般中国人似乎都认为，较之失去自己人民的尊重，去相信那种不可靠的死后救赎说，是得不偿失的。因为如果取外国人道德和精神之长，就必将背弃祖先的智慧和美德，而那些外国商人带来的是鸦片，外国兵横暴地侵略了他们的国家，抢劫与毁灭了他们国家的艺术瑰宝。因此，改变信仰的主要是那些愚昧和挨饿的人。这种人在饥荒时期很多，结果有些教民被人们称为"吃教的"。《天津条约》签订后，罗马天主教祭司声称他们可以和地方官平起平坐，主教即相当于巡抚和总督。一些为非作歹的中国人加入了教会，希望在犯法时能得到外国主子的庇护，而传教士只需一个手势或一张名片，就足以让他的教徒得到有利的判决。有时候传教士竟亲临法庭，他也许会领来他们的领事，而领事到场会让他立刻胜诉。正是通过这种不诚实的手段，使大片土地从乡民手中转归于那些幸运的教民。在基督教入侵中国时期，难道学者和商界人士感到异常愤慨会令人意外吗？

镇压了太平天国运动的曾国藩，是中国最伟大的政治家之一，他曾经对慈禧太后说："近来传教士到处制造麻烦，本地教民欺压那些不信教的民众，传教士总是庇护这些教民，而领事则保护传教士。明年修改与法国签订的条约时，我们必须不厌其烦，谨慎地重新全面考虑传教问题。"

1866 年，伦敦中国布道会派遣的第一人戴德生医师，创建了中国内地会，总部设在杭州。他在中国内地各省奠定了跨教派性质的基督教工作。从一开始，这种需要真正自我牺牲品质的开创性工作，吸引了基督教世界一些最优秀的人才，他们在这个国家留下了不可磨灭的烙印。至 1877 年末，新教男女传教士多达 473 人，228 人属于 15 个英国教团，212 人属于 12 个美国教团，26 人属于 2 个欧洲大陆的宣教团体，还有 7 人不属于任何团体。经过 7 年持续的努力后，全中国官方在册的教民人数为 13 035 人。

4. 发展、受迫害和繁荣时期（1878—1907）

1876 年，在英国公使威妥玛（Thomas Wade）爵士的胁迫下，李鸿章签署了《烟台条约》，传教士获得了在内地游历和为他们的工作购置房产的额外特权，进一步助长了他们将中国基督教化的野心。更多传教士，特别是女性前来中国，而由于"剑桥七杰"戏剧性地参与，中国内地会得到加强。"剑桥七杰"的领导人盖士力（W. W. Cassels）牧师，后来升任华西主教。不幸的是，某些欧洲政府操纵着各种传教活动，特别是普鲁士皇帝威廉二世。他因为两位天主教传教士在山东被杀而强占了青岛港，并要求中国作出重大让步。其他欧洲列强紧随其后，争相仿效，他们为争夺新领土而置基督教义于不顾。1898 年，光绪皇帝试图进行改革而被慈禧太后挫败，全国弥漫着不满情绪，结果导致 1900 年可怕的报复，135 个外国传教士和他们的 53 个孩子遇害，还连同数百中国教民丧生。义和团运动主要是受慈禧太后和她那一班愚蠢随从鼓励，随后遭到联军强烈的报复，北京被占领，广大无辜民众遭受无尽的屈辱，还要支付 40 年辛苦劳作才能清偿的巨额赔款。

难怪愤恨情绪持续了一个多世纪，而身陷困境的大众，不分青红皂白一致谴责传教士，认为他们负有很大责任。传教士当然并非完全清白，因为他们中的死硬分子曾经宣扬并且著书论述入侵中国是为了基督教世界，而忘记了当地民众已从痛苦的经历中认识到，这种入侵的过程是"传教士在前，领事随后，背后是炮舰"。

《中国宣教年鉴》1911 卷，提供了当时传教工作的详细资料如下：外国宣教团有美国 35 个、英国 17 个、殖民地和欧洲大陆 19 个、教育团体 5 个和其他 9 个，共 85 个。外国传教士（男、女及妻子）4 628 人，中国传教人员 13 679 人，传教场所 4 228 处。学校招收男女学童合计 56 732 名，开办中学和高等学院 1 171 所，学生 45 801 名。中华基督教会入会会员 180 000 名。医药方面有医院 170 所，药房 151 所，住院病人 312 480 名，门诊病人 1 021 002 名。当时中国的人口为 4 亿 2 000 万。

由于孙逸仙博士的不懈努力，1911 年辛亥革命终于成功，他本人信奉基督教，而且一直是宗教事业的忠实朋友。他还和一位能干的基督徒的二女儿结为伉俪。这位基督徒宋嘉树牧师原籍海南，部分接受过美国教育，并秘密支持那位为革命做准备的领袖。1912 年诞生的中华民国历经许多变迁，1925 年孙博士逝世后，主要由蒋介石总司令控制。他与宋牧师的三女儿结婚后，也皈依了基督教。但是信奉宗教并没有能充分约束他们的家族，他们无力坚定地抵御贪污腐化那条多头毒蛇的诱惑，以致腐蚀了以固执的大姐为首的整个宋家"王朝"。大姐的丈夫自称是孔圣人的直系后裔。国民党何以失败，我以为那是因为有一个贪婪的家族强权，他们不顾民众，无限制地聚敛财富。

中国传教活动评述

在中国工作近 30 年间（1908—1937），我得以观察到基督教传教士工作的每个方面，不论罗马天主教或新教，职业传教士或医学传教士，欧洲人或美国人，以及一些皈依新信仰的中国领导人。在那些领导人中，少数人已是两三代基督徒，他们的祖上是农民或无知的乡下人，但是有幸在教会学校受益，而且获得英国、美国的资助，在教育、科学和医学领域作出突出贡献，当代甚至还有人荣任主教。但他们中的大多数仍满足于做个乡下人，在外国传教士或本地助手带领下开展些简单的教堂活动。最初几年我在北京、天津时，遇见过金（Howard King）夫妇，金夫人是医师，与显赫的李鸿章总督家庭关系密切。伦敦布道会的马根济（J. Kenneth Mackenzie）博士是北洋医学堂的创建者，而经费主要由李鸿章支持。马根济博士于 1888 年去世，他的两个优秀学生屈桂亭（永秋）和徐华清都是早期的基督徒，曾分别被任命为北洋医学堂和陆军医学堂的校长。在北京我曾有幸结识丁韪良博士，他虽然本是美国传教士，可确实是一位学贯中西的真正学者。他专注于文科教学，以至于清政府曾任命他为京师大学堂的首任外国人总教习。这个学堂的某些班级设在一群盖着黄瓦的宫殿中。我还记得丁韪良博士是一位身材矮小、稍胖、蓄须、慈眉善目的人，尽管已经年迈，精力却依然充沛。另一位传教士李提摩太（Timothy Richard）博士，以其渊博的学识受到政府格外青睐。从 1891 年开始，李提摩太博士在广学会（Christian Literature Society）担任要职，他将几部欧洲重要著作翻译成了优美的中文。他还创办了以官员和学者为发行对象的高级中文杂志《万国公报》。后来李提摩太翻译出版了《泰西新史揽要》（*History of the Nineteenth Century*），以此向中国人民介绍现代知识。

作为一名训练有素的科学家，我自然愿意结识怀恩光（John S. Whitewright）牧师，这位英国浸礼会传教士在山东省青州建立了第一所科学博物馆"博古堂"，后迁到省城济南并扩大了。在这里我们可以看到一个壮观的民俗博物馆，用以教化从儿童直至各阶层的民众，诱发他们对其他国家和他们自己国家的物产和习俗的兴趣。那些圣保罗大教堂、华盛顿国会大厦以及其他外国的历史建筑模型，与孔庙、北京故宫的模型陈列在一起。那里还展出了各国的动物标本，不同行业的机械和发动机器具，将它们与中国仍在使用的原始工具相对比，让观众了解西方各种省时省力的发明。怀恩光牧师理应受到赞扬，这个博物馆的整体构思出自他的深思熟虑，因而使传教工作进入了吸引人的阶段，不再只是散发小册子和枯燥的布道。每当路过济南，我总要参观怀恩光的博物馆，很高兴看到经常在增加展品和技术人员，并与时俱进地进行增修。

传教士中最受人关注的是著作等身的美国公理会的明恩溥（Arthur H. Smith），他的第一部著作《中国人的特征》（*Chinese Characteristics*）于 1890 年出版，此时他已从事传教 22 年。该书主要内容早已作为系列文章在上海的《北华捷报》发表过，受到外国居民的普遍欢迎，很快便以单行本发行。该书出版伊始就成为畅销书，因为它出自一位在中国人中间生活过 20 年的传教士之手，读者期望他提供真实的场景，反映居住在中国这块神奇土地上成千上万人的生活、思想和性格。但是正如作者自己在该书序言中所说，尽管他和其他传教士曾在那里生活过若干年，书中提供的画面仍是"单色调"的，因为它展现的只是作者所知道的普通乡村中国人家庭生活的一个方面。这世界上，特别是说英语的人虽然都很欣赏中国人民的智慧，但是他们经常以某种生动诙谐的方式不怀好意地揶揄中国人，如同某些人在动物园中轻率地嘲弄那些不会说话的动物一样，结果引起了有教养的中国人，甚至那些已经加入基督教的人的强烈抗议。因为作者所描绘的那些特征只是对民众特别是农夫的漫画式讽刺，不应由此以偏概全，轻率地将其混同整个民族的特征。诸如爱面子、不诚实、蔑视外国人、缺乏同情心、迷信等，这些在其他先进国家的国民中也是同样能观察到的。

显然，明恩溥欣赏这种公正的争论，在他那畅销的再版（1894）著作中，删去了原先述及的那些特征中的至少三分之一，主动增加了新的令人满意的一章。他后来的著作同样受欢迎，其中包括两大卷《动乱中的中国》（1901）、《中国乡村生活》和《中国的进步》（1912）。在他的著作中，最后这部书或许是最为公允和富有同情心的。书中述及身处贪婪的欧洲列强之间的中国人，常被列强的代表人物视之为"非洲黑人"一般任人宰割和剥削，但中国人为求生存而进行着不屈不挠的斗争。

以上数页，我已述及那些重要传教士的工作，中国历史已经或多或少留下了他们的印记。但是我为中国服务的 30 年中，也曾遇到传教事业中一些不敢恭维的成员，他们在自己国家本是粗俗的农民、蚀本的商人、年迈被解聘的教师以及一门心思只想发财的人，他们的主要目的，看来是要在中国和他们本国之间的商品交换中获利。究竟这些人为什么到中国来布讲福音，我感到疑惑，因为他们连有关自己宗教的简单问题也不能回答，更遑论这个国家和人民的有关事务了。在北京和天津贸易急剧增长时期，对中国地毯的需求量很大，不少传教士便辞职去帮助他们的信徒兴建或扩充原有的地毯制造工厂。这些地毯以结实耐久而闻名遐迩，而且款式新颖时髦，因而使北方省份出口收入迅速增加。有一位非常著名的学者在 1900 年义和团运动中得以幸存，成了中国艺术品专家，最后经劝说出售了部分高价收购的珍藏。另一些传教士给他们的年轻学生传授现代木工手艺或精美图书的西式排版和装帧，有的甚至每月采购成千上万的羊肠衣，出口去美国制作"热狗"。这样，那些会钻营的传教士以各种方式通过在技术和商业领域的实干，来调剂自己单调的生活，并提高了他们那些贫穷信众的生活标准。

我们决不应该忘记，整体来说，中国是一个宽容的民族，从一开始即表现出对所有宗教的宽容公正的态度。公元 635 年，早期景教信徒从西方进入中国，便受到唐朝皇帝非常友善的接待，当时中国是公认的世界最文明的国家。如果不是 1625 年在古都西安意外发掘出刻有 1 700 个汉字并夹杂着叙利亚文字的黑色大理石碑，我们或许不会知道早在公元 7 世纪基督教已经进入中国。其次，当早期罗马天主教传教士在元朝（13 世纪）来到这个国家时，正如马可·波罗所提及的，他们曾受到景教徒的排挤，尽管中国人对耶稣会士同景教徒一样宽容。同样是这些耶稣会士又转而迫害新教先驱马礼逊和他的继承者。在世人的眼中，如明恩溥牧师所言，不论他们可能有或本来就有他们的理由，但基督教的分裂是莫大的耻辱。而造成更糟糕也更混乱局面的是，新教自身又分裂成 35 个以上的教派或信仰。因此人们可以想象，为何尽管有基督徒朋友不断施加影响，而有教养的中国人对外来的宗教还是缺乏信任。

由于传教事业的日益壮大，欧美等国在中国的传教会已经允许中国本地的基督教领袖管理他们自己的事务。中华民国建立后，一个独立的中国教会已经在全国各地形成。在这里禁止分裂成各种教派，在新教徒中只允许有共同的信仰和统一的教会。当然，这种宽大的待遇并未影响到罗马天主教会，直到中华人民共和国于 1949 年建立，天主教的领袖依然主要是外国人。甚至在罗马教皇为首的专制教会中，还曾比照英国圣公会和卫理公会任命过几名中国主教。

我愿用王吉民与我合著的《中国医史》最后一页我写的一段话来结束本章：

虽然这个国家迭遭动乱与天灾，但可以肯定的是，正是这些百年不遇的大变动，让守旧的中国人得以在行动中接受现代的思维和行动方式。犹如在商业活动中那样，日常生活习惯和待人处世亦无不如此，一个新的中国已经崛起，她已经觉醒，为了享受现代生活标准之福祉，必须摒弃那陈腐的迷信。

新生活如同新医学，必将战胜一切困难和消极悲观，满怀信心，以无穷的勇气迎接未来。

10月11日会议召开时，中国代表团的人数比任何其他国家都要多。我作为资深的正式代表，更受到特别关注。参加会议的400多名成员中，外国代表约80名。著名的北里柴三郎教授当选为会议主席，而由盛气凌人的宫川担任秘书长。

第 *19* 章
出席国际会议

在我为中国政府服务的 29 年间（1908—1937），履行的职责之一是出席一些国际性医学会议。上述各章已部分涉及，现将其整理成如下几部分。

奉天万国鼠疫研究会（1911）

这是在历史悠久的中国举行的第一次科学集会。在北京派驻有代表的 11 个国家的专家出席了会议，这些国家是英国、美国、日本、法国、德国、奥匈帝国、意大利、俄国、荷兰、墨西哥和中国。会议地址在东三省即西方人所称之满洲的首府奉天。因为要妥善安排 50 余位外国客人起居，地方官员在城中心 3 英里外的一座古老宅邸的宽敞院落中，准备了一处现代化临时性宾馆。来访者住宿、就餐及举行他们的医学会议，看来都感到舒适。分别毕业于康奈尔大学和剑桥大学的钦差大臣施肇基阁下和我，受清政府委以全权，要求会议务必成功，不吝开支，以维护东道国声誉。这次大型会议持续近一月，自始至终未遇到任何麻烦。这次会议，终于让外部世界较好地认识到中国面临的巨大医学和社会问题，并决心着手解决。关于这次会议以及它的决议，已经在第 2 章作过全面叙述。在此要补充说明的是，中国政府更愿意在奉天古城举行会议，而不在南满铁路地区，即使那里设施现代，但是在日本统治下，而日本人的侵略行径早为中国民众所深恶痛绝。在中国的城市举行会议是明智的选择，尽管增加了开支和人力，但如此一来，代表们，特别是英美代表，能够与中国学者共同开展一些鼠疫实验，从而与这个领域的中国学者建立密切的联系，更便于以后更好地理解彼此的困难。完整的科学报告在菲律宾科学署的支持下于马尼拉出版，这是美国、英国和中国三个主要国家一次成功的合作。

第一次鸦片会议（海牙，1911—1912）

1910—1911 年满洲鼠疫大流行后，中国政府为表示对我为国家服务（尽管革命导致清廷退位和民国肇建）的赞赏，选派我为三名正式代表之一，出席于 1911 年 12 月在海牙（荷兰首都）举行的第一次鸦片会议。梁镇东（梁诚）爵士（时任中国驻柏林公使）为首席代表，唐国安（早期归国留美学生之一，时为留美预备学校清华学校校长）为第三代表。唐先生和我乘坐同一列火车取道西伯利亚大铁路旅行，这对于我们都是第一次。他比我年长近 20 岁，原籍香山唐家镇鸡山村（毗邻澳门），是我的广东同乡。与我一样，他的英语比母语还熟练，他在耶鲁大学获得学位，读过许多欧洲文学作品，因此我们相处甚欢。开始穿越满洲西部时，我们一起观赏原始森林的景色，然后是西伯利亚的山区，并且津津有味地享用列车上简单却充足的俄式菜肴。在莫斯科，我们由东站到西站换乘，途中路过著名的克里姆林宫，其周遭围绕着许多高大且颇为奇特的希腊式美丽教堂。当时还是帝俄时代，官兵身着精制的制服，可是大多数工人、农民却以粗糙无衬里的羊皮或熊皮外套过冬为幸。然而，如果我记得没错的话，就整体而言，那时普通男女的穿着比革命后更好。在寒冷中驱车很长路程后，唐君和我顺利走进巨大而热气腾腾的西站。我们乘坐的新车厢看来比过去 10 天坐过的干净些，设施也较完善。上路不久很快便到达华沙，这里似乎更有秩序，人民似乎更欢快与满足。从华沙到柏林正好 24 小时，中国公使馆参赞和他的德国助手在东站迎接，这位德国人在中国公使馆服务已 20 多年。我们乘马车来到了位于选帝侯大街（Kurfursttendamm）的中国公使馆，并在那里见到了公使，他在我们当中以梁镇东知名，外界则称他梁诚爵士。梁先生也是广东人，容闳带领的首批留美幼童之一（时年仅十几岁）。他比其他人幸运，得到了李鸿章总督的赏识，曾随同李氏去英国出席维多利亚女王登基 50 周年庆典，被英国皇室授予高级圣迈克尔和圣乔治勋爵士头衔，这增加了他在官方和社会各界的声望。梁先生身材高大健壮，蓄着庄重的长须。由于革命突然爆发，公使馆的财政来源受到严重影响。幸好中国政府在德国银行的信誉良好，梁先生能从那里支取款项偿付在海牙以及公使馆的用度。我们为即将到来的会议做好了自己的安排。梁先生作为资深代表致开幕词，唐先生（他是一位训练有素的演说家）需要准备即席回应任何涉及中国的事项，而我则负责鸦片贸易的医学和技术方面的有关事项。唐先生与我在离公使馆不远的舒适旅馆找了一个房间，当然也就无缘消受梁先生专门从香港带到公使馆的广东厨师的手艺了。我们在遍布德国首都各个角落的露天啤酒厅或花园中流连，我再一次找到练习德语的机会。唐先生和我注意到，尽管德国人受过严格训练，以陆军、海军和工业强国而自豪，对陌生人却相当礼貌而且坦率。他们得知我们是中国公使馆的人，更表示出格外的尊重。我还向唐先生介绍了我特别喜欢的德国菜 Ganzebraten mit Sauerkraut（烤鹅酸菜），他谦逊地表示说那道菜的味道可以和自己广东老家的 siukai（红烧鸡）相比，那是在香港任何一家像样的餐馆中都能吃得到的。

我们在柏林逗留的时日有限，因为代表团要赶在 12 月中旬海牙会议召开时到达。我国驻荷兰公使章祖申也加入了中国代表团，成为第四位成员，并已为我们在荷兰首都一家豪华旅馆预订了房间。他精通法语，专管会议文集的法文部分。在这次鸦片会议上，我第一次遇见圣迈克尔和圣乔治大十字勋章获得者史密斯（Cecil Clementi Smith）爵士。他已从海峡殖民地总督任上退休，是英女皇奖学金创建人，得以每年从海峡殖民地选拔两名优秀学生赴英深造。本人有幸作为选送学子之一（1896），自然想设法拜会这位老人。史密斯爵士那次是英国代表团的团长，团员有退休的印度行政参事会官员迈耶（Frederick Meyer）爵士和医学博士、皇家内科医师学会会员柯林斯（William Collins，伦敦的顾问医师，而且是一位魅力无穷的人）爵士。身着正式双排扣长礼服，蓄着维多利亚时代胡须的史密斯爵士，初看似乎难以接近，但当他得知我是海峡殖民地幸运的男童之一，并曾获得他任职新加坡总督创立的奖学金时，他那严肃的面孔便温和了许多。荷兰代表团有两位来自东印度群岛能干的退休官员德芬特（Deventer）和克雷默（Cremer）。他们除荷兰语外，还能讲英语和法语。日本首席代表是佐藤男爵，他的侄子是位年轻的官员，曾任驻哈尔滨日本总领事，1919 年哈尔滨霍乱大流行，许多日本侨民曾来我们中国医院治疗。美国代表团由布伦特（Brent，之前为菲律宾居民）主教率领，成员有赖特（Hamilton Wright，加拿大麦基尔大学医学博士，马来亚吉隆坡的英国医学研究所首任所长，后为美国财政部麻醉品管理局高级官员）博士和芬格（Finger，麻醉品管理局的著名化学家）先生。经过反复审议和字斟句酌后，1912 年 1 月 23 日签署了鸦片公约。12 个与会国同意颁布有效的法律法规，禁止滥用鸦片和其他成瘾性药物。

这次会议，如同以后所有关于控制毒品的会议一样，看来只有中国和美国代表团渴望采取最严格的法律禁止这种可憎的贸易。其他大部分国家，因为住有相当多华人或已垄断了罂粟种植之利益，并拥有制备麻醉剂产品以及由生鸦片提取生物碱的大量机械设备，所以更愿意采取"等等看"和"慢慢拖"的政策。尽管最终与会 12 国代表签署了海牙公约，但许多国家并未得到本国政府批准，会议还决定 1913 年在海牙再次举行第二次毒品会议（扩展了原议的工作范围）。梁镇东爵士返回了柏林，唐国安先生乘轮船回到香港，而我再次乘火车取道西伯利亚回国，为的是腾出时间从容地注视中国发生的大革命。

在这次铁路旅途中，我结识了来自特立尼达的阿陈律师。他虽是华裔，却根本不会讲汉语，哪怕任何中国方言的一个词。他原是一位笔锋犀利的英语作家，又是孙中山的坚定支持者，以后官至南方政府的外交部部长。我建议他选择陈友仁（Eugene Ghen，尤金·陈）这个名字，更多关于友仁的回忆已经在以前章节提及。

第二次鸦片（毒品）会议（海牙，1913）

1913 年 7 月举行的会议并无过多内容。这次会议主要是为了将最初的 12 个国家之外的其他国家召集起来让他们确认 18 个月前签署的第一个鸦片公约的决议。人们发现，中国政府晚期采取严厉的措施禁种罂粟，而其他国家却开始种植这种有利可图的植物，他们蔑视人道法则也不顾及国际道德。一些先进的国家甚至安装了最新式的机械设备，制造昂贵的毒品如吗啡和海洛因，以满足被强制放弃鸦片烟者的迫切需要。除了吗啡，还发现有大量更危险的海洛因（也由鸦片提取）进入了中国和美国。在这两个国度，瘾君子们对含有这类生物碱的香烟趋之若鹜。事实上，美国人当中海洛因瘾癖是如此严重，以至于该国政府彻底禁止在其国土上制造。1950年后，其又通过世界卫生组织（WHO），说服英国和其他制造国禁止它的生产。1953 年，全美国各州海洛因成瘾者估计不少于 6 万人，而且这个数字不断增长。在英国，大多数执业医师反对禁止生产海洛因，因为这种药物确实有好处，对不治的癌症患者有减轻疼痛的作用。但海洛因对治疗咽喉和肺部患者的顽固性咳嗽根本不能奏效。

在第二次海牙会议上，我再次被任命为医务代表，中国代表团由外交部次长颜惠庆博士担任团长。我觉得 1913 年 7 月的海牙比 1912 年 1 月时更令人愉快。这里大多数荷兰人讲礼貌和民主，绝不像在他们的殖民地爪哇和苏门答腊的地盘上那样不可一世，街道和娱乐场所维护得很清洁。美丽的日内瓦只是在将国际联盟总部设立在那里以后才声名远扬，而海牙作为国际法庭的所在地，是举办国际会议最理想的中心，荷兰政府和人民都尽量满足来访者的需求。荷兰人通常都能像使用母语一样流利地讲英语、法语和德语，他们都是出色的外交官，又是主人和服务员，不过他们不愿从事卑微的工作，因为他们控制了东印度的贸易，生活相当舒适。

伦敦医学会议（1913）

从荷兰角（Hook of Holland，紧邻海牙的港口）到哈里奇（Harwich）

相距 106 英里，定时的轮渡昼夜将旅客从大陆送往英国。不久我便发现双足又踏上了 1903 年秋天离开的英国土地。尽管 8 月的伦敦依然炎热，而我乐意在那里度过每一时刻。英国当局和医学界所有部门为举办这次盛大的第十七届国际医学会议，已经做了多方面的准备，会议安排 8 月 6 日至 12 日在巨大的圆形阿尔伯特音乐厅举行，会场可容纳 7 000～8 000 名代表和他们的家属。英国人有能力在他们的首都款待如此大型会议的众多来宾。

应伦敦筹备委员会的要求，我的论文《旱獭（蒙古旱獭）与鼠疫关系之调查》数月前已经寄送，我到达伦敦新霍尔本饭店预订的房间后，长篇印刷校样已经在等待我校订，可能有 500 多页，这需要投入很大的精力，然而一切必要事宜似乎均已准备停当。

8 月 6 日这个重要日子终于到来，那天艳阳高照，数千与会者各自凭入场券被引导通过不同的门进入那座非凡的隔音建筑。平时都在这里举办音乐会、政治性会议或其他集会。阿尔伯特音乐厅从底层到楼上人满为患。当时男士的流行服装是内衬背心的长礼服，头戴礼帽，由于天气炎热，男士们（大多数是医师）的窘况可以想象。那些为会议生色的女士们则身着轻柔的服装，不过那时衣袖和裙子都相当长。年轻的亚瑟亲王（康诺特公爵，Prince Arthur of Connaught）向与会代表致简短欢迎词，宣布会议正式开幕，然后自由党政府外交大臣、著名的格雷（Edward Grey）爵士讲话。格雷爵士身材高大，不蓄须，高鼻而面容严肃，他讲演了一刻钟。然后会议主席巴洛（Thomas Barlow，英王的侍从医师）爵士走上讲台。当时还没有扩音器，尽管他声音洪亮而清晰，也只有离得最近的人才能听清他的全部发言。巴洛爵士讲述了 32 年前（1881）在伦敦召开的上一次国际医学会议，许多学界领袖人物，如赫胥黎、李斯特、微耳和与科赫等都曾出席。现在所有这些医学巨人都已辞世，但有德国的埃尔利希和日本的北里柴三郎莅临而使这次会议生辉，他们对医学的巨大贡献已广为人知。巴洛爵士代表东道国的几位成员，向来自四面八方的数千到会同行表示最衷心的欢迎。

随后的时刻相当乏味，因为不得不在拥挤的会场安排那些官方代表讲话，一个接一个竟有 26 个之多。他们每个人都准备了一篇夸夸其谈的讲稿，并不理会时间长短和听众的反应。会议显然没有按照字母顺序安排与会国代表发言，主席唤到哪位发言者的名字，他就从座位走过会场登上讲台，在闷热和嘈杂声中努力用本国语言交差。有些医师英语很差，几乎大多数人不知其所云。不一会便从大厅的各个角落传出了不耐烦的低声抱怨和咳嗽声，而大多数讲演者似乎毫不在乎这种噪声，也不想割舍他们辛苦准备的讲演词中的任何部分。我记得日本的北里教授是第九位讲演者。他登上台，用德语发表了长篇宣言。尽管他在科学领域地位崇高，听众中却传出更多的噪声。第十位轮到我，我已成竹在胸。我把两页讲演稿装进口袋，一叫到我的名字，就走上台阶来到讲台中央，向主席鞠躬，然后面向期待的听众，只以缓慢洪亮的声音说了六个词："Ladies and gentlemen, China thanks you!"（女士们、先生们，中国感谢你们！）

我再次鞠躬，然后走回正厅前排我的座位。那一回我受到了来自数千个喉咙的欢呼，这也许是我生平所经历的最热烈的欢迎。欢呼声实际持续的时间是我演讲时间的四倍。其他发言者心领神会纷纷仿效，结果只花半个多小时就结束了上午的程序，人们由若干个门退场。此时突然有两位名人出现在我面前。一位是牛津大学钦定医学教授奥斯勒（William Osler）爵士，他说："让我握你的手，德，你是一位真正的心理学家，你为我们指出了紧急情况下如何讲演的正确方式。"另一位绅士是约翰·霍普金斯大学医学教授赛耶（William Thayer）博士，他说：“衷心祝贺你，在你访问美国时，一定到霍普金斯给我们的学生讲演。”

随后的社交活动非常精彩，它的规模和规格只有富裕的大英帝国有能力达到。英国政府在塞西尔酒店为最重要的代表及其夫人举办了盛大宴会，由莫利（Morley，枢密院议长）勋爵主持。会议主席巴洛爵士在伦敦索威饭店主持另一场宴会。8月6日会议开幕当晚，奥斯勒爵士以个人名义在皇家赛车俱乐部款待我们196名代表。他是位殷勤周到的主人，几乎与每位客人都交谈过，他还专门邀请我到他在牛津诺顿花园大街13号的宅邸做客。8月11日，大部分代表出席了加拿大百万富翁斯特拉思科纳（Strathcona）勋爵夫妇在摄政公园内的皇家植物园举办的晚会，那用东方彩灯装饰的会场宛如仙境。代表们前往温莎城堡、剑桥、牛津等地作短途观光，并由圣保罗大教堂和威斯敏斯特教堂提供专项服务。为便于与会者参加大会的所有专业会议，划分了若干个学科和单元。我的论文归在热带医学和卫生学学科。有兴趣的人提出了一些问题，我做了适当的回答。后来这篇论文发表在1913年8月23日出版的《柳叶刀》（伦敦）上，同时刊载在多卷本的《伦敦医学会议会报》上。这次伟大的会议，尽管有些不便，毕竟是所有各方团体的成功，应十分感谢赫林安姆（Wilmot Herringham，大会荣誉秘书长）博士和他众多的志愿者。

在伦敦会议上我有幸结识了一些同行，其中有加拿大麦克基尔大学代表团的女博士阿博特（Maude Abbott）。虽然她身材高大丰满，却是我遇见过的最机敏的人之一。她作为国际医学博物馆协会的秘书，要我赠送她一些肺鼠疫器官加工标本。在第二次肺鼠疫大流行（1920—1921）后，我送给了她。1927年国际医学博物馆协会出版《威廉·奥斯勒爵士纪念文集》时，她向我约稿，我撰写了《怀念奥斯勒爵士》，为铭记这位伟大的临床医师、作家和绅士（1849—1919），我也尽了微薄力量。

学校卫生会议（布法罗，1913）

伦敦会议后不久，我即准备横渡大西洋出席另一个医学会议，这一次是在纽约州的布法罗。中国政府已签发一份公务护照，我进入美国的签证便毫不费事了。我拜访了美国大使馆并承蒙大使佩奇（Walter Haines Page）先生接待。他是一位又高又瘦，和蔼可亲的人。读过《第一次世界大战 1914—1918》一书的人仍会记得在那个艰难的岁月，佩奇先生如何帮助了英国，而他本人正是这本记录那个多事之秋的作品的作者。

我乘坐冠达邮轮公司一艘豪华轮船（船名已忘）从利物浦前去纽约，在船上遇见许多风趣的美国乘客。其中之一是阿尔比（Fred H. Albee）博士，他或许是当时最著名的整形外科医师，发明了几种器械，可以用来取出体内长骨的病变部分并换上健康骨骼。除了他是名医，阿尔比夫人也是一位非常端庄的女士，这对夫妇无论在哪里都会引人注意。1927 年我们再次相逢，那是在檀香山举行的首次也是唯一一次的泛太平洋外科学会议上。这一次阿尔比夫妇带来了他们的独生子，我和当地的朋友们在威基基海滩教他冲浪。这个男孩后来也是整形外科专家，成了阿尔比博士二世，现在佛罗里达州执业行医。老阿尔比博士享尽世间荣誉和财富后于 1945 年辞世。1951 年他的遗孀出版了一本书名为《医师与我》的精彩作品，回顾了已故外科医师遍及世界的活动。

前往布法罗参加学校卫生会议之前，我住在宾夕法尼亚旅馆，这是斯塔特勒集团首屈一指的旅馆。它共有 1 200 个客房并带有 1 200 个独立浴室，鲜明体现了美国最现代化旅馆的特点。我应邀在宏大的纽约城市学院发表了题为"中国的进步"的讲演，院长斯托里（Thomas Storey）先生是一位非常友善的人。我感触最深的是美国人民不论男女老幼，对新建立的中华民国都表现出强烈的兴趣，他们真诚希望中国繁荣幸福。

此次在布法罗召开的学校卫生会议是艾略特倡议举办的，他是首屈一指的教育家，哈佛大学 1869 年到 1909 年的校长。这所由依曼纽学院校友创建的学校发展成美国最高学府，艾略特功不可没。1913 年时艾略特博士已年近 80，然而他站在讲台上的仪态和语言仍然神清气爽。我曾应邀在台上就座并发表演讲。那是一次男女医师和中等、高等学校领导者的大型集会，讲演者众口一词强调学生从小学到大学生活都需要更多的关心和管理。在这次学术聚会上，与我交谈过的每个人都充满活力，再次给我留下深刻印象。他们欣见美国的变化，也希望更多地了解兄弟国家中华民国取得的进步。有人将我介绍给一个有影响的商业家族，名为古根海默（Milton Guggenheimer）。他们对基督教青年会和基督教女青年会运动很有兴趣。他们邀请我到他们府上做客，还邀我与他们的朋友们一起去野餐，饮料只有冰水和加牛奶的热咖啡。多年后我仍保持与这些善良的人们的通信联系。在布法罗，我住在另一座斯塔特勒旅馆，那里有 800 个房间和 800 个浴室。每个房间都装有宽大的洗脸盆，两边是冷热水龙头，中间还有一个额外的龙头可以放出流动的冰水，不限量，不必摇铃召唤侍者和每次付小费。

我的朋友还陪我去尼亚加拉大瀑布，有条宽阔笔直的高速公路直达，距离仅约 15 英里。我们从美国这边，怀着敬畏的心情观看水花飞溅的巨大马蹄形瀑布落在加拿大边境那边，赞赏这些使人类得以驾驭大自然的力量发电和照明的工程。

底特律市区距此不远，我极想参观著名的福特汽车工厂，于是买了一张一日游的票，舒适地坐在游览车上欣赏美妙的风景。不巧的是，车站售给我的是北线游览票，这就意味着我要先进加拿大领土。加拿大有类似美国的可憎的排华法案，禁止中国人进入这个国家。那身穿短袖衫，五大三粗的移民局官员只有一顶帽子能表明他的职业身份，在他面前，我只好用最纯正的英语向他解释，我本无意进入加拿大，是布法罗的售票员为我选的路线。终于允许我通行了，但是他们警示我在温莎镇伊利湖的另一端，还有一名官员在等着我，能否入境取决于更高级官员。到达加拿大境内第一个城镇时，另一个穿短袖衫戴帽子的人命令我下车，并陪我前往高级移民官办公室。恰巧此人很有教养，听了我的解释，即对于给我带来的麻烦表示歉意，很快便把我送到一辆正在等待客人的火车上，火车跨过狭窄的水面，又回到了美国境内。在这里我的肤色又一次引起了一名身穿制服的官员注意，但是他接受了我那张从布法罗到底特律（北线）的直达车票，因为这足以证明我的旅行出于善意。这次不愉快的经历后，我便高高兴兴地叫上一辆出租车，前去当地一家斯塔特勒旅馆，这是三周内我第三次在属于此集团的旅馆入住。旅馆经理为我向福特工厂预约了参观时间。这是第一家大规模批量生产标准化汽车的工厂。当时每天只生产2 000辆，每台汽车开始先安装四个车轮，在轨道上运行到下一工序停下，用只供该工序使用的专门机械加上其他部件，如此一步步往下走，直到完整的汽车走下轨道，然后再去验车。若干年后我再次访问美国，福特汽车工厂的汽车产量已是前次参观时的3倍多，因为那里立了一块巨大的广告牌，上面写道："福特汽车公司每天生产7 000辆汽车。"

然后，我乘坐"总统号"客轮取道西雅图从美国回到了上海。

远东热带医学协会第五次会议（新加坡，1923）

远东热带医学协会第五次会议于 1923 年 9 月 1 日到 14 日在新加坡举行。这个协会主要是由从印度到日本等东亚和东南亚一些国家政府发起成立的。与会代表来自［日本］、菲律宾、中国香港、法属印度支那（包括当时的从属国北越、南越、柬埔寨和老挝）、荷属东印度（今印尼）、海峡殖民地、马来联邦、澳大利亚、印度、中国大陆、暹罗、中国台湾［日占］、沙捞越、英属北婆罗洲和中国澳门。共有 80 余名会员出席，其中日本 12 名，中国大陆 2 名。会议主席是新加坡和马来亚的医务署署长霍普斯（A. L. Hoops）博士，我任副主席和中国政府的正式代表。霍普斯博士

1923 年远东热带医学会议。前排左 4 为伍连德（承中华医学会栾伟伟提供）

曾任吉打属邦总医官。他用引进自来水供应当地居民的简单措施，便控制了一年一度的霍乱暴发。会议在维多利亚纪念堂举行，会场外矗立着新加坡创建者莱佛士爵士的雕像。我宣读了已经提及的两篇论文：《鼠疫之发源地》和《野生啮齿类动物鼠疫及最近研究旱獭与鼠疫之关系》。此外有几篇关于疟疾的论文（马来亚的历任医官都在这方面做出过出色成绩），而更多的注意力集中在脚气病研究上。关于这一疾病，美国代表提议制定法律强制销售糙米，但是该决议遭否决。在此顺便提及一点，第二次世界大战日军突然侵入东南亚时，他们曾私自违法加工和出售过精米。会上也有人试图修改远东检疫程序，因为实际执行中发现巴黎国际公约在东方国家颇不适用。会议期间，得知一个惊人新闻，日本发生大地震，连同伴随而来的火灾毁坏了东京和横滨相当大一部分。尽管出现了这次灾难，日本代表团仍坚持在他们的首都举行下一次会议，而且邀请我访问他们的国家，去他们的几所大学发表关于鼠疫和公共卫生的系列讲演。我愉快地接受了邀请，先乘轮船到上海，再从那里乘定期邮船长崎丸于10月初抵达长崎港。

1923年伍连德（左）与北里柴三郎在日本合影

新加坡举办的远东热带医学会议有许多著名医师出席，霍普斯博士趁此机会，得以说服当地政府投入大笔款项（总计数百万元）在槟榔屿和新加坡建起了现代化医院，从而为改善已有的国王爱德华七世医学校和后来建立马来亚大学奠定了坚实的基

础。霍普斯博士不但在社交上善取中庸之道，还是位能干的管理者。他像后期身居最高专员（英国驻东南亚）要职的麦克唐纳（Malcolm Macdonald）阁下那样，与殖民地所有种族和各阶层的人建立了友情，从而提高了联邦的声誉和知名度。

远东热带医学协会第六次会议（东京，1925）

尽管 1923 年发生毁灭性地震，但日本政府和人民接受了美国、中国、英国及其他同情国家的巨大捐助，力争在短短两年时间内恢复。1925 年 10 月初出席远东热带医学协会第六次会议的代表到达东京时，他们惊喜地注意到灾后两年来东道主已大有进步。我们可以看到帝国大学和长吉领导的国立传染病研究所都有相当部分被损坏。但另一方面，民间集资建立的私立北里研究所却几乎完整无损。

为确保中国有尽可能多的代表到来，长吉教授和他的一些著名同行曾访问过北京和上海，他们当面邀请中国医学机构的领导人出访他们的国家。由于过去多年来针对中国的穷兵黩武，中国人对日本人的这种"友善"，开始自然表现出冷淡。幸好我们的医界领袖们终于按交往常规，决定至少派 25 名代表前往，以表明我们的善意。

所以，10 月 11 日会议召开时，中国代表团的人数比任何其他国家都要多。我作为资深的正式代表，更受到特别关注。参加会议的 400 多名成员中，外国代表约 80 名。著名的北里柴三郎教授当选为会议主席，而由

1925 年出席东京远东热带医学协会第六次会议（左 2 为伍连德）

盛气凌人的宫川①担任秘书长。此前两年我以客座教授的身份访问该国时，曾在帝国大学就鼠疫和公共卫生学作过两次讲演，正是这位宫川担任翻译，将英语译为日语。

为会议准备的论文总计达 267 篇，分作如下几类：内科学（56 篇）、病理学（49 篇）、寄生虫学（34 篇）、公共卫生学与卫生学（32 篇）、细菌学（30 篇）、生理学（31 篇）、外科学（18 篇）和药理学（17 篇）。其中有 30 余篇是中国代表报送的。我的助手林家瑞医师与我共同宣读了 4 篇论文，即《远东猩红热的研究》《由政府的立场控制脚气病》《野生啮齿类动物鼠疫及最近研究旱獭与鼠疫之关系》和《麻醉毒药之公众卫生观》。

---

① 宫川于 1946 年被盟军作为战犯投入监狱，是其中为数不多的日本医务人员之一，他是领导细菌战的一个主要人物。——作者原注

日本人不愧为交际艺术的能手。他们除举办游览东京多处风景的活动外，还安排代表及家属去日光、箱根、京都、大阪和神户观光，从皇室（请我们在通常不对公众开放的华丽的皇宫花园饮茶）和首相加藤（在美国建筑师莱特设计的宽敞的帝国饭店招待我们，这个酒店地震时幸免破坏）、各种商会以至于普通公民，都是我们的东道主。像1923年地震非常期间一样，我这次也下榻在帝国饭店，享用着欧洲和日本的饮食。大多数代表感到在日本的3周确实很圆满。

泛太平洋外科学会议（檀香山，1927）

1927年夏，中央政府指派我赴檀香山出席泛太平洋外科学会议，这次会议是泛太平洋联盟主席、不知疲倦的福特（Ford）先生建议，由该地区权威医师参加的会议。我的论文为《腺鼠疫的外科治疗》。福特先生比较贫穷，是位虔诚的基督徒。他善于组织工作，并坚信太平洋地区将发展成为一个集和平与友善于一身的"天堂"，必将有利于来访者的健康和居民的经济发展，使这个地区的欧洲人、美国人、中国人、日本人、菲律宾人和美拉尼西亚人都将享有幸福和富足。为此目的，美髯飘逸的老福特，说服从事制糖业和凤梨产业的富商朋友向他任主席的泛太平洋联盟大方地捐款，提供一座配得上款待贵宾的住所，如此则可让这个太平洋中央地区以温暖且每日伴有凉爽阵雨的气候、草裙舞和绕梁不绝的音乐而闻名于全世界。在福特先生帮助下组织的许多会议中，泛太平洋外科学会议吸引了数以百计的男女医务人员，其中大多数是美国人，这些美国人在那里毫无节制地大把花钱。此前我曾两次路过檀香山，1924—1925年，我曾以洛克菲勒基金资助的学者身份往返于旧金山，后来又于 1928 年陪同太太去看望我们的长子长庚，当时他在约翰·霍普金斯大学获得了学士学位。每一次我都受到福特先生和定居在这个已成为美国领土的岛屿上的华人朋友非常亲切的招待。

我又一次高兴地见到了著名的整形外科医师阿尔比博士和他的家人，并与颜福庆博士及其他中国代表一同出席了一次聚会，那是由夏威夷大学教师叶孟意举办的，有 60 位客人参加。我们还结识了一个于姓家庭，他们从祖上定居于此已历数代。于家长子于明毕业于康奈尔大学，回到中国担任立法院院长孙科（故总统孙中山之子）的秘书。在欢迎来访医师而举行的许多社交活动中，有一次是在傍晚，我们都坐在（确切地说是蹲在）沙滩上，享用夏威夷风格烤全猪豪华晚宴。其过程是首先取出全部猪内脏，然后用香蕉叶包裹猪胴体，埋进热沙中，在周围燃烧一圈木柴，几个小时后，pig 便熟透了。我们每人分得一块柔软多汁的肉，直接用手拿着，佐以盛于碗中的发酵过的芋泥（夏威夷人称 poi），用食指一点一点送入口中。

还有一天，我们驱车前去某位富有美国实业家的一座海滨大住宅，那里正在举办一次医务人员的联欢会。午宴后，请每一位客人展示自己内科、外科专业技能之外的艺术才能，于是有人唱歌，有人背诵有趣的散文，还有人跳爵士舞。轮到我时，我表演了草裙舞，我摆动身体和臀部几乎像一流的专业舞蹈家。那年我只有 48 岁，兴起而舞，乃情之所至也。

外科学会议就此结束，这是第一次也是最后一次在"太平洋上的天堂"举行的这种会议。

远东热带医学协会第七次会议（加尔各答，1927）

1927 年冬季 12 月及 1928 年 1 月至 2 月对印度的访问，已见于前面的章节。12 月 5 日至 12 日举行的这次远东热带医学协会第七次会议，主办国是当时大英帝国庞大的属国，后来这个会议则由国际联盟卫生交流官员主持。我再次率领了中国官方代表团，同行者为内政部金子直博士和北京协和医学院病理学助理教授胡正祥博士。当时印度医务署高级官员几乎都是英国人，大部分是将校军官。在有近 1 200 名男女宾客的盛大宴会上，秘书长克里斯托弗斯（Christophers）上校要求来宾代表致辞，现在想来，我仍怀着敬畏的心情回想起那些人的姓名，其中有博斯（Bose）、拉曼（Raman）、罗（Row）、乔普拉（Chopra）和泰戈尔（Tagore）等印度人，他们和同辈英国人一起，为医学、物理学、化学、文学和艺术作出过巨大贡献。在加尔各答，我住在药理学系主任乔普拉教授的家中。他和他的太太对我只从北京带来一条薄丝棉被——那是我在游历北满寒冷地区期间足以御寒的物品——而感到惊奇。在孟买，我又住在一个有教养的印度家庭中，那是巴蒂亚（Bhatia）上尉夫妇的家，男主人是格兰特医学院院长。在这个辽阔国家的愉快经历前已述及，此处不赘。

国际狂犬病会议（巴黎，1927）

1927 年我出席的第三次医学会议是 5 月在巴黎举行的狂犬病会议，时值国际联盟卫生处提供旅行奖学金委派我考察欧洲十二国卫生机构期间。自我 1913 年访问欧洲大陆以来，这里到处都有相当大的进步，特别是新独立的国家波兰和南斯拉夫，它们以相当额度的年度预算致力于卫生事务。例如南斯拉夫，人口 1 200 万，预算 6 000 万第纳尔，至少有十分之一用在卫生事业上。它有一位卓越的总医官斯坦帕（Stampar）博士，此人身材魁梧，胡须浓密，原来只是一位乡村医生。第一次世界大战后几年间，在国际联盟赖赫曼博士的帮助下，斯坦帕得以建设、装备和组建了200多所现代化医院、实验室和卫生中心。他成功的主要秘诀在于努力赢得农民的信任，这首先是通过适当接种疫苗和血清保护了他们的家禽、牛和马，然后又告诉他们如何保护他们自己的家人。

有关狂犬病的会议大都在巴斯德研究所举行。这里是我曾经师从梅奇尼科夫，并与莱瓦迪蒂、玛丽、魏因贝格及马莫雷克等人共同工作过的地方。那座牧童与疯狗搏斗的著名雕像依然立在大门口，而老朋友都离开了。专为纪念巴斯德建造的主楼地下精雕细刻的墓穴依然是公众瞻仰的中心。

我在这次会上遇到的代表几乎都是陌生人，他们都有自己的相应经历。各种不同的机构报道了许多新方法，但显然巴斯德最初采用的方法依然是主流。不过，森普尔的方法（用1%～2%的强石炭酸灭活病毒）在印度各地为更多的人用于免疫人群和犬，一般不再采用巴斯德原始的，乃至于后来的改进方法，因为费时和手续繁杂。幸运的是，最近几年，由于利用鸡胚生产减毒疫苗（Flury 株）而取得了真正重大的进步。我曾亲见其非凡效果，那是在采取隔离检疫4年（1950—1954）毫无作用并使无辜的动物被毁灭后，马来亚从美国空运进口数万人份的 Flury 疫苗，只要注射一次这种新疫苗，人与犬类中广泛流行的狂犬病便被根除。

远东热带医学协会第九次会议（南京，1934）

此次会议详情已在第 12 章述及，此处仅需寥寥数语。国民政府通过刘瑞恒为署长的中央卫生署，召集了能找到的医学专家，使会议尽可能取得了最大成功。

该次会议的组织者创造了多项新纪录，其中之一是会议结束后以短至5个月的时间便出版了两大卷布面精装的会议录（每卷800页）。我和我那能干的侄子、香港大学毕业生伍长耀医师二人是编辑。为表彰我们取得的成绩，每人获赠一枚金质奖章。

远东国家政府间农村卫生会议（万隆，1937）

这是我作为中国政府正式代表出席的12次国际会议中的最后一次。会议于1937年8月3日至13日在巴达维亚（1945年印尼获得独立后称雅加达）附近的万隆山中避暑地举行。这次会议由赖赫曼博士领导的国际联盟卫生处和爪哇的荷兰当局共同组织，商讨将农村卫生事业置于稳固且长远基础上所需采取的步骤。一如以往，荷兰人为证明他们本身是出色的东道主以及热心的卫生工作者，他们自豪地向来访代表展示了在农村卫生工作中取得的进步。我宣读了一篇题为"中国农村地区的鼠疫"的论文，强调了福建、南满和内蒙古出现的新疫源地，诸如在通辽和龙岩等地，我们的专业人员多年来在那里调查腺鼠疫，而且与印度一样，采取了预防措施，已考虑到野生和家养的啮齿动物及它们的寄生虫。在我一个小时的讲演中，引述了荷兰医务署奥滕（Otten）博士的杰出工作，他们使用以鼠疫杆菌（$B.\ pestis$）强毒株制备的疫苗获得了预期的成果。我讲演的结论是："全面考察鼠疫形势，我们将会注意到，在中国，如同世界上其他受其侵袭的国家一样，这种鼠疫的危害正显示减退的可喜征候。这种传染病最后的堡垒似乎以农村或森林鼠疫为特征，与之战斗非常困难，正像在加利福尼亚和马达加斯加所看到的那种情况。然而，我们欣慰地注意到，可应用的对抗这种隐蔽敌人的武器在不断地改良。通过国际联盟机构组织的当前的科学集会，身负重任的医务工作者得以彼此交换意见，对人类未来的幸福当是一个吉兆。"

不幸的是，中国各种政治事件引发了危机，1937 年 7 月 7 日日本军队在北京附近发动了卢沟桥事变，随后他们又在 1941 年 12 月偷袭了珍珠港的美国海军，使欧洲战火蔓延到太平洋。世界厌烦战争，战争对胜败双方都没有好处，只有人类遭殃，而广大民众被剥夺了他们应有的权利。那些今天的当权者们，难道从来也不能理解并贯彻 2 500 年前孔夫子的"中庸之道"中所宣扬的哲理吗？

第20章

对若干国家的印象

英国

我这样一个槟榔屿普通中产阶层华侨家庭子弟，并无更优越的背景，竟能通过政府设置的英女皇奖学金，进入大英帝国两所最古老和最著名的大学之一的剑桥大学，最后获得文学硕士和医学博士两个学位。总共花费了政府 1 000 英镑，和当今标准相比，是一笔非常微薄的开支。

除了学术荣誉，我有幸与各种类型的大学生交往，其中有寒酸的公费生或神气十足的奖学金获得者，埋头苦干的人或易于冲动的人，虔诚的教徒或虚无主义者。我受到过商店主人的殷勤招待，如海弗（Heffers）书店、惠布利（Whibley）杂货店的主人。我愿意尽可能多地与教师及其他学识渊博的大学学会成员聚在一起，这些人中有麦卡利斯特（Macalisters）、弗拉瑟（Flathers）、肖斯（Shaws）、奥尔茨（Horts）、凯恩斯（Keynes）和乔纳（Chawner）等。所有人都善待我这个"海外孤客"。不论在同学中，还是在居民家里，所到之处都有宾至如归的感觉。他们根本没有任何种族优越感，不像我以后所遇到的那些理应知道该如何做的人。剑桥和牛津这样的寄宿制大学的优越性之一，是人们可以自由交往，后来随着格顿（Girton）和纽纳姆（Newnham）女子学院的扩大，男女学生之间的交流也更多了。

在伦敦，或许除了那些热衷体育运动的人之外，社交联系较少，那种耳鬓厮磨的相处以及导师的严密监护都是不存在的，下课后大家各自散去。然而，医学生因为年龄较大，经历较多而比较老成，更倾向于从更为严肃的角度看待生活和谋求更远大目标。

1900 年的一天，我正在病房陪同利斯（David Lees）博士作记录时，医院的门房给我引见了一个眉目清秀的年轻人，他自我介绍说是伦敦《每日邮报》（1896 年创刊）的记者，那是一份新创刊的、每份半便士的报纸。此人想与我商谈剪报资料上的一条新闻。他边说边给我看，报上说将给我总计 1 万元（相当于 1 200 英镑）的经费用于麻风病研究。那是一种会损伤容貌的慢性疾病，主要局限在热带国家的居民中发生。据说这个凭空而来的礼物是谢自友先生提供的，谢先生是槟榔屿的绅士，财富来自鸦片和烧酒专卖，而这些买卖是新加坡的海峡殖民地政府认可的。我告诉记者，我无法回答这条消息的真实性，因为我没有直接从谢先生那里听到，尽管在新加坡曾偶尔见过他。因为当年我曾定期前往新加坡参加年度英女皇奖学金考试。第二天，《每日邮报》便发表了耸人听闻的文章，称帕丁顿的圣玛丽医院一个华人学生得到新加坡百万富翁提供的万元巨款，去发现一种疗法治疗叫做麻风病的可怕疾病，等等。那时我才刚开始临床学习第二年，即使这个消息是真的，我也不可能取得任何成就。这样一来，在好几个月里，我自然成了出诊医师、同学和护士等众人瞩目的焦点。但是像伦敦所有轰动事件一样，这些小新闻很快便被人遗忘了。最终证明只是报纸的噱头。以后在年底前，同一家报纸又发表了驻北京通讯记者更为轰动的报道，声称由于中国爆发拳乱，几名遭捕获的外国传教士已被投入沸腾的油锅。为此当时还有一些街头顽童向我投石子。不过总的来说，我在伦敦的3年临床学习非常愉快，尽管我获得了大部分历年提供给学生的奖学金，但从未被视为只图奖学金的人，而是受到教职人员和学生的尊重与关心。我在布卢姆菲尔德台［伦敦切尔西区］的女房东闲暇时常给人看手相，1900年她看过我的手后说，我的手掌表明我有善于交友的本领和不寻常的成功生活，然而在某些阶段将伴随有家庭不幸和钱财损失。我真不知她对那几十名在她屋檐下寄宿过的医学生的未来命运，作过多少次同样的断言！

我在伦敦的3年（1899—1902），发生过3件大事，即大英帝国与布尔共和国［现属南非共和国］的战争，亨利·坎贝尔-班纳曼及其内阁给予战败的敌人宽容的和平条件，以及维多利亚女王以82岁高龄于1901年1月去世。我目睹了送葬队伍通过狭窄的伦敦街道，其中女王近亲之一的德国皇帝威廉二世高调出现在送葬者中。

当年我曾参与反对鸦片贸易运动。1907年与泰勒和莱德劳有过接触。他们是富商、制造商和国会议员。蒙泰勒先生好意，我曾获准到议会旁听，聆听首相阿斯奎斯（Herbert Asquith）和外交大臣格雷（Edward Grey）爵士的演讲。我见他们在辩论时心平气和、言辞简单和毫不做作，根本没有我所想象的激烈争吵和攘臂相向。我还受到格雷爵士在他的办公室接见10分钟，也承蒙下议院塞缪尔（Herbert Samuel）先生接见。格雷爵士（剑桥人）不蓄须，表情严肃；而塞缪尔胡须浓密，性格爽朗，他同情我们的反鸦片事业。

我和莱德劳先生曾在议会的阳台上共进过一次午餐，并在那里观赏繁忙的泰晤士河与西敏寺桥诱人的景致。我离开那著名的议会发源地后，它的尊贵和简朴给我留下深刻的印象。显然，无论他们在里面说了什么，一旦走出门外，这些议员们之间很少有政见不同之外的任何不满与忌恨。例如丘吉尔、史密斯（Fred Smith，后称伯肯黑德勋爵 Lord Birkenhead）和乔治（Lloyd George）之间长期保持着诚挚的友谊，尽管他们的政治信仰有着巨大的分歧。丘吉尔先后是保守党员、自由党员和保守派，史密斯始终是坚定的保守党。乔治则是激进的自由党，为保守党核心十分痛恨，因为他是实行高额收入所得税和遗产税的罪魁祸首，令那些古老贵族家庭丧失了许多代以来拥有的大部分土地和财产。

1926 年到 1956 年之间，我多次访问英国。有时是作为中国政府官员，有时是作为国际联盟卫生处的成员之一的鼠疫与卫生专家。我从未忘记拜访圣玛丽医院和依曼纽学院，大学时代我曾在那里受到过太多的抚慰与鼓励。每次我都会受到院长亲切的接待，他们是乔纳（William Chawner）、贾尔斯（Peter Giles）、希尔（T. S. Hele）和韦尔伯恩（E. Welbourne）。只要可能，他们就会安排我入住前院研究员套间。贾尔斯、希尔和韦尔伯恩在任时的那三次到访期间，我都被安排为院长别墅的住客。今天我想到除韦尔伯恩外，这些慈祥的老院长都相继谢世时，不禁黯然神伤。

第二次世界大战期间，我和我的英国朋友的通信全部中断，多年阅读的期刊，如《时代周刊》《观众》《英国卫报》和《英国医学杂志》也都得不到了。和平实现后，我在最早的时刻，于 1949 年乘太平洋 - 东方航运公司新建造的"广州号"客轮由槟榔屿前往伦敦。在那里，我目睹战争给伦敦这座自豪的城市带来的浩劫，那是戈林的飞机轰炸在先、希特勒用穿越狭窄海峡的远程火箭轰击随后造成的恶果。曾经喧闹的长街，如霍尔本、牛津街、法灵顿街大部分都不复存在了，街道上只见长长的临时围栏，到处是碎石和瓦砾。有座著名的城市教堂是我常去做礼拜并聆听牧师讲道的地方，如今已化为乌有。牛津街上的大商店赛尔弗里奇（Selfridge）也有很大部分受损，幸赖修复迅速，在我来访时，这家美国商人经营的大商场，已开始按英国传统照常营业了。在市中心原有一座多层街角建筑，被称为雪山（Snowhill），也已经消逝。房主是著名的宝威（Burroughes，Wellcome）药店，它的业务迁到了尤斯顿路。公司两位创始人之一维尔康（Henry Wellcome）多年前在那里建立了一所医学史博物馆。

圣保罗大教堂，这座雄伟壮观的圆顶建筑是雷恩（Christopher Wren）爵士设计的，这里安放着惠灵顿（Wellington）和纳尔逊（Nelson）的灵柩。尽管周围的高大建筑都已荡然无存，但这座教堂躲过了劫难。当我站在教堂中心的石阶上时，我察看了它复杂的内部，那里也附带有像开罗大清真寺一样的耳语廊。我不得不像许多英国人那样相信，是上帝之手护佑了这个人类的绝妙艺术作品，使其免遭纳粹的疯狂破坏，世世代代的英国人和其他观光者才依旧能够欣赏它从内到外的瑰丽和典雅，并一如往昔地在它的屋顶下祈祷。

英国其他大城市在1940—1941年闪击战期间也遭受猛烈轰炸，但我只有时间访问布里斯托尔和考文垂。心中不由得想起那起类似的毁灭行为，1860年在英国和法国公使授意下，火烧了北京近郊的圆明园。幸好牛津和剑桥两所古老大学得以幸免。

令我格外感动的是英国各阶层人士，从王室成员到最贫穷的家庭主妇，在那残酷的战争年代所表现出的勇气和坚韧，他们没有怨言，甚至幽默地接受严格的食物定量配给。1949年我访问那里时，这种食物定量配给仍在实行，然而那些曾被征服的国家，如法国、比利时、意大利等国则损失较少，那时几乎已经恢复正常了。

1949 年我在伦敦暂住于"海外之家"（Overseas House），它坐落在皮卡迪利大街圣詹姆斯公园海外联盟（Overseas League）的住宅区。这个联盟是 1910 年伦奇（Evelyn Wrench）爵士创建的，他是一位为英国人谋福利而不知疲倦的工人兼作家。从这个联盟成立起，我就是"海外之家"的终身会员，并与伦奇爵士会面和通信。伦奇出生于 1882 年，1955 年依然健在，长寿如我。在海外之家，客人住宿、沐浴和早餐每天只花一个基尼，也为来访会员备有午餐和晚餐，海外之家分散在世界各地的会员超过 5 万名，它最实际的目的在于为各民族的英联邦公民提供一个共用的会见场所。在短暂的停留期间，我会见过来自英联邦 10 多个地区的青年和老人，委员会组织他们参加过许多盛大的公共集会。

我还访问过英国医学会大楼，这是位于伦敦西区塔维斯托克广场的一座历史性建筑，多年前由英国医学会（1832 年创建）购做总部，在这里为它的会员每周出版《英国医学杂志》60 000 份。我在此遇见克莱格（H. A. Clegg）博士，他是皇家内科医师协会会员，是我剑桥的同学，并且和我一样，曾任治疗肺结核及胸科疾病的布朗普顿医院内科住院医师。由于在这个大都市始终有成千位来自世界各地的会员，英国医学会每月在它漂亮的接待大厅举行聚会，以便应邀的会员能够彼此结识，交换想法。1949 年我出席过两次这种集会，在那里遇到感兴趣的同行会员，令我惊喜。

我有一次曾乘火车去沃辛（Worthing）拜访过马克斯韦尔（George Maxwell）爵士。他是退休的马来联邦布政司［行政首脑］，曾经在马来亚担任过除新加坡总督之外的大多数高级职务。他比我年长 5 岁，但他仍亲自到火车站迎接，并驾车载我到离沃辛约 6 英里之外的海萨尔文顿（High Salvington）的家中。午餐时我见到了马克斯韦尔夫人，她年长于丈夫，温柔礼貌一如往昔。

槟榔屿大英义塾的前任校长哈格里夫斯先生在世时，我经常去他在南肯辛顿的朗里奇路 62 号的寓所，看望他和他的画家妻子。他们唯一的儿子托尼·哈格里夫斯（Tony Hargreaves）远在印度，因而在伦敦确实感到寂寞。每次我都会在他们简朴的住所度过数小时，或带他们去附近餐馆换换口味，或者去干草市场（Haymarket）观看表演。我希望向老夫妇表达我的感激之情，因为在我的学生时代他们的慈爱令我难忘，我的访问也会缓解他们晚年的孤独感。这对夫妇在第二次世界大战后不久去世。1949 年访问伦敦期间，我高兴地见到托尼与他的妻儿，他们定居在紧邻阿尔伯特纪念碑的女王之门花园［南肯辛顿］。他们送给我一些他的母亲创作的非常好的水彩画，还有有关父亲在马来亚工作的一本剪报集，托尼现在证券交易所从事赢利的工作。

在伦敦时另一个我特别应该拜访的是肖宅。威廉·内皮尔·肖爵士夫妇住在摩顿花园 10 号一幢舒适的花园洋房中，紧邻格洛斯特路车站。自离开剑桥后，威廉爵士就任气象局局长（以气象专家的身份），而夫人仍然保持着她的彩色摄影爱好。他们也在战争期间逝世，丈夫故于 1945 年，享年 91 岁，没有留下子嗣。

1953 年 4 月，我偕夫人与许多朋友一道从马来亚搭乘新建造的"舟山号"（24 000 吨）——这是太平洋－东方航运公司（P&O）远东船队的骄傲——去亲历 6 月 2 日与女王伊丽莎白二世加冕礼相关的庆典。当时伦敦海内外游客人满为患，很难找到住处。幸好我的女儿贝蒂（伍玉玲）从马来亚大学文科毕业，然后获得了美国的史密斯－蒙特奖学金，和结婚一年的丈夫台镇华恰巧住在汉普斯蒂德（伦敦北部）的公寓中，当时他们都被伦敦大学东方语言学院聘为中文讲师，他们的公寓可供我们住宿。我逗留的三周期间，天气很恶劣，我从未经历英国首都这样的连阴天。无数海外来客和数千外地人，都来观看这个盛大的活动，直到加冕典礼的时刻，不停的滂沱大雨竟部分损坏了专门布置的装饰物和看台。然而许多本国的观众带来了毯子、靠垫、热水壶、橡胶雨布和雨伞，坚守在一个用绳索圈起的场地中，预备24小时守候，以便见证这历史性游行。聪明的人则留在家中或去他们的俱乐部，在电视机前观看加冕典礼的全过程，既省钱又更舒服。

1956年6月，我决定飞往英国，出席剑桥的大学颁授荣誉日（Degree Day），我的长子即将获得法学士学位。在住宿方面他比我幸运，自1953年他成为一年级新生后，院长便把依曼纽住宅楼中威廉·肖爵士原来居住的那套舒适的房间提供给他，有蒸汽供暖，窗外毗邻景色怡人的帕克绿地（Parker's Piece）与研究员花园。我从前的学院，古老的依曼纽，现在属于我的儿子了。从我那时到现在，它的规模已经倍增，依曼纽街的另一边增添了新的楼群，这条街曾是我们的院界。这时蒸汽供暖取代了煤火，整个冬天，年轻人可以在一个温暖舒适的房间享受彻夜安眠，即使打开窗户也不必担心感冒。此外，沐浴时随意使用冷热水，不必把铁皮罐里那一点儿水倒进那平浅的澡盆中。新图书馆和阅览室也由蒸汽供暖，逗留几小时也不会冻得发抖。的确，这一代大学生有很多需要感恩的。由于已经取消食物定量配给，现在餐厅可以为临时来客提供午餐。旧秩序改变了，而新的民主精神已经巩固。

法国

大多数初到法国的外国人，会有很多令他们感兴趣的事物，这不是那个1789年饥饿群众攻破臭名昭著的巴士底狱，成为大革命前奏的国家吗？

这不是鲁日·德·李尔（Rouget de Lisle）创作后被政府作为国歌的那首所有国歌中最激动人心的《马赛曲》吗？这不是首先升起自由、平等、博爱大旗，随后被其他国家仿效的自由国家吗？

除了这些自豪的回忆外，还有在历代法国国王（特别是路易十四）以及两位拿破仑治下极度美化了的首都，为女士们创造令人倾倒的服饰和发型的天赋，烹饪美味菜肴的手艺，都让法国人民设法吸引了川流不息的游客来此观光。

成千的中国学生纷纷涌向法国各种学术机构，学习艺术、绘画、科学、外交、法律和其他专业，但少有人学习医学和军事学科。新成立的中华民国乐于重用法国留学生，到今天，他们的努力在法典、戏剧艺术和现代餐饮建设等方面已见成效。

人们不能不赞许在欧洲和美洲有口皆碑的法国菜，它实际上是中国式烹饪的演绎，因为中国式菜肴采用各种原材料和调料刺激顾客胃口。几个世纪来法国菜备受重视，主要是因为它更适合整个欧洲大陆，而中国菜尽管起源更古老，却只是近来通过东西方的紧密联系才使其无穷美味受到欣赏。中国烹饪与法国烹饪一样，现在这种技艺实际上已无须亲临餐馆厨房见习，看看中国女作者编写的谈烹调经验的书籍，就能品尝到更丰富的美味。

像早年来法国的访问者一样，我被巴黎自由随意的生活所吸引，在这里约定俗成的习惯并不像英国那样严格。除了国家的某些机构，如罗浮宫、杜乐丽花园、德克吕尼博物馆、凡尔赛宫、拿破仑陵墓、枫丹白露宫和其他名胜古迹外，那里还有拉丁区、圣米歇尔林荫大道及坐落在周围的大学和医学院。在大学区，学生们本着自己的爱好生活和学习。与德国不同，这里没有决斗社团，只有安宁或散漫的天性让他们自得其乐。我在巴斯德研究院时的大多数同仁现在已经过世了，现任所长特雷福（Jacques

Trefouel）教授，还是亲切地送给我鲁、梅奇尼科夫、马莫雷克和莱瓦迪蒂的大幅照片作纪念。法国首都那罕见的诱人魅力总会让人流连忘返，尽管这个国家现在的领导人有推卸政治责任的倾向，而这种倾向在统一的英国和不断进步的美国面前那样切实地表现出来了。这个国家产生了巴斯德、拉埃内克（Lannaec，1781—1826）[听诊器发明者]、波拿巴（Bona-parte）、卢米埃尔（Lumiere）[电影发明者]、布莱里奥（Bleriot）[早期飞行家]、莫里哀、莫泊桑等人，如今似乎正在过早地衰老，在政治、科学及其他重要领域的首创能力似乎已经枯竭。在这里长住的居民已注意到年轻一代倾向于只受传统支配，这一点，部分取决于历史，部分是由政治集团未能明智而公正地管理所致。显然，人民既玩世不恭，又心灰意冷。由于人们恣意挥霍他们心爱的法郎，法兰西民族的节俭品格已不再被作为美德而发扬。有思想和雄心的年轻人很少有机会赢得主动。在咖啡馆和教育机构，大众似乎满足于对肤浅哲学和表面政治的夸夸其谈，而非严肃地追求进步。在反复的内阁危机后，他们找到了一位不同凡响，具远见卓识的总理孟戴斯 - 弗朗斯（Mendes-France），他有魄力解决印度支那长达十年的纷争，建议准予突尼斯自治，还亲自带头喝安全卫生的牛奶，而拒喝有毒的苦艾酒。我相信这种酒是思想混乱与倒行逆施的原因之一。然而，这位勇敢的政治家执政不满两年便被赶出了政坛。法国要想保持以前作为世界五大强国之一的自豪地位，就应该更积极地发扬天才的思想，丢弃放任与冷漠，各个阶层中那种追求享乐的积习应当复归于正常人类活动的适当位置。

德国

我们当中那些经历过维多利亚女王后期统治的人，曾经亲眼看到过德国威廉二世皇帝不断犯下的愚蠢错误，其顶点便是 1914 年秋以入侵比利时为始的第一次世界大战。最终他从他的帝国逃到荷兰的多伦（Doorn）寻求庇护，1941 年死在那里，无人感到一丝惋惜。变幻无常的若干年后，1935 年希特勒领导的纳粹党人上台。他的军事路线一度取得惊人的进展，把德意志的领土从西部扩张到英吉利海峡港口，东方接近了莫斯科。

德国人为何能取得这些成功，尽管已证明那是短暂的？为何希特勒能从一个木匠的儿子、奥地利海关的小职员，高升到占据大半个欧洲的国家元首（独裁者）？德国陆军和海军中那些拥有高贵头衔的自负将领，为何这么轻易且甘愿听从一个粗野的外籍下士的命令？曾经有个拿破仑，他设法打败了德国、奥地利和意大利，然而他不过是一个外来的胆大包天的科西嘉人。起初他在战场上势如破竹，节节胜利，最后却在滑铁卢被英国和普鲁士联军击败，流放到圣赫勒拿岛直至死去。是否他们都是天才，出生和成长于乱世，有点像开创中国长期而辉煌朝代的唐代和明代的开国皇帝一样？我们难道真的能说拿破仑是为法兰西谋利益？能说希特勒提高了德意志的威望并给德国带来了某种荣耀？曾经不可一世的德意志帝国，现在被人为地分成与北大西洋公约组织结盟的西德和被纳入共产主义轨道的东德，这个国家能不能出现像俾斯麦那样能力非凡的人再度统一呢？我们只有静观。

意大利

我对意大利的最初印象得自 1896 年秋季。那年我乘坐的太平洋－东方航运公司客轮"巴尔拉特号"（Ballarat）在布林迪西停靠，来自东方的乘客可以乘大陆特别快车前去伦敦，比继续海上航行要早到一个星期。我很欣赏那些船员单纯随和的作风，他们一边划船一边唱歌，还弹着曼陀林，途中兜售葡萄，和旅客讨价还价。经过后来数年间多次出访，当我了解了中国，也对世界了解得更多后，我为中国和意大利的相似性感到惊讶。这两个国家都拥有悠久而灿烂的历史，诸如波提切利（Botticelli）、米开朗琪罗（Michelangelo）和丁托列托（Tintoretto）等艺术家，他们所处的年代与作品可与中国唐宋时代的画家相媲美，两国的艺术家对艺术和文化都作出了巨大贡献。在建筑上，他们的拜占庭风格看上去像是东方和古典元素的混合，而耶稣会传教士为乾隆皇帝设计圆明园的大量成分，都采用了巴洛克式的装饰。我对意大利了解愈多，便愈加欣赏他们的艺术和音乐天才。我开始越来越多地见到这两个民族特性的相似点，例如他们对待陌生人友善，宽待他人的不同见解，而且丝毫没有种族偏见。也许他们自己早已意识到，他们是如何与居住在地中海两边的不同民族相融合的。在罗马这个世界罗马天主教的首府，那宏伟的圣彼得大教堂饷我以视觉的盛宴，与其毗连的宽阔广场上，虔诚的信徒川流不息，如同今天全球各个角落的穆斯林前往麦加朝拜穆罕默德一样。我曾专门去帕多瓦（Padua）的古代医学中心参观，昔日欧洲大多数医学巨擘，包括哈维（William Harvey）等都曾在此进修用拉丁文传授的高级课程。我还访问过犹如苏州一样的威尼斯，它曾一度是独立国家的首府，一个建在木桩上的大城市。那里的"街道"便是运河，而贡多拉［威尼斯特有船型］是主要交通工具。这里的总督府、圣马可大教堂及高大的钟楼等建筑无不体现了东方建筑的辉煌。这就是那位著名的马可·波罗（约1254—1324）返回来的城市，他在古代北京城忽必烈汗的朝廷完成他近乎难以置信的业绩后回国，在威尼斯与热那亚发生战争时被囚禁在热那亚监狱中。在牢狱中，马可·波罗写作了不朽的《马可·波罗游记》，教育并惠及以后许多代人。

我在不同的时期访问的其他意大利城市还有的里雅斯特（Trieste，在这里可以俯瞰美丽的海港，长期以来意大利和南斯拉夫为这个城市发生争端）、热那亚、佛罗伦萨和那波利。那波利是观看维苏威火山的最佳场所。令我极感兴趣的是，那里集中了被维苏威火山以前喷发的熔岩保存的持各种姿态的人类遗骸，更钦佩政府以严谨的方式发掘并展示了那个死城庞贝。

国土像一只皮靴的意大利，因其在陆地和海洋的战略地位，注定要在欧洲的历史上扮演一个重要角色。

1953 年，我最后一次访问米兰、热那亚和那波利，战争灾难之后这三个城市的大规模重建令我感动，到处都是摩天大楼，大多数现代技术都应用在他们的建设上，包括不受限制地使用平板玻璃隔断，门上装饰着闪亮的铝配件。人们告知我大部分的资金都来自美国。

俄罗斯（苏联）

俄罗斯，或 1917 年革命后建立的苏联（苏维埃社会主义共和国联盟），是现在世界上最大的国家，它占有地球陆地面积的六分之一，超过 850 万平方英里，人口近两亿。北邻北冰洋，西接芬兰和波罗的海，东边濒临白令海峡（对岸为美国阿拉斯加）、鄂霍次克海和太平洋，南面的邻国依次为土耳其、波斯、阿富汗、中国、蒙古和朝鲜。

俄罗斯与中国不同，它的历史较短。最早的记录只能追溯到 9 到 10 世纪维京人控制的斯拉夫人部落。在 13 世纪，蒙古人占领了南部草原，强迫俄罗斯王公纳贡。莫斯科大公伊凡三世（1462—1505）成为第一位沙皇，他的继承者伊凡四世（1547—1584）推翻了蒙古人的统治。1603 年推举出罗曼诺夫王朝的第一位沙皇。彼得一世（1682—1725）使其行政体制现代化，建立了陆军和海军，引进了西方的教育制度，而一个世纪后凯瑟琳大帝进一步扩张了帝国的领土。从那时起，俄国相继与拿破仑（1798—1817）、土耳其（1827—1878）、英国、法国和奥地利进行了多次战争〔包括 1853—1856 年克里米亚战争，著名战役有阿尔马河（Alma）战役、巴拉克拉瓦（Balaklava）战役和因克曼（Inkerman）战役等，还有弗洛伦斯·南丁格尔（Florence Nightingale）的贡献〕。1904—1905 年，强大的俄罗斯被微不足道的日本击败，俄罗斯舰队在对马海峡被歼灭，旅顺港要塞驻军全体投降，这为 1917 年革命铺平了道路。当罗曼诺夫王朝终结时，布尔什维克建立苏联，为其他地方的共产主义者指出了方向，在他们的影响下接受了苏维埃国家形式。

因此，尽管以美国、英国、苏联和中国为主结成的同盟国，在第二次世界大战中抵抗强大的纳粹德国和日本帝国主义取得了辉煌胜利，战后的形势却极度紧张，这是由于以英国和美国为首的资本主义国家为一方，以及以苏联、中国（1949 年后）为首的社会主义国家为另一方在意识形态上的分歧造成的。

我曾有幸对沙皇俄国和后来的苏维埃共和国有所了解。在 1910—1911 年第一次满洲肺鼠疫大流行期间，我曾频繁地与霍尔瓦特和阿法纳谢夫将军接触，他们是掌控北满战略性铁路的俄国铁路局高官，还兼管铁路区域的防疫组织工作。霍尔瓦特夫人正好曾经是沙皇皇后的侍女，因此将军一家在哈尔滨的政治和社交生活中都显示着相当的权威，而我们的防疫处总部也设于此地。我们在聚会和宴会上几次相遇，我亲见那些大多身着耀眼制服的俄国官员，在这位地方行政第一夫人面前表现得是多么谦恭。她是一位美丽而迷人的女士，操着完美的巴黎腔法语而不讲英语。她那高大的丈夫讲俄语和法语，不说英语。事实上，在俄国有教养的阶层，总是以法语作为他们的第二语言。后来我访问阿穆尔（Amur）检疫站时，曾受到另一位宫廷宠臣、总督古达特（Gondatti）将军的款待，他身材矮小，爽朗，口若悬河，身着华丽的制服。他是一位模范东道主，我婉拒饮酒，他并不逼迫我饮俄罗斯伏特加。1917年革命前，我四次沿西伯利亚大铁路横越西伯利亚，看到一般军官对待普通士兵甚至平民相当粗暴。在夜总会或晚会表演时，商人们将大笔的钱花在食物和饮料上，但军官却受到店主最谦卑的关照。如果军官对账单或舞台上的演员不满意，或者认为观众中某人对他不够尊敬，他就会将苏打水瓶子掷向那个不幸遭他不满的人，有时还会上来给他一个耳光。当某个军官随意责罚无助平民时，没有人胆敢质疑军官的权力。事实上少数享有特权者的这种暴行，多年来不断在各地愈演愈烈，这对于促进大革命起了不小作用。而当长期忍受苦难的群众一旦翻过身来，就该由他们来显示粗暴手段了。其中之一便是将囚禁在西伯利亚的沙皇全家，包括他的皇后、儿子和四个女儿一起枪杀在叶卡捷琳堡。

1917年俄罗斯帝国被布尔什维克推翻后，我又曾四度乘火车经过那个国家，发现情况明显变好。现在为了让那些曾经被人看不起的乡下人、农夫和工匠们获益，将以前归王公贵族和其他富有阶级所有的大片土地分配给他们享有，没有了大垄断企业，一切权力归国家，政府成为劳工唯一的雇主。那些以前被践踏的民众现在自认为与他们先前的主人地位平等。走在街上的普通士兵现在身着整洁的大衣，外表上与上级军官没有区别。现在劳动者一周只工作几天，随意出入剧场和娱乐场所，不再有资本家主人抢夺他们的劳动果实，国家本该维护他们的利益！

第一个五年计划期间，我惊奇地见到大量的美国专家和技术人员，他们忠实于帮助民主国家树立独立自主的信念，为苏联最新的重工业、汽车制造业以及其他高速运行的工厂的建设奠定了坚实的基础。各级共产党组织主要通过以身作则和执行严格纪律，让从前懒散而悠游自在的劳动者在一定程度上吸取了现代美国精神。但美国与苏联这两个伟大的国家，现在终于因不同的政治意识形态，彼此正为争夺对世界的权力而针锋相对。美国以教育、资金和经验见长，而苏联拥有辽阔的领土、低廉的劳动力和控制整个世界的狂热野心。这两个国家现在都拥有令人恐惧的原子弹武器库，一旦施放，整个地球表面将被烧成废墟，居民也将被屠杀。不过，过去两年中更明智的决策显然已经占优势。最近于 1955 年在日内瓦举行的西方四国领导人高层会谈中，美国总统艾森豪威尔亲自出席，似乎终于为明智决定和平共存铺平了道路。现在看来，有望驾驭原子的无限能量以取代原来从煤、石油等获得的能源为人类造福，而不是用来毁灭人类。如果当今那些执政者从头脑中摒弃世界强国的幻想，我们的未来将会更加繁荣幸福。在这方面确实值得欢迎的是，最高苏维埃决定在当选的委员会成员中分散政府的权力，以代替集中于一人之手，不再像过去那样一直被斯大林享有。这可以解释在日内瓦、莫斯科、伦敦、柏林和其他地方举行的各种会议上，为何苏联领导人的态度发生了变化，这就为改善各国关系铺平了道路。让我们期待这种状况继续下去，1957 年可能被公认为预示真正永久和平来临的一年。

日本

在以前的章节中，我已提及主要由骄横的武士阶层组成的军部贪得无厌的野心，他们首先要统治东方，然后再成为世界的主人。这些人受教育和世界观之局限，深信武力是达到目的的唯一手段，多年来力图打倒一切妨碍他们的对手。1867 年的明治维新，原是打算恢复皇权，收回以前被大名［日本封建时代的诸侯］或其他军事首领夺取的权力，后来却变成了制定一部新宪法的手段，这部宪法颠倒了历史，把国家元首当做了天国的神圣后裔，皇室就是神的直系子孙，而整个民族作为神的一支族系，他们被赋予了征服和统治世界的天职。原本讲求慈善的佛教和儒家伦理都被某种神道信条所篡改，这里的人民自幼便开始接受这种信条教育，让人民为军国主义理想服务，并且绝对服从天皇颁布的（或者受命颁布的）任何诏令。如此一来，整个国家的教育、生活方式和经济都要与服务于军国主义的目的相适应，为了天皇牺牲自己是最有价值的人生目标。在第二次世界大战中，军方头领为推进他们的疯狂计划和确保服从，天皇的名义无所不在。当马来亚被日军暂时占领时，当地居民被强迫在特定的时间肃立在固定地点，一声号令，便要向北面东京方向弯腰鞠躬以示对天皇的服从。当经过岗楼或单兵武装哨位时，行人必须在这个穿制服的武装代表跟前停步，面向他深鞠躬，然后才能继续走路，否则，他们将被叫住，挨一记沉重的耳光或枪托的打击。这是自命的主人所施行的惩罚，那些普通士兵总会因为任何失职而受到上级军官的殴打，对他来说，用相似的手段处罚在他的淫威下无助的平民，自然顺理成章。

　　麦克阿瑟将军，这位太平洋地区盟军最高指挥官，在日本投降后担任了 5 年驻日盟军最高司令，不久前（1955）曾披露，战时委员会中的苏联代表曾一度主张逮捕日本天皇裕仁，并作为战犯承担他的战争责任。人尽皆知，一度强大的日本的这个瘦弱温顺的统治者，曾在军阀的命令下被迫签署过无数的法令和宣言，可是他自己却宁愿在实验室中与显微镜一起度过时光，而不是陷入这绝望和不公平的战争之中，但是直到最后他仍受军国主义者驱使。因此麦克阿瑟赦免天皇的责任是正确的。如果接受苏联代表的主张，天皇会被绞死，但他的臣民将会一无例外地起来进行永无宁日的游击战，而绝不会是温顺地服从。战后已向世人证明，当指明了正确道路后，日本人的纪律性确实极佳和值得赞许。

尽管日本人对中国人民犯下的罪行罄竹难书，他们祸害中国长达 60 余年，但是处于巅峰的蒋介石将军，除要求日本军队全部撤出大陆并将台湾归还中国外，没有提出严苛的条件。中国没有向战败方索取战争赔款，这和日本人之所为是那样大相径庭。当年日本赢得了 1894—1895 年和 1904—1905 年（与俄罗斯的战争，令中国被迫放弃旅顺和大连港）的两场战争，1915 年又向袁世凯提出"二十一条"，尽管日本人好战，一贯以欧洲式的粗鄙态度相待，中国却一直视这个岛国邻居为小兄弟。当年它需要帮助和精神支撑时，中国派去高僧、儒学教师和高超的建筑师，先在奈良，后在京都为它建起了模范都城。当 1945 年美国轰炸时，日本的大城市如东京、大阪、神户、长崎和广岛都被无情地摧毁，而奈良和京都这两个文化和宗教的中心却由于中国的宽恕得以保全。

历史已经证明，明治维新后，日本统治者犯了一个致命的错误，他们采取了针对中国的侵略性政策。他们与寡廉鲜耻的欧洲国家相勾结，有时甚至超过了这些国家。如果他们改而采取长期友好的政策，诚心向这个在漫长岁月中对日本的文化、教育、宗教及实业作出过巨大贡献的国家靠拢，那就不会爆发义和团事件，不会有"二十一条"，也不会有袁世凯企图复辟帝制，第二次世界大战当然也不会蔓延到东方。那样也就不会有因珍珠港的阴谋而迫使强大的美国卷入战争，从而决定了同盟国取得胜利的命运。现在美国和日本两国都意识到他们的命运，为了自由与和平而结成了盟友。如果日本由一些明智的政治家领导，如币原、海军大将斋滕（曾任朝鲜总督）、重光葵①等，科学家像长吉那样，而不是伊藤博文、田中义一、东条英机和山下奉文及其追随者，这两个根本目标当会更快更早地达到。1955 年万隆会议是只有亚洲和非洲有色人种国家代表参加的会议，这次会议取得成功，给了那些傲慢的西方世界一个教训，让他们懂得要通过和平方式实现彼此的充分理解，而不是依赖武力解决争端。近代世界性的战争不止一次地证明，胜利者与被征服者，最终都是战争的失败者，战争总会毁灭生命和财产，而战后长期保持敌对情绪，在冷战的阴影下，永无宁日。

美国

在我有幸访问的所有国家中，美利坚合众国无疑是最先进的。1620 年，"五月花号"帆船从英格兰西南部普利茅斯起航，船上搭载着 102 名清教徒前辈，其中有男人、女人和儿童。他们前往新世界寻求自由和新的机遇，最后在马萨诸塞州创建了新普利茅斯城，这些移民和他们的后代迫于环境压力，保持着向前看和永不放弃的精神。后来又增加了来自法国、德国、意大利、希腊、斯堪的纳维亚以及其他欧洲地区强健的种族，特别是通过 1775—1783 年独立战争，他们从大英帝国分离出来以后，对这个

---

① 1932 年我任海港检疫管理处处长期间，曾作为主要来宾出席过重光葵在上海北四川路举办的一次艺伎晚宴。当时重光葵与某一日本将军一道，正担负政府的某项重要使命。两天后，日本侨民举行一次政治集会，重光葵几乎被朝鲜革命者放置的一枚定时炸弹炸死，失去了右腿，而那名日本高级将领身亡。战后重光葵再次出任鸠山内阁外务大臣（1954），1956 年与苏联发表联合宣言，1957 年去世。——作者原注

最初只有 13 个殖民州的国家的命运进一步产生了深刻的影响。

欧洲不同种族的白人在美国经过近两个世纪的成功融合，充分证明由各自原住地的民族组建的国家完全可以和谐生活，只要他们在解决彼此之间的分歧时决心用政治上的团结代替分裂，合作代替竞争，和平代替战争。

我于 1913 年第一次访问美国，那是乘一艘快速冠达邮轮从伦敦前往纽约的。第二次是在 1924 年，乘一艘豪华的"总统号"班轮由上海去旧金山，我被选定为洛克菲勒基金会研究员，去巴尔的摩市和南方诸州学习美国的卫生学方法。第三次是 1928 年，再次乘一艘"总统号"班轮，我和妻子一起横渡太平洋去看望我们的儿子长庚，参加他在约翰·霍普金斯大学获得学士学位的庆典。1929 年中国政府派我带领卫生和检疫代表团赴美国，乘坐的是加拿大太平洋铁路公司的"亚洲皇后号"。我在美丽的班夫镇停留了几天，饱览了加拿大落基山脉的美景后，回到温哥华，由那里前往美国的各个卫生中心。在这几次旅行中，我获得了许多关于美国人民及其制度的知识，和他们思想界、科学界和文化界的领袖人物建立了联系。

我的这些经历来自几乎每个州的重要城市，包括西雅图，奥克利，萨克拉门托，加利福尼亚州的旧金山，伊利诺伊州的芝加哥，密歇根州的底特律，俄亥俄州的哥伦布市，田纳西州的孟菲斯和纳什维尔，南方诸州的利斯堡、亚特兰大和新奥尔良，马里兰州的巴尔的摩，宾夕法尼亚州的费城、匹兹堡，纽约州的纽约市、奥尔巴尼和布法罗，最后是首都华盛顿。它那辽阔无垠的国土和高度发达的工业、农业、大学和学院、图书馆、博物馆、技术学院和其他事业，让任何人都会不由得留下深刻印象。人们通常对他在纽约见到的每件事物感到惊讶。这个庞大城市有一条水深而繁忙的哈德逊河，有长长的悬索桥，宽阔的海底隧道。巨大的中央火车站与宾夕法尼亚大酒店相邻，还有那乘客日夜川流不息的拉瓜迪亚机场。

有人告诉我，这个非凡的城市（当时称新阿姆斯特丹）是荷兰人创建的，它归犹太人所有而由爱尔兰人管理！我不知道是否真的如此，但某些望族，包括三位总统在内，他们的姓名确实有荷兰人的痕迹，犹太金融家们无疑强力地控制着这个国家的经济，而许多警察都带有浓重的爱尔兰口音。

每一次访问纽约，我都见到正在施工的新建筑，即使大楼建成只有几年也会被拆除。结果使那些摩天大楼的风格、高度和布局杂乱无章。伍尔沃斯大厦曾经是最高的，后来被大都会人寿保险公司超过，可是现在帝国大厦是 102 层，高达 1 248 英尺，稳居最高纪录。纽约与伦敦曾经在各自可容纳的居民人数上激烈竞争。可以毫不夸张地说，如果这种竞争持续下去，不久这两个城市都会有 1 000 万人以上。纽约的优势在于现代化，事实上所有住宅都拥有供冬季保暖的蒸汽供暖系统，燃煤壁炉只在第五大街那些富豪家族的高级住宅中才能见到，安置此物并非为使用，仅为装饰而已。

1914—1918 年 和 1939—1945 年两次世界大战中美国加入同盟国一方，可能是一战打败威廉二世及其容克贵族地主集团，二战战胜纳粹德国和日本的决定性因素。美国位于大西洋的彼岸，它那巨大的最新式工厂能够生产出无数枪炮和弹药，装船运至战区，只有少数沉没。二战中，美国、英国、波兰和苏联飞行员驾驶着美国新式大型轰炸机，给纳粹目标造成相当大的损失。如此严重的打击终于迫使德国人投降。

在太平洋，主要战斗都落在众多的美国陆军和海军肩上，尽管日本人初期取得惊人的成功，最后却不得不投降，特别是因为 1945 年 8 月向长崎和广岛两个人口稠密的城市投下了原子弹。

实现和平之后，欧洲的战胜国发现他们自己几乎一无所有了，只是采纳了 1948 年的经济复苏计划（马歇尔计划）后，才帮助他们寻求到多种方式来重新启动他们的工业，因而得以生存下去。这笔援助经费每年达数十亿美元，持续了数年，既提供给盟友，也提供给从前的敌人，为这些国家今天的繁荣作出了很大的贡献。富兰克林·罗斯福、杜鲁门及艾森豪威尔历届政府，的确"干了件好事"，通过他们富有远见的政策确实使世界再一次"正常化"。1955 年在日内瓦四大国（美国、英国、法国和苏联）政府首脑达成了决议，要找到结束"冷战"的办法，虽然并不完全自主，但可以体面地解决和平问题。

印度和巴基斯坦

像中国一样，三角形的次大陆（包括现在的印度和巴基斯坦）饱含着许多过去的历史故事。对印度河流域的发掘揭示，远在公元前 3000 年，印度文明已经达到了很高的水平。英国考古学家马歇尔（Marshall）在曾经富饶繁荣和文明的华氏城，即现在的帕特那，发现过规模宏大的那烂陀大学［寺］，华氏城那时是孔雀王朝的都城。这个教育中心可以容纳一万名学生，其中有一位便是生活在公元 5 世纪的游方僧法显。他在离开印度前夕，他的师父鸠摩罗什告诉他，不要把自己的全部时间都专注于宗教知识，要深入研究印度人民的生活和习俗，以便中国能够全面地理解他们以及他们的国家。

印度伟大的佛教徒君王阿育王（前 268—前 232 在位），曾一度占领过华氏城，而且为表示他的仁慈，在他的疆域内建立了成体系的驿站供各种族疲惫的旅行者休整使用。还有一位中国僧人学者玄奘（602—664），他穿越戈壁沙漠，途经吐鲁番、库车、塔什干、撒马尔罕、巴尔赫、柯塔（Khota）和莎车进入喜马拉雅山区，饱经艰苦和危险于629年到达印度，受到当地各阶层印度人极高的礼遇和尊敬。他也曾在那烂陀大学学习，并得到法学硕士学位，还当选为该大学的副校长。玄奘撰写了著名的《大唐西域记》一书，在这本书中他描述了那个古老学校教授的五个分支学科，即语法、工艺学、医学、逻辑和哲学。印度人民热爱学习的品德令他特别感动，他赞扬他们的诚实和正直，并声言他们绝无诡诈和背信弃义，总是表现得温顺与和蔼。那里很少罪犯和反叛者，因为行政管理以仁慈为本，从不采用强迫劳动。于是那里的人民都知足常乐，相当幸福。

　　早自立国之初，印度便历尽沧桑。1206年穆斯林建立过一个王朝，定都德里。随后莫卧儿王朝于1526年创建，阿克巴（Akbar，1556—1605）使之巩固。1707年后开始衰落，举国处于无秩序状态，欧洲人，主要是葡萄牙人、荷兰人、法国人和英国人先后在各地区定居下来，直到英国东印度公司最终向他们的这些竞争者发难。1857年发生印度反英暴动，于是维多利亚女王宣布自己为印度女王，并许诺在适当时机实行自治。将近100年较大或较小的持续动荡和不安之后，甘地开始宣传他的非暴力不合作主义。他曾被判罪而遭长期监禁。暴动偶有发生，然而并不存在明显的征候表明会发生严重的全局性动乱。1885年国大党建立，从1906年起，特别是1914—1918年和1939—1945年两次世界大战期间有成千上万的印度军队被派往国外战斗之后，直到1947年，英国工党政府（1945年开始执政）才逐渐在政治上作出让步，允许印度拥有主权，由蒙巴顿子爵任总督，尼赫鲁（生于1889年）出任总理。不久后，在英联邦内宣布成立印度共和国，直至今天。印度终于重新获得独立国家的地位。

不幸的是，实现独立后未过一年，"圣雄"甘地（1869—1948）在1948 年初被印度教狂热分子枪杀，使印度过早失去了可信赖且经验丰富的领袖。博学的尼赫鲁曾与"圣雄"共同度过许多痛苦的日子，他成了领袖，在国内外，特别是在美国普遍受到尊敬和礼遇。然而，这位新领袖尽管拥有哈罗公学和剑桥的背景，却表现出某种专制的倾向，听不进明智的忠告。他在美国公务旅行时，别人认为值得他仔细研究和关注的事物，尼赫鲁却几乎没有兴趣，反而批评美国人的思想和进步，而且不止一次公开表示反对和质疑美国对邻国巴基斯坦的物资援助。他在政治上不稳固且落后的东亚国家倡导中立主义，这表明他漠视历史。历史屡屡教训我们，弱国与强国签订的文件，一旦时机有利于强国，便被他们视作废纸，强国吞并弱国总是易如反掌的。此外，鉴于某些东方国家文化和文明中含有的许多突出缺点，特别是印度，在那里，朝圣者成群结队涌向神圣的恒河沐浴，又要喝同一条河的水，而河水中却浸泡着霍乱病人的尸体。那里的寺庙中有着大群处女祭司，她们在黑暗之中会被那些所谓的"神"夺去贞操。因此，多听一点过来人的忠告，比毫无保留的指责会更有意义。在大量文盲之中迷信处处可见，他们成天生活在托钵僧、苦行者以及诸如此类众所周知的人群的胡言乱语之中。印度领导人最好更密切关注国内，而不要急于去充当唯一的仲裁者和东方圣哲。

然而，博学的印度现任总理尼赫鲁，为思想活跃的人如何利用宝贵时间树立了榜样。在多年的监狱生活中，他著有两部有价值的书：一部是《世界历史一瞥》（1935），两卷，1 569 页；另一部是《印度的发现》（1945）。据《曼彻斯特卫报》的评论家所说，在这些书中，尼赫鲁表达了对英国种族主义和帝国主义的强烈憎恨，这种憎恨不仅存在于印度，而是存在于任何地方，他还无情地谴责了产生这些行径的制度。人们当记得，尽管甘地和尼赫鲁长期地挑衅和不断地煽动，在被长年监禁中，被他们猛烈攻击的大英帝国从未打算剥夺他们的生命。

如果这两位印度领导人生活在纳粹德国或苏俄，对他们频繁的审讯和判决的结果，最终可能会让他们消失并被人遗忘，如同那两个国家中不计其数的爱国者和名人的命运一样。倘若发生如此残忍的事情，他们失去了宝贵生命，这个世界的确会更不幸。伟大甘地的事业没有被个别同教派的宗教狂热分子认同，竟以子弹射穿了他的胸膛。我们希望尼赫鲁总理更长寿，得以完成他以天下为己任的夙愿，实现世界和平与自由，这正是日夜被纷争撕裂的世界所期待的。

巴基斯坦的创建者真纳（A. Jinnah，1876—1948），在实现他的建国目的后辞世，他的继任者们采取了更现实的合作与让步政策。

其他国家

在我历次旅行中访问和考察的其他国家，无须多费笔墨。我曾经作为国际联盟卫生处成员，先后考察过波兰和南斯拉夫新建立的卫生机构，在这些机构中配备了德国制造的最新科学仪器，作为德国对他们的战争赔偿。除了科学方面的内容外，我还对南斯拉夫男女的衣着甚感兴趣。他们都在长袍外面穿一件中国式的坎肩或短上衣，我想起在印度北方也曾见到过类似的服装。这还令我想起，蒙古人当年是经过那里到达南斯拉夫的，这显然是他们留下的侵略遗迹。而印度的"莫卧儿（Mogul）"一词确实是"蒙古"一词音译的缩写。这些种族长期生活于此，已被伊斯兰教充分同化。

　　自从 1898 年西班牙人撤离后，菲律宾群岛充分享受到了自治政府的好处。1935 年建立了一个半独立的自治邦，1942—1945 年被日军暂时侵占，1946 年成为独立的共和国。目前这个区域的居民是土著马来人、西班牙人和中国人和谐的组合，虽然他们讲其他语言而不是英语，但他们为固有的传统和按美国道路取得的进步而非常自豪。

　　我还有机会访问过泰国、柬埔寨、缅甸和爪哇。那里的宗教和文化留下了古印度教的痕迹，在吴哥城吴哥窟和爪哇的婆罗浮屠，那些不朽的石头宫殿和寺庙即是证据。仅就吴哥窟来说，是中国建筑师完成了印度人开始的工作，这从那整块石料上雕刻着的人物面部特征的不同可以辨识出来。那时中国使节团的一名随员（周达观①）留下了一部当时吴哥社会生活的记录。泰国和缅甸仍然保持着佛陀释迦牟尼行善的教义，遍布在这两个国家的巨大寺庙即是例证。

---

　　① 周达观（约 1266—1346），浙江永嘉人，《真腊风土记》作者。——译者注

第21章

中西医的对立

中医略述

第 12 章中，我曾预先提及古代中国医学典籍《内经》(*Canon of Internal Medicine*)，1949 年韦特（Elza Veith）博士在约翰·霍普金斯医学史研究所的西格里斯特（Henry Sigerist）教授指导下，将这部经典全部译成了英文。此后，1954 年剑桥大学的皇家学会会员李约瑟博士主编的系列巨著《中国科学技术史》第一卷出版。李约瑟先生是著名的生物学家、生物化学家，他克服困难，学习了很难学的汉语，以便探究古今中国人的深奥与玄虚的思想。这位英国科学家预期在未来的几年内完成这部系列著作的其他六卷，分别为：《科学思想史》《数学、天学和地学》《物理学及相关技术》《化学及相关技术》《生物学及相关技术》《社会背景》。在人类交往的过程中，这或许是第一次借助使用最广的英语交流科学知识，此前西方世界曾不知不觉地将基础科学的进步过多地归功于自己。李约瑟和他的中国同事们从事的这项重大工作，是希望表明在历史进程中古代中国为人类的进步、安适和幸福作出了宝贵贡献。

《内经》是由古至今中医医术教学所依据的内容，此处拟对该著作做一些说明。这部古医书由两部分组成——《素问》（朴实的问题）和《灵枢》（探索奥秘之门），前者更为重要。最流行的版本包含 36 卷，《素问》24 卷，《灵枢》12 卷，各 81 篇。《素问》的编辑颇为新颖，采用了问答形式——君臣之间一系列的对话。其内容涵盖了形形色色的专题，诸如疾病之理论、星宿对人体组织的影响、运气、津液、脉诊、解剖学之推测、养生、治则、针灸等。

我们在《素问》各章中可以看到，阴阳原理的临床表现、四诊、血气形志、脉则、治则、针灸（3 卷）、占星术与医学、五脏疾病及一篇关于梦的研讨。也提及解剖学和生理学，前者可能基于解剖之观察结果，解剖是为了测量与称量骨骼和特定器官，但精确度或高或低。当然，按现代标准，用这些内容教学生，他们肯定通不过今天的学术考试。人体有五脏（心、肝、脾、肺和肾）六腑（胆、胃、大肠、小肠、膀胱和三焦），这两套器官的功能不同：脏是实心的，充满而不能空虚；腑是中空的，空虚而不能充满。看看刊载在《内经》的某些虚拟的图形，人们便会同意早期的英国医学传教士雒魏林医师的评论：“这些都只不过是某些人曾经见过的不完善的体内解剖结果，而且是凭记忆画出的器官草图，并掺杂了按想象填补的那些没有看到的部分，只凭主观想象画出而并不考虑实际如何。”

根据黄帝的教义，天是“阳”创造的，而地是“阴”创造的。太阳代表阳，月亮代表阴。阳光是一切事物的基础，它渗入万物，因此可认为阳在阴内。

整部《内经》除针灸外很少提及治疗措施，针灸是公认的治疗方法。

《内经》第二部分《灵枢》确实或多或少论述了这门技术。其他治疗形式涉及静脉切开术、烙法、煎剂和按摩。

在中国，脉诊术总是蒙上一层神秘的色彩，中医断言医疗实践的整个上层建筑都建立在脉诊理论上——每一种疾病的性质、部位、病程及治疗唯独取决于它。最早的专著传说是扁鹊（前255年）撰写的，后经王叔和（280年）增补和修订，称为《脉经》。这部专著曾有多达156种版本同时存世。

中国的脉诊学问极为复杂，其实际操作之烦琐几乎不亚于一次庄严的仪式。诊查在左、右两手腕上进行，医生用左手触摸病人右腕脉搏，而右手则触摸左腕。首先将中指按于桡骨下部，然后用食指和无名指按下，而拇指则抵住腕骨背部。清晨日出时是最佳诊脉时辰，这就是为何黎明时分那些名医门前便排满长队就医者。脉分浮、沉、迟、数四种，每种表示不同的疾病。浮脉属阳，指明的病状是通过风、寒、湿、热、燥和火六种外感影响产生。如果脉浮而有力，表明外感风和热；如果浮而微弱则说明血虚。如果脉迟，意味着外感寒气；如果脉数，则外感风和热。如果脉急，意味着风与寒；如果缓，则为风湿。

认为脉沉属阴，表明外感疾病归因于喜、怒、忧、思、悲、惧和惊七情。如果脉沉而迟，是虚寒；如果脉沉而数，说明有内热。如果脉急，意味着由于受寒而引起的绞痛；如果脉缓，则为积液。脉沉而滑表明消化不良，脉沉而伏表征呕吐和腹泻。

一般的旧医根据脉诊即可预后。例如中风，脉象应为迟而浮；如果坚、数而充盈，预后便危险。再如伤寒，如果脉浮而充盈，则不必担忧；如果细、小而软，预后便严重。

最后，还有一种特殊的脉，称为"太素"，可以揭示一个人的命运和财运。这据说是由于肾脏控制生命，当"肾脉"沉而有规律，则指明某人地位高贵；如果弱而细，则意味其老年将贫困。脉沉、有规律而且滑，便会长寿。在脉搏记录仪和心电图问世之前，上述那些脉搏的复杂临床表现显然已经有人描述过！

在结束这些古代知识的论述前，还应对中国那些用草药治病的医生非常热衷使用的某些著名药物略加评述。首先是人参，因其根状如人形而得名。许多世纪以来，中国人表现了对它的疗效和强壮功能之绝对迷信，因而不惜重金。吉林省长白山出产的野生人参最为昂贵，然而这种植物如今在美国和朝鲜遍地栽培着以供应中国市场。它的有效成分似乎是人参宁，这是一种糖苷，具有一定的滋补和壮阳的作用，还有利尿的效果。其实这些功效以更少的花费同样能达到。中国人还早已知道其他一些有效药物，诸如治疗麻风病的大风子、麻黄（萃取而来的一种生物碱——麻黄碱，用于治疗哮喘）；汉中防己和木防己（都是由可利用的块根萃取而来的青藤碱，用于治疗水肿、风湿热及类似疾病）。还有各种药用的藻类、蟾蜍、斑蝥、鹿茸，某些动物的脏器如肝、胰、胃、胎盘、卵巢、猪肺、脑等等。当归（*Cryptotaenia eanadensis*）则广泛用于治疗月经失调，再有更常见且广为人知的，如甘草、甘汞、水银等。

早期相对而言那样先进的中国医学科学，为何自中世纪开始即远远落后于欧洲国家，现对其原因略加评述。

周代（前1046—前256），中国医学已达到很高的发展程度，特别是在医事组织、卫生学和公共卫生方面。《周礼》（公元前10世纪）[①]中将医生分为四类，即内科医生、外科医生、营养师和兽医。在孔子、刘安、庄子、周公及其他人的著作中，已包含有许多健康生活行为的记述，如：

[①]《周礼·天官》记载医师、食医、疾医、疡医、兽医等五种。——译者注

697

病从口入。

吹呴呼吸，吐故纳新，益长寿。

养性之道，常欲小劳，但莫大疲。

邪气袭内，正色乃衰。

其他的建议还有：为盲、聋、哑、跛、残疾和疯人设立医院。

现对古代医学教育的通用方式作一简述。《周礼》中描述了如何教授医学生，以及如何根据其表现进行考绩和录用。这些医生被选派到各个医疗机构，并且必须编制统计报表，如果百分之百治愈，被判为"优"；如果 10 个患者 1 人死亡，则被判为"良"；如果 2 人死亡，为"可"；如果 3 人死亡为"差"；4 人死亡，则为"劣"。

这样的分级方法一直沿用至唐代（7—10 世纪）。宋代（960—1279）同样立足于科举考试制度设立了正规的医学校。1076 年设立了太医局，在此教授内科、外科和针灸三科。选用的教材为《素问》《难经》《脉经》《千金方》，以及既有的外科和针灸经典。

考试的命题有六道，下列每个科目中各选一道：内科与外科纲要、生理学和解剖学、脉学鉴别诊断［脉证大义］、处方和治疗、内科与外科临床、"气"和天象影响［运气大义］。考试之后，毕业生就被指派为各州县的医官、医学教师或其他医务人员。最优秀的则派去担任太医院的教师，次等派去管理医政的翰林医官院任职，第三等的则去供皇室驱使。宋代以后不曾有改进。

废除中医之尝试

人们已经看到，1910—1911 年鼠疫大流行时，受过西方教育的医师取得了值得称赞的业绩，因而开始是清政府，后来是民国政府都郑重地尝试改革上千年的旧医体制，正式承认新体系最有利于国家的需要。然而，旧医群体人数众多，控制着无限的资源，他们还竭力固守他们所掌控的群众。这些旧式医者在 1914 年首先作出反应，派代表向曾任驻英公使、时任北洋政府教育总长的汪大燮先生请愿，要求为他们的团体注册。汪先生明确回答："余决意今后废去中医，不用中药。"1915 年 9 月 30 日总统颁发的训令最终确定了近代医学的地位，规定医学、药学、兽医学的从业者应按其他西方先进国家的相同标准要求。1922 年颁布了限制中医的正式规定，结果导致成立了一个"全国医药团体总联合会"来维护旧式医生的权利。1929 年新组建的南京卫生部按支持现代化原则，给予了新式医学额外的信任，18 位医界领导人（我是其中之一）组成的一个阵容强大的委员会［第一届中央卫生委员会］，于 2 月 23 日至 26 日举行了会议。会议决定在全国废除中医，这次会议作出的决定有必要记录如下：［以下照录余云岫《废止旧医以扫除医事卫生之障碍》，载《医界春秋》，1929，(34) 9］

1. 今旧医所用者，阴阳五行六气藏府经脉，皆凭空结撰，全非事实。

2. 其临证独持桡动脉，妄分一部分之血管，为寸关尺三部，以支配藏府，穿凿附会，自欺欺人，其源出于纬侯之学，与天文分野，同属无稽。

3. 根本不明，诊断无法，举凡调查死因，勘定病类，预防疫疠，无一能胜其任，强种优生之道，更无闻焉；是其对于民族民生之根本大计，完全不能为行政上之利用。

4. 人类文化之演进，以绝地天通为最大关键；考之历史，彰彰可按；所谓绝地天通者，抗天德而崇人事，黜虚玄而尚实际也；政府方以破除迷信，废毁偶像，以谋民众思想之科学化，而旧医仍日持其巫祝谶纬之道以惑民众，政府方以清洁消毒训导社会，是人知微虫细菌为疾病之源，而旧医仍日持其冬伤于寒，春必病温，夏伤于暑，秋必病疟等说，以教病家，提倡地天通，阻碍科学化。为帮助旧式中医度过困难时期，制订了一些计划，如：

（1）由卫生部实施旧医登记，给予执照，许其继续经营。

（2）政府设立医事卫生训练处。凡登记之旧医，必须训练之补充教育，授以卫生行政上必要之智识。

（3）旧医满五十岁以上，得免受补充教育。

（4）旧医研究会等，任其自由集会，但其会员不得借此为业。

（5）禁止旧医学校之开设。

（6）禁止登报介绍旧医，禁止非科学医学之宣传。

但是旧式中医势力强大，盘根错节。政府软弱无力并接连垮台，而这些中医却奋力图存，不久后开办了高调宣扬勃勃雄心的国医馆，以博取民心。因此直到今天，尽管有政府的法律和限制法规，旧式中医继续大行其道，以至于分娩、婴儿疾病及各种传染病的死亡率居高不下。

虽然古老的中医文献存在着某些带有进步性质的理念，而且某些治疗药物也总是能在现代医师的标准药典中占一席之地，但诸多因素已促成其功效与创新性日渐式微，因为这些药物常被发现者及其贴身弟子所密传。结果旧式中医愈加衰朽。犹如中世纪的欧洲，对古代信仰和传统的过度尊崇，成了继续进步的绊脚石。那些学者的才干耗费在不厌其烦地评注古籍上，不能直接面向基础性的研究，而引进的某些根本性改革竟被视为异端。在欧洲，医疗界逐渐设法摆脱了低俗迷信，使医学获得了可与其他先进科学学科比肩的尊严。在中国正相反，这个行业尚不能从这种传说的泥淖中解脱出来。不久之后，中医的地位势将跌落到可悲的境地。虽然少数古代卓越的医学家受人尊崇，他们在寺庙被敬若神明，但一般的郎中却被视为可供任意驱使的匠人。通常他为病人诊视和开药方只是一次性的，因而没有机会观察疾病的演变，也无缘深入地观察他所用药物对施药病人的疗效。他的药方经常会被病人亲友评判，或许还会被修改。病人会毫无顾忌地请来庸医、占卜者与正式的医师平起平坐发表意见。我在前文中已经写过，1915 年袁世凯总统病重的最后几天，我作为主诊医师的那些经历就是证明。

患者地位越高，那些不可靠的顾问就越多，结果其病愈的机会就越少。

几百年来，医师这个职业已不再能吸引那些受过良好教育和诚实的人了，这出人意料吗？但一些尝试值得赞许，如适当的教育，对从业人员进行国家考试和注册，并记录在案。不过，朝此方向作出的努力通常只是断断续续的。要想取得从业资格者必须得到初步的培训，但培训方式杂乱无章，或以学徒的身份去侍奉那些并不合格的人。显然，在这种体制下，即使传授了一些有用的知识，也无法为那些没有基础的学生奠定适当的技术基础。古语云："医不三世，不服其药。"说明医术声望很高的人，除了他们自己的医术外，还需要出身于著名的医学世家。

每当看来必须求助于外科手术时，病人通常都会向西医求诊，但多数中国人仍然偏爱老式的治疗方法，即所谓内治。中西医两派的第一次严重冲突缘于历史上著名的肺鼠疫大流行，那次 1910—1911 年席卷东三省和华北的流行病，致 6 万人丧生，经济损失达 1 亿元。旧式医生在那次大灾难中表现得束手无策，在东三省的 200 名著名旧式医生中，至少有 80 人死于感染，受过现代教育的中国医师在短短 4 个月时间内所表现出的效率和勇敢，对全国免除鼠疫危害起了关键性作用。当旧式经验医学再次被拿来和原子时代不断进步的医学体系相比较时，我们应当记住那次教训！

旧医弊病之我见

如第 13 章所述，自 1912 年民国肇建，全国大部分地区，在医学教育之组织、新式科学机构、医院和卫生中心等设施之建设方面，都取得了显著进步。最初设在南京，后来移至北京的卫生部，它的存在是将医学和卫生的管理置于现代化的基础上，以满足人民多方面需要的认真尝试。

由于中国较晚进入现代化国家大家庭，现在全国 5 亿人口中只有 2 万名合格的医师，即这个国家每 2.5 万人中才有 1 名医师，而英国和日本两国，每 500～600 人中即有 1 名。为满足对受过现代教育培训之男女医师的需求，中国的新政府已经实施了一项计划，准备在短短 4 年内使学生们取得从医资格。然而西方设置的培训课程至少需 6 年才能完成，这是为了限制想学医的学生大量涌入。中国为了获得更多毕业生以应需求，降低了这个一般标准。换句话说，在效果和数量之间，选择何者更明智呢？

谈及医学进步和医疗事业，不应忽视那些庸医或那些无资质者治病的难题。这个问题在先进与落后国家都屡见不鲜。甚至在英国、英联邦各个地区、美国、法国、日本以及其他声称教育和科学知识高水平的国家，都有庸医和类似的社会寄生虫，他们在别人因疾病或濒临死亡而忧伤悲痛的时刻借机掠财。

他们总是以其如簧巧舌，吹嘘其神效，一步步骗取受害者（有时是病人自己，有时是他们的亲属），使之将信将疑，而那些严肃而不懂人情世故的合格医师是不屑为之的。如果病情简单或并无大碍，这些庸医就会夸大病情，并将其严重性讲得头头是道。最后通常是以一剂泻药或解热药便使病人好转，而他则以救命之恩自诩。假如某个病人是阑尾炎，被庸医延误导致穿孔、腹膜炎而死亡，他就会逃之夭夭，家属只得报警，让正规医师来出具死亡证明。总之，那些庸医都会照拿酬金，却对无知妄为的后果不负责任。

冒牌"专家"乐于处置颈部淋巴结炎和痔疮这两种常见疾病。前者常常是由于结核菌侵入颈部淋巴结；后者经常因为不合理的饮食，久坐的习惯和慢性便秘。病人都需要医师照护（除外科手术外），而庸医却信誓旦旦说手到病除，只要先把钞票付足。他的治疗办法是在皮肤或局部组织涂抹会使组织损伤和引起剧痛的腐蚀剂。而随后发生病情的任何延误，那些庸医总会找到借口，并不在乎病人辞退，因为他钱已到手。

寺庙道观的僧道们有时也参与治病，特别是慢性病的治疗。通常他们对治病一窍不通。不过极少数疾病，例如功能性的麻痹，有可能得到暂时缓解，于是那座寺庙的神效便不胫而走。还有一类野蛮的江湖郎中，自命为"跌打"或正骨专家，按他的方法，治疗常见的脚踝扭伤而引起的肿胀也要花很多钱，因为"内部骨头已受严重损伤"，然而一次真正的股骨头骨折却被诊断成简单的扭伤，只"需要按摩按摩，并每天在他这名专家监护下活动活动即可"。我认识一位尊贵的中国朋友，时年62岁，因跌倒而折断了股骨。某位经验丰富的医师诊断为股骨头骨折，用一副长夹板将断骨固定，令病人长期卧床休息。但是病人没有耐心久卧，便请来一名名声不佳的正骨大夫。此人认为根本无须卧床休息，也不必采用那碍事的长夹板，而是采取了一种收费很高的处置方法。他用各种野草来治疗，并按他的方法按摩。结果当然断骨不会愈合，病情越来越糟，出现坏疽，不久病

703

人便死了。恰巧在此时，他那能干的儿子在英国完成了医学学业。这个男孩后来获得罕见的荣誉，成为当地英国皇家外科学会最早的两位会员之一，并于1955年被任命为马来亚大学外科学教授。

1929年我访问美国西雅图，曾拜访过一名年轻的华侨草药医生。他在愚昧无知的贫民中生意非常兴旺。他的店铺很小，和中国各地许多简陋的药铺并无不同。他的药物存货有限，放在几个架子和抽屉里，大部分装在瓶中。他的诊察室光线黯淡，然而家具奢华，一张典型的广式有螺钿装饰的乌木方桌，两边是式样相似的硬木椅子。他自己则独享一张新式带垫沙发，旁边还放有一张带软垫的椅子。我们是广东同乡，因而得以畅所欲言。他父亲移民来此，30多年前开始经商，尽管他已学会中、英两种语言，能够开中国餐馆，但他更愿意继承草药生意。我问他有多少美国人来看病时，他告诉我那么庞大的数量真令我惊讶，特别是那些由于形形色色的病痛或常见的不适而来此求诊者。我这位新结交的朋友说，为了给美国顾客留下好印象，他仿效虚构的中国侦探陈查理，蓄了下垂的海象式胡须，却穿着西服。不过讲话还是东方口音。看来他的病人对中国的学问满怀敬意，会领朋友们前来看病。来此求诊的大部分是喉咙痛或有点发热，而普通的连翘（leongcha）或解热汤剂通常都可退热。1918年流行性感冒大流行时，他和他的父亲赚了很多钱。他们居留美国，甚觉满足。

在此还可顺便提及另一位不同类型的医界友人。他是英女皇奖学金获得者，在剑桥取得学士学位，从伦敦的有关"协会"取得了行医资格。毕业后，他定居新加坡开业行医，业务兴盛，并当选为国会议员。他还通过慎重的投资来增加收入。他经营得非常成功，以致20年后他转让了自己的诊所而在伦敦西区定居。1949年我曾在那里遇见他并畅叙往事。他告诉我，他在第一次世界大战末期流感大流行期间是如何大发其财的。他按中国方式让病人趁热服下全剂量的解热合剂，而不是按西方教师所教的那样只服用小剂量，每天治疗数百病人。他的投机事业也很顺利，他本人、妻子和女儿现在都在伦敦快乐地享受生活。这种人是西医还是中医呢？

不管古代医学教师的目的是怎样的，我们今天只有流传下来的那些先哲的著作和语录，其中似乎并没有人去提倡维护严格的医德，像在美国那样，要求执业的男、女医学毕业生一开始就要遵循希波克拉底誓言。

过去中医的弱点在于缺乏在正规学校进行的系统教学，因为只有那样才能使学生们学习专业课程，并在课程结束后取得毕业证书，然后再去行医。当时与现在一样，行医被视为一门手艺，如同木匠、瓦匠一样通过师徒传授的方式来培训，除了本人的天资和爱好外，没有其他激励机制。一般中医多半都会保守自己的知识秘密。如果他治好了病人，他便认为理应独占他的知识，而不能透露给他那些潜在的竞争对手或仿效者。这就是为何从张仲景和华佗时代起，很少有可用来指导后代医生的，记录他们发明或新疗法的著作流传下来。留传给我们的那数千卷与医学有关的书籍，大部分为注疏前人著作的，而不是根据个人观察和研究写出的独创性著述。这种限制科学进步的东方观念，与自由和极为活跃的西方态度相比较，显得多么不同。像巴斯德与科赫在细菌学上、李斯特在外科消毒法方面、微耳和在病理学上、弗莱明和霍德（Horder）在现代药物上等，诸如此类具有历史意义的发现都是来自西方。为了人类利益，当今科学家的任何发现都会公之于世。甚至一向严加保密的原子能，现在也成了公众财富。为了所有国家的利益，1955 年在日内瓦举办过一次非同小可的展览会，在那里介绍了这种新发现的能量在工业、能源、照明和医疗等许多方面应用的多种途径。如今大家都理解到，自由交流科学和医学知识将会使人们有更大的信心，并使各国间相互更加信任，这将促进实现全面和平、公正、自由和幸福。

马来亚医疗卫生之现状

1937 年我自中国政府的职位上退休后回到马来亚，开办了一间小型私人诊所。我对邪些庸医和草药医生肆无忌惮地坑骗民众感到惊讶。这些人中有华人、马来人、淡米尔人、印度人、巴基斯坦人、欧亚混血人和其他种族的人。英国殖民制度的一个不坏的传统是不干涉当地宗教和医疗，只要他们不反对这个国家的好政府。遗憾的是，随着人口的增长和经济的繁荣，庸医愈加胆大妄为，而那些无照药商亦紧随其后。那些以前只卖草药、成药和专卖药品的商店，现在竟无节制地出售阿司匹林、碘化钾、磺胺（693）、麦角、石炭酸、来苏儿、碘酒及其他有毒药物，随之而来的是出现不少急性中毒病例。虽然禁售有毒药物有法可依，但非法交易屡禁不止。那些庸医们还大肆利用报刊宣传所谓正骨妙术、心肺病高手，以及专治儿科和妇科疾病、痔疮及喉炎（甚至能治白喉）的专家，等等。他们知道登广告所费不菲，但显然此举可吸引病人，而病人通常为"保证治愈"不得不预付一大笔费用，其支出比一般注册医师的正常收费要高得多。如果病人死亡而没有合格医师在场，病亡报告就要由离得最近的警察局来开具。于是某位警长来到那个家庭，稍加询问便出具一个允许埋葬的证明，还要加上他（非医师）认定的死亡原因。像这样的报告每年达数千份，致使政府公布的人口动态统计数据与实际不符。

1948 年 3 月 27 日在吉隆坡举行英国医学会马来亚分会会议之前，我在提交的讲演稿中除谈到其他方面外，还指出："现存的死因分类方法，是乡村警察和非医务人员所为，他们凭非专业的设想为据，不足为信，可能会造成50％的误差……此外，在农村某些流产胎儿和死亡的婴儿可能会立即埋葬，其提出的报告也可能增加误差。然而，除非雇用更多的正规医师和建立更多的卫生所，这种情况必然会继续存在，我们收到的统计信息就是不准确的……"

在同一次演讲中，我提到当时流行的疟疾和肺结核这两种主要疾病，强调前者需要准确诊断，除药物治疗外还取决于其他因素，诸如营养、社会地位、环境、家庭经济状况及医院床位等。我还补充道："在这个国家（马来亚），劳工组织还处于起步阶段。当某个工人离家住院治疗数周，有时甚至数月时，无人照顾他的家庭。最困难的是如何发现早期患者，当某人被发现生病时（通常都发现较晚），除了治疗及病床外，还要补贴他的家庭。在培养医学生时，社会医学的重要性正在于此，应该在临床课程之初便提请他们注意这个问题。不曾料想，1948年英国工党卫生部长贝文（Aneurin Bevan），竟会将遭到反对的《国家卫生服务法令（2）》先在马来亚这片远未发展起来的地方试行五年，然后再在那个老大帝国推行。在马来亚，既得利益者仍然少之又少，没有人反对基本工资，也没有人拒绝被称为公务员，而大多数本地区的 B. M. A.（英国医学协会）成员似乎都是政府雇员。"

事实证明，贝文原先对推行英国国民保健制度的估计远不如当前实际，结果使内科和牙医，还有药剂师从这种受欢迎的改变中大获其利。

然而，英国并不那么需要某种理想化的规划，它的医疗行业组织完善，有讲求效率的实验室，有慈善医院，有可靠的法律，有其顾计周全的工会。而在相对落后的殖民地，几乎没有合格的医师，医院和休养所为数有限，卫生中心和公立诊所很不够。当今医疗理念正在不断变化，我们可以料想，那些原用于收容性病患者的医院已被废弃，因为青霉素的发现，现在可以在几天之内治愈这些病人而无须经年累月。也许不久以后同样的发现会出现在诸如肺结核与麻风病等难以治疗的传染病上。因而需要将大量经费用于建设低收费的医院和休养所，这些设施只要求维持25年左右，而不是要那种能保持100年的精心构建的豪华建筑。我认为，除那些例行工作和研究设施需要有高效装备的实验室外，向普通医院和休养所投入巨款是错误的，特别是在常年气候温暖、鲜花盛开的热带地区。那里土地丰饶，物价低廉，民众不尚奢华，因此在那里应该为肺病患者建立简易的带长廊式的病房，而不是那些需要耗费大量经费去维护的豪华建筑。像吉隆坡那座以某前高级专员命名的医院和新加坡防痨协会诊所，每座都花费了高达数百万元（当地货币），它们看起来很漂亮，但只有很少数的病人受益。适于瑞士、英国和美国等国的模范机构，在马来亚这样的国家不应效法，它们在这里是无法长期维持的，因为那里生活水平和气候条件完全不同。

在中国从事近30年防疫专业和医院管理工作后，1937年我回到马来亚。从此我得以与这个各阶层杂处的社会有了更密切的接触。这些阶层的人各有其禀性、好恶、信仰和敬畏对象。我主要在同胞中行医，令我惊讶的是，尽管教育和物质生活有了改善，但他们对待科学和医学的态度却一如既往。得益于村庄和橡胶园排水系统的建立，以及雇用了专业的卫生官员和助手，疟疾之危害已大为减少。由于更明确地认识到了脚气病的原因，其死亡率在过去半个世纪里已从4.5%降至2.1%。麻风病的发病率从表面看维持原状；如果说有所不同的话，那就是肺结核增加了。由于广泛使用青霉素，梅毒和淋病这两种主要性病已大幅度减少，医师如今很少见到三期梅毒患者那可憎的面孔了。由于现代人群中开放式的混乱性生活，致使更频繁地依靠堕胎而造成更多的年轻女性死亡。有时还会将某些注册医师送上刑事法庭，而无数的庸医却能设法逃脱法网并继续其骗人勾当。

国家富裕了，庸医也随之滋生，当某个城镇这类从业者达到一定数量时，便会成立一个"中医协会"，而且在政府办理了注册手续。我曾经在公共场合见过很多此类人，并访问过他们的家庭和办公室。他们医学知识是那样有限，而他们的业务却如此兴旺，实在令人不解。在那接诊病人的单间房屋里，竟有许多孩子跑来跑去，他们的一个或两个妻子也经常来参加会诊。那里根本没有供病人躺卧检查的床榻，总认为切脉诊断即已足够，不管是头痛还是胆结石，一成不变！他们总是表现得博学，夸夸其谈于寒证热证、元气虚弱等，并据此开出处方。然后他们便会将通常用红纸包着的脉礼装进口袋，同时还等着那订有协议的药店送来佣金。

在马来亚，草药医生对那些因患疟疾发热而前来求诊的患者，很少用奎宁或其他最近发现的抗疟药剂，这令我百思不得其解。在 1941—1945 年日本占领期间，大多数灭蚊行动都已停止，恶性疟疾必然流行。可是只会诊脉的中医和马来巫医却似乎都没有用奎宁这种简便方法去控制这种广泛的感染。他们一直只相信那难以割舍的古老的解热药，而这些草药只可用来治好轻微的感冒或流感。假如那些庸医能懂得使用这类有效的治疗方法，即使规模不大，也会显著减少病人痛苦和降低过早死亡的人数，甚至还有可能为他们自己的行医职业赢得一个可靠的基础。

但他们在其他方面似乎早已遥遥领先。例如用阿司匹林减轻头痛或身体其他部位的疼痛，看来只有他们在这种情况下会使用过量的药物。我们发现他们的处方或出售的成包药物每一剂的重量达到 20～30 英厘的极限剂量，而且没有任何填充物。不少较年老的人发生心力衰竭有可能源于此端。那些无资质的行医者偏好使用的另一种药物是 693（磺胺）。这种药物在日本占领时期变得大受欢迎，因为货源短缺而治疗当时两种非常流行的淋病和热带溃疡有效，致使其价格攀升到空前水平。这种药物一直非常受民众的欢迎，既可外用又可内服。不过它已经被列入毒药目录中，因此除非特许或有注册医师的处方，是禁止出售的。在中国，医学教育和医疗职业都已经不同程度地置于现代化基础上了，在1928—1940年间，大城市的旧式中医不得不去学习简单的解剖学与生理学、基础卫生学，以及学习使用西方平民熟知的有效药物。但是新式教学在辽阔的中国的影响只是暂时的，或者由于内战或抗日战争而不时中断。中华人民共和国成立以来，显然已经采取了国民医疗保健制度，并不鼓励私人行医，治病必须去政府的免费诊所。要想让它发生符合现代科学要求的改变，将需要若干年。

与日本和菲律宾相比，可认为新加坡、马来亚和印度尼西亚的医学观念和业务相对落后，这是由于几个世纪以来这些国家与进步的西方隔离，固守着他们的本土信仰造成的，然而这一看法并非完全正确。当英国的东印度公司在东方国家站稳以后，他们采取了开展贸易和武力征服的殖民地政策，他们小规模吸取了现代卫生的优越性，特别是接种预防天花的疫苗。自1805年以来，由于皮尔逊（Alexander Pearson）医师的努力，在广州和邻近的华南城市出现了令人瞩目的进步。通过简单的清洁饮水供应措施，在槟城、新加坡和马来联邦，可怕的霍乱很快绝迹。在马来亚，这种进步并不均衡。医学和卫生教学并未携手并进，产前门诊健康检查未受到足够重视，而身兼预防和治病双重功能的政府诊所，本应从一开始即行组建。甚至香港和新加坡的医学院升格为综合性大学的"高等"医学院后，此地仍顽固地保持旧的观念，认为"医学课程目的不是培养专家，而是普通医师"。应该坚持的是首先培养学术领导人，然后才是普通医师，让他们在各自领域中相得益彰。在这里培养的是大批只会看病的目光短浅的医师，除想发财和追求安适生活外，并没有更高的目标。即便是机遇出现，也显然不会增进那些作为研究中心的机构的声誉，也不能提高学术水平。

我在1948年的《马来亚医学杂志》上发表过一篇题为"马来亚社会医学展望"的文章，在文中我大胆预言道：

在未来的马来亚，我预期（不过我有生之年不一定能看到）那些较落后和贫困的阶层将会与富有和受过教育阶层享受到同样的照护。卫生中心和医院中的主治医师将会满足需要（例如，1 000万人口中，每2 000人中有1名医师）。他们都热心承担讲演、治疗病人、管理实验室、施行必要的手术等职责，没有人过度劳累或暴富，他们为团队精神自豪，快乐地度假，并且每五年有一次去欧洲或美国进修研究生课程的机会，回国后能更有工作效率从而更多地为社区造福。官方的医师与受政府补贴的医师将共同推进先进的医疗卫生运动，他们用各种语言发表公开讲演，而没有好管闲事的医务机构来干预他们的行动。所有人都能得到医疗服务，而不再被极少数人垄断，各民族的医师将会更体贴特定类型的人，这样那些人便能学会如何维护他们自己和家庭的健康，采用更适当的食物，并由他们的同行专家定期进行健康检查。对存在的病变，诸如扁桃体肿大、视力减退和疝气等，在恶化前便能得到治疗。巡视的或流动的诊所和配备有显微镜的实验室将前往边远村庄，执行预防、诊断和治疗常见疾病的任务，并且是完全免费的。果然如此，若干年后，将能取得极大的进步，而那些惯于在尚未动手治疗前便漫天要价的庸医，便会越来越感到难以生存了……男性助手和女性护士中不乏宣传能手，已经证明他们更能吸引乡村民众。政府的卫生人员应该更经常地视察学校。我总不理解为何马来亚至今仍未在学校儿童中推行强制健康检查制度。中国的学校在这方面比起生活水平高得多的马来亚还更先进。所有的学校和学院均应有自己的保健医师。不能罔顾每个学生的身体特点，强制所有的学生参加可能对其不合适的运动……

我对 1948 年马绍尔领导的劳工阵线如此短时间便能在新加坡执政，事先毫无思想准备。也许我的愿望现在可能更快实现。马来人领袖东姑阿都拉曼（东古·拉赫曼，Tengku Abdul Rahman）领导下的马来亚联合邦也应该步其后尘。

反思

步入阅历更为丰富的年纪后，我曾进行过一些深入的思考，可否用这些思考后的见解来结束这一章呢？在两次世界大战取得胜利后，英国财政大臣巴特勒（Richard Butler）曾经说过，英国已经从头号债权国地位降为头号债务国了。1945 年工党政府继承了丘吉尔的政策，引进了国民医疗保健制度，以进一步推进福利国家的利益。这个想法是合理的，但负责这项措施的部长，并不像曾经负责通过全民健康保险法案的那位威尔士人前任部长那样，他不是经济学家，并没有预见到组建如此庞大的体系牵涉面是如此复杂，像英国这样的先进国家，需要为每个公民从"摇篮到坟墓"都美满幸福做好准备。

在马来亚（此处包括新加坡）极少或根本没有那种家庭医师，而在英国已有了好几代。中国人通常是讲求实际的，如果病人不立刻出现好转的迹象，便会毫不犹豫地换医生。而请来的医生们彼此并不通信息，只是照老规矩看病，新请来的医生并不会去询问前一名医生，只当是什么也没发生过。因此他们既不顾传统，也毫无怜悯之心。而那些医生总想每天在他的诊所为 50 名病人诊治，因为这样一来，他很快就会比那每天只看 15 名病人的同行更有名气，至于是否称职，是不会顾及的。

通盘进行考虑并牢记现实状况之后，我相信应引入一种经过修改的健康服务制度，较之经贝文在英国努力而通过的那个制度更简单易行和花钱更少，这一制度将使医师责任感更强，并能在他们的职业中更好地领会医疗的理念，医疗毕竟不应该被看做是一个普通的行业。那些执业医师将不再为收入担心，因为收入是固定且足够的；他们作息有度，并且有把握享受独自的或带家属的研究假期和国外旅行。目前一个繁忙的执业医师，只靠单干，没有闲暇，成年累月被束缚在他的诊所和药房中，既没有可能增进知识，也享受不到合理的休假。结果这些医师变得孤陋寡闻又愤世嫉俗。在马来亚那些不多的欧洲医师是幸运儿，因为他们通常在一家公司工作，并依据和那些多年老企业、锡矿主和橡胶园签订的合同获得大笔收入，此外他们还能通过私人开业行医赚钱。

更重要的是，在国民医疗保健组织中，公众会更好地了解现代卫生学和社会医学的实际情况，因而不再抱住那用过多少年的药瓶不放。医师对病人也将会更加坦率地直言，因为这与费用多少没有关系。另外，更年轻更热情的毕业生在课堂上已经被教导要对团队工作忠诚不渝，因而能够胜任卫生站、设备精良的诊所及实验室的重任，或负责视察学校、讲课等，这便有助于得到准确的发病率和死亡率统计数据。由于在医疗方面花费较少，公众便可以在食品和使日常起居更舒适的方面投入更多。我真心希望未来的几年，将会见到在社会医学进步方面有巨大的改善。

中国古代医学谚语

我愿在此以摘录古代中国医书中的一些充满智慧的谚语作为结论。其中有不少同样适用于古今中外的医疗理念。

1. 古之人不在朝廷之上，必居医卜之中。[宋代朱肱《类证活人书》引汉代贾谊言]

2. 不为良相，便为良医。[北宋范仲淹语，见宋代吴曾著《能改斋漫录·卷十三》]

3. 良医知病人之死生。[《史记·范雎蔡泽列传》]

4. 医者，父母之心。

5. 上医医国，中医医人，下医医病。[孙思邈《千金要方·候诊》]

6. 医明其理，药效如神。博览多知病，广治积经验，多试知药性。

7. 医不自医。[明·李梦阳《梅山先生墓志铭》]

8. 妻患麻风，不避丈夫。

9. 上工治未病。[《素问·四气调神大论》和《灵枢·逆顺》]

10. 不治已病治未病。

11. 饱痢疾，饿伤寒。

12. 好药不在价格而在其功效，药方不在其中种类多少而在其药性之所长。

13. 无药可保长寿，无钱可买孝子。

14. 一日三餐夜安眠，长寿佛在跟前。

15. 求健康未必食肉。

16. 鱼生火，肉生痰，青菜豆腐保平安。

17. 十分饱，命不长；八分饱，喜洋洋。

18. 吐故纳新，益智延年。

19. 丑妻益长寿。

20. 人之寿夭，在于搏节。

21. 动则不衰。

22. 病从口入。

23. 养性之道，常欲小劳，但莫大疲。

24. 邪气袭内，正色乃衰。

　　在我看来，仅仅长寿并不足以自慰，除非有健康的身体，并能有机会在某种程度上与他人同享相互理解的生活乐趣。当然，这是相对而言的。如果一个人不能发挥他的智慧，或无缘回报友谊和情感，而仅仅是活着，那么，不论别人如何宽容，也并非乐事。

第 22 章

马来亚和马来亚人民

近年来报章和世界文学中屡屡提及位于东南亚而称做马来群岛的这片地域有关的某些名称和名词，如马来、马来亚、马来西亚、马来人、马来亚化等，这些名词以前很少使用，现在却成了常用词，不过用得并非总是正确。

大致说来，马来群岛由幅员广阔的一群热带岛屿组成，它从孟加拉湾的尼科巴群岛起，直到太平洋上的所罗门群岛，绵延 4 800 英里。它包括苏门答腊、爪哇、婆罗洲、西里伯斯、菲律宾、新几内亚和俾斯麦群岛，现在主要被分为菲律宾、印度尼西亚等国家和中太平洋少数散处的岛屿群。印度尼西亚保持着其自身特定疆域，涵盖着称之为荷属东印度群岛的前荷兰领地。

马来半岛大小为 70 000 平方英里，现在分成英国殖民地新加坡和马来亚联合邦两部分。新加坡位于半岛最南端，是一个 300 平方英里的重要岛屿；马来亚联合邦幅员 50 700 平方英里，最北方其余的岛屿为泰国拥有。马来亚实际上不属于马来群岛，现代称为马来半岛，是大陆的一部分，这里的居民因种族和语言的关系紧密地联系在一起。

马来亚联合邦现包括 9 个州，由北到南依次为玻璃、吉打、霹雳、吉兰丹、丁加奴、彭亨、雪兰莪、森美兰和柔佛，每个州有各自的苏丹，此外还有两个昔日的殖民地槟城和马六甲，州长都是当地出生的人。

要了解这一地区现在的发展态势，也许有必要简略谈谈其历史。

原住民

马来亚的原住民形成若干个复杂而最原始的族群，可认为他们是北方流入移民留居于此而形成的。这些属于尼格利陀地域人种的原始游牧者，在人类学上与安达曼、菲律宾、新几内亚和印尼等地的人种相类似，现在总数不足 2 万。他们散布在北方各州，人们称他们为舍麦人（Semai）、特米亚人（Temiar）、车皇人（Chewong）等。在南方，那些原住民通常被视为马来的原住民，具有蒙古人种血缘，有时也称为雅贡人（Jakuns），受各自的酋长统治。

自从主要来自西里伯斯岛和北苏门答腊岛的穆斯林进入此地后，邻近的印尼各个岛屿上有大量移民来到马来亚，他们成了现在众所周知的马来人中的绝大部分。

印度时期

早在公元 1 世纪印度文明晚期，来自科罗曼德尔（Coromandel）海岸的商人已开始定居在东印度群岛和马来亚，他们带来了铁器、布料、珠子、樟脑和其他一些有用的日用品。已知他们主要定居处是狼牙修

（Langkasuka）①，那里可能是现在北部各州及毗邻泰国南部的地区。因此古印度早在 8 世纪已通过三佛齐（Sri-vijaya）帝国向该地区引进了印度的艺术、文化，并曾一度引进了它的宗教。当时这个帝国包括马来亚、苏门答腊、锡兰、爪哇的一部分、婆罗洲、西里伯斯、菲律宾、柬埔寨、占城（安南）。后来在 13 世纪末，满者伯夷帝国兴起，发动了对三佛齐帝国的战争并最终将其征服。他们通过阿拉伯和穆斯林化改造，接管了苏门答腊岛和马六甲并改而信奉这种新的宗教。再后来葡萄牙人来到此地，他们凭借先进的武器，征服了这片一度被穆斯林统治的疆土。

中国的影响和马六甲王国

在第二个时期，中国对马来这片土地的发展、进步和幸福所起之作用不应忘记。这一时期提供了非常引人入胜的文字记录，让我们得窥一个强大文明国家给予一个不发达小国非同寻常的恩惠。在这方面，明代（1368—1644）的史志为我们提供的丰富资料足堪品味。由其中我们得知：

远在 15 世纪初中古代马六甲王国建立之前很久，中国人已经经常出没于马来半岛的海岸。在唐代（618—907）他们与波斯和阿拉伯的海上贸易已经达到全盛时期，而马来半岛正位于前往印度和西方的必经之地，他们必然早已知道这个地方。671 年义净和尚去印度取经的航海途中，曾在马来亚逗留过两个月。

另外，意大利旅行家马可·波罗，在为元朝皇帝忽必烈忠实服务 20

---

① 古代东南亚的印度化国家之一，其领土包括今马来半岛北大年以东马来西亚的吉打州。——译者注

年后，1293 年被委派陪同蒙古公主从温州港前往波斯，下嫁该国当朝君主，他们的使节团曾在苏门答腊和马来亚停留数月。

1403 年，明朝第三代皇帝永乐派遣太监尹庆前往马六甲和亚齐（苏门答腊北部），以全权使节身份向苏丹拜里迷苏剌赠送礼品，苏丹也曾指派专使去南京答谢，向皇帝赠送了该国特产锡、黑檀木、香料等。第一个使团于 1405 年到达首都，皇帝亲自颁发诏书，封苏丹为"马六甲国王"，赐给丝绸朝服和一柄黄伞，从此建立了马六甲王国并得到中国强有力的保护。在马六甲山冈上矗立着一块花岗岩纪念碑，永久纪念着这一事件。

1408 年，著名的钦差总兵太监郑和被任命为出使南洋各地的中国使节，率领强大的船队从中国出发。他于 1409 年到达马六甲，送给苏丹和他的大臣们许多礼物，以表示中国的善意，同时也警告泰国（当时也是中国的藩属国）不得骚扰这个新王国。

郑和回国时，用他的船队装载着拜里迷苏剌偕夫人和儿子们，以及随行官员和亲随共 540 人到达南京，受到了隆重接待。逗留几个月后，苏丹和他的使团由另一名太监特使甘泉护送回马六甲。1414 年拜里迷苏剌苏丹之子访问南京，通报其父的死讯，中国皇帝正式任命他为马六甲王位继承者。

1459 年，曼苏尔苏丹派遣他的使臣巴拉普提到南京，要求将一位中国公主许配给他。于是选中了一位名叫汉丽宝的美人，她前往南洋时，有 500 名中国贵族少女作为婢女，这些婢女中有人后来与马来贵族的儿子结婚，从而使这两个民族的关系更为密切。这些中国女子后来都接受了穆斯林信仰，直到今天，那些皇室和贵族家庭的后代中，还可以见到具有马来人和中国人相结合的特征，如同在泰国所见。

中国和马来亚在 108 年（1403—1511）的外交往来中，马六甲总共有

5 位苏丹偕眷属和大臣访问过中国朝廷。派往南京的使团至少有 29 个，7 位马来新统治者继位受到中国皇帝的确认。马六甲在抵抗泰国和安南骚扰与威胁时，中国曾 4 次给予有效保护。如今，年轻的政客们常以轻蔑的口吻谈论中国，他们应该记住，这两个国家之间有着长达贯穿整个 15 世纪的真诚而愉快的关系，两个东方民族之间还有着密切的血缘联系。

西方的侵略

马来人的马六甲王国在 1511 年即告终结。经过激烈战斗后，阿尔布开克（Alfonso d'Albuquerque）率领的葡萄牙舰队占领了城市。苏丹马穆（Mahmud）逃往柔佛，在那里建立了一个包括柔佛、彭亨和廖内群岛的王国，后来被称为廖内柔佛。

至于新加坡，一般都认为它是 13 世纪时的小国淡马锡（后来的新加坡），这个小国是三佛齐王国的组成部分，后来并入了马六甲王国。在早期，为抵御泰国人频繁的袭扰，淡马锡不得不进行自卫，但最后在 1376 年仍被满者伯夷（Majapahit）征服，以后 400 年的历史之中，这个地名竟消失得无影无踪。

葡萄牙入侵者都是十字军，而不是商人，似乎更想迫使当地居民改信罗马天主教。为了让他们的军队获得足够的兵源，他们鼓励本国士兵与当地妇女通婚，以便生下的男子参军。后来由于得不到葡萄牙的增援，他们抵挡不住荷兰军队的入侵，在持续占领 130 年后终于在 1641 年败北。

荷兰征服者建筑了坚固的要塞，马六甲山顶上那座尤其壮观。他们的主要目的只是进行贸易，以使他们本国致富。但后来在 1795 年拿破仑战争中他们又被英国人赶走。虽然 1814 年拿破仑惨败滑铁卢后它又暂时回到荷兰人手中，但根据 1824 年签订的《英荷条约》，马六甲领土和马来半岛落入了英国人之手。

在本书第 5 章曾述及 1786 年槟榔屿之被占领，而新加坡的易手则充满人性和政治智慧，特别是莱佛士在其早期历史中扮演了重要角色。现对此稍作铺陈。从 1819 年莱佛士和他的白人同伴带领一个印度卫兵乘坐一艘小船在此登岸起，到今日此地已发生了惊人的变化。当年全部人口为 140 人，至 1824 年增加到 1 万人。在 1822—1823 年间，贸易额从 850 万元增至 1 325 万元。1887 年新加坡引进了炼锡技术，并于同年开始引种橡胶树。1891 年，里德利（H. N. Ridley）即提供出了新加坡生产的橡胶样品。1918 年，即莱佛士登陆 100 年后，此地人口上升到 30.5 万人，1935 年为 56 万人。尽管移民受到限制，至 1954 年人口数字已达到 125 万，其中 76% 为华人。国际贸易也相应扩大，新加坡作为自由港的战略位置及世界贸易中心是它不断富裕的主要源泉。1954 年它的海外进出口总值为 45 亿 600 万美元（5 亿 2 600 万英镑）。它与马来亚联合邦的贸易又增加了 11 亿美元。马来亚确实是英联邦内非常珍贵的宝石，锡和橡胶是赚取黄金与美元的最大资源，并借此为大英帝国的经济发展作出了巨大的贡献。

回顾马来地区的某些过去的历史，可以这样说，由于多年来当地统治者之间常发生争执和局部战争，它需要有一个强大的势力居间调停。1873 年，大英帝国任命了一位强硬的总督克拉克（Andrew Clarke）爵士。在他的指导下当地各头领之间签订了一系列为大家一致同意的条约：

1. 马来联邦接受英国保护，与其他各国交往时必须经过大英帝国同意。

2. 大英帝国确保防止任何外敌之攻击。

3. 每个州任命一个英国官员，除有关马来宗教和马来风俗的事务外，对这位官员的建议必须服从和采纳。

随着全面恢复和平与稳定，这个半岛不断取得实质性的进步。中国和印度的劳工迅速涌入，矿山和橡胶种植园得到了发展，使这个国家日见富庶。

1941—1945 年日本人的入侵和随后的占领，使社会进步被完全中断了三年半，随着日军无条件投降而获得解放后，英国实行了 7 个月军事管制，然后于 1946 年 6 月建立了马来亚联盟的民事政府。这个联盟包含槟榔屿和马六甲两处殖民地，以及前联邦和未联合的马来属邦共计 9 个州。这个行政单位从 1946 年持续到 1947 年。联邦的行政权力全归总督爱德华·亨特（Edward Gent）爵士掌有，有一个咨询委员会供其磋商，但委员会成员均由总督任命。

然而，这些改变并未让各州的首领们满意，为此他们及其人民一起帽缠白带表达抗议。1948 年 2 月，马来亚联合邦接替了马来亚联盟，确立了更加自由的条件，7 年后（1955 年）新加坡和马来亚被允许实行自治。从 1955 年初起，政治和社会发生的变革确实是迅速的，尽管过去 8 年大约 5 000 名心怀不满的恐怖分子造成了紧急状态，为大多数守法公民的心头蒙上了一层阴影。

新加坡和联合邦两处繁荣面貌依旧，尽管在新加坡持续和频繁地发生罢工，但可望在未来的几年里恢复和平。

20 世纪早期的马来亚

在第 5 章中述及我的童年时代时，曾提到过主要的三部分人（华人、

马来人和印度人）主导的不同生活理念。那时，在出版物里华人被描述为
"中国佬"，带有几分嘲弄，也许是因为他们额头剃得精光，脑后拖着一条
辫子的缘故。印度人，特别是淡米尔人，则俗称为吉宁人。只有马来人的
称呼比较得体，但他们只操持几种简单的职业，如办事员、渔夫、警察、
农夫、马夫（司机），以及跟班或信差。我当时尚未访问过马来联邦，所
以无缘与贵族相遇。

　华人分成了不同的群体，如广东人、客家人、潮州（广东省汕头和潮
州府）人、闽南（福建省南部）人、福州（包括福建北部福清）人以及
海南人等。每个小群落都牢牢地依附于自己的宗族，尽可能拥有自己的宗
祠，以供举行会议和安放家族牌位。闽南人人数众多，他们拥有大部分地
产和商铺，所有这些群体中的孩子除了说自己的方言外，还要会说厦门
话。在学校，也因为职员和老师大多是闽南人，男孩女孩都懂厦门话。所
以，尽管马来语在槟城是公认的社交语言，但到现在说闽南语的还是比说
马来语的人更多。同样，我后来还得知，在霹雳州矿区，客家话和广东话
是通用的方言，因为那里的大多数华人都使用它们。在学校，我们开始用
马来语教授英语，所以在我们求学之初，即至少能熟练应用三种语言，即
英语、马来语和闽南语。我还记得在学生时代，福建同胞把广东人称为
"澳门人"，这很大程度上是因为早期移民（包括在海港被临时关在木栅
栏里的契约华工）是从珠江口这座葡萄牙人占领的城市登船出洋的。

　我在槟城、马六甲和新加坡的朋友中，有不少人在马来亚的祖先可以
往上追溯五六代。所以当今大英帝国二等勋爵辜承福，竟能把在莱特时代
已在岛上定居的某位辜姓人士作为他的祖先。而许如财则把在泰国当过大
官的某位许姓人士作为祖先，那些同姓的官宦或平民便直接继承下来了。
厦门附近有个以许姓命名的古老村庄，那里的宗庙、学校和其他设施的建

设和维护，几百年来一直都靠定居南洋的家族成员定期汇来的资金。在马六甲，大英帝国（二等）高级爵士陈祯禄仍旧住在位于麒麟大厦街（Heeren Street）的那栋住宅中，那是二百多年前他的某位祖先用自己的帆船从福建运来木材、琉璃瓦、中国漆等材料建造的。事实上，在筹划海峡轮船公司之前，已经有一个经营华南与马来亚之间运输的陈氏航运公司。在新加坡，伍氏族人很久以前即建立了自己的宗祠，安放在那里的一些木质牌位见证了他们的拓荒时代。

这些先辈们在一些机构受到永久性的纪念。例如，槟城大英义塾仍然颁授由辜尚达创立的百年金质奖章与奖金；在雪兰莪，陆佑因慷慨助学的善举而名留青史；在新加坡，马来亚大学仍保留着以黄仲涵命名的大厅和陆佑奖学金；而陈笃生医院已经作为马来亚学生临床医学教学中心经历了好几代人，现在已由政府拨款扩建。

在英国殖民政府明智和务实的制度下，前海峡殖民地和马来联邦（现已改变成新加坡殖民地和马来亚联合邦）都在物质繁荣方面取得了巨大进步，主要是凭借锡矿工业和橡胶种植。这种进步是欧洲人和华人投资的共同努力而获得的回报，它一方面得益于英国的技术与政府的经验，另一方面是中国和印度劳工的贡献。技术、经验和劳动力如此和谐的组合，有必要持续多年，直到更年轻的一代出现，他们将接受更好的教育和受到更先进机构的培训，如在本地大学、专科学校和其他现代化机构中，他们将能找到普遍受惠的场所。

遗憾的是，相当多曾经富裕的家庭丧失了他们辛苦赚来的财富，这主要由于他们的后代，多半是第二代的漫不经心。这些后代受过相当的教育，少数甚至留学海外，但因没有毅力或商业才干，很快便挥霍了他们的遗产。从前在那里有许多冠冕堂皇的社交俱乐部，许多朋友或相识者聚集在那里豪赌。赢家通常是那些职业赌徒，而在赌桌上或在那些可疑企业中如果遇到更狡诈的人，他们就会血本无归。他们的欧洲熟人会推荐赛马，赌注巨大，如果他头脑不清醒不知何时该收手，便常常在赛马会上失手。还有人经常在著名妓院（hoiting）顶层音乐厅举行晚会，每人还要带上一个或几个歌女，从晚上9点到凌晨，喝掉大量的白兰地和威士忌，还备有极丰盛的食品。他们还几乎无一例外地在那乐队与歌唱喧闹中赌博。这种聚会每夜将花费几百甚至几千元，并且可能连续数周不停。

在第8章已谈过，在我执业初期，曾经试图在华人的大多数阶层，从贫苦的人力车夫到时尚青年和商界普通店员中，戒除吸鸦片恶习。主要的困难在于政府当时已经深深地卷入了鸦片贸易，他们或是直接从富有的罂粟种植者那里得到好处，或是间接通过加工烟土出售和配送给瘾君子而获得暴利。海峡殖民地（新加坡、槟城和马六甲）遍布着那些鸦片及烟酒饷码①名下的强大的辛迪加垄断行业，他们要做的就是留住尽可能多的烟客和酒鬼，从而大发横财。

马来各邦是正式受海峡殖民地政府保护的，那里的纳税烟酒饷码（也是垄断性的）中有数不尽的设施，以供他们开赌场和向民众销售烟酒。在这些州里，把装在矩形厚木箱中的印度生鸦片售给出价最高的竞购者，供他们私自加工成烟土出售和配送给矿工及其他成瘾者。这种收入让政府和资本家都得利，只有劳工攒不住钱。

除了在鸦片和赌博上挥霍外，华人还因那些愚蠢的风俗而虚掷大笔钱财。为了唤起公众关注这些陋习，我常常在《海峡之声》（槟城）和《海峡时报》（新加坡）等报刊上以公开信的形式发表文章。其中发表于1905

---

① 饷码（Farm），是英国、荷兰等国在东南亚殖民地实施的一种税收承包制度。——译者注

年 10 月 5 日的那篇，论述了这些浪费金钱的旧习俗，我在此处摘录几段：

农历七月十九日是槟城海滩街（Beach Street）的鬼节。沿着整条大街和大桥街的两边，几乎彼此相连地排列着精心布置的供桌，上面摆满了各种日用品，供那些看不见的鬼享用。这两条繁忙的街道可以看成是无所不有的大卖场，它们被分成了若干个小区，每个小区属于一个或几个商号。在鬼节那天，映入人们眼帘的却是清一色的景象，无非是白色的桌布和供果，无数香烛带来的烟雾，拥挤的人群中不时传来的喧闹声，同时还伴有僧人们反复吟诵那不知所云之经文时发出的枯燥的念经声。

离开海滩街来到新街（Campbell Street），这里是槟城的红灯区。这里的费用都由这些妓院的妓女开销，付费多少，全凭自愿。他们的庆祝活动历时四天四夜（25 日至 28 日），活动包括用彩灯装饰自己的房子，以及在居林巷（Kulim Lane）老剧场的大厅举行公开亮相。在这个岛上再也找不到比这里更龌龊和肮脏的地方了。这个地方也像别处一样，堆满了乏味的水果、点心、图画和各种装饰品，还有望不到边的成排纸糊魔鬼，居首的便是面目狰狞、令人触目惊心的"阎王"。我们怀着沉重的心情离开，痛惜人们在这整整一个月中为那毫无新意一再重复的仪式而招来那么多麻烦和花费那么多金钱。我觉得即使这些活动必不可少，也应该在一天内解决。

海峡殖民地的华人通常被认为是最自由和最进步的中国人，果真如此，那他们就不仅应该保持这种美誉，还应该增进他们的声誉，那就要摒弃或改革他们那些陈腐而毫无意义的风俗……

在 1906 年 1 月 10 日发表的另一篇公开信中，我这样谈到马来联邦大多数城镇可见的赌桌：

在某个常住人口为 4 000 人的小镇，沿着通长不足 200 码的街道，可见四栋与众不同的房屋，它们宏大且漆成古朴的白色，夜晚则灯火辉煌。楼外街道中，无数的小食档足以迎合五花八门的口味；楼内则极尽声色之刺激。赌桌通常是长方形的，四周都围满了人。有些人在用纸牌"翻摊"，有些人在"掷骰子"，还有人在赌"十二支"。

每张"翻摊"赌桌由一名显得无精打采的漂亮女孩做庄，由她分发筹码，还有二到三人陪伴在侧代表银行掌管输赢。在"掷骰子"和"十二支"的赌桌上则无须女孩服务，因为这些游戏需要眼疾手快。来赌博的主要是赤膊的人力车夫、穿黑衣的矿工、低级店员和不修边幅的先生（教师）、演员，还有那些头戴西方宽边毡帽或草帽的海南厨师，而诚实的头家或老板以及规矩的商人显然是不会光顾这些地方的。似乎赌桌边大堆人发出的喧闹声还嫌不够，那些赌徒们还要享受中国管弦乐队演奏的音调更高的中国的丑角戏，赌场老板还会雇来一些广东女孩在那里唱歌……

日复一日，周复一周，每天从中午到晚上 10 点，赌场照开不误，连星期天和公共假日也绝不中断。10 点钟敲响，便会按政府之规定关门大吉……

政府的最大部分收入来源正在此处，所以在马来联邦这个行业被称做"收税烟酒饷码"，这包括赌博、典当业及烟酒饷码，而后两种比起第一种来只不过是个零头。目前（1906 年），霹雳州每月从这些烟酒饷码净得170 000 元，一年即为 2 040 000 元；在雪兰莪州一年为 1 584 000 元，森美兰州和彭亨州则略少些。

在每个采矿点（在大州为数上百个），赌场以及与它相随的典当行近在咫尺。没有人会提倡节俭或根绝恶习，无处不在的口号是"花钱、花钱、花钱"。大多数人不得不困守在田里耕作，许多人死于贫困，有些人沦为盗贼，而只有少数幸运儿鼓起了口袋。这不是一个产生像郑亚贵、

729

陆佑和叶亚来那些领袖人物的时代，这些人从一无所有成为超级百万富翁……出现像胡珠春、陆佑那样高素质的人的确是值得庆幸的，他们发财以后，还愿意投身我们的改革者的行列，吁请政府取缔那邪恶的赌博烟酒饷码……

这些赌场连同与它们相随的鸦片烟酒饷码今天终于被废除了，这对后代矿工和产业劳工是极为有益的。

现状

1956 年我在写本文的提纲时，不禁回想起 50 年前早期殖民主义时代直到今天所发生的巨变。那时只要某人哪怕是私下谴责几句鸦片贸易或赌博烟酒饷码的罪孽，就会被定为反英分子，他的行动和以后的言论都会受到监视并记录在案。在那些与华民护卫司署有关联的高官中有我一些朋友，如古德曼（R. C. Goodman）、里奇斯、考恩（Cowan）、米德尔顿（Middleton）和乔丹（Jordan）等，他们似乎都愿意与我交往。尽管我的一些激进观点让他们担心，但我们相互尊重不同意见。后来我去了中国，在中国的 30 年间，在对鼠疫、霍乱、猩红热和其他传染病的认识上做了很多贡献，还为促进这个幅员广阔的国家的科学和医学进步而建立了多座医院和研究中心。

在 1908—1956 年这段时间里，爆发过两次世界大战，主要靠那些信奉基督教的强国，暂时消灭了那些战争狂人。两次大战都是同盟国获胜，这一方面主要归功于英国人民的决心和英雄主义，一方面也是得益于美国的自然资源和雄厚的工业技术能力。然而除了美国与苏联这两个国家外，这些严重的冲突只是导致了世界的贫困和民众中旷日持久的动荡不安。

确实，民主意识已在深度和广度上普及开来，许多新独立的国家诞生了。在西部，有埃及、苏丹、伊拉克、伊朗、以色列、叙利亚、黎巴嫩、约旦，一些北非国家和更多的阿拉伯地区已获得独立。

英联邦中的印度、巴基斯坦和缅甸已成为共和国，而锡兰实行自治且最忠于英皇。在东亚，朝鲜已经被分为高举共产主义旗帜的北方和由李承晚为总统领导的南方共和国。前荷属东印度成了印度尼西亚共和国，而前法属印度支那则分为北越、南越、柬埔寨和老挝四个小国。日本虽然战败，但保留了天皇制，不断取得实质性的繁荣，全国人口已超过 8 000 万，尽管现在只局限于四个主要岛屿上。这个国家给别国造成过严重的灾难和伤害，却有幸受到盟国如此宽大的对待。

联合国现有 82 个成员，最后加入的是马来亚联合邦。日本加入联合国的申请被苏联几次否决后，于 1957 年得以通过 [1956 年 12 月 18 日通过]。

马来亚的近期发展

为清晰认识马来亚近期之发展，有必要先作些说明。自 1945 年第二次世界大战结束后，战胜国都倾向于对它们以前的殖民地采取更宽松的政策。首先，艾德礼（Clement Attlee）领导的工党政府允许印度、巴基斯坦、缅甸和锡兰于 1947 年独立。这一明智之举被丘吉尔爵士的保守党政府延续，他甚至将重要无比的苏伊士运河的主权也还给了埃及。其他殖民地，如马来亚、尼日利亚和黄金海岸也受到鼓舞而要求自治，并一个接一个得到殖民地管理部门满意的答复，而各地的总督和高级专员正是该管理部门的下属。拥有东南亚高级专员身份的麦克唐纳（Malcolm Macdonald）阁下是英国首任工党内阁首相之子，他是一位有非凡远见卓识的政治家。他也被指派来团结起各民族，并尽可能化解过去因历任专制官员的专横和偏见对人民造成的伤害。麦克唐纳所采取的方法是正确的，这已由历届保守党政府对他的充分信任所证明，当他 8 年后于 1955 年离开此地前往印度另有高就时，满载着新加坡社会各阶层人民对他的良好祝愿。

立法委员之普选开始时，首先在新加坡进行，数月后在马来亚联合邦展开。结果分别任命了当地出生的犹太裔律师马绍尔（David Marshall）为新加坡的首席部长；吉打苏丹的兄弟、联盟党领袖东姑阿都拉曼为联合邦的首席部长，常驻吉隆坡。

世界有关这一地区的某些名词，西方作者用得似乎有些混乱。例如，"马来人"一词，以前专指马来半岛的原住民，但在过去几十年来，由于鼓励穆斯林向这个半岛移民，结果印度尼西亚，特别是爪哇和苏门答腊的当地人大量涌入，此处人口有一定程度的增长，而且他们都声称自己是当地公民，这些人现在一般也算马来人。此外，马来亚人可能比马来人更多，因为其中还包括，或者说应该包括那些出生在这里的所有民族的后代，如果按英国人"出生地原则"的法律，他们同样有资格获得马来亚人公民身份。

根据当今惯例，任何一个马来人或本地出生的穆斯林都是马来亚人，但不是每一个马来亚人都是马来人。当地居民是由各种人组成的，他们可能宣称根系中国、印度各邦、巴基斯坦、锡兰（今斯里兰卡）、泰国、英国、荷兰、葡萄牙、西班牙、菲律宾、日本、澳大利亚、新西兰、阿拉伯国家、朝鲜等等。其实，任何一个民族都可能在某一时期在这里留下他们的子孙。因而有人断言，如果夏威夷群岛可以声称它是 57 个民族的混合群体，那么马来亚则可以声称它的人口是更大的混合群体，因为许多世纪以来，这里就是远东和中东以及西方（通过陆路，后来绕行好望角）之间的主要海上交通线。

随着各民族间种族偏见之日渐消除，东西方民族将会更充分融合，如果家世良好，这种快乐的融汇将有助于改善国际的相互理解，如今这是非常需要的。

由于整个马来亚地区（包括新加坡）现代体育运动日益普及，在这些聪明伶俐的东方人团结的群体中，现在和未来的年轻人，理应在国际项目中有突出表现。马来亚在羽毛球方面已遥遥领先，自黄彭顺和他的球队于 1949 年在英国赢得汤姆斯金杯后，又于 1952 年成功卫冕，1955 年击败了美国、印度和丹麦的强手而再次夺冠。在板球、足球、网球、曲棍球以及其他球类的竞赛中，马来亚人显示了越来越强的技能和适应性。当局给了他们坚定的支持，如将新加坡市中心已废弃的加冷机场广阔的地区划拨给了他们，而在吉隆坡、槟城也建设了宏大的体育场等，这些措施无疑会促进体育运动的开展，并必将在今后进一步取得令人振奋的成绩。

另一个名词，即"马来亚化"，近来频繁使用。刚上任的马绍尔内阁确实已经任命了一个马来亚化委员会，由一位印度裔的本地医学毕业生担任主席，对委任官员的普遍状况开展调研，并提出需要改进的建议。

这个委员会已成立了数星期，他们收集了许多非常有价值的证据，这使得那些位高权重的人明显地醒悟起来。严格说来，"马来亚化"意味着逐渐淘汰掉那些享受高薪的欧洲雇员。他们当中有很多人曾经为这个国家作出过显著贡献，但他们的岗位完全能够由当地人来填补，而且工作效率并不会降低。

就在不久前，还有不少资质不足的欧洲官员被委以重任，享受高薪、大宅，以及每三年一次的全薪长假，这是因为考虑到当时马来亚是疟疾泛滥的国家，而且卫生状况一直甚少改进。日本占领时期，负责的欧洲人都被囚禁，结果让那些过去担任欧洲人助手或职员的亚洲人来负责，他们完全可以胜任，并圆满地完成了所分配的许多任务。因此，当重返岗位或新任命的欧洲人来取代他们时，这些忠于职守的亚洲人自然会对欧洲人的特殊待遇表示不满，而且提出了抗议。这使事情变得更好办了，那些有潜力的亚洲助理被派到英国去进修，归来可得到升迁。然而，随着民主政府的出现，建立新秩序的呼声一直不断，认为欧洲人和亚洲人之间的任职和薪酬应一视同仁，而实际上，是要求条件相等的情况下，高级官员和其他高级职位优先提供给当地出生的人。于是产生了一个相当伤害人的称号，即用"外籍官员"取代了"欧洲官员"的称呼。这个称呼本来是用来指那些非同一般的人，他们在服饰、做派、嗜好、才能和奢华等诸如此类各方面都表现得高人一等。

在这方面，早年的情景仍历历在目。那时我们把那些欧洲人叫做"红毛"，他们总是令当地人敬而远之。某个白人趾高气扬走在大路当中，路上的行人，不管男人、女人、小孩甚至鸡犬都避之犹恐不及，火车头等车厢中也有"专供欧洲人"和"供本地人"的标志，尽管他们的车票价格相同。而在荷属巴达维亚［今雅加达］，非欧洲人乘坐的马车或汽车，是不得超过前面白人车辆的。在行将实现自治和独立的今天，风水轮流转，那些曾经不可一世的欧洲人已成为谦恭的外国佬……真是天翻地覆了！

当然这些失势的欧洲人并非茕茕孑立、形影相吊，他们在亚洲人中还有不少老朋友。这些亚洲人难忘旧时属地年代那些"好日子"，那时他们总是依白人主子的眼色行事，如今关注的则是英国在培训和教育当地人民方面扮演何种角色，并希冀再来一个将近百年，还能继续充当英国女王忠诚而驯顺的臣民。针对这一部分亚洲人，新加坡一位著名的政治评论家，曾发表过一篇耐人寻味的回应文章。我在此全文照录如下："英国在马来亚的统治（1858 年前开始是通过东印度公司，1867 年前通过印度事务部，至今则通过殖民地部），槟榔屿始于 1786 年，新加坡始于 1818 年，马六甲始于 1824 年（未计算 1759—1814 年的暂时占领时期）。在这 141 ~ 169 年间，他们在教育和培训当地人民使其自强和管理自身事务方面，究竟做过些什么呢？即使从 1887 年殖民地部负责管理时算起，88 年了，又如何呢？这可是山姆大叔为菲律宾独立而谋划的两倍时间……"

"1924 年荷兰人在巴达维亚创办了一所法学院。拿督①布拉德尔（Roland Braddell）爵士曾主张在马来亚大学增设法学院，但响应者至今依旧寥寥。然而，在 40 年前我们（在新加坡）着手建立大学时，香港的大学已经培养出第一批工程学毕业生。据我们的历史教授所言，斯坦福·莱佛士爵士规划莱佛士学院时，除英语外，还准备设立马来语、印地语和汉语科目。可是他的接班人又是怎样来执行这一高瞻远瞩的政策的呢？"

种族优劣说早已证明其荒谬。天赋与生俱来，因人而异，并不取决于肤色。任何种族的人都能接受学术培训和享有荣誉，只要他有机会和智力。当地的男人和女子，只要受过充分的教育，由于他们的语言和对当地民情的了解而占有优势，也许会以更大的信心和热情为自己的人民工作。由于得到民选的明智政府有力的支持，在造福民众的许多方面将会取得更快更大的进步。学校、工学院和大学将更快速发展，每年培养出的是数以

---

① 拿督是马来西亚一省或一个州的最高行政长官的称呼。——译者注

百计，而不是三三两两的工程师和医师，得以满足那时的迫切需求。

总而言之，一个真正民主自立的国家将会为人类幸福作出应有的贡献。随着新秩序的建立，我也热切期待着，我的两个特别主张会有更多有同情心的人听到，有更多的官方人士回应。这些主张，一是预防通过吸鸦片而染上毒瘾，二是更广泛地实行火葬。我总以为在处理这两个问题上应有更多的官方宣传，让广大家长、教师和医师，从教育、社会和卫生的角度，大张旗鼓地揭露抽大烟的恶习。为寻求火葬运动更多的支持者，我曾试图从经济、审美以及多方有益的观点来强调其优越性。为农业、建筑和开展体育运动而珍惜宝贵的土地，死者亲属和公众同样都有义务。

在晚年，我曾不止一次经历卷入政治舞台的诱惑。亨特（Edward Gent）爵士（第二次世界大战后的首任高级专员）曾派机要秘书前来试探我是否愿意参加吉隆坡的联合邦委员会，我谢绝了这种荣誉。槟榔屿杰出的王宗镜医师在一次慈善活动中被诱骗而陷入匪巢并被残酷杀害一事，更坚定了我的决心。东姑阿都拉曼和陈祯禄两位政治领导人 1954 年访问怡保期间，我曾有幸主持过为他们举行的欢迎宴会，但当前的政治活动对一个只想休憩和安宁的人而言太劳神了。

然而，1955 年新加坡和联合邦在争取自治和独立方面已取得了巨大进展。1956 年 2 月初，东姑阿都拉曼宣布他完成了去伦敦商讨"默迪卡"（独立）的使命，得到英国政府书面文件形式的明确承诺，同意在 1957 年8 月 31 日独立。在过渡期间，他的马来亚内阁将有权掌控国内防务和安全，实现财政和公共事务的马来亚化。同时，将任命由英联邦或共和联邦中其他成员国的代表组成的宪法委员会，立即着手组建即将独立的这个国家的政府。

因此，就英国本国政府而言，在英联邦内建立一个马来亚自治政府的完整蓝图已经就绪了。

只有新加坡殖民地与马来亚联合邦合并一事，尚有待双方满意。新加坡和联合邦二者均有幸遇到两位有活力的领导人。大卫·马绍尔①（著名的刑事律师）与东姑阿都拉曼（马来贵族，曾在槟城大英义塾和剑桥大学学习）可以指引它们的未来。大卫·马绍尔是雄辩的演说家和不知疲倦的实干家，要想名垂青史，他只需要行政经验和追随者坚定的支持。如果说他有缺点，那便是难以控制他那急于求成的渴望，这有时令他和朋友们都陷入困境，还有他后来因发表考虑欠周的演说而受到驳斥与整肃。众所周知，即使像丘吉尔那样的经验丰富的演说家，也曾在第二次世界大战初期出言不慎。他一时兴起，竟将伟大的甘地称为"半裸的苦行僧"，后来他自然要为失言而懊悔。

另外那位东姑阿都拉曼，他不是演说家，但出言谨慎，因而得到朋友们的大力支持，这些朋友包括马来人、华人、印度人及欧洲人。这两位领袖的目标相同，都要在未来几年内实现自治和独立。马绍尔热衷于使新加坡与联合邦立即在平等的基础上实现联合；而东姑阿都拉曼则宁愿等待，总有一天，他自己的马来民族可以宣称，他们已经领先于新加坡以及联合邦中的其他民族。

从政之路总是布满了荆棘和陷阱，新加坡和联合邦选择的领导人都应该修炼出最大的耐心和最充分的理解力，因为这两个地方是相互依存的，唇亡则齿寒。

1955—1957 年的两年间，整个马来亚（联合邦和新加坡）曾经发生过多起重大事件。

---

① 大卫·马绍尔由于未取得殖民地部同意而独自掌控了当地警察和国防军，于 1956 年 5 月辞去了首席部长职务。继任者为华人林有福先生。——作者原注

联盟党于 1955 年赢得第一次国民选举后不久，东姑阿都拉曼被任命为首席部长，由华人矿业巨子李孝式上校（后来被加封为亨利爵士）出任财政部长。他们于 1956 年末首次访问伦敦的殖民地部，签署了准许联合邦实行有限自治的协议。1957 年初，英国殖民地事务大臣博伊德（Lennox Boyd）先生和东姑阿都拉曼签署了第二份协议，确定自 1957 年 8 月 31 日开始，马来亚联合邦在英联邦内实现完全独立，条件是将警察机构和内部防务以及外交事务移交给新建立的行政机构，但对外之防御，将由驻扎在马来亚联合邦内的英联邦军队负责。

这个喜讯一经宣布，人们欢欣鼓舞。在随后几个月中，马来联邦 9 个州及槟榔屿和马六甲 2 个殖民地，都精心准备了在 1957 年 8 月 31 日庆祝默迪卡（独立）日的活动。马来各地的首领们自己推选了森美兰州 62 岁的苏丹为最高元首（Yang di Pertuan Agong），任期 5 年，然后再推选新的最高元首，任期相同。还为新的国王修建了新的国家皇宫，其建筑按照最现代风格设计，并配齐了各种最新设施，耗资 100 万元。新国王和他的家庭在 8 月 27 日乔迁新居。

正式的独立庆典于 8 月 31 日开始，普天同庆，盛况空前，英联邦或共和联邦中其他国家以及友好国家的官方代表都参加了在首都吉隆坡举行的庆典。

女王伊丽莎白二世派遣她的叔父格洛斯特（Gloucester）公爵偕夫人及 16 岁的儿子前来出席庆典，并正式转交了英女王准许马来亚联合邦独立的文告。

8 月 31 日后，东姑阿都拉曼被任命为马来亚联合邦总理，由 12 位内阁部长协助，其中有 8 位马来人、3 位华人和 1 位印度人。马来亚华人公会会长（陈祯禄爵士）的儿子陈修信担任工商部长。

　　槟榔屿和马六甲的两位州长分别是穆罕默德（Uda bin Raja Moham-med，后为吉隆坡立法会议长）爵士和梁宇皋先生（前英女皇奖学金获得者及卫生和社会福利部部长）。

　　在东姑阿都拉曼总理强有力的领导下，新独立的马来亚联合邦全体居民都期待着和平、繁荣和幸福时代的来临。让我们同声高呼：默迪卡！默迪卡！

　　1957 年 9 月 17 日联合国大会正式承认马来亚，成为她的 82 个会员国之一。

　　在老练而头脑清醒的林有福先生领导下的新加坡，尽管享有部分自治，却仍有一位英国总督暂时辅助着这个岛国政府。至今尚未见马来亚联合邦有平等合并的愿望，因此新加坡必须自寻出路，整顿内部秩序，进一步改善它的经济地位，并在不久的将来，与它北方那庞大却颇为羞涩的兄弟进行更认真而有效的对话。

第23章

家庭生活

淑琼与三个儿子

第8章已经谈过，我从欧洲学成归来不久，曾经暂住在新加坡林文庆博士家中，在1903年与博士夫人的妹妹黄淑琼（露芙）小姐互定终身，两年后在新加坡完婚。黄小姐出生于福州，通晓中、英两种语言，早在我1903年去新加坡前，其百里挑一的娴雅美丽，在富家未婚男子中已广为人知。不少人前来求婚，或拜托媒人，或亲自登门拜访那好客的林家。然而，黄小姐和她的姐姐文庆夫人，根本不想寻求豪门望族或大财主，在我来访前，他们对求婚者都没有作出过任何承诺。露芙与我也并非一见钟情，我们相互的情感是渐渐培养的。在那个时代，中国人的爱情发展过程，比当今电影里所描写的要缓慢。我正面对着两名强劲的竞争对手，这就是著名的律师宋旺相（年长我10岁的英女皇奖学金获得者）和众人皆知的大地主陈武烈。陈君的祖先是慈善医院的创始人陈笃生，这家医院的名称上一直冠有他的名字。宋君的优势在于他是虔诚的基督徒，还是一家业务兴旺的律师事务所的资深合伙人，而陈君拥有几座大宅和雄厚的房地产，足以永远保证黄小姐生活舒适和世上的一切需要。但是这位女士决定与我缔结连理，我除取得了更高的学历外别无长处，而且前途未卜。

我们在林文庆博士家中正式互定了终身。然后露芙由她的美国教师和养母博纳菲尔德（Julia Bonafield）小姐陪同，动身返回福州家乡。露芙还在读书时母亲便去世了，一直由这位小姐照料。而我，1903—1904 年间则在吉隆坡医学研究所继续从事研究工作。

我的未婚妻在福州时很少来信，因为她不幸罹患双侧肺炎，需要住在省城附近牯岭［今鼓岭］山区疗养地康复。1905 年 7 月我们终于在新加坡的美国卫理公会教堂举行了隆重的婚礼。令我欣慰的是，在卫理公会教堂举行婚礼不必改变我的信仰，如果新娘是天主教徒我将不得不改变。参加婚礼的，有来自仰光和槟城的亲友，还有在新加坡的许多华人，以及欧洲和美国的朋友。在本书前面，我已经讲述过早期婚姻生活，此处只需补充一点，那就是我们的第一个孩子，一个男孩，1906 年 4 月早产在槟城情人巷我们的家中。助产医师是洛克（Percy V. Locke）博士，他也是前英女皇奖学金获得者，专业是妇产科。这个男孩 7 个月便出生了，出现新生儿黄疸，用小剂量药物汞制剂（Hygrag, cum

初婚后的伍连德和黄淑琼

creta）治疗两周后痊愈。我为他取名达文波特（Davenport），这是我在剑桥的挚友莱德沃德博士的名字，中文名长庚。虽然第一年用炼乳哺养，健康状况一般，但仍然成长为一个健康尚可的男孩，后来随我们去了上海、天津和北京。后来他进了北京附近的清华学堂，准备让他去上美国大学。他如何在霍普金斯文科毕业，然后在耶鲁取得哲学博士，最终在罗切斯特获得医学博士，在前文已有交代。后来他在伦敦的热带医学与公共卫生学院获得热带医学与卫生（D. T. M.）专业的文凭。回到中国后他成了北京的现代市民，供职于北平市第一卫生区卫生事务所人口统计科，不久升任负责人。不幸的是，他尽管年轻，健康状况从来不如我年轻时。工作五年后，在某次亲自指导北京的霍乱免疫活动时感染了肺结核，几个月后的1942年11月，他病故于我在东堂子胡同55号的旧居。长庚留下孀妇和三个孩子，其中一个不久后夭折。

我们的次子长福（英文名Tommy，他是我在剑桥的另一位老朋友、皇家学会会员埃利奥特博士的教子）于1910年我们到天津一年后出生，在三个男孩中他最出色，也最健康。不幸的是，长福在著名教育家张伯苓先生任校长的南开学校读书时，踢足球后感冒，由于身边没有合格的校医，只得送往80英里外的北京协和医学院，尽管他在这个新式医院里得到医师和护士最专业的照料，还是死于肺炎并发症。那是1925年，他年仅16岁。长福的死对我们夫妻是一个极大的打击，因为他是一个非常有前途的少年，我们曾寄予厚望。第三个孩子生于1911年，取名长明〔英文名Willy，是我在圣玛丽医院的同学莫里什（William Morrish）医师的名字〕，不幸的是我们又没有把他养大，死时才6个月，当时我正在西伯利亚调查鼠疫。像其他两个孩子一样，这个孩子也用炼乳哺养，因感染细菌性痢疾，一周后死于天津东门的金韵梅医院。虽然我妻子生了三胎，且都是儿

早年全家福

子，但只有达文一人长大成人并完成了他的全部学业。

林文庆博士与我妻子的姐姐的第一次婚姻比我幸运，他们的四个孩子，都是男孩，且都已结婚，很有出息。长子林可胜教授，最初是爱丁堡大学皇家学会会员谢弗（Edward Schafer）爵士的得力助手，并任该大学的组织学讲师，后来担任北京协和医学院生理学系主任。次子林可明是机械工程师。三子林可能成长为成功的新加坡银行家，其子林国安博士是第74位英女皇奖学金获得者，现任马来亚大学细菌学讲师，又是世界著名的国际象棋冠军。四子林可卿成年即早逝。

怀念淑琼

行文至此，我可以用少许篇幅来怀念我的结发妻子了。1884年她出生于福州，1905年与我结婚，1937年辞世，享年53岁。露芙终其一生都是我最忠诚的伴侣，尽管一直体弱多病，但她竭力照管家庭，是一位可敬的贤妻良母，又是我在北京官场生涯中的贤内助。

显然她在福州上学时已患有肺结核，但直到我们结婚几年后我才知道其严重性。她在一个保守的学者家庭的深闺中长大，耳濡目染的是儒家传统的孝道、严格的家教与闺训，她坐着无靠背的凳子，伏在桌子上连续学习几个小时，还要随时照料严厉的父亲，为他端茶送水或找出他想要的书，形如婢女。因此，根据现代标准，可以认为她求学和青少年时期的生活都是有损健康的。

我了解到，露芙还是个不满六岁的孩子时，便遵从当时上流家庭的要求缠足，以便使她有朝一日出脱成那个时代的时髦姑娘，即走起路来必须像"婀娜多姿的百合花"。缠足手术通常由某个妇女"专家"来完成，她用布将脚缠紧，只留出大脚趾前伸，其他四个脚趾被向下向内弯曲，迫使远端趾骨，包括指甲的位置都转移到变形的脚弓之下并成为新脚底。完成这个过程也许要经过几年不懈的缠裹、按摩和不断更换裹脚布。随着女孩身体其余部分的发育长大，脚却越来越萎缩，到青春期时脚长不会超过3英寸。更有甚者，女孩的胸部也被紧束，竟是为了表明温顺和童贞！在全中国，广州和福州的女子以她们的小脚著称，而天津那些最大的"小脚"，都在双足后跟配了一个合适的垫子。所以她们的行走，更确切地说是蹒跚移步。她们这样的步态令旁观者不禁想起当代妇女，她们为了步态扭摆而穿上后跟最高的鞋。人们或许会问："公元7世纪中国'三寸金莲'的造型设计师与西方原子时代的高跟鞋发明者，是否都是怀着同样目的而作出的根本违背天性的判决？"

幸运垂顾了露芙的未来。她的父亲后来信奉基督，而新教徒是不理会那些陋俗的。他的一个实际行动，便是年轻的女孩上学时，要解放她们那被紧裹的双脚，以便其重新自然地生长。但是经过多年残酷的缠裹，脚已畸形，即使松开，也无法恢复其本来的形状，这可能影响了露芙的步态使她难以轻松自如，也许对她的体弱多病也有不小的影响。她的母亲终生缠足，因为她认为双脚已永久定型，不会有任何改善了。也许她像许多中年女子一样，当一切都凋谢之后，还固守着那不寻常的小脚来作为往日艳丽的一抹遗韵。

这种在中国人中曾经流行的女性缠足的落后习俗，当然是出身上流家庭的标志，难以想象缠足妇女能在家中或田野从事体力劳作。因此只有劳工阶层的妇女和村姑才会有一双天足。某个不学无术的文人说，妇女缠足是为了防止这些妇女走失，简直是无稽之谈。

我们年轻时妻子经常谈到，她在传教士监护下的学校生活中的一些小故事。有的同学偶尔会搞些出格的动作，她们在夜间重新缠上已经松开的脚，这样做既是想故意气恼某些教师，又因为她们幻想着仍旧裹着脚长大，或许能在教师和职员中勾引出如意郎君。缠足已成为中国人根深蒂固上千年的习俗，某些年轻男子似乎对小脚有癖好，陶醉于那独特的步态中。我确实在槟城认识一位非常富有的当地出生的中年华人，他绝不接受本地美人不雅的大脚，于是特地回福州去寻觅因小脚而更有魅力的配偶。他找到了，并带回家中。他们后来生活得很幸福。

在中国北方的舞台上，我曾经见过一个扮演旦角的男演员，他每晚演出时，都将他的一双脚裹成"三寸金莲"，灵活地行走在绷紧的绳索上，边歌边舞，招来拥挤的观众热烈的掌声。

我在前面已经谈过早年在北京的生活。满洲防疫运动后，在1912—1930年间，为预防和调查传染病，我不得不常驻北方，建立和装备了一系列医院和研究机构。我的家安在北京，但我的主要工作在东北。尽管我也偶尔会去拜访那些中国高官、外交公使团以及以安格联爵士为首的海关当局，并和他们建立联系，而我那才华横溢的妻子却是做了大量的社交工作，建立了许多必要的关系，以便消除公务活动中偶尔遇到的困难。露芙之美高雅动人，令有教养的中外人士为之倾倒。她的穿着有着雅致的色调和样式，大部分时光在家中度过。我们的新宅位于东堂子胡同，房高三层，内设客厅和朝南的主卧室，漂亮的花园装点着盆景和随季节变化的鲜花。我们还买来不同时期的旧式神灵和美人的白色大理石雕像，安置在适当的角落中，并安放了一个巨大的大理石屏风，上面镌刻着与中国三国历史有关的各种场景和人物。还有一些精致的大理石雕刻品，是一张方茶桌连带四个圆凳，一个报时的古代日晷。这些古董是古董商人从圆明园搜集来的1860年劫后余存。我妻子在我们迷人的露天花园中度过炎热的天气，因为在北京通常每年可以享受八个月（夏天和冬天）明媚的阳光，她充分利用这个有利条件，因为她太需要经常的日光和舒适的环境。她的颈部淋巴结常因在显著部位肿大而显得很突出，需要用相当高的衣领来遮蔽。她那肿大的淋巴结经在北京和天津多次手术后仍会复发，最后，她决定单独依赖太阳光来维护，得以保持良好状态，这种简单的家庭疗法比任何外科治疗的效果更持久稳定。上午11:00至中午12:30之间是她接待访客的固定时间，下午她便待在那私人花园中休息和进行日光治疗。还应该提到我那与一楼客厅相连的装上了玻璃窗的长廊，这样便可以封闭起来，抵挡冬季和三四月春季期间从北方戈壁沙漠吹来的风，以及由风裹挟而来的无孔不入的大量细小沙尘。我们的住宅是北京最好的住房之一，它位于使馆区外围，安装了水暖设备，锅炉安装在宽敞的地下室。有三名男仆，他们是男管家、厨子和人力车夫。还有两名女仆，一人经管日常家务，其卧室在阁楼上；另一人是年轻侍女，住在女主人主卧室隔壁。

　　我不在家而露芙要答谢客人时，她不去城里那些欠整洁的餐馆用餐，而是前去点上一两桌精美的半成品食物带回家中，在地下室的厨房中加工烹饪。在餐厅招待客人用我们自备的筷子、玻璃杯、盘碟和其他餐具，餐馆收取每桌宴席的费用与在餐馆用餐时相同，但付给派来家中的厨师和专用侍者的小费是通常的两倍，餐后还要我们自己的仆人收拾干净。

　　家中宴客是北京人一种惯常的特别生活方式，因为当时私家雇用的厨师很少有足够的经验，难以烹调出像餐馆那样标准的诱人菜肴，同时从餐馆订宴席来家中，又可免去女主人的谋划和张罗之劳。当然，我在家而且宴请的都是男性客人时，通常都是在附近的位于东门的东兴楼。那里没有什么清规戒律，朋友们可以畅饮黄酒，高谈阔论，并随意地猜拳干杯。

　　年复一年，我妻子的肺病虽然并未痊愈，但多少保持在稳定状态，罕有发热、咳嗽或夜间盗汗的症状。实际上连她的许多亲近朋友都不知道她长期患有这种折磨人的疾病，只是注意到她面色苍白，不好活动，特别是在下午。

　　因为我的缘故，她要参加外交部的官方招待会。在这种场合她受到众人的欢迎，这不只因她那非凡的美貌

我的结发妻子露芙·黄淑琼（1884—1937）身着唐装，摄于 1915 年。她的健康一直欠佳，闲暇时间专注于音乐、艺术和写作三位中国古代美人的传奇故事，享年 53 岁

和出色的服饰，还因为她可以用流利的英语谈论中国艺术和文化，并且和人们讨论当前的时事。在外国公使团，特别是英国和美国人中，她也特别受欢迎。英国公使朱尔典爵士夫妇、美国公使芮恩施（Paul Reinsch）夫妇和商务参赞安立德（Julian Arnold）夫妇时常邀请她去他们家中做客。

另一位美国女士嘉乐恒（Calhoun）夫人，她是前美国公使的遗孀，家道殷实，乐于结交中国人的家庭，因而把家安在北京，并且在家中慷慨大方地款待外国与中国朋友。嘉乐恒夫人的星期日聚会，每次都会请我夫人来帮助招待各位客人。在这种聚会时，享用女主人准备的美国饭菜前，都备有鸡尾酒。在中餐里则不必准备酒精饮料，因为菜肴本身的鲜美已足够了，小酒盅里盛点带甜味的烧酒或黄酒足以助兴。

向西方介绍中国古代美人的英文著作

露芙很快便感到，社交生活尽管高雅和快乐，却不足以让她那活跃的头脑在闲暇中感到充实，特别是在那漫长的冬夜。北京的阳光总是那样灿烂，露芙的卧室朝南，光照充足，遗憾的是冬天要关门闭户。她一直阅读着中文和英文书籍，觉得自己应当写书。她征求我的意见，我当然鼓励她，我自己那时已经出版与发表了很多有关鼠疫及其他医学方面的书籍和文章。于是她专门以中国古代四大美人为对象开始写书。虽然大部分中国男女都知道这四大美人，但在西方却无人知晓。

她便这样开始了写作。楼下我藏书室里的一张桌子被搬进了她的卧室，白天她就伏在这张桌子上写，黄昏以后则坐在床上倚着弹簧靠垫再写作几小时。露芙找到了新的生活寄托，或许正是这项新的工作，让她多活了许多年。

如前所述，在福州时，露芙和她的姐姐（林文庆夫人）由父亲管教，接受了严格的传统正规教育，或许她们为此付出了个人健康作为代价。后来在卫理公会女子学校又由博纳菲尔德小姐亲自监护，露芙接受了进一步的教育，婚后数年手不释卷，为她成为一个作家铺平了道路。

要描述中国古代美人，她是位理想的人选，正像她许多朋友所说，"伍夫人自己不就是中国美人光彩照人的活例子吗？"在各方面鼓励下，露芙随后的两年都用在写作杨贵妃上了。这位中国最著名的美人，是多少个世纪来男孩和女孩熟知的舞台要角。露芙用淑琼为笔名，她在序言（1923）中写道："四大美人的故事自古流传至今。她们是最美丽的西施、最高尚的昭君、最爱国的貂蝉和最后一位最狐媚的杨贵妃。"人们有些奇怪，淑琼为何选定这四大美人中最狐媚的杨贵妃开始写作。杨贵妃无疑是最有名的，她作为年迈的唐明皇的宠妃，度过了她那充满阴谋和奢靡的20年。淑琼在她的书中是这样描写这位贵妃的："她的皮肤洁白如玉，抚之软如绸缎，闻之有天然芳香。她那梦幻般多情的双眸，连同勾魂的笑靥，即使铁石心肠也不禁心旌摇荡。她那双杏眼上方弯曲的柳叶眉，小口匀称，牙齿整洁，面色如含苞欲放的茉莉花。据说无论喜怒，贵妃总是面带微笑……她的胸部曲线精美，双乳自然而无可挑剔，'明皇迷恋贵妃的乳房'的传说长盛不衰……"

露芙在世时，喜好设计唐代宫廷女眷穿的长袍，佩戴着按那时式样制作的假发，我保存着她身着唐装展现风姿的全本影集。其中最有魅力的一张照片收进了这本自传中。剑桥大学第一位中文教授，已故的翟理思（Herbert A. Giles）曾为淑琼的书作序，称这是一部"引人入胜的作品"。

著名的美国汉学家福开森（John Ferguson）博士在淑琼的美国版《杨贵妃》中写道，她的作品有一种令人陶醉的平淡风格，它将为那些寻找新故事的剧作家提供丰富的素材……这本书在欧洲和美国很快便受到欢迎，附有彩图的三个版本分别在上海、伦敦和纽约出版，迅即售罄。这是第一部中国女作家的英文作品。

开始的成功给了她鼓励，随后四年间，露芙的闲暇时间都消磨在她第二部浪漫的习作中，这就是《西施，超凡脱俗的美女》。此刻场景转换到古代南方两个诸侯国，公元前的吴国和越国，即现在分别为江苏（省城苏州）和浙江（省城杭州）两地。这两个邻近的诸侯国为权力而频繁攻伐，时而此方时而彼方称雄。斗争策略之一便是利用绝代美人（一个浣纱女）：先强化训练她的音乐、舞蹈技能和恋爱技巧，以便赢得吴王的欢心，而最后使其毁灭。西施成功完成了这个艰巨的任务，她强抑了对上大夫范蠡的真情，用虚情假意迷惑了吴王，在取得胜利的时刻，她最后投海自尽了，而没有投入她那博学情人的怀抱，这是因为她意识到她的计谋给幻灭的国君夫差带来了致命的结果，良心受到自谴。

露芙的第二部著作在她亲自监督下，由英国凯利和沃尔什（Kelly and Walsh）公司在上海出版，而且证明比上一部更富于艺术性。1931年出版时同样畅销。

淑琼的第三部，也是最后一部作品，书名为《昭君，放逐的美人》。书中描写了汉朝（公元初年）元帝时期的王昭君。她是湖北一位地方官精心养育的女儿，被选入宫廷。昭君为人诚实，拒绝贿赂有势力的宫廷画师毛延寿，此人奉皇帝之命为应选者如实画像。毛画师存心报复，在绘好的昭君画像眼睛下加了一颗黑痣，而且警告他的主子说，如果召幸这个女人将招致不祥。因此她被打入冷宫。直到一位匈奴单于寻求皇帝许配某位公主时，便选中了这位被皇帝信以为面带灾相的昭君远嫁。这位"令南归大雁落地不飞"的绝色女子启程时，皇帝才见到她正是梦寐以求的理想美人，然而已经为时太晚了。皇帝必须信守他的允诺，昭君不幸被嫁往遥远的荒漠。皇帝当即命令将不忠的毛延寿带来，可是他已经逃走了。请读者听一听淑琼在她的序言中是这样陈述女主人公的："假如她（昭君）更为乖巧，苟同于卑劣的画师毛延寿，她应该会成为元帝的宠妃……然而，她尽管有着一切美德，但她首先是一个女人。她拥有她那个时代一位高尚妇女的质朴和品德，但她决不让她的私人感情背离她始终不渝为之奉献的、她所出生的祖国……由于她的美丽、高尚和智慧，昭君终生保持了她那质朴、谦逊和自我牺牲精神，这是她那个时代杰出女性的标志。"这部书于1934年出版，和其他两部一样，在中国和海峡殖民地热销。

由于昭君舍己为人的精神和为君主作出的牺牲，据说2 000年来昭君的坟墓依然绿草如茵。我曾亲自前去那位于绥远（归化厅）[今内蒙古自治区呼和浩特市南]凭吊，那时我在这个地区调查鼠疫（1919）。

露芙没有来得及完成四大美人故事的最后一部《貂蝉》。貂蝉生活在三国乱世，一度负起了从篡位者董卓手中拯救垂死王朝命运的重任。美人貂蝉原来是执掌朝政的司徒王允家中的奴婢，贤淑有加而被王允收为义女，并靠她摧毁了董卓和他的义子吕布的强大军人联盟。她先和那个义子订婚，然后又嫁给了昏庸的董卓。于是董吕联盟开始瓦解，最后董卓被他的义子吕布刺杀。露芙将她的第四位女主人公作为爱国妇女的象征，一旦需要她去拯救国家时，她便挺身而出。我曾经殷切期待着这部关于"一只美蝉"的故事得以完成，从而永久地保存着对我爱妻的纪念，她在漫长的岁月中长期与一种使人衰竭的疾病抗争着。

旅游与姻亲

如果说我们这种出于相互爱慕的婚姻生活完美无缺，那并不正确。由于我经常不在家，露芙经常被留在孤寂的北京家中，但她以勇敢的精神面对各种困难。我们两个幼子夭折后，她更加专注于读书和写作以求慰藉。我养成了一个习惯，无论去哪里，都会给她写信，介绍我在工作和考察过程中遇到的会让她感兴趣的事物。当我们还年轻时，我们经常一起享受旅游之乐，我们去过苏州、杭州西湖、南京、福州和广州等地。我和她一样喜爱福州，而且同她的父亲、博纳菲尔德小姐以及诸位至亲一起，访问过乡村地区和散布在群山中别具一格的寺庙。福州的美食，尤其是清蒸鱼总令我垂涎。而那里的妇女，不论是受过高等教育者还是农妇，都显得那样妩媚与温柔。福州方言是我没有掌握的少数语言之一。

第一次世界大战（1914）之前，我和妻子曾一起访问欧洲，前往伦敦、剑桥、巴黎和柏林等地观光。在德国首都，她为那里繁忙的交通感到惊怵，有一次我拉着她的手穿过马路，她突然不知所措地试图拉我倒退，如果我依了她，几乎可以肯定会发生严重事故。但我用力继续前行，得以安全地过了马路。

1925 年，露芙和博纳菲尔德小姐由上海搭乘"总统号"班轮前往美国。她们在旧金山登岸，乘坐穿越美洲大陆的全钢火车，去看望我们的儿子长庚，那时他即将在约翰·霍普金斯大学获得他第一个学位。她们又去波士顿拜访了海峡殖民地的老朋友谢德诒先生，他娶了美国夫人并在该地定居，工作是为当地人义务讲授有关中国的课程。谢先生比我年轻几岁，凭借他与美国人民的长期联系，不但为自己赢得了颇高的声望，还为自己那历尽沧桑的古老国家争了光。谢先生如今在马萨诸塞州布莱顿市沿湖大街54号有一栋舒适的住宅，遗憾的是我从未有机会前去拜访。

我们的儿子在霍普金斯获得第一个学位后，我妻子送了他一辆汽车。此举让她犯了一个错误。她用从北京带来的全部银行汇票再加上她美国旅途的结余款，凑齐了买车钱。礼物表达了慈母之心，无可厚非，但这却让我们的儿子成天忙于结交那些不良朋友，结果他未能通过在霍普金斯的下一轮考试，得到的是一份系主任签署的不佳的成绩报告单。为此我不得不匆忙赶赴巴尔的摩，亲自向那位对长庚颇不含糊的指导教师了解情况。后来我将孩子带到纽黑文的耶鲁大学，将他交给了我的朋友、公共卫生学系主任温斯洛（C. E. A. Winslow）教授严加管束，直到他获得了卫生学博士学位。后来长庚前去纽约的罗切斯特攻读医学博士学位，他轻松地通过了。最后他进了伦敦的热带医学学院，又额外得到一个英国公共卫生学毕业文凭，然后回到中国。

我还应谈到一件令人警醒的事。那是1925年我访问巴尔的摩的后续事件。我为那不曾想到的事而非常生气，命令儿子卖掉那辆讨厌的汽车。于是找到了一个美国人买主，他自称曾经在中国当过传教士。谈好出价几百美元（忘记了具体数目），传教士给了我一张当地银行的支票，我便留下了汽车动身回中国。不久我收到儿子来信，说那张支票被银行拒付，因为银行账册中没有这个签发人。结果是剥夺了我孩子漂亮的汽车，又损失了我的金钱，而骗子却一走了之。唯一感到慰藉的是，我的孩子后来成长为精明的人，他远离了那些胡作非为的伙伴，以后安心求学终于金榜题名。

在西方谈及婚姻生活，就会不留情地评论岳母，这似乎是种风气。但这种评论往往并不公允，尤其是闽南人家庭中。在那里，婚后的年轻人实际上是由岳母收留着，他们住在家中最好的房间里，享用着燕窝羹、炖腰花以及家中的其他佳肴（在新婚的前两个星期）。如果恰巧新娘的父母富裕并拥有宽敞的宅邸，这对年轻夫妇便可以在父母屋檐下一住许多年，而生下的一大串孩子通常都由外祖父家照管。我曾经见过这样的人，他们在这种被奉为娇客的家中不用付费一住几十年，直到他们自己的孩子在这同一住宅中谈婚论嫁的时候。还有一些不知廉耻的人，享受着合法妻子的照料，实际上却在外面纳妾，另筑新巢生儿育女。一般说来，生活在岳母家中的年轻人都要经过仔细的考察，如果他的品格令人满意，将接纳他参与家庭事务。

寡居而企求有所依靠的岳母，会主动来到年轻夫妇的小家，义务充当厨师、仆人、外婆与保姆管理家务，这有助于节省家用。世界上许多已经成功的大家族，都可以历数某位不图回报的外婆一心操劳的时光，她的节俭和辛劳只为了她所疼爱的孩子婚后生活有个良好开端。作为回报，也有不少有钱的人会帮助外婆的穷亲戚。

然而还有一类与那些外婆们大不一样的姻亲，他们不太正派，也不体谅别人，一开始就对家庭生活起着不好的作用。这就是一些因联姻而互认的兄弟和姐妹。那些姑嫂们对待新进门的新娘很不友善，甚至残忍，新娘起初的几年处境十分艰难，不断受到挑剔和流言蜚语的中伤。大伯小叔们尽管较少过问，但他们的干预却可能是致命的，尤其是当他们游手好闲无所事事的时候，也会散布听来的有关新媳妇的飞短流长，全不顾是真是假。我便有和第一位妻子的弟弟不愉快交往的经历。他在中国接受了相当于初等的教育，两个姐姐在新加坡结婚后，便跟随而来，在两个家庭中尽情享乐。但他生性懒惰，为他找到合适的工作也总是待不多久，宁愿辞职，在家里无所事事，与他的姐姐和亲戚们闲聊当下的丑闻。有一次，他怂恿一个姐姐处理掉那些多余的原始式样的金首饰，说是它们与有教养的中国女士不相称。她姐姐同意了，他便卖给了一个金匠，所得却被他挥霍一空。另一次，这个小流氓应邀参加一个宴会，他又向另一个姐姐进谗，说她的丈夫在宴会上行为不检。姐姐听后怒不可遏，他又挑唆姐姐说，为表示愤怒，最好的手段是毁掉她丈夫珍藏的那些有价证券。于是她找出一直藏在床底下的一堆中国储蓄券，连同价值达 800 元的政府债券一起付之一炬。这个毫无责任心的亲戚浑浑噩噩地生活着，后来被送回福州，在那里悄无声息地死了。

第二次婚姻

我柔弱却才华横溢的妻子故去后，我迎娶了现在这位续弦夫人。她出生在东北的吉林省，父母都是新会县移居此地的广东人，她自幼即说北方话，她真的讲得很自然，以至于在家中用我们原来的方言表达她的想法时感到很别扭。她在寒冷地区靠小麦和小米而不是稻米长大，身体比前妻露芙强壮，她的名字与淑琼的相似，虽然接受的是纯粹的中文教育，但为了便于与说英语的朋友交往，取了个英式名字玛丽。她自幼身体健康，可以陪我游历中国各地，并且经常步行，得以身临其境欣赏那许多名胜古迹。她的适应能力很强，无论在何处都感觉像在家里一样自在。她生育了五个孩子，

伍连德与续弦妻子玛丽·李淑贞合影（1951 年摄于槟榔屿）

前四个（两男两女）在中国出生，最后一个（女孩）生在怡保（1938 年后我便在怡保定居）。五个孩子的中文名字分别是玉玲、玉珍、长生、长员和玉珠，他们也有英文名字：贝蒂、埃伦、弗雷德、约翰和珀尔。这五个孩子都强壮而且聪明，未发现任何严重的疾病。每个孩子都适时接种了疫苗，抚育得当，服装应季，都注射了对症的预防制剂，受过卫生生活方式教育，诸如餐后漱口，刷牙，按时学习，在学校坚持身体锻炼，按时就寝，等等。当今学校生活比我们那个时代更进步了，孩子们应该更容易保持身体健康，少染疾病，更加聪明，以更好的成绩通过他们的考试，并且成长为更加有用的公民。这些都是未来自治国家马来亚所需要的。

第二位妻子玛丽与她的两个儿子长生（右）和长员（左）合影。长生毕业于剑桥及中殿律师学院，现为合格的律师（摄于 1950 年）

长女玉玲在新建的马来亚大学紧张学习三年后毕业于文科，并获得史密斯·蒙特奖学金（Smith-Mundt Scholarship）得以进入美国哥伦比亚大学（艾森豪威尔总统曾任该校校长）深造，取得文学硕士学位后留校任教。她在美国纽约结识了教师同事台镇华并结为伉俪。然后他们一同受聘于伦敦东方语言学院任教两年，现已回到新加坡。台先生现为马来亚大学文学院教育学讲师，玉玲则在新建立的新加坡师范学院任高级教师。

我与玛丽的第一个儿子长生在

剑桥大学以法律、文学士双学位的优异成绩毕业，1956 年取得了律师资格。二女儿玉珍曾在怡保女修道院学习三年，现为正式的合格教师。二儿子长员现在香港大学学习医学，五年内不会回家。最小的玉珠现年 17 岁，刚进入她学校中的剑桥高级班，还不能肯定她将来会取何种职业。

他们都不像我的第一次婚姻所生的三个男孩，他们平添了我们晚年的慰藉。

伍连德晚年的全家福照片。五个孩子中四个在高级剑桥考试中获得 I 等成绩。三个女儿现在都是注册教师，长子为新加坡缎劳尔申与墨敬苏（Donaldson & Burkinshaw）律师事务所的律师，次子是香港大学医学生

第 24 章

知足常乐——长寿之道

为确定这最后一章的标题我曾踌躇再三。一个人因知足而长寿，还是因长寿而知足？某人实现了他最大的抱负，譬如荣登爵位、买卖成功、积财成富、家丁兴旺、晋升教授或连年中彩和赌球赢钱，是否就能够心满意足呢？下笔之时，同胞五兄弟中，我是唯一的幸存者，是唯一活到 70 岁的人。六姐妹中，也只留下现年 82 岁的姐姐（月清）和 72 岁的妹妹。妹妹几年前患坐骨神经痛，但如今十分健康，成天收拾她那栋小木屋，每周三个夜晚去看中国戏，闲时便听收音机。

人们不禁要反躬自问，是否某人不管闲事，在其平庸的生活中一帆风顺，便能美满、幸福与长寿呢？我们知道，老洛克菲勒（1839—1937）之所以能那样高寿，差两年即满百岁，那是因为他积累了巨大的财富后还在继续工作，为了帮助他的独生子（小约翰·洛克菲勒，John D. Jr.）把他那为"人类的福利"而设立的 3 亿美元基金恰当地用在科学、医学和人道主义上。老洛克菲勒生活中有酸奶即满足，习惯于赏给孙儿们和偶遇的市井小儿 5 分或 1 角的镍币。

还有退休后保留着荣誉称号的哈佛大学校长艾略特，他 92 岁临终前一直活跃，为后世留下了"一百部最佳图书"。再如英国植物学家里德利（Henry Nickolas Ridley），他出生于 1855 年，是在马来亚辽阔的热带土地上种植橡胶树（Hevea braziliensis）的主要推手，开始时还曾遭冷遇，后来他独自隐居在英国皇家植物园附近的家中，1955 年 12 月 10 日在一片赞赏和崇敬声中十分圆满地度过了百岁寿诞。

除了健康的生活和事业上的成功，是否还需要在宗教或哲学思考方面有所寄托才能不虚度一生呢？

中国的国画家描绘乡间风景时，画中常有那些昔日高士，他们身着宽松长袍，散淡隐逸、博览群书。他们或坐读于茅庐，或垂钓于溪边。也许这些人将来理所当然地成了作家，因为许多名声不小的高官退休或谪贬后，便会退隐乡间写作和反省。

也许有人会问："普通家庭怎样尊崇老人呢？"我们知道，在历史与现实生活中，大多数中国人以敬老著称，随处可见年画和瓷器上从右到左并排而立的家喻户晓的福、禄、寿三星，便代表着幸福、财富和长寿。从这种排列顺序看，财富居中，处于显赫地位；幸福居右，位列第二；左边的长寿则居第三位。"福"涵盖着儿孙满堂与生活快乐，"禄"代表功名利禄以及财富。福星怀抱着一个或两个婴儿；禄星多半身着官服，手捧一柄象征权威和尊严的朝笏；而第三位象征长寿的寿星，则是笑容满面，银须冉冉，左手拄着带节拐杖，右手掌中捧着粉红色的寿桃。某家名门收受的寿礼，通常都会有在锦幛上绣着"福禄寿三星"五个字，这表示"子孙、财富、长寿三个星宿"全都享有的完美人生。

显然，自古以来这种荣耀就被权贵和富豪垄断着，退而求其次的才是那些可望安度晚年的幸福家庭，等而下之则是那些白髯长飘的忠厚老者，尽管他们年迈而理应受尊敬，但因不能再自食其力而被当做家庭的负担！

老人们啊，要有自知之明！

在西方国家，尤其是美国，下班后可以看到老妇人们在清理凌乱的办公室和过道，而老翁们则照管着电梯。这些老人都曾尽心将下一代抚育成人自立于社会。年轻人有了成就而被吹捧时，却少见供养父母度过余生。这些后生偶尔前来看望老夫妇，也是开着汽车来，从未让老人乘坐过汽车，略表孝心而已。

万幸的是，在中国，尽管有现代生活的诱惑，无论是在本国或定居外国，一般的中国家庭，不管是否富裕，很少会让年迈的父母干粗活。

患病

活到这样的年龄，回忆这漫长生命途程中的一些疾病（除了婴幼儿时生病记不起外）、事故或灾祸的经历，是颇耐人寻味的，也可以从某种角度体察这些经历对我一生的影响。

我对第一次身患重病记忆犹新。那是去英国前我 15 岁那一年染上了副伤寒。亲属们称它"大热"，连续高热卧床三个多星期。奎宁或者任何其他混合药剂都无济于事，来家出诊的身材高大的英国医师是本地最出名的挂牌医师，也束手无策，只命我静养。后来我知道他的名字叫布朗（W. G. Brow），退休后回到伦敦，接替了康德黎（James Cantlie）创建的热带病医学协会秘书那个尽义务的职位。当时还没有发明肥达试验（由病人的血清抗体凝集反应确诊）。甚至那据说能包医小儿百病的本地首屈一指的中医（林花鐕）也无能为力。幸好高热及时消退了，我被送到城外 7 英里乡下的父亲的鹤山果园去疗养，我以听鸟儿鸣叫自娱，等待那气味浓烈却甜美无比的熟榴莲不时砰然落地。我还清楚记得，卧病在床时，父母亲曾到椰脚街寺庙去祈求我早日康复。那时基督教在马来亚还刚刚起步，几乎没有传教士在当地民众中活动，而欧洲人住在自己的生活区，很少接触其他民族的人，除非要寻求法律、医疗或政府事务的帮助或咨询。葡萄牙人的后裔通常称做欧亚混血儿，他们都去自己的罗马天主教堂，在那里可以得到相应的服务。中国的宗教人员，不论僧道，难得为他们的信徒们提供精神上的帮助。他们通常都居留寺院中修行礼佛，如果他们去拜访家庭，便是前去化缘或超度亡灵。

除了这次困卧病榻的副伤寒外，我童年时期身体一直很好，从未患过喉炎或疟疾。许多学生的家庭都不讲卫生，像我这样的倒是令人意外。在那里毫无疑问流行着肺结核，但是通常在发现时已到晚期，而且没有专门医院或休养所收容他们。我总觉得不可思议，殖民地的英国教育体制中不设专职校医，而校医的职责应该是监督收纳学生的那些机构的卫生状况，并定期检查学生的健康状况和及时处理可能会出现的任何疾病。直到1955年我仍然很遗憾地发现，马来亚不像别的国家那样，很少甚至根本不提供某种适当的"学校卫生服务"经费，尽管政府在教育方面资助的数额巨大。

第一次居留欧洲的那7年（1896—1903），我有幸保持着好身体。在剑桥的第一年，唯一的健康咨询是到国王步道的皮克眼镜店，那是因为近视而配了一副合适的眼镜。

在圣玛丽医院，我总能仰赖那些咨询人员的免费服务，如医务主管伯德（Michael Bird）博士，后来则是住院医师。但除了偶尔出现鼻塞外，我不记得是否曾因流感而卧床过一天。多年来我一直身体强健，直到1907年夏初访问上海时，因急性细菌性痢疾而卧病数周，到我返回槟榔屿时还未痊愈。那是由于我冒失地吃了太多的杏（我第一次品尝这种水果）。此后数年间，每当春天来临时便会复发，后来我便再也不碰这种倒霉的水果了。

1917 年我在北京发作过心绞痛（可能是冠状动脉轻度血栓），此事前文曾谈及。那是在中央医院完工后，在施工时和我联系密切的外行同事，有预谋地把我排挤出了早就由我担任的管理岗位，以便让他那刚毕业于华盛顿大学的儿子来接替。当时我还不满 40 岁，为在京城创建一座模范医院，极尽艰辛。那段苦涩的经历，教会了我许多，其中相当重要的是，对在完成任务过程中可能发生的任何不愉快，都要控制自己的感情。因为没有人是必不可少的，而内心的痛苦和泄气，都会熄灭生命之火。

根据同样的原则，1952 年我理智地接受了命运的安排，不再参与霹雳图书馆的事务。这座图书馆是经过 3 年规划和施工建成的，向朋友们募集了 6 万元，我个人捐了 1 000 元。图书馆落成后，一些奸诈小人（他们几乎没有出钱也没有出力），通过操控年会增补新成员之机，将选票投给了他们中意的人，剥夺了我进一步参与的资格。这是实现民主必修的一课！

事故和灾祸

除了中度近视需要 -300 度的眼镜来矫正外，我一生中都没有遇到严重的灾祸。由于我受的是旧式教养，从未学过游泳，失去了这种运动带来的许多乐趣。正因如此，我有心鼓励我的孩子们，不管是男是女，十几岁时便要去学游泳，并且坚持到底，不管他们将来从事何种职业。尽管我有这个弱点，我在去英国前，还是和一些学校中的朋友们共同享受过几次钓鱼之趣。在某些季节，槟榔屿和大陆之间的海域鱼类极多。星期六和星期天我们经常划一条叫做舢板的平底船去到海上，用鱼线去钓那常见且美味的鳘鱼（gulama）。一般只需线上绑一个鱼钩，挂上一只烂小虾即可，鱼很多时，我们常在一排十字形木架上挂上三四个鱼钩，每起出一次，都能拖上来两三条鱼。有一天，我和一个朋友划着一条狭窄的小船，两人中某人身体稍微斜向一边，小船便翻了，我们都掉进海里，幸好水浅，我奋力爬上了岸。后来，我在上海或哈尔滨也曾下到混浊的江水中，在香港与槟榔屿可爱的海洋也多次下水，但是我从未冒险远离陆地。

早年在巴黎巴斯德研究所的经历已在前文介绍。一支培养破伤风细菌的玻璃管碎片割破了我的一根手指，幸亏实验室的同事（后来的莱瓦迪蒂教授），立即给我注射了抗血清，没有出现不幸后果。同样非同寻常的是，我在满洲曾检查过数以百计的鼠疫病人，在封闭的解剖室和露天解剖过无数因鼠疫而死的尸体；在哈尔滨我的实验室进行过 20 多年微生物实验，处理过各种各样的动物，从凶猛的旱獭到驯服的豚鼠和小白鼠，从未遭遇过任何意外。也许这是因为我们的技术人员和训练有素的助手们小心谨慎，也许因为我们从不饮酒。不过我还记得有个陈姓助理，他是我们实验室和解剖室中最得力的助手，但他讲迷信，在和我们一起剖开尸体之前，总要事先狂饮五加皮酒或北方产的黑麦威士忌来壮胆。

在中国官场或上流社会，出类拔萃的酒精饮料是一种淡黄色、带甜味、香气诱人的米酒。几个世纪以来最好的品牌是在浙江省绍兴及周边地区酿造的，显然是因为那里的稻米和气候最适合酿酒。访问这个地区必定令人大开眼界，方圆数英里之内到处垒满了成千上万个本地烧制的不大不小的酒坛，其中盛满这种佳酿——黄酒。这些酒坛用软木塞封口，用草绳捆扎着以防破损，然后用船运往地球上每个角落，只要那里有华人。

多年来，我在中国宴请宾客或被高官招待时，几乎从未见过其他任何酒精饮料会比这种米酒更适合大型饮宴。除了外交圈内，香槟酒根本无人问津，或许这样正好，因为中国酒味道香醇、大众化而随处可得。实际上，它按西方的说法就是"不起泡的香槟"。人们可以开怀畅饮，而不会造成任何不良影响，因为它的酒精含量不足百分之十。我曾在私人或正式场合接待过许多军界朋友，公平地说，一旦知道我滴酒不沾，他们从不强迫我喝酒，还会用中国话说"伍博士不喝酒"，然而他们自己却可能沉溺于这种黄酒中。矿工和劳工阶层都喝黑麦或小米酿造的烈性酒，但只在用餐时喝。小客栈中备有简单廉价的膳食，如需要也会卖烈性酒。但在英国和美国随处可见的那种只卖酒类的"酒吧"，在全中国都难见到。说来话长，就像唐代著名诗人李白那样的天才，也只有酒醉状态才能写出最好的诗篇。当他辞官引退时，唐明皇赐给他一枚镌刻铭文与皇帝御玺的金牌，使他有权在辽阔国家的任何地方，任何时刻免费饮酒。而那种在街上游荡的醉汉，在中国是很少见到的。

直到我返回马来亚，我才见到许多富裕的华人阶层，无论是本地出生的还是移民，都在饮用威士忌和白兰地。这些人的非正式晚宴（有时聚集1 000人坐在100张圆桌前）开始之前，每桌都摆着一瓶刚打开的价值30先令的优级法国干邑白兰地。除了成年人，我还经常见到随父母前来参加聚会的青少年，他们也可痛饮白兰地，由于不胜酒力，在喧闹的宴会结束前已醉态毕现。

囚禁与绑架的经历

当日本军队把中国视为半殖民地而在那里无恶不作的日子里，我经常沉湎于以自由撰稿人的身份化名发表文章。在上海出版过一份由私人经营的英文周刊，名为《中国评论》（*China Critic*）。这份刊物的编辑是桂中枢先生，此人头颅特大而身材矮小，毕业于耶鲁，受过美国传统新闻学最好的教育。桂先生依靠一批志愿作家的帮助，其中一位便是林语堂。林先生负责两个版面，栏目叫"小评论"。在这个专栏里，他经常讽刺不受欢迎的中国部长，以及派到北京威胁中国政府的那些骄横不可一世的日本使节。广田弘毅就是受嘲讽的一个，此人脑满肠肥、面目可憎，一看即知是个目空一切的帝国主义分子。理所当然，他受到过林语堂辛辣的嘲讽。语堂精通中、英两种语言，能用简单的英语表达出中国人复杂的思想。这位杰出的中国作家首先被厦门大学校长林文庆罗致，但当时林语堂观点相当"左"倾，以至于与他的上司时相争吵，最终只好付给他两年薪俸，提前解聘。后来语堂得到赛珍珠（Pearl Buck）的帮助，在第二次世界大战前后出版了《吾国与吾民》《生活的艺术》和其他作品，成了英语世界一位大受欢迎的作家。当 1952 年由福建同乡创建新加坡南洋大学时，语堂被任命为校长。他在殖民地工作了几个月，不幸的是他的办学方针与当地组建者不一致，只好带着离职补偿金离开。这个不愉快的结局令我非常遗憾，因为他的广博和难能可贵的经验，对这所华人赞助建成的新的高等教育机构是不可多得的财富。

《中国评论》刊行的 5 年中，在中国和外国赢得了相当高的声誉。我投寄的稿件多数涉及外交。在伦敦有个《笨拙》（*Punch*）周刊，每周星期三编辑们在当地一家餐馆聚会讨论前一周的事件，决定下一期该写什么文章。我们的刊物有点与其相似。外国人和讲英语的中国人都热切期盼读到我们的周刊，发售和广告收入超过了付出的所有费用。但因日本的入侵，像其他地方的各种中国人的活动一样，这个刊物也停刊了。

我在前文中已经谈过 1931 年 11 月发生的事情。那是一个寒冷的日子，火车途经长春时，我被日本宪兵押送到他们的宪兵队机关，讯问了一整天，然后囚禁在地下室。第二天早上我被转移到沈阳（向南 150 英里）接受更高级别军官的反复审问。虽然我没有受到体罚，但他们无中生有，企图逼迫我签字承认是中国政府的间谍。事实上，15 年来我一直是南满铁路地区最高级日本官员的上宾，并获赠在那个地区旅行的免票乘车证。审问过程中，他们甚至提到我曾为《中国评论》编辑部的服务，然而我的名字却从未在那个刊物上出现过。不过宪兵队终于在沈阳释放了我。他们的沈阳总领事因为我被他们国家那些不听政府号令的军人扣押深表歉意后，我得以在大连登上一艘轮船前往上海。这次沈阳历险后的 6 年整，即 1931—1937 年，我忙于组织和经营总部设在上海的全国海港检疫管理处，完全断绝了与满洲的联系。

后来第二次世界大战爆发，1941 年远东卷入战争之中。马来亚被日本占领四年，他们在这里肆无忌惮地重施在满洲和全中国的暴行。马来亚的居民，包括英国人、欧亚混血儿、华人、马来人、印度人和当地的其他民族，第一次体验到这个东方国家如此残暴，而直到灾难降临之前，他们还对日本的发达和军事及工业实力推崇备至。当 1904—1905 年日本人打败俄罗斯人时，真是让马来亚人佩服得五体投地。他们举行盛大的庆祝活动，挥舞太阳旗声嘶力竭地呼喊着"Banzai，Banzai"［日语"万岁"］。再者，1923 年时，大地震严重地毁坏了东京和横滨，马来亚人民捐赠了巨额的金钱和大批红十字会用品与服装，用以援救日本的受害者。然而，当时光走到 1941—1945 年时，他们本应回报危难中的东方邻国以人道，却以怨报德，这帮岛民征服者露出了前所未见之最残暴面目，滥杀无辜，在这片占领区向受尽屈辱的居民横征暴敛，还美其名曰"自愿捐款"。

先期侵入的日本部队显然已接到命令，要向被征服国家人民的头脑中逐步灌输"日本不可战胜"的思想。但是当时的马来亚并不存在国家，只是一个走投无路的悲惨的受害者群体。在那些特别要被找来审问的头面人物中，有我的名字。

1942 年 2 月，我带着家人从临时避难地（吉隆坡附近双溪毛醴麻风病院）返回怡保遭到洗劫的家，这里曾经是我温馨的住宅。我费力地修理好了屋顶和墙壁，由于上年 12 月英军撤退时炸毁近打河大桥，殃及我的住宅，使它严重受损。

与当时生活在怡保的其他华人一样，我经常遭受侵略者的侮辱。但因为我曾被授予东京帝国大学的高级学位，而且是一名普通的医师，所以还得到了某些尊重，甚至在银行和司法联谊会之中还有点关系。

1943 年 7 月某个星期六，一个穿着讲究的人诱使我前去距城中心 4 英里的某匪巢为发热病人出诊。我按来人指示的路径，驾驶自己的汽车前往。在驶过 3 个里程碑后汽车向左转停在一个角落，来人便要求我步行走几码进入橡胶树林中，我双手还提着出诊包和灭菌注射器具。我不知道身处何地，却见四个持手枪的年轻人围住我，命令我随他们进入丛林。在长途跋涉一小时后，方才看见一片空地上有几间茅草屋。于是我被监禁在此，傍晚时给了我一碗米饭和蔬菜，并命令我躺在一张简陋的木板床上，两个看守手持步枪直指我的头部。我回顾了那天所发生的事情，为我的糊涂懊恼。我习惯于在星期六下午与太太一起外出，如今却遭此匪巢被囚之辱。大约晚间 10 时，我被命令起床，来了一群年轻人，其中有个我从前的病人。几个月前他患恶性疟疾，是我救了他的命。头儿是个高大的客家人，说话时手里摆弄着手枪，显然是在恐吓我。他说因为他们资金紧张，要我向他们捐赠 15 000 元（1 800 英镑）现金。我说家里没有这么多钱，绑架我的人叫我给我的太太写信，令她出售或抵押一些珠宝筹集钱款。我答道，我们从未拥有那么多贵重物品可以换来这笔巨款。他问我能筹集多少，我说勉强可凑 5 000 元。他说绝对不行，如果我拒绝要求，会把我带到丛林深处。于是继续讨价还价。最后商定为 7 000 元（833 英镑），于是我给在城里的妻子写了个便条，要她在第二天早晨筹到这一大笔现金。审完后他们命令我回到床上，在饕蚊成阵的嗡嗡声中我当然无法入睡，只好等候天明。这是我第一次被丛林土匪拘禁的体验。所幸的是，即使在丛林深处夜晚也相当温暖，那时我已经 65 岁了，白天我只穿着夏装，未穿任何其他外衣。清晨，那两个看守一阵骚动，他们命令我在附近的溪流中洗漱。大约 9 点钟，他们告诉我信件已送到，我的妻子已从怡保来此，她将亲自乘他们的车带来钞票，然后就会释放我，一路上会有个忠实的看守看押着我，而此人正是我那个从前的病人。在分离 20 小时后，我和我太太在 10 点钟相逢。她交出了 7 000 元，我获得了自由，可以回家了。幸好她在家里保存着一大笔钱，否则可能会拖延更久，或许还会出现令人厌烦的种种传言。

接下来的事情也有必要记录在案。两个月后，两个日本宪兵造访我的诊室，要求我和太太前去面见宪兵司令部的首脑。当时他们占据着已故富裕的锡矿主、华商会会长梁燊南的大宅邸，妻子和我不得不并排肃立在身穿制服的军官面前。他说已得到重要情报，大意是我们二人已经加入共产党，并捐献 7 000 元巨款作为赞助。这实在令我们莫名其妙，因为我们从未主动与任何共产党人或任何可疑的组织联系过。这个军官通过翻译告诉我们，要说实话，否则将自讨苦吃。他命令一个军曹继续审问我们，这个军曹因逼供手段残酷而臭名昭著。然后我们被带到后面他自己的小办公室。真是天意，原来这个军曹过去一年中定期来找我看病，我治好了他和他的情妇经常出现的那种小毛病，因而他佩服我的医术，以同我交往为

乐。尽管起初他疑心重重（因为我的名字上了所谓"仇日粤人"黑名
单），但在接连查访我的诊所和楼上私人居室之后未发现任何对我不利的
秘密往来，于是他为我的无辜而高兴。我无保留地告诉这位军曹，几个月
前我如何被一个从前的病人诱骗进丛林，身陷匪巢，那时我被带到他们离
城镇 4 英里的藏身之处，被迫付了赎金 7 000 元，而他们现在却声称那是
我对他们事业的自愿捐献。这伙匪徒显然已经被日本人捕获，酷刑之下却
把我这笔钱说成是捐献，而不承认是绑架赎金。我的夫人完全证实了我的
证词。这位军曹相信我们的陈述，于是及时将调查结果上报。最后他告诉
我们，今后这样的大事不能隐瞒，要立刻报告日本当局，以便他们能立即
前去抓捕绑架者。这次永难忘怀的事件之后，夫人和我庆幸得以回家，也
没有经受任何体罚。

在他们终于向盟军投降之前，那些身居高位的日本官员曾多次试图向
我示好，其中包括霹雳州的地方首长。他说在大连曾和我一样是南满铁道
株式会社副总裁松冈洋右的客人。有才华但性情乖张的松冈，后来升任为
外务大臣和国际联盟日本首席代表。1932 年，当国联接受了李顿调查团
关于日本参与建立傀儡国家伪满洲国的报告时，他曾为此而退出会场。

阑尾炎

我不会忘记那次急性阑尾炎。那是在 1940 年 8 月某夜降临的，当年我
已 61 岁了。我行医已近三年，每天过着平安的生活。某个午夜，我阑尾部
位突发疼痛使我醒来，同时伴有发热但未呕吐。病状持续至天明，于是我自
己驾车赶往距我家约 12 英里的华都加也那家最大的政府医院，10 时许奇蒂

（E. C. Chitty）博士和切尔乌姆（T. Chelvum）医师为我做了检查，前一位是资深的英国外科医师，而后者是锡兰人，毕业于新加坡医学院。两位医师确诊为阑尾炎，并下达了两小时内手术的医嘱。手术在脊椎麻醉中完成，奇蒂博士向躺在手术台上的我出示了那讨厌的阑尾。我一直相当清醒，两位外科医师不断向欧洲护士和华人护士助手下达的指令我都听到了。

我把自己的阑尾保存在福尔马林溶液中，和来自其他病人的有意义的标本放在一起保存起来。我顺利地康复着，拒绝在手术后注射吗啡止痛，伤口一期愈合，10天后出院。后来没有出现任何麻烦，医院只收了我每天10元的住院费。

综观平生，除了科学研究外，还有过颇为惊险的插曲。在槟榔屿受困于副伤寒，在巴黎早年偶遇实验室事故，在北京突发心绞痛幸而得救，被马来亚匪帮绑架而得以赎回，两度遭日本宪兵拘押和审讯，日本占领时期凶险的疟疾大流行中得以幸免……时至今日，居然还能够写书回忆这些遇险经历。就在庆幸自己一生顺遂寿高76岁，身心健硕之时，竟突患左腿坐骨神经痛。书上说这是由于主神经干本身或与其连接的沿大腿背面分叉前的纤维组织发炎所致。只有受过那种折磨的人才能体会沿神经通路出现的疼痛是何等难受，最困难的是一举一动都十分痛苦。如果某人恰巧睡在楼上，每天上下数次，便能理解我被迫静养6个星期是多么艰难。我咨询过几位年轻的医学同行，采纳了最新的透热法、局部用药和注射治疗，但均不奏效。或许古老的针刺疗法能起作用，不过我并未尝试过。疼痛持续着，但我能感觉到，天长日久的折磨中，炎症在逐渐自行消退。到第六周结束时，我的病情多少有些减轻了。坐骨神经痛一般眷顾那些40岁以上生活优裕、患有痛风或糖尿病的人，不过我在饮食上总习惯于节制和适度。也许我清淡的生活方式能加速缓解我这些病痛，因为它会延缓并变成慢性疾病。我如今感到双腿无力，尽管我还能够走路，我每周一次步行前去市场，而以前我总愿意一周运动三次。我知道岁月不饶人，必须格外注意在睡眠时对腿部和全身的保暖。从 1938 年开始我即定居热带马来亚，那里白天炎热，夜晚寒冷，终年睡觉不盖任何衣被，我确信我这样的习惯可能是腿部神经炎的真正原因。一个 76 岁人的身体不会像 60 岁的人那样轻便。但我喜欢冷水浴，像大多数东方人一样，在早上 7 点用一小桶水淋向全身，我一直保持着这个习惯。

怀念

现在让我在此回顾那些从美国院校留学归来的中国学生，他们是早年由容闳带领前往美国的，年长于我。据我所知如今只有一位依然健在且精力充沛，1955 年已寿高九十有二，这位可敬的绅士就是周寿臣爵士。他是大英帝国骑士，兴旺的东亚银行的创始人。这家银行总部设在香港，活动现已扩展到了新加坡。周先生出生在香港，但他为清政府服务过 30 多年，曾身居北方铁路（后称京奉线）总裁和牛庄道台等要职。他精明地将存款在香港投资，而且将他的才华贡献给了大英帝国在东方的这块属地的发展。他在这块土地上有一位终生朋友，那就是银行家、地产和航运巨头何东爵士。1915 年香港大学授予我法学博士荣誉学位时，何东爵士这位好客的东道主让我下榻在他府上。他也是一位 92 岁的高寿老人，尽情享受生活而且颇为奢华，纵然他经常抱怨肠胃不好。我一直保存着上述两位可敬的长髯老者的照片，照片摄于 1952 年肯特公爵夫人代表皇室访问东方时，他们坐在夫人的两边。

在早期容闳带出的学生里，我至少认识 20 位，其中出类拔萃的是唐绍仪。他在清末任奉天巡抚，民国时又是首任内阁总理。尽管我较唐先生年轻许多，但看来他愿意与我结交，并且有幸将对我的信任与友谊维系到他临终。我也熟悉他的几位家庭成员，包括前妻所生的分别名叫埃尔西和梅的两个女儿。第一位嫁给了朱祀年先生（曾任中国驻瑞典大使，他曾推荐我为诺贝尔医学奖候选人，但未获足够支持）；第二位是曾任驻华盛顿、伦敦和巴黎的著名使节顾维钧博士的早殇夫人。

唐先生健在时，曾对我谈及他早年在朝鲜所知道的一切。那时中国和日本的代表分别是袁世凯和伊藤伯爵，彼此在外交上明争暗斗。唐先生还将我带进了中国古代艺术的堂奥，他收藏有丰富的珍贵瓷器，竟允许我随意把玩。

唐先生讲得一口纯正的英语，尽管他在美国只读过中学，而且身处官场，在同僚和下属中罕有使用机会。他退休后住在天津和上海时，我多次请求他写回忆录，因为在所有现代中国官员中，只有他具备完整而准确的有关中国与西方世界关系的知识。他又参加过早期南北双方的谈判，当时袁世凯（由唐绍仪代表）和孙逸仙（由伍廷芳代表）的全权代表双方发生激烈争论的至关重要问题是清帝退位后是否实行共和，唐君是力主共和的，但是袁世凯不同意，于是他曾一度辞职。

那是一个动荡的年代，日本人、汪精卫和蒋介石都在为控制中国而战斗，唐君的声望仍然很高，都很希望他出山。唐先生在上海租宅而居，数月中辞谢了任何一方。1937 年某日，人们发现他死于家中，脑后受过重击，事情发生在向一个冒充的古董商出示他的藏品时。我于 1953 年 4 月在新加坡探望过他的遗孀，她向我讲述了唐先生遇害的全部详情。

"唐先生安分地住在上海法租界一座小房中，整日与心爱的古玩为伴。某日，他接待一个陌生的高大北方人来访，此人自称古玩商，在本地开了一间店铺。过去唐先生总是友善地对待这些人，即使知道他们不一定有什么值钱的物件，还是会接待他们，有时候会给他们 10～50 元钱。这一次，此人给唐先生看了一些小件物品，但是唐先生都看不上，于是客人告辞且答应以后带些更好的来。不久后的一天，当时唐太太远在香港，女儿埃尔西和儿子刘易斯外出，这个陌生人再次到来，并带来一只大花瓶。唐先生亲自开门将他迎进客厅，陌生人跟随其后。此人突然从花瓶内抽出一个小而沉重的铁器击打唐先生后脑，并连击数次。年逾七旬身体衰弱（1861年出生）的唐先生当即身亡。凶手显然已经知道他家属不在而此时仆人也不在场，于是他得以不留痕迹地逃离。不过此人已被人见过并有可能被人认出，一年后，发现他死在重庆（四川省）一家旅馆，是被一个不明身份的人所枪杀。"

唐先生就这样横死于 76 岁，不再有机会去撰写记述他那波澜壮阔的一生并遗泽后世的回忆录。他珍贵的古董收藏，开始保存在上海和澳门附近的家乡唐家湾，后来以极低的价格变卖了很多，因而散失殆尽。他的遗孀所生女儿嫁给了新加坡橡胶巨头李光前的长子，李氏是为促进马来亚教育和社会服务而建立的李氏基金会的领导人。

向皇家亚洲文会的捐赠

读者应该记得，在第 14 章里我曾谈及某次海港检疫管理处年度宴会上，美国总领事及驻上海领事团的资深前辈坎宁安（Edward Cunningham）先生发表过演说，他在演说中提及我向皇家亚洲文会（RAS）中国支会捐赠 3 万元（约 3 000 英镑）建设资金一事。这个机构开始是由居住在上海的英国人为研究亚洲艺术和文化而创立的，目的是借助英国政府和商界领导人促进对英国和中国文化的了解。这座二层小楼建在由当局捐赠的一小块土地上，由离外滩仅一箭之遥的博物馆路通过一条狭窄小巷即可到达。文会只有很少的会员，主要是英国官员、商人、教育工作者和传教士，出版了一份英文年刊，其中通常都刊有很令人感兴趣的文章，大多数是历史方面的。我本人在文会举行的会议上发表过两次讲演，一次题目为"中国的医学先驱者"，另一次是"中国早期的旅行家"。

到 1930 年，这座旧建筑已显露破败迹象，为了重建，曾向公众募捐到至少 10 万元（1 万英镑）。在当时，最有钱的是欧洲人和犹太人，最兴旺的公司也属于他们，因此期待他们多捐助，但回应却令人失望。我在中国服务 20 年间，有些积蓄，我觉得自己能有今天，主要是由于英国政府在我早年提供了奖学金和让我有机会接受大学教育，因此我捐赠了相当于 3 000 英镑的存款，其数额接近所需总额的三分之一。我率先之举，特别是因为我是中国医务人员，在外国人社团中造成了明显的影响，于是大笔捐款源源不断。《大美晚报与文汇报》（*The Shanghai Evening Post and Mercury*）1931 年 2 月 16 日一篇头条新闻中曾这样写道：

这份丰厚礼物的目的是在这座城市的中外人士间造成一种友善和相互尊重的氛围……我们这些生活在中国的外国人中，仍抱有旧观念的人是太多了，他们对中国事务主要关注的竟是那些看似纷繁复杂却实为再简单不过的问题，为什么不去关注彼此的共同点呢？

1931 年 3 月 14 日出版的《英国医学杂志》（伦敦）曾载文道：

伍连德博士向中国的皇家亚洲文会捐赠 2 万银元（3 000 英镑），用于在上海重建这个机构，该机构中设有图书馆和许多设施，以促进中国与西方在思想上的共识。这份礼物是伍连德（当时的名字为 G. L. Tuck）博士用以表达他受到帮助的感激心情。1896 年，他获得海峡殖民地设立的每年 200 英镑的女皇奖学金，从而得以进入英国剑桥大学依曼纽学院，随后又在伦敦的圣玛丽医院接受英国的医学教育。

皇家亚洲文会新址于 1933 年首次开放。该建筑有三层，第一层是图书馆和阅览室，二层是以伍连德博士命名的讲堂，顶层是办公室和陈列中国与西方文物的博物馆。若干年来，博物馆的馆长都由苏柯仁（Arthur de carle Sowerby）担任，他是一位蜚声国际的卓越的动物学家，父母是英国传教士。

早年（1908—1910）我偶尔会去北京，必见程璧光将军，他后来成为袁世凯总统的海军总长。程将军是一位质朴、不装腔作势的高官。他历经沧桑，首先是 1894—1895 年的中日甲午战争，后来到清末时又被人怀疑是革命党。程与我在星期天闲暇时会去逛古玩店寻觅古董。有一天，我得到一尊涂过漆的铁铸观音小雕像，高 4 英寸，比例匀称，显然是件古董，其容貌与已故维多利亚女王惊人相似。那位女王君临天下时，我还是伦敦的一个学生。程对我购得的这件物品赞不绝口，建议我为它配个合适的象牙底座。岁月流逝，程将军在担任广东督军（后来成为政治谋杀的牺牲品）时，我也得到晋升。我珍藏这尊宝贵的小雕像长达 15 年以上。后来我听说英王乔治五世和王后玛丽都对中国艺术品感兴趣，我便通过老朋友伦敦大学医

酷似维多利亚女王的铸铁小雕像，象牙底座（宋代，13 世纪）。伍博士赠送给英王乔治五世，现藏于温莎城堡博物馆

学院院长、皇家外科学会会员埃利奥特博士，与皇家内科学会会员、宾夕法尼亚大学医学博士、国王御医道森（Dawson）勋爵取得了联系，表示如果接受，愿将这尊雕像赠送给英国王室。很快便收到回复，两位陛下都很乐意看到小雕像。我随即将古玩包装在一个坚固的木箱内邮寄过去，随后及时收到了一封正式的感谢信。这件少见的艺术品经大英博物馆东方收藏品专家鉴定，断定为真实的宋代（960—1127）作品，并已转呈给他们的王室。国王陛下表示，这个近一千年前铸造的人物酷似他的祖母陛下，令他们惊喜不已。还告知我这件礼物会收藏在温莎城堡。这个罕见的人物头戴高顶王冠，左手持一柄仙女的拂尘，飘逸的拂尘毛向后散开覆盖着左肩，而右手掌则握着一个类似王族风格的球状物。这尊完好雕像不由得使我想起维多利亚女王，当年她曾以至高无上的王权自任印度女王。

过去多年来我不得不数次搬迁，从这方面看，这件珍贵的文物能妥善收藏在那个城堡中让我欣慰，否则将会像我许多其他财产一样付诸东流了。

捐赠北京住宅

1949 年中华人民共和国中央人民政府取代国民党政权，决定将中华医学会总部由上海迁往北京。于是我写信给设在北京东单三条的总部新任秘书，表示要将位于东城东堂子胡同 55 号的那栋宽敞的三层住宅赠送给学会永久使用。这座房屋的空间足以安置图书馆、阅览室和办公机构，还可为员工和外地来京会员提供住所。

六幅古画和一枚御玺

日本侵占马来亚期间（1941—1945），我的艺术珍藏中，劫后余物是六幅我特别喜爱的中国绢画。其中有四幅是一组用艳丽色彩描绘的杭州风景，杭州曾是南宋皇帝的都城。这些画每幅高30英寸，宽20英寸，配以乌木框，描绘了山川、宫阙及云彩，古朴高雅。每一幅画都表现了宋代艺术家那淡雅独到的写意特色。这四幅山水画都出自赵伯驹手笔，在第一幅画上署有其表字"千里"。

另外两幅的尺寸是26英寸×24英寸，已确认是著名耶稣会士画家郎世宁的作品。此人是著名的乾隆皇帝（1736—1796）的随身侍从。这两幅人物画描绘了两个身穿唐代（618—907）服装的宫廷美女，她们身披华丽飘逸的长袍，别致的蝶形发髻上佩戴着珍珠和凤钗。画面着色尽依天然投影之法。这两幅画尽管已问世150年以上，而且长期暴露在炎热、潮湿和热带强阳光下，但依然艳丽如初。

第七件古董是一枚椭圆形的象牙御玺，大小为4英寸×3.5英寸。通体精雕着盘绕的9条五爪龙。它是清王朝第五代皇帝嘉庆（1796—1820年在位）发布诏书时的用玺。日本人占领时期这些宝物都藏在槟城我的老家，逃过了一劫。现在全都赠送给了马来亚大学艺术博物馆。那里的画廊备有空调装置，并能防除热带昆虫的侵害。著名的中国艺术品专家对那六幅画作过评估，现在的总价值为6 000英镑。希望这些罕见的由古代大师创作的中国画珍品能够成为核心，借此凝聚成一个更大的收藏中心，用以发展大学的艺术教育。

热爱书籍

从我拥有第一本书至今，我经常感到学海无涯。为此从在剑桥学习医学时开始，我都购买二手教科书，以便节省几个先令，即使通过考试后我也不将这些书处理掉。直到现在，我还藏有福斯特（Michael Foster）著的《生理学》，这部厚重的巨著是在第二学年（1897）买的。还有哈利伯顿（Halliburton）的《生理学手册》（1899）和奥斯勒（Osler）的豪华版《医学实践》[似为 *The Principles and Practice of Medicine* 一书之简称]。我自立以后，阅读范围便扩展开来，开始收藏有关历史、艺术、哲学、古代医学和古老文明之类的书籍。

从欧洲归来和随后居留中国期间，我对中国、日本和美国的历史、艺术及文化越来越感兴趣。由于我的知识面逐渐扩展和藏书越来越多，我开始思考建立一个小型综合性图书馆的可行性。我经常参观北京莫里循博士的东方图书馆（请见第 10 章），因而上述想法愈加强烈。前文已经说过，我曾力图说服在北方的那些中国朋友，趁莫里循博士准备离开中国时收购他的藏书。但一位日本金融家抢先了一步，我们无缘他那绝妙的收藏。

与我合作编著《中国医史》的朋友王吉民医师，在 1925 年曾建议我收购一个藏书精善的小型图书馆，那是一位退休在杭州的中国官员收藏的古代中国医学典籍，以便用它作为中华医学会颇具规模的图书馆内有关中国医学史专题藏书的核心，那时医学会在上海的池浜路 41 号已经有自己的会址。我发自内心同意他的建议，并为此捐献了 3 万元（当时约相当于 300 英镑）。我们医学会那座收藏丰富的图书馆，收藏着各语种的医学图书和期刊，特别是英国、美国和中国文献，中文藏书从此成了它的重要组成部分。

1935 年，吴铁城先生在江湾完成了他的模范大上海建设，要求我为他新建的城市图书馆英文部捐赠书籍，我欣然同意将自己 1 200 部藏书中以艺术类为主的 200 种献出。为了展示艺术类和科学类书籍中的插图，我还主动参与了那些有伦敦大英博物馆风格的玻璃橱窗设计。可恨的是，"大上海"只存世 3 年，日本军队入侵这座城市，摧毁了大部分美丽的建筑，这座图书馆连同它的收藏也一起灰飞烟灭了。

另一次灾难发生在我离开上海后的 1938 年，我剩下的藏书和艺术收藏被包装在 39 个木箱中，交由海船运回马来亚，却被误投他处，至今无线索可寻。

聊以慰藉的是，在东方战胜日本后，我又从各种来源重新收藏了超过 2 000 部有关中国、印度、欧洲的艺术、哲学、科学、历史和文化的书籍。我期待着终有一天，这些书籍会出现在某个学术机构中，惠及现在和世世代代的马来亚人。新加坡的南洋大学于 1957 年接受了我捐赠的最新藏书，这些书被专门放置在大学图书馆的一角，并称之为"伍连德藏书"。

1916 年香港大学曾授予我法学博士荣誉学位，后来我将有关鼠疫的少量收藏品，连同日本入侵后我们从哈尔滨博物馆中抢运出来的标本、防疫专著和报告等，一起赠给了香港大学。

忆往

当我书写这些回忆录并回想起早年生活中发生的种种往事时，我有时不禁感到惊讶，为何那些往事，甚至是在学校时的经历，竟是那样记忆犹新。记得那时有个比我大三岁的恶棍，简直就是我的灾星。他经常拧着我的手臂强索我那从微薄的零用钱中省下的几个铜板，显然他也会以同样的方式对待其他孩子。他脸上有道伤疤，有着诡诈的眼神和一张可谓残忍的嘴巴，他后来未享天年。

50多年前我在剑桥和别处见过的一些人，现在也仍然历历在目，恍如昨日。身材短小的塞奇威克（Adam Sedgwick）讲课时口齿十分不清；身高6英尺6英寸瘦削的达克沃斯（Duckworth，卒于1956年）讲课生动，简直能让那骷髅咧嘴发笑。另一位身高6英尺的皮尔森（S. V. Pearson）也毕业于依曼纽学院，我进剑桥时，他已经是文学士，还是赛艇蓝衣队员。他毕业时也得到医学博士学位，正当谋求在伦敦哈利大街执业行医时，突患肺部出血，不得不在瑞士的诺德拉赫（Nordrach）治疗数月，他后来完全康复了，在私营的蒙德斯利（Mundesley）疗养院担任了44年院长，享年75岁。他写过一本通俗易懂的书——《人、医学和我》。

我还记得克里奥尔舞蹈家梅罗德（Cleo Merode）和著名女演员贝纳尔（Sarah Bernhardt），我曾在法国的舞台上见过她们。那些犹如过眼烟云数不胜数的中国高官与军阀们常有特殊的癖好，如张宗昌的傲慢与好色。还有北京那数不清的古董商，不管你怎样评论他们货物的真假，似乎总不会失去耐心，因为他们深谙此道，如果某件东西对你有吸引力，便会三番五次前来，最后必按要价买走。

大脑中是什么能使人清晰地储存这些记忆如此长久呢？大脑皮质细胞如何起作用呢？如果告知某个医学生说机体细胞总在分裂是确实的，那么活了70年后，原来的细胞结构留下的一定很少。去年（1955），我请教过

谢菲尔德大学社会与工业医学系主任霍布森（William Hobson）教授，他
亲切的讲解足以消除我的困惑：

"虽然机体的大多数细胞会持续生长和分裂，但生物个体的中枢神
经系统细胞在早期即已停止分裂，或许正是它们一旦停止分裂便能记住
一些事情。也就是说，某人的大脑皮质细胞结构，60 年前和现在是相同
的，这些细胞的衰老不像皮肤基底细胞那样迅速，某生命个体一生中，
皮肤的基底细胞是在持续生长和分裂的。这确实是个明显的事实：某种
类型的细胞可以完好保持 60 多年而不衰老，另一些细胞却只能存活
几年。"

老年医学

过去的十余年，研究衰老过程的老年医学或老年学受到世界各地许多
科学家的关注。我早年在巴黎巴斯德研究所的老师梅奇尼科夫，便是论述
这个问题最早的作者之一。他在其所著《延长寿命》（1908）一书中阐明
了自己的观点。他主张饮用按保加利亚人的方法制作的发酵乳（Koumiss
乳酒）以延长寿命。他本人享年 71 岁（1845—1916），尽管他那散乱的灰
色长须总是显得比实际年龄要苍老。中国历史上关于老将军、老哲学家和
老学者的故事屡见不鲜，总是教导人们恪守孝道，尊敬古稀老人。在现实
生活中，会有人教导我们，许多达到 60 岁的人脸部往往生出一些难看的
黑色或紫色、形状不一的皮肤增生，那是"长寿斑"，医学教科书上说这
并不是年迈体衰的征候。以我自己为例，我很厌烦在我右脸颊上日渐增多
的那些乳头状皮肤突起，我曾尝试涂抹治疗鸡眼的药水（水杨酸溶入乙醚

火棉胶），但它们并未像脚趾上常见的鸡眼那样缩小，涂抹两周以后竟有两三个增大一倍，我只得赶快停止用那种药水，以免刺激它们！

饮食

为了探明遗传和环境的交互作用以何种方式决定生命的延续，并找出生长速率、发育、成熟和衰老等可能通过疾病或意外影响死亡的因素，用不同数量的规定食物喂饲大白鼠进行过大量实验。可置信的统计结果表明，肥胖者风险较高，身材精干者较肥胖者长寿，过多的脂肪摄入易于引起心血管疾病。

已经发现，蛋白质或碳水化合物含量高的食物并不缩短大白鼠的寿命，还有人认为食物中含有 14% 的蛋白质时，雌雄鼠的寿命最长。高脂肪，特别是其中含有胆固醇的食物，对供实验的大白鼠和小白鼠的寿命都有负面影响。总之，可以说这些结果让人们相信，到达一定年龄后身体即停止生长，便应节制饮食，特别是限制脂肪和碳水化合物的摄入。

于我自己而言，1955 年 11 月测得的血压是收缩压 131，舒张压 82。这与我 40 岁在北京时几乎一样。此前，收缩压通常处于 120 ~ 130，舒张压介于 65 ~ 70 之间。我从不饮酒吸烟（不论何种品牌），也很少熬夜。总的来说，我采取了正常的符合生理学的生活方式。在饮食上我也有节制，设宴时避免过度丰盛的菜肴。但那是中国式筵席的常规，10 道甚至 15 道菜接连摆上餐桌。事实上，我 70 岁后进食的米饭和菜肴或许只是年轻时的四分之一。15 年来我的体重一直稳定在 150 磅至 152 磅，而我在大学时的体重是 120 磅。我厌腻家中饭食时，便去外面餐馆品尝各类美食，例如面条或佐以鱼虾的辣味印度咖喱饭，换换口味并不会令我不适。

偶尔粗心大意误喝了过熟的或不新鲜的椰子汁，胃肠便会不舒服，有时会拖延整整两天，但最终还是会复原，并保持着我的身心平衡而不受疾病干扰。

现在也许有人会问："如此保养，或者说采取这种斯巴达式的生活方式，难道是健康长寿所必需的吗？"丘吉尔这个活生生的例子就放在我们面前，尽管他从来不知俭朴，随意吃喝、吸烟，1955 年已达耄耋之年，而那些嗜好似乎并没有损害他的精力或才智，他领导英国闯过了悠久历史上两个最关键的时期，还能忙里偷闲赢得诺贝尔文学奖，绘画水平也相当高，砌砖如同老瓦匠。此前也有人像丘吉尔那样生活过，但少见有人能活到古稀之年并为造福人类取得如此高度的成就。

曾有一派科学家怀疑人们能活到 100 岁；约翰·霍普金斯大学已故的珀尔（Raymond Pearl）曾多次在课堂上说，如果某人自称已经到了那个年龄，便应该严肃地怀疑是否可靠。波斯有不少自称已有 140 岁或更老的例子，这些人通常都属于无知识阶层，并且是根据穆斯林传统估算年龄，那他们在我们的一年中就过了两个新年。

然而由于老年医学的问世，人们更注重收

1958 年 9 月 18 日和蔼可亲的伍连德博士在新加坡南洋大学为师生讲演时的留影。桌上叠放的许多书籍是作者发表的著作。左边包裹是他赠送给南洋大学的猩红色博士袍

集这类统计数据。就在不久前某天（1955 年 11 月 15 日），据来自得克萨斯州的报道，有位美国内战时期的退伍军人依然健在，寿高 113 岁，这位老兵与他 84 岁的妻子和 12 个孩子中尚健在的 5 人庆祝了自己的生日。他的秘诀是："过道德高尚的生活，起床便吃早餐，在家吃午餐和晚餐。"

我还可以用植物学家里德利为例。他在 1955 年 12 月 10 日度过了百岁寿诞，是我有生之年认识的唯一百岁老人。还有香港出生的两位华人百万富翁何东爵士[①]和周寿臣爵士，他们不久就将达到 95 岁高龄。荫少泉（S. C. Yin）[②] 博士，是我所尊敬的同行，在新加坡执业。他娶了一位英国妻子，育有二子。长子查特里斯（Leslie Charteris）是著名的侦探小说作家，创作了《圣徒》；次子荫牧师（R. H. Bowyer Yin）曾在牛津受过教育，被委以圣职并被任命为伊顿公学校长。这位老医师 1956 年依然健在，那时已经 79 岁高龄，不过长期患有关节炎而不能行动。他曾患过肺痨，还尝试吸鸦片十余年，但是他的肺病和鸦片瘾都被完全治愈了。即使对于一个开业医师来说，这也是何等特别的经历啊！

最后，我想谈谈我在医学界的资深同行林文庆博士[③]。他在 1955 年庆祝了 87 岁生日。以林博士和已故的陈嘉庚先生为主，在新加坡集资创建了第一所医学院，现已并入马来亚大学。林博士是学院的第一位药物学讲师。这个还在成长中的教学中心的现任领导，不应该忘记趁那些老人还健在时，授以他们相称的荣誉。在香港，他们对那些理应受到表扬的人，已经做了该做的事。

---

① 何东爵士卒于 1956 年 4 月。——作者原注
② 荫少泉博士卒于 1958 年 4 月 2 日。——作者原注
③ 林文庆博士卒于 1957 年 1 月。—— 作者原注

结束语

享有高寿的老人，为后辈提出某些忠告，让他们在谋取幸福的人生道路上一帆风顺，看来已经成为风气。在我看来，仅仅长寿并不足以自慰，除非有健康的身体，并能有机会在某种程度上与他人同享相互理解的生活乐趣。当然，这是相对而言的。如果一个人不能发挥他的智慧，或无缘回报友谊和情感，而仅仅是活着，那么，不论别人如何宽容，也并非乐事。所幸的是，随着科技进步，借助收音机、电视机和其他新发明，使人们能够听到、看到其他人的行动和思想，因此能够与时俱进。比起足足享有

伍连德的最后留影之一，
1960 年摄于马来西亚槟城

84 岁高龄的父亲那个年代，长寿在今日有着高得多的价值。

6 年来，我为准备这些回忆录而给自己带来了极大的乐趣，不过我还是担心，由于频繁的中断和缺乏足够的参考文献，可能不如我所希望的那样令人满意。

附　录

伍连德年表

1879 年　3 月 10 日出生于南洋槟榔屿（今马来西亚一个州）华侨家庭。

1886—1896 年　入槟榔屿大英义塾学习 10 年。

1896 年　在新加坡举行的女皇奖学金考试中名列第一，赴英国剑桥大学依曼纽学院学习，是剑桥第一个华人医科学生。

1899 年　6 月，被授予文学士学位。8 月，考取圣玛丽医院大学奖学金，在医院学习 3 年临床课程，多次获得奖章和奖学金，如齐德尔临床内科金质奖章（1902）、临床外科特别奖（1901）、临床内科特别奖（1901），以及克斯莱克病理学奖学金（1901）。

1902 年　4 月，通过最后一次医学士考试，是当年同批入学学院中，唯一在 5 年零 3 个月内通过第三次考试的学生。4 月至 9 月，入伦敦布朗普顿医院，学习研究结核及胸科疾病的治疗。9 月，获依曼纽学院每年 150 英镑的研究奖学金，毕业后可在英国或欧洲大陆上任何一个研究机构从事研究工作。9 月至 12 月，在利物浦的热带病研究所罗纳德·罗斯（Ronald Ross）教授指导下做研究。

1903 年　1 月至 4 月，赴德国哈勒大学卫生学研究所，在卡尔·弗兰克尔（Karl Fraenkel）教授指导下开始进行破伤风感染的细菌学研究。5 月至 8 月，入巴黎巴斯德研究院，师从梅奇尼科夫（Elie Metchnikoff）教授，继续破伤风菌的研究。获文学硕士、医学士、外科学士学位。8月，提交关于破伤风研究的论文，通过剑桥医学博士学位答辩，1905年实授学位。9月，乘邮船离开伦敦，一个月后抵达新加坡。

1903—1904年　入吉隆坡医学研究所（IMR），研究南洋一带流行的致命的疟疾和脚气病，工作之余，组织成立雪兰莪州文学与辩论学会（雪兰莪文学社），出任会长，倡导剪除发辫、改革旧式婚俗等。

1904—1907年　在槟城牛干冬街执业行医，并成为社会活动特别是禁鸦片运动的组织领导者。

1905年　7月，与黄淑琼小姐结婚，后育有三子。

1907年　直隶总督袁世凯邀聘伍连德回国供职，不久伍连德赴伦敦、柏林考察军事医学。

1908年　11月，任天津陆军军医学堂帮办（副校长）。

1910年　10月，东三省肺鼠疫大流行。经外务部施肇基推荐，12月19日，清政府委派伍连德赴哈尔滨调查瘟疫、组织防控。12月24日，伍连德抵达哈尔滨，深入疫区调查研究，解剖疫死者尸体，建立实验室，发现鼠疫病原菌。采取了控制交通、隔离疫区、建立医院收容病人、火化鼠疫死者尸体等多种防治措施，使这场震惊中外的瘟疫很快就被控制。

1911年　4月3日至28日，在奉天（今沈阳）召开"万国鼠疫研究会议"（International Plague Conference），伍连德当选为大会主席，这是中国近代史上首次国际科学会议。4月，学部奏请给医官伍连德医科进士学位。5月，为表彰伍连德扑灭鼠疫大流行的功绩，摄政王载沣代表宣统皇帝在紫禁城召见，前一日授予北洋新军协参领（相当于少校军衔）。俄国、法国也授予荣誉奖。7月，率领中俄联合考察队赴满洲里和西伯利亚的博尔贾一带调查鼠疫状况。其结论形成《旱獭（蒙古旱獭）与鼠疫关系之调查》长篇论文，1913年在《柳叶刀》（Lancet）发表。12月，作为中国政府代表团成员赴海牙出席国际鸦片会议。

1912 年　11 月，中国近代第一所常设防疫机构宣告成立，伍连德任总办兼总医官。

1913 年　6 月，聘为大总统侍从医官，历任十余年。7 月，代表中国政府赴海牙出席国际禁毒会议。

1915 年　2 月，与颜福庆等 21 人在上海集会，宣告中华医学会成立。选举颜福庆为首届会长，伍连德为书记，还受命创办《中华医学杂志》，出任总编辑。

1916 年　2 月，中华医学会第一届大会在上海召开，被选为会长，连任两届（1916—1920）。同年兼任京汉、京张、京奉、津浦四条铁路总医官。12 月，获香港大学荣誉法学博士学位。

1918 年　1 月，山西暴发肺鼠疫流行，赶赴疫区防控。1 月 27 日，经过 3 年的不懈努力，建成了北京中央医院（该院址现为北京大学人民医院），任院长 4 年。

1919 年　北洋政府在北京设立中央防疫处。哈尔滨霍乱流行，伍连德领导下的东北三省防疫事务总处集中全力防治，取得令人满意的结果。

1920 年　10 月，东三省第二次肺鼠疫在东北北部和西伯利亚暴发，由于有 1912 年建成的东三省防疫事务总处及其下属医院和 8 年来研究工作积累的经验，第二次肺鼠疫的流行并未造成灾难性的后果，此时中国人的防疫水平已超过日本和俄国。

1921 年　9 月，洛克菲勒基金会于 1914 年首次派出中国医学委员会，研究和报告中国的公共卫生和医学状况。伍连德力主在北京建立一座新型的医学院校及医院，他提出的许多建议都被采纳，北京协和医学院及医院在本年落成。

1922 年　受奉天督军张作霖委托，在沈阳创建东北陆军医院。两年后医院落成，是当时中国规模最大、设备最好的医院。

1922 年　获上海圣约翰大学荣誉科学博士学位。

1923 年　作为访问教授赴日，是中国第一位访日的交流教授。

1924 年　赴美国约翰·霍普金斯大学进修学校卫生和公共卫生学。次年获公共卫生学硕士学位。

1926 年　5 月，《肺鼠疫论述》（*A Treatise Pneumonic Plague*）由日内瓦国际联盟出版。

日本东京大学授予作者医学博士学位，系首次将此学位授予外国人。夏，哈尔滨再次流行霍乱，滨江医院积极防治，美国卫生学杂志评论该院为优秀防治霍乱医院。9月8日，在东三省防疫事务总处及其所属滨江医院的基础上创办了哈尔滨医学专门学校，学制4年，并出任第一任校长。这是我国东北地区最早由中国人自办的高等医学院校，1938年更名为哈尔滨医科大学。

1927年　3月，被国际联盟卫生组织聘为该组织中国委员，并授予"鼠疫专家"称号，随即被派遣考察与报告欧洲12个国家的卫生机构和研究所。出席国际联盟在印度召开的第七次远东热带医学会议，当选为副主席。

1929年　12月，伍连德等向南京国民政府提交收回检疫主权的书面报告。

1930年　7月1日，遵照国民政府卫生署训令，全国海港检疫管理处正式成立，伍连德任处长，兼上海海港检疫所所长。从此由外国人手中收回海港检疫权。

1931年　代表国民政府刘瑞恒署长出席国际联盟卫生会议。在上海主持召开第一届检疫学术会议。11月，"九一八"事变后，赴安东检疫医院视察，乘火车返回途经长春时遭日本宪兵逮捕，视之为国联李顿调查团间谍，经英国领事营救，拘押3天后释放，南下上海。

1932年　年初，日军向东北全境进犯，哈尔滨沦陷，东三省防疫处被迫解散。"一·二八"事变，上海港吴淞检疫医院被日寇炮火炸毁，上海港检疫中断一年之久。伍连德率检疫处同仁组成战地救护队，救治几百名伤兵。大批难民涌入租界引发霍乱流行，检疫处投入防治。7月，与王吉民合撰《中国医史》(*History of Chinese Medicine*) 出版。与刘瑞恒博士合作从新加坡慈善家胡文虎处募集30万元，于当年建成南京中央医院。

1935年　由时任中国驻瑞典大使朱祀年等推荐为诺贝尔医学或生理学奖候选人，提名理由为：从事肺鼠疫研究工作，特别是发现旱獭在其中的传播作用。

1936年　5月，*Plague：a manual for medical and public health workers* 在上海出版，作者伍连德、陈永汉、伯力士（R. Pollitzer）、伍长耀。同时出版中文版，书名《鼠疫概论》。

1937 年　4 月，当选为中华医学会公共卫生学会会长。7 月，日本发动全面侵华战争，淞沪抗战中，全国海港检疫管理处财产被日寇劫掠一空，位于上海市江湾区的伍氏私人住宅也毁于日寇炮火。国破家亡，伍连德被迫偕家眷返回马来亚避难。9 月，定居马来亚怡保市，开设私人诊所，时年 58 岁。

1942—1945 年　马来亚陷于日军铁蹄之下，以行医为业，和当地人民一道艰难度日，1943 年 7 月曾被绑架，被勒索巨款。

1947 年　11 月，抗战胜利后，偕夫人重返中国访问。会见许多阔别多年的老同事，还应邀到他曾尽心竭力创建的几所医学机构做客。

1950 年　将北京东堂子胡同住宅捐赠给中华医学会做办公地点。

1957 年　向新加坡南洋大学捐赠"伍连德藏书"。

1959 年　2 月，《鼠疫斗士：一个现代华人医师的自传》（*Plague Fighter：the Autobiography of a Modern Chinese Physician*）由剑桥 Heffer and sons 公司出版，全书 660 页。1960 年 8 月由徐民谋节译为中文，新加坡南洋学会出版。

1960 年　1 月 21 日清晨，伍连德博士在他的槟城新居中突发脑中风逝世，享年 81 岁。

本年表由马学博编撰，参见《伍连德年谱新编》一文（《黑龙江史志》2011 年第 4 期）